中國國家圖書館編

國家圖書館藏敦煌遺書

第六十九冊　北敦〇五一三五號——北敦〇五二〇〇號

北京圖書館出版社

圖書在版編目(CIP)數據

國家圖書館藏敦煌遺書・第六十九册/中國國家圖書館編;任繼愈主編. —北京:北京圖書館出版社,2007.11

ISBN 978-7-5013-3221-2

Ⅰ.國… Ⅱ.①中…②任… Ⅲ.敦煌學—文獻 Ⅳ.K870.6

中國版本圖書館 CIP 數據核字(2007)第 142221 號

書　　名　國家圖書館藏敦煌遺書・第六十九册
著　　者　中國國家圖書館編　任繼愈主編
責任編輯　徐　蜀　孫　彦
封面設計　李　璀

出　　版　北京圖書館出版社　(100034　北京西城區文津街 7 號)
發　　行　010-66139745　66151313　66175620　66126153
　　　　　66174391(傳真)　66126156(門市部)
E-mail　cbs@nlc.gov.cn(投稿)　btsfxb@nlc.gov.cn(郵購)
Website　www.nlcpress.com
經　　銷　新華書店
印　　刷　北京文津閣印務有限責任公司

開　　本　八開
印　　張　50.25
版　　次　2007 年 11 月第 1 版第 1 次印刷
印　　數　1-250 册(套)

書　　號　ISBN 978-7-5013-3221-2/K・1448
定　　價　990.00 圓

編輯委員會

主　編　任繼愈
常務副主編　方廣錩
副　主　編　李際寧　張志清
編委（按姓氏筆畫排列）　王克芬　王姿怡　吴玉梅　胡新英　陳　穎　黄　霞（常務）　劉玉芬

出版委員會

主　任　詹福瑞
副主任　陳　力
委　員（按姓氏筆畫排列）　李　健　姜　紅　郭又陵　徐　蜀　孫　彦

攝製人員（按姓氏筆畫排列）

于向洋　王富生　王遂新　谷韶軍　張　軍　張紅兵　張　陽　曹　宏　郭春紅　楊　勇　嚴　平

原件修整人員（按姓氏筆畫排列）

朱振彬　杜偉生　李　英　胡玉清　胡秀菊　張　平　劉建明

目錄

…菩薩品之六　三十八

…離如是三十七品終不能得聲聞
…至阿耨多羅三藐三菩提果不見佛
及佛性果以是因緣梵行即是三十七品
何以故三十七品性非顛倒能壞顛倒性非惡
見能壞惡見性非怖畏能壞怖畏性是淨行能
令衆生畢竟造作清淨梵行 迦葉菩薩白佛
言世尊有漏之法亦復能作无漏法因如來何
故不說有漏為淨梵行善男子一切有漏即
是顛倒是故有漏不得名為清淨梵行迦葉
菩薩白佛言世尊世第一法為是有漏是无
漏耶佛言善男子是有漏也世尊雖是有漏
性非顛倒何故不名清淨梵行善男子世第
一法无漏因故似於无漏向无漏故不名顛
倒善男子清淨梵行發心相續乃至畢竟
世第一法唯是一心是故不得名淨梵行迦葉

漏耶佛言善男子是有漏也世尊雖是有漏
性非顛倒何故不名清淨梵行善男子世第
一法无漏因故似於无漏向无漏故不名顛
倒善男子清淨梵行發心相續乃至畢竟
世第一法唯是一心是故不得名淨梵行迦葉
菩薩白佛言世尊衆生五識亦是有漏非是
顛倒復非一心何故不名清淨梵行善男子
衆生五識雖非一念然是有漏復是顛倒增
諸漏故名為有漏體非真實著想故倒云何
名為體非真實著想故倒非男女中生男女
想乃至舍宅車乘瓶衣亦復如是是名顛倒
善男子三十七品性无顛倒是故得名清淨梵
行善男子若有菩薩於三十七品知根知因知
攝知增知主知導知勝知實知畢竟者如是
菩薩則得名為清淨梵行 迦葉菩薩白佛言
世尊云何名為知根乃至知畢竟耶佛言善
男子善哉善哉菩薩發問為於二事一者為
自知故二者為他知故汝今已知但為无量
衆生未解故請是事是故我今重讚嘆汝善
哉善哉善男子三十七品根本是欲因名明觸
攝取名受增名善思主名為念導名為定勝
名智慧實名解脫畢竟名為大般涅槃善男
子善欲即是初發道心乃至阿耨多羅三藐
三菩提之根本也是故我說欲為根本善男
子如世間說一切苦惱愛為根本一切疾病
宿食為本一切斷事闘諍為本一切惡事

攝取名受增名善思主名為念導名為定勝
名智慧實名解脫畢竟名為大般涅槃善男
子善欲即是初發道心乃至阿耨多羅三藐
三菩提之根本也是故我說欲為根本善男
子如世間說一切苦惱愛為根本一切疾病
宿食為本一切斷事鬪爭為本一切惡事虛
忘為本迦葉菩薩白佛言世尊如來先於此
經中說一切善法不放逸為本今乃說欲是
義云何佛言善男子若言生因善欲是也若
言了因不放逸是如世間說一切果者子為
其因或復有說子為生因地為了因是義亦
尒迦葉菩薩言世尊如來先於餘經中說三十
七品佛為根本是義云何善男子如來先說
衆生初知三十七品佛是根本者自證得欲為
根本世尊云何明觸名之為因善男子如來
或時說明為慧或說為信善男子信因緣故
親近善友是名為觸親近因緣得聞正法是
名為觸因聞正法身口意淨是名為觸因三
業淨獲得正命是名為觸因正命故得淨根
戒因淨根戒樂寂靜處因樂寂靜能善思惟
因善思惟得如法住因如法住得三十七品能
壞无量諸惡煩惱是名為觸善男子受名攝
取衆生受時能作善惡是故名受為攝取也
善男子受因緣故生諸煩惱三十七品能破壞
之是故以受為攝取也因善思惟能破煩惱

BD05135號　大般涅槃經（北本　異卷）卷三八　　（19–3）

因善思惟得如法住因如法住得三十七品能
壞无量諸惡煩惱是名為觸善男子受名攝
取衆生受時能作善惡是故名受為攝取也
善男子受因緣故生諸煩惱三十七品能破壞
之是故以受為攝取也因善思惟能破煩惱
是故名增何以故勤脩習故得如是等三十七
品若觀能破諸惡煩惱要賴專念是故以念
為主如世間中一切四兵隨主將意三十七品
亦復如是皆隨念主善男子既入定已三十七
品能善分別一切法相是故以定為導是三十
七品分別法相智為最勝是故以慧為勝如
是智慧知煩惱已智慧力故煩惱消滅如世
間中四兵壞怨或一或二勇健者能三十七品
亦復如是智慧力故能壞煩惱是故以慧為
勝善男子雖因脩習三十七品獲得四禪神通
安樂亦不名實若壞煩惱證解脫時乃名為
實是三十七品發心脩道雖得世樂及出世樂
四沙門果及以解脫亦不得名為畢竟也若
能斷除三十七品所行之事是名涅槃是故我
說畢竟者即大涅槃復次善男子善愛念心
即是欲也因善愛念親近善友故名為觸是
名為因因近善友故名為受是名攝取因近
善友能善思惟故名為增因是四法能生長
道所謂欲念定智是則名為主導勝也因是
三法得二解脫除斷愛故得心解脫斷无明

BD05135號　大般涅槃經（北本　異卷）卷三八　　（19–4）

即是欲也因善愛念親近善友故名爲觸是
名爲因因近善友故名爲愛是名攝取因近
善友能善思惟故名爲增因是四法能生長
道所謂欲念定智是則名爲主導勝也因是
三法得二解脫除斷愛故得心解脫斷无明
故慧得解脫是名爲實如是八法畢竟得果
名爲涅槃故名畢竟復次善男子欲者即是
發心出家觸者即是白四羯磨是名爲因攝
者即是受二種戒一者波羅提木叉戒二者
淨根戒是名爲受是名攝取增者即是脩習
四禪主者即是須陁洹果斯陁含果導者即
是阿那含果勝者即是阿羅漢果實者即是
辟支佛果畢竟者即是阿耨多羅三藐三菩
提果復次善男子欲名爲識也觸名六入攝
名爲受增名无明主名名色導名爲愛勝名
爲取實名爲有畢竟者名生老病死迦葉菩
薩言世尊根本因增如是三法云何有異善
男子所言根者即是初發因者即是相似不
斷增者即是滅相似已能生相似復次善男
子根即是作因即是果增即可用善男子未
來之世雖有果報以未受故名之爲因及其
受時是名爲增復次善男子根即是求得即
是因用即是增善男子是經中根即是見道
因即脩道增者即是无學道也復次善男子
根即正因因即方便因從是正因獲得果報

來之世雖有果報以未受故名之爲因及其
受時是名爲增復次善男子根即是求得即
是因用即是增善男子是經中根即是見道
因即脩道增者即是无學道也復次善男子
根即正因因即方便因從是正因獲得果報
名爲增長迦葉菩薩言世尊如佛所說畢竟
者即是涅槃如是涅槃云何可得善男子若
菩薩摩訶薩若比丘比丘尼優婆塞優婆夷
能脩十想當知是人能得涅槃云何爲十一
者无常想二者苦想三者无我想四者猒離
食想五者一切世間不可樂想六者死想七
者多過罪想八者離想九者滅想十者无愛
想善男子菩薩摩訶薩比丘比丘尼優婆塞
優婆夷脩習如是十種想者是人畢竟定得
涅槃不隨他心自能分別善不善等是名真
實稱比丘義乃至得稱優婆夷義迦葉菩薩
言世尊云何名爲菩薩乃至優婆夷等脩无
常想善男子菩薩二種一初發心二已行道
无常想者亦復二種一麁二細初心菩薩觀
无常想時作是思惟世間之物凡有二種一
內二外如是內物无常變異我見生時小時
大時壯時老時死時是諸時節各各不同是
故當知內物无常復作是念我見衆生或有
肥鮮具足色力去來進止自在无閡或見病
苦色力毀悴顏貌羸損不得自在或見財富

內二外如是內物无常變異我見生時小時
大時壯時老時死時是諸時節各各不同是
故當知內物无常復作是念我見衆生或有
肥鮮具足色力去來進止自在无閡或見病
苦色力毀悴顏貌羸損不得自在或見財富
庫藏盈溢或見貧窮觸事斷之或見成就无
量功德或見具足无量惡法是故定知內法
无常復觀外法子時牙時莖時葉時華時菓
時如是諸時各各不同如是外法或有具足
或不具足是故當知一切外物定是无常既
觀見法是无常已復觀聞法我聞諸天具足
成就極妙快樂神通自在亦有五相是故當
知即是无常復聞劫初有諸衆生各各具足
上妙功德身光自照不假日月无常力故光
滅德損復聞昔有轉輪聖王統四天下成就
七寶得大自在而不能壞无常之相復觀大
地往昔之時安處布置无量衆生間无空處
如車輪許具足生長一切妙藥藂林樹木果
實滋茂衆生薄福令此大地无復勢力所生
之物遂成虛耗是故當知內外之法一切无
常是則名為麁无常也既觀麁已次觀細者
云何名細菩薩摩訶薩觀於一切內外之物
乃至微塵在未來時已是无常何以故具足
成就破壞相故若未來色非无常者不得言
色有十時差別云何十時一者膜時二者泡
時三者疱時四者肉團時五者枝時六者嬰

常是則名為麁无常也既觀麁已次觀細者
云何名細菩薩摩訶薩觀於一切內外之物
乃至微塵在未來時已是无常何以故具足
成就破壞相故若未來色非无常者不得言
色有十時差別云何十時一者膜時二者泡
時三者疱時四者肉團時五者枝時六者嬰
孩時七者童子時八者少年時九者盛壯時
十者衰老時菩薩觀膜若非无常不應至泡
乃至盛壯非无常者終不至老若是諸時非
念念滅終不漸長應當一時成長具足无是
事故是故當知定有念念微細无常復見有
人諸根具足顏色輝曄後見枯悴復作是念
是人定有念念无常復觀四大及四威儀復
觀內外各二苦因飢渴寒熱復觀是四若无
念念微細无常亦不得說如是四苦若有菩
薩能作是念是名菩薩觀細无常如內外色
心法亦尒何以故行六處故行六處時或生
喜心或生瞋心或生愛心或生念心展轉異
生不得一種是故當知一切色法及非色法
悉是无常善男子菩薩若能於一念中見一
切法生滅无常是名菩薩具无常想善男子
智者脩習无常想已遠離常慢常倒想倒次
脩苦想何因緣故有如是苦深知是苦因於
无常因无常故受生老病死生老病死因緣
故名為无常无常因緣故受內外苦飢渴寒
熱鞭打罵辱如是等苦皆因无常復次智者

切法生滅无常是名菩薩具无常想善男子
智者脩習无常想已遠離常慢常倒想倒次
脩苦想何因緣故有如是苦深知是苦因於
无常因无常故受生老病死生老病死因緣
故名為无常无常因緣故受內外苦飢渴寒
熱鞭打罵辱如是等苦皆因无常復次智者
深觀此身即无常器是器即苦以器苦故所
受盛法亦復是苦善男子智者復觀生即是
苦滅即是苦苦生滅故即是无常非我我所
脩无我想智者復觀苦即无常无常即苦若
苦无常智者云何說言有我苦非是我无常
亦尒如是五陰亦苦无常衆生云何說言有我
復次觀一切法有異和合不從一和合生一
切法亦非一法是一切和合果一切和合
皆无自性亦无一性亦无異性亦无物性亦
无自在諸法若有如是等相智者云何說言
有我復作是念一切法中无有一法能為作
者若使一法不能作者衆法和合亦不能作
一切諸法性終不能獨生獨滅和合故滅和
合故生是法生已衆生倒想言是和合從和
合生衆生想倒无有真實云何而有真實我
耶是故智者觀於无我又復諦觀何因緣故
衆生說我是我若有應一應多我若一者云
何而有刹利婆羅門毗舍首陁人天地獄餓
鬼畜生大小老壯是故知我非是一也我若
多者云何說言衆生我者是一是遍无有邊

耶是故智者觀於无我又復諦觀何因緣故
衆生說我是我若有應一應多我若一者云
何而有刹利婆羅門毗舍首陁人天地獄餓
鬼畜生大小老壯是故知我非是一也我若
多者云何說言衆生我者是一是遍无有邊
際若一若多二俱无我智者如是觀无我已
次復觀於猒離食想作是念言若一切法无
常苦空无我云何為食起身口意三種惡業
若有衆生為貪食故起身口意三種惡業所
得財物衆皆共之後受苦果无共分者善男
子智者復觀一切衆生為飲食故身心受苦
若從衆苦而得食者我當云何於是食中而
生貪著是故於食不生貪心復次智者當觀
因於飲食身得增長我今出家受戒脩道為
欲捨身今貪此食云何當得捨此身耶如是
觀已雖復受食猶如曠野食其子肉其心猒
惡都不甘樂深觀揣食有如是過次觀觸食
如被剝牛為无量虫之所唼食次觀思食如
大火聚識食猶如三百鑚矛善男子智者如
是觀四食已於食終不生貪樂想若猶生貪
當觀不淨何以故為離食愛故於一切食善
能分別不淨之想隨諸不淨令與相似如是
觀已若得好食及以惡食受時猶如塗癰瘡
藥終不生於貪愛之心善男子智者若能如
是觀者是名成就猒離食想迦葉菩薩言世

能分別不淨之想隨諸不淨令與相似如是
觀已若得好食及以惡食受時猶如塗癰瘡
藥終不生於貪愛之心善男子智者若能如
是觀者是名成就猒離食想迦葉菩薩言世
尊智者觀食作不淨想為是實觀虛解觀耶
若是實觀所觀之食實非不淨若是虛解是
法云何名為善想佛言善男子如是想者亦
是實觀亦是虛解能壞貪食故名為實非虫
見虫故名虛解善男子一切有漏皆名為虛
亦能得實善男子若有比丘發心乞食豫作
是念我當乞食願得好者莫得麤惡願必多
得莫令尠少亦願速得莫令遲晚如是比丘
不名於食得猒離想所脩善法日夜衰耗不
善之法漸當增長善男子若有比丘欲乞食
時先當願言令諸乞者悉得飽滿其施食者
得无量福我若得食為療毒身脩習善法利
益施主作是願時所脩善法日夜增長不善
之法漸當消滅善男子若有比丘能如是脩
當知是人不空食於國中信施善男子智者
具足如是四想能脩世間不可樂想作是念
言一切世間无處不有生老病死而我此身
无處不生若世間中无有一處當得離於生
老病生我當云何樂於世間一切世間无有
進得而不退失是故世間定是无常若是无
常云何智人而樂於世一一衆生周遍經歷

BD05135號　大般涅槃經（北本　異卷）卷三八　（19–11）

言一切世間无處不有生老病死而我此身
无處不生若世間中无有一處當得離於生
老病生我當云何樂於世間一切世間无有
進得而不退失是故世間定是无常若是无
常云何智人而樂於世一一衆生周遍經歷
一切世間具受苦樂雖復得受梵天之身乃
至非想非非想天命終還墮三惡道中雖為
四王乃至他化自在天身命終生於畜生道
中或為師子虎兕豺狼象馬牛驢次觀轉輪
聖王之身統四天下豪貴自在福盡貧困衣
食不供智者深觀如是事已生於世間不可
樂想智者復觀世間有法所謂舍宅衣服飲
食卧具醫藥香華瓔珞種種伎樂財物寶貨
如是等事皆為離苦而是等物體即是苦云
何以苦欲離於苦善男子智者如是觀已於
世間物不生愛樂而作樂想善男子譬如有
人身嬰重病雖有種種音樂倡伎香華瓔珞
終不於中生貪愛樂智者觀已亦復如是善
男子智者深觀一切世間非歸依處非解脫
處非寂靜處非不愛處非彼岸處非是常樂
我淨之法若我貪樂如是世間我當云何得
離是法如人不樂處闇而求光明還復歸闇
闇即世間明即出世若我樂世增長黑闇遠
離光明闇即无明光即智明是智明因即是
世間不可樂想一切貪結雖是繫縛然我今

BD05135號　大般涅槃經（北本　異卷）卷三八　（19–12）

我淨之法若我貪樂如是世間我當云何得
離是法如人不樂處闇而求光明還復歸闇
闇即世間明即出世若我樂世增長黑闇遠
離光明闇即无明光即智明是智明因即是
世間不可樂想一切貪結雖是繫縛然我今
者貪於智明不貪世間智者深觀如是法已
具足世間不可樂想善男子有智之人已脩
世間不可樂想次脩死想觀是壽命常為无
量怨讎所遶念念損減无有增長猶山暴水
不得停住亦如朝露勢不久停如囚趣市步
步近死如牽牛羊詣於屠所迦葉菩薩言世
尊云何智者觀念念滅善男子譬如四人皆
善射術聚在一處各射一方俱作是念我等
四箭俱發俱墮復有一人作是念言如是四
箭及其未墮我能一時以手接取善男子如
是之人可說疾不迦葉菩薩言如是世尊佛
言善男子地行鬼疾復速是人有飛行鬼復
速地行四天王疾復速飛行日月神天復速
四王行堅疾天復速日月眾生壽命復速堅
疾善男子一息一眴眾生壽命四百生滅智
者若能觀命如是是名能觀念念滅也善男
子智者觀命繫屬死王我若能離如是死王
則得永斷无常壽命復次智者觀是壽命猶
如河岸臨峻大樹亦如有人作大逆罪及其
受戮无憐惜者如師子王大飢困時亦如毒
虵吸大風時猶如渴馬護惜水時如大惡鬼

BD05135號　大般涅槃經（北本　異卷）卷三八　（19–13）

者若能觀命如是是名能觀念念滅也善男
子智者觀命繫屬死王我若能離如是死王
則得永斷无常壽命復次智者觀是壽命猶
如河岸臨峻大樹亦如有人作大逆罪及其
受戮无憐惜者如師子王大飢困時亦如毒
虵吸大風時猶如渴馬護惜水時如大惡鬼
瞋恚發時眾生死王亦復如是善男子智者
若能作如是觀是則名為脩智死想善男子
智者復觀我今出家設得壽命七日七夜我
當於中精勤脩道護持禁戒說法教化利益
眾生是名智者脩於死想復以七日七夜為
多若得六日五日四日三日二日一日一時
乃至出息入息之頃我當於中精勤脩道護
持禁戒說法教化利益眾生是名智者善脩
死想智者具足如上六想即七想因何等名
七一者常脩想二者樂脩想三者无瞋想四
者无妬想五者善願想六者无憍想七者三
昧自在想善男子若有比丘具是七想是名
沙門名婆羅門是名寂靜是名淨潔是名解
脫是名智者是名正見名到彼岸名大醫王
是大商主是名善解如來祕密亦知諸佛七
種之語名正見知斷七語中所生疑网善男
子若人具足如上六想當知是人能呵三界
遠離三界滅除三界於三界中不生愛著是
名智者具足十想若有比丘具是十想則得
稱可沙門之相尒時迦葉菩薩即於佛前以

BD05135號　大般涅槃經（北本　異卷）卷三八　（19–14）

是[illegible]
種之語名正見知斷七語中所生疑网善男
子若人具足如上六想當知是人能呵三界
遠離三界滅除三界於三界中不生愛著是
名智者具足十想若有比丘具是十想則得
稱可沙門之相尒時迦葉菩薩即於佛前以
偈讚佛
憐愍世間大醫王　身及智慧俱寂靜
无我法中有真我　是故敬礼无上尊
發心畢竟二不別　如是二心先心難
自未得度先度他　是故我礼初發心
初發已為人天師　勝出聲聞及緣覺
如是發心過三界　是故得名最无上
世救要求然後得　如来无請而為歸
佛隨世間如犢子　是故得名大悲牛
如来功德滿十方　凡下无智不能讚
我今讚嘆慈悲心　為報身口二種業
世間常樂自利益　如来終不為是事
能斷衆生世界報　是故我礼自他利
世間逐親作益厚　如来利益无怨親
佛无是相如世人　是故其心等无二
世間說異作業異　如来如說業无差
凡所脩行斷諸行　是故得名為如来
先以了知煩惱過　示現處之為衆生
久於世間得解脫　樂處生死慈悲故
雖現天身及人身　慈悲隨逐如犢子

BD05135號　大般涅槃經（北本　異卷）卷三八　（19–15）

佛无是相如世人　是故其心等无二
世間說異作業異　如来如說業无差
凡所脩行斷諸行　是故得名為如来
先以了知煩惱過　示現處之為衆生
久於世間得解脫　樂處生死慈悲故
雖現天身及人身　慈悲隨逐如犢子
如来即是衆生母　慈心即是小犢子
自受衆苦念衆生　悲念時心不悔沒
憐愍心盛不覺苦　故我稽首拔苦者
如来雖作无量福　身口意業恒清淨
常為衆生不為己　是故我礼清淨業
如来受苦不覺苦　見衆受苦如己苦
雖為衆生處地獄　不生苦想及悔心
一切衆生受異苦　悉是如来一人苦
覺已而心轉堅固　故能勤脩无上道
佛具一味大悲心　悲念衆生如子想
衆生不知佛能救　故謗如来及法僧
世間雖具衆煩惱　亦有无量諸過惡
如是衆結及罪過　佛初發心已能壞
唯有諸佛能讚佛　除佛无能讚嘆者
我今唯以一法讚　所謂慈心遊世間
如来慈是大法聚　是慈亦能度衆生
即是无上真解脫　解脫即是大涅槃
大般涅槃經憍陳如品第十三
尒時世尊告憍陳如色是无常因滅是色獲
得解脫常住之色受想行識亦是无常因滅

BD05135號　大般涅槃經（北本　異卷）卷三八　（19–16）

唯有諸佛能讚佛　隨佛无能讚嘆者
我今唯以一法讚　所謂慈心遊世間
如來慈是大法衆　是慈亦能度衆生
即是无上真解脫　解脫即是大涅槃

大般涅槃經憍陳如品第十三

尒時世尊告憍陳如色是无常因滅是色獲
得解脫常住之色受想行識亦是无常因滅
是識獲得解脫常住之識憍陳如色即是苦
因滅是色獲得解脫安樂之色受想行識亦
復如是憍陳如色即是空因滅空色獲得解
脫非空之色受想行識亦復如是憍陳如色
是无我因滅是色獲得解脫真我之色受想
行識亦復如是憍陳如色是不淨因滅是色
獲得解脫清淨之色受想行識亦復如[illegible]
陳如色是生老病死之相因滅是色獲
脫非生老病死之相色受想行[illegible]亦[illegible]
憍陳如色是无明因因滅是色[illegible]
无明因色受想行識亦復如是憍陳如乃至
色是生因因滅是色獲得解脫非生因色受
想行識亦復如是憍陳如色者即是四顛倒
因因滅倒色獲得解脫非四倒因色受想行
識亦復如是憍陳如色是无量惡法之因所
謂男女等身食愛欲愛貪瞋嫉妬惡心慳心
揣食識食思食觸食卵生胎生濕生化生五
欲五蓋如是等法皆因於色因滅色故獲得
解脫无如是等无量惡色受想行識亦復如

BD05135號　大般涅槃經（北本　異卷）卷三八　（19–17）

識亦復如是憍陳如色是无量惡法之因所
謂男女等身食愛欲愛貪瞋嫉妬惡心慳心
揣食識食思食觸食卵生胎生濕生化生五
欲五蓋如是等法皆因於色因滅色故獲得
解脫无如是等无量惡色受想行識亦復如
是憍陳如色即是縛因滅縛色獲得解脫无
縛之色受想行識亦復如是憍陳如色即是
流因滅流色獲得解脫非流之色受想行識
亦復如是憍陳如色非歸依因滅是色獲得
解脫歸依之色受想行識亦復如是憍陳如
色是瘡疣因滅是色獲得解脫无瘡疣色受
想行識亦復如是憍陳如色非寂靜因滅是
色獲得涅槃寂靜之色受想行識亦復如是
憍陳如若有人能如是知者是名沙門名婆
羅門具足沙門婆羅門法憍陳如若離佛法
无有沙門无婆羅門亦无沙門婆羅門法一
切外道虛假詐稱都无實行雖復作相言有
是二實无是處何以故若无沙門婆羅門法
云何而言有沙門婆羅門我常於此大衆之
中作師子吼汝等亦當在大衆中作師子吼
尒時外道有无量人聞是語已心生瞋惡瞿
曇今說我等衆中无有沙門及婆羅門亦无
沙門婆羅門法我當云何廣設方便語瞿曇
言我等衆中亦有沙門有沙門法有婆羅門
有婆羅門法時彼衆中有一梵志唱如是言諸

BD05135號　大般涅槃經（北本　異卷）卷三八　（19–18）

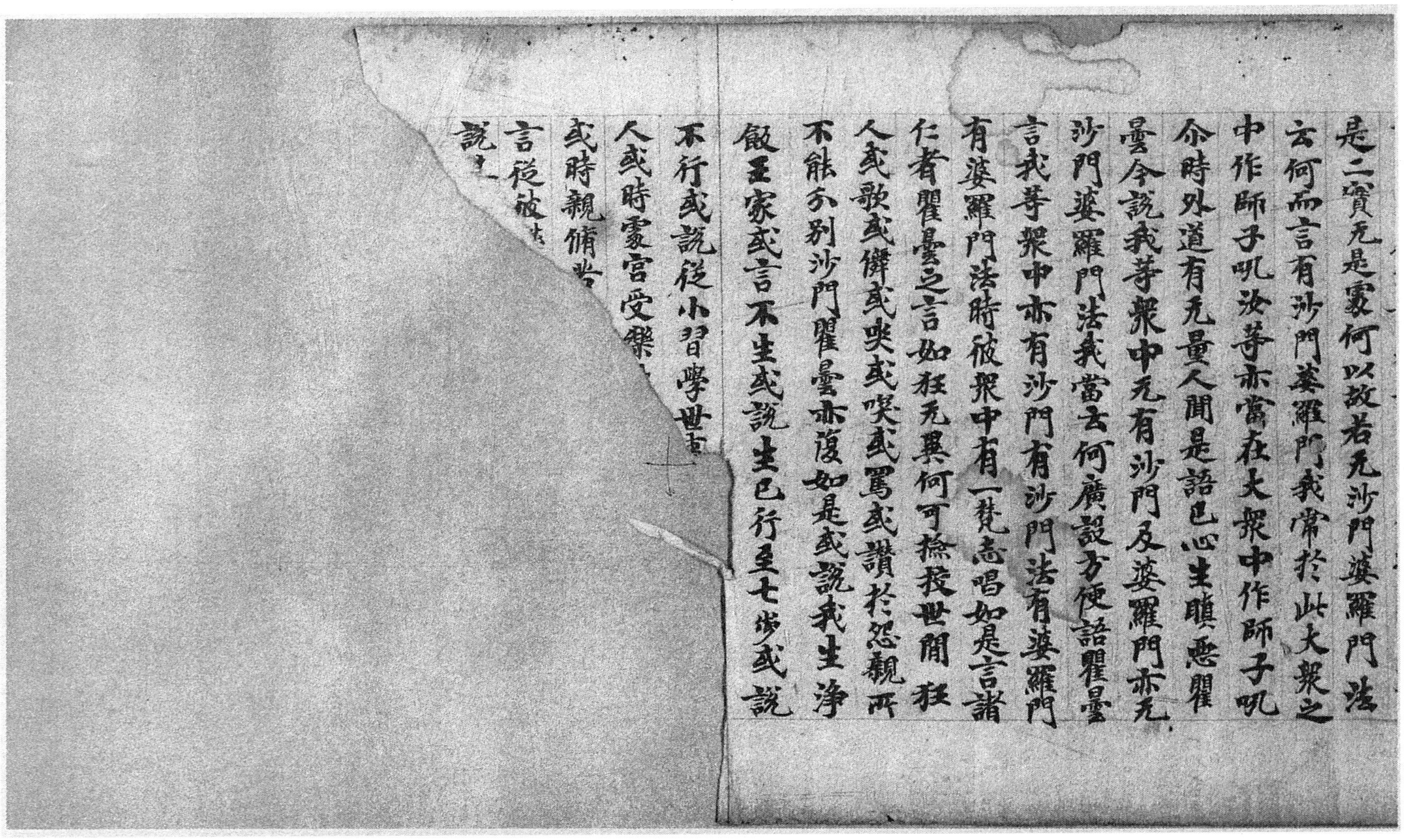

是二寶无是處何以故若无沙門婆羅門法
云何而言有沙門婆羅門我常於此大衆之
中作師子吼汝等亦當在大衆中作師子吼
尒時外道有无量人聞是語已心生瞋恚瞿
曇今說我等衆中无有沙門及婆羅門亦无
沙門婆羅門法我當云何廣設方便語瞿曇
言我等衆中亦有沙門有沙門法有婆羅門
有婆羅門法時彼衆中有一梵志唱如是言諸
仁者瞿曇之言如狂无異何可檢挍世間狂
人或歌或儛或哭或咲或罵或讚於怨親所
不能分別沙門瞿曇亦復如是或說我生淨
飯王家或言不生或說生已行至七步或說
不行或說從小習學世
人或時處宮受樂
或時親脩
言從彼
說

BD05135 號　大般涅槃經（北本　異卷）卷三八　（19–19）

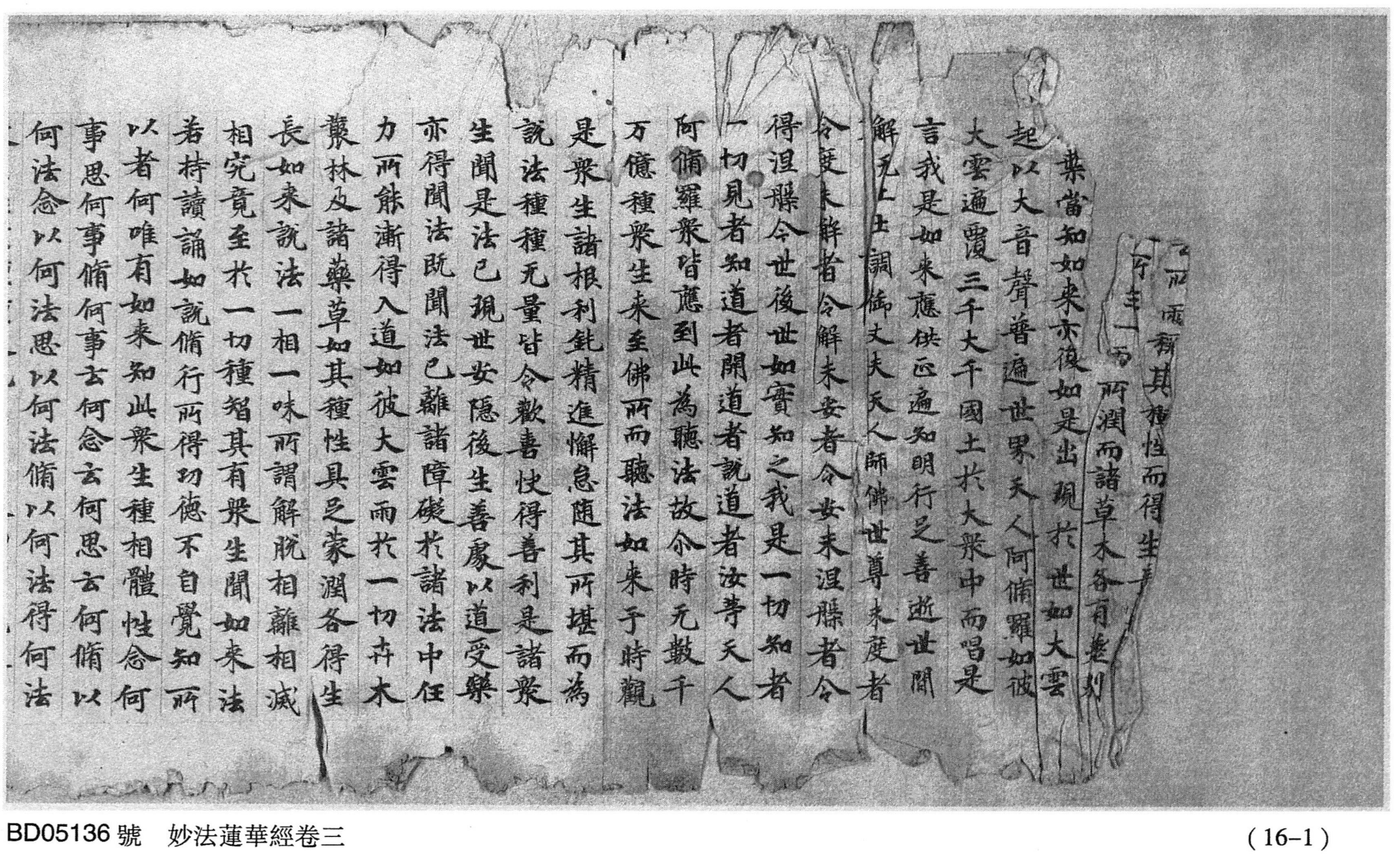

雨稱其種性而得生
所生所潤而諸草木各有差別
葉當知如來亦復如是出現於世如大雲
起以大音聲普遍世界天人阿脩羅如彼
大雲遍覆三千大千國土於大衆中而唱是
言我是如來應供正遍知明行足善逝世間
解无上士調御丈夫天人師佛世尊未度者
令度未解者令解未安者令安未涅槃者令
得涅槃今世後世如實知之我是一切知者
一切見者知道者開道者說道者汝等天人
阿脩羅衆皆應到此為聽法故尒時无數千
万億種衆生來至佛所而聽法如來于時觀
是衆生諸根利鈍精進懈怠隨其所堪而為
說法種種无量皆令歡喜快得善利是諸衆
生聞是法已現世安隱後生善處以道受樂
亦得聞法既聞法已離諸障礙於諸法中任
力所能漸得入道如彼大雲雨於一切卉木
叢林及諸藥草如其種性具足蒙潤各得生
長如來說法一相一味所謂解脫相離相滅
相究竟至於一切種智其有衆生聞如來法
若持讀誦如說脩行所得功德不自覺知所
以者何唯有如來知此衆生種相體性念何
事思何事脩何事云何念云何思云何脩以
何法念以何法思以何法脩以何法得何法

BD05136 號　妙法蓮華經卷三　（16–1）

……如來說法一相一味所謂解脫相離相滅
相究竟至於一切種智其有眾生聞如來法
若持讀誦如說修行所得功德不自覺知所
以者何唯有如來知此眾生種相體性念何
事思何事修何事云何念云何思云何修以
何法念以何法思以何法修以何法得何法
眾生住於種種之地唯有如來如實見之明
了无礙如彼卉木叢林諸藥草等而不自知
上中下性如來知是一相一味之法所謂解
脫相離相滅相究竟涅槃常寂滅相終歸於
空佛知是已觀眾生心欲而將護之是故不
即為說一切種智汝等迦葉甚為希有能知
如來隨宜說法能信能受所以者何諸佛世
尊隨宜說法難解難知尒時世尊欲重宣此
義而說偈言
破有法王　出現世間　隨眾生欲　種種說法
如來尊重　智慧深遠　久默斯要　不務速說
有智若聞　則能信解　无智疑悔　則為永失
是故迦葉　隨力為說　以種種緣　令得正見
迦葉當知　譬如大雲　起於世間　遍覆一切
慧雲含潤　電光晃曜　雷聲遠震　令眾悅豫
日光掩蔽　地上清涼　靉靆垂布　如可承攬
其雨普等　四方俱下　流澍无量　率土充洽
山川險谷　幽邃所生　卉木藥草　大小諸樹
百穀苗稼　甘蔗蒲桃　雨之所潤　无不豐足
乾地普洽　藥木並茂　其雲所出　一味之水
草木叢林　隨分受潤　一切諸樹　上中下等
稱其大小　各得生長　根莖枝葉　華菓光色
一雨所及　皆得鮮澤　如其體相　性分大小

BD05136號　妙法蓮華經卷三　（16–2）

其雨普等　四方俱下　流澍无量　率土充洽
山川險谷　幽邃所生　卉木藥草　大小諸樹
百穀苗稼　甘蔗蒲桃　雨之所潤　无不豐足
乾地普洽　藥木並茂　其雲所出　一味之水
草木叢林　隨分受潤　一切諸樹　上中下等
稱其大小　各得生長　根莖枝葉　華菓光色
一雨所及　皆得鮮澤　如其體相　性分大小
所潤是一　而各滋茂　佛亦如是　出現於世
譬如大雲　普覆一切　既出于世　為諸眾生
分別演說　諸法之實　大聖世尊　於諸天人
一切眾中　而宣是言　我為如來　兩足之尊
出于世間　猶如大雲　充潤一切　枯槁眾生
皆令離苦　得安隱樂　世間之樂　及涅槃樂
諸天人眾　一心善聽　皆應到此　覲无上尊
我為世尊　无能及者　安隱眾生　故現於世
為大眾說　甘露淨法　其法一味　解脫涅槃
以一妙音　演暢斯義　常為大乘　而作因緣
我觀一切　普皆平等　无有彼此　愛憎之心
我无貪著　亦无限礙　恒為一切　平等說法
如為一人　眾多亦然　常演說法　曾无他事
去來坐立　終不疲猒　充足世間　如雨普潤
貴賤上下　持戒毀戒　威儀具足　及不具足
正見邪見　利根鈍根　等雨法雨　而无懈惓
一切眾生　聞我法者　隨力所受　住於諸地
或處人天　轉輪聖王　釋梵諸王　是小藥草
知无漏法　能得涅槃　起六神通　及得三明
獨處山林　常行禪定　得緣覺證　是中藥草
求世尊處　我當作佛　行精進定　是上藥草

BD05136號　妙法蓮華經卷三　（16–3）

貴賤上下　持戒毀戒　威儀具足　及不具足
正見邪見　利根鈍根　等雨法雨　而无懈惓
一切衆生　聞我法者　隨力所受　住於諸地
或處人天　轉輪聖王　釋梵諸王　是小藥草
知无漏法　能得涅槃　起六神通　及得三明
獨處山林　常行禪定　得緣覺證　是中藥草
求世尊處　我當作佛　行精進定　是上藥草
又諸佛子　專心佛道　常行慈悲　自知作佛
決定无疑　是名小樹　安住神通　轉不退輪
度无量億　百千衆生　如是菩薩　名為大樹
佛平等說　如一味雨　隨衆生性　所受不同
如彼草木　所稟各異　佛以此喻　方便開示
種種言辭　演說一法　於佛智慧　如海一渧
我雨法雨　充滿世間　一味之法　隨力脩行
如彼叢林　藥草諸樹　隨其大小　漸增茂好
諸佛之法　常以一味　令諸世間　普得具足
漸次脩行　皆得道果　聲聞緣覺　處於山林
住最後身　聞法得果　是名藥草　各得增長
若諸菩薩　智慧堅固　了達三界　求最上乘
是名小樹　而得增長　復有住禪　得神通力
聞諸法空　心大歡喜　放无數光　度諸衆生
是名大樹　而得增長　如是迦葉　佛所說法
譬如大雲　以一味雨　潤於人華　各得成實
迦葉當知　以諸因緣　種種譬喻　開示佛道
是我方便　諸佛亦然　今為汝等　說最實事
諸聲聞衆　皆非滅度　汝等所行　是菩薩道
漸漸脩學　悉當成佛
妙法蓮華經授記品第六

BD05136 號　妙法蓮華經卷三　（16–4）

迦葉當知　以諸因緣　種種譬喻　開示佛道
是我方便　諸佛亦然　今為汝等　說最實事
諸聲聞衆　皆非滅度　汝等所行　是菩薩道
漸漸脩學　悉當成佛
妙法蓮華經授記品第六
尒時世尊說是偈已告諸大衆唱如是言我
此弟子摩訶迦葉於未來世當得奉覲三百
万億諸佛世尊供養恭敬尊重讚歎廣宣諸
佛无量大法於最後身得成為佛名曰光明
如來應供正遍知明行足善逝世間解无上
士調御丈夫天人師佛世尊國名光德劫名
大莊嚴佛壽十二小劫正法住世二十小劫
像法亦住二十小劫國界嚴飾无諸穢惡瓦
礫荊棘便利不淨其土平正无有高下坑坎
堆阜瑠璃為地寶樹行列黄金為繩以界道
側散諸寶華周遍清淨其國菩薩无量千億
諸聲聞衆亦復无數无有魔事雖有魔及魔
民皆護佛法尒時世尊欲重宣此義而說偈
言
告諸比丘　我以佛眼　見是迦葉　於未來世
過无數劫　當得作佛　而於來世　供養奉覲
三百万億　諸佛世尊　為佛智慧　淨脩梵行
供養最上　二足尊已　脩習一切　无上之慧
於最後身　得成為佛　其土清淨　瑠璃為地
多諸寶樹　行列道側　金繩界道　見者歡喜
常出好香　散衆名華　種種奇妙　以為莊嚴
其地平正　无有丘坑　諸菩薩衆　不可稱計
其心調柔　逮大神通　奉持諸佛　大乘經典

BD05136 號　妙法蓮華經卷三　（16–5）

扵㝡後身　得成為佛　其土清淨　瑠璃為地
多諸寶樹　行列道側　金繩界道　見者歡喜
常出好香　散衆名華　種種奇妙　以為莊嚴
其地平正　无有丘坑　諸菩薩衆　不可稱計
其心調柔　逮大神通　奉持諸佛　大乘經典
諸聲聞衆　无漏後身　法王之子　亦不可計
乃以天眼　不能數知　其佛當壽　十二小劫
正法住世　二十小劫　像法亦住　二十小劫
光明世尊　其事如是
尒時大目揵連須菩提摩訶迦旃延等皆悉
悚慄一心合掌瞻仰世尊目不暫捨即共同
聲而說偈言
大雄猛世尊　諸釋之法王　哀愍我等故　而賜佛音聲
若知我深心　見為授記者　如以甘露灑　除熱得清涼
如從飢國來　忽遇大王膳　心猶懷疑懼　未敢即便食
若復得王教　然後乃敢食　我等亦如是　每惟小乘過
不知當云何　得佛无上慧　雖聞佛音聲　言我等作佛
心尚懷憂懼　如未敢便食　若蒙佛授記　尒乃快安樂
大雄猛世尊　常欲安世間　願賜我等記　如飢須教食
尒時世尊知諸大弟子心之所念告諸比丘
是須菩提扵當來世奉覲三百万億那由他
佛供養恭敬尊重讚歎常脩梵行具菩薩道
扵㝡後身得成為佛号曰名相如來應供正
遍知明行足善逝世間解无上士調御丈夫
天人師佛世尊劫名有寶國名寶生其土平
正頗梨為地寶樹莊嚴无諸丘坑沙礫荊棘
便利之穢寶華覆地周遍清淨其土人民皆
處寶臺珎妙樓閣聲聞弟子无量无邊筭數

BD05136號　妙法蓮華經卷三　（16–6）

扵㝡後身得成為佛号曰名相如來應供正
遍知明行足善逝世間解无上士調御丈夫
天人師佛世尊劫名有寶國名寶生其土平
正頗梨為地寶樹莊嚴无諸丘坑沙礫荊棘
便利之穢寶華覆地周遍清淨其土人民皆
處寶臺珎妙樓閣聲聞弟子无量无邊筭數
譬喻所不能知諸菩薩衆无數千万億那由
他佛壽十二小劫正法住世二十小劫像法
亦住二十小劫其佛常處虛空為衆說法度
脫无量菩薩及聲聞衆尒時世尊欲重宣此
義而說偈言
諸比丘衆　今告汝等　皆當一心　聽我所說
我大弟子　須菩提者　當得作佛　号曰名相
當供无數　万億諸佛　隨佛所行　漸具大道
㝡後身得　三十二相　端正姝妙　猶如寶山
其佛國土　嚴淨第一　衆生見者　无不愛樂
佛扵其中　度无量衆　其佛法中　多諸菩薩
皆悉利根　轉不退輪　彼國常以　菩薩莊嚴
諸聲聞衆　不可稱數　皆得三明　具六神通
住八解脫　有大威德　其佛說法　現扵无量
神通變化　不可思議　諸天人民　數如恒沙
皆共合掌　聽受佛語　其佛當壽　十二小劫
正法住世　二十小劫　像法亦住　二十小劫
尒時世尊復告諸比丘衆我今語汝是大迦
旃延扵當來世以諸供具供養奉事八千億
佛恭敬尊重諸佛滅後各起塔廟高千由旬
縱廣正等五百由旬以金銀瑠璃車𤦲馬瑙
真珠玫瑰七寶合成衆華瓔珞塗香末香燒

BD05136號　妙法蓮華經卷三　（16–7）

正法住世二十小劫　像法亦住二十小劫
尒時世尊復告諸比丘衆我今語汝是大迦
旃延於當來世以諸供具供養奉事八千億
佛恭敬尊重諸佛滅後各起塔廟高千由旬
縱廣正等五百由旬以金銀瑠璃車𤦲馬瑙
真珠玫瑰七寶合成衆華瓔珞塗香末香燒
香繒蓋幢幡供養塔廟過是已後當復供養
二万億佛亦復如是供養是諸佛已具菩薩
道當得作佛号曰閻浮那提金光如來應供
正遍知明行足善逝世間解无上士調御丈
夫天人師佛世尊其土平正頗梨為地寶樹
莊嚴黄金為繩以界道側妙華覆地周遍清
淨見者歡喜无四惡道地獄餓鬼畜生阿脩
羅道多有天人諸聲聞衆及諸菩薩无量万
億莊嚴其國佛壽十二小劫正法住世二十
小劫像法亦住二十小劫尒時世尊欲重宣
此義而說偈言
諸比丘衆　皆一心聽　如我所說　真實无異
是迦旃延　當以種種　妙好供具　供養諸佛
諸佛滅後　起七寶塔　亦以華香　供養舍利
其最後身　得佛智慧　成等正覺　國土清淨
度脫无量　万億衆生　皆為十方　之所供養
佛之光明　无能勝者　其佛号曰　閻浮金光
菩薩聲聞　斷一切有　无量无數　莊嚴其國
尒時世尊復告大衆我今語汝是大目揵連
當以種種供具供養八千諸佛恭敬尊重諸
佛滅後各起塔廟高千由旬縱廣正等五百
由旬以金銀瑠璃車𤦲馬瑙真珠玫瑰七寶

BD05136號　妙法蓮華經卷三　（16–8）

度脫无量　万億衆生　皆為十方　之所供養
佛之光明　无能勝者　其佛号曰　閻浮金光
菩薩聲聞　斷一切有　无量无數　莊嚴其國
尒時世尊復告大衆我今語汝是大目揵連
當以種種供具供養八千諸佛恭敬尊重諸
佛滅後各起塔廟高千由旬縱廣正等五百
由旬以金銀瑠璃車𤦲馬瑙真珠玫瑰七寶
合成衆華瓔珞塗香末香燒香繒蓋幢幡以
用供養過是已後當復供養二百万億諸佛
亦復如是當得成佛号曰多摩羅跋栴檀香
如來應供正遍知明行足善逝世間解无上
士調御丈夫天人師佛世尊劫名喜滿國名
意樂其土平正頗梨為地寶樹莊嚴散真珠
華周遍清淨見者歡喜多諸天人菩薩聲聞
其數无量佛壽二十四小劫正法住世四十
小劫像法亦住四十小劫尒時世尊欲重宣
此義而說偈言
我此弟子　大目揵連　捨是身已　得見八千
二百万億　諸佛世尊　為佛道故　供養恭敬
於諸佛所　常脩梵行　於无量劫　奉持佛法
諸佛滅後　起七寶塔　長表金刹　華香伎樂
而以供養　諸佛塔廟　漸漸具足　菩薩道已
於意樂國　而得作佛　号多摩羅　栴檀之香
其佛壽命　二十四劫　常為天人　演說佛道
聲聞无量　如恒河沙　三明六通　有大威德
菩薩无數　志固精進　於佛智慧　皆不退轉
佛滅度後　正法當住　四十小劫　像法亦尒
我諸弟子　威德具足　其數五百　皆當受記

BD05136號　妙法蓮華經卷三　（16–9）

於意樂國 而得作佛 号多摩羅 栴檀之香
其佛壽命 二十四劫 常為天人 演說佛道
聲聞无量 如恒河沙 三明六通 有大威德
菩薩无數 志固精進 於佛智慧 皆不退轉
佛滅度後 正法當住 四十小劫 像法亦尒
我諸弟子 威德具足 其數五百 皆當授記
於未來世 咸得成佛 我及汝等 宿世因緣
吾今當說 汝等善聽

妙法蓮華經化城喻品第七

佛告諸比丘乃往過去无量无邊不可思議阿
僧祇劫尒時有佛名大通智勝如來應供正
遍知明行足善逝世間解无上士調御丈
夫天人師佛世尊其國名好成劫名大相諸
比丘彼佛滅度已來甚大久遠譬如三千大
千世界所有地種假使有人磨以為墨過於
東方千國土乃下一點大如微塵又過千國
土復下一點如是展轉盡地種墨於汝等意
云何是諸國土若算師若算師弟子能得邊
際知其數不不也世尊諸比丘是人所經國
土若點不點盡末為塵一塵一劫彼佛滅度
已來復過是數无量无邊百千万億阿僧祇
劫我以如來知見力故觀彼久遠猶若今日
尒時世尊欲重宣此義而說偈言
我念過去世 无量无邊劫 有佛兩足尊 名大通智勝
如人以力磨 三千大千土 盡此諸地種 皆悉以為墨
過於千國土 乃下一塵點 如是展轉點 盡此諸塵墨
如是諸國土 點與不點等 復盡末為塵 一塵為一劫
此諸微塵數 其劫復過是 彼佛滅度來 如是无量劫

BD05136號　妙法蓮華經卷三　（16–10）

劫我以如來知見力故觀彼久遠猶若今日
尒時世尊欲重宣此義而說偈言
我念過去世 无量无邊劫 有佛兩足尊 名大通智勝
如人以力磨 三千大千土 盡此諸地種 皆悉以為墨
過於千國土 乃下一塵點 如是展轉點 盡此諸塵墨
如是諸國土 點與不點等 復盡末為塵 一塵為一劫
此諸微塵數 其劫復過是 彼佛滅度來 如是无量劫
如來无礙智 知彼佛滅度 及聲聞菩薩 如見今滅度
諸比丘當知 佛智淨微妙 无漏无所礙 通達无量劫
佛告諸比丘大通智勝佛壽五百四十万億
那由他劫其佛本坐道場破魔軍已垂得阿
耨多羅三藐三菩提而諸佛法不現在前如
是一小劫乃至十小劫結跏趺坐身心不動
而諸佛法猶不在前尒時忉利諸天先為彼
佛於菩提樹下敷師子座高一由旬佛於此
座當得阿耨多羅三藐三菩提適坐此座時
諸梵天王雨眾天華面百由旬香風時來吹
去萎華更雨新者如是不絕滿十小劫供養
於佛乃至滅度常雨此華四王諸天為供養
佛常擊天鼓其餘諸天作天伎樂滿十小劫
至于滅度亦復如是諸比丘大通智勝佛過
十小劫諸佛之法乃現在前成阿耨多羅三
藐三菩提其佛未出家時有十六子其第一
者名曰智積諸子各有種種珍異玩好之具
聞父得成阿耨多羅三藐三菩提皆捨所珍
往詣佛所諸母涕泣而隨送之其祖轉輪聖
王與一百大臣及餘百千万億人民皆共圍
繞隨至道場咸欲親近大通智勝如來供養

BD05136號　妙法蓮華經卷三　（16–11）

藐三菩提其佛未出家時有十六子其第一
者名曰智積諸子各有種種珎異玩好之具
聞父得成阿耨多羅三藐三菩提皆捨所珎
往詣佛所諸母涕泣而随送之其祖轉輪聖
王與一百大臣及餘百千万億人民皆共圍
繞随至道場咸欲親近大通智勝如来供養
恭敬尊重讃歎到已頭面礼足繞佛畢已一心
合掌瞻仰世尊以偈頌曰
大威德世尊　為度衆生故　於无量億歳　尒乃得成佛
諸願已具足　善哉吉无上　世尊甚希有　一坐十小劫
身體及手足　靜然安不動　其心常惔怕　未曾有散亂
究竟永寂滅　安住无漏法　今者見世尊　安隱成佛道
我等得善利　稱慶大歡喜　衆生常苦惱　盲暝无導師
不識苦盡道　不知求解脫　長夜增惡趣　減損諸天衆
従暝入於暝　永不聞佛名　今佛得最上　安隱无漏法
我等及天人　為得最大利　是故咸稽首　歸命无上尊
尒時十六王子偈讃佛已勸請世尊轉於法
輪咸作是言世尊說法多所安隱憐愍饒益
諸天人民重說偈言
世雄无等倫　百福自莊嚴　得无上智慧　願為世間說
度脫於我等　及諸衆生類　為分別顯示　令得是智慧
若我等得佛　衆生亦復然　世尊知衆生　深心之所念
亦知所行道　又知智慧力　欲樂及脩福　宿命所行業
世尊悉知已　當轉无上輪
佛告諸比丘大通智勝佛得阿耨多羅三藐
三菩提時十方各五百万億諸佛世界六種
震動其國中間幽暝之處日月威光所不能
照而皆大明其中衆生各得相見咸作是言此

世尊悉知已　當轉无上輪
佛告諸比丘大通智勝佛得阿耨多羅三藐
三菩提時十方各五百万億諸佛世界六種
震動其國中間幽暝之處日月威光所不能
照而皆大明其中衆生各得相見咸作是言此
中云何忽生衆生又其國界諸天宮殿乃至
梵宮六種震動大光普照遍滿世界勝諸天
光尒時東方五百万億諸國土中梵天宮殿
光明照曜倍於常明諸梵天王各作是念今
者宮殿光明昔所未有以何因緣而現此
相是時諸梵天王即各相詣共議此事而彼
衆中有一大梵天王名救一切為諸梵衆而
說偈言
我等諸宮殿　光明昔未有　此是何因緣　宜各共求之
為大德天生　為佛出世間　而此大光明　遍照於十方
尒時五百万億國土諸梵天王與宮殿俱各
以衣裓盛諸天華共詣西方推尋是相見大
通智勝如来處于道場菩提樹下坐師子座
諸天龍王乾闥婆緊那羅摩睺羅伽人非人
等恭敬圍繞及見十六王子請佛轉法輪即
時諸梵天王頭面礼佛繞百千帀即以天華
而散佛上其所散華如須弥山并以供養佛
菩提樹其菩提樹高十由旬華供養已各以
宮殿奉上彼佛而作是言唯見哀愍饒益我
等所獻宮殿願垂納處時諸梵天王即於佛
前一心同聲以偈頌曰
世尊甚希有　難可得值遇　具无量功德　能救護一切
天人之大師　哀愍於世間　十方諸衆生　普皆蒙饒益

菩提樹其菩提樹高十由旬華供供養已各以
宮殿奉上彼佛而作是言唯見哀愍饒益我
等所獻宮殿願垂納處時諸梵天王即於佛
前一心同聲以偈頌曰
世尊甚希有　難可得值遇　具无量功德　能救護一切
天人之大師　哀愍於世間　十方諸衆生　普皆蒙饒益
我等所從來　五百万億國　捨深禪定樂　為供養佛故
我等先世福　宮殿甚嚴飾　今以奉世尊　唯願哀納受
尒時諸梵天王偈讚佛已各作是言唯願世
尊轉於法輪度脫衆生開涅槃道時諸梵天
王一心同聲而說偈言
世雄兩足尊　唯願演說法　以大慈悲力　度苦惱衆生
尒時大通智勝如來嘿然許之又諸比丘東
南方五百万億國土諸大梵王各自見宮殿
光明照曜昔所未有歡喜踊躍生希有心即
各相詣共議此事而彼衆中有一大梵天王
名曰大悲為諸梵衆而說偈言
是事何因緣　而現如此相　我等諸宮殿　光明昔未有
為大德天生　為佛出世間　未曾見此相　當共一心求
過千万億土　尋光共推之　多是佛出世　度脫苦衆生
尒時五百万億諸梵天王與宮殿俱各以衣
裓盛諸天華共詣西北方推尋是相見大通
智勝如來處于道場菩提樹下坐師子座諸
天龍王乾闥婆緊那羅摩睺羅伽人非人等
恭敬圍繞及見十六王子請佛轉法輪時諸
梵天王頭面礼佛繞百千帀即以天華而散
佛上所散之華如須弥山并以供養佛菩提
樹華供養已各以宮殿奉上彼佛而作是言

BD05136號　妙法蓮華經卷三

（16–14）

裓盛諸天華共詣西北方推尋是相見大通
智勝如來處于道場菩提樹下坐師子座諸
天龍王乾闥婆緊那羅摩睺羅伽人非人等
恭敬圍繞及見十六王子請佛轉法輪時諸
梵天王頭面礼佛繞百千帀即以天華而散
佛上所散之華如須弥山并以供養佛菩提
樹華供養已各以宮殿奉上彼佛而作是言
唯見哀愍饒益我等所獻宮殿願垂納處尒
時諸梵天王即於佛前一心同聲以偈頌曰
聖主天中王　迦陵頻伽聲　哀愍衆生者　我等今敬礼
世尊甚希有　久遠乃一現　一百八十劫　空過无有佛
三惡道充滿　諸天衆減少　今佛出於世　為衆生作眼
世間所歸趣　救護於一切　為衆生之父　哀愍饒益者
我等宿福慶　今得值世尊
尒時諸梵天王偈讚佛已各作是言唯願世
尊哀愍一切轉於法輪度脫衆生時諸梵天
王一心同聲而說偈言
大聖轉法輪　顯示諸法相　度苦惱衆生　令得大歡喜
衆生聞此法　得道若生天　諸惡道減少　忍善者增益
尒時大通智勝如來嘿然許之又諸比丘南
方五百万億國土諸大梵王各自見宮殿光
明照曜昔所未有歡喜踊躍生希有心即各
相詣共議此事以何因緣我等宮殿有此光
曜而彼衆中有一大梵天王名曰妙法為諸
梵衆而說偈言
我等諸宮殿　光明甚威曜　此非无因緣　是相
過於百千劫　未曾見是相　為大德天生　為佛出世間
尒時五百万億諸梵天王與宮殿俱各以衣

BD05136號　妙法蓮華經卷三

（16–15）

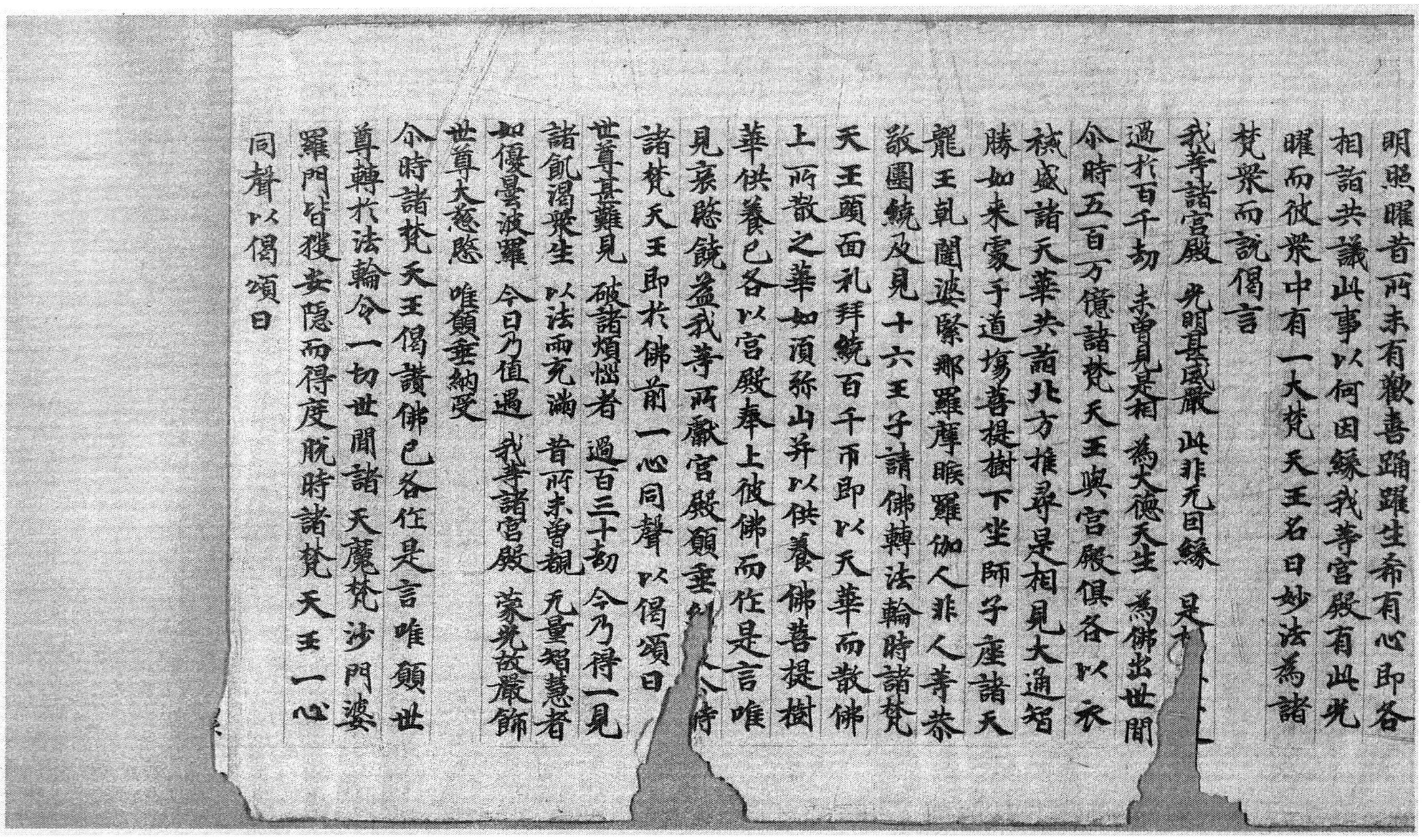

明照曜昔所未有歡喜踊躍生希有心即各
相詣共議此事以何因緣我等宮殿有此光
曜而彼衆中有一大梵天王名曰妙法為諸
梵衆而說偈言
我等諸宮殿　光明甚威曜　此非无因緣　是[illegible]
過於百千劫　未曾見是相　為大德天生　為佛出世間
尒時五百万億諸梵天王與宮殿俱各以衣
裓盛諸天華共詣北方推尋是相見大通智
勝如來處于道場菩提樹下坐師子座諸天
龍王乾闥婆緊那羅摩睺羅伽人非人等恭
敬圍繞及見十六王子請佛轉法輪時諸梵
天王頭面礼拜繞百千帀即以天華而散佛
上所散之華如須彌山并以供養佛菩提樹
華供養已各以宮殿奉上彼佛而作是言唯
見哀愍饒益我等所獻宮殿願垂[illegible]時
諸梵天王即於佛前一心同聲以偈頌曰
世尊甚難見　破諸煩惱者　過百三十劫　今乃得一見
諸飢渴衆生　以法雨充滿　昔所未曾覩　无量智慧者
如優曇波羅　今日乃值遇　我等諸宮殿　蒙光故嚴飾
世尊大慈愍　唯願垂納受
尒時諸梵天王偈讚佛已各作是言唯願世
尊轉於法輪令一切世間諸天魔梵沙門婆
羅門皆獲安隱而得度脫時諸梵天王一心
同聲以偈頌曰

BD05136 號　妙法蓮華經卷三　（16–16）

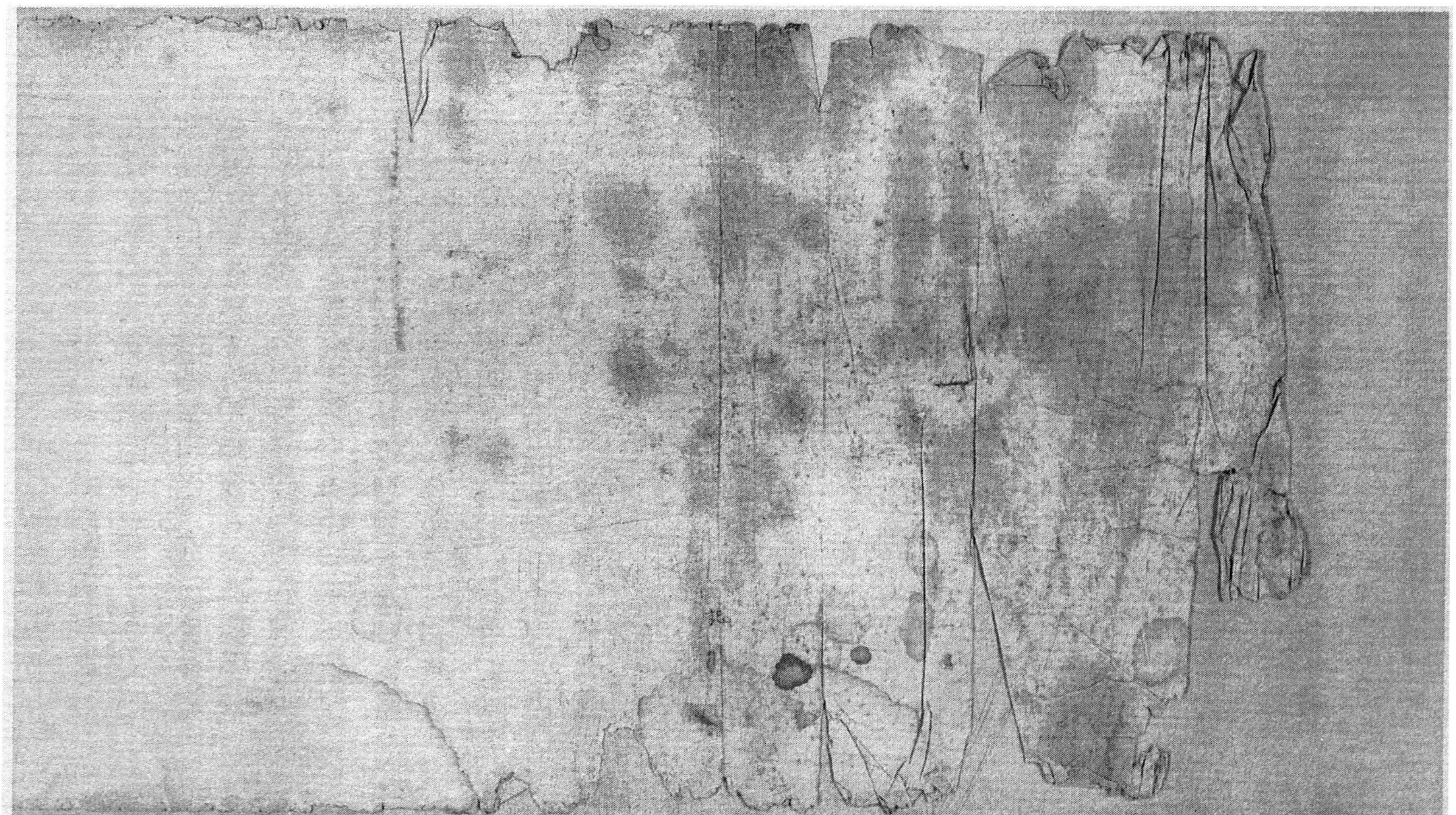

BD05136 號背　勘記　（13–1）

BD05136 號背　勘記

（13–2）

BD05136 號背　勘記

（13–3）

BD05136 號背　勘記　　（13–4）

BD05136 號背　勘記　　（13–5）

BD05136 號背　勘記　（13–6）

BD05136 號背　勘記　（13–7）

BD05136 號背　勘記　　(13–8)

BD05136 號背　勘記　　(13–9)

BD05136 號背　勘記　　（13–10）

BD05136 號背　勘記　　（13–11）

BD05136 號背　勘記　　（13–12）

BD05136 號背　勘記　　（13–13）

稽首歸誠至心礼敬彼諸世尊以真實慧以
真實眼真實證明真實平等悉知悉見一切
衆生善惡之業我從无始生死以來隨惡流轉
共諸衆生造業障罪為貪瞋癡之所纏縛未
識佛時未識法時未識僧時未識善惡由身
語意造无間罪惡心出佛身血誹謗正法破
和合僧殺阿羅漢殺害父母身三語四意三
種行造十惡業自作教他見作隨喜於諸善
人橫生毀謗斗秤欺誑以偽為真不淨飲食
施與一切於六道中所有父母更相惱害或
盜窣堵波物四方僧物現前僧物自在而用
世尊法律不樂奉行師長教示不相隨順見
行聲聞獨覺大乘行者憙生罵辱令諸行
心生悔惱見有勝己便懷嫉妬法施財施常
生慳惜无明所覆邪見惑心不修善因令惡
增長於諸佛所而起誹謗法說非法非法說
法如是衆罪佛以真實慧真實眼真實證
明真實平等悉知悉見我今歸命對諸佛前

BD05137號　金光明最勝王經卷三　（5–1）

盜窣堵波物四方僧物現前僧物自在而用
世尊法律不樂奉行師長教示不相隨順見
行聲聞獨覺大乘行者憙生罵辱令諸行
心生悔惱見有勝己便懷嫉妬法施財施常
生慳惜无明所覆邪見惑心不修善因令惡
增長於諸佛所而起誹謗法說非法非法說
法如是衆罪佛以真實慧真實眼真實證
明真實平等悉知悉見我今歸命對諸佛前
皆悉發露不敢覆藏未作之罪更不復作已作
之罪今皆懺悔所作業障應墮惡道地獄傍
生餓鬼之中阿蘇羅衆及八難處願我此生
所有業障皆得消滅所有惡報未來不受亦
如過去諸大菩薩修菩提行所有業障悉已
懺悔我之業障今亦懺悔皆悉發露不敢覆
藏已作之罪願得除滅未來之惡更不敢造
亦如未來諸大菩薩修菩提行所有業障悉
已懺悔我之業障今亦懺悔皆悉發露不敢
覆藏已作之罪願得除滅未來之惡更不敢
造亦如現在十方世界諸大菩薩修菩提行
所有業障悉已懺悔我之業障今亦懺悔皆
悉發露不敢覆藏已作之罪願得除滅未
來之惡更不敢造
善男子以是因緣若有造罪一剎那中不得
覆藏何況一日一夜乃至多時若有犯罪欲
求清淨心懷愧恥信於未來必有惡報生大
恐怖應如是懺如人被火燒頭燒衣救令速

BD05137號　金光明最勝王經卷三　（5–2）

悲發露不敢覆藏已作之罪願得除滅未
來之惡更不敢造
善男子以是因緣若有造罪一剎那中不得
覆藏何况一日一夜乃至多時若有犯罪欲
求清淨心懷慚愧信於未來必有惡報生大
怨怖應如是懺如人被火燒頭燒衣救令速
滅火若未滅心不得安若人犯罪亦復如是
即應懺悔令速除滅若有願生富樂之家多
饒財寶復欲發意修習大乘亦應懺悔滅除
業障欲生豪貴婆羅門種剎帝利家及轉輪
王七寶具足亦應懺悔滅除業障
善男子若有欲生四大王衆三十三天夜摩
天都史多天樂變化天他化自在天亦應懺
悔滅除業障若欲生梵衆梵輔大梵天少光
无量光極光淨天少淨天无量淨天遍淨天无雲
福生廣果无煩无熱善現天善見色究竟
天亦應懺悔滅除業障若欲求預流果一來
果不還果阿羅漢果亦應懺悔滅除業障若
欲願求三明六通聲聞獨覺自在菩提至究
竟地求一切智智淨智不思議智不動智三
藐三菩提正遍智者亦應懺悔滅除業障何
以故善男子一切諸法從因緣生如來所說異相
生異相滅因緣異故如是過去諸法皆已滅
盡所有業障无復遺餘是諸行法未得現
生而今得生未來業障更不復起何以故善
男子一切法空如來所說无有我人衆生
壽者亦无生滅亦无行法善男子一切者去

藐三菩提正遍智者亦應懺悔滅除業障何
以故善男子一切諸法從因緣生如來所說異相
生異相滅因緣異故如是過去諸法皆已滅
盡所有業障无復遺餘是諸行法未得現
生而今得生未來業障更不復起何以故善
男子一切法空如來所說无有我人衆生
壽者亦无生滅亦无行法善男子一切諸法皆
依於本亦不可說何以故過一切相故若有
善男子善女人如是入於微妙真理生信敬
心是名无衆生而有於本以是義故說於懺
悔滅除業障
善男子若人成就四法能除業障永得清淨
云何為四一者不起邪心正念成就二者於甚
深理不生誹謗三者於初行菩薩起一切
智心四者於諸衆生起慈无量是謂為四尒
時世尊而說頌言
專心護三業　不誹謗深法　作一切智想　慈心淨業障
善男子有四業障難可滅除云何為四一者
於菩薩律儀犯極重惡二者於大乘經心生
誹謗三者於自善根不能增長四者貪著
三有无出離心復有四種對治業障云何為
四一者於十方世界一切如來至心親近說一
切罪二者為一切衆生勸請諸佛說深妙法
三者隨喜一切衆生所有功德四者所有一
切功德善根悉皆迴向阿耨多羅三藐三菩
提尒時天帝釋白佛言世尊世間所有男子

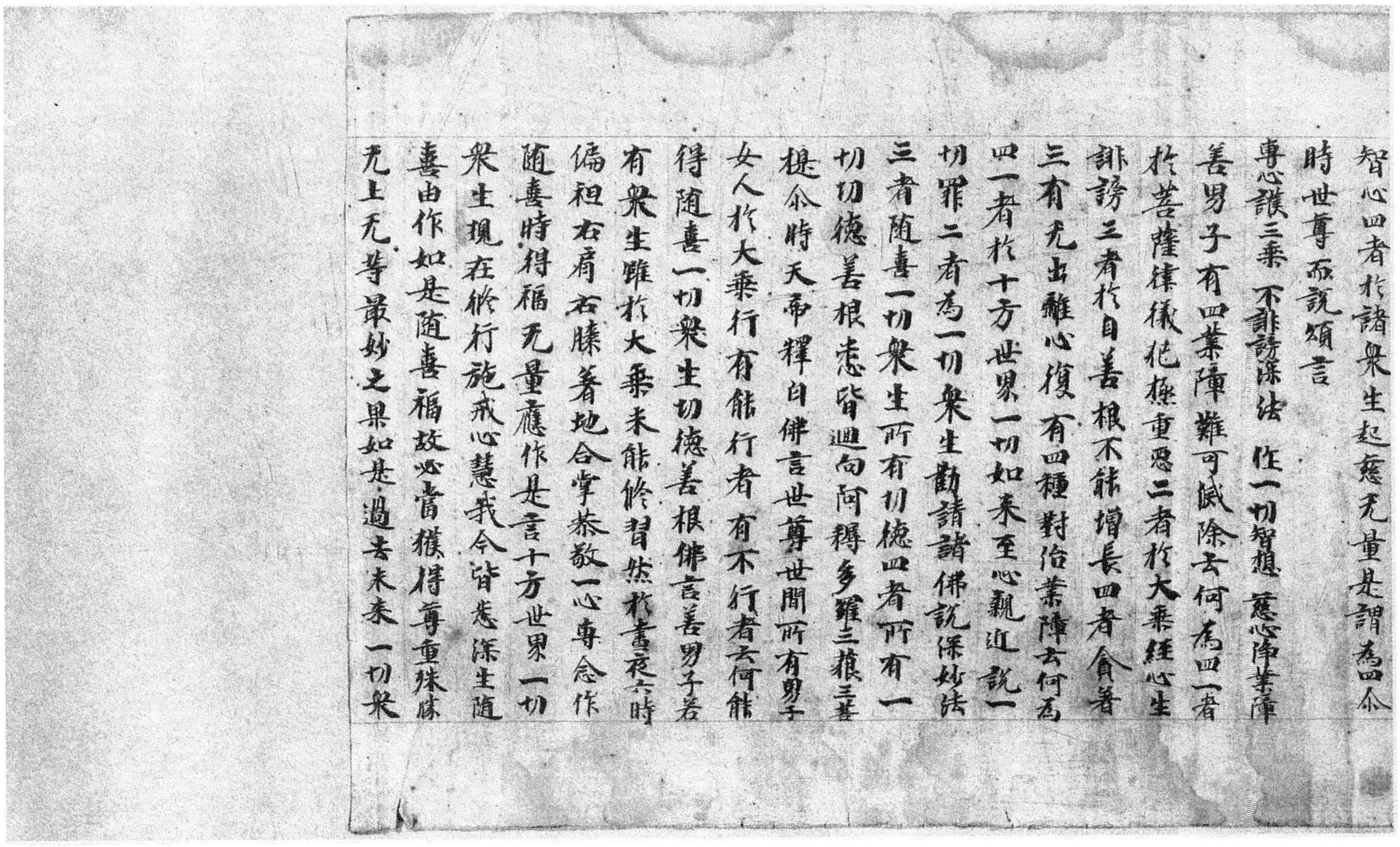
智心四者於諸衆生起慈无量是謂為四尒
時世尊而說頌言
專心護三乘 不誹謗深法 作一切智想 慈心淨業障
善男子有四業障難可滅除云何為四一者
於菩薩律儀犯極重惡二者於大乘經心生
誹謗三者於自善根不能增長四者貪著
三有无出離心復有四種對治業障云何為
四一者於十方世界一切如來至心親近說一
切罪二者為一切衆生勸請諸佛說深妙法
三者隨喜一切衆生所有功德四者所有一
切功德善根悉皆迴向阿耨多羅三藐三菩
提尒時天帝釋白佛言世尊世間所有男子
女人於大乘行有能行者有不行者云何能
得隨喜一切衆生功德善根佛言善男子若
有衆生雖於大乘未能修習然於晝夜六時
偏袒右肩右膝著地合掌恭敬一心專念作
隨喜時得福无量應作是言十方世界一切
衆生現在修行施戒心慧我今皆悉深生隨
喜由作如是隨喜福故必當獲得尊重殊勝
无上无等最妙之果如是過去未來一切衆

BD05137 號　金光明最勝王經卷三　（5–5）

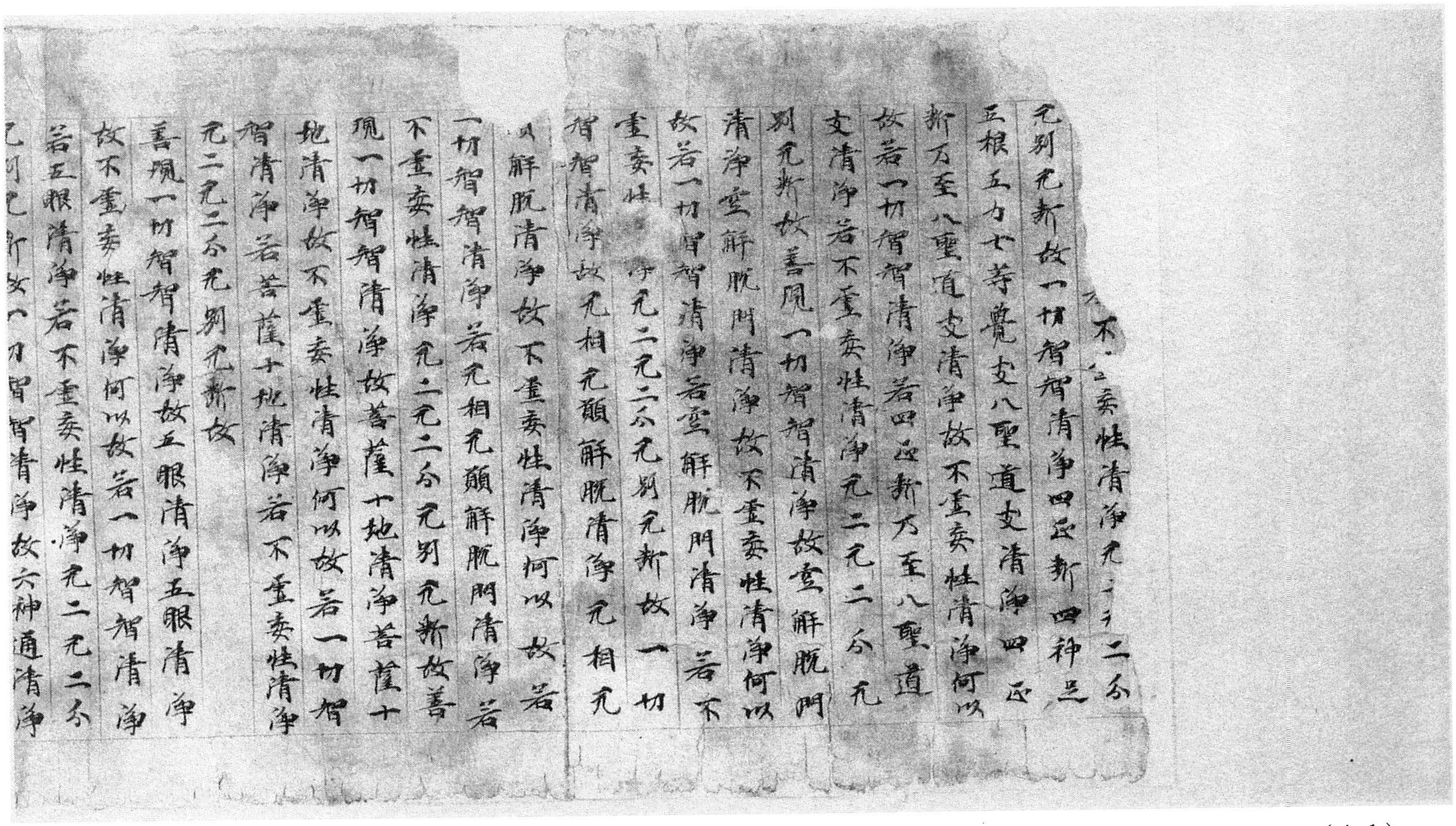
不虛妄性清淨无二无二分
无別无斷故一切智智清淨四正斷四神足
五根五力七等覺支八聖道支清淨四正
斷乃至八聖道支清淨故不虛妄性清淨何以
故若一切智智清淨若四正斷乃至八聖道
支清淨若不虛妄性清淨无二无二分无
別无斷故善現一切智智清淨故空解脫門
清淨空解脫門清淨故不虛妄性清淨何以
故若一切智智清淨若空解脫門清淨若不
虛妄性清淨无二无二分无別无斷故一切
智智清淨故无相无願解脫清淨无相无
願解脫門清淨故不虛妄性清淨何以故若
一切智智清淨若无相无願解脫門清淨若
不虛妄性清淨无二无二分无別无斷故善
現一切智智清淨故菩薩十地清淨菩薩十
地清淨故不虛妄性清淨何以故若一切智
智清淨若菩薩十地清淨若不虛妄性清淨
无二无二分无別无斷故
善現一切智智清淨故五眼清淨五眼清淨
故不虛妄性清淨何以故若一切智智清淨
若五眼清淨若不虛妄性清淨无二无二分
无別无斷故一切智智清淨故六神通清淨

BD05138 號　大般若波羅蜜多經卷二五九　（4–1）

地清淨故不虛妄性清淨何以故若一切智
智清淨若菩薩十地清淨若不虛妄性清淨
无二无二分无別无斷故
善現一切智智清淨故五眼清淨五眼清淨
故不虛妄性清淨何以故若一切智智清淨
若五眼清淨若不虛妄性清淨无二无二分
无別无斷故一切智智清淨故六神通清淨
六神通清淨故不虛妄性清淨何以故若一
切智智清淨若六神通清淨若不虛妄性清
淨无二无二分无別无斷故善現一切智智
清淨故佛十力清淨佛十力清淨故不虛妄
性清淨何以故若一切智智清淨若佛十力
清淨若不虛妄性清淨无二无二分无別无
斷故一切智智清淨故四无所畏四无㝵解大
慈大悲大喜大捨十八佛不共法清淨四
无所畏乃至十八佛不共法清淨故不虛妄
性清淨何以故若一切智智清淨若四无所
畏乃至十八佛不共法清淨若不虛妄性清
淨无二无二分无別无斷故善現一切智智
清淨故无忘失法清淨无忘失法清淨故不
虛妄性清淨何以故若一切智智清淨若无
忘失法清淨若不虛妄性清淨无二无二分
无別无斷故一切智智清淨故恒住捨性清
淨恒住捨性清淨故不虛妄性清淨何以故
若一切智智清淨若恒住捨性清淨若不虛
妄性清淨无二无二分无別无斷故善現一切
智智清淨故一切智清淨一切智清淨故不
虛妄性清淨何以故若一切智智清淨若一

BD05138號　大般若波羅蜜多經卷二五九　（4–2）

无別无斷故一切[illegible]
淨恒住捨性清淨故不虛妄性清淨何以故
若一切智智清淨若恒住捨性清淨若不虛
妄性清淨无二无二分无別无斷故善現一切
智智清淨故一切智清淨一切智清淨故不
虛妄性清淨何以故若一切智智清淨若一
切智清淨若不虛妄性清淨无二无二分无
別无斷故一切智智清淨故道相智一切相
智清淨道相智一切相智清淨故不虛妄
性清淨何以故若一切智智清淨若道相智
一切相智清淨若不虛妄性清淨无二无二
分无別无斷故善現一切智智清淨故一切
陁羅尼門清淨一切陁羅尼門清淨故不虛
妄清淨何以故若一切智智清淨若一切陁
羅尼門清淨若不虛妄性清淨无二无二分
无別无斷故一切智智清淨故一切三摩地
門清淨一切三摩地門清淨故不虛妄性
清淨何以故若一切智智清淨若一切三摩
地門清淨若不虛妄性清淨无二无二分无
別无斷故
善現一切智智清淨故預流果清淨預流果
清淨故不虛妄性清淨何以故若一切智智
清淨若預流果清淨若不虛妄性清淨无二
无二分无別无斷故一切智智清淨故一來
不還阿羅漢果清淨一來不還阿羅漢果
清淨故不虛妄性清淨何以故若一切智智清
淨若一來不還阿羅漢果清淨若不虛妄性
清淨无二无二分无別无斷故善現一切智

BD05138號　大般若波羅蜜多經卷二五九　（4–3）

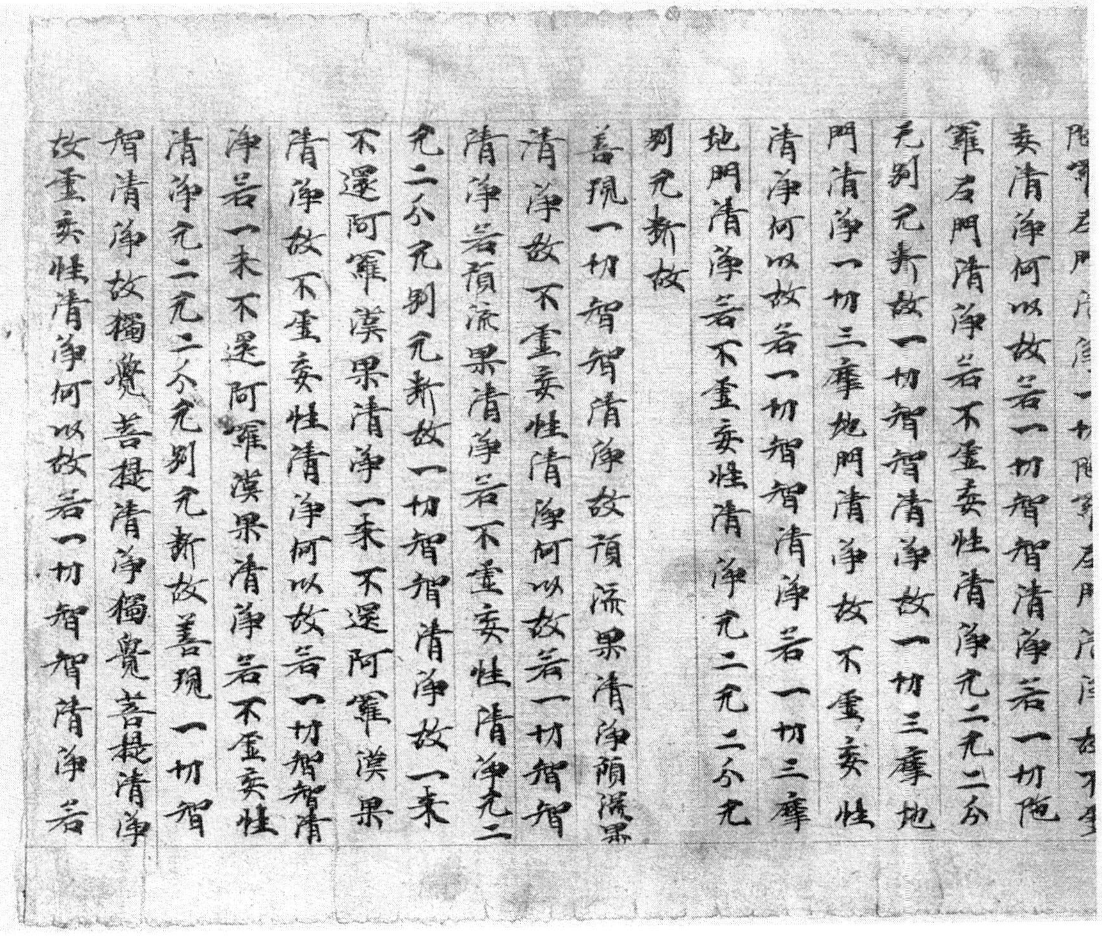
妄清淨何以故若一切智智清淨若一切陀
羅尼門清淨若不虛妄性清淨無二無二分
無別無斷故一切智智清淨故一切三摩地
門清淨一切三摩地門清淨故不虛妄性
清淨何以故若一切智智清淨若一切三摩
地門清淨若不虛妄性清淨無二無二分無
別無斷故
善現一切智智清淨故預流果清淨預流果
清淨故不虛妄性清淨何以故若一切智智
清淨若預流果清淨若不虛妄性清淨無二
無二分無別無斷故一切智智清淨故一來
不還阿羅漢果清淨一來不還阿羅漢果
清淨故不虛妄性清淨何以故若一切智智清
淨若一來不還阿羅漢果清淨若不虛妄性
清淨無二無二分無別無斷故善現一切智
智清淨故獨覺菩提清淨獨覺菩提清淨
故虛妄性清淨何以故若一切智智清淨若

BD05138 號　大般若波羅蜜多經卷二五九

（4–4）

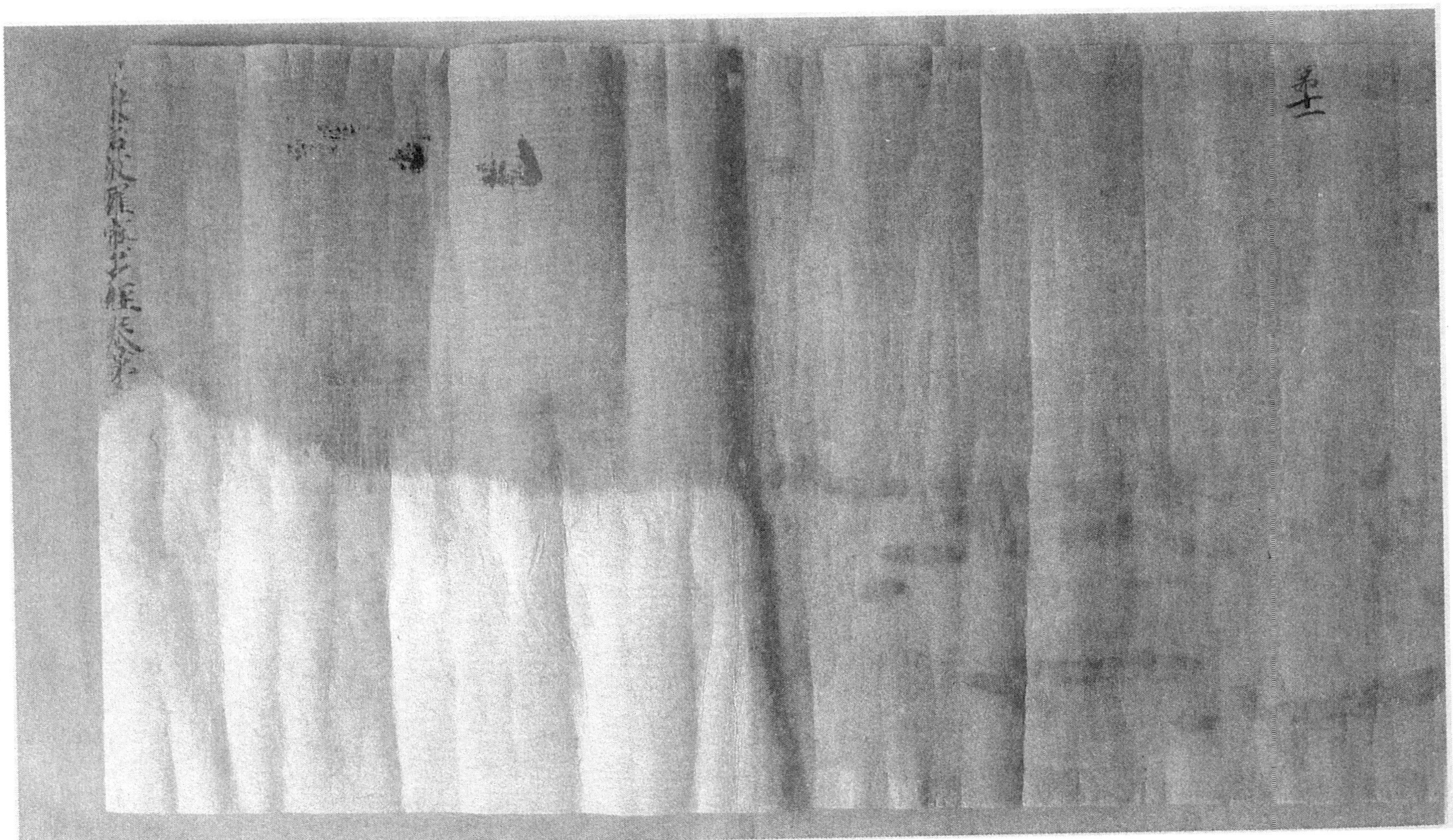

BD05139 號背　護首

（1–1）

大般若波羅蜜多經卷第十一　　三藏法師玄奘奉　詔譯
初分教誡教授品第七之一
尒時佛告具壽善現汝以辯才當為菩薩摩
訶薩衆宣說般若波羅蜜多相應之法教誡
教授諸菩薩摩訶薩令於般若波羅蜜多脩
學究竟時諸菩薩摩訶薩衆及大聲聞天龍

BD05139 號　大般若波羅蜜多經卷一一　（4–1）

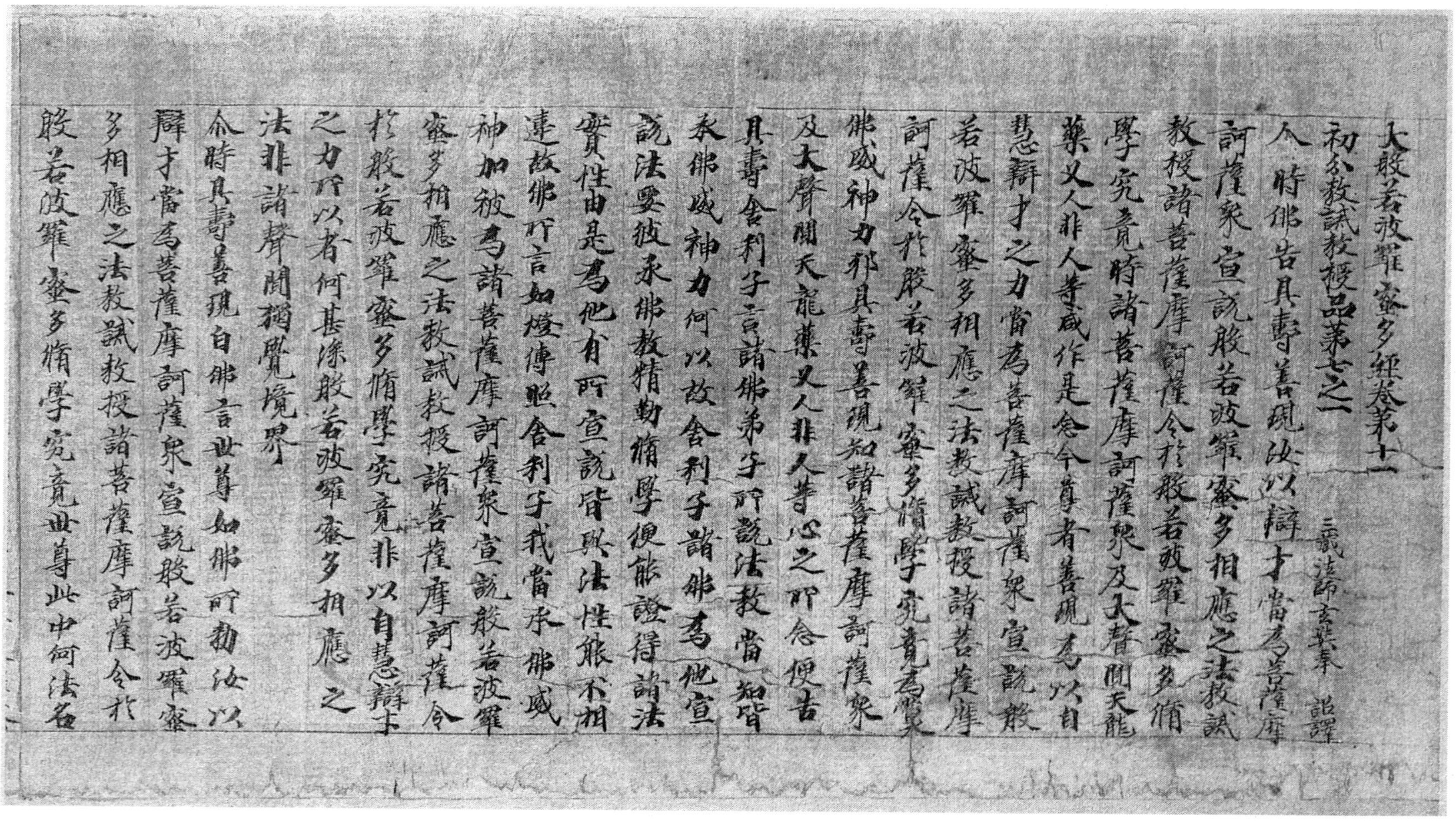

大般若波羅蜜多經卷第十一　　三藏法師玄奘奉　詔譯
初分教誡教授品第七之一
尒時佛告具壽善現汝以辯才當為菩薩摩
訶薩衆宣說般若波羅蜜多相應之法教誡
教授諸菩薩摩訶薩令於般若波羅蜜多脩
學究竟時諸菩薩摩訶薩衆及大聲聞天龍
藥叉人非人等咸作是念今尊者善現為以自
慧辯才之力當為菩薩摩訶薩衆宣說般
若波羅蜜多相應之法教誡教授諸菩薩摩
訶薩令於般若波羅蜜多脩學究竟為承
佛威神力耶具壽善現知諸菩薩摩訶薩衆
及大聲聞天龍藥叉人非人等心之所念便告
具壽舍利子言諸佛弟子所說法教當知皆
承佛威神力何以故舍利子諸佛為他宣
說法要彼承佛教精勤脩學便能證得諸法
實性由是為他有所宣說皆與法性能不相
違故佛所言如燈傳照舍利子我當承佛威
神加被為諸菩薩摩訶薩衆宣說般若波羅
蜜多相應之法教誡教授諸菩薩摩訶薩令
於般若波羅蜜多脩學究竟非以自慧辯才
之力所以者何甚深般若波羅蜜多相應之
法非諸聲聞獨覺境界
尒時具壽善現白佛言世尊如佛所勅汝以
辯才當為菩薩摩訶薩衆宣說般若波羅蜜
多相應之法教誡教授諸菩薩摩訶薩令於
般若波羅蜜多脩學究竟世尊此中何法名

BD05139 號　大般若波羅蜜多經卷一一　（4–2）

法非諸聲聞獨覺境界
尒時具壽善現白佛言世尊如佛所勅汝以
辯才當為菩薩摩訶薩衆宣說般若波羅蜜
多相應之法教誡教授諸菩薩摩訶薩令於
般若波羅蜜多脩學究竟世尊此中何法名
為菩薩摩訶薩復有何法名為般若波羅蜜
多世尊我不見有法可名菩薩摩訶薩亦不
見有法可名般若波羅蜜多如是二名亦不
見有云何令我為諸菩薩摩訶薩衆宣說般
若波羅蜜多相應之法教誡教授諸菩薩摩
訶薩令於般若波羅蜜多脩學究竟佛告善
現菩薩摩訶薩但有名謂為菩薩摩訶薩般
若波羅蜜多亦但有名謂為般若波羅蜜多
如是二名亦但有名善現此之三名不生不滅
唯有想等想施設言說如是假名不在內
不在外不在兩間不可得故
善現當知譬如我但是假名如是名假不生
不滅唯有想等想施設言說謂之為我如是
有情命者生者養者士夫補特伽羅意生儒
童作者使者起者使起者受者使受者知
者見者亦但是假名如是名假不生不滅唯
有想等想施設言說謂為有情乃至見者如
是一切但有假名此諸假名不在內不在外
不在兩間不可得故如是善現若菩薩摩訶
薩若般若波羅蜜多若此二名皆是假法如
是假法不生不滅唯有想等想施設言說謂
為菩薩摩訶薩謂為般若波羅蜜多及此二

BD05139號　大般若波羅蜜多經卷一一　（4–3）

不在外不在兩間不可得故
善現當知譬如我但是假名如是名假不生
不滅唯有想等想施設言說謂之為我如是
有情命者生者養者士夫補特伽羅意生儒
童作者使者起者使起者受者使受者知
者見者亦但是假名如是名假不生不滅唯
有想等想施設言說謂為有情乃至見者如
是一切但有假名此諸假名不在內不在外
不在兩間不可得故如是善現若菩薩摩訶
薩若般若波羅蜜多若此二名皆是假法如
是假法不生不滅唯有想等想施設言說謂
為菩薩摩訶薩謂為般若波羅蜜多及此二
名如是三種但有假名此諸假名不在內不
在外不在兩間不可得故
復次善現譬如色但是假法如是法假不生
不滅唯有想等想施設言說謂之為色如是
受想行識亦但是假法如是法假不生不滅
唯有想等想施設言說謂為受想行識如是

BD05139號　大般若波羅蜜多經卷一一　（4–4）

王
日月
世間解
有八十億
聲聞衆佛壽四
國无有女人地獄
諸難地平如掌瑠璃所成
上垂寶華幡寶瓶香爐周遍國
一樹一臺其樹去臺盡一箭道此諸寶樹
有菩薩聲聞而坐其下諸寶臺上各有百億
諸天作天伎樂歌嘆於佛以爲供養尒時彼
佛爲一切衆生憙見菩薩及衆菩薩諸聲聞
衆說法華經是一切衆生憙見菩薩樂習苦
行於日月淨明德佛法中精進經行一心求
佛滿万二千歲已得現一切色身三昧得此
三昧已心大歡喜即作念言我得現一切色
身三昧皆是得聞法華經力我今當供養日
月淨明德佛及法華經即時入是三昧於虛
空中雨曼陁羅華摩訶曼陁羅華細末堅黑

BD05140號　妙法蓮華經卷六　（9–1）

衆說法華經是一切衆生憙見菩薩樂習苦
行於日月淨明德佛法中精進經行一心求
佛滿万二千歲已得現一切色身三昧得此
三昧已心大歡喜即作念言我得現一切色
身三昧皆是得聞法華經力我今當供養日
月淨明德佛及法華經即時入是三昧於虛
空中雨曼陁羅華摩訶曼陁羅華細末堅黑
栴檀滿虛空中如雲而下又雨海此岸栴檀
之香此香六銖價直娑婆世界以供養佛作
是供養已從三昧起而自念言我雖以神力
供養於佛不如以身供養即服諸香栴檀薰
陸兜樓婆畢力迦沉水膠香又飲瞻蔔諸華
香油滿千二百歲已香油塗身於日月淨明
德佛前以天寶衣而自纏身灌諸香油以神
通力願而自然身光明遍照八十億恒河沙
世界其中諸佛同時讃言善哉善哉善男子
是真精進是名真法供養如來若以華香瓔
珞燒香末香塗香天繒幡蓋及海此岸栴檀
之香如是等種種諸物供養所不能及假使
國城妻子布施亦所不及善男子是名第一
之施於諸施中最尊最上以法供養諸如來
故作是語已而各嘿然其身火然千二百歲
過是已後其身乃盡一切衆生憙見菩薩作
如是法供養已命終之後復生日月淨明德
佛國中於淨德王家結加趺坐忽然化生即
爲其父而說偈言

BD05140號　妙法蓮華經卷六　（9–2）

故作是語已而各嘿然其身火然千二百歲
過是已後其身乃盡一切衆生憙見菩薩作
如是法供養已命終之後復生日月淨明德
佛國中於淨德王家結跏趺坐忽然化生即
為其父而說偈言
大王今當知　我經行彼處　即時得一切　現諸身三昧
懃行大精進　捨所愛之身
說是偈已而白父言日月淨明德佛今故現
在我先供養佛已得解一切衆生語言陀羅
尼復聞是法華經八百千万億那由他甄迦
羅頻婆羅阿閦婆等偈大王我今當還供養
此佛白已即坐七寶之臺上昇虛空高七多
羅樹往到佛所頭面禮足合十指爪以偈讚
佛
容顏甚奇妙　光明照十方　我適曾供養　今復還親近
尒時一切衆生憙見菩薩說是偈已而白佛
言世尊世尊猶故在世尒時日月淨明德佛
告一切衆生憙見菩薩善男子我涅槃時到
滅盡時至汝可安施床座我於今夜當般涅
槃又勑一切衆生憙見菩薩善男子我以佛
法囑累於汝及諸菩薩大弟子幷阿耨多羅
三藐三菩提法亦以三千大千七寶世界諸
寶樹寶臺及給侍諸天悉付於汝我滅度後
所有舍利亦付囑汝當令流布廣設供養應
起若干千塔如是日月淨明德佛勑一切衆

BD05140號　妙法蓮華經卷六　（9–3）

槃又勑一切衆生憙見菩薩善男子我以佛
法囑累於汝及諸菩薩大弟子幷阿耨多羅
三藐三菩提法亦以三千大千七寶世界諸
寶樹寶臺及給侍諸天悉付於汝我滅度後
所有舍利亦付囑汝當令流布廣設供養應
起若干千塔如是日月淨明德佛勑一切衆
生憙見菩薩已於夜後分入於涅槃尒時一
切衆生憙見菩薩見佛滅度悲感懊惱戀慕
於佛即以海此岸栴檀為積供養佛身而以
燒之火滅已後收取舍利作八万四千寶瓶
以起八万四千塔高三世界表剎莊嚴垂諸
幡蓋懸衆寶鈴尒時一切衆生憙見菩薩復
自念言我雖作是供養心猶未足我今當更
供養舍利便語諸菩薩大弟子及天龍夜叉
等一切大衆汝等當一心念我今供養日月
淨明德佛舍利作是語已即於八万四千塔
前然百福莊嚴臂七万二千歲而以供養令
无數求聲聞衆无量阿僧祇人發阿耨多羅
三藐三菩提心皆使得住現一切色身三昧
尒時諸菩薩天人阿脩羅等見其无臂憂惱
悲哀而作是言此一切衆生憙見菩薩是我
等師教化我者而今燒臂身不具足于時一
切衆生憙見菩薩於大衆中立此誓言我捨
兩臂必當得佛金色之身若實不虛令我兩
臂還復如故作是誓已自然還復由斯菩薩

BD05140號　妙法蓮華經卷六　（9–4）

悲哀而作是言此一切衆生憙見菩薩是我
等師教化我者而今燒臂身不具足于時一
切衆生憙見菩薩於大衆中立此誓言我捨
兩臂必當得佛金色之身若實不虛令我兩
臂還復如故作是誓已自然還復由斯菩薩
福德智慧淳厚所致當尒之時三千大千世
界六種震動天雨寶華一切人天得未曾有
佛告宿王華菩薩於汝意云何一切衆生憙
見菩薩豈異人乎今藥王菩薩是也其所捨
身布施如是无量百千万億那由他數宿王
華若有發心欲得阿耨多羅三藐三菩提者
能然手指乃至足一指供養佛塔勝以國城
妻子及三千大千國土山林河池諸珎寶物
而供養者若復有人以七寶滿三千大千世
界供養於佛及大菩薩辟支佛阿羅漢是人
所得功德不如受持此法華經乃至一四句
偈其福㝡多宿王華譬如一切川流江河諸
水之中海為第一此法華經亦復如是於諸
如來所說經中㝡為深大又如土山黑山小
鐵圍山大鐵圍山及十寶山衆山之中須弥
山為第一此法華經亦復如是於諸經中㝡
為其上又如衆星之中月天子㝡為第一此
法華經亦復如是於千万億種諸經法中㝡
為照明又如日天子能除諸闇此經亦復如
是能破一切不善之闇又如諸小王中轉輪

BD05140 號　妙法蓮華經卷六　　(9–5)

山為第一此法華經亦復如是於諸經中㝡
為其上又如衆星之中月天子㝡為第一此
法華經亦復如是於千万億種諸經法中㝡
為照明又如日天子能除諸闇此經亦復如
是能破一切不善之闇又如諸小王中轉輪
聖王㝡為第一此經亦復如是於衆經中㝡
為其尊又如帝釋於三十三天中王此經亦
復如是諸經中王又如大梵天王一切衆生
之父此經亦復如是一切賢聖學无學及發
菩薩心者之父又如一切凡夫人中須陁洹
斯陁含阿那含阿羅漢辟支佛為第一此經
亦復如是一切如來所說若菩薩所說若聲
聞所說諸經法中㝡為第一有能受持是經
典者亦復如是於一切衆生中亦為第一一
切聲聞辟支佛中菩薩為第一此經亦復如
是於一切諸經法中㝡為第一如佛為諸法
王此經亦復如是諸經中王宿王華此經能
救一切衆生者此經能令一切衆生離諸苦
惱此經能大饒益一切衆生充滿其願如清
涼池能滿一切諸渴乏者如寒者得火如祼
者得衣如商人得主如子得母如渡得舡如
病得醫如暗得燈如貧得寶如民得王如賈
客得海如炬除暗此法華經亦復如是能令
衆生離一切苦一切病痛能解一切生死之
縛若人得聞此法華經若自書使人書所

BD05140 號　妙法蓮華經卷六　　(9–6)

惱此經能大饒益一切衆生充滿其願如清
涼池能滿一切諸渴乏者如寒者得火如裸
者得衣如商人得主如子得母如渡得船如
病得醫如暗得燈如貧得寶如民得王如賈
客得海如炬除暗此法華經亦復如是能令
衆生離一切苦一切病痛能解一切生死之
縛若人得聞此法華經若自書若使人書所
得功德以佛智慧籌量多少不得其邊若書
是經卷華香瓔珞燒香末香塗香幡蓋衣服
種種之燈蘇燈油燈諸香油燈瞻蔔油燈須
曼油燈波羅羅油燈婆利師迦油燈那婆摩
利油燈供養所得功德亦復无量宿王華若
有人聞是藥王菩薩本事品者亦得无量无
邊功德若有女人聞是藥王菩薩本事品能
受持者盡是女身後不復受若如來滅後後
五百歲中若有女人聞是經典如說修行於
此命終即往安樂世界阿彌陀佛大菩薩衆
圍繞住處生蓮華中寶座之上不復爲貪欲
所惱亦復不爲瞋恚愚癡所惱亦復不爲憍
慢嫉妬諸垢所惱得菩薩神通无生法忍得
是忍已眼根清淨以是清淨眼根見七百万
二千億那由他恒河沙等諸佛如來是時諸
佛遥共讚言善哉善哉善男子汝能於釋迦
牟尼佛法中受持讀誦思惟是經爲他人說
所得福德无量无邊火不能燒水不能漂汝

BD05140號　妙法蓮華經卷六　（9–7）

慢嫉妬諸垢所惱得菩薩神通无生法忍得
是忍已眼根清淨以是清淨眼根見七百万
二千億那由他恒河沙等諸佛如來是時諸
佛遥共讚言善哉善哉善男子汝能於釋迦
牟尼佛法中受持讀誦思惟是經爲他人說
所得福德无量无邊火不能燒水不能漂汝
之功德千佛共說不能令盡汝今已能破諸
魔賊壞生死軍諸餘怨敵皆悉摧滅善男子
百千諸佛以神通力共守護汝於一切世間
天人之中无如汝者唯除如來其諸聲聞辟
支佛乃至菩薩智慧禪定无有與汝等者宿
王華此菩薩成就如是功德智慧之力若有
人聞是藥王菩薩本事品能隨喜讚善者是
人現世口中常出青蓮華香身毛孔中常出
牛頭栴檀之香所得功德如上所說是故宿王
華以此藥王菩薩本事品囑累於汝我滅度
後後五百歲中廣宣流布於閻浮提无令斷
絶惡魔魔民諸天龍夜叉鳩槃荼等得其便
也宿王華汝當以神通之力守護是經所以
者何此經則爲閻浮提人病之良藥若人有
病得聞是經病即消滅不老不死宿王華汝
若見有受持是經者應以青蓮華盛滿末香
供散其上散已作是念言此人不久必當取
草坐於道場破諸魔軍當吹法螺擊大法鼓
度脫一切衆生老病死海是故求佛道者見

BD05140號　妙法蓮華經卷六　（9–8）

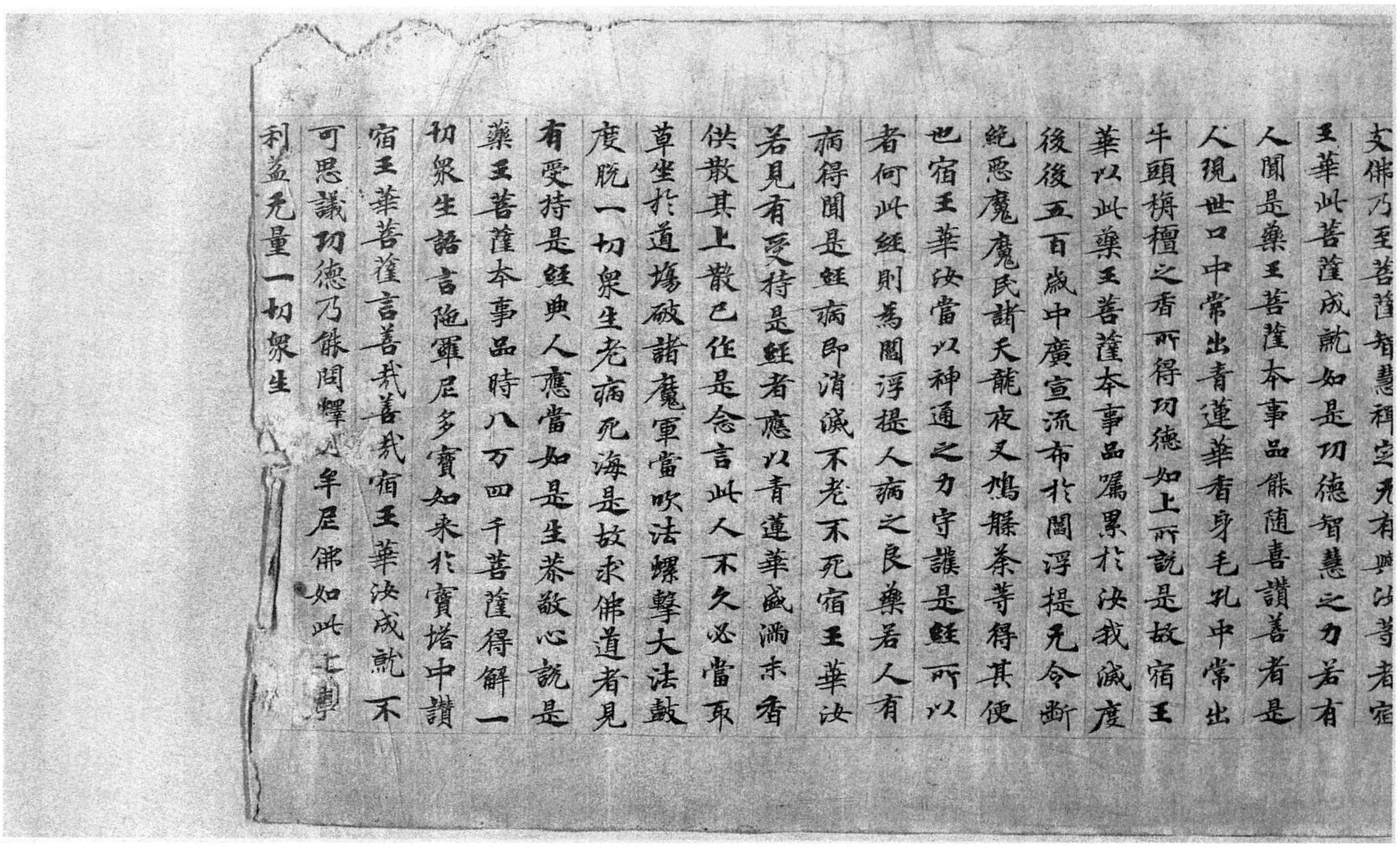

文佛乃至菩薩智慧禪定无有與汝等者宿
王華此菩薩成就如是功德智慧之力若有
人聞是藥王菩薩本事品能隨喜讚善者是
人現世口中常出青蓮華香身毛孔中常出
牛頭栴檀之香所得功德如上所說是故宿王
華以此藥王菩薩本事品囑累於汝我滅度
後後五百歲中廣宣流布於閻浮提无令斷
絕惡魔魔民諸天龍夜叉鳩槃荼等得其便
也宿王華汝當以神通之力守護是經所以
者何此經則為閻浮提人病之良藥若人有
病得聞是經病即消滅不老不死宿王華汝
若見有受持是經者應以青蓮華盛滿末香
供散其上散已作是念言此人不久必當取
草坐於道場破諸魔軍當吹法螺擊大法鼓
度脫一切衆生老病死海是故求佛道者見
有受持是經典人應當如是生恭敬心說是
藥王菩薩本事品時八万四千菩薩得解一
切衆生語言陀羅尼多寶如來於寶塔中讚
宿王華菩薩言善哉善哉宿王華汝成就不
可思議功德乃能問釋迦牟尼佛如此之事
利益无量一切衆生

BD05140號　妙法蓮華經卷六　（9–9）

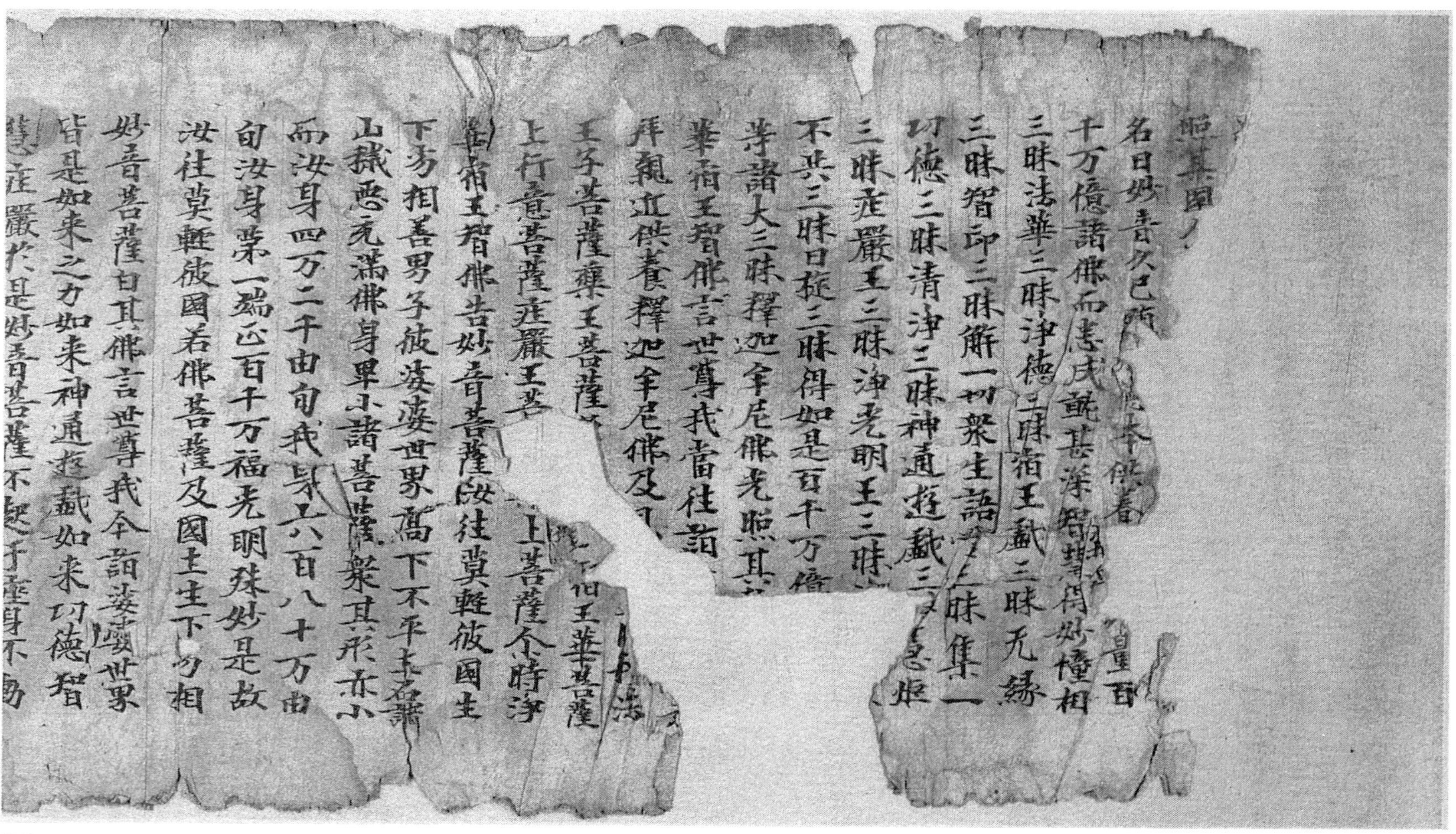

照其國
名曰妙音久已植衆德本供養親近无量百
千万億諸佛而悉成就甚深智慧得妙幢相
三昧法華三昧淨德三昧宿王戲三昧无緣
三昧智印三昧解一切衆生語言三昧集一
切功德三昧清淨三昧神通遊戲三昧慧炬
三昧莊嚴王三昧淨三昧淨光明王三昧
不共三昧日旋三昧得如是百千万億
等諸大三昧釋迦牟尼佛光照其身
華宿王智佛言世尊我當往詣
拜親近供養釋迦牟尼佛及見
王子菩薩藥王菩薩　宿王華菩薩
上行意菩薩莊嚴王菩　上菩薩尒時淨
宿王智佛告妙音菩薩汝往莫輕彼國生
下劣想善男子彼娑婆世界高下不平土石諸
山穢惡充滿佛身卑小諸菩薩衆其形亦小
而汝身四万二千由旬我身六百八十万由
旬汝身第一端正百千万福光明殊妙是故
汝往莫輕彼國若佛菩薩及國土生下劣相
妙音菩薩白其佛言世尊我今詣娑婆世界
皆是如來之力如來神通遊戲如來功德智
慧莊嚴於是妙音菩薩不起於座身不動

BD05141號　妙法蓮華經卷七　（27–1）

而汝身第一端正百千万福光明殊妙是故
汝往莫輕彼國若佛菩薩及國土生下劣相
妙音菩薩白其佛言世尊我今詣娑婆世界
皆是如来之力如来神通遊戲如来功德智
慧莊嚴於是妙音菩薩不起于座身不動
搖而入三昧以三昧力於耆闍崛山去法座不
遠化作八万四千衆寶蓮華閻浮檀金為莖
白銀為葉金剛為鬚甄叔迦寶以為其臺尒
時文殊師利法王子見是蓮華而白佛言世
尊是何因緣先現此瑞有若干千万蓮華閻
浮檀金為莖白銀為葉金剛為鬚甄叔迦寶
以為其臺尒時釋迦牟尼佛告文殊師利是
妙音菩薩摩訶薩欲從淨華宿王智佛國與
八万四千菩薩圍繞而来至此娑婆世界供
養親近礼拜於我亦欲供養聽法華經文殊
師利白佛言世尊是菩薩種何善本脩何功
德而能有是大神通力行何三昧願為我等
說是三昧名字我等亦欲勤脩行之行此三
昧乃能見是菩薩色相大小威儀進止唯願
世尊以神通力彼菩薩来令我得見尒時釋
迦牟尼佛告文殊師利此久滅度多寶如来
當為汝等而現其相時多寶佛告彼菩薩善
男子来文殊師利法王子欲見汝身于時妙音
菩薩於彼國沒與八万四千菩薩俱共發来
所經諸國六種震動皆悉雨於七寶蓮華
百千天樂不鼓自鳴是菩薩目如廣大青蓮

BD05141 號　妙法蓮華經卷七

(27–2)

當為汝等而現其相時多寶佛告彼菩薩善
男子来文殊師利法王子欲見汝身于時妙音
菩薩於彼國沒與八万四千菩薩俱共發来
所經諸國六種震動皆悉雨於七寶蓮華
百千天樂不鼓自鳴是菩薩目如廣大青蓮
華葉正使和合百千万月其面貌端正復過於
此身真金色无量百千功德莊嚴威德熾盛
光明照曜諸相具足如那羅延堅固之身入
七寶臺上昇虛空去地七多羅樹諸菩薩衆
恭敬圍繞而来詣此娑婆世界耆闍崛山到
已下七寶臺以價直百千瓔珞持至釋迦牟
尼佛所頭面礼足奉上瓔珞而白佛言世尊
淨華宿王智佛問訊世尊少病少惱起居輕
利安樂行不四大調和不世事可忍不衆生
易度不无多貪欲瞋恚愚癡嫉妬慳慢不无
不孝父母不敬沙門邪見不善心不攝五情不
世尊衆生能降伏諸魔怨不久滅度多寶
如来在七寶塔中来聽法不又問訊多寶如
来安隱少惱堪忍久住不世尊我今欲見多
寶佛身唯願世尊示我令見尒時釋迦牟尼
佛語多寶佛是妙音菩薩欲得相見時多寶
佛告妙音言善哉善哉汝能為供養釋迦牟
尼佛及聽法華經并見文殊師利等故来至
此尒時華德菩薩白佛言世尊是妙音菩薩
種何善根脩何功德有如是神力佛告華德
菩薩過去有佛名雲雷音王多陀阿伽度阿羅

BD05141 號　妙法蓮華經卷七

(27–3)

佛語多寶佛是妙音菩薩欲得相見時多寶
佛告妙音言善哉善哉汝能為供養釋迦牟
尼佛及聽法華經并見文殊師利等故來至
此尒時華德菩薩白佛言世尊是妙音菩薩
種何善根修何功德有如是神力佛告華德
菩薩過去有佛名雲雷音王多陀阿伽度阿羅
訶三藐三佛陀國名現一切世間劫名喜見妙
音菩薩於万二千歲以十万種伎樂供養
雲雷音王佛并奉上八万四千七寶鉢以是
因緣果報今生淨華宿王智佛國有是神力
華德於意云何尒時雲雷音王佛所妙音
菩薩伎樂供養奉上寶器者豈異人乎今
此妙音菩薩摩訶薩是華德是妙音菩薩已
曾供養親近无量諸佛久殖德本又值恒河沙
等百千万億那由他佛華德汝但見妙音菩
薩其身在此而是菩薩現種種身處處為
諸衆生說是經典或現梵王身或現帝釋身
或現自在天身或現大自在天身或現天大將
軍身或現毗沙門天王身或現轉輪聖王身
或現諸小王身或現長者身或現居士身或
現宰官身或現婆羅門身或現比丘比丘
尼優婆塞優婆夷身或現長者居士婦女身
或現宰官婦女身或現婆羅門婦女身或現
童男童女身或現天龍夜叉乾闥婆阿脩羅
迦樓羅緊那羅摩睺羅伽人非人等身而說
是經諸有地獄餓鬼畜生及衆難處皆能救

BD05141 號　妙法蓮華經卷七　（27–4）

尼優婆塞優婆夷身或現長者居士婦女身
或現宰官婦女身或現婆羅門婦女身或現
童男童女身或現天龍夜叉乾闥婆阿脩羅
迦樓羅緊那羅摩睺羅伽人非人等身而說
是經諸有地獄餓鬼畜生及衆難處皆能救
濟乃至於王後宮變為女身而說是經華德
是妙音菩薩能救護娑婆世界諸衆生者是
妙音菩薩如是種種變化現身在此娑婆國
土為諸衆生說是經典於神通變化智慧无
所損減是菩薩以若干智慧明照娑婆世界
令一切衆生各得所知於十方恒河沙世界
中亦復如是若應以聲聞形得度者現聲聞
形而為說法應以辟支佛形得度者現辟支
佛形而為說法應以菩薩形得度者現菩薩
形而為說法應以佛形得度者即現佛形而
為說法如是種種隨所應度而為現形乃至
應以滅度而得度者示現滅度華德妙音菩
薩摩訶薩成就大神通智慧之力其事如是
尒時華德菩薩白佛言世尊是妙音菩薩深
種善根世尊是菩薩住何三昧而能如是在所
變現度脫衆生佛告華德菩薩善男子其三
昧名現一切色身妙音菩薩住是三昧中能如
是饒益无量衆生說是妙音菩薩品時與妙
音菩薩俱來者八万四千人皆得現一切色
身三昧此娑婆世界无量菩薩亦得是三
昧及陀羅尼尒時妙音菩薩摩訶薩供養

BD05141 號　妙法蓮華經卷七　（27–5）

種善根世尊是菩薩住何三昧而能如是在所
變現度脫衆生佛告華德菩薩善男子其三
昧名現一切色身妙音菩薩住是三昧中能如
是饒益无量衆生說是妙音菩薩品時與妙
音菩薩俱来者八万四千人皆得現一切色
身三昧此娑婆世界无量菩薩亦得是三
昧及陁羅尼尒時妙音菩薩摩訶薩供養
釋迦牟尼佛及多寶佛塔已還歸本土所經諸
國六種震動雨寶蓮華作百千万億種種伎
樂既到本國與八万四千菩薩圍繞至淨華
宿王智佛所白佛言世尊我到娑婆世界
饒益衆生見釋迦牟尼佛及見多寶佛塔礼
拜供養又見文殊師利法王子菩薩及見藥
王菩薩得勤精進力菩薩勇施菩薩等亦令
是八万四千菩薩得現一切色身三昧說是
妙音菩薩来往品時四万二千天子得无生
法忍華德菩薩得法華三昧

妙法蓮華經觀世音菩薩普門品第二十五

尒時无盡意菩薩即從座起偏袒右肩合
掌向佛而作是言世尊觀世音菩薩以何
因緣名觀世音佛告无盡意菩薩善男子
若有无量百千万億衆生受諸苦惱聞是觀世
音菩薩一心稱名觀世音菩薩即時觀其音
聲皆得解脫若有持是觀世音菩薩名者設
入大火火不能燒由是菩薩威神力故若為
大水所漂稱其名号即得淺處若有百千

BD05141號　妙法蓮華經卷七　（27-6）

若有无量百千万億衆生受諸苦惱聞是觀世
音菩薩一心稱名觀世音菩薩即時觀其音
聲皆得解脫若有持是觀世音菩薩名者設
入大火火不能燒由是菩薩威神力故若為
大水所漂稱其名号即得淺處若有百千
万億衆生為求金銀瑠璃車𤦲馬瑙珊瑚虎
珀真珠等寶入於大海假使黒風吹其船舫飄
墮羅剎鬼國其中若有乃至一人稱觀世音
菩薩名者是諸人等皆得解脫羅剎之難
以是因緣名觀世音若復有人臨當被害稱
觀世音菩薩名者彼所執刀杖尋段段壞而得
解脫若三千大千國土滿中夜叉羅剎欲来惱
人聞其稱觀世音菩薩名者是諸惡鬼尚不
能以惡眼視之況復加害設復有人若有罪
若无罪杻械枷鎖檢繫其身稱觀世音菩薩
名者皆悉斷壞即得解脫若三千大千國土滿
中怨賊有一商主將諸商人賫持重寶經過
險路其中一人作是唱言諸善男子勿得恐怖
汝等一心稱觀世音菩薩名号是菩薩能以无
畏施於衆生汝等若稱名者於此怨賊當得解
脫衆商人聞俱發聲言南无觀世音菩薩稱其
名故即得解脫无盡意觀世音菩薩摩訶
薩威神之力巍巍如是
若有衆生多於婬欲常念恭敬觀世音菩
薩便得離欲若多瞋恚常念恭敬觀世音菩
薩便得離瞋若多愚癡常念恭敬觀世音菩

BD05141號　妙法蓮華經卷七　（27-7）

衆商人聞俱發聲言南无觀世音菩薩稱其
名故即得解脫无盡意觀世音菩薩摩訶
薩威神之力巍巍如是
若有衆生多於婬欲常念恭敬觀世音菩
薩便得離欲若多瞋恚常念恭敬觀世音菩
薩便得離瞋若多愚癡常念恭敬觀世音菩
薩便得離癡无盡意觀世音菩薩有如是
等大威神力多所饒益是故衆生常應心念
若有女人設欲求男礼拜供養觀世音菩薩
便生福德智慧之男設欲求女便生端正有
相之女宿殖德本衆人愛敬无盡意觀世音
菩薩有如是力若有衆生恭敬礼拜觀世
音菩薩福不唐捐是故衆生皆應受持觀
世音菩薩名号无盡意若有人受持六十二
億恒河沙菩薩名字復盡形供養飲食衣
服卧具醫藥於汝意云何是善男子善女人
功德多不无盡意言甚多世尊佛言若復
有人受持觀世音菩薩名号乃至一時礼拜
是二人福正等无異於百千万億劫不可窮盡
无盡意受持觀世音菩薩名号得如是无量
无邊福德之利
无盡意菩薩白佛言世尊觀世音菩薩云
何遊此娑婆世界云何而為衆生說法方便
之力其事云何佛告无盡意菩薩善男子若
有國土衆生應以佛身得度者觀世音菩薩
即現佛身而為說法應以辟支佛身得度者即

BD05141號　妙法蓮華經卷七　（27–8）

无邊福德之利
无盡意菩薩白佛言世尊觀世音菩薩云
何遊此娑婆世界云何而為衆生說法方便
之力其事云何佛告无盡意菩薩善男子若
有國土衆生應以佛身得度者觀世音菩薩
即現佛身而為說法應以辟支佛身得度者即
現辟支佛身而為說法應以聲聞身得度者
即現聲聞身而為說法應以梵王身得度者
即現梵王身而為說法應以帝釋身得度者
即現帝釋身而為說法應以自在天身得度者
即現自在天身而為說法應以大自在天身
得度者即現大自在天身而為說法應以天
大將軍身得度者即現天大將軍身而為
說法應以毗沙門身得度者即現毗沙門身
而為說法應以小王身得度者即現小王身
而為說法應以長者身得度者即現長者身
而為說法應以居士身得度者即現居士身
而為說法應以宰官身得度者即現宰官身
而為說法應以婆羅門身得度者即現婆羅
門身而為說法應以比丘比丘尼優婆塞優婆
夷身得度者即現比丘比丘尼優婆塞優婆
夷身而為說法應以長者居士宰官婆羅
門婦女身得度者即現婦女身而為說法應
以童男童女身得度者即現童男童女身而
為說法應以天龍夜叉乾闥婆阿脩羅迦樓
羅緊那羅摩睺羅伽人非人等身得度者

BD05141號　妙法蓮華經卷七　（27–9）

夷身而為說法應以長者居士宰官婆羅
門婦女身得度者即現婦女身而為說法應
以童男童女身得度者即現童男童女身而
為說法應以天龍夜叉乾闥婆阿脩羅迦樓
羅緊那羅摩睺羅伽人非人等身得度者
即皆現之而為說法應以執金剛神得度者即
現執金剛神而為說法无盡意是觀世音菩
薩成就如是功德以種種形遊諸國土度脫衆
生是故汝等應當一心供養觀世音菩薩是
觀世音菩薩摩訶薩於怖畏急難之中能
施无畏是故此娑婆世界皆号之為施无畏
者尒時无盡意菩薩白佛言世尊我今當供
養觀世音菩薩即解頸衆寶珠瓔珞價直
百千兩金而以與之作是言仁者受此法施
珎寶瓔珞時觀世音菩薩不肯受之无盡意
復白觀世音菩薩言仁者愍我等故受此瓔
珞尒時佛告觀世音菩薩當愍此无盡意菩
薩及四衆天龍夜叉乾闥婆阿脩羅迦樓羅
緊那羅摩睺羅伽人非人等故受是瓔珞即
時觀世音菩薩愍諸四衆及於天龍人非人
等受其瓔珞分作二分一分奉釋迦牟尼佛一
分奉多寶佛塔无盡意觀世音菩薩有如
是自在神力遊於娑婆世界尒時无盡意菩
薩以偈問曰
世尊妙相具　我今重問彼　佛子何因緣　名為觀世音

BD05141號　妙法蓮華經卷七　(27–10)

時觀世音菩薩愍諸四衆及於天龍人非人
等受其瓔珞分作二分一分奉釋迦牟尼佛一
分奉多寶佛塔无盡意觀世音菩薩有如
是自在神力遊於娑婆世界尒時无盡意菩
薩以偈問曰
世尊妙相具　我今重問彼　佛子何因緣　名為觀世音
具足妙相尊　偈荅无盡意　汝聽觀音行　善應諸方所
弘誓深如海　歷劫不思議　侍多千億佛　發大清淨願
我為汝略說　聞名及見身　心念不空過　能滅諸有苦
假使興害意　推落大火坑　念彼觀音力　火坑變成池
或漂流巨海　龍魚諸鬼難　念彼觀音力　波浪不能沒
或在須弥峯　為人所推墮　念彼觀音力　如日虛空住
或被惡人逐　墮落金剛山　念彼觀音力　不能損一毛
或值怨賊遶　各執刀加害　念彼觀音力　咸即起慈心
或遭王難苦　臨刑欲壽終　念彼觀音力　刀尋段段壞
或囚禁枷鎖　手足被杻械　念彼觀音力　釋然得解脫
呪詛諸毒藥　所欲害身者　念彼觀音力　還著於本人
或遇惡羅剎　毒龍諸鬼等　念彼觀音力　時悉不敢害
或惡獸圍遶　利牙爪可怖　念彼觀音力　疾走无邊方
蚖蛇及蝮蝎　氣毒煙火然　念彼觀音力　尋聲自迴去
雲雷鼓掣電　降雹澍大雨　念彼觀音力　應時即消散
衆生被困厄　无量苦逼身　觀音妙智力　能救世間苦
具足神通力　廣脩智方便　十方諸國土　无剎不現身
種種諸惡趣　地獄鬼畜生　生老病死苦　以漸悉令滅
真觀清淨觀　廣大智慧觀　悲觀及慈觀　常願常瞻仰
无垢清淨光　慧日破諸闇　能伏災風火　普明照世間

BD05141號　妙法蓮華經卷七　(27–11)

雲雷鼓掣電 降雹澍大雨 念彼觀音力 應時得消散
衆生被困厄 无量苦逼身 觀音妙智力 能救世間苦
具足神通力 廣修智方便 十方諸國土 无刹不現身
種種諸惡趣 地獄鬼畜生 生老病死苦 以漸悉令滅
真觀清淨觀 廣大智慧觀 悲觀及慈觀 常願常瞻仰
无垢清淨光 慧日破諸闇 能伏災風火 普明照世間
悲體戒雷震 慈意妙大雲 澍甘露法雨 滅除煩惱炎
諍訟經官處 怖畏軍陣中 念彼觀音力 衆怨悉退散
妙音觀世音 梵音海潮音 勝彼世間音 是故須常念
念念勿生疑 觀世音淨聖 於苦惱死厄 能為作依怙
具一切功德 慈眼視衆生 福聚海无量 是故應頂礼
尒時持地菩薩即從座起前白佛言世尊若
有衆生聞是觀世音菩薩品自在之業普門
示現神通力者當知是人功德不少佛說是普
門品時衆中八万四千衆生皆發无等等阿耨
多羅三藐三菩提心

妙法蓮華經陀羅尼品第廿六

尒時藥王菩薩即從座起偏袒右肩合掌向
佛而白佛言世尊若善男子善女人有能受
持法華經者若讀誦通利若有書寫經卷得
幾所福佛告藥王若有善男子善女人供養
八百万億那由他恒河沙等諸佛於意云何其
所得福寧為多不甚多世尊佛言若善男
子善女人能於是乃至受持一四句偈讀誦
解義如說修行功德甚多尒時藥王菩薩
白佛言世尊我今當與說法者陀羅尼呪以

BD05141號　妙法蓮華經卷七　（27–12）

八百万億那由他恒河沙等諸佛於意云何其
所得福寧為多不甚多世尊佛言若善男
子善女人能於是乃至受持一四句偈讀誦
解義如說修行功德甚多尒時藥王菩薩
白佛言世尊我今當與說法者陀羅尼呪以
守護之即說呪曰
安尒一 曼尒二 摩祢三 摩摩祢四 旨隸五 遮
梨第六 賒咩羊鳴音七 賒履罔雉反 多瑋八 羶輸千反
帝九 目帝十 目多履十一 娑履十二 阿瑋娑履十三
桑履十四 娑履十五 叉裔十六 阿叉裔十七 阿耆
膩十八 羶帝十九 賒履廿 陀羅尼廿一 阿盧伽婆娑蘇柰反
簸蔗毗叉膩廿二 祢毗剃廿三 阿便哆都餓反
邏祢履剃廿四 阿亶哆波隸輸地廿五 漚究隸廿六
牟究隸廿七 阿羅隸廿八 波羅隸廿九 首迦差初几反卅
阿三磨三履卅一 佛馱毗吉利袠帝卅二 達磨
波利差猜離反帝卅三 僧伽涅瞿沙祢卅四 婆舍
婆舍輸地卅五 曼哆邏卅六 曼哆邏叉夜多
卅七 郵樓哆卅八 郵樓哆憍舍略盧遮反卅九 惡叉邏
四十 惡叉冶多冶四十一 阿婆盧四十二 阿摩若荏蔗反那多
夜四十三
世尊是陀羅尼神呪六十二億恒河沙等諸
佛所說若有侵毀此法師者則為侵毀是諸
佛已時釋迦牟尼佛讚藥王菩薩言善哉善
哉藥王汝愍念擁護此法師故說是陀羅尼
於諸衆生多所饒益

BD05141號　妙法蓮華經卷七　（27–13）

世尊是陁羅尼神呪六十二億恒河沙等諸
佛所說若有侵毀此法師者則為侵毀是諸
佛已時釋迦牟尼佛讚藥王菩薩言善哉善
哉藥王汝愍念擁護此法師故說是陁羅尼
於諸衆生多所饒益
尒時勇施菩薩白佛言世尊我亦為擁護讀
誦受持法華經者說陁羅尼若此法師得是
陁羅尼若夜叉若羅剎若富單那若吉蔗若
鳩槃荼若餓鬼等伺求其短无能得便即於
佛前而說呪曰
痤菩螺反隸一 摩訶痤隸二 郁枳三 目枳四 阿隸五 阿
羅婆第六 涅隸第六 涅隸第七 涅隸多婆第
八 伊緻猪履反抳九 韋緻抳十 旨緻抳十一 涅隸墀抳
十二 涅犁墀婆底十三
世尊是陁羅尼神呪恒河沙等諸佛所說亦皆
隨喜若有侵毀此法師者則為侵毀是諸佛
已
尒時毗沙門天王護世者白佛言世尊我亦為愍
念衆生擁護此法師故說是陁羅尼即說呪曰
阿梨一 那梨二 㝹那梨三 阿那盧四 那履五 拘那
履六
世尊以是神呪擁護法師我亦自當擁護持
是經者令百由旬內无諸衰患
尒時持國天王在此會中與千万億那由他
乾闥婆衆恭敬圍繞前詣佛所合掌白佛言
世尊我亦以陁羅尼神呪擁護持法華經者

BD05141號　妙法蓮華經卷七　（27-14）

世尊以是神呪擁護法師我亦自當擁護持
是經者令百由旬內无諸衰患
尒時持國天王在此會中與千万億那由他
乾闥婆衆恭敬圍繞前詣佛所合掌白佛言
世尊我亦以陁羅尼神呪擁護持法華經者
即說呪曰
阿伽祢一 伽祢二 瞿利三 乾陁利四 栴陁利五 摩蹬
耆六 常求利七 浮樓莎抳八 頞底九
世尊是陁羅尼神呪四十二億諸佛所說若有
侵毀此法師者則為侵毀是諸佛已
尒時有羅剎女等一名藍婆二名毗藍婆三名
曲齒四名華齒五名黑齒六名多髮七名无
厭足八名持瓔珞九名睪帝十名奪一切衆
生精氣是十羅剎女與鬼子母并其子及
眷屬俱詣佛所同聲白佛言世尊我亦欲擁
護讀誦受持法華經者除其衰患若有伺求
法師短者令不得便即於佛前而說呪曰
伊提履一 伊提泯二 伊提履三 阿提履四 伊提
履五 泥履六 泥履七 泥履八 泥履九 泥履十 樓
醢十一 樓醢十二 樓醢十三 樓醢十四 多醢十五 多醢十六
多醢十七 兜醢十八 㝹醢十九
寧上我頭上莫惱於法師若夜叉若羅剎若
餓鬼若富單那若吉蔗若毗陁羅若犍馱若
烏摩勒伽若阿跋摩羅若夜叉吉蔗若人吉
蔗若熱病若一日若二日若三日若四日若至七

BD05141號　妙法蓮華經卷七　（27-15）

醯 樓醯 樓醯 樓醯 多醯 多醯
多醯十七 兜醯十八 㝹醯十九
寧上我頭上莫惱於法師若夜叉若羅剎若
餓鬼若富單那若吉蔗若毗陀羅若犍馱若
烏摩勒伽若阿跋摩羅若夜叉吉蔗若人吉
蔗若熱病若一日若二日若三日若四日若至七
日若常熱病若男形若女形若童男形若童
女形乃至夢中亦復莫惱即於佛前而說偈言
若不順我呪 惱亂說法者 頭破作七分 如阿梨樹枝
如煞父母罪 亦如壓油殃 斗秤欺誑人 調達破僧罪
犯此法師者 當獲如是殃
諸羅剎女說此偈已白佛言世尊我等亦當
身自擁護受持讀誦修行是經者令得安隱
離諸衰患消衆毒藥佛告諸羅剎女善哉善
哉汝等但能擁護受持法華名者福不可量
何況擁護具足受持供養經卷華香瓔珞末
香塗香燒香幡蓋伎樂然種種燈蘇燈油燈
諸香油燈蘇摩那華油燈瞻蔔華油燈婆師
迦華油燈優波羅華油燈如是等百千種供
養者睪諦汝等及眷屬應當擁護如是法師
說此陀羅尼品時六万八千人得无生法忍
妙法蓮華經妙莊嚴王本事品第廿七
尒時佛告諸大衆乃往古世過无量无邊不
可思議阿僧祇劫有佛名雲雷音宿王華智
多陀阿伽度阿羅訶三藐三佛陀國名光明莊嚴
劫名喜見彼佛法中有王名妙莊嚴其王夫

說此陀羅尼品時六万八千人得无生法忍
妙法蓮華經妙莊嚴王本事品第廿七
尒時佛告諸大衆乃往古世過无量无邊不
可思議阿僧祇劫有佛名雲雷音宿王華智
多陀阿伽度阿羅訶三藐三佛陀國名光明莊嚴
劫名喜見彼佛法中有王名妙莊嚴其王夫
人名曰淨德有二子一名淨藏二名淨眼是二
子有大神力福德智慧久修菩薩所行之道
所謂檀波羅蜜尸羅波羅蜜羼提波羅蜜
毗梨耶波羅蜜禪波羅蜜般若波羅蜜
方便波羅蜜慈悲喜捨乃至三十七助道法皆
悉明了通達又得菩薩淨三昧日星宿三昧
淨光三昧淨色三昧淨照明三昧長莊嚴三
昧大威德藏三昧於此三昧亦悉通達尒時彼
佛欲引導妙莊嚴王及愍念衆生故說是
法華經時淨藏淨眼二子到其母所合十爪
指掌白言願母往詣雲雷音宿王華智佛所
我等亦當侍從親覲供養禮拜所以者何此
佛於一切天人衆中說法華經宜應聽受母
告子言汝父信受外道深著婆羅門法汝等
應往白父與共俱去淨藏淨眼合十爪指掌白
母我等是法王子而生此邪見家母告子
言汝等當憂念汝父為現神變若得見者心
必清淨或聽我等往至佛所於是二子念其
父故踊在虛空高七多羅樹現種種神變於
虛空中行住坐卧身上出水身下出火身下

應往白父與共俱去淨藏淨眼合十爪指掌白
母我等是法王子而生此邪見家母告子
言汝等當憂念汝父為現神變若得見者心
必清淨或聽我等往至佛所於是二子念其
父故踊在虛空高七多羅樹現種種神變於
虛空中行住坐卧身上出水身下出火身下
出水身上出火或現大身滿虛空中而復現
小小復現大於虛空中滅忽然在地入地如水
履水如地現如是等種種神變令其父王心淨
信解時父見子神力如是心大歡喜得未曾
有合掌向子言汝等師為是誰誰之弟子
二子白言大王彼雲雷音宿王華智佛今在
七寶菩提樹下法座上坐於一切世間天人眾
中廣說法華經是我等師我是弟子父語
子言我今亦欲見汝等師可共俱往於是二
子從空中下到其母所合掌白母父王今已信
解堪任發阿耨多羅三藐三菩提心我等為
父已作佛事願母見聽於彼佛所出家脩道
尒時二子欲重宣其意以偈白母
願母放我等　出家作沙門　諸佛甚難值　我等隨佛學
如優曇波羅　值佛復難是　脫諸難亦難　願聽我出家
母即告言聽汝出家所以者何佛難值故於是
二子白父母言善哉父母願時往詣雲雷音
宿王華智佛所親覲供養所以者何佛難得
值如優曇波羅華又如一眼之龜值浮木孔

BD05141號　妙法蓮華經卷七　（27–18）

如優曇波羅　值佛復難是　脫諸難亦難　願聽我出家
母即告言聽汝出家所以者何佛難值故於是
二子白父母言善哉父母願時往詣雲雷音
宿王華智佛所親覲供養所以者何佛難得
值如優曇波羅華又如一眼之龜值浮木孔
而我等宿福深厚生值佛法是故父母當
聽我等令得出家所以者何諸佛難值時亦
難遇彼時妙莊嚴王後宮八万四千人皆悉堪
任受持是法華經淨眼菩薩於法華三昧
久已通達淨藏菩薩已於无量百千万億劫
通達離諸惡趣三昧欲令一切眾生離諸惡
趣故其王夫人得諸佛集三昧能知諸佛秘
密之藏二子如是以方便力善化其父令心
信解好樂佛法於是妙莊嚴王與羣臣眷屬
俱淨德夫人與後宮婇女眷屬俱其王二子
與四万二千人俱一時共詣佛所到已頭面禮
足遶佛三匝却住一面尒時彼佛為王說
法示教利喜王大歡悅尒時妙莊嚴王及其
夫人解頸真珠瓔珞價直百千以散佛上
於虛空中化成四柱寶臺臺中有大寶床敷
百千万天衣其上有佛結加趺坐放大光明
尒時妙莊嚴王作是念佛身希有端嚴殊特
成就第一微妙之色時雲雷音宿王華智佛
告四眾言汝等見是妙莊嚴王於我前合掌
立不此王於我法中作比丘精勤脩習助佛
道法當得作佛号娑羅樹王國名大光劫名

BD05141號　妙法蓮華經卷七　（27–19）

百千万天衣其上有佛結加趺坐放大光明
尒時妙莊嚴王作是念佛身希有端嚴殊特
成就第一微妙之色時雲雷音宿王華智佛
告四衆言汝等見是妙莊嚴王於我前合掌
立不此王於我法中作比丘精勤修習助佛
道法當得作佛号娑羅樹王國名大光劫名
大高王其娑羅樹王佛有无量菩薩衆及无
量聲聞其國平正功德如是其王即時以國
付弟與夫人二子并諸眷屬於佛法中出家
修道王出家已於八万四千歲常精進修行
妙法華經過是已後得一切淨功德莊嚴三
昧即昇虛空高七多羅樹而白佛言世尊此
我二子已作佛事以神通變化轉我邪心令
得安住於佛法中得見世尊此二子者是我
善知識為欲發起宿世善根饒益我故來生
我家尒時雲雷音宿王華智佛告妙莊嚴王
言如是如是如汝所言若善男子善女人種
善根故世世得善知識其善知識能作佛事
示教利喜令入阿耨多羅三藐三菩提大王
當知善知識者是大因緣所謂化導令得見
佛發阿耨多羅三藐三菩提心大王汝見此
二子不此二子已曾供養六十五百千万億
那由他恒河沙諸佛親覲恭敬於諸佛所受
持法華經愍念邪見衆生令住正見妙莊嚴
王即從虛空中下而白佛言世尊如來甚希
有以功德智慧故頂上肉髻光明顯照其眼

BD05141號　妙法蓮華經卷七　（27–20）

二子不此二子已曾供養六十五百千万億
那由他恒河沙諸佛親覲恭敬於諸佛所受
持法華經愍念邪見衆生令住正見妙莊嚴
王即從虛空中下而白佛言世尊如來甚希
有以功德智慧故頂上肉髻光明顯照其眼
長廣而紺青色眉間毫相白如珂月齒白齊
密常有光明脣色赤好如頻婆菓尒時妙莊
嚴王讚歎佛如是等无量百千万億功德已
於如來前一心合掌復白佛言世尊未曾有
也如來之法具足成就不可思議微妙功德
教戒所行安隱快善我從今日不復自隨心
行不生邪見憍慢瞋恚諸惡之心說是語已
礼佛而出佛告大衆於意云何妙莊嚴王豈
異人乎今華德菩薩是其淨德夫人今佛
前光照莊嚴相菩薩是哀愍妙莊嚴王及諸
眷屬故於彼中生其二子者今藥王菩薩藥上
菩薩是是藥王藥上菩薩成就如此諸大功
德已於无量百千万億諸佛所殖衆德本成
就不可思議諸善功德若有人識是二菩薩
名字者一切世間諸天人民亦應礼拜佛說
是妙莊嚴王本事品時八万四千人遠塵離
垢於諸法中得法眼淨
妙法蓮華經普賢菩薩勸發品第廿八
尒時普賢菩薩以自在神通力威德名聞與
大菩薩无量无邊不可稱數從東方來所經
諸國普皆震動雨寶蓮華作无量百千万

BD05141號　妙法蓮華經卷七　（27–21）

是妙莊嚴王本事品時八万四千人遠塵離
垢於諸法中得法眼淨
妙法蓮華經普賢菩薩勸發品第廿八
尒時普賢菩薩以自在神通力威德名聞與
大菩薩无量无邊不可稱數從東方來所經
諸國普皆震動雨寶蓮華作无量百千万
億種種伎樂又與无數諸天龍夜叉乾闥婆阿
脩羅迦樓羅緊那羅摩睺羅伽人非人等大
衆圍遶各現威德神通之力到娑婆世界耆
闍崛山中頭面禮釋迦牟尼佛右遶七匝白
佛言世尊我於寶威德上王佛國遙聞此娑
婆世界說法華經與无量无邊百千万億諸
菩薩衆共來聽受唯願世尊當為說之若善
男子善女人於如來滅後云何能得是法華
經佛告普賢菩薩若善男子善女人成就四
法於如來滅後當得是法華經一者為諸佛
護念二者殖衆德本三者入正定聚四者發
救一切衆生之心善男子善女人如是成就
四法於如來滅後必得是經尒時普賢菩薩
白佛言世尊於後五百歲濁惡世中其有受
持是經典者我當守護除其衰患令得安隱
使无伺求得其便者若魔若魔子若魔女
若魔民若為魔所著者若夜叉若羅剎若鳩
槃茶若毗舍闍若吉蔗若富單那若韋陀羅
等諸惱人者皆不得便是人若行若立讀誦
此經我尒時乘六牙白象王與大菩薩衆俱

BD05141號　妙法蓮華經卷七　（27–22）

持是經典者我當守護除其衰患令得安隱
使无伺求得其便者若魔若魔子若魔女
若魔民若為魔所著者若夜叉若羅剎若鳩
槃茶若毗舍闍若吉蔗若富單那若韋陀羅
等諸惱人者皆不得便是人若行若立讀誦
此經我尒時乘六牙白象王與大菩薩衆俱
詣其所而自現身供養守護安慰其心亦為
供養法華經故是人若坐思惟此經尒時我
復乘白象王現其人前其人若於法華經有
所忘失一句一偈我當教之與共讀誦還令
通利尒時受持讀誦法華經者得見我身甚
大歡喜轉復精進以見我故即得三昧及陀
羅尼名為旋陀羅尼百千万億旋陀羅尼法
音方便陀羅尼得如是等陀羅尼世尊若後
世後五百歲濁惡世中比丘比丘尼優婆塞
優婆夷求索者受持者讀誦者書寫者欲脩
習是法華經於三七日中應一心精進滿三
七日已我當乘六牙白象與无量菩薩而自
圍遶以一切衆生所喜見身現其人前而為說
法示教利喜亦復與其陀羅尼呪得是陀
羅尼故无有非人能破壞者亦不為女人之
所惑亂我身亦自常護是人唯願世尊聽我
說此陀羅尼即於佛前而說呪曰
阿檀地途賣反一 檀陀婆地二 檀陀婆帝三 檀陀鳩
舍隷四 檀陀脩陀隷五 脩陀隷六 脩陀羅婆
底七 佛馱波羶禰八 薩婆陀羅尼阿婆多尼九 薩婆

BD05141號　妙法蓮華經卷七　（27–23）

羅尼故无有非人能破壞者亦不為女人之
所惑亂我身亦自常護是人唯願世尊聽我
說此陁羅尼即於佛前而說呪曰
阿檀地 途賣反 一 檀陁婆地 二 檀陁婆帝 三 檀陁鳩
舍隸 四 檀陁修陁隸 五 修陁隸 六 修陁羅婆
底 七 佛馱波羶禰 八 薩婆陁羅尼阿婆多尼 九 薩婆
婆沙阿婆多尼 十 修阿婆多尼 十一 僧伽婆履叉尼 十二
僧伽涅伽陁尼 十三 阿僧祇 十四 僧伽婆伽地 十五 帝隸阿
惰僧伽兜略 盧遮反 阿羅帝婆羅帝 十六 薩婆僧伽三摩
地伽蘭地 十七 薩婆達磨修波利剎帝 十八 薩婆
薩埵樓馱憍舍略阿㝹伽地 十九 辛阿毗吉利地帝 廿
世尊若有菩薩得聞是陁羅尼者當知普
賢神通之力若法華經行閻浮提有受持者
應作此念皆是普賢威神之力若有受持讀誦
正憶念解其義趣如說修行當知是人行普
賢行於无量无邊諸佛所深種善根為諸如
來手摩其頭若但書寫是人命終當生忉利
天上是時八万四千天女作眾伎樂而來迎
之其人即著七寶冠於婇女中娛樂快樂何
況受持讀誦正憶念解其義趣如說修行若
有人受持讀誦解其義趣是人命終為千佛
授手令不恐怖不墮惡趣即生兜率天上彌
勒菩薩所彌勒菩薩有三十二相大菩薩眾
所共圍遶有百千万億天女眷屬而於中生
有如是等功德利益是故智者應當一心自
書若使人書受持讀誦正憶念如說修行世

BD05141 號　妙法蓮華經卷七　（27–24）

有人受持讀誦解其義趣是人命終為千佛
授手令不恐怖不墮惡趣即生兜率天上彌
勒菩薩所彌勒菩薩有三十二相大菩薩眾
所共圍遶有百千万億天女眷屬而於中生
有如是等功德利益是故智者應當一心自
書若使人書受持讀誦正憶念如說修行世
尊我今以神通力守護是經於如來滅後閻
浮提內廣令流布使不斷絕尒時釋迦牟尼
佛讚言善哉善哉普賢汝能護助是經令多
所眾生安樂利益汝已成就不可思議功德
深大慈悲從久遠來發阿耨多羅三藐三菩
提意而能作是神通之願守護是經我當以
神通力守護能受持普賢菩薩名者普賢若
有受持讀誦正憶念修習書寫是法華經者
當知是人則見釋迦牟尼佛如從佛口聞此經
典當知是人供養釋迦牟尼佛當知是人佛讚
善哉當知是人為釋迦牟尼佛手摩其頭當知
是人為釋迦牟尼佛衣之所覆如是之人不復貪
著世樂不好外道經書手筆亦復不喜親近其
人及諸惡者若屠兒若畜猪羊雞狗若獵師若衒
賣女色是人心意質直有正憶念有福德力是人
不為三毒所惱亦不為嫉妬我慢邪慢增上慢所
惱是人少欲知足能修普賢之行普賢若如來滅
後後五百歲若有人見受持讀誦法華經者應作
是念此人不久當詣道場破諸魔眾得阿耨多

BD05141 號　妙法蓮華經卷七　（27–25）

人及諸惡者若屠兒若畜猪羊雞狗若獵師若
賣女色是人心意質直有正憶念有福德力是人
不為三毒所惱亦不為嫉妬我慢邪慢增上慢所
惱是人少欲知足能脩普賢之行普賢若如來滅
後後五百歲若有人見受持讀誦法華經者應作
是念此人不久當詣道場破諸魔衆得阿耨多
羅三藐三菩提轉法輪擊法鼓吹法螺雨法雨
當坐天人大衆中師子法座上普賢若於後
世受持讀誦是經典者是人不復貪著衣
服臥具飲食資生之物所願不虛亦於現世
得其福報若有人輕毀之言汝狂人耳空作
是行終无所獲如是罪報當世世无眼若有
供養讚歎之者當於今世得現果報若復見
受持是經者出其過惡若實若不實此人現
世得白癩病若有輕笑之者當世世牙齒疏缺
醜脣平鼻手腳繚戾眼目角睞身體臭穢
惡瘡膿血水腹短氣諸惡重病是故普賢若
見受持是經典者當起遠迎當如敬佛說是
普賢勸發品時恒河沙等无量无邊菩薩得
百千万億旋陀羅尼三千大千世界微塵等
諸菩薩具普賢道佛說是經時普賢等諸菩
薩舍利弗等諸聲聞及諸天龍人非人等一
切大會皆大歡喜受持佛語作禮而去

妙法蓮華經卷第七

BD05141號　妙法蓮華經卷七　（27–26）

受持是經者出其過惡若實若不實此人現
世得白癩病若有輕笑之者當世世牙齒疏缺
醜脣平鼻手腳繚戾眼目角睞身體臭穢
惡瘡膿血水腹短氣諸惡重病是故普賢若
見受持是經典者當起遠迎當如敬佛說是
普賢勸發品時恒河沙等无量无邊菩薩得
百千万億旋陀羅尼三千大千世界微塵等
諸菩薩具普賢道佛說是經時普賢等諸菩
薩舍利弗等諸聲聞及諸天龍人非人等一
切大會皆大歡喜受持佛語作禮而去

妙法蓮華經卷第七

BD05141號　妙法蓮華經卷七　（27–27）

世尊讚四天
擁護諸持經者讚言
於過去無量百千万億
讚歎植諸
世汝等長夜於諸衆生
願與安樂以是因緣能令
若有人王恭敬供養此經
應當勤加守護令得安
屬無量無數百千藥叉
持去來現在諸佛正法
并諸藥叉與阿蘇羅共闘戰時常得勝利
汝等能護持是經由經力故能除衆苦怨賊
飢饉及諸疾疫是故汝等若見四衆受持讀
誦此經王者亦應勤心共加守護為除衰惱
施與安樂
尒時四天王即從座起偏袒右肩右膝著地
合掌恭敬白佛言世尊此金光明最勝經王
於未來世若有國土城邑聚落山林曠野隨
所至處流布之時若彼國王於此經典至心
聽受稱歎供養并復供給受持是經四部之
衆深心擁護令離衰惱以是因緣我護彼王
及諸人衆皆令安隱遠離憂苦增益壽命
威德具足世尊若彼國王見於四衆受持經者
恭敬守護猶如父母一切所須悉皆供給我

BD05142號　金光明最勝王經卷六　（20–1）

於未來世若有國土城邑聚落山林曠野隨
所至處流布之時若彼國王於此經典至心
聽受稱歎供養并復供給受持是經四部之
衆深心擁護令離衰惱以是因緣我護彼王
及諸人衆皆令安隱遠離憂苦增益壽命
威德具足世尊若彼國王見於四衆受持經者
恭敬守護猶如父母一切所須悉皆供給我
等四王常為守護令諸有情无不尊敬是故
我等并與无量藥叉諸神隨此經王所流布
處潜身擁護令无留難亦當護念聽是經
人諸國王等除其衰患悉令安隱他方怨賊皆
使退散若有人王聽是經時隣國怨敵興如是
念當具四兵壞彼國土世尊以是經王威
神力故是時隣敵更有異怨而來侵擾於其
境界多諸災變疫病流行時王見已即嚴四
兵發向彼國欲為討罰我等尒時當與眷屬
无量无邊藥叉諸神各自隱形為作護助令
彼怨敵自然降伏尚不敢來至其國界豈復
得有兵戈相罰
尒時佛告四天王善哉善哉汝等四王乃能
擁護如是經典我於過去百千俱胝那庾多
劫脩諸苦行得阿耨多羅三藐三菩提證一
切智今說是法若有人王受持是經恭敬供養
者為消衰患令其安隱亦復擁護城邑聚落
乃至怨賊悉令退散亦令一切贍部洲內所有
諸王永无衰惱鬪諍之事四王當知此贍部
洲八万四千城邑聚落八万四千諸人王等各
於其國受諸快樂皆得自在所有財寶豐足

BD05142號　金光明最勝王經卷六　（20–2）

十力智令說是法若有人王受持是經恭敬供養
者為消衰患令其安隱亦復擁護城邑聚落
乃至怨賊悉令退散亦令一切贍部洲內所有
諸王永无衰惱鬪諍之事四王當知此贍部
洲八万四千城邑聚落八万四千諸人王等各
於其國受諸快樂皆得自在所有財寶豊足
受用不相侵奪隨彼宿因而受其報不起
惡念貪求他國咸生少欲利樂之心无有
鬪戰繫縛等苦其土人民自然受樂上下
和穆猶如水乳情相愛重歡喜遊戲慈悲謙
讓增長善根以是因緣此贍部洲安隱豊樂
人民熾盛大地沃壤寒暑調和時不乖序日
月星宿常度无虧風雨隨時離諸災橫資產
財寶皆悉豊盈心无慳鄙常行惠施具十
善業若人命終多生天上增益天衆大王若
未世有諸人王聽受是經恭敬供養并受持
經四部之衆尊重稱讚復欲安樂饒益汝等
及諸眷屬无量百千諸藥叉衆是故彼王常
當聽受是妙經王由得聞此正法之水甘露
上味增益汝等身心勢力精進勇猛福德威
光悉令充滿是諸人王若能至心聽受是經則
為廣大希有供養供養於我釋迦牟尼應正
等覺若供養我則是供養過去未來現在百
千俱胝那庾多佛若能供養三世諸佛則得无
量不可思議功德之聚以是因緣汝等應當
擁護彼王后妃眷屬令无衰惱及宮宅神常
受安樂功德難思是諸國土所有人民亦受
種種五欲之樂一切惡事皆悉消殄

BD05142號　金光明最勝王經卷六　（20–3）

為廣大希有供養供養於我釋迦牟尼應正
等覺若供養我則是供養過去未來現在百
千俱胝那庾多佛若能供養三世諸佛則得无
量不可思議功德之聚以是因緣汝等應當
擁護彼王后妃眷屬令无衰惱及宮宅神常
受安樂功德難思是諸國土所有人民亦受
種種五欲之樂一切惡事皆悉消殄
尒時四天王白佛言世尊於未來世若有人王
樂聽如是金光明經為欲擁護自身后妃
王子乃至內宮諸婇女等城邑宮殿皆得第
一不可思議最上歡喜寂靜安樂於現世中
王位尊高自在昌盛常得增長復欲攝受无
量无邊難思福聚於自國土令无怨敵及諸
憂惱災厄事者世尊如是人王不應放逸令
心散亂當生恭敬至誠慇重聽受如是最勝
經王欲聽之時先當莊嚴最上宮室王所愛
重顯敞之處香水灑地散衆名花安置師子
殊勝法座以諸珍寶而為校飾張施種種寶
蓋幢幡燒无價香奏諸音樂其王尒時當淨
澡浴以香塗身著新淨衣及諸瓔珞坐小卑
座不生高舉捨自在位離諸憍慢端心正念
聽是經王於法師所起大師想復於宮內后
妃王子婇女眷屬生慈愍心喜悅相視和顏
耎語於自身心大喜充遍作如是念我今獲
得難思殊勝廣大利益於此經王盛興供養
既敷設已見法師至當起虔敬渴仰之心
尒時佛告四天王不應如是不迎法師時彼人
王應著純淨鮮潔之衣種種瓔珞以為嚴飾

BD05142號　金光明最勝王經卷六　（20–4）

妃王子婇女眷屬生歡喜心喜悅相視和顏
軟語於自身心大喜充遍作如是念我今獲
得難思殊勝廣大利益於此經王盛興供養
既敷設已見法師至當起虔敬渴仰之心
尒時佛告四天王不應如是不迎法師時彼人
王應著純淨鮮潔之衣種種瓔珞以為嚴飾
自持白蓋及以香花脩整軍儀盛陳音樂
步出城闕迎彼法師運想虔恭為吉祥事四
王以何因緣令彼人王親作如是恭敬供養
由彼人王舉足下足步步即是恭敬供養承事
尊重百千万億那庾多諸佛世尊復得超
越如是劫數生死之苦復於來世如是數劫當
受輪王殊勝尊位隨其步步亦於現世福德
增長自在為王感應難思眾所欽重當於无
量百千億劫人天受用七寶宮殿所在生處
常得為王增益壽命言詞辯了人天信受无
所畏懼有大名稱咸共瞻仰天上人中受勝
妙樂獲大力勢有大威德身相奇妙端嚴
无比值天人師遇善知識成就具足无量福
聚四王當知彼諸人王見如是等種種无量功
德利益故應自往奉迎法師若一踰繕那乃
至百千踰繕那於說法師應生佛想還至
城已作如是念今日釋迦牟尼如來應正等覺
入我宮中受我供養為我說法我聞法已
即於阿耨多羅三藐三菩提不復退轉即是
值遇百千万億那庾多諸佛世尊我於今日
即是種種廣大殊勝上妙樂具供養過去未
來現在諸佛我於今日即是永拔琰摩王界

BD05142 號　金光明最勝王經卷六　（20–5）

城已作如是念今日釋迦牟尼如來應正等覺
入我宮中受我供養為我說法我聞法已
即於阿耨多羅三藐三菩提不復退轉即是
值遇百千万億那庾多諸佛世尊我於今日
即是種種廣大殊勝上妙樂具供養過去未
來現在諸佛我於今日即是永拔琰摩王界
地獄餓鬼傍生之苦便為已種无量百千万
億轉輪聖王釋梵天主善根種子當令无量
百千万億眾生出生死苦得涅槃樂積集无
量无邊不可思議福德之聚後宮眷屬及諸
人民皆蒙安隱國土清泰無諸災厄毒害惡
人他方怨敵不來侵擾遠離憂患四王當知
時彼人王應作如是尊重正法亦於受持是
妙經典苾芻苾芻尼鄔波索迦鄔波斯迦供
養恭敬尊重讚歎所獲善根先以勝福施與
汝等及諸眷屬彼之人王有大福德善業因
緣於現世中得大自在增益威光吉祥妙相
皆悉莊嚴一切怨敵能以正法而摧伏之
尒時四天王白佛言世尊若有人王能作如
是恭敬正法聽此經王并於四眾持經之人
恭敬供養尊重讚歎時彼人王欲為我等生
歡喜故當在一邊近於法座香水灑地散眾
名花安置處所設四王座我與彼王共聽正
法其王所有自利善根亦以福分施及我等
世尊時彼人王請說法者昇座之時便為我
等燒眾名香供養是經世尊時彼香烟於一
念頃上昇虛空即至我等諸天宮殿於虛空
中變成香蓋我等天眾聞彼妙香有金光

BD05142 號　金光明最勝王經卷六　（20–6）

名花安置處所設四王座我与彼王共聽正
法其王所有自利善根亦以福分施及我等
世尊時彼人王請說法者昇座之時便爲我
等燒衆名香供養是經世尊時彼香烟於一
念頃上昇虛空即至我等諸天宮殿於虛空
中變成香蓋我等天衆聞彼妙香有金光
照曜我等所居宮殿乃至梵宮及以帝釋大
辯才天大吉祥天堅牢地神正了知大將二
十八部諸藥叉神大自在天金剛密主寶賢
大將訶利底母五百眷屬无熱惱池龍王大
海龍王所居之處世尊如是等衆於自宮殿
見彼香烟一剎那頃變成香蓋聞香芬馥覩
色光明遍至一切諸天神宮佛告四天王是
香光明非但至此宮殿變成香蓋放大光明
由彼人王手執香爐燒衆名香供養經時其
香烟氣於一念頃遍至三千大千世界百億
日月百億妙高山王百億四洲於此三千大
千世界一切天龍藥叉健闥婆阿蘇羅揭路
荼緊那羅莫呼洛伽宮殿之所於虛空中充
滿而住種種香烟變成雲蓋其蓋金色普照
天宮如是三千大千世界所有種種香雲香
蓋皆是金光明最勝王經威神之力是諸人
王手持香爐供養經時種種香氣非但遍此
三千大千世界於一念頃亦遍十方无量无邊
恒河沙等百千万億諸佛國土於諸佛上
虛空之中變成香蓋金色普照亦復如是時
彼諸佛聞此妙香覩斯雲蓋及以金色於十
方界恒河沙等諸佛世尊現神變已彼諸世

BD05142號　金光明最勝王經卷六

（20–7）

王手持香爐供養經時種種香氣非但遍此
三千大千世界於一念頃亦遍十方无量无邊
恒河沙等百千万億諸佛國土於諸佛上
虛空之中變成香蓋金色普照亦復如是時
彼諸佛聞此妙香覩斯雲蓋及以金色於十
方界恒河沙等諸佛世尊現神變已彼諸世
尊悉共觀察異口同音讚法師曰善哉善哉
汝大丈夫能廣流布如是甚深微妙經典則
爲成就无量无邊不可思議福德之聚若有
聽聞如是經者所獲功德其量甚多何況書
寫受持讀誦爲他敷演如說修行何以故善
男子若有衆生聞此金光明最勝王經者即
於阿耨多羅三藐三菩提不復退轉
尒時十方有百千俱胝那庾多无量无數恒
河沙等諸佛剎土彼諸剎土一切如來異口
同音於法座上讚彼法師言善哉善哉善男
子汝於未世以精勤力當修无量百千苦行
具足資糧超諸聖衆出過三界爲勝尊當
坐菩提樹王之下殊勝莊嚴能救三千大千世
界有緣衆生善能摧伏可畏形儀諸魔軍
衆覺了諸法最勝清淨甚深無上正等菩提
善男子汝當坐於金剛之座轉於無上諸佛
所讚十二妙行甚深法輪能擊无上最大法
鼓能吹无上極妙法螺能建无上殊勝法幢
能然无上極明法炬能降无上甘露法雨能
斷无量煩惱怨結能令无量百千万億那庾
多有情度於无涯可畏大海解脫生死无際
輪迴值遇无量百千万億那庾多佛

BD05142號　金光明最勝王經卷六

（20–8）

所讚十二妙行甚深法輪能擊无上最大法
皷能吹无上極妙法螺能建无上殊勝法幢
能然无上極明法炬能降无上甘露法雨能
斷无量煩惱怨結能令无量百千万億那庾
多有情度於无涯可畏大海解脫生死无際
輪迴値遇无量百千万億那庾多佛
尒時四天王復白佛言世尊是金光明最勝
王經能於未來現在成就如是无量功德是
故人王若得聞是微妙經典即是已於百千
万億无量佛所種諸善根於彼人王我當護
念復見无量福德利故我等四王及餘眷屬
无量百千万億諸神於自宮殿見是種種香
烟雲蓋神變之時我當隱蔽不現其身為聽
法故當至是王清淨嚴飾所止宮殿講法之
處如是乃至梵宮帝釋大辯才天大吉祥天
堅牢地神正了神大將二十八部諸藥叉
神大自在天金剛密主寶賢大將訶利底母
五百眷屬无熱惱池龍王大海龍王无量百
千万億那庾多諸天藥叉如是等衆為聽法
故皆不現身至彼人王殊勝宮殿莊嚴高座
說法之所世尊我等四王及餘眷屬藥叉諸
神皆當一心共彼人王為善知識因是无上
大法施主以甘露味充足於我是故我等當
護是王除其衰患令得安隱及其宮殿城邑
國土諸惡災變悉令消滅尒時四天王俱共
合掌白佛言世尊若有人王於其國土雖有
此經未嘗流布心生捨離不樂聽聞亦不供
養尊重讚歎見四部衆持經之人亦復不能

BD05142號　金光明最勝王經卷六　（20–9）

大法施主以甘露味充足於我是故我等當
護是王除其衰患令得安隱及其宮殿城邑
國土諸惡災變悉令消滅尒時四天王俱共
合掌白佛言世尊若有人王於其國土雖有
此經未嘗流布心生捨離不樂聽聞亦不供
養尊重讚歎見四部衆持經之人亦復不能
尊重供養遂令我等及餘眷屬无量諸天不
得聞此甚深妙法背甘露味失正法流无有
威光及以勢力增長惡趣損減人天墜生死
河乖涅槃路世尊我等四王并諸眷屬及藥
叉等見如斯事捨其國土无擁護心非但我等
捨棄是王亦有无量守護國土諸大善神悉
皆捨去既捨離已其國當有種種災禍喪失
國位一切人衆皆无善心唯有繫縛殺害瞋
諍互相讒諂枉及無辜疾疫流行彗星數出
兩日並現薄蝕無恒黑白二虹表不祥相星
流地動井內發聲暴雨惡風不依時節常遭
飢饉苗實不成多有他方怨賊侵掠國內人
民受諸苦惱土地無有可樂之處世尊我等
四王及與无量百千天神并護國土諸舊善
神遠離去時生如是等无量百千災怪惡事
世尊若有人王欲護國土常受快樂欲令衆
生咸蒙安隱欲得摧伏一切外敵於自國境
永得昌盛欲令正教流布世間苦惱惡法皆
除滅者世尊是諸國主必當聽受是妙經王
亦應恭敬供養讀誦受持經者我等及餘无
量天衆以是聽法善根威力得服无上甘露
法味增益我等所有眷屬并餘天神皆得勝

BD05142號　金光明最勝王經卷六　（20–10）

生咸豪安隱欲得摧伏一切外敵於自國境
永得昌盛欲令正教流布世間苦惱惡法皆
除滅者世尊是諸國王必當聽受是妙經王
亦應恭敬供養讀誦受持經者我等及餘无
量天衆以是聽法善根威力得服无上甘露
法味增益我等所有眷屬并餘天神皆得勝
利何以故以是人王至心聽受是經典故世尊
如大梵天於諸有情常為宣說世出世論
帝釋復說種種諸論五通神仙亦說諸論世
尊梵天帝釋五通仙人雖有百千俱胝那庾
多無量諸論然佛世尊慈悲哀愍為人天衆
說金光明微妙經典比前所說勝彼百千俱
胝那庾多倍不可為喻何以故由此能令諸
贍部洲所有王等以正法化世能與衆生安樂
之事為護自身及諸眷屬令無苦惱又无他
方怨賊侵害所有諸惡悉皆遠去亦令國土
灾厄屏除化以正法無有諍訟是故人王各
於國土當然法炬明照無邊增益天衆并諸
眷屬世尊我等四王無量天神藥叉之衆贍
部洲內所有天神以是因緣得服无上甘露法
味獲大威德勢力光明無不具足一切衆生
皆得安隱復於來世无量百千不可思議
那庾多劫常受快樂復得值遇无量諸佛
種諸善根然後證得阿耨多羅三藐三菩提如
是無量無邊勝利皆是如來應正等覺以大
慈悲過梵衆以大智慧逾帝釋修諸苦行勝
五通仙百千万億那庾多倍不可稱計為諸
衆生演說如是微妙經典令贍部洲一切國

BD05142 號　金光明最勝王經卷六　（20–11）

那庾多劫常受快樂復得值遇无量諸佛
種諸善根然後證得阿耨多羅三藐三菩提如
是無量無邊勝利皆是如來應正等覺以大
慈悲過梵衆以大智慧逾帝釋修諸苦行勝
五通仙百千万億那庾多倍不可稱計為諸
衆生演說如是微妙經典令贍部洲一切國
主及諸人衆明了世間所有法式治國化人
勸導之事由此經王流通力故普得安樂此
等福利皆是釋迦大師於此經典廣為流通
慈悲力故世尊以是因緣諸人王等皆應受
持供養恭敬尊重讚歎此妙經王何以故以
如是等不可思議殊勝功德利益一切是故
名曰最勝經王
尒時世尊復告四天王汝等四王及餘眷屬
无量百千俱胝那庾多諸天大衆見彼人王
若能至心聽是經典供養恭敬尊重讚歎者
應當擁護除其衰患能令汝等亦受安樂若
四部衆能廣流布是經王者於人天中廣作
佛事普能利益無量衆生如是之人汝等四
王常當擁護如是四衆勿使他緣共相侵擾
令彼身心寂靜安樂於此經王廣宣流布令
不斷絕利益有情盡未來際
尒時多聞天王從座而起白佛言世尊我有如
意寶珠陁羅尼法若有衆生樂受持者功
德無量我常擁護令彼衆生離苦得樂能成
福智二種資糧欲受持者先當誦此護身之
呪即說呪曰

BD05142 號　金光明最勝王經卷六　（20–12）

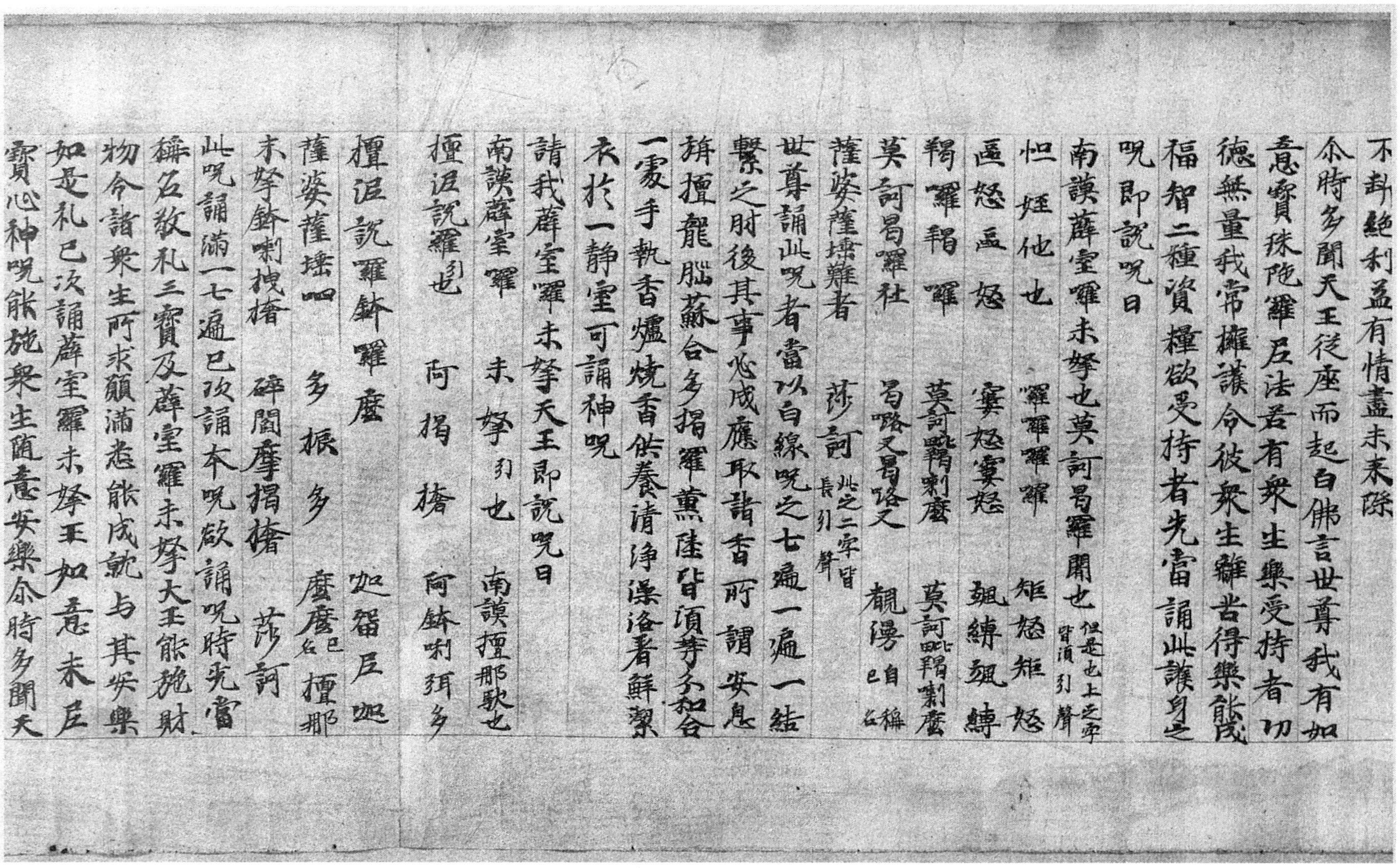

不斷絕利益有情盡未來際
尒時多聞天王從座而起白佛言世尊我有如
意寶珠陁羅尼法若有衆生樂受持者功
德無量我常擁護令彼衆生離苦得樂能成
福智二種資糧欲受持者先當誦此護身之
呪即說呪曰
南謨薜室囉末拏也莫訶曷囉闍也（但是也上之字皆須引聲）
怛姪他　囉囉囉囉　矩怒矩怒
區怒區怒　窶怒窶怒　颯縛颯縛
羯囉羯囉　莫訶毗羯剌麼　莫訶毗羯剌麼
莫訶曷囉社　曷嚕叉曷嚕叉　覩漫（自稱己名）
薩婆薩埵難者　莎訶（此之二字皆長引聲）
世尊誦此呪者當以白線呪之七遍一遍一結
繫之肘後其事必成應取諸香所謂安息
栴檀龍腦蘇合多揭羅熏陸皆須等分和合
一處手執香爐燒香供養清淨澡浴著鮮潔
衣於一靜室可誦神呪
請我薜室囉末拏天王即說呪曰
南謨薜室囉　末拏（引）也　南謨檀那馱也
檀泥說囉（引）也　阿揭撦　阿鉢唎弭多
檀泥說囉鉢囉麼　迦留尼迦
薩婆薩埵　呬多振多　麼麼（己名）檀那
末拏鉢喇拽撦　碎闍摩揭撦　莎訶
此呪誦滿一七遍已次誦本呪欲誦呪時先當
稱名敬礼三寶及薜室羅末拏大王能施財
物令諸衆生所求願滿悉能成就与其安樂
如是礼已次誦薜室羅末拏王如意末尼
寶心神呪能施衆生隨意安樂尒時多聞天

BD05142 號　金光明最勝王經卷六

（20–13）

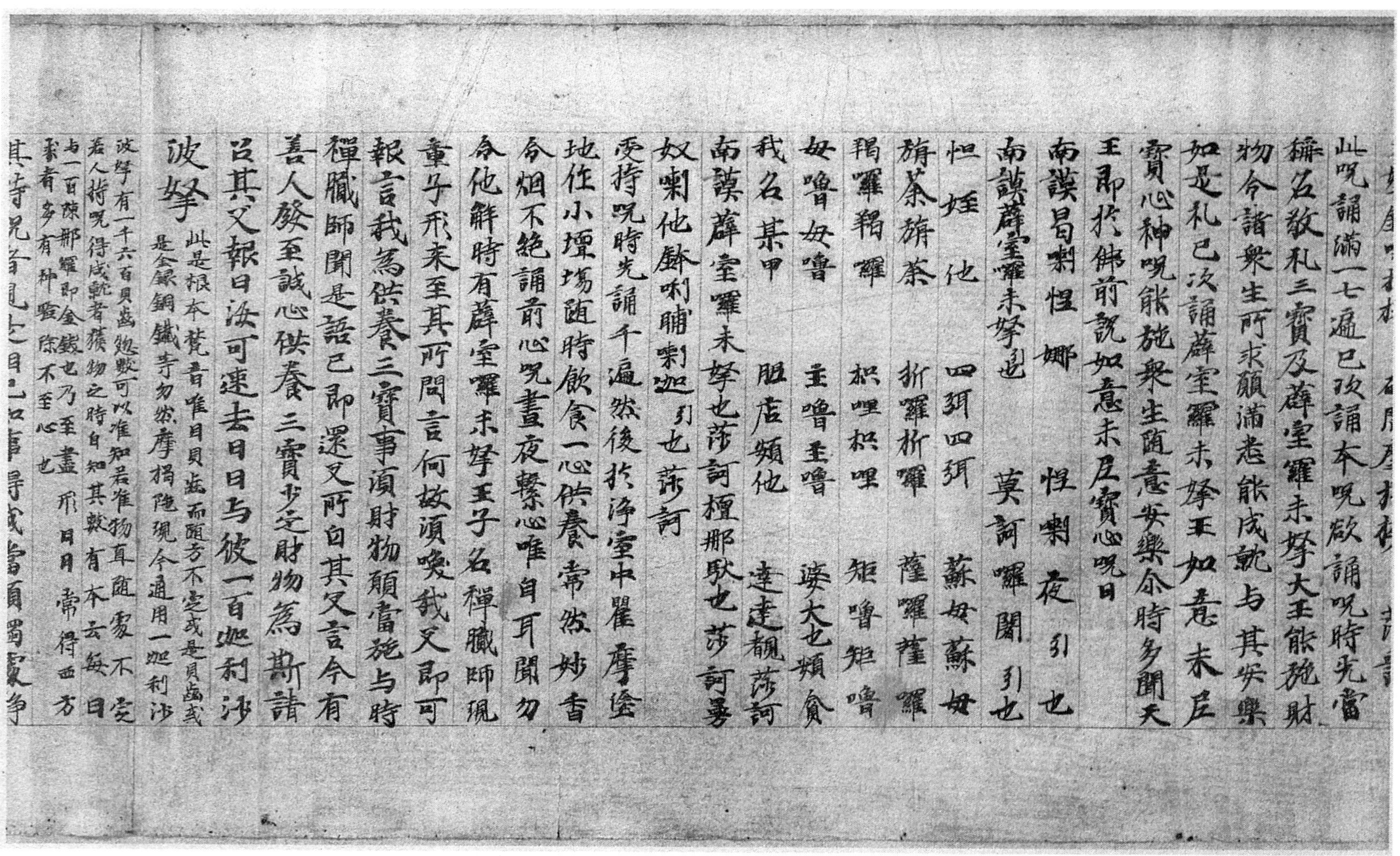

此呪誦滿一七遍已次誦本呪欲誦呪時先當
稱名敬礼三寶及薜室羅末拏大王能施財
物令諸衆生所求願滿悉能成就与其安樂
如是礼已次誦薜室羅末拏王如意末尼
寶心神呪能施衆生隨意安樂尒時多聞天
王即於佛前說如意末尼寶心呪曰
南謨曷喇怛娜　怛喇夜（引）也
南謨薜室囉末拏（引）也　莫訶囉闍（引）也
怛姪他　四弭四弭　蘇母蘇母
旃荼旃荼　折囉折囉　薩囉薩囉
羯囉羯囉　枳哩枳哩　矩嚕矩嚕
母嚕母嚕　主嚕主嚕　娑大也頞貪
我名某甲　脫店頞他　達達覩莎訶
南謨薜室羅末拏也莎訶　檀那馱也莎訶　曼
奴喇他鉢喇晡喇迦（引）也　莎訶
受持呪時先誦千遍然後於淨室中瞿摩塗
地作小壇場隨時飲食一心供養常然妙香
令烟不絕誦前心呪晝夜繫心唯自耳聞勿
令他解時有薜室羅末拏王子名禪膩師現
童子形來至其所問言何故須喚我父即可
報言我爲供養三寶事須財物願當施与時
禪膩師聞是語已即還父所白其父言今有
善人發至誠心供養三寶少乏財物爲斯請
召其父報曰汝可速去日日与彼一百迦利沙
波拏（此是根本梵音唯目貝齒而隨方不定或是貝齒或是金銀銅鐵等勿然摩揭陀現今通用一迦利沙波拏有一千六百貝齒總數可以准知若准物直隨處不定若人持呪得成就者獲物之時自知其數有本云每日与一百陳那羅即金錢也乃至盡形日日常得西方求者多有神驗除不至心也）

BD05142 號　金光明最勝王經卷六

（20–14）

善人發至誠心供養三寶少之財物爲其請
召其父報曰汝可速去日日与彼一百迦利沙
波拏 此是根本梵音唯目貝齒而隨方不定或是貝齒或是金銀銅鐵等勿致疑惑隨現今適用一迦利沙
波拏有一千六百貝齒迦娑可以准知若准物直隨處不定若人持呪得成就者獲物之時自知其數有本云每日与一百陳那羅即金錢也乃至盡形日日常得西方衆者多有神驗除不至心也
其持呪者見是相已知事得成當須獨處淨
室燒香而卧可於牀邊置一香篋每至天曉
觀其篋中獲所求物每得物時當日即須供
養三寶香花飲食兼施貧乏皆令罄盡不
得停留於諸有情起慈悲念勿生瞋諍諂害
之心若起瞋者即失神驗常可護心勿令瞋恚
又持此呪者於每日中憶我多聞天王及男
女眷屬稱揚讚歎恒以十善共相資助令彼
天等福力增明衆善普臻證菩提處彼諸天
衆見是事已皆大歡喜共來擁衛持呪之人
又持呪者壽命長遠經無量歲永離三塗
常無災厄亦令獲得如意寶珠及以伏藏神
通自在所願皆成若求官榮無不稱意亦解
一切禽獸之語
世尊若持呪時欲得見我自身現者可於月
八日或十五日於白疊上畫佛形像當用木
膠雜彩莊飾其畫像人爲受八戒於佛左邊
作吉祥天女像於佛右邊作我多聞天像并
畫男女眷屬之類安置坐處咸令如法布列
花彩燒衆名香然燈續明晝夜无歇上妙飲
食種種珍奇發慇重心隨時供養受持神呪
不得輕心請召我時應誦此呪
南謨室唎健那也 勅陁 引 也

BD05142 號 金光明最勝王經卷六 (20–15)

作吉祥天女像於佛右邊作我多聞天像并
畫男女眷屬之類安置坐處咸令如法布列
花彩燒衆名香然燈續明晝夜无歇上妙飲
食種種珍奇發慇重心隨時供養受持神呪
不得輕心請召我時應誦此呪
南謨室唎健那也 勅陁 引 也
南謨薜室囉末拏也 藥叉囉闍 引 也
莫訶囉闍 阿地囉闍 也
南麼室唎耶 褱 莫訶提鞞 引 褱
怛姪他 怛囉怛囉咄嚕咄嚕
末 囉末囉 窣窣吐窣窣吐
漢娜漢娜 末尼羯諾迦
跋折囉薜琉璃也 目底迦楞訖㗚哆
設利囉 褱 蒲 引 薩婆薩埵
呬哆迦摩 薜室囉末拏
室唎夜提鼻 吠嚫婆 引 也
醫呬醫呬摩毗藍婆 瞿嘌拏瞿嘌拏
秣 又麻八 利婆秣唎婆 達䭾呬麼麼
阿目迦那未寫 己名 自稱 達哩設那迦未寫
達哩設南 麼麼末那
鉢唎曷囉大也 莎訶
世尊我若見此誦呪之人復見如是盛興供
養即生慈愛歡喜之心我即變身作小兒形
或作老人苾芻之像手持如意末尼寶珠并
持金囊入道場內身現恭敬口稱佛名語持
呪者曰隨汝所求皆令如願或隱林藪或造
寶珠或欲衆人愛寵或求金銀等物欲持諸
呪皆令有驗或欲神通壽命長遠及勝妙樂

BD05142 號 金光明最勝王經卷六 (20–16)

世尊我若見此誦呪之人復見如是威興供
養即生慈愛歡喜之心我即變身作小兒形
或作老人苾蒭之像手持如意末尼寶珠并
持金囊入道場内身現恭敬口稱佛名語持
呪者曰隨汝所求皆令如願或隱林藪或造
寶珠或欲衆人愛寵或求金銀等物欲持諸
呪皆令有驗或欲神通壽命長遠及勝妙樂
无不稱心我今且說如是之事若更求餘皆
隨所願悉得成就寶藏无盡功德无窮假使
日月墜墮于地或可大地有時移轉我此實
語終不虛然常得安隱隨心快樂世尊若有
人能受持讀誦是經王者誦此呪時不假疲
勞法速成就世尊我今爲彼貧窮困厄苦惱
衆生說此神呪令獲大利皆得富樂自在无
患乃至盡形我當擁護隨逐是人爲除災厄
亦復令此持金光明最勝王經流通之者及
持呪人於百步内光明照燭我之所有千藥
叉神亦常侍衛隨欲驅使无不遂心我說實
語无有虛誑唯佛證知時多聞天王說此呪
已佛言善哉大王汝能破裂一切衆生貧窮
苦網令得富樂說是神呪復令此經廣行於
世時四天王俱從座起偏袒一肩頂礼雙足
右膝著地合掌恭敬以妙伽他讚佛功德
佛面猶如淨滿月　亦如千日放光明
目淨脩廣若青蓮　齒白齊密猶珂雪
佛德無邊如大海　無限妙寶積其中
智慧德水鎮恒盈　百千勝定咸充滿
足下輪相皆嚴飾　轂輞千輻悉齊平

BD05142 號　金光明最勝王經卷六　（20–17）

世時四天王俱從座起偏袒一肩頂礼雙足
右膝著地合掌恭敬以妙伽他讚佛功德
佛面猶如淨滿月　亦如千日放光明
目淨脩廣若青蓮　齒白齊密猶珂雪
佛德無邊如大海　無限妙寶積其中
智慧德水鎮恒盈　百千勝定咸充滿
足下輪相皆嚴飾　轂輞千輻悉齊平
手足鞔網遍莊嚴　猶如鵝王相具足
佛身光曜等金山　清淨殊特無倫匹
亦如妙高功德滿　故我稽首佛山王
相好如空不可測　逾於千月放光明
皆如燄幻不思議　故我稽首心无著
尒時四天王讚歎佛已世尊亦以伽他而荅
之曰
此金光明最勝經　无上十力之所說
汝等四王常擁衛　應生勇猛不退心
此經妙寶極甚深　能与一切有情樂
由彼有情安樂故　常得流通贍部洲
於此大千世界中　所有一切有情類
餓鬼傍生及地獄　如是苦趣悉皆除
住此南洲諸國王　及餘一切有情類
由經威力常歡喜　皆蒙擁護得安寧
亦使此中諸有情　除衆病苦无賊盜
頼此國土弘經故　安隱豐樂无違惱
若人聽受此經王　欲求尊貴及財利
國土豐樂无違諍　隨心所願悉皆從
能令他方賊退散　於自國界常安隱
由此最勝經王力　離諸苦惱無憂怖
如寶樹王在宅内　能生一切諸樂具

BD05142 號　金光明最勝王經卷六　（20–18）

若人聽受此經王　欲求尊貴及財利
國土豐樂无違諍　隨心所願悉皆從
能令他方賊退散　於自國界常安隱
由此㝡勝經王力　離諸苦惱無憂怖
如寶樹王在宅内　能生一切諸樂具
㝡勝經王亦復然　能与人王勝功德
譬如澄潔清冷水　能除飢渴諸熱怖
㝡勝經王亦復然　令樂福者心滿足
如人室有妙寶篋　隨所受用悉從心
㝡勝經王亦復然　福德隨心無所乏
汝等天主及天衆　應當供養此經王
若能依教奉持經　智慧威神皆具足
現在十方一切佛　咸共護念此經王
見有讀誦及受持　稱歎善哉甚希有
若有人能聽此經　身心踊躍生歡喜
常有百千藥叉衆　隨所住處護斯人
於此世界諸天衆　其數無量不思議
悉共聽受此經王　歡喜護持无退轉
若人聽受此經王　威德勇猛常自在
增益一切人天衆　令離衰惱益光明
尒時四天王聞是頌已歡喜踊躍白佛言
世尊我從昔來未曾得聞如是甚深微妙
之法心生悲喜涕淚交流舉身戰動證不思議
希有之事以天曼陁羅花摩訶曼陁羅花而
散佛上作是殊勝供養佛已白佛言世尊我等
四王各有五百藥叉眷屬常當處處擁護
是經及說法師以智光明而為助衛若於此經
所有句義忘失之處我皆令彼憶念不忘并

BD05142 號　金光明最勝王經卷六　（20–19）

希有之事以天曼陁羅花摩訶曼陁羅花而
散佛上作是殊勝供養佛已白佛言世尊我等
四王各有五百藥叉眷屬常當處處擁護
是經及說法師以智光明而為助衛若於此經
所有句義忘失之處我皆令彼憶念不忘并
与陁羅尼殊勝法門令得具足復欲令此㝡
勝經王所在之處為諸衆生廣宣流布不速
隱沒尒時世尊於大衆中說是法時无量衆
生皆得大智聰叡辯才攝受无量福德之聚
離諸憂惱發喜樂心善明衆論登出離道不
復退轉速證菩提

金光明㝡勝王經卷苐六

胝尸脂　瞰昌兩　敲亭從文　塵　鏨郢徵　敷田見　蝕乘力　掠良灼　譏土咸　窶
紉雉　麼可　摩　颯蘇合　薜閉　蔔　襜者　車　孥加奴　窣骨　䂶　嚕　盧　盡　呬　虛致
毱求　般　叡以　芮

BD05142 號　金光明最勝王經卷六　（20–20）

昔來蒙佛教 不失於大乘
佛音甚希有 能除眾生惱 我已得漏盡 聞
我處於山谷 或在林樹下 若坐若經行 常
嗚呼深自責 云何而自欺 我等亦佛子 同
不能於未來 演說无上道
金色三十二 十力諸解脫 同共一法中 而
八十種妙好 十八不共法 如是等功德 而
我獨經行時 見佛在大眾 名聞滿十方 廣
自惟失此利 我為自欺誑
我常於日夜 每思惟是事 欲以問世尊 為
我常見世尊 稱讚諸菩薩 以是於日夜 籌量
今聞佛音聲 隨宜而說法 无漏難思議 令眾至道
我本著邪見 為諸梵志師 世尊知我心 拔邪說涅槃
我悉除邪見 於空法得證 爾時心自謂 得至於滅度
而今乃自覺 非是實滅度
若得作佛時 具三十二相 天人夜叉眾 龍神等恭敬
是時乃可謂 永盡滅无餘
佛於大眾中 說我當作佛 聞如是法音 疑悔悉已除
初聞佛所說 心中大驚疑 將非魔作佛 惱亂我心耶
佛以種種緣 譬喻巧言說 其心安如海 我聞疑網斷
佛說過去世 无量滅度佛 安住方便中 亦皆說是法
現在未來佛 其數无有量 亦以諸方便 演說如是法

BD05143 號　妙法蓮華經卷二　　(29–1)

是時乃可謂 永盡滅无餘
佛於大眾中 說我當作佛 聞如是法音 疑悔悉已除
初聞佛所說 心中大驚疑 將非魔作佛 惱亂我心耶
佛以種種緣 譬喻巧言說 其心安如海 我聞疑網斷
佛說過去世 无量滅度佛 安住方便中 亦皆說是法
現在未來佛 其數无有量 亦以諸方便 演說如是法
如今者世尊 從生及出家 得道轉法輪 亦以方便說
世尊說實道 波旬无此事 以是我定知 非是魔作佛
我墮疑網故 謂是魔所為
聞佛柔軟音 深遠甚微妙 演暢清淨法 我心大歡喜
疑悔永已盡 安住實智中
我定當作佛 為天人所敬 轉无上法輪 教化諸菩薩
爾時佛告舍利弗 吾今於天人沙門婆羅門
等大眾中說 我昔曾於二万億佛所 為无上
道故 常教化汝 汝亦長夜隨我受學 我以方
便引導汝故 生我法中 舍利弗 我昔教汝志
願佛道 汝今悉忘 而便自謂已得滅度 我今
還欲令汝憶念本願所行道故 為諸聲聞說
是大乘經 名妙法蓮華 教菩薩法 佛所護念
舍利弗 汝於未來世 過无量无邊不可思議
劫 供養若干千万億佛 奉持正法 具足菩薩
所行之道 當得作佛 號曰華光如來 應供 正
遍知 明行足 善逝 世間解 无上士 調御丈夫
天人師 佛 世尊 國名離垢 其土平正 清淨嚴
飾 安隱豐樂 天人熾盛 琉璃為地 有八交道
黃金為繩 以界其側 其傍各有七寶行樹 常

BD05143 號　妙法蓮華經卷二　　(29–2)

[illegible]
所行之道當得作佛号曰華光如来應供正
遍知明行足善逝世間解无上士調御丈夫
天人師佛世尊國名離垢其土平政清淨嚴
飾安隱豊樂天人熾盛瑠璃為地有八交道
黄金為繩以界其側其傍各有七寶行樹常
有華菓華光如来亦以三乘教化衆生舍利
弗彼佛出時雖非悪世以本願故說三乘法
其劫名大寶莊嚴何故名曰大寶莊嚴其國
中以菩薩為大寶故彼諸菩薩无量无邊不
可思議筭數譬喻所不能及非佛智力无能
知者若欲行時寶華承足此諸菩薩非初發
意皆久殖德本於无量百千万億佛所淨脩
梵行恒為諸佛之所稱歎常脩佛慧具大神
通善知一切諸法之門質直无偽志念堅固
如是菩薩充滿其國舍利弗華光佛壽十二
小劫除為王子未作佛時其國人民壽八小
劫華光如来過十二小劫授堅滿菩薩阿耨
多羅三藐三菩提記告諸比丘是堅滿菩薩
次當作佛号曰華足安行多陁阿伽度阿羅
訶三藐三佛陁其佛國土亦復如是舍利弗
是華光佛滅度之後正法住世三十二小劫
像法住世亦三十二小劫尒時世尊欲重宣
此義而說偈言
舍利弗来世　成佛普智尊　号名曰華光　當度无量衆
供養无數佛　具足菩薩行　十力等功德　證於无上道
過无量劫已　劫名大寶嚴　世界名離垢　清淨无瑕穢

BD05143號　妙法蓮華經卷二　（29–3）

是華光佛滅度之後正法住世三十二小劫
像法住世亦三十二小劫尒時世尊欲重宣
此義而說偈言
舍利弗来世　成佛普智尊　号名曰華光　當度无量衆
供養无數佛　具足菩薩行　十力等功德　證於无上道
過无量劫已　劫名大寶嚴　世界名離垢　清淨无瑕穢
以瑠璃為地　金繩界其道　七寶雜色樹　常有華菓實
彼國諸菩薩　志念常堅固　神通波羅蜜　皆已悉具足
於无數佛所　善學菩薩道　如是等大士　華光佛所化
佛為王子時　棄國捨世榮　於㝡末後身　出家成佛道
華光佛住世　壽十二小劫　其國人民衆　壽命八小劫
佛滅度之後　正法住於世　三十二小劫　廣度諸衆生
正法滅盡已　像法三十二　舍利廣流布　天人普供養
華光佛所為　其事皆如是　其兩足聖尊　㝡勝无倫匹
彼即是汝身　宜應自欣慶
尒時四部衆比丘比丘尼優婆塞優婆夷天
龍夜叉乾闥婆阿脩羅迦樓羅緊那羅摩睺
羅伽等大衆見舍利弗於佛前受阿耨多羅
三藐三菩提記心大歡喜踊躍无量各各脫
身所著上衣以供養佛釋提桓因梵天王等
與无數天子亦以天妙衣天曼陁羅華摩訶
曼陁羅華等供養於佛所散天衣住虛空中
而自迴轉諸天伎樂百千万種於虛空中一
時俱作雨衆天華而作是言佛昔於波羅奈
初轉法輪今乃復轉无上㝡大法輪尒時諸
天子欲重宣此義而說偈言

BD05143號　妙法蓮華經卷二　（29–4）

曼陁羅華等供養於佛所散天衣住虛空中
而自迴轉諸天伎樂百千万種於虛空中一
時俱作雨衆天華而作是言佛昔於波羅柰
初轉法輪今乃復轉无上最大法輪尒時諸
天子欲重宣此義而說偈言
昔於波羅柰　轉四諦法輪　分別說諸法　五衆之生滅
今復轉最妙　无上大法輪　是法甚深奧　少有能信者
我等從昔來　數聞世尊說　未曾聞如是　深妙之上法
世尊說是法　我等皆隨喜　大智舍利弗　今得受尊記
我等亦如是　必當得作佛　於一切世間　最尊无有上
佛道叵思議　方便隨宜說　我所有福業　今世若過世
及見佛功德　盡迴向佛道
尒時舍利弗白佛言世尊我今无復疑悔親
於佛前得受阿耨多羅三藐三菩提記是諸
千二百心自在者昔住學地佛常教化言我
法能離生老病死究竟涅槃是學无學人亦
各自以離我見及有无見等謂得涅槃而今
於世尊前聞所未聞皆墮疑惑善哉世尊願
為四衆說其因緣令離疑悔尒時佛告舍利
弗我先不言諸佛世尊以種種因緣譬喻言
辭方便說法皆為阿耨多羅三藐三菩提耶
是諸所說皆為化菩薩故然舍利弗今當復
以譬喻更明此義諸有智者以譬喻得解舍
利弗若國邑聚落有大長者其年衰邁財富
无量多有田宅及諸僮僕其家廣大唯有一
門多諸人衆一百二百及至五百人止住其

BD05143號　妙法蓮華經卷二　（29–5）

以譬喻更明此義諸有智者以譬喻得解舍
利弗若國邑聚落有大長者其年衰邁財富
无量多有田宅及諸僮僕其家廣大唯有一
門多諸人衆一百二百及至五百人止住其
中堂閣朽故墻壁頹落柱根腐敗梁棟傾危
周帀俱時欻然火起焚燒舍宅長者諸子若
十二十或至三十在此宅中長者見是大火
從四面起即大驚怖而作是念我雖能於此
所燒之門安隱得出而諸子等於火宅內樂
著嬉戲不覺不知不驚不怖火來逼身苦痛
切己心不猒患无求出意舍利弗是長者作
是思惟我身手有力當以衣裓若以几案從
舍出之復更思惟是舍唯有一門而復狹小
諸子幼稚未有所識戀著戲處或當墮落為
火所燒我當為說怖畏之事此舍已燒宜時
疾出无令為火之所燒害作是念已如所思
惟具告諸子汝等速出父雖憐愍善言誘喻
而諸子等樂著嬉戲不肯信受不驚不畏了
无出心亦復不知何者是火何者為舍云何
為失但東西走戲視父而已尒時長者即作
是念此舍已為大火所燒我及諸子若不時
出必為所焚我今當設方便令諸子等得免
斯害父知諸子先心各有所好種種珍玩奇
異之物情必樂著而告之言汝等所可玩好
希有難得汝若不取後必憂悔如此種種羊
車鹿車牛車今在門外可以遊戲汝等於此

BD05143號　妙法蓮華經卷二　（29–6）

其宅父知諸子先心各有所好種種珎玩奇
異之物情必樂著而告之言汝等所可玩好
希有難得汝若不取後必憂悔如此種種羊
車鹿車牛車今在門外可以遊戲汝等於此
火宅宜速出來隨汝所欲皆當與汝尒時諸
子聞父所說珎玩之物適其願故心各勇銳
互相推排競共馳走爭出火宅是時長者見
諸子等安隱得出皆於四衢道中露地而坐
无復障礙其心泰然歡喜踊躍時諸子等各
白父言父先所許玩好之具羊車鹿車牛車
願時賜與舍利弗尒時長者各賜諸子等一
大車其車高廣衆寶莊校周帀欄楯四面懸
鈴又於其上張設幰蓋亦以珎奇雜寶而嚴
飾之寶繩交絡垂諸華瓔重敷綩綖安置丹
枕駕以白牛膚色充潔形體姝好有大筋力
行步平正其疾如風又多僕從而侍衛之所
以者何是大長者財富无量種種諸藏悉皆
充溢而作是念我財物无極不應以下劣小
車與諸子等今此幼童皆是吾子愛无偏黨
我有如是七寶大車其數无量應當等心各
各與之不宜差別所以者何以我此物周給
一國猶尚不匱何況諸子是時諸子各乘大
車得未曾有非本所望舍利弗於汝意云何
是長者等與諸子珎寶大車寧有虛妄不舍
利弗言不也世尊是長者但令諸子得免火
難全其軀命非為虛妄何以故若全身命便

一國猶尚不匱何況諸子是時諸子各乘大
車得未曾有非本所望舍利弗於汝意云何
是長者等與諸子珎寶大車寧有虛妄不舍
利弗言不也世尊是長者但令諸子得免火
難全其軀命非為虛妄何以故若全身命便
為已得玩好之具況復方便於彼火宅而拔
濟之世尊若是長者乃至不與最小一車猶
不虛妄何以故是長者先作是意我以方便
令子得出以是因緣无虛妄也何況長者自
知財富无量欲饒益諸子等與大車佛告舍
利弗善哉善哉如汝所言舍利弗如來亦復
如是則為一切世間之父於諸怖畏衰惱憂
患无明暗蔽永盡无餘而悉成就无量知見
力无所畏有大神力及智慧力具足方便智
慧波羅蜜大慈大悲常无懈惓恒求善事利
益一切而生三界朽故火宅為度衆生生老
病死憂悲苦惱愚癡暗蔽三毒之火教化令
得阿耨多羅三藐三菩提見諸衆生為生老
病死憂悲苦惱之所燒煑亦以五欲財利故
受種種苦又以貪著追求故現受衆苦後受
地獄畜生餓鬼之苦若生天上及在人間貧
窮困苦愛別離苦怨憎會苦如是等種種諸
苦衆生沒在其中歡喜遊戲不覺不知不驚
不怖亦不生猒不求解脫於此三界火宅東
西馳走雖遭大苦不以為患舍利弗佛見此
已便作是念我為衆生之父應拔其苦難與

窮困苦愛別離苦怨憎會苦如是等種種諸
苦衆生没在其中歡喜遊戲不覺不知不驚
不怖亦不生猒不求解脱於此三界火宅東
西馳走雖遭大苦不以為患舍利弗佛見此
已便作是念我為衆生之父應拔其苦難與
无量无邊佛智慧樂令其遊戲舍利弗如来
復作是念若我但以神力及智慧力捨於方
便為諸衆生讃如来知見力无所畏者衆生
不能以是得度所以者何是諸衆生未免生
老病死憂悲苦惱而為三界火宅所燒何由
能解佛之智慧舍利弗如彼長者雖復身手
有力而不用之但以慇勤方便免濟諸子火
宅之難然後各與珎寶大車如来亦復如是
雖有力无所畏而不用之但以智慧方便於
三界火宅拔濟衆生為説三乘聲聞辟支佛
佛乘而作是言汝等莫得樂住三界火宅勿
貪麁弊色聲香味觸也若貪著生愛則為所
燒汝速出三界當得三乘聲聞辟支佛佛乘
我今為汝保任此事終不虚也汝等但當勤
脩精進如来以是方便誘進衆生復作是言
汝等當知此三乘法皆是聖所稱歎自在无
繫无所依求乘是三乘以无漏根力覺道禪
定解脱三昧等而自娱樂便得无量安隱快
樂舍利弗若有衆生内有智性從佛世尊聞
法信受慇勤精進欲速出三界自求涅槃是
名聲聞乘如彼諸子為求羊車出於火宅若

BD05143 號　妙法蓮華經卷二　（29–9）

汝等當知此三乘法皆是聖所稱歎自在无
繫无所依求乘是三乘以无漏根力覺道禪
定解脱三昧等而自娱樂便得无量安隱快
樂舍利弗若有衆生内有智性從佛世尊聞
法信受慇勤精進欲速出三界自求涅槃是
名聲聞乘如彼諸子為求羊車出於火宅若
有衆生從佛世尊聞法信受慇勤精進求自
然慧樂獨善寂深知諸法因縁是名辟支佛
乘如彼諸子為求鹿車出於火宅若有衆生
從佛世尊聞法信受勤脩精進求一切智佛
智自然智无師智如来知見力无所畏慇念
安樂无量衆生利益天人度脱一切是名大
乘菩薩求此乘故名為摩訶薩如彼諸子為
求牛車出於火宅舍利弗如彼長者見諸子
等安隱得出火宅到无畏處自惟財富无量
等以大車而賜諸子如来亦復如是為一切
衆生之父若見无量億千衆生以佛教門出
三界苦怖畏険道得涅槃樂如来尒時便作
是念我有无量无邊智慧力无畏等諸佛法
藏是諸衆生皆是我子等與大乘不令有人
獨得滅度皆以如来滅度而滅度之是諸衆
生脱三界者悉與諸佛禪定解脱等娯樂之
具皆是一相一種聖所稱歎能生浄妙第一
之樂舍利弗如彼長者初以三車誘引諸子
然後但與大車寶物莊嚴安隱第一然彼長
者无虚妄之咎如来亦復如是无有虚妄初

BD05143 號　妙法蓮華經卷二　（29–10）

得滅度皆以如來滅度而滅度之是諸衆
生脫三界者悉與諸佛禪定解脫等娛樂之
具皆是一相一種聖所稱歎能生淨妙第一
之樂舍利弗如彼長者初以三車誘引諸子
然後但與大車寶物莊嚴安隱第一然彼長
者无虛妄之咎如來亦復如是无有虛妄初
說三乘引導衆生然後但以大乘而度脫之
何以故如來有无量智慧力无所畏諸法之
藏能與一切衆生大乘之法但不盡能受舍
利弗以是因緣當知諸佛方便力故於一佛
乘分別說三佛欲重宣此義而說偈言
譬如長者 有一大宅 其宅久故 而復頓弊
堂舍高危 柱根摧朽 梁棟傾斜 基陛頹毀
牆壁圮坼 泥塗褫落 覆苫亂墜 椽梠差脫
周障屈曲 雜穢充遍 有五百人 止住其中
鵄梟鵰鷲 烏鵲鳩鴿 蚖蛇蝮蠍 蜈蚣蚰蜒
守宮百足 鼬狸鼷鼠 諸惡虫輩 交橫馳走
屎尿臭處 不淨流溢 蜣蜋諸虫 而集其上
狐狼野干 咀嚼踐蹋 嚌齧死屍 骨肉狼藉
由是群狗 競來搏撮 飢羸慞惶 處處求食
鬪諍齟掣 啀喍嘷吠 其舍恐怖 變狀如是
處處皆有 魑魅魍魎 夜叉惡鬼 食噉人肉
毒虫之屬 諸惡禽獸 孚乳產生 各自藏護
夜叉競來 爭取食之 食之既飽 惡心轉熾
鬪諍之聲 甚可怖畏 鳩槃荼鬼 蹲踞土埵
或時離地 一尺二尺 往返遊行 縱逸嬉戲

處處皆有 魑魅魍魎 夜叉惡鬼 食噉人肉
毒虫之屬 諸惡禽獸 孚乳產生 各自藏護
夜叉競來 爭取食之 食之既飽 惡心轉熾
鬪諍之聲 甚可怖畏 鳩槃荼鬼 蹲踞土埵
或時離地 一尺二尺 往返遊行 縱逸嬉戲
捉狗兩足 撲令失聲 以腳加頸 怖狗自樂
復有諸鬼 其身長大 裸形黑瘦 常住其中
發大惡聲 叫呼求食 復有諸鬼 其咽如針
復有諸鬼 首如牛頭 或食人肉 或復噉狗
頭髮蓬亂 殘害凶險 飢渴所逼 叫喚馳走
夜叉餓鬼 諸惡鳥獸 飢急四向 窺看窓牖
如是諸難 恐畏无量 是朽故宅 屬于一人
其人近出 未久之間 於後舍宅 欻然火起
四面一時 其焰俱熾 棟梁椽柱 爆聲震裂
摧折墮落 牆壁崩倒 諸鬼神等 揚聲大叫
鵰鷲諸鳥 鳩槃荼等 周慞惶怖 不能自出
惡獸毒虫 藏竄孔穴 毗舍闍鬼 亦住其中
薄福德故 為火所逼 共相殘害 飲血噉肉
野干之屬 並已前死 諸大惡獸 競來食噉
臭烟熢㶿 四面充塞 蜈蚣蚰蜒 毒蛇之類
為火所燒 爭走出穴 鳩槃荼鬼 隨取而食
又諸餓鬼 頭上火然 飢渴熱惱 周慞悶走
其宅如是 甚可怖畏 毒害火災 衆難非一
是時宅主 在門外立 聞有人言 汝諸子等
先因遊戲 來入此宅 稚小无知 歡娛樂著
長者聞已 驚入火宅 方宜救濟 令无燒害

又諸餓鬼 頭上火燃 飢渴熱惱 周慞悶走
其宅如是 甚可怖畏 毒害火災 衆難非一
是時宅主 在門外立 聞有人言 汝諸子等
先因遊戲 來入此宅 稚小无知 歡娛樂著
長者聞已 驚入火宅 方宜救濟 令无燒害
告喻諸子 說衆患難 惡鬼毒蟲 災火蔓莚
衆苦次第 相續不絕 毒蛇蚖蝮 及諸夜叉
鳩槃荼鬼 野干狐狗 鵰鷲鴟梟 百足之屬
飢渴惱急 甚可怖畏 此苦難處 況復大火
諸子无知 雖聞父誨 猶故樂著 嬉戲不已
是時長者 而作是念 諸子如此 益我愁惱
今此舍宅 无一可樂 而諸子等 耽湎嬉戲
不受我教 將為火害 即便思惟 設諸方便
告諸子等 我有種種 珍玩之具 妙寶好車
羊車鹿車 大牛之車 今在門外 汝等出來
吾為汝等 造作此車 隨意所樂 可以遊戲
諸子聞說 如此諸車 即時奔競 馳走而出
到於空地 離諸苦難 長者見子 得出火宅
住於四衢 坐師子座 而自慶言 我今快樂
此諸子等 生育甚難 愚小无知 而入險宅
多諸毒蟲 魑魅可畏 大火猛焰 四面俱起
而此諸子 貪樂嬉戲 我已救之 令得脫難
是故諸人 我今快樂 尒時諸子 知父安坐
皆詣父所 而白父言 願賜我等 三種寶車
如前所許 諸子出來 當以三車 隨汝所欲
今正是時 唯垂給與 長者大富 庫藏衆多

BD05143號　妙法蓮華經卷二　(29–13)

而此諸子 貪樂嬉戲 我已救之 令得脫難
是故諸人 我今快樂 尒時諸子 知父安坐
皆詣父所 而白父言 願賜我等 三種寶車
如前所許 諸子出來 當以三車 隨汝所欲
今正是時 唯垂給與 長者大富 庫藏衆多
金銀琉璃 車璖馬瑙 以衆寶物 造諸大車
莊校嚴飾 周帀欄楯 四面懸鈴 金繩交絡
真珠羅網 張施其上 金華諸瓔 處處垂下
衆綵雜飾 周帀圍繞 柔軟繒纊 以為裀褥
上妙細疊 價直千億 鮮白淨潔 以覆其上
有大白牛 肥壯多力 形體姝好 以駕寶車
多諸儐從 而侍衛之 以是妙車 等賜諸子
諸子是時 歡喜踊躍 乘是寶車 遊於四方
嬉戲快樂 自在无礙 告舍利弗 我亦如是
衆聖中尊 世間之父 一切衆生 皆是吾子
深著世樂 无有慧心 三界无安 猶如火宅
衆苦充滿 甚可怖畏 常有生老 病死憂患
如是等火 熾然不息 如來已離 三界火宅
寂然閑居 安處林野 今此三界 皆是我有
其中衆生 悉是吾子 而今此處 多諸患難
唯我一人 能為救護 雖復教詔 而不信受
於諸欲染 貪著深故 是以方便 為說三乘
令諸衆生 知三界苦 開示演說 出世間道
是諸子等 若心決定 具足三明 及六神通
有得緣覺 不退菩薩 汝舍利弗 我為衆生
以此譬喻 說一佛乘 汝等若能 信受是語

BD05143號　妙法蓮華經卷二　(29–14)

於諸欲染　貪著深故　是以方便　為說三乘
令諸眾生　知三界苦　開示演說　出世間道
是諸子等　若心決定　具足三明　及六神通
有得緣覺　不退菩薩　汝舍利弗　我為眾生
以此譬喻　說一佛乘　汝等若能　信受是語
一切皆當　得成佛道　是乘微妙　清淨第一
於諸世間　為无有上　佛所悅可　一切眾生
所應稱讚　供養禮拜　无量億千　諸力解脫
禪定智慧　及佛餘法　得如是乘　令諸子等
日夜劫數　常得遊戲　與諸菩薩　及聲聞眾
乘此寶乘　直至道場　以是因緣　十方諦求
更无餘乘　除佛方便　告舍利弗　汝諸人等
皆是吾子　我則是父　汝等累劫　眾苦所燒
我皆濟拔　令出三界　我雖先說　汝等滅度
但盡生死　而實不滅　今所應作　唯佛智慧
若有菩薩　於是眾中　能一心聽　諸佛實法
諸佛世尊　雖以方便　所化眾生　皆是菩薩
若人小智　深著愛欲　為此等故　說於苦諦
眾生心喜　得未曾有　佛說苦諦　真實无異
若有眾生　不知苦本　深著苦因　不能暫捨
為是等故　方便說道　諸苦所因　貪欲為本
若滅貪欲　无所依止　滅盡諸苦　名第三諦
為滅諦故　修行於道　離諸苦縛　名得解脫
是人於何　而得解脫　但離虛妄　名為解脫
其實未得　一切解脫　佛說是人　未實滅度

為是等故　方便說道　諸苦所因　貪欲為本
若滅貪欲　无所依止　滅盡諸苦　名第三諦
為滅諦故　修行於道　離諸苦縛　名得解脫
是人於何　而得解脫　但離虛妄　名為解脫
其實未得　一切解脫　佛說是人　未實滅度
斯人未得　无上道故　我意不欲　令至滅度
我為法王　於法自在　安隱眾生　故現於世
汝舍利弗　我此法印　為欲利益　世間故說
在所遊方　勿妄宣傳　若有聞者　隨喜頂受
當知是人　阿鞞跋致　若有信受　此經法者
是人已曾　見過去佛　恭敬供養　亦聞是法
若人有能　信汝所說　則為見我　亦見於汝
及比丘僧　并諸菩薩　斯法華經　為深智說
淺識聞之　迷惑不解　一切聲聞　及辟支佛
於此經中　力所不及　汝舍利弗　尚於此經
以信得入　況餘聲聞　其餘聲聞　信佛語故
隨順此經　非己智分　又舍利弗　憍慢懈怠
計我見者　莫說此經　凡夫淺識　深著五欲
聞不能解　亦勿為說　若人不信　毀謗此經
則斷一切　世間佛種　或復顰蹙　而懷疑惑
汝當聽說　此人罪報　若佛在世　若滅度後
其有誹謗　如斯經典　見有讀誦　書持經者
輕賤憎嫉　而懷結恨　此人罪報　汝今復聽
其人命終　入阿鼻獄　具足一劫　劫盡更生
如是展轉　至无數劫　從地獄出　當墮畜生
若狗野干　其形領瘦　黧黮疥癩　人所觸嬈

其有誹謗如斯經典　見有讀誦書持經者
輕賤憎嫉而懷結恨　此人罪報汝今復聽
其人命終入阿鼻獄　具足一劫劫盡更生
如是展轉至无數劫　從地獄出當墮畜生
若狗野干其形頷瘦　黧黮疥癩人所觸嬈
又復為人之所惡賤　常困飢渴骨肉枯竭
生受楚毒死被瓦石　斷佛種故受斯罪報
若作駱駝或生驢中　身常負重加諸杖捶
但念水草餘无所知　謗斯經故獲罪如是
有作野干來入聚落　身體疥癩又无一目
為諸童子之所打擲　受諸苦痛或時致死
於此死已更受蟒身　其形長大五百由旬
聾騃无足蜿轉腹行　為諸小虫之所唼食
晝夜受苦无有休息　謗斯經故獲罪如是
若得為人諸根暗鈍　矬陋攣躄盲聾背傴
有所言說人不信受　口氣常臭鬼魅所著
貧窮下賤為人所使　多病痟瘦无所依怙
雖親附人人不在意　若有所得尋復忘失
若脩醫道順方治病　更增他疾或復致死
若自有病无人救療　設服良藥而復增劇
若他反逆抄劫竊盜　如是等罪橫羅其殃
如斯罪人永不見佛　衆聖之王說法教化
如斯罪人常生難處　狂聾心亂永不聞法
於无數劫如恒河沙　生輒聾瘂諸根不具
常處地獄如遊園觀　在餘惡道如己舍宅
駝驢猪狗是其行處　謗斯經故獲罪如是

BD05143號　妙法蓮華經卷二　(29–17)

若他反逆抄劫竊盜　如是等罪橫羅其殃
如斯罪人永不見佛　衆聖之王說法教化
如斯罪人常生難處　狂聾心亂永不聞法
於无數劫如恒河沙　生輒聾瘂諸根不具
常處地獄如遊園觀　在餘惡道如己舍宅
駝驢猪狗是其行處　謗斯經故獲罪如是
若得為人聾盲瘖瘂　貧窮諸衰以自莊嚴
水腫乾痟疥癩癰疽　如是等病以為衣服
身常臭處垢穢不淨　深著我見增益瞋恚
婬欲熾盛不擇禽獸　謗斯經故獲罪如是
告舍利弗謗斯經者　若說其罪窮劫不盡
以是因緣我故語汝　无智人中莫說此經
若有利根智慧明了　多聞強識求佛道者
如是之人乃可為說　若人曾見億百千佛
殖諸善本深心堅固　如是之人乃可為說
若人精進常脩慈心　不惜身命乃可為說
若人恭敬无有異心　離諸凡愚獨處山澤
如是之人乃可為說　又舍利弗若見有人
捨惡知識親近善友　如是之人乃可為說
若見佛子持戒清潔　如淨明珠求大乘經
如是之人乃可為說　若人无瞋質直柔軟
常愍一切恭敬諸佛　如是之人乃可為說
復有佛子於大衆中　以清淨心種種因緣
譬喻言辭說法无礙　如是之人乃可為說
若有比丘為一切智　四方求法合掌頂受
但樂受持大乘經典　乃至不受餘經一偈

BD05143號　妙法蓮華經卷二　(29–18)

[illegible]
常愍一切 恭敬諸佛 如是之人 乃可為說
復有佛子 於大眾中 以清淨心 種種因緣
譬喻言辭 說法无礙 如是之人 乃可為說
若有比丘 為一切智 四方求法 合掌頂受
但樂受持 大乘經典 乃至不受 餘經一偈
如是之人 乃可為說 如人至心 求佛舍利
如是求經 得已頂受 其人不復 志求餘經
亦未曾念 外道典籍 如是之人 乃可為說
告舍利弗 我說是相 求佛道者 窮劫不盡
如是等人 則能信解 汝當為說 妙法華經

妙法蓮華經信解品第四

尒時慧命須菩提摩訶迦旃延摩訶迦葉摩訶目揵連從佛所聞未曾有法世尊授舍利弗阿耨多羅三藐三菩提記發希有心歡喜踊躍即從座起整衣服偏袒右肩右膝著地一心合掌曲躬恭敬瞻仰尊顏而白佛言我等居僧之首年並朽邁自謂已得涅槃无所堪任不復進求阿耨多羅三藐三菩提世尊往昔說法既久我時在座身體疲懈但念空无相无作於菩薩法遊戲神通淨佛國土成就眾生心不喜樂所以者何世尊令我等出於三界得涅槃證又今我等年已朽邁於佛教化菩薩阿耨多羅三藐三菩提不生一念好樂之心我等今於佛前聞授聲聞阿耨多羅三藐三菩提記心甚歡喜得未曾有不謂

BD05143號　妙法蓮華經卷二　（29–19）

就眾生心不喜樂所以者何世尊令我等出於三界得涅槃證又今我等年已朽邁於佛教化菩薩阿耨多羅三藐三菩提不生一念好樂之心我等今於佛前聞授聲聞阿耨多羅三藐三菩提記心甚歡喜得未曾有不謂於今忽然得聞希有之法深自慶幸獲大善利无量珍寶不求自得世尊我等今者樂說譬喻以明斯義譬若有人年既幼稚捨父逃逝久住他國或十二十至五十歲年既長大加復窮困馳騁四方以求衣食漸漸遊行遇向本國其父先來求子不得中止一城其家大富財寶无量金銀琉璃珊瑚虎珀頗梨珠等其諸倉庫悉皆盈溢多有僮僕臣佐吏民象馬車乘牛羊无數出入息利乃遍他國商估賈客亦甚眾多時貧窮子遊諸聚落經歷國邑遂到其父所止之城父每念子與子離別五十餘年而未曾向人說如此事但自思惟心懷悔恨自念老朽多有財物金銀珍寶倉庫盈溢无有子息一旦終沒財物散失无所委付是以慇懃每憶其子復作是念我若得子委付財物坦然快樂无復憂慮世尊尒時窮子傭賃展轉遇到父舍住立門側遙見其父踞師子床寶几承足諸婆羅門剎利居士皆恭敬圍繞以真珠瓔珞價直千万莊嚴其身吏民僮僕手執白拂侍立左右覆以寶帳垂諸華幡香水灑地散眾名華羅列寶物

BD05143號　妙法蓮華經卷二　（29–20）

得子委付財物坦然快樂无復憂慮世尊尒
時窮子傭賃展轉遇到父舍住立門側遙見
其父踞師子床寶几承足諸婆羅門剎利居
士皆恭敬圍繞以真珠瓔珞價直千万莊嚴
其身吏民僮僕手執白拂侍立左右覆以寶
帳垂諸華幡香水灑地散衆名華羅列寶物
出內取與有如是等種種嚴飾威德特尊窮
子見父有大力勢即懷恐怖悔來至此竊作
是念此或是王或是王等非我傭力得物之
處不如往至貧里肆力有地衣食易得若久
住此或見逼迫強使我作作是念已疾走而
去時富長者於師子座見子便識心大歡喜
即作是念我財物庫藏今有所付我常思念
此子无由見之而忽自來甚適我願我雖年
朽猶故貪惜即遣傍人急追將還尒時使者
疾走往捉窮子驚愕稱怨大喚我不相犯何
為見捉使者執之愈急強牽將還于時窮子
自念无罪而被囚執此必定死轉更惶怖悶
絕躄地父遙見之而語使言不須此人勿強
將來以冷水灑面令得醒悟莫復與語所以
者何父知其子志意下劣自知豪貴為子所
難審知是子而以方便不語他人云是我子
使者語之我今放汝隨意所趣窮子歡喜得
未曾有從地而起往至貧里以求衣食尒時
長者將欲誘引其子而設方便密遣二人形
色憔悴无威德者汝可詣彼徐語窮子此有
作處倍與汝直窮子若許將來使作若言欲

難審知是子而以方便不語他人云是我子
使者語之我今放汝隨意所趣窮子歡喜得
未曾有從地而起往至貧里以求衣食尒時
長者將欲誘引其子而設方便密遣二人形
色憔悴无威德者汝可詣彼徐語窮子此有
作處倍與汝直窮子若許將來使作若言欲
何所作便可語之雇汝除糞我等二人亦共
汝作時二使人即求窮子既已得之具陳上
事尒時窮子先取其價尋與除糞其父見子
愍而怪之又以他日於窗牖中遙見子身羸
瘦憔悴糞土塵坌污穢不淨即脫瓔珞細軟
上服嚴飾之具更著麁弊垢膩之衣塵土坌
身右手執持除糞之器狀有所畏語諸作人
汝等勤作勿得懈息以方便故得近其子後
復告言咄男子汝常此作勿復餘去當加汝
價諸有所須瓮器米麵鹽酢之屬莫自疑難
亦有老弊使人須者相給好自安意我如汝
父勿復憂慮所以者何我年老大而汝少壯
汝常作時无有欺怠瞋恨怨言都不見汝有
此諸惡如餘作人自今已後如所生子即時
長者更與作字名之為兒尒時窮子雖欣此
遇猶故自謂客作賤人由是之故於二十年
中常令除糞過是已後心相體信入出无難
然其所止猶在本處世尊尒時長者有疾自
知將死不久語窮子言我今多有金銀珍寶
倉庫盈溢其中多少所應取與汝悉知之我
心如是當體此意所以者何今我與汝便為

長者更與作字名之為兒尒時窮子雖欣此
遇猶故自謂客作賤人由是之故於二十年
中常令除糞過是已後心相體信入出无難
然其所止猶在本處世尊尒時長者有疾自
知將死不久語窮子言我今多有金銀珍寶
倉庫盈溢其中多少所應取與汝悉知之我
心如是當體此意所以者何今我與汝便為
不異宜加用心无令漏失尒時窮子即受教
勅領知眾物金銀珍寶及諸庫藏而无悕取
一飡之意然其所止故在本處下劣之心亦
未能捨復經少時父知子意漸已通泰成就
大志自鄙先心臨欲終時而命其子并會親
族國王大臣剎利居士皆悉已集即自宣言
諸君當知此是我子我之所生於某城中捨
吾逃走踜跰辛苦五十餘年其本字某我名
某甲昔在本城懷憂推覓忽於此間遇會得
之此實我子我實其父今我所有一切財物
皆是子有先所出內是子所知世尊是時窮
子聞父此言即大歡喜得未曾有而作是念
我本无心有所悕求今此寶藏自然而至世
尊大富長者則是如來我等皆似佛子如來
常說我等為子世尊我等以三苦故於生死
中受諸熱惱迷惑无知樂著小法今日世尊
令我等思惟蠲除諸法戲論之糞我等於中
勤加精進得至涅槃一日之價既得此已心
大歡喜自以為足便自謂言於佛法中勤精進

BD05143號　妙法蓮華經卷二　（29-23）

尊大富長者則是如來我等皆似佛子如來
常說我等為子世尊我等以三苦故於生死
中受諸熱惱迷惑无知樂著小法今日世尊
令我等思惟蠲除諸法戲論之糞我等於中
勤加精進得至涅槃一日之價既得此已心
大歡喜自以為足便自謂言於佛法中勤精進
故所得弘多然世尊先知我等心著弊欲樂
於小法便見縱捨不為分別汝等當有如來
知見寶藏之分世尊以方便力說如來智慧
我等從佛得涅槃一日之價以為大得於此
大乘无有志求我等又因如來智慧為諸菩
薩開示演說而自於此无有志願所以者何
佛知我等心樂小法以方便力隨我等說而
我等不知真是佛子今我等方知世尊於佛
智慧无所悋惜所以者何我等昔來真是佛
子而但樂小法若我等有樂大之心佛則為
我說大乘法於此經中唯說一乘而昔於菩薩
前毀呰聲聞樂小法者然佛實以大乘教化
是故我等說本无心有所悕求今法王大寶
自然而至如佛子所應得者皆已得之尒時
摩訶迦葉欲重宣此義而說偈言
我等今日　聞佛音教　歡喜踊躍　得未曾有
佛說聲聞　當得作佛　无上寶聚　不求自得
譬如童子　幼稚无識　捨父逃逝　遠到他土
周流諸國　五十餘年　其父憂念　四方推求
求之既疲　頓止一城　造立舍宅　五欲自娛

BD05143號　妙法蓮華經卷二　（29-24）

我等今日 聞佛音教 歡喜踊躍 得未曾有
佛說聲聞 當得作佛 无上寶聚 不求自得
譬如童子 幼稚无識 捨父逃逝 遠到他土
周流諸國 五十餘年 其父憂念 四方推求
求之既疲 頓止一城 造立舍宅 五欲自娛
其家巨富 多諸金銀 車𤦲馬瑙 真珠瑠璃
象馬牛羊 輦輿車乘 田業僮僕 人民眾多
出入息利 乃遍他國 商估賈人 无處不有
千万億眾 圍繞恭敬 常為王者 之所愛念
群臣豪族 皆共宗重 以諸緣故 往來者眾
豪富如是 有大力勢 而年朽邁 益憂念子
夙夜惟念 死時將至 癡子捨我 五十餘年
庫藏諸物 當如之何 尒時窮子 求索衣食
從邑至邑 從國至國 或有所得 或无所得
飢餓羸瘦 體生瘡癬 漸次經歷 到父住城
傭賃展轉 遂至父舍 尒時長者 於其門內
施大寶帳 處師子座 眷屬圍繞 諸人侍衛
或有計筭 金銀寶物 出內財產 注記券疏
窮子見父 豪貴尊嚴 謂是國王 若是王等
驚怖自怪 何故至此 覆自念言 我若久住
或見逼迫 強驅使作 思惟是已 馳走而去
借問貧里 欲往傭作 長者是時 在師子座
遙見其子 嘿而識之 即勑使者 追捉將來
窮子驚喚 迷悶躃地 是人執我 必當見殺
何用衣食 使我至此 長者知子 愚癡狹劣

BD05143號　妙法蓮華經卷二　（29–25）

或見逼迫 強驅使作 思惟是已 馳走而去
借問貧里 欲往傭作 長者是時 在師子座
遙見其子 嘿而識之 即勑使者 追捉將來
窮子驚喚 迷悶躃地 是人執我 必當見殺
何用衣食 使我至此 長者知子 愚癡狹劣
不信我言 不信是父 即以方便 更遣餘人
眇目矬陋 无威德者 汝可語之 云當相雇
除諸糞穢 倍與汝價 窮子聞之 歡喜隨來
為除糞穢 淨諸房舍 長者於牖 常見其子
念子愚劣 樂為鄙事 於是長者 著弊垢衣
執除糞器 往到子所 方便附近 語令勤作
既益汝價 并塗足油 飲食充足 薦席厚暖
如是苦言 汝當勤作 又以軟語 若如我子
長者有智 漸令入出 經二十年 執作家事
示其金銀 真珠頗梨 諸物出入 皆使令知
猶處門外 止宿草庵 自念貧事 我无此物
父知子心 漸已曠大 欲與財物 即聚親族
國王大臣 剎利居士 於此大眾 說是我子
捨我他行 經五十歲 自見子來 已二十年
昔於某城 而失是子 周行求索 遂來至此
凡我所有 舍宅人民 悉以付之 恣其所用
子念昔貧 志意下劣 今於父所 大獲珍寶
并及舍宅 一切財物 甚大歡喜 得未曾有
佛亦如是 知我樂小 未曾說言 汝等作佛
而說我等 得諸无漏 成就小乘 聲聞弟子

BD05143號　妙法蓮華經卷二　（29–26）

周行求索　遂來至此
凡我所有　舍宅人民　悉以付之　恣其所用
子念昔貧　志意下劣　今於父所　大獲珎寶
并及舍宅　一切財物　甚大歡喜　得未曾有
佛亦如是　知我樂小　未曾說言　汝等作佛
而說我等　得諸无漏　成就小乘　聲聞弟子
佛勅我等　說冣上道　脩習此者　當得成佛
我承佛教　為大菩薩　以諸因緣　種種譬喻
若干言辭　說无上道　諸佛子等　從我聞法
日夜思惟　精勤脩習　是時諸佛　即授其記
汝於來世　當得作佛　一切諸佛　秘藏之法
但為菩薩　演其實事　而不為我　說斯真要
如彼窮子　得近其父　雖知諸物　心不悕取
我等雖說　佛法寶藏　自无志願　亦復如是
我等內滅　自謂為足　唯了此事　更无餘事
我等若聞　淨佛國土　教化眾生　都无欣樂
所以者何　一切諸法　皆悉空寂　无生无滅
无大无小　无漏无為　如是思惟　不生喜樂
我等長夜　於佛智慧　无貪无著　无復志願
而自於法　謂是究竟　我等長夜　脩習空法
得脫三界　苦惱之患　住冣後身　有餘涅槃
佛所教化　得道不虛　則為已得　報佛之恩
我等雖為　諸佛子等　說菩薩法　以求佛道
而於是法　永无願樂　導師見捨　觀我心故
初不勸進　說有實利　如富長者　知子志劣
以方便力　柔伏其心　然後乃付　一切財物
佛亦如是　現希有事　知樂小者　以方便力

BD05143號　妙法蓮華經卷二　（29–27）

佛所教化　得道不虛　則為已得　報佛之恩
我等雖為　諸佛子等　說菩薩法　以求佛道
而於是法　永无願樂　導師見捨　觀我心故
初不勸進　說有實利　如富長者　知子志劣
以方便力　柔伏其心　然後乃付　一切財物
佛亦如是　現希有事　知樂小者　以方便力
調伏其心　乃教大智　我等今日　得未曾有
非先所望　而今自得　如彼窮子　得无量寶
世尊我今　得道得果　於无漏法　得清淨眼
我等長夜　持佛淨戒　始於今日　得其果報
法王法中　久脩梵行　今得无漏　无上大果
我等今者　真是聲聞　以佛道聲　令一切聞
我等今者　真阿羅漢　於諸世間　天人魔梵
普於其中　應受供養　世尊大恩　以希有事
憐愍教化　利益我等　无量億劫　誰能報者
手足供給　頭頂禮敬　一切供養　皆不能報
若以頂戴　兩肩荷負　於恒沙劫　盡心恭敬
又以美膳　无量寶衣　及諸臥具　種種湯藥
牛頭栴檀　及諸珎寶　以起塔廟　寶衣布地
如斯等事　以用供養　於恒沙劫　亦不能報
諸佛希有　无量无邊　不可思議　大神通力
无漏无為　諸法之王　能為下劣　忍于斯事
取相凡夫　隨宜為說　諸佛於法　得冣自在
知諸眾生　種種欲樂　及其志力　隨所堪任
以无量喻　而為說法　隨諸眾生　宿世善根

BD05143號　妙法蓮華經卷二　（29–28）

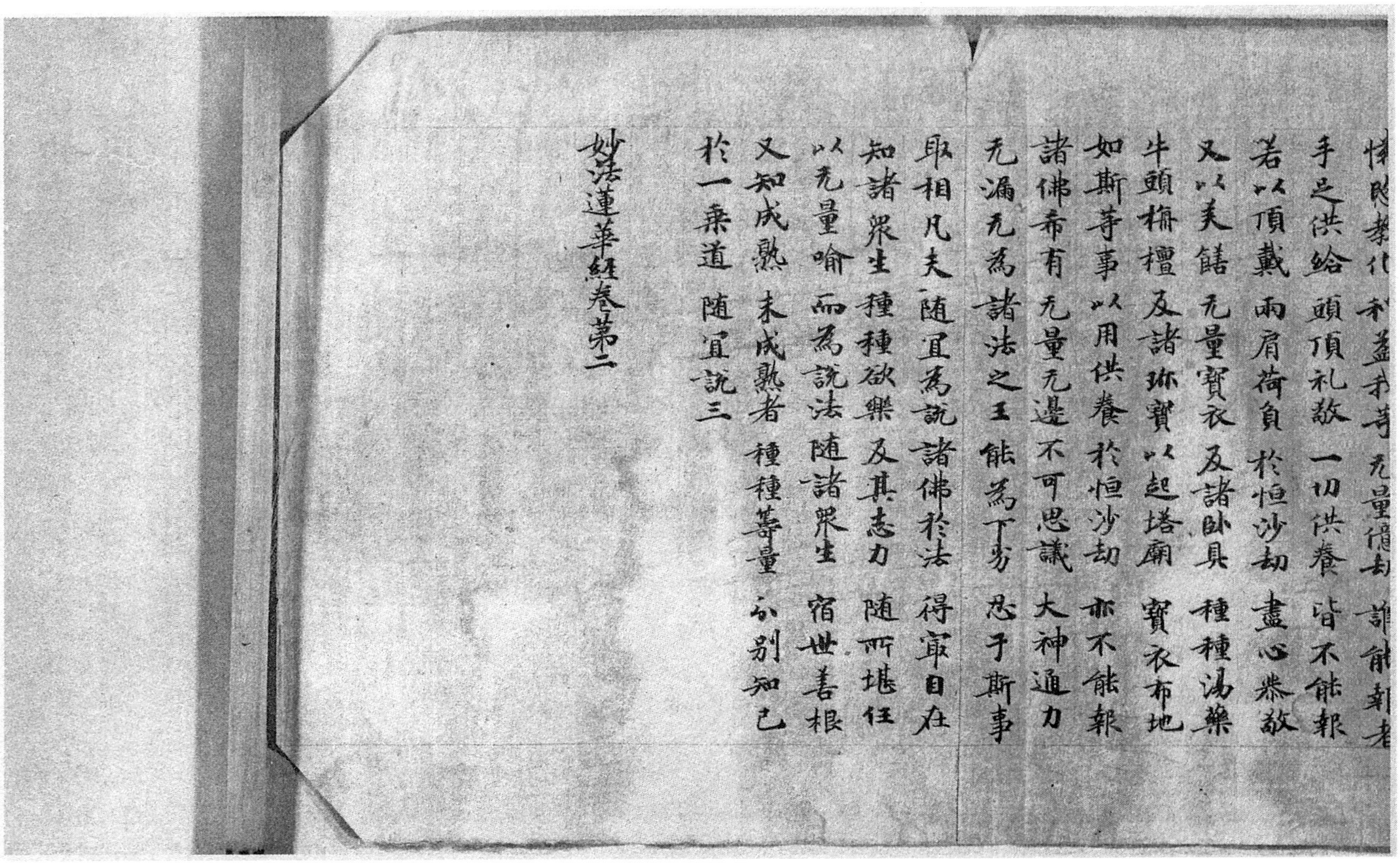

憐愍教化　利益我等　无量億劫　誰能報者
手足供給　頭頂礼敬　一切供養　皆不能報
若以頂戴　兩肩荷負　於恒沙劫　盡心恭敬
又以美饍　无量寶衣　及諸卧具　種種湯藥
牛頭栴檀　及諸珎寶　以起塔廟　寶衣布地
如斯等事　以用供養　於恒沙劫　亦不能報
諸佛希有　无量无邊　不可思議　大神通力
无漏无為　諸法之王　能為下劣　忍于斯事
取相凡夫　隨宜為說　諸佛於法　得最自在
知諸衆生　種種欲樂　及其志力　隨所堪任
以无量喻　而為說法　隨諸衆生　宿世善根
又知成熟　未成熟者　種種籌量　分別知已
於一乘道　隨宜說三

妙法蓮華經卷第二

BD05143 號　妙法蓮華經卷二　（29–29）

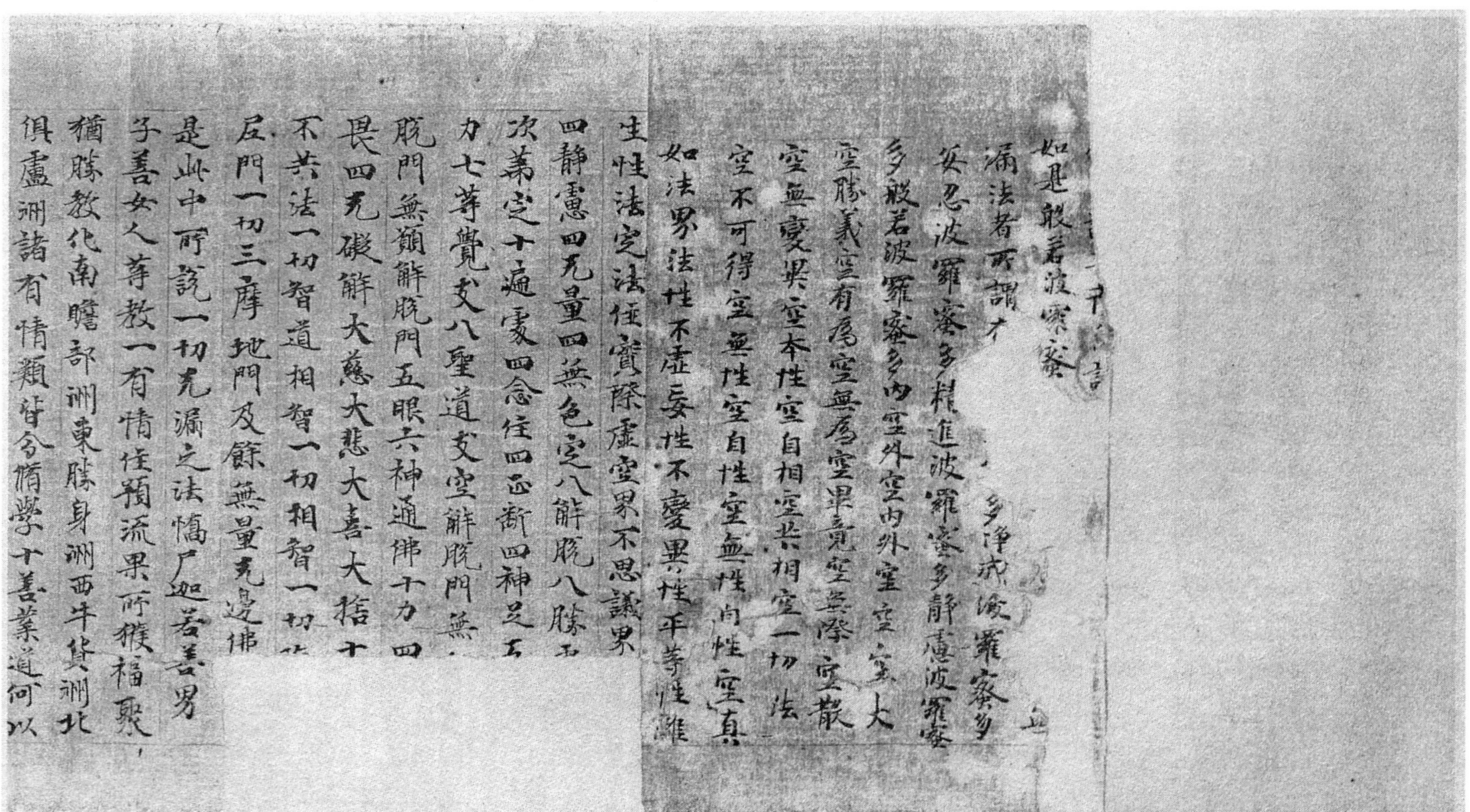

如是般若波羅蜜
漏法者所謂布　多淨戒波羅蜜多
安忍波羅蜜多精進波羅蜜多靜慮波羅蜜
多般若波羅蜜多內空外空內外空空空大
空勝義空有為空無為空畢竟空無際空散
空無變異空本性空自相空共相空一切法
空不可得空無性空自性空無性自性空真
如法界法性不虛妄性不變異性平等性離
生性法定法住實際虛空界不思議界
四靜慮四无量四無色定八解脫八勝
次第定十遍處四念住四正斷四神足五
力七等覺支八聖道支空解脫門無
脫門無願解脫門五眼六神通佛十力四
畏四无礙解大慈大悲大喜大捨十
不共法一切智道相智一切相智一切
尼門一切三摩地門及餘無量无邊佛
是此中所說一切无漏之法憍尸迦若善男
子善女人等教一有情住預流果所獲福聚，
猶勝教化南贍部洲東勝身洲西牛貨洲北
俱盧洲諸有情類皆令脩學十善業道何以

BD05144 號　大般若波羅蜜多經卷一三一　（4–1）

不共法一切智道相智一切相智一切
尼門一切三摩地門及餘無量无邊佛
是此中所說一切无漏之法憍尸迦若善男
子善女人等教一有情住預流果所獲福聚
猶勝教化南贍部洲東勝身洲西牛貨洲北
俱盧洲諸有情類皆令脩學十善業道何以
故憍尸迦諸有脩行十善業道不免地獄傍
生鬼趣若諸有情住預流果便得永脫三惡
趣故況教令住一來不還阿羅漢果所獲福
聚而不勝彼憍尸迦若善男子善女人等教
贍部洲東勝身洲西牛貨洲北俱盧洲諸有
情類皆住預流一來不還阿羅漢果所獲福
聚不如有人教一有情令其安住獨覺菩提
何以故憍尸迦獨覺菩提所有功德勝預流
等百千倍故憍尸迦若善男子善女人等教
贍部洲東勝身洲西牛貨洲北俱盧洲諸有
情類皆令安住獨覺菩提所獲福聚不如有
人教一有情令趣无上正等菩提何以故憍
尸迦若教有情令趣无上正等菩提則令世
間佛眼不斷所以者何由有菩薩摩訶薩故
便有預流一來不還阿羅漢果獨覺菩提由
有菩薩摩訶薩故便有如來應正等證得
无上正等菩提由有菩薩摩訶薩故便有佛
寶法寶僧寶一切世間歸依供養以是故憍
尸迦一切世間若天若魔若梵若沙門若婆
羅門及阿素洛人非人等應以无量上妙花

BD05144號　大般若波羅蜜多經卷一三一　（4–2）

便有預流一來不還阿羅漢果獨覺菩提由
有菩薩摩訶薩故便有如來應正等證得
无上正等菩提由有菩薩摩訶薩故便有佛
寶法寶僧寶一切世間歸依供養以是故憍
尸迦一切世間若天若魔若梵若沙門若婆
羅門及阿素洛人非人等應以无量上妙花
鬘塗散等香衣服瓔珞寶幢幡蓋衆妙珎奇
伎樂燈明書諸所有供養恭敬尊重讚歎菩
薩摩訶薩憍尸迦由此當知若善男子善女
人等書寫如是甚深般若波羅蜜多施他讀
誦若轉書寫廣令流布所獲福聚勝前福聚
无量无邊何以故如是般若波羅蜜多秘密
藏中廣說一切世出世間勝善法故由此般
若波羅蜜多秘密藏中所說法故世間便有
剎帝利大族婆羅門大族長者大族居士大
族施設可得由此般若波羅蜜多秘密藏中
所說法故世間便有四大王衆天三十三天夜
魔天覩史多天樂變化天他化自在天施設
可得由此般若波羅蜜多秘密藏中所說
法故世間便有梵衆天梵輔天梵會天大梵
天施設可得由此般若波羅蜜多秘密藏中
所說法故世間便有光天少光天无量光天
極光淨天施設可得由此般若波羅蜜多秘
密藏中所說法故世間便有淨天少淨天无
量淨天遍淨天施設可得由此般若波羅蜜
多秘密藏中所說法故世間便有廣天少廣

BD05144號　大般若波羅蜜多經卷一三一　（4–3）

无量无邊何以故如是般若波羅蜜多秘密
藏中廣説一切世出世間勝善法故由此般
若波羅蜜多秘密藏中所説法故世間便有
刹帝利大族婆羅門大族長者大族居士大
族施設可得由此般若波羅蜜多秘密藏中
所説法故世間便有四大王衆天三十三天夜
魔天覩史多天樂變化天他化自在天施設
可得由此般若波羅蜜多秘密藏中所説
法故世間便有梵衆天梵輔天梵會天大梵
天施設可得由此般若波羅蜜多秘密藏中
所説法故世間便有光天少光天无量光天
極光淨天施設可得由此般若波羅蜜多秘
密藏中所説法故世間便有淨天少淨天无
量淨天遍淨天施設可得由此般若波羅蜜
多秘密藏中所説法故世間便有廣天少廣
天无量廣天廣果天施設可得由此般若波
羅蜜多秘密藏中所説法故世間便有无繁
天无熱天善現天善見天色究竟天施設可
得由此般若波羅蜜多秘密藏中所説法故

BD05144 號　大般若波羅蜜多經卷一三一　（4–4）

百卌

BD05144 號背　勘記　（1–1）

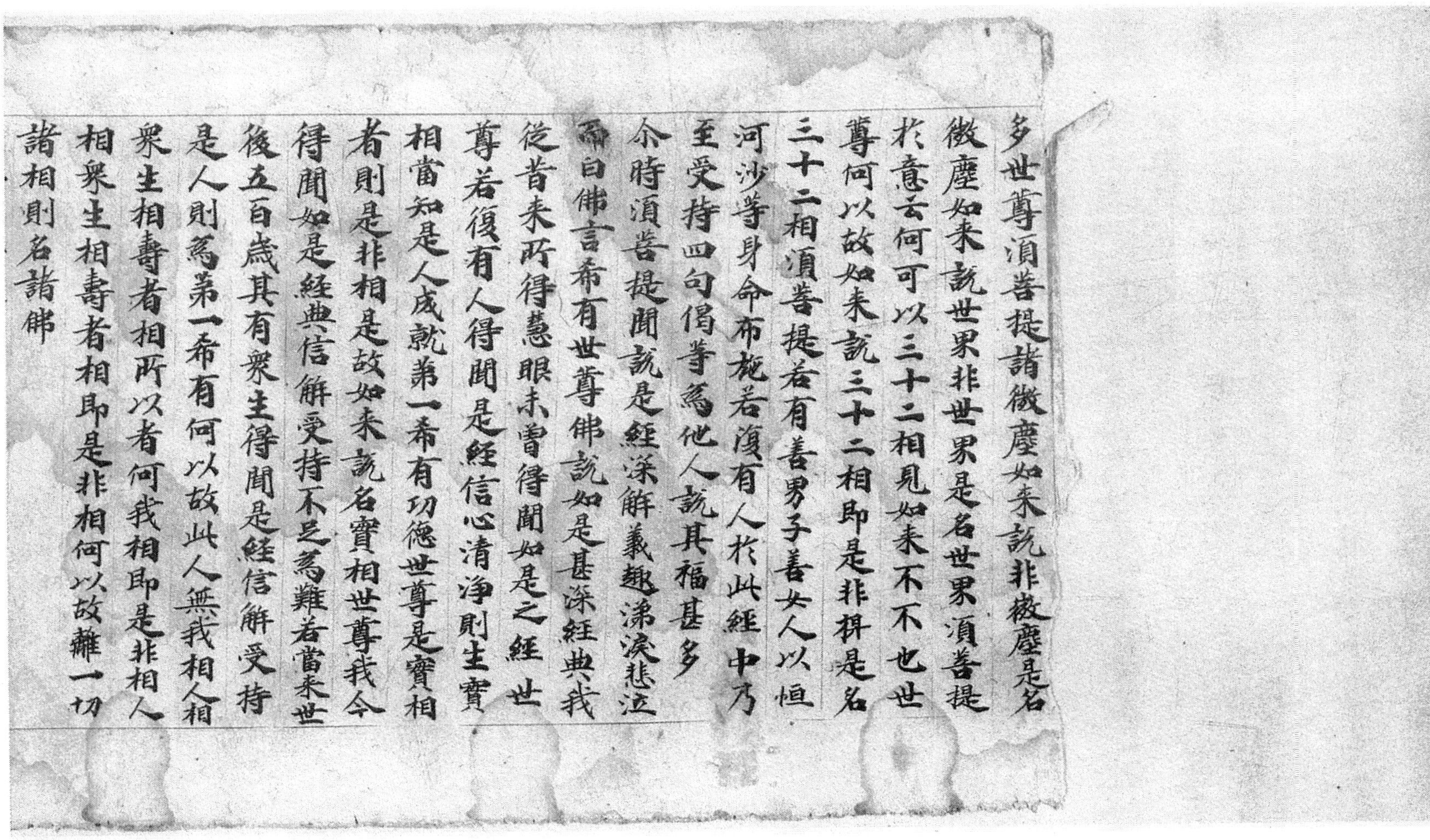
多世尊須菩提諸微塵如来說非微塵是名
微塵如来說世界非世界是名世界須菩提
於意云何可以三十二相見如来不不也世
尊何以故如来說三十二相即是非相是名
三十二相須菩提若有善男子善女人以恒
河沙等身命布施若復有人於此經中乃
至受持四句偈等爲他人說其福甚多
尒時須菩提聞說是經深解義趣涕淚悲泣
而白佛言希有世尊佛說如是甚深經典我
從昔来所得慧眼未曾得聞如是之經世
尊若復有人得聞是經信心清淨則生實
相當知是人成就弟一希有功德世尊是實相
者則是非相是故如来說名實相世尊我今
得聞如是經典信解受持不足爲難若當来世
後五百歲其有衆生得聞是經信解受持
是人則爲弟一希有何以故此人無我相人相
衆生相壽者相所以者何我相即是非相人
相衆生相壽者相即是非相何以故離一切
諸相則名諸佛

BD05145 號　金剛般若波羅蜜經　　　　(11–1)

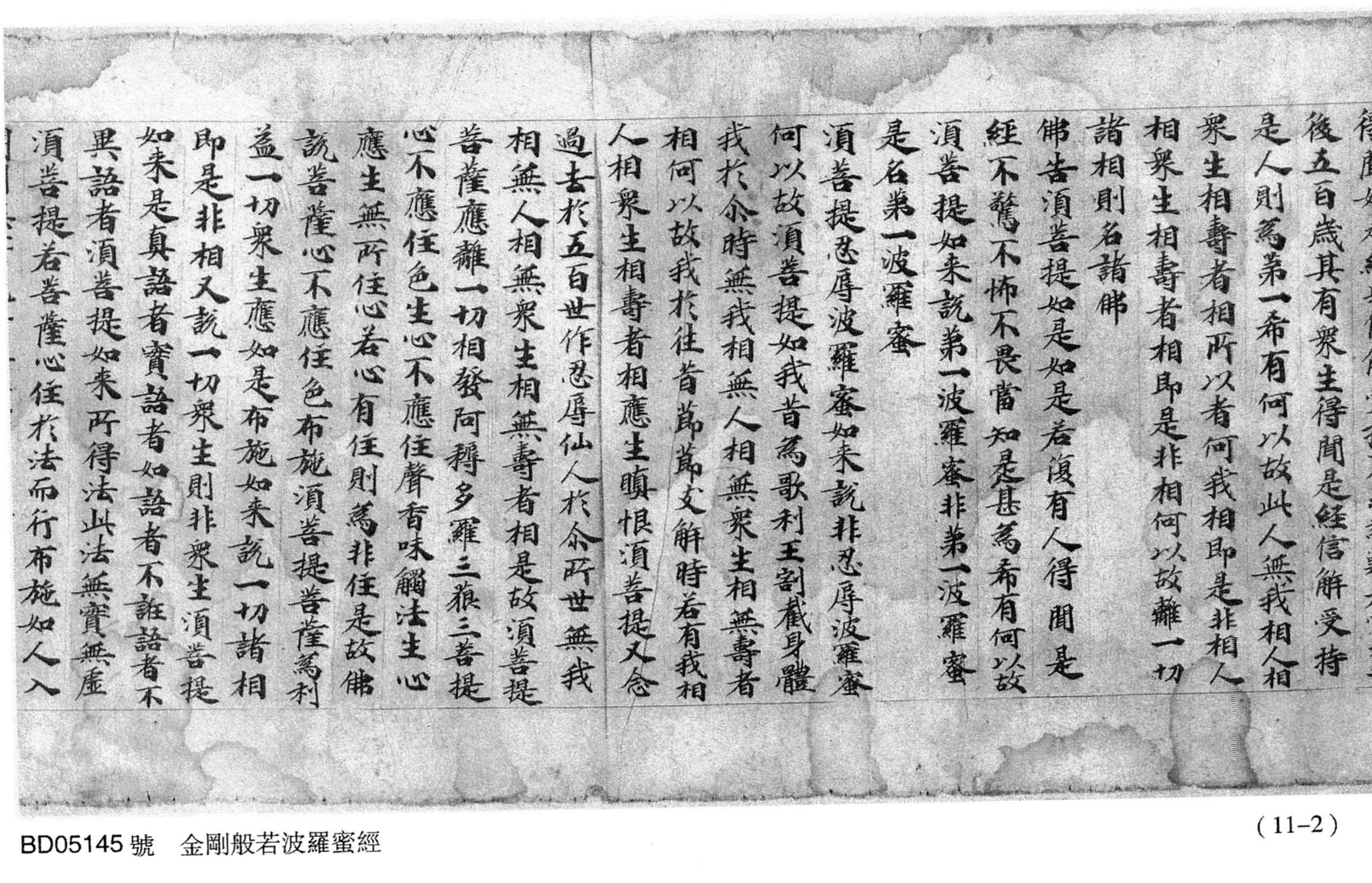
得聞如是經典信解受持不足爲難若當来世
後五百歲其有衆生得聞是經信解受持
是人則爲弟一希有何以故此人無我相人相
衆生相壽者相所以者何我相即是非相人
相衆生相壽者相即是非相何以故離一切
諸相則名諸佛
佛告須菩提如是如是若復有人得聞是
經不驚不怖不畏當知是甚爲希有何以故
須菩提如来說弟一波羅蜜非弟一波羅蜜
是名弟一波羅蜜
須菩提忍辱波羅蜜如来說非忍辱波羅蜜
何以故須菩提如我昔爲歌利王割截身體
我於尒時無我相無人相無衆生相無壽者
相何以故我於往昔節節支解時若有我相
人相衆生相壽者相應生瞋恨須菩提又念
過去於五百世作忍辱仙人於尒所世無我
相無人相無衆生相無壽者相是故須菩提
菩薩應離一切相發阿耨多羅三藐三菩提
心不應住色生心不應住聲香味觸法生心
應生無所住心若心有住則爲非住是故佛
說菩薩心不應住色布施須菩提菩薩爲利
益一切衆生應如是布施如来說一切諸相
即是非相又說一切衆生則非衆生須菩提
如来是真語者實語者如語者不誑語者不
異語者須菩提如来所得法此法無實無虛
須菩提若菩薩心住於法而行布施如人入

BD05145 號　金剛般若波羅蜜經　　　　(11–2)

説菩薩心不應住色布施須菩提菩薩為利
益一切衆生應如是布施如來説一切諸相
即是非相又説一切衆生則非衆生須菩提
如來是真語者實語者如語者不誑語者不
異語者須菩提如來所得法此法無實無虚
須菩提若菩薩心住於法而行布施如人入
闇則無所見若菩薩心不住法而行布施如
人有目日光明照見種種色須菩提當來之
世若有善男子善女人能於此經受持讀誦
則為如來以佛智慧悉知是人悉見是人皆
得成就無量無邊功德
須菩提若有善男子善女人初日分以恒河
沙等身布施中日分復以恒河沙等身布施
後日分亦以恒河沙等身布施如是無量百
千萬億劫以身布施若復有人聞此經典信
心不逆其福勝彼何況書寫受持讀誦為人
解説須菩提以要言之是經有不可思議不
可稱量無邊功德如來為發大乘者説為發
最上乘者説若有人能受持讀誦廣為人説
如來悉知是人悉見是皆得成就不可量不
可稱無有邊不可思議功德如是人等則為
荷擔如來阿耨多羅三藐三菩提何以故須
菩提若樂小法者著我見人見衆生見壽者
見則於此經不能聽受讀誦為人解説須菩
提在在處處若有此經一切世間天人阿脩

BD05145號　金剛般若波羅蜜經　（11–3）

如來悉知是人悉見是皆得成就不可量不
可稱無有邊不可思議功德如是人等則為
荷擔如來阿耨多羅三藐三菩提何以故須
菩提若樂小法者著我見人見衆生見壽者
見則於此經不能聽受讀誦為人解説須菩
提在在處處若有此經一切世間天人阿脩
羅所應供養當知此處則為是塔皆應恭
敬作禮圍遶以諸華香而散其處
復次須菩提善男子善女人受持讀誦此經
若為人輕賤是人先世罪業應墮惡道以今
世人輕賤故先世罪業則為消滅當得阿
耨多羅三藐三菩提須菩提我念過去無量
阿僧祇劫於然燈佛前得值八百四千万億那
由他諸佛悉皆供養承事無空過者若復
有人於後末世能受持讀誦此經所得功德
於我所供養諸佛功德百分不及一千万億分
乃至筭數譬喻所不能及須菩提若善男
子善女人於後末世有受持讀誦此經所得
功德我若具説者或有人聞心則狂亂狐疑
不信須菩提當知是經義不可思議果報亦
不可思議
爾時須菩提白佛言世尊善男子善女人發
阿耨多羅三藐三菩提心云何應住云何降
伏其心佛告須菩提善男子善女人發阿耨
多羅三藐三菩提者當生如是心我應滅度
一切衆生滅度一切衆生已而無有一衆生

BD05145號　金剛般若波羅蜜經　（11–4）

不可思議
尒時須菩提白佛言世尊善男子善女人發
阿耨多羅三藐三菩提心云何應住云何降
伏其心佛告須菩提善男子善女人發阿耨
多羅三藐三菩提者當生如是心我應滅度
一切衆生滅度一切衆生已而無有一衆生
實滅度者何以故若菩薩有我相人相衆
生相壽者相則非菩薩所以者何須菩提實
無有法發阿耨多羅三藐三菩提者須菩提
於意云何如来於然燈佛所有法得阿耨多
羅三藐三菩提不不也世尊如我解佛所說
義佛於然燈佛所無有法得阿耨多羅三藐
三菩提佛言如是如是須菩提實無有法如
来得阿耨多羅三藐三菩提須菩提若有法
如来得阿耨多羅三藐三菩提者然燈佛則不
與我授記汝於来世當得作佛号釋迦牟尼
以實無有法得阿耨多羅三藐三菩提是故
然燈佛與我授記作是言汝於来世當得作
佛号釋迦牟尼何以故如来者即諸法如義
若有人言如来得阿耨多羅三藐三菩提須
菩提實無有法佛得阿耨多羅三藐三菩
提須菩提如来所得阿耨多羅三藐三菩提
於是中無實無虗是故如来說一切法皆是佛
法須菩提所言一切法者即非一切法是故
名一切法須菩提譬如人身長大

BD05145號　金剛般若波羅蜜經　（11–5）

佛号釋迦牟尼何以故如来者即諸法如義
若有人言如来得阿耨多羅三藐三菩提須
菩提實無有法佛得阿耨多羅三藐三菩
提須菩提如来所得阿耨多羅三藐三菩提
於是中無實無虗是故如来說一切法皆是佛
法須菩提所言一切法者即非一切法是故
名一切法須菩提譬如人身長大須菩提言
世尊如来說人身長大則為非大身是名大
身須菩提菩薩亦如是若作是言我當滅度
無量衆生則不名菩薩何以故須菩提實無
有法名為菩薩是故佛說一切法無我無人
無衆生無壽者須菩提若菩薩作是言我
當嚴佛土是不名菩薩何以故如来說莊嚴
佛土者即非莊嚴是名莊嚴須菩提若菩薩
通達無我法者如来說名真是菩薩
須菩提於意云何如来有肉眼不如是世尊
如来有肉眼須菩提於意云何如来有天眼
不如是世尊如来有天眼須菩提於意云何
如来有慧眼不如是世尊如来有慧眼須菩
提於意云何如来有法眼不如是世尊如来
有法眼須菩提於意云何如来有佛眼不如
是世尊如来有佛眼須菩提於意云何如恒
河中所有沙佛說是沙不如是世尊如来說
是沙須菩提於意云何如一恒河中所有沙
有如是等恒河是諸恒河所有沙數佛世界
如是寧為多不甚多世尊佛告須菩提尒所

BD05145號　金剛般若波羅蜜經　（11–6）

有法眼須菩提於意云何如来有佛眼不如
是世尊如来有佛眼須菩提於意云何如恒
河中所有沙佛說是沙不如是世尊如来說
是沙須菩提於意云何如一恒河中所有沙
有如是等恒河是諸恒河所有沙數佛世界
如是寧為多不甚多世尊佛告須菩提尒所
國土中所有衆生若干種心如来悉知何以
如来說諸心皆為非心是名為心所以者何
故須菩提過去心不可得現在心不可得未
来心不可得須菩提於意云何若有人滿三
千大千世界七寶以用布施是人以是因緣
得福多不如是世尊此人以是因緣得福甚
多須菩提若福德有實如来不說得福德
多以福德無故如来說得福德多
須菩提於意云何佛可以具足色身見不不
也世尊如来不應以具足色身見何以故如
来說具足色身即非具足色身是名具足色
身須菩提於意云何如来可以具足諸相見
不不也尊如来不應以具足諸相見何以故
如来說諸相具足即非具足是名諸相具
足須菩提汝勿謂如来作是念我當有所說
法莫作是念何以故若人言如来有所說法即
為謗佛不能解我所說故須菩提說法者無
法可說是名說法須菩提白佛言世尊佛
得阿耨多羅三藐三菩提為無所得耶如是
如是須菩提我於阿耨多羅三藐三菩提乃

BD05145 號　金剛般若波羅蜜經　（11–7）

足須菩提汝勿謂如来作是念我當有所說
法莫作是念何以故若人言如来有所說法即
為謗佛不能解我所說故須菩提說法者無
法可說是名說法須菩提白佛言世尊佛
得阿耨多羅三藐三菩提為無所得耶如是
如是須菩提我於阿耨多羅三藐三菩提乃
至無有少法可得是名阿耨多羅三藐三菩
提復次須菩提是法平等無有高下是名
阿耨多羅三藐三菩提以無我無人無衆生
無壽者修一切善法則得阿耨多羅三藐三
菩提須菩提所言善法者如来說非善法是名
善法須菩提若三千大千世界中所有諸須
弥山王如是等七寶聚有人持用布施若人
以此般若波羅蜜經乃至四句偈等受持讀
誦為他人說於前福德百分不及一百千万億
分乃至筭數譬喻所不能及
須菩提於意云何汝等勿謂如来作是念我
當度衆生須菩提莫作是念何以故實無
有衆生如来度者若有衆生如来度者如来
則有我人衆生壽者須菩提如来說有我者則
非有我而凡夫之人以為有我須菩提凡夫
者如来說則非凡夫須菩提於意云何可以
三十二相觀如来不須菩提言如是如是以
三十二相觀如来佛言須菩提若以三十二
相觀如来者轉輪聖王則是如来須菩提白
佛言世尊如我解佛所說義不應以三十二

BD05145 號　金剛般若波羅蜜經　（11–8）

非有我而凡夫之人以爲有我須菩提凡夫
者如來說則非凡夫須菩提於意云何可以
三十二相觀如來不須菩提言如是如是以
三十二相觀如來佛言須菩提若以三十二
相觀如來者轉輪聖王則是如來須菩提白
佛言世尊如我解佛所說義不應以三十二
相觀如來尒時世尊而說偈言
若以色見我　以音聲求我　是人行邪道　不能見如來
須菩提汝若作是念如來不以具足相故得
阿耨多羅三藐三菩提須菩提莫作是念如
來不以具足相故得阿耨多羅三藐三菩提
須菩提汝若作是念發阿耨多羅三藐三菩
提者說諸法斷滅莫作是念何以故發阿耨
多羅三藐三菩提者於法不說斷相須菩
提若菩薩以滿恒河沙等世界七寶布施若
復有人知一切法無我得成於忍此菩薩勝
前菩薩所得功德何以故須菩提以諸菩薩
不受福德故須菩提白佛言世尊云何菩薩
不受福德須菩提菩薩所作福德不應貪
著是故佛說不受福德須菩提若有人言如
來若來若去若坐若卧是人不解我所說義
何以故如來者無所從來亦無所去故名如來
須菩提若善男子善女人以三千大千世界碎
爲微塵於意云何是微塵衆寧爲多不甚多
世尊何以故若是微塵衆實有者佛則不說
是微塵衆所以者何佛說微塵衆則[illegible]

BD05145號　金剛般若波羅蜜經　（11–9）

著是故佛說不受福德須菩提若有人言如
來若來若去若坐若卧是人不解我所說義
何以故如來者無所從來亦無所去故名如來
須菩提若善男子善女人以三千大千世界碎
爲微塵於意云何是微塵衆寧爲多不甚多
世尊何以故若是微塵衆實有者佛則不說
是微塵衆所以者何佛說微塵衆則非微塵
衆是名微塵衆世尊如來所說三千大千世
界則非世界是名世界何以故若世界實有
者則是一合相如來說一合相則非一合相是
名一合相須菩提一合相者則是不可說但
凡夫之人貪著其事須菩提若人言佛說
我見人見衆生見壽者見須菩提於意云何
是人解我所說義不不也世尊是人不解如
來所說義何以故世尊說我見人見衆生見
壽者見即非我見人見衆生見壽者見是名
我見人見衆生見壽者見須菩提發阿耨多
羅三藐三菩提心者於一切法應如是知如
是見如是信解不生法相須菩提所言法相
者如來說即非法相是名法相須菩提若有
人以滿無量阿僧祇世界七寶持用布施若有
善男子善女人發菩薩心者持於此經乃至
四句偈等受持讀誦爲人演說其福勝彼云
何爲人演說不取於相如如不動何以故
一切有爲法　如夢幻泡影　如露亦如電　應作如是觀
佛說是經已長老須菩提及諸比丘比丘尼優

BD05145號　金剛般若波羅蜜經　（11–10）

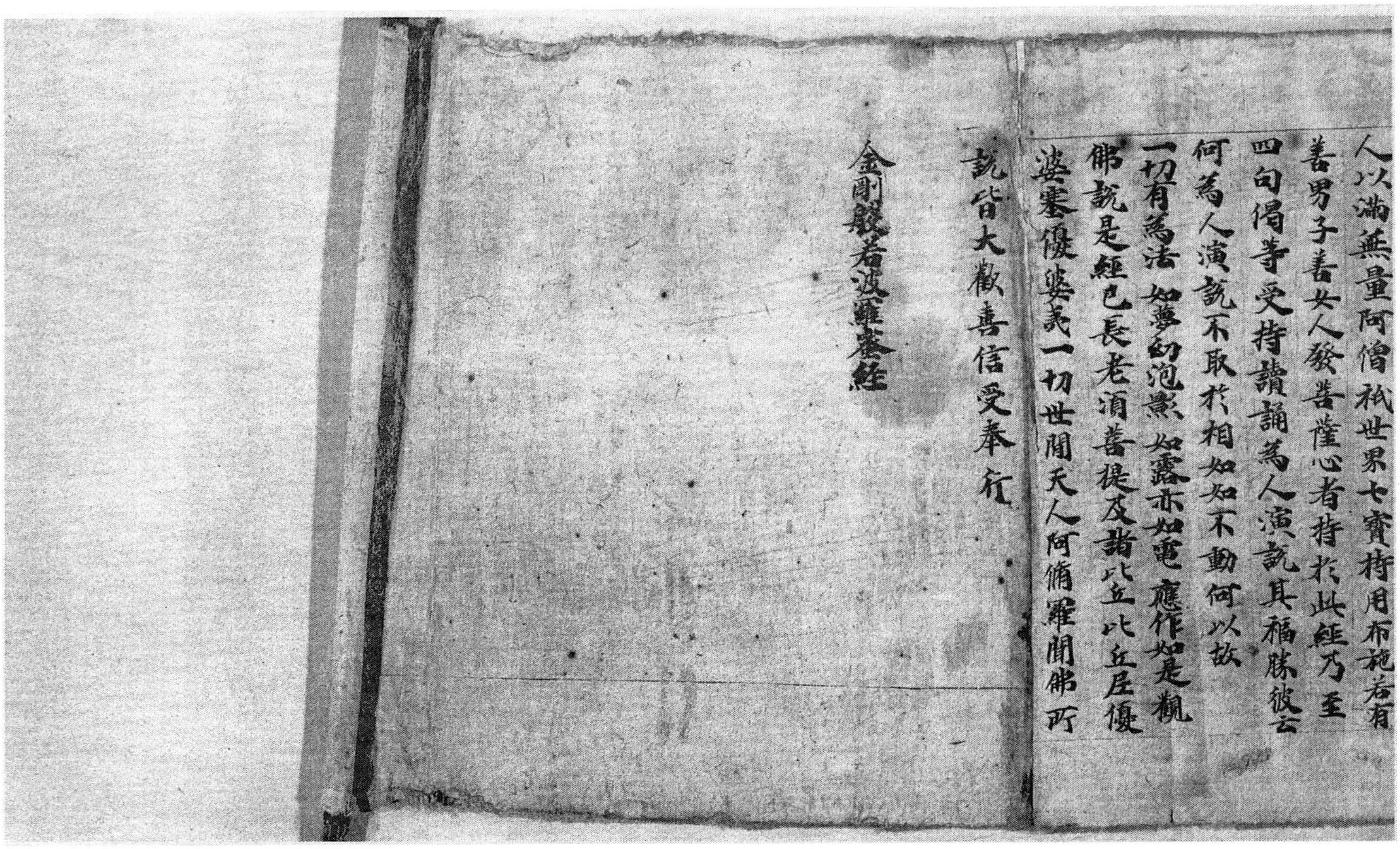

人以滿無量阿僧祇世界七寶持用布施若有
善男子善女人發菩薩心者持於此經乃至
四句偈等受持讀誦為人演說其福勝彼云
何為人演說不取於相如如不動何以故
一切有為法 如夢幻泡影 如露亦如電 應作如是觀
佛說是經已長老須菩提及諸比丘比丘尼優
婆塞優婆夷一切世間天人阿脩羅聞佛所
說皆大歡喜信受奉行
金剛般若波羅蜜經

BD05145 號　金剛般若波羅蜜經　（11–11）

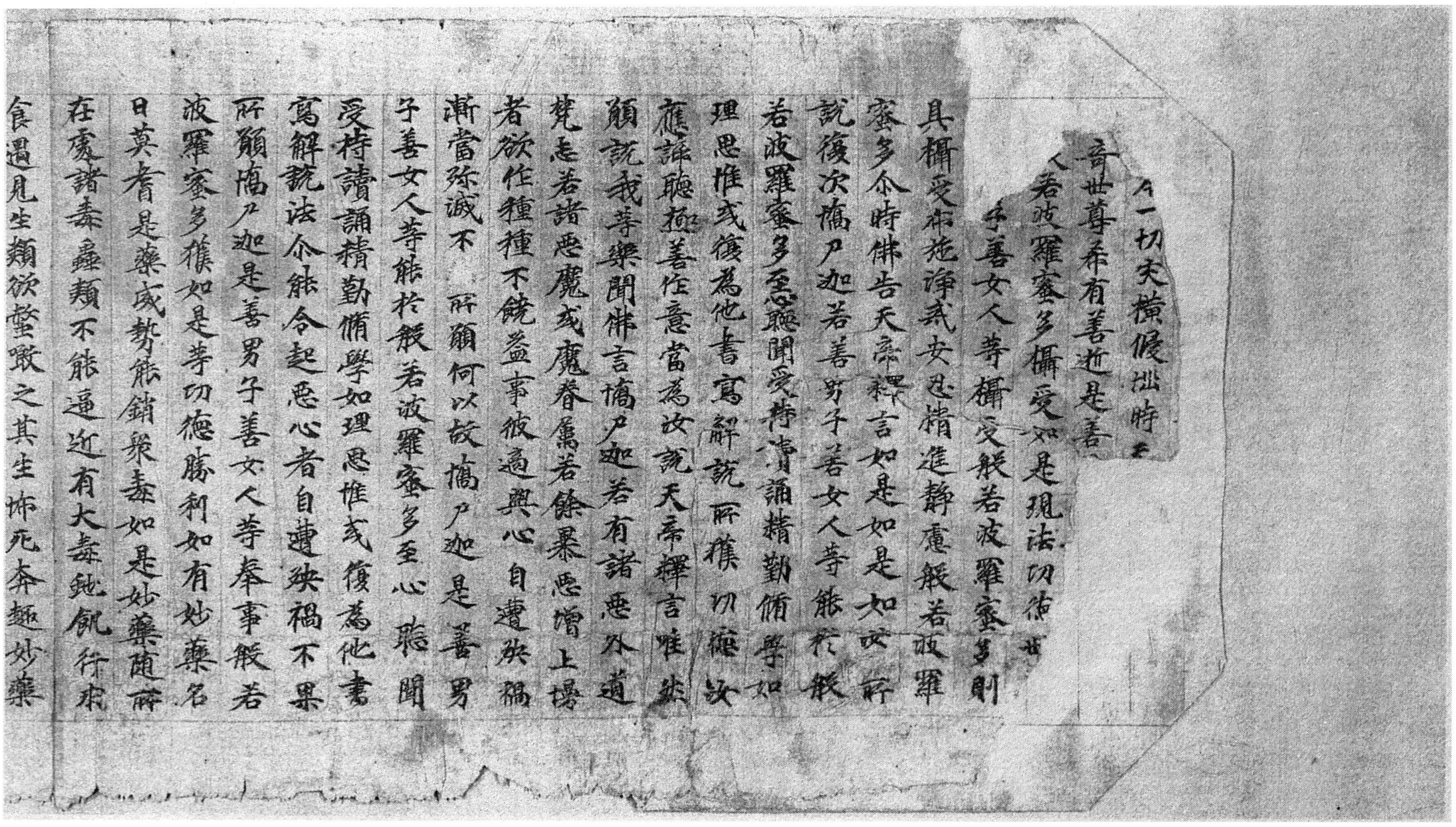

令一切夭橫侵惱時
奇世尊希有善逝是善
若波羅蜜多攝受如是現法功德世
子善女人等攝受般若波羅蜜多則
具攝受布施淨戒安忍精進靜慮般若波羅
蜜多尒時佛告天帝釋言如是如是如汝所
說復次憍尸迦若善男子善女人等能於般
若波羅蜜多至心聽聞受持讀誦精勤修學如
理思惟或復為他書寫解說所獲功德汝
應諦聽極善作意當為汝說天帝釋言唯然
願說我等樂聞佛言憍尸迦若有諸惡外道
梵志若諸惡魔或魔眷屬若餘暴惡增上慢
者欲作種種不饒益事彼適興心自遭殃禍
漸當殄滅不　所願何以故憍尸迦是善男
子善女人等能於般若波羅蜜多至心聽聞
受持讀誦精勤修學如理思惟或復為他書
寫解說法尒能令起惡心者自遭殃禍不果
所願憍尸迦是善男子善女人等奉事般若
波羅蜜多獲如是等功德勝利如有妙藥名
曰莫耆是藥威勢能銷眾毒如是妙藥隨所
在處諸毒蟲類不能逼近有大毒蛇飢行求
食遇見生類欲螫噉之其生怖死奔趣妙藥

BD05146 號　大般若波羅蜜多經卷五五七　（22–1）

寫解說法尒能令起惡心者自遭殃禍不果
所願憍尸迦是善男子善女人等奉事般若
波羅蜜多獲如是等功德勝利如有妙藥名
日莫耆是藥威勢能銷眾毒如是妙藥隨所
在處諸毒蟲類不能逼近有大毒蛇飢行求
食遇見生類欲螫噉之其生怖死奔趣妙藥
蛇聞藥氣尋便退走何以故憍尸迦如是妙
藥具大威勢能益身命銷伏眾毒當知般若
波羅蜜多具大威勢亦復如是若善男子善
女人等至心聽聞受持讀誦精勤修學如理
思惟或復為他書寫解說諸惡人等欲於其
所作不饒益必當殄滅無所能為般若威神
能摧彼故憍尸迦是善男子善女人等四大
天王及餘天眾并諸神仙常來擁護不令一
切災橫侵惱諸佛菩薩亦常護念如法所求
無不滿足言詞威肅聞皆敬受發言稱量語
不喧雜堅事善友深知恩報不為慳嫉忿恨
覆惱諂誑憍等隱蔽其心何以故憍尸迦是
善男子善女人等般若威力調伏身心令其
遠離貪瞋癡等隨眠纏結是善男子善女人
等具念正知慈悲喜捨常作是念我不應隨
慳貪破戒忿恚懈怠散亂愚癡勢力而轉若
隨彼轉則我布施淨戒安忍精進靜慮妙慧
不成嚴淨色身尚不能得況得無上正等菩
提故我不應隨彼力轉是善男子善女人等
由此思惟常得正念諸惡煩惱不蔽其心憍

BD05146號　大般若波羅蜜多經卷五五七　（22–2）

等具念正知慈悲喜捨常作是念我不應隨
慳貪破戒忿恚懈怠散亂愚癡勢力而轉若
隨彼轉則我布施淨戒安忍精進靜慮妙慧
不成嚴淨色身尚不能得況得無上正等菩
提故我不應隨彼力轉是善男子善女人等
由此思惟常得正念諸惡煩惱不蔽其心憍
尸迦若善男子善女人等能於般若波羅蜜
多至心聽聞受持讀誦精勤修學如理思惟
或復為他書寫解說獲如是等功德勝利時
天帝釋復白佛言如是般若波羅蜜多甚為
希有能調菩薩令離高心迴向所求一切智
智尒時佛告天帝釋言云何般若波羅蜜多
甚為希有能調菩薩令離高心迴向所求一
切智智　帝釋言若諸菩薩不依般若波羅
蜜多無方便善巧故雖修諸善而起高心不
能迴求一切智智若諸菩薩能依般若波羅
蜜多有方便善巧故所修諸善能伏高心迴
向所求一切智智尒時佛告天帝釋言如是
如是如汝所說憍尸迦若善男子善女人等
能於般若波羅蜜多至心聽聞受持讀誦不
為一切災橫侵惱若在軍旅交戰陣時至心
念誦如是般若波羅蜜多於諸有情慈悲護
念不為刀杖之所傷殺所對怨敵皆起慈心
設起惡心自然退敗是善男子善女人等若
在軍陣刀箭所傷夭命亡身終無是處何以
故憍尸迦如是般若波羅蜜多是大神咒是

BD05146號　大般若波羅蜜多經卷五五七　（22–3）

為一切災橫侵惱若在軍旅交戰陣時至心
念誦如是般若波羅蜜多於諸有情慈悲護
念不為刀杖之所傷殺所對怨敵皆起慈心
設起惡心自然退敗是善男子善女人等若
在軍陣刀箭所傷夭命害身終無是處何以
故憍尸迦如是般若波羅蜜多是大神呪是
無上呪若能於此精勤修學不為自害不為
他害不為俱害疾證無上正等菩提由斯獲
得一切智智觀有情類心行差別隨宜為轉
無上法輪令如說行得大饒益復次憍尸迦
若善男子善女人等書此般若波羅蜜多置
清淨處供養恭敬或復精勤受持讀誦人非
人等欲求其短終不能得唯除宿世惡業應
受憍尸迦譬如有人或傍生類入菩提樹院
或至彼院邊人非人等不能傷害何以故憍
尸迦三世諸佛皆坐此處得大菩提施諸有
情無畏無怖無怨無害身心安樂當知般若
波羅蜜多隨所住處亦復如是一切天龍阿
素洛等常來守護當知是處即真制多一切
有情皆應敬禮恭敬供養尊重讚歎不應暫
捨何以故憍尸迦是諸有情歸依處故
時天帝釋復白佛言若善男子善女人等書
此般若波羅蜜多種種莊嚴供養恭敬尊重
讚歎復以種種上妙花鬘乃至燈明而為供
養有善男子善女人等佛涅槃後起窣堵波
七寶嚴飾寶函盛貯佛設利羅安置其中供
養恭敬尊重讚歎復以種種上妙花鬘乃　至

BD05146 號　大般若波羅蜜多經卷五五七　（22–4）

時天帝釋復白佛言若善男子善女人等書
此般若波羅蜜多種種莊嚴供養恭敬尊重
讚歎復以種種上妙花鬘乃至燈明而為供
養有善男子善女人等佛涅槃後起窣堵波
七寶嚴飾寶函盛貯佛設利羅安置其中供
養恭敬尊重讚歎復以種種上妙花鬘乃　至
燈明而為供養二所獲福何者為多尒時佛
告天帝釋言我還問汝當隨意荅於意云何
如來所得一切智智所證無上正等菩提及
所依身依何等道修學而得天帝釋言皆依
般若波羅蜜多修學而得尒時佛告天帝釋
言如是如是如汝所說憍尸迦非但獲得相
好身故說名如來應正等覺要由證得一切
智智乃名如來應正等覺憍尸迦如來所得
一切智智要由般若波羅蜜多為因故起佛
相好身但為依處若不依止佛相好身無由
而起是故般若波羅蜜多正為因生一切智
智欲令此智現前相續故復修集佛相好身
由此緣故我涅槃後諸天龍神人非人等供
養恭敬我設利羅憍尸迦若善男子善女人
等書此般若波羅蜜多種種莊嚴受持讀誦復
以種種上妙花鬘乃至燈明供養恭敬尊重
讚歎則為供養一切智智及所依止佛相好身
并涅槃後佛設利羅何以故憍尸迦一切智
智及相好身并設利羅皆以般若波羅蜜多
為根本故以是故憍尸迦書此般若波羅蜜
多種種莊嚴供養恭敬所獲福聚勝以七寶

BD05146 號　大般若波羅蜜多經卷五五七　（22–5）

等書此般若波羅蜜多種種莊嚴受持讀誦復
以種種上妙花鬘乃至燈明供養恭敬尊重
讚歎則為供養一切智智及所依止佛相好身
并涅槃後佛設利羅何以故憍尸迦一切智
智及相好身并設利羅皆以般若波羅蜜多
為根本故以是故憍尸迦書此般若波羅蜜
多種種莊嚴供養恭敬所獲福聚勝以七寶
起窣堵波供養如來設利羅福何以故憍尸
迦供養般若波羅蜜多則為供養一切智智
佛相好身設利羅故時天帝釋便白佛言贍
部洲人於此般若波羅蜜多不能書寫受持
讀誦恭敬供養彼豈不知如是所說功德勝
利尒時佛告天帝釋言我還問汝當隨意答
於意云何贍部洲內有幾許人成佛證淨成
法證淨成僧證淨有幾許人得預流果乃至
阿羅漢果有幾許人發心定趣獨覺菩提有
幾許人發心定趣無上菩提天帝釋言贍部
洲內有少許人成三證淨轉少許人得預流
果乃至阿羅漢果轉少許人發心定趣獨覺
菩提轉少許人發心定趣無上菩提佛言憍
尸迦如是如是如汝所說憍尸迦贍部洲內
極少分人發心定趣無上菩提於中少分既
發心已精勤脩學趣菩提行於中少分精勤
脩學菩提行時於此般若波羅蜜多深心信
受於中少分深信受已脩行般若波羅蜜多
於中少分既脩行已漸次安住不退轉地於
……分住此地已疾證無上正等菩提憍尸

尸迦如是如是如汝所說憍尸迦贍部洲內
極少分人發心定趣無上菩提於中少分既
發心已精勤脩學趣菩提行於中少分精勤
脩學菩提行時於此般若波羅蜜多深心信
受於中少分深信受已脩行般若波羅蜜多
於中少分既脩行已漸次安住不退轉地於
中少分住此地已疾證無上正等菩提憍尸
迦若諸菩薩已得安住不退轉地求證無上
正等菩提乃能深心信受般若受持讀誦恭
敬供養書寫解說憍尸迦無量無邊諸有情
類發菩提心於中若一若二若三得住菩薩
不退轉地多分退住聲聞獨覺是故當知善
男子等發菩提心脩菩薩行欲住菩薩不退
轉地疾證無上正等菩提無留難者應於般
若波羅蜜多書寫聽聞受持讀誦供養恭敬
為他演說何以故憍尸迦是諸菩薩應作是
念如來昔住菩薩位時常勤脩學如是般若
波羅蜜多我等亦應精勤脩學如是般若波
羅蜜多是我大師我隨彼學所願當滿憍尸
迦一切菩薩若佛住世若涅槃後常應依止
甚深般若波羅蜜多精勤脩學憍尸迦若
善男子善女人等於諸如來般涅槃後為供
養佛設利羅故以妙七寶起窣堵波種種珎
奇間雜嚴餝復持種種天妙花鬘乃至燈明
盡其形壽供養恭敬尊重讚歎於意云何是
善男子善女人等由此因緣獲福多不天帝
釋言甚多世尊甚多善逝佛言憍尸迦有善

善男子善女人等於諸如来般涅槃後為供
養佛設利羅故以妙七寶起窣堵波種種珎
奇間雜嚴餝復持種種天妙花鬘乃至燈明
盡其形壽供養恭敬尊重讚歎於意云何是
善男子善女人等由此因緣獲福多不天帝
釋言甚多世尊甚多善逝佛言憍尸迦有善
男子善女人等書此般若波羅蜜多衆寶莊
嚴受持讀誦復持種種上妙花鬘乃至燈明
供養恭敬尊重讚歎是善男子善女人等所
獲功德甚多於前無量無數憍尸迦置此一
事若善男子善女人等於諸如来般涅槃後
為供養佛設利羅故以妙七寶起窣堵波種
種珎奇間雜嚴餝如是充滿一贍部洲或四
大洲或小千界或中千界或復三千大千世
界皆持種種天妙花鬘乃至燈明盡其形壽
供養恭敬尊重讚歎於意云何是善男子善
女人等由此因緣獲福多不天帝釋言甚多
世尊甚多善逝佛言憍尸迦有善男子善女
人等書此般若波羅蜜多衆寶莊嚴受持讀
誦復持種種上妙花鬘乃至燈明供養恭敬
尊重讚歎是善男子善女人等所獲福聚甚
多於前無量無數憍尸迦置如是事假使三
千大千世界諸有情類非前非後皆得人身
此一一人為供養佛設利羅故於諸如来般
涅槃後以妙七寶起窣堵波種種珎奇間雜
嚴餝如是一一各滿三千大千世界復持種
種天妙花鬘乃至燈明盡其形壽供養恭敬

BD05146 號　大般若波羅蜜多經卷五五七　（22–8）

多於前無量無數憍尸迦置如是事假使三
千大千世界諸有情類非前非後皆得人身
此一一人為供養佛設利羅故於諸如来般
涅槃後以妙七寶起窣堵波種種珎奇間雜
嚴餝如是一一各滿三千大千世界復持種
種天妙花鬘乃至燈明盡其形壽供養恭敬
尊重讚歎於意云何是諸有情由此因緣獲
福多不天帝釋言甚多世尊甚多善逝佛言
憍尸迦有善男子善女人等書此般若波羅
蜜多衆寶莊嚴受持讀誦復持種種上妙花
鬘乃至燈明供養恭敬尊重讚歎是善男子
善女人等所獲功德甚多於前無量無數時
天帝釋便白佛言如是世尊如是善逝若善
男子善女人等供養恭敬尊重讚歎甚深般
若波羅蜜多當知則為供養恭敬尊重讚
歎過去未来現在諸佛一切智智世尊且置
是事假使十方各如殑伽沙數世界一切有情
非前非後皆得人身此一一人為供養佛設利
羅故若於如来般涅槃後以妙七寶起窣堵
波種種珎奇間雜嚴餝如是一一各滿十方
殑伽沙數諸佛世界復持種種天妙花鬘乃
至燈明或經一劫或一劫餘供養恭敬尊重
讚歎是諸有情由此因緣所獲福聚雖復無
量而復有餘善男子等書此般若波羅蜜多
衆寶莊嚴受持讀誦復持種種上妙花鬘乃
至燈明供養恭敬尊重讚歎所獲功德甚多
[illegible]

BD05146 號　大般若波羅蜜多經卷五五七　（22–9）

至燈明或經一劫或一劫餘供養恭敬尊重
讚歎是諸有情由此因緣所獲福聚雖復無
量而復有餘善男子等書此般若波羅蜜多
衆寶莊嚴受持讀誦復持種種上妙花鬘乃
至燈明供養恭敬尊重讚歎所獲功德甚多
於前無量無數尒時佛告天帝釋言如是如
是如汝所說憍尸迦是善男子善女人等供
養般若波羅蜜多功德善根無量無數不可
稱計不可思議所以者何甚深般若波羅
蜜多能生如來應正等覺一切智智一切
如來應正等覺一切智智能生諸佛設利羅
故是故憍尸迦若善男子善女人等能書般
若波羅蜜多衆寶莊嚴受持讀誦復持種種
上妙花鬘乃至燈明供養恭敬尊重讚歎所
獲功德於前所造諸窣堵波及供養福百倍
為勝千倍為勝乃至鄔波尼殺曇倍亦復為
勝

第五分神呪品第四

尒時衆中四万天子同聲共白天帝釋言大
仙於此甚深般若波羅蜜多常應聽聞受持
讀誦供養恭敬尊重讚歎所以者何若能於
此甚深般若波羅蜜多至心聽聞受持讀誦
供養恭敬尊重讚歎則令一切惡法損減善
法增益尒時佛告天帝釋言汝應於此甚深
般若波羅蜜多至心聽聞受持讀誦供養恭
敬尊重讚歎所以者何若阿素洛及惡朋黨

BD05146號　大般若波羅蜜多經卷五五七　（22–10）

此甚深般若波羅蜜多至心聽聞受持讀誦
供養恭敬尊重讚歎則令一切惡法損減善
法增益尒時佛告天帝釋言汝應於此甚深
般若波羅蜜多至心聽聞受持讀誦供養恭
敬尊重讚歎所以者何若阿素洛及惡朋黨
起如是念我等當與三十三天共興戰諍尒
時汝等應各至誠誦念如是甚深般若波羅
蜜多供養恭敬尊重讚歎時阿素洛及彼朋
黨所起惡心自然息滅時天帝釋便白佛言
若如是者甚深般若波羅蜜多是大神呪是
大明呪是無上呪是無等等呪尒時佛告天
帝釋言如是如是如汝所說何以故憍尸迦
三世諸佛皆依如是甚深般若波羅蜜多大
神呪王證得無上正等菩提為諸有情說微
妙法憍尸迦依深般若波羅蜜多世間便有
十善業道若四靜慮若四無量若四無色定若
五神通若餘無量無邊佛法皆得出現憍尸
迦依深般若波羅蜜多大神呪王世間便有
菩薩出現依菩薩故世間便有十善業道若
四靜慮若四無量若四無色定若五神通若
餘無量無邊佛法皆得出現憍尸迦若諸如
來應正等覺不出世時唯有菩薩由先所聞
甚深般若波羅蜜多增上勢力為諸有情方
便施設十善業道四靜慮等令勤修學憍尸
迦譬如夜分因滿月輪光明照觸星宿藥等
隨其勢力皆得增盛如是如來應正等覺前

BD05146號　大般若波羅蜜多經卷五五七　（22–11）

來應正等覺不出世時唯有菩薩由先所聞
甚深般若波羅蜜多增上勢力為諸有情方
便施設十善業道四靜慮等令勤脩學憍尸
迦譬如夜分因滿月輪光明照觸星宿藥等
隨其勢力皆得增盛如是如來應正等覺前
已滅度正法隱沒後未出時世間所有善行
正行一切皆依菩薩出現菩薩所有方便善
巧皆依般若波羅蜜多而得成辦是故般若
波羅蜜多是諸殊勝善法根本復次憍尸迦
若善男子善女人等能於般若波羅蜜多至
心聽聞受持讀誦當得現世種種饒益謂諸毒
藥水火刀兵災橫疾疫皆不能害若遭官
事怨賊逼迫至心誦念甚深般若波羅蜜多
若至其所終不為彼譴罰加害欲求其短皆
不能得何以故憍尸迦甚深般若波羅蜜多
威神勢力法令尒故憍尸迦是善男子善女
人等若有欲至國王王子大惡等處至心誦
念甚深般若波羅蜜多定為王等歡喜問訊
供養恭敬尊重讚歎何以故憍尸迦甚深般
若波羅蜜多常於有情引發種種慈悲事故
由此因緣諸求短者種種方便皆不能得時
有衆多外道梵志欲求佛過來詣佛所時天
帝釋見已念言今此衆多外道梵志來趣法
會伺求佛短將非般若留難事耶我當誦念
從佛所受甚深般若波羅蜜多令彼邪徒復
道而去念已便誦甚深般若波羅蜜多於是

BD05146 號　大般若波羅蜜多經卷五五七　（22–12）

有衆多外道梵志欲求佛過來詣佛所時天
帝釋見已念言今此衆多外道梵志來趣法
會伺求佛短將非般若留難事耶我當誦念
從佛所受甚深般若波羅蜜多令彼邪徒復
道而去念已便誦甚深般若波羅蜜多於是
衆多外道梵志遥申敬礼右繞世尊復道而
去時舍利子見已念言彼有何緣適來還去
佛知其意告舍利子彼諸外道來求我失由
天帝釋誦念般若波羅蜜多令彼還去舍利
子我都不見彼諸外道有少白法唯懷惡心
為求我過來至我所舍利子我都不見一切
世間有諸天魔及外道等有情之類說般若
時懷勁惡心來求得便般若威力無能壞故
尒時惡魔竊作是念今佛四衆恭敬圍繞欲
色界天皆來集會宣說般若波羅蜜多於中
必有諸大菩薩親於佛前受菩提記當得無
上正等菩提轉妙法輪空我境界我當往至
破壞其眼作是念已化作四軍奮威勇銳來
詣佛所時天帝釋見已念言將非惡魔化作
斯事欲來惱佛并與般若波羅蜜多而作留
難何以故如是四軍嚴餝殊麗諸王軍衆皆
不能及定是惡魔之所化作惡魔長夜伺求
佛短壞諸有情所脩善業我當誦念從佛所
受甚深般若波羅蜜多令彼惡魔復道而去
時天帝釋念已便誦甚深般若波羅蜜多於
是惡魔漸退而去甚深般若波羅蜜多大神

BD05146 號　大般若波羅蜜多經卷五五七　（22–13）

難信以故[illegible]
不能及定是惡魔之所化作惡魔長夜伺求
佛短壞諸有情所脩善業我當誦念從佛所
受甚深般若波羅蜜多令彼惡魔復道而去
時天帝釋念已便誦甚深般若波羅蜜多於
是惡魔漸退而去甚深般若波羅蜜多大神
呪王威力逼故時有無量三十三天俱時化
作天妙音花踊身空中而散佛上合掌恭敬
同白佛言願此般若波羅蜜多在贍部洲人
中久住乃至般若波羅蜜多在贍部洲人間
流布當知是處佛法僧寶常不滅沒饒益世
間令獲殊勝利益安樂時彼諸天復各化作
天妙音花而散佛上重白佛言若諸有情脩
行般若波羅蜜多一切惡魔及彼眷屬伺求
其短不能得便時天帝釋便白佛言若諸有
情但聞般若波羅蜜多功德名字當知如是
諸有情類已曾供養無量諸佛於諸佛所發
弘誓願多集善根能成是事非從少小善根
中來況能聽聞受持讀誦精勤脩學如理思
惟轉為有情書寫解說供養恭敬尊重讚歎
所以者何欲求諸佛一切智智應於般若波
羅蜜多理趣中求如有情類欲求大寶應於
大海方便勤求尒時佛告天帝釋言如是如
是如汝所說諸佛所得一切智智皆依般若波
羅蜜多而得成辦尒時慶喜便白佛言如來
何緣不讚布施乃至靜慮波羅蜜多唯讚般
若波羅蜜多佛告慶喜由此般若波羅蜜多

BD05146 號　大般若波羅蜜多經卷五五七

（22–14）

羅蜜多理趣中求如有情類欲求大寶應於
大海方便勤求尒時佛告天帝釋言如是如
是如汝所說諸佛所得一切智智皆依般若波
羅蜜多而得成辦尒時慶喜便白佛言如來
何緣不讚布施乃至靜慮波羅蜜多唯讚般
若波羅蜜多佛告慶喜由此般若波羅蜜多
能與前五波羅蜜多為尊為導故我偏讚復
次慶喜於意云何若不迴向一切智智而脩布
施乃至般若此可名為真脩布施乃至般若
波羅蜜多不慶喜對曰不也世尊佛告慶喜
於意云何若離般若波羅蜜多能真迴向
一切智智不慶喜對曰不也世尊佛告慶喜
由此因緣我說般若波羅蜜多能與前五波
羅蜜多為尊為導故我偏讚慶喜當知譬如
大地以種散中眾緣和合便得生長應知大
地與種生長為所依止為能建立如是般若
波羅蜜多及所迴向一切智智與布施等波
羅蜜多為所依止為能建立令得生長故說
般若波羅蜜多能與前五波羅蜜多為尊為
導故我偏讚慶喜當知甚深般若波羅蜜多
亦能攝受一切智智故偏讚說時天帝釋便
白佛言今者如來應正等覺於深般若波羅
蜜多功德勝利說猶未盡何以故我從世尊
所受般若波羅蜜多功德勝利甚深甚廣量
無邊際善男子等於深般若波羅蜜多至心
聽聞受持讀誦精勤脩學如理思惟復轉為
他書寫解說或持種種上妙花鬘乃至燈明

BD05146 號　大般若波羅蜜多經卷五五七

（22–15）

亦能攝受一切智智故佛說時天帝釋
白佛言今者如來應正等覺於深般若波羅
蜜多功德勝利說猶未盡何以故我從世尊
所受般若波羅蜜多功德勝利甚深甚廣量
無邊際善男子等於深般若波羅蜜多至心
聽聞受持讀誦精勤脩學如理思惟復轉為
他書寫解說或持種種上妙光鬘乃至燈明
而為供養所獲功德亦無邊際尒時佛告天
帝釋言我不說此甚深般若波羅蜜多但有
前說功德勝利甚深般若波羅蜜多具足無
邊功德勝利分別演說不可盡故我亦不說於
深般若波羅蜜多至心聽聞乃至供養善
男子等但有如前所說功德彼所獲福無邊
際故時天帝釋即白佛言我等諸天常隨守
護是善男子善女人等不令一切人非人等種
種惡緣之所損害尒時佛告天帝釋言若善男
子善女人等受持讀誦甚深般若波羅蜜
多及廣為他宣說開示時有無量百千天子
為聽法故皆來集會歡喜踊躍敬受如是甚
深般若波羅蜜多是諸天子以天威力令說
法師增益辯才宣揚無盡不樂說者令其樂
說身心疲極令得康强憍尸迦是善男子善
女人等受持讀誦甚深般若波羅蜜多及廣
為他宣說開示得如是等現法勝利復次憍
尸迦若善男子善女人等於四衆中宣說 如
是甚深般若波羅蜜多心無怯怖不為一切
論難所伏所以者何彼由如是甚深般若波

BD05146號　大般若波羅蜜多經卷五五七　（22–16）

女人等受持讀誦甚深般若波羅蜜多及廣
為他宣說開示得如是等現法勝利復次憍
尸迦若善男子善女人等於四衆中宣說 如
是甚深般若波羅蜜多心無怯怖不為一切
論難所伏所以者何彼由如是甚深般若波
羅蜜多大神呪王所獲持故彼住法空都不
見有能難所難及所說故亦不見有於深般
若波羅蜜多能求短故亦復不見甚深般若
波羅蜜多有過失故憍尸迦是善男子善女
人等為衆宣說甚深般若波羅蜜多得如是
等現法勝利復次憍尸迦若善男子善女人
等於深般若波羅蜜多至心聽聞受持讀誦
精勤脩學如理思惟及廣為他書寫解說是
善男子善女人等心不沉沒亦不憂悔 不恐
不怖所以者何是善男子善女人等不見有
法可令沉沒憂悔恐怖於諸法中無所執著
憍尸迦是善男子善女人等由於般若波羅蜜
多至心聽聞乃至解說得如是等現法勝利
復次憍尸迦若善男子善女人等能於般若
波羅蜜多至心聽聞受持讀誦精勤脩學如
理思惟亦轉為他書寫解說復持種種上妙
花鬘乃至燈明而為供養是善男子善女人
等恒為父母師長親友國王大臣及諸沙門
婆羅門等之所敬愛亦為十方諸佛菩薩聲
聞獨覺之所護念復為世間諸天魔梵人及
非人之所守衛一切災橫皆自消滅外道異論
皆不能屈憍尸迦是善男子善女人等由於

BD05146號　大般若波羅蜜多經卷五五七　（22–17）

花鬘乃至燈明而爲供養是善男子善女人
等恒爲父母師長親友國王大臣及諸沙門
婆羅門等之所敬愛亦爲十方諸佛菩薩聲
聞獨覺之所護念復爲世間諸天魔梵人及
非人之所守衛一切灾横皆自消滅外道異論
皆不能伏憍尸迦是善男子善女人等由於
般若波羅蜜多至心聽聞乃至供養得如是
等現法勝利復次憍尸迦若善男子善女人等
書寫如是甚深般若波羅蜜多種種莊嚴置
清淨處供養恭敬尊重讚歎時此三千大
千國土及餘十方無邊世界所有四大王衆
天乃至廣果天已發無上菩提心者常來此
處觀礼讀誦供養恭敬尊重讚歎右繞礼拜
合掌而去諸淨居天亦常來此觀礼讀誦供
養恭敬尊重讚歎右繞礼拜合掌而去有大
威德諸龍藥叉廣說乃至人非人等亦常來
此觀礼讀誦供養恭敬尊重讚歎右繞礼拜
合掌而去憍尸迦是善男子善女人等應作
是念今此三千大千國土及餘十方無邊世
界一切天龍廣說乃至人非人等常來至此
觀礼讀誦我所書寫甚深般若波羅蜜多供
養恭敬尊重讚歎右繞礼拜合掌而去此我
則爲已設法施作是念已歡喜踊躍令所獲
福倍復增長憍尸迦是善男子善女人等由
無邊界天龍藥叉阿素洛等常隨擁護所住
之處人非人等不能損害唯除宿世定惡業
因現在應熟或轉重惡現世輕受憍尸迦是

則爲已設法施作是念已歡喜踊躍令所獲
福倍復增長憍尸迦是善男子善女人等由
無邊界天龍藥叉阿素洛等常隨擁護所住
之處人非人等不能損害唯除宿世定惡業
因現在應熟或轉重惡現世輕受憍尸迦是
善男子善女人等由深般若波羅蜜多大威
神力獲如是等現法勝利時天帝釋便白佛
言是善男子善女人等以何驗知有此三千
大千國土及餘十方無邊世界天龍藥叉阿
素洛等來至其處觀礼讀誦彼所書持甚深
般若波羅蜜多供養恭敬尊重讚歎合掌
右繞歡喜護念尒時佛告天帝釋言是善
男子善女人等若見如是甚深般若波羅蜜
多所在之處有妙光明或聞其處異香氛郁
或復聞有微細樂音當知尒時有大神力威
德熾盛諸天龍等來至其處觀礼讀誦彼
所書持甚深般若波羅蜜多供養恭敬尊重
讚歎合掌右繞歡喜護念復次憍尸迦是善
男子善女人等脩鮮淨行嚴麗其處至心供
養甚深般若波羅蜜多當知尒時有大神力
威德熾盛諸天龍等來至其處觀礼讀誦彼
所書持甚深般若波羅蜜多供養恭敬尊重
讚歎合掌右繞歡喜護念憍尸迦隨有如是
具大神力威德熾盛諸天龍等來至其處此
中所有惡鬼邪神驚怖退散無敢住者由此
因緣是善男子善女人等心便廣大起淨勝

所書持甚深般若波羅蜜多供養恭敬尊重
讚歎合掌右繞歡喜讚念憍尸迦隨有如是
具大神力威德熾盛諸天龍等來至其處此
中所有惡鬼耶神驚怖退散無敢住者由此
因緣是善男子善女人等心便廣大起淨勝
解所脩善業倍復增明諸有所為皆無鄣礙
以是故憍尸迦甚深般若波羅蜜多隨所在
處應當周帀除去糞穢梯拭塗治香水散灑
敷設寶座而安置之燒香散花而為供養復
次憍尸迦是善男子善女人等若能如是供
養恭敬尊重讚歎甚深般若波羅蜜多決定
當得身心無倦身心安樂身心調柔身心輕
利繫心般若波羅蜜多夜寢息時無諸惡夢
唯得善夢謂見如來應正等覺身真金色相
好莊嚴放大光明普照一切聲聞菩薩恭敬
圍繞身處眾中聞佛為說布施等六波羅蜜
多及餘善根相應法義或於夢中見菩提樹
其量高廣眾寶莊嚴有大菩薩往詣樹下結
跏趺坐證得無上正等菩提轉妙法輪度有
情眾或於夢中見有無量無數菩薩論義決
擇種種法義或於夢中見有無量無數菩薩
脩行六種波羅蜜多成熟有情嚴淨佛土迴
向攝受一切智智或於夢中見十方界各有
無量那庾多佛亦聞其聲謂某世界有某如
來應正等覺若干百千聲聞菩薩恭敬圍繞說
如是法或於夢中見十方界各有無量那
庾多佛入般涅槃彼一一佛般涅槃後各有

BD05146 號　大般若波羅蜜多經卷五五七　（22–20）

向攝受一切智智或於夢中見十方界各有
無量那庾多佛亦聞其聲謂某世界有某如
來應正等覺若干百千聲聞菩薩恭敬圍繞說
如是法或於夢中見十方界各有無量那
庾多佛入般涅槃彼一一佛般涅槃後各有
施主為供養佛設利羅故以妙七寶各起無
量大窣堵波復於一一窣堵波所各持無量
上妙花鬘乃至燈明經無量劫供養恭敬尊
重讚歎憍尸迦是善男子善女人等見如是類
諸善夢相若睡若覺身心安樂諸天神等益
其精氣令彼自覺身體輕便由此因緣不多
貪著飲食醫藥衣服臥具於四供養其心輕
微如瑜伽師入勝妙定由彼定力滋潤身心
從定出已雖遇美膳而心輕微此亦如是何
以故憍尸迦是善男子善女人等由此三千
大千國土及餘十方無邊世界諸佛菩薩獨
覺聲聞天龍藥叉阿素洛等慈悲護念以妙
精氣冥資身心令其志勇體充盛故憍尸迦
若善男子善女人等欲得如是現法勝利於
深般若波羅蜜多應常聽聞受持讀誦精勤
脩學如理思惟廣為有情宣說開示憍尸迦
若善男子善女人等雖於般若波羅蜜多不
能聽聞受持讀誦精勤脩學如理思惟廣為
有情宣說開示而為正法久住世間利樂有
情不滅沒故書寫如是甚深般若波羅蜜
多眾寶嚴飾復持無量上妙花鬘乃至燈明
供養恭敬尊重讚歎亦得如前所說勝利

BD05146 號　大般若波羅蜜多經卷五五七　（22–21）

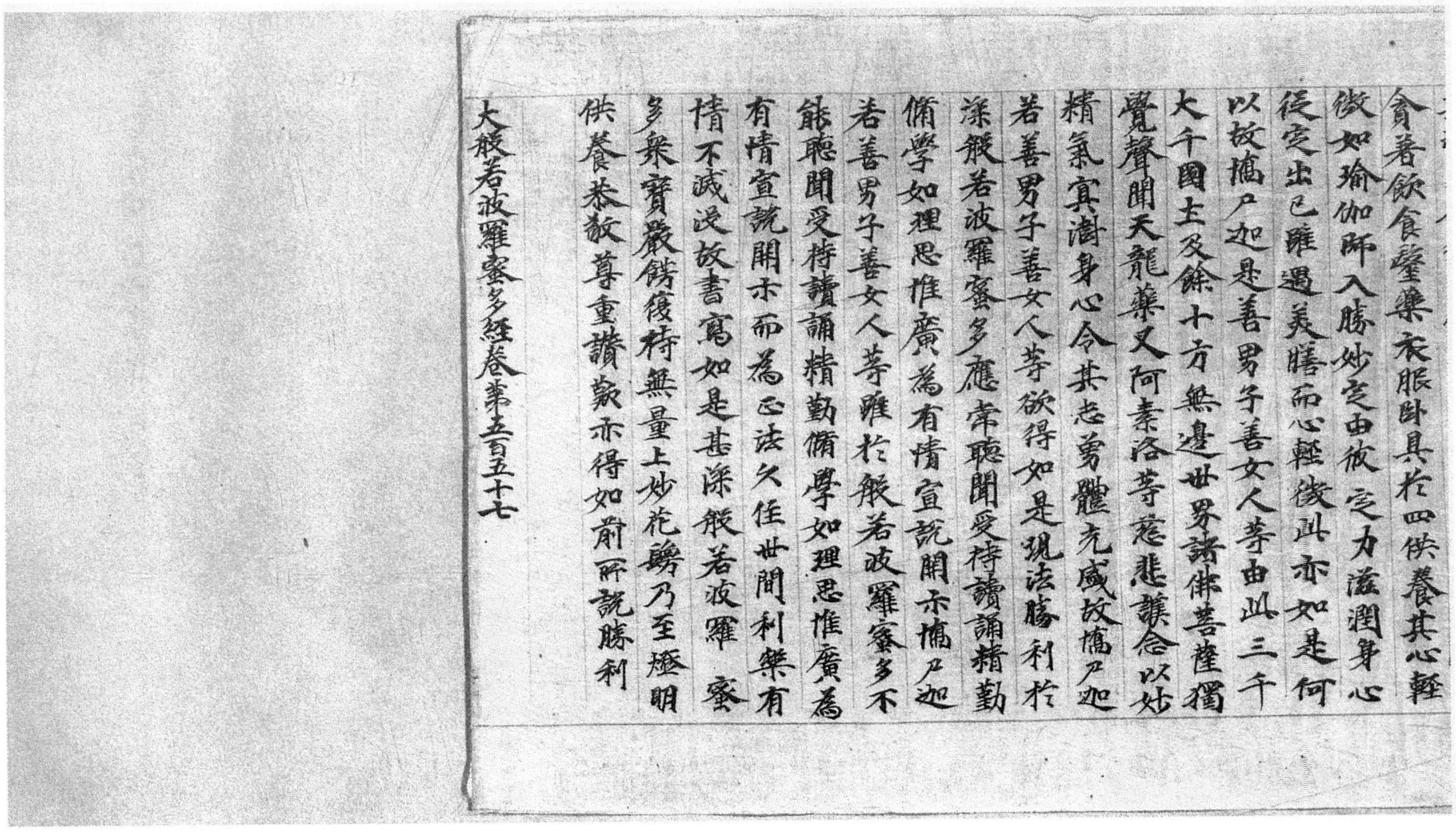

貪著飲食湯藥衣服卧具於四供養其心輕
微如瑜伽師入勝妙定由彼定力滋潤身心
從定出已雖遇美膳而心輕微此亦如是何
以故憍尸迦是善男子善女人等由此三千
大千國土及餘十方無邊世界諸佛菩薩獨
覺聲聞天龍藥叉阿素洛等慈悲護念以妙
精氣冥資身心令其志勇體充盛故憍尸迦
若善男子善女人等欲得如是現法勝利於
深般若波羅蜜多應常聽聞受持讀誦精勤
脩學如理思惟廣為有情宣說開示憍尸迦
若善男子善女人等雖於般若波羅蜜多不
能聽聞受持讀誦精勤脩學如理思惟廣為
有情宣說開示而為正法久住世間利樂有
情不滅沒故書寫如是甚深般若波羅 蜜
多衆寶嚴飾復持無量上妙花鬘乃至燈明
供養恭敬尊重讚歎亦得如前所說勝利

大般若波羅蜜多經卷第五百五十七

BD05146 號　大般若波羅蜜多經卷五五七　（22–22）

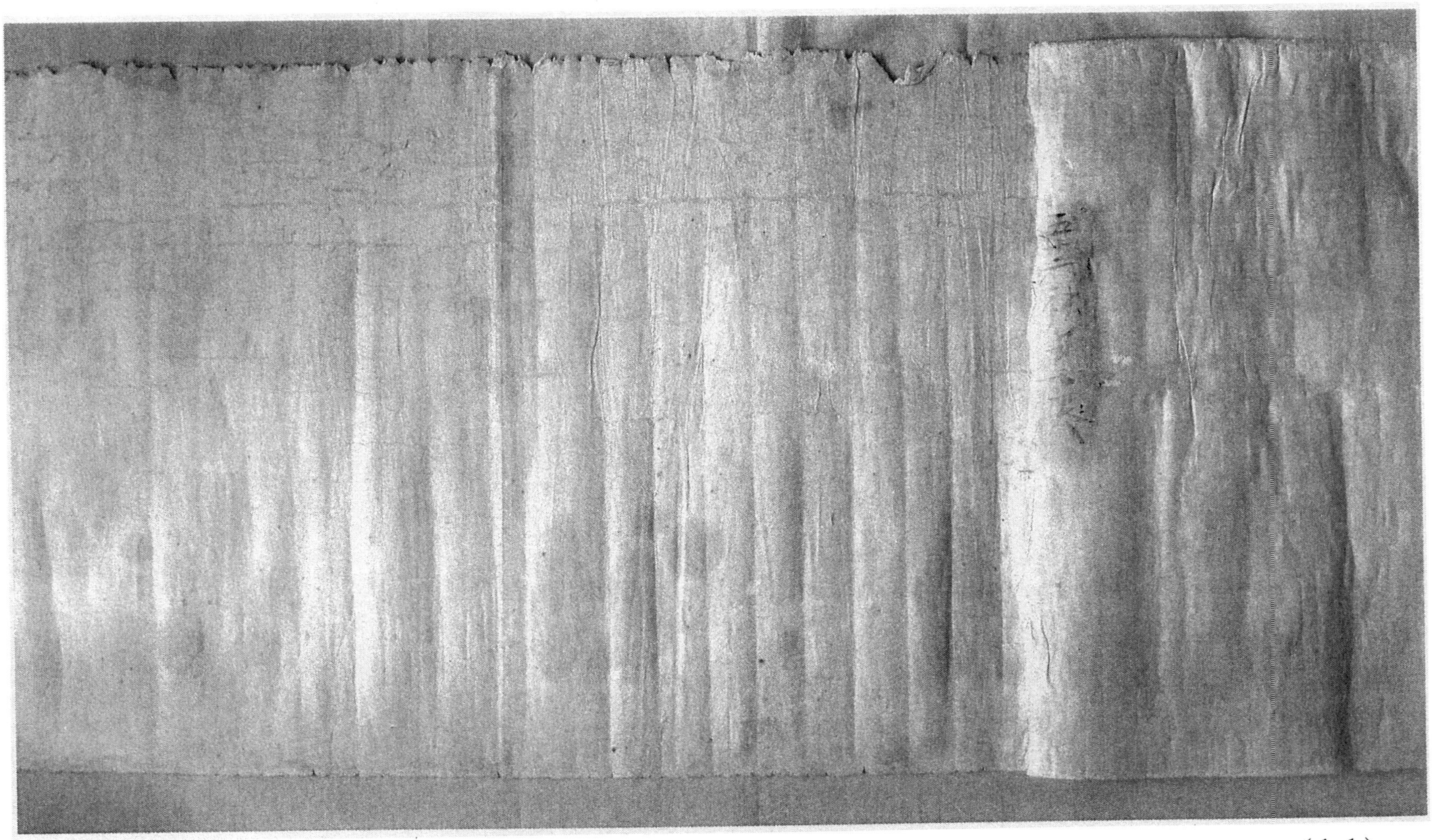

BD05146 號背　勘記　（1–1）

從昔已來不見不聞□菩薩摩訶薩
衆從地踊出住世尊前合掌供養問訊如來時
彌勒菩薩摩訶薩知八千恒河沙諸菩薩等
心之所念并欲自決所疑合掌向佛以偈問曰
无量千万億　大衆諸菩薩　昔所未曾見　願兩足尊說
是從何所來　以何因緣集　巨身大神通　智慧叵思議
其志念堅固　有大忍辱力　衆生所樂見　為從何所來
一一諸菩薩　所將諸眷屬　其數无有量　如恒河沙等
或有大菩薩　將六万恒沙　如是諸大衆　一心求佛道
是諸大菩薩　六万恒河沙　俱來供養佛　及護持此經
將五万恒沙　其數過於是　四万及三万　二万至一万
一千一百等　乃至一恒沙　半及三四分　億万分之一
千万那由他　万億諸弟子　乃至於半億　其數復過上
百千至一万　一千及一百　五十與一十　乃至三二一
單己无眷屬　樂於獨處者　俱來至佛所　其數轉過上
如是諸大衆　若人行籌數　過於恒沙劫　猶不能盡知
是諸大威德　精進菩薩衆　誰為其說法　教化而成就

BD05147 號　妙法蓮華經卷五　（19–1）

一千一百等　乃至一恒沙　半及三四分　億万分之一
千万那由他　万億諸弟子　乃至於半億　其數復過上
百千至一万　一千及一百　五十與一十　乃至三二一
單己无眷屬　樂於獨處者　俱來至佛所　其數轉過上
如是諸大衆　若人行籌數　過於恒沙劫　猶不能盡知
是諸大威德　精進菩薩衆　誰為其說法　教化而成就
從誰初發心　稱揚何佛法　受持行誰經　修習何佛道
如是諸菩薩　神通大智力　四方地震裂　皆從中踊出
世尊我昔來　未曾見是事　願說其所從　國土之名号
我常遊諸國　未曾見是衆　我於此衆中　乃不識一人
忽然從地出　願說其因緣　今此之大會　无量百千億
是諸菩薩等　皆欲知此事　是諸菩薩衆　本末之因緣
无量德世尊　唯願決衆疑
尒時釋迦牟尼佛分身諸佛從无量千万億
他方國土來者在於八方諸寶樹下師子座
上結加趺坐其佛侍者各各見是菩薩大衆
於三千大千世界四方從地踊出住於虛空
各白其佛言世尊此諸无量无邊阿僧祇菩
薩大衆從何所來尒時諸佛各告侍者諸善
男子且待須臾有菩薩摩訶薩名曰彌勒釋
迦牟尼佛之所授記次後作佛已問斯事佛
今荅之汝等自當因是得聞尒時釋迦牟尼
佛告彌勒菩薩善哉善哉阿逸多乃能問佛
如是大事汝等當共一心被精進鎧發堅固意
如來今欲顯發宣示諸佛智慧諸佛自在
神通之力諸佛師子奮迅之力諸佛威猛大
勢之力尒時世尊欲重宣此義而說偈言

BD05147 號　妙法蓮華經卷五　（19–2）

今荅之汝等自當因是得聞尒時釋迦牟尼
佛告弥勒菩薩善哉善哉阿逸多乃能問佛
如是大事汝等當共一心被精進鎧發堅固意
如來今欲顯發宣示諸佛智慧諸佛自在
神通之力諸佛師子奮迅之力諸佛威猛大
勢之力尒時世尊欲重宣此義而說偈言
當精進一心 我欲說此事 勿得有疑悔 佛智叵思議
汝今出信力 住於忍善中 昔所未聞法 今皆當得聞
我今安慰汝 勿得懷疑懼 佛无不實語 智慧不可量
所得第一法 甚深叵分別 如是今當說 汝等一心聽
尒時世尊說此偈已告弥勒菩薩我今於此大
衆宣告汝等阿逸多是諸大菩薩摩訶薩
无量无數阿僧祇從地踊出汝等昔所未見
者我於是娑婆世界得阿耨多羅三藐三菩
提已教化示導是諸菩薩調伏其心令發道
意此諸菩薩皆於是娑婆世界之下此界虛
空中住於諸經典讀誦通利思惟分別正憶
念阿逸多是諸善男子等不樂在衆多有所
說常樂靜處懃行精進未曾休息亦不依止
人天而住常樂深智无有鄣礙亦常樂於諸
佛之法一心精進求无上慧尒時世尊欲重宣
此義而說偈言
阿逸汝當知 是諸大菩薩 從无數劫來 脩習佛智慧
悉是我所化 令發大道心 此等是我子 依止是世界
常行頭陀事 志樂於靜處 捨大衆憒鬧 不樂多所說
如是諸子等 學習我道法 晝夜常精進 為求佛道故
在娑婆世界 下方空中住 志念力堅固 常勤求智慧

BD05147號　妙法蓮華經卷五　（19–3）

悉是我所化 令發大道心 此等是我子 依止是世界
常行頭陀事 志樂於靜處 捨大衆憒鬧 不樂多所說
如是諸子等 學習我道法 晝夜常精進 為求佛道故
在娑婆世界 下方空中住 志念力堅固 常勤求智慧
說種種妙法 其心无所畏 我於伽耶城 菩提樹下坐
得成最正覺 轉无上法輪 尒乃教化之 令初發道心
今皆住不退 悉當得成佛 我今說實語 汝等一心信
我從久遠來 教化是等衆
尒時弥勒菩薩摩訶薩及无數諸菩薩等心
生疑惑怪未曾有而作是念云何世尊於少
時間教化如是无量无邊阿僧祇諸大菩薩
令住阿耨多羅三藐三菩提即白佛言世尊
如來為太子時出於釋宮去伽耶城不遠坐
於道場得成阿耨多羅三藐三菩提從是已
來始過四十餘年世尊云何於此少時大作
佛事以佛勢力以佛功德教化如是无量大
菩薩衆當成阿耨多羅三藐三菩提世尊此
大菩薩衆假使有人於千万億劫數不能盡
不得其邊斯等久遠已來於无量无邊諸佛
所殖諸善根成就菩薩道常脩梵行世尊如
此之事世所難信譬如有人色美髮黑年二
十五指百歲人言是我子其百歲人亦指年
少言是我父生育我等是事難信佛亦如是
得道已來其實未久而此大衆諸菩薩等已
於无量千万億劫為佛道故懃行精進善入
出住无量百千万億三昧得大神通久脩梵

BD05147號　妙法蓮華經卷五　（19–4）

十五指百歲人言是我子其百歲人亦指年
少言是我父生育我等是事難信佛亦如是
得道已來其實未久而此大衆諸菩薩等已
於无量千万億劫爲佛道故勤行精進善入
出住无量百千万億三昧得大神通久脩梵
行善能次第習諸善法巧於問荅人中之寶
一切世間甚爲希有今日世尊方云得佛道
時初令發心教化示導令向阿耨多羅三藐
三菩提世尊得佛未久乃能作此大功德事
我等雖復信佛隨宜所說佛所出言未曾
虛妄佛所知者皆悉通達然諸新發意菩薩
於佛滅後若聞是語或不信受而起破法罪業
因緣唯然世尊願爲解說除我等疑及未來
世諸善男子聞此事已亦不生疑尒時彌勒
菩薩欲重宣此義而說偈言
佛昔從釋種　出家近伽耶　坐於菩提樹　尒來尚未久
此諸佛子等　其數不可量　久已行佛道　住神通智力
善學菩薩道　不染世間法　如蓮華在水　從地而踊出
皆起恭敬心　住於世尊前　是事難思議　云何而可信
佛得道甚近　所成就甚多　願爲除衆疑　如實分別說
譬如少壯人　年始二十五　示人百歲子　髮白而面皺
是等我所生　子亦說是父　父少而子老　舉世所不信
世尊亦如是　得道來甚近　是諸菩薩等　志固无怯弱
從无量劫來　而行菩薩道　巧於難問荅　其心无所畏
忍辱心決定　端正有威德　十方佛所讚　善能分別說
不樂在人衆　常好在禪定　爲求佛道故　於下空中住

BD05147號　妙法蓮華經卷五　（19–5）

是等我所生　子亦說是父　父少而子老　舉世所不信
世尊亦如是　得道來甚近　是諸菩薩等　志固无怯弱
從无量劫來　而行菩薩道　巧於難問荅　其心无所畏
忍辱心決定　端正有威德　十方佛所讚　善能分別說
不樂在人衆　常好在禪定　爲求佛道故　於下空中住
我等從佛聞　於此事无疑　願佛爲未來　演說令開解
若有於此經　生疑不信者　即當墮惡道　願今爲解說
是无量菩薩　云何於少時　教化令發心　而住不退地
妙法蓮華經如來壽量品第十六
尒時佛告諸菩薩及一切大衆諸善男子汝
等當信解如來誠諦之語復告大衆汝等當
信解如來誠諦之語又復告諸大衆汝等當
信解如來誠諦之語是時菩薩大衆彌勒爲
首合掌白佛言世尊唯願說之我等當信受
佛語如是三白已復言唯願說之我等當信
受佛語尒時世尊知諸菩薩三請不止而告
之言汝等諦聽如來祕密神通之力一切世
間天人及阿脩羅皆謂今釋迦牟尼佛出釋
氏宮去伽耶城不遠坐於道場得阿耨多羅
三藐三菩提然善男子我實成佛已來无量
无邊百千万億那由他劫譬如五百千万億
那由他阿僧祇三千大千世界假使有人末
爲微塵過於東方五百千万億那由他阿僧
祇國乃下一塵如是東行盡是微塵諸善男
子於意云何是諸世界可得思惟校計知其
數不彌勒菩薩等俱白佛言世尊是諸世界

BD05147號　妙法蓮華經卷五　（19–6）

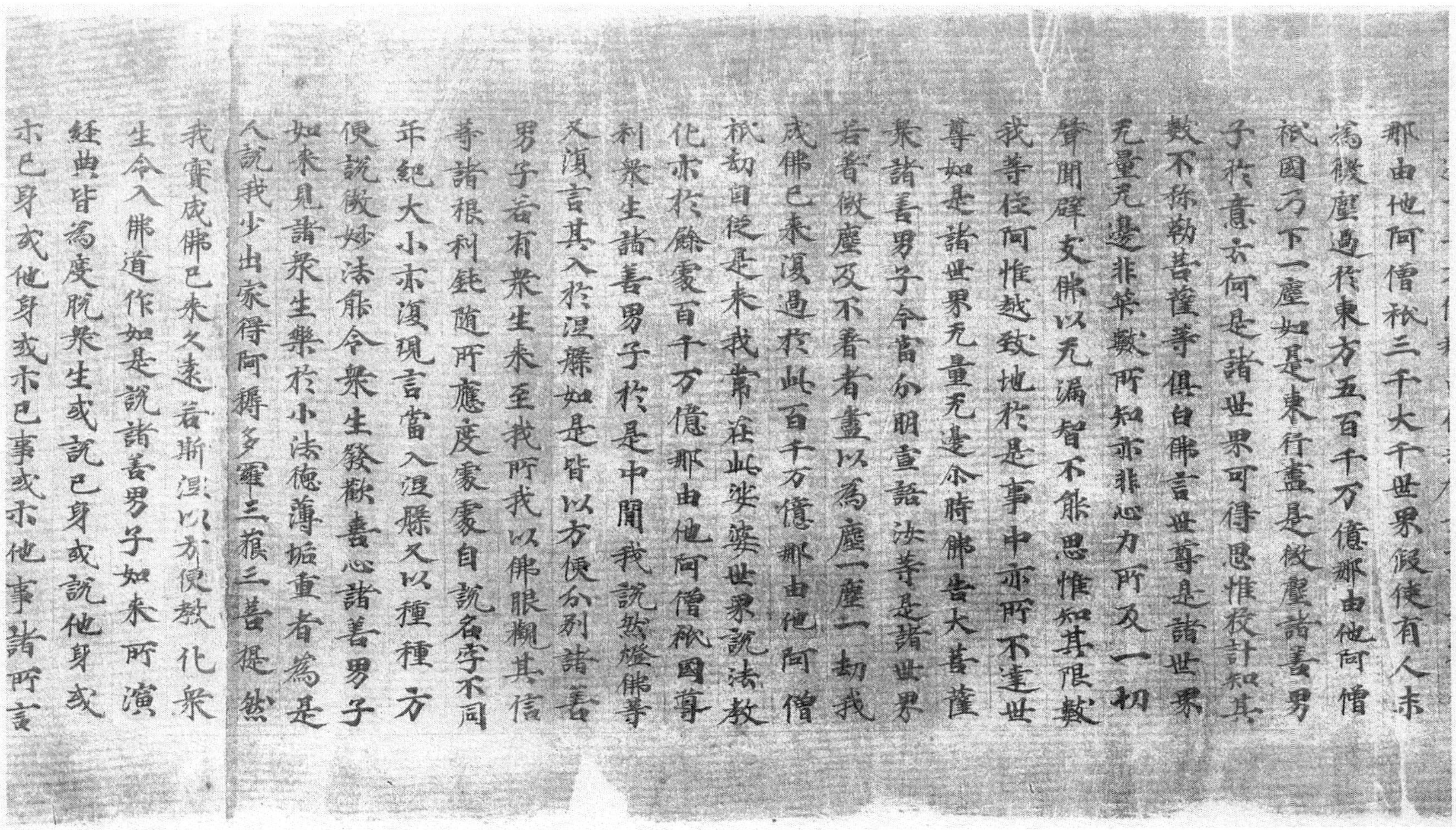
那由他阿僧祇三千大千世界假使有人末
為微塵過於東方五百千万億那由他阿僧
祇國乃下一塵如是東行盡是微塵諸善男
子於意云何是諸世界可得思惟校計知其
數不彌勒菩薩等俱白佛言世尊是諸世界
无量无邊非筭數所知亦非心力所及一切
聲聞辟支佛以无漏智不能思惟知其限數
我等住阿惟越致地於是事中亦所不達世
尊如是諸世界无量无邊尒時佛告大菩薩
衆諸善男子今當分明宣語汝等是諸世界
若著微塵及不著者盡以為塵一塵一劫我
成佛已來復過於此百千万億那由他阿僧
祇劫自從是來我常在此娑婆世界說法教
化亦於餘處百千万億那由他阿僧祇國導
利衆生諸善男子於是中間我說然燈佛等
又復言其入於涅槃如是皆以方便分別諸善
男子若有衆生來至我所我以佛眼觀其信
等諸根利鈍隨所應度處處自說名字不同
年紀大小亦復現言當入涅槃又以種種方
便說微妙法能令衆生發歡喜心諸善男子
如來見諸衆生樂於小法德薄垢重者為是
人說我少出家得阿耨多羅三藐三菩提然
我實成佛已來久遠若斯但以方便教化衆
生令入佛道作如是說諸善男子如來所演
經典皆為度脫衆生或說己身或說他身或
示己身或示他身或示己事或示他事諸所言

BD05147 號　妙法蓮華經卷五　（19–7）

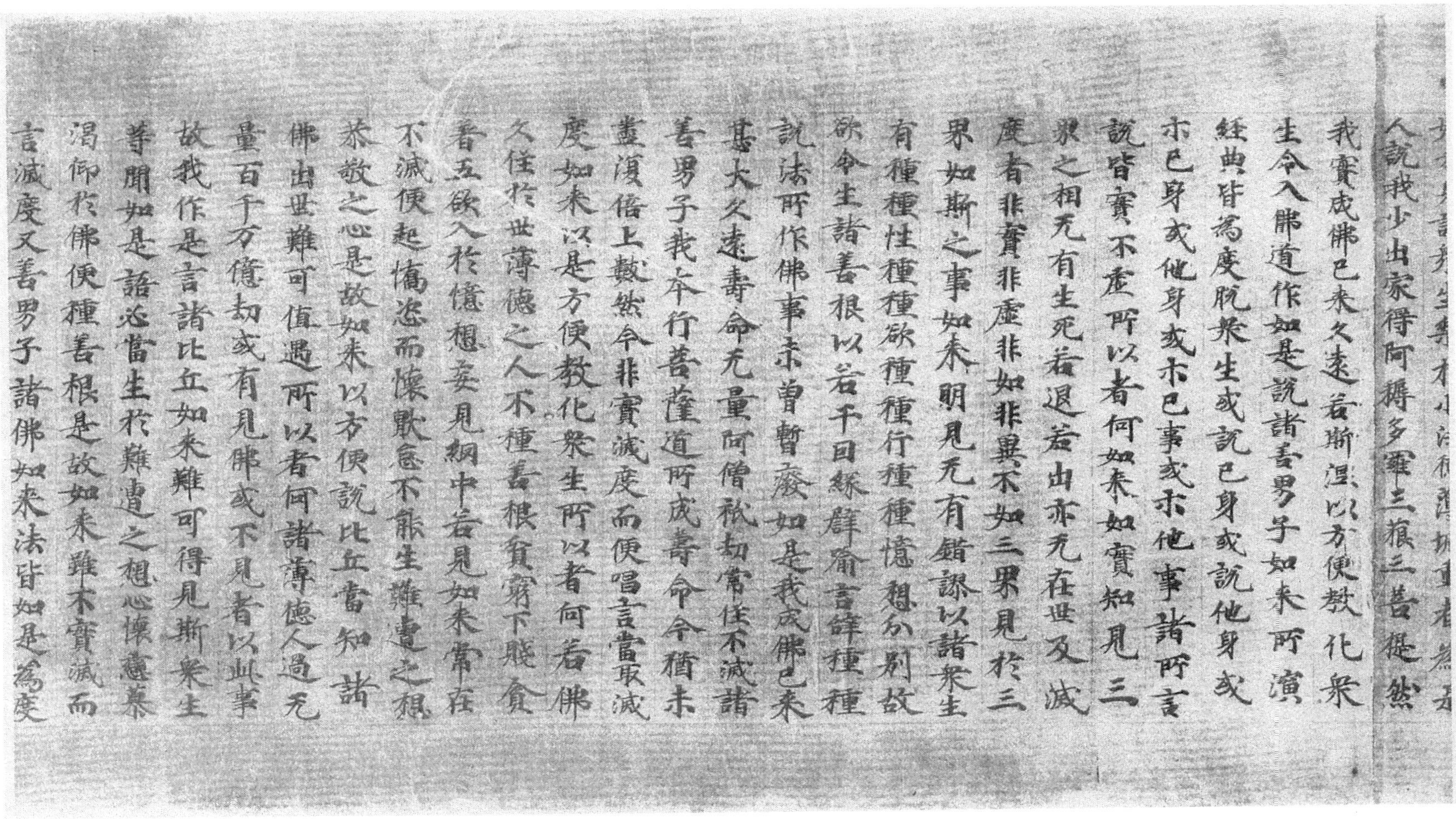
人說我少出家得阿耨多羅三藐三菩提然
我實成佛已來久遠若斯但以方便教化衆
生令入佛道作如是說諸善男子如來所演
經典皆為度脫衆生或說己身或說他身或
示己身或示他身或示己事或示他事諸所言
說皆實不虛所以者何如來如實知見三
界之相无有生死若退若出亦无在世及滅
度者非實非虛非如非異不如三界見於三
界如斯之事如來明見无有錯謬以諸衆生
有種種性種種欲種種行種種憶想分別故
欲令生諸善根以若干因緣譬喻言辭種種
說法所作佛事未曾暫廢如是我成佛已來
甚大久遠壽命无量阿僧祇劫常住不滅諸
善男子我本行菩薩道所成壽命今猶未
盡復倍上數然今非實滅度而便唱言當取滅
度如來以是方便教化衆生所以者何若佛
久住於世薄德之人不種善根貧窮下賤貪
著五欲入於憶想妄見網中若見如來常在
不滅便起憍恣而懷猒怠不能生難遭之想
恭敬之心是故如來以方便說比丘當知諸
佛出世難可值遇所以者何諸薄德人過无
量百千万億劫或有見佛或不見者以此事
故我作是言諸比丘如來難可得見斯衆生
等聞如是語必當生於難遭之想心懷戀慕
渴仰於佛便種善根是故如來雖不實滅而
言滅度又善男子諸佛如來法皆如是為度

BD05147 號　妙法蓮華經卷五　（19–8）

佛出世難可値遇所以者何諸薄德人過无
量百千万億劫或有見佛或不見者以此事
故我作是言諸比丘如來難可得見斯衆生
等聞如是語必當生於難遭之想心懷戀慕
渴仰於佛便種善根是故如來雖不實滅而
言滅度又善男子諸佛如來法皆如是為度
衆生皆實不虛譬如良醫智慧聰達明練方
藥善治衆病其人多諸子息若十二十乃至
百數以有事緣遠至餘國諸子於後飲他毒
藥藥發悶乱宛轉于地是時其父還來歸家
諸子飲毒或失本心或不失者遥見其父皆
大歡喜拜跪問訊善安隱歸我等愚癡誤
服毒藥願見救療更賜壽命父見子等苦
惱如是依諸經方求好藥草色香美味皆悉
具足擣篩和合與子令服而作是言此大良
藥色香美味皆悉具足汝等可服速除苦惱
无復衆患其諸子中不失心者見此良藥色
香俱好即便服之病盡除愈餘失心者見其
父來雖亦歡喜問訊求索治病然與其藥而
不肯服所以者何毒氣深入失本心故於此好
色香藥而謂不美父作是念此子可愍為毒
所中心皆顛倒雖見我喜求索救療如是好
藥而不肯服我今當設方便令服此藥即作
是言汝等當知我今衰老死時已至是好良
藥今留在此汝可取服勿憂不差作是教已
復至他國遣使還告汝父已死是時諸子聞

BD05147號　妙法蓮華經卷五　（19–9）

所中心皆顛倒雖見我喜求索救療如是好
藥而不肯服我今當設方便令服此藥即作
是言汝等當知我今衰老死時已至是好良
藥今留在此汝可取服勿憂不差作是教已
復至他國遣使還告汝父已死是時諸子聞
父背喪心大憂惱而作是念若父在者慈愍
我等能見救護今者捨我遠喪他國自惟孤
露无復恃怙常懷悲感心遂醒悟乃知此藥
色味香美即取服之毒病皆愈其父聞子
悉已得差尋便來歸咸使見之諸善男子於
意云何頗有人能說此良醫虛妄罪不不也世
尊佛言我亦如是成佛已來无量无邊百千
万億那由他阿僧祇劫為衆生故以方便力
言當滅度亦无有能如法說我虛妄過者尒
時世尊欲重宣此義而說偈言
自我得佛來　所經諸劫數　无量百千万　億載阿僧祇
常說法教化　无數億衆生　令入於佛道　尒來无量劫
為度衆生故　方便現涅槃　而實不滅度　常住此說法
我常住於此　以諸神通力　令顛倒衆生　雖近而不見
衆見我滅度　廣供養舍利　咸皆懷戀慕　而生渴仰心
衆生既信伏　質直意柔軟　一心欲見佛　不自惜身命
時我及衆僧　俱出靈鷲　我時語衆生　常在此不滅
以方便力故　現有滅不滅　餘國有衆生　恭敬信樂者
我復於彼中　為說无上法　汝等不聞此　但謂我滅度
我見諸衆生　沒在於苦惱　故不為現身　令其生渴仰
因其心戀慕　乃出為說法　神通力如是　於阿僧祇劫

BD05147號　妙法蓮華經卷五　（19–10）

時我及衆僧　俱出靈鷲山　我時語衆生　常在此不滅
以方便力故　現有滅不滅　餘國有衆生　恭敬信樂者
我復於彼中　為説无上法　汝等不聞此　但謂我滅度
我見諸衆生　沒在於苦惱　故不為現身　令其生渴仰
因其心戀慕　乃出為説法　神通力如是　於阿僧祇劫
常在靈鷲山　及餘諸住處　衆生見劫盡　大火所燒時
我此土安隱　天人常充滿　園林諸堂閣　種種寶莊嚴
寶樹多華菓　衆生所遊樂　諸天擊天鼓　常作衆伎樂
雨曼陁羅華　散佛及大衆　我淨土不毀　而衆見燒盡
憂怖諸苦惱　如是悉充滿　是諸罪衆生　以惡業因緣
過阿僧祇劫　不聞三寶名　諸有脩功德　柔和質直者
則皆見我身　在此而説法　或時為此衆　説佛壽无量
久乃見佛者　為説佛難值　我智力如是　慧光照无量
壽命无數劫　久脩業所得　汝等有智者　勿於此生疑
當斷令永盡　佛語實不虛　如醫善方便　為治狂子故
實在而言死　无能説虛妄　我亦為世父　救諸苦患者
為凡夫顛倒　實在而言滅　以常見我故　而生憍恣心
放逸著五欲　墮於惡道中　我常知衆生　行道不行道
隨應所可度　為説種種法　每自作是意　以何令衆生
得入无上道　速成就佛身

妙法蓮華經分別功德品第十七

尒時大會聞佛説壽命劫數長遠如是无量
无邊阿僧祇衆生得大饒益於時世尊告弥勒
菩薩摩訶薩阿逸多我説是如來壽命長
遠時六百八十万億那由他恒河沙衆生得
无生法忍復有千倍菩薩摩訶薩得聞持陁

BD05147 號　妙法蓮華經卷五　（19–11）

尒時大會聞佛説壽命劫數長遠如是无量
无邊阿僧祇衆生得大饒益於時世尊告弥勒
菩薩摩訶薩阿逸多我説是如來壽命長
遠時六百八十万億那由他恒河沙衆生得
无生法忍復有千倍菩薩摩訶薩得聞持陁
羅尼門復有一世界微塵數菩薩摩訶薩得
樂説无礙辯才復有一世界微塵數菩薩摩
訶薩得百千万億无量旋陁羅尼復有三千
大千世界微塵數菩薩摩訶薩能轉不退法輪
復有二千中國土微塵數菩薩摩訶薩能轉
清淨法輪復有小千國土微塵數菩薩摩訶
薩八生當得阿耨多羅三藐三菩提復有四四
天下微塵數菩薩摩訶薩四生當得阿耨多
羅三藐三菩提復有三四天下微塵數菩薩
摩訶薩三生當得阿耨多羅三藐三菩提復
有二四天下微塵數菩薩摩訶薩二生當得
阿耨多羅三藐三菩提復有一四天下微塵
數菩薩摩訶薩一生當得阿耨多羅三藐三
菩提復有八世界微塵數衆生皆發阿耨多
羅三藐三菩提心佛説是諸菩薩摩訶薩得
大法利時於虛空中雨曼陁羅華摩訶曼陁
羅華以散无量百千万億寶樹下師子座上
諸佛并散七寶塔中師子座上釋迦牟尼佛
及久滅度多寶如來亦散一切諸大菩薩及
四部衆又雨細末栴檀沈水香等於虛空中
天鼓自鳴妙聲深遠又雨千種天衣垂諸瓔

BD05147 號　妙法蓮華經卷五　（19–12）

羅華以散无量百千万億寶樹下師子座上
諸佛并散七寶塔中師子座上釋迦牟尼佛
及久滅度多寶如來亦散一切諸大菩薩及
四部衆又雨細末栴檀沉水香等於虛空中
天鼓自鳴妙聲深遠又雨千種天衣垂諸纓
絡真珠纓絡摩尼珠纓珞如意珠瓔珞遍於
九方衆寶香爐燒无價香自然周至供養大
會一一佛上有諸菩薩執持幡蓋次第而上
至于梵天是諸菩薩以妙音聲歌无量頌讚
歎諸佛尒時弥勒菩薩從座而起偏袒右肩
合掌向佛而說偈言
佛說希有法　昔所未曾聞　世尊有大力　壽命不可量
无數諸佛子　聞世尊分別　說得法利者　歡喜充遍身
或住不退地　或得陁羅尼　或无礙樂說　万億旋摠持
或有大千界　微塵數菩薩　各各皆能轉　不退之法輪
或有中千界　微塵數菩薩　各各皆能轉　清淨之法輪
須有小千界　微塵數菩薩　餘各八生在　當得成佛道
須有四三二　如是四天下　微塵諸菩薩　隨數生成佛
或一四天下　微塵數菩薩　餘有一生在　當成一切智
如是等衆生　聞佛壽長遠　得无量无漏　清淨之果報
須有八世界　微塵數衆生　聞佛說壽命　皆發无上心
世尊說无量　不可思議法　多有所饒益　如虛空无邊
雨天曼陁羅　摩訶曼陁羅　釋梵如恒沙　无數佛土來
雨栴檀沉水　繽紛而亂墜　如鳥飛空下　供散於諸佛
天鼓虛空中　自然出妙聲　天衣千万種　旋轉而來下
衆寶妙香爐　燒无價之香　自然悉周遍　供養諸世尊

BD05147號　妙法蓮華經卷五　（19–13）

世尊說无量　不可思議法　多有所饒益　如虛空无邊
雨天曼陁羅　摩訶曼陁羅　釋梵如恒沙　无數佛土來
雨栴檀沉水　繽紛而亂墜　如鳥飛空下　供散於諸佛
天鼓虛空中　自然出妙聲　天衣千万種　旋轉而來下
衆寶妙香爐　燒无價之香　自然悉周遍　供養諸世尊
其大菩薩衆　執七寶幡蓋　高妙万億種　次第至梵天
二諸佛前　寶幢懸勝幡　亦以千万偈　歌詠諸如來
如是種種事　昔所未曾有　聞佛壽无量　一切皆歡喜
佛名聞十方　廣饒益衆生　一切具善根　以助无上心
尒時佛告弥勒菩薩摩訶薩阿逸多其有衆
生聞佛壽命長遠如是乃至能生一念信解
所得功德无有限量若有善男子善女人為
阿耨多羅三藐三菩提故於八十万億那由他
劫行五波羅蜜檀波羅蜜尸羅波羅蜜羼提
波羅蜜毗梨耶波羅蜜禪波羅蜜除般若波
羅蜜以是功德比前功德百分千万百千万
億分不及其一乃至筭數譬喻所不能知若
善男子有如是功德於阿耨多羅三藐三菩
提退者无有是處尒時世尊欲重宣此義說
說偈言
若人求佛慧　於八十万億　那由他劫數　行五波羅蜜
於是諸劫中　布施供養佛　及緣覺弟子　并諸菩薩衆
珎異之飲食　上服與卧具　栴檀立精舍　以園林莊嚴
如是等布施　種種皆微妙　盡此諸劫數　以迴向佛道
若復持禁戒　清淨无缺漏　求於无上道　諸佛之所歎

BD05147號　妙法蓮華經卷五　（19–14）

若人求佛慧　於八十万億　那由他劫數　行五波羅蜜
於是諸劫中　布施供養佛　及緣覺弟子　并諸菩薩衆
珍異之飲食　上服與臥具　栴檀立精舍　以園林莊嚴
如是等布施　種種皆微妙　盡此諸劫數　以迴向佛道
若復持禁戒　清淨无缺漏　求於无上道　諸佛之所歎
若復行忍辱　住於調柔地　設衆惡來加　其心不傾動
諸有得法者　懷於增上慢　為此所輕惱　如是亦能忍
若復勤精進　志念常堅固　於无量億劫　一心不懈怠
又於无數劫　住於空閑處　若坐若經行　除睡常攝心
以是因緣故　能生諸禪定　八十億万劫　安住心不亂
持此一心福　願求无上道　我得一切智　盡諸禪定際
是人於百千　万億劫數中　行此諸功德　如上之所說
有善男女等　聞我說壽命　乃至一念信　其福過於彼
若人悉无有　一切諸疑悔　深心須臾信　其福為如此
其有諸菩薩　无量劫行道　聞我說壽命　是則能信受
如是諸人等　頂受此經典　願我於未來　長壽度衆生
如今日世尊　諸釋中之王　道場師子吼　說法无所畏
我等未來世　一切所尊敬　坐於道場時　說壽亦如是
若有深心者　清淨而質直　多聞能總持　隨義解佛語
如是諸人等　於此无有疑
又阿逸多若有聞佛壽命長遠解其言趣是
人所得功德无有限量能起如來无上之慧
何況廣聞是經若教人聞若自持若教人持
若自書若教人書若以華香瓔珞幢幡繒蓋
香油蘇燈供養經卷是人功德无量无邊能
生一切種智阿逸多若善男子善女人聞我

人所得功德无有限量能起如來无上之慧
何況廣聞是經若教人聞若自持若教人持
若自書若教人書若以華香瓔珞幢幡繒蓋
香油蘇燈供養經卷是人功德无量无邊能
生一切種智阿逸多若善男子善女人聞我
說壽命長遠深心信解則為見佛常在耆闍
崛山共大菩薩諸聲聞衆圍繞說法又見此
娑婆世界其地琉璃坦然平正閻浮檀金以
界八道寶樹行列諸臺樓觀皆悉寶成其菩
薩衆咸處其中若有能如是觀者當知是為
深信解相又復如是滅後若聞是經而不毀
呰起隨喜心當知已為深信解相何況讀誦
受持之者斯人則為頂戴如來阿逸多是善
男子善女人不須為我復起塔寺及作僧坊
以四事供養衆僧所以者何是善男子善女
人受持讀誦是經典者為已起塔造立僧坊
供養衆僧則為以佛舍利起七寶塔高廣漸
小至于梵天懸諸幡蓋及衆寶鈴華香瓔珞
末香塗香燒香衆鼓伎樂簫笛箜篌種種儛
戲以妙音聲歌唄讚頌則為於无量千万億
劫作是供養已阿逸多若我滅後聞是經典
有能受持若自書若教人書則為起立僧坊
以赤栴檀作諸殿堂三十有二高八多羅樹
高廣嚴好百千比丘於其中止園林浴池經
行禪窟衣服飲食床褥湯藥一切樂具充滿
其中如是僧坊堂閣若干百千万億其數无

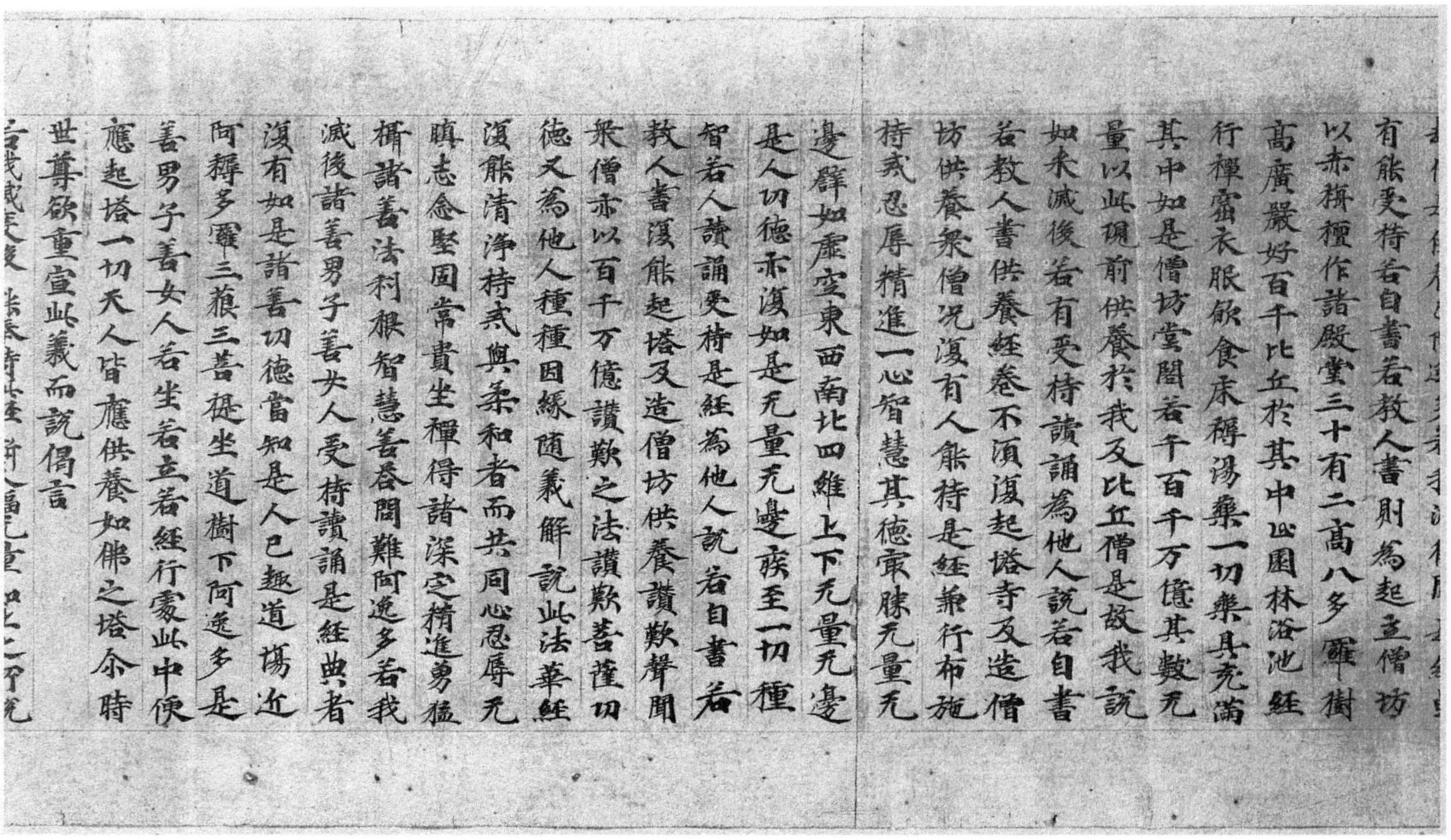
有能受持若自書若教人書則為起立僧坊
以赤栴檀作諸殿堂三十有二高八多羅樹
高廣嚴好百千比丘於其中止園林浴池經
行禪窟衣服飲食床褥湯藥一切樂具充滿
其中如是僧坊堂閣若干百千万億其數无
量以此現前供養於我及比丘僧是故我說
如来滅後若有受持讀誦為他人說若自書
若教人書供養經卷不須復起塔寺及造僧
坊供養衆僧況復有人能持是經兼行布施
持戒忍辱精進一心智慧其德㝡勝无量无
邊譬如虛空東西南北四維上下无量无邊
是人功德亦復如是无量无邊疾至一切種
智若人讀誦受持是經為他人說若自書若
教人書復能起塔及造僧坊供養讚歎聲聞
衆僧亦以百千万億讚歎之法讚歎菩薩功
德又為他人種種因緣隨義解說此法華經
復能清淨持戒與柔和者而共同止忍辱无
瞋志念堅固常貴坐禪得諸深定精進勇猛
攝諸善法利根智慧善荅問難阿逸多若我
滅後諸善男子善女人受持讀誦是經典者
復有如是諸善功德當知是人已趣道場近
阿耨多羅三藐三菩提坐道樹下阿逸多是
善男子善女人若坐若立若經行處此中便
應起塔一切天人皆應供養如佛之塔尒時
世尊欲重宣此義而說偈言

BD05147號　妙法蓮華經卷五　（19-17）

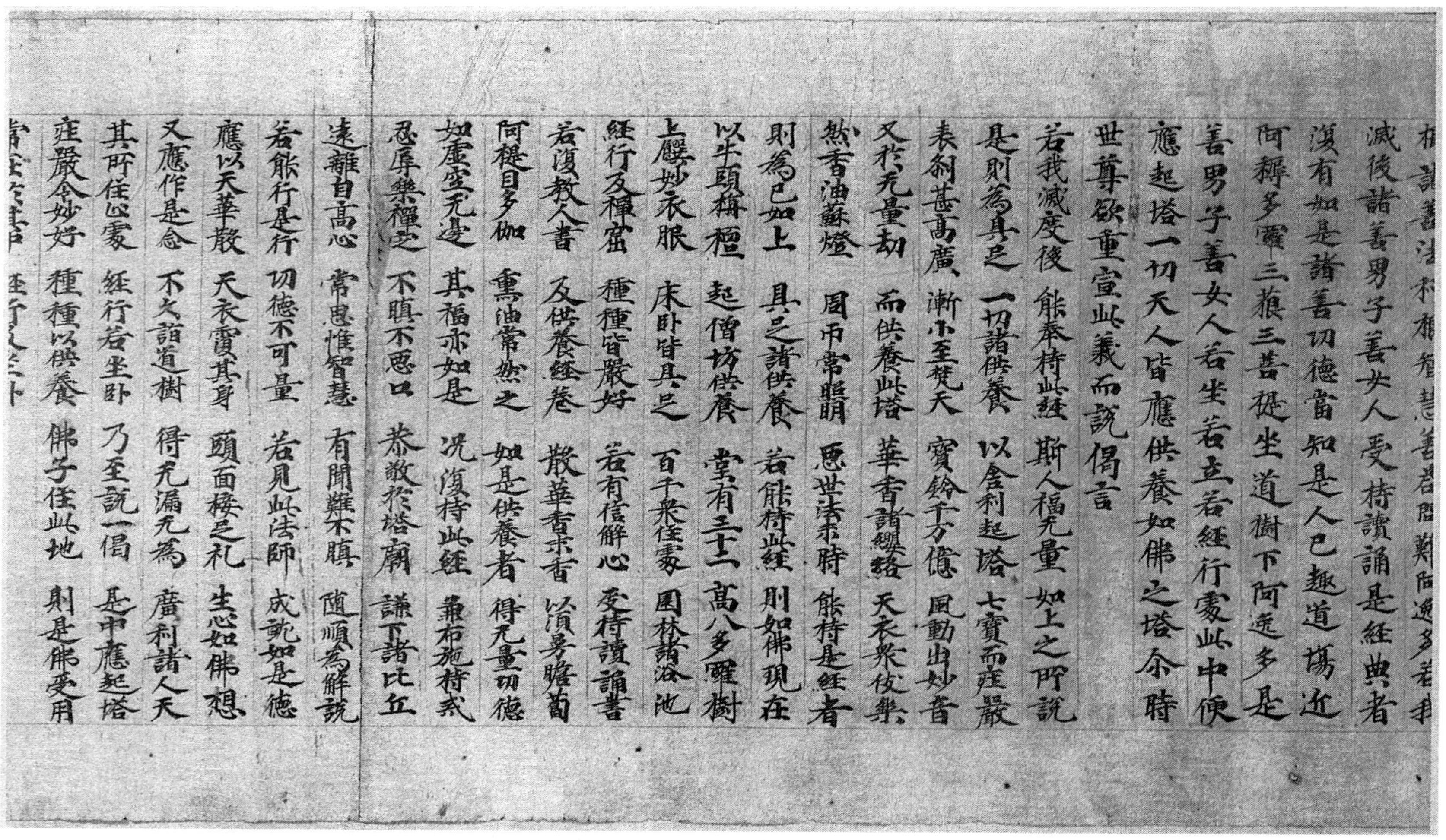
攝諸善法利根智慧善荅問難阿逸多若我
滅後諸善男子善女人受持讀誦是經典者
復有如是諸善功德當知是人已趣道場近
阿耨多羅三藐三菩提坐道樹下阿逸多是
善男子善女人若坐若立若經行處此中便
應起塔一切天人皆應供養如佛之塔尒時
世尊欲重宣此義而說偈言
若我滅度後　能奉持此經　斯人福无量　如上之所說
是則為具足　一切諸供養　以舍利起塔　七寶而莊嚴
表剎甚高廣　漸小至梵天　寶鈴千万億　風動出妙音
又於无量劫　而供養此塔　華香諸瓔珞　天衣衆伎樂
然香油蘇燈　周帀常照明　惡世法末時　能持是經者
則為已如上　具足諸供養　若能持此經　則如佛現在
以牛頭栴檀　起僧坊供養　堂有三十二　高八多羅樹
上饌妙衣服　床臥皆具足　百千衆住處　園林諸浴池
經行及禪窟　種種皆嚴好　若有信解心　受持讀誦書
若復教人書　及供養經卷　散華香末香　以須曼瞻蔔
阿提目多伽　熏油常然之　如是供養者　得无量功德
如虛空无邊　其福亦如是　況復持此經　兼布施持戒
忍辱樂禪定　不瞋不惡口　恭敬於塔廟　謙下諸比丘
遠離自高心　常思惟智慧　有問難不瞋　隨順為解說
若能行是行　功德不可量　若見此法師　成就如是德
應以天華散　天衣覆其身　頭面接足禮　生心如佛想
又應作是念　不久詣道樹　得无漏无為　廣利諸人天
其所住止處　經行若坐臥　乃至說一偈　是中應起塔
莊嚴令妙好　種種以供養　佛子住此地　則是佛受用

BD05147號　妙法蓮華經卷五　（19-18）

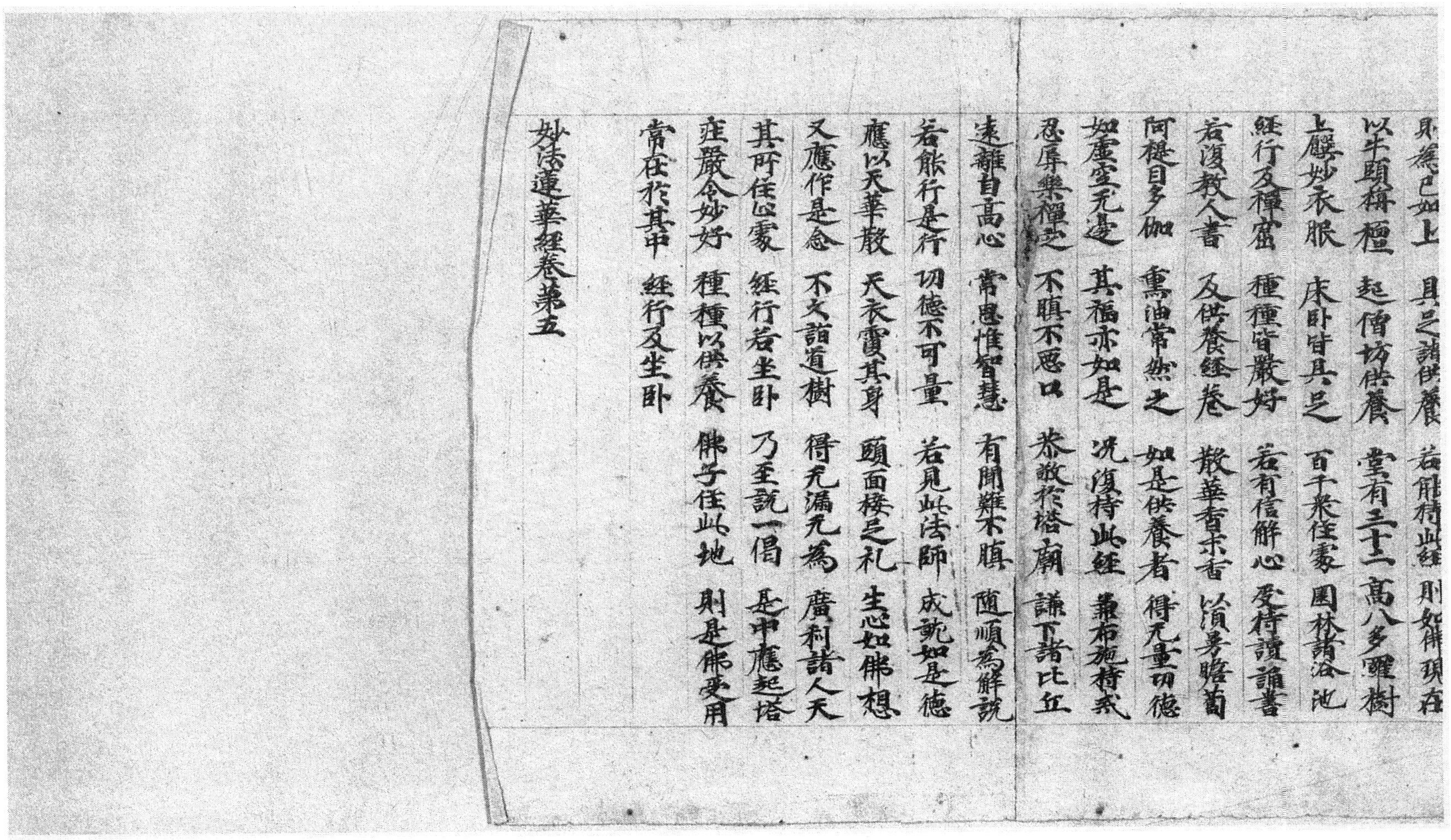
則為已如上　具足諸供養　若能持此經　則如佛現在
以牛頭栴檀　起僧坊供養　堂有三十二　高八多羅樹
上饌妙衣服　床卧皆具足　百千衆住處　園林諸浴池
經行及禪窟　種種皆嚴好　若有信解心　受持讀誦書
若復教人書　及供養經卷　散華香末香　須曼瞻蔔
阿提目多伽　熏油常然之　如是供養者　得无量功德
如虚空无邊　其福亦如是　况復持此經　兼布施持戒
忍辱樂禪定　不瞋不惡口　恭敬於塔廟　謙下諸比丘
遠離自高心　常思惟智慧　有問難不瞋　隨順為解說
若能行是行　功德不可量　若見此法師　成就如是德
應以天華散　天衣覆其身　頭面接足礼　生心如佛想
又應作是念　不久詣道樹　得无漏无為　廣利諸人天
其所住止處　經行若坐卧　乃至說一偈　是中應起塔
莊嚴令妙好　種種以供養　佛子住此地　則是佛受用
常在於其中　經行及坐卧
妙法蓮華經卷第五

BD05147 號　妙法蓮華經卷五　（19–19）

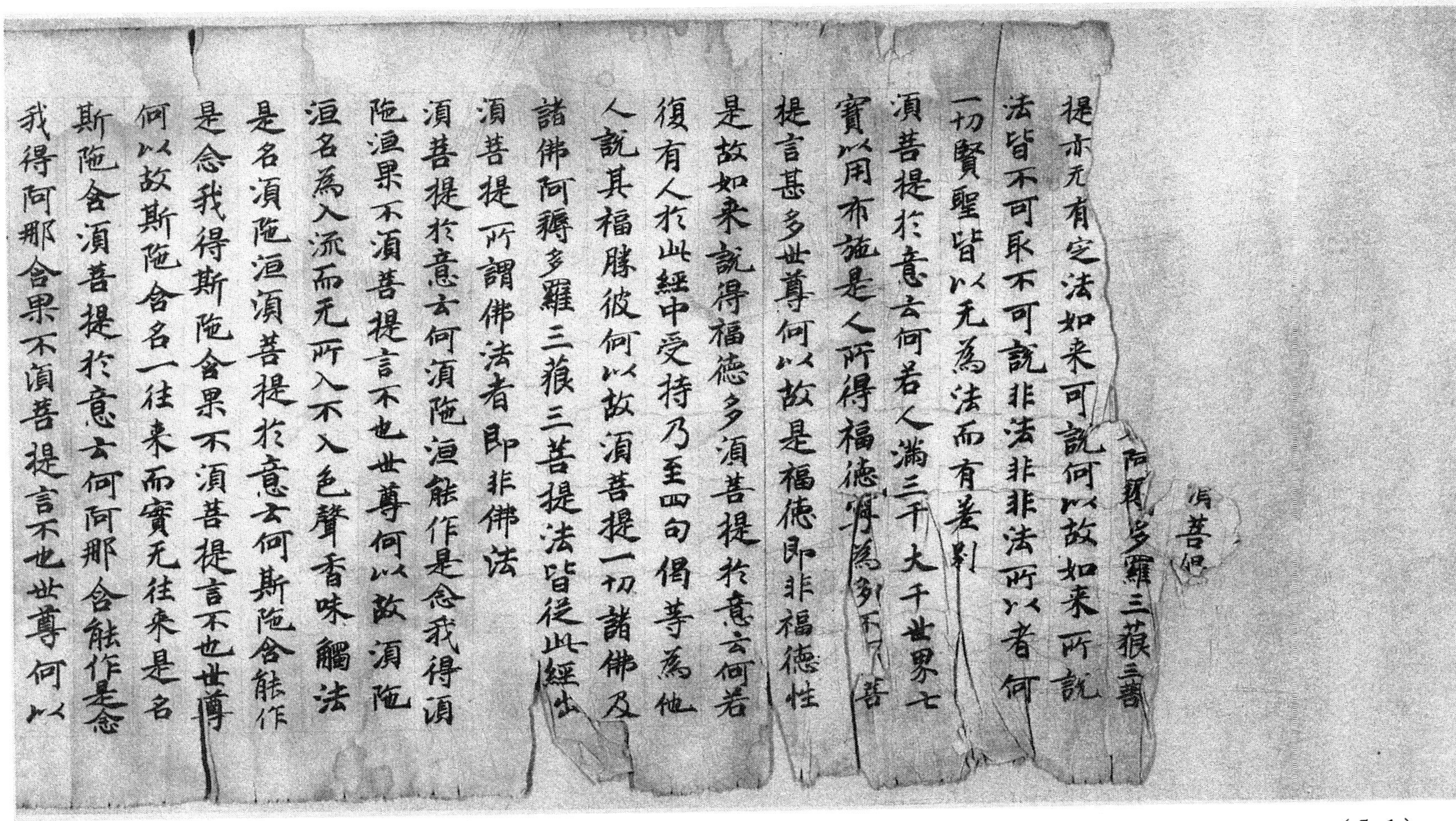
須菩提
阿耨多羅三藐三菩
提亦无有定法如来可說何以故如来所說
法皆不可取不可說非法非非法所以者何
一切賢聖皆以无為法而有差別
須菩提於意云何若人滿三千大千世界七
寶以用布施是人所得福德寧為多不[illegible]菩
提言甚多世尊何以故是福德即非福德性
是故如来說得福德多須菩提於意云何若
復有人於此經中受持乃至四句偈等為他
人說其福勝彼何以故須菩提一切諸佛及
諸佛阿耨多羅三藐三菩提法皆從此經出
須菩提所謂佛法者即非佛法
須菩提於意云何須陁洹能作是念我得須
陁洹果不須菩提言不也世尊何以故須陁
洹名為入流而无所入不入色聲香味觸法
是名須陁洹須菩提於意云何斯陁含能作
是念我得斯陁含果不須菩提言不也世尊
何以故斯陁含名一往来而實无往来是名
斯陁含須菩提於意云何阿那含能作是念
我得阿那含果不須菩提言不也世尊何以

BD05148 號　金剛般若波羅蜜經　（5–1）

是名須陁洹須菩提於意云何斯陁含能作
是念我得斯陁含果不須菩提言不也世尊
何以故斯陁含名一往来而實无往来是名
斯陁含須菩提於意云何阿那含能作是念
我得阿那含果不須菩提言不也世尊何以
故阿那含名為不来而實无来是故名阿那
含須菩提於意云何阿羅漢能作是念我
得阿羅漢道不須菩提言不也世尊何以故
實无有法名阿羅漢世尊若阿羅漢作是念
我得阿羅漢道即為著我人衆生壽者世
尊佛說我得无諍三昧人中㝡為第一是第一
離欲阿羅漢我不作是念我是離欲阿羅
漢世尊我若作是念我得阿羅漢道世尊則
不說須菩提是樂阿蘭那行者以須菩提實
无所行而名須菩提是樂阿蘭那行
佛告須菩提於意云何如來昔在然燈佛所
於法有所得不世尊如來在然燈佛所於法
實无所得須菩提於意云何菩薩莊嚴佛土
不不也世尊何以故莊嚴佛土者則非莊嚴
是名莊嚴是故須菩提諸菩薩摩訶薩應
如是生清淨心不應住色生心不應住聲香味
觸法生心應无所住而生其心須菩提譬如
有人身如須弥山王於意云何是身為大不
須菩提言甚大世尊何以故佛說非身是名
大身須菩提如恒河中所有沙數如是沙等
恒河於意云何是諸恒河沙寧為多不須菩

BD05148號　金剛般若波羅蜜經　（5–2）

如是生清淨心不應住色生心不應住聲香味
觸法生心應无所住而生其心須菩提譬如
有人身如須弥山王於意云何是身為大不
須菩提言甚大世尊何以故佛說非身是名
大身須菩提如恒河中所有沙數如是沙等
恒河於意云何是諸恒河沙寧為多不須菩
提言甚多世尊但諸恒河尚多无數何況其
沙須菩提我今實言告汝若有善男子善女
人以七寶滿尒所恒河沙數三千大千世界以
用布施得福多不須菩提言甚多世尊佛
告須菩提若善男子善女人於此經中乃至
受持四句偈等為他人說而此福德勝前福
德復次須菩提隨說是經乃至四句偈等當
知此處一切世間天人阿脩羅皆應供養如
佛塔廟何況有人盡能受持讀誦須菩提
當知是人成就㝡上第一希有之法若是經
典所在之處則為有佛若尊重弟子
尒時須菩提白佛言世尊當何名此經我等
云何奉持佛告須菩提是經名為金剛般若
波羅蜜以是名字汝當奉持所以者何須菩
提佛說般若波羅蜜則非般若波羅蜜須菩
提於意云何如來有所說法不須菩提白佛
言世尊如來无所說須菩提於意云何三千
大千世界所有微塵是為多不須菩提言甚
多世尊須菩提諸微塵如來說非微塵是名

BD05148號　金剛般若波羅蜜經　（5–3）

波羅蜜以是名字汝當奉持所以者何須菩
提佛說般若波羅蜜則非般若波羅蜜須菩
提於意云何如来有所說法不須菩提白佛
言世尊如来无所說須菩提於意云何三千
大千世界所有微塵是為多不須菩提言甚
多世尊須菩提諸微塵如来說非微塵是名
微塵如来說世界非世界是名世界須菩提
於意云何可以三十二相見如来不不也世
尊不可以三十二相得見如来何以故如来
說三十二相即是非相是名三十二相須菩
提若有善男子善女人以恒河沙等身命
布施若復有人於此經中乃至受持四句偈
等為他人說其福甚多
尒時須菩提聞說是經深解義趣涕淚悲泣
而白佛言希有世尊佛說如是甚深經典我
從昔来所得慧眼未曾得聞如是之經世尊
若復有人得聞是經信心清淨則生實相當
知是人成就第一希有功德世尊是實相者
則是非相是故如来說名實相世尊我今得
聞如是經典信解受持不足為難若當来世
後五百歲其有眾生得聞是經信解受持是
人則為第一希有何以故此人无我相人相
眾生相壽者相所以者何我相即是非相人
相眾生相壽者相即是非相何以故離一切
諸相則名諸佛佛告須菩提如是如是若復
有人得聞是經不驚不怖不畏當知是人甚

BD05148號　金剛般若波羅蜜經　（5–4）

則是非相是故如来說名實相世尊我今得
聞如是經典信解受持不足為難若當来世
後五百歲其有眾生得聞是經信解受持是
人則為第一希有何以故此人无我相人相
眾生相壽者相所以者何我相即是非相人
相眾生相壽者相即是非相何以故離一切
諸相則名諸佛佛告須菩提如是如是若復
有人得聞是經不驚不怖不畏當知是人甚
為希有何以故須菩提如来說第一波羅蜜
非第一波羅蜜是名第一波羅蜜
須菩提忍辱波羅蜜如来說非忍辱波羅蜜
何以故須菩提如我昔為歌利王割截身體
我於尒時无我相无人相无眾生相无壽者
相何以故我於往昔節節支解時若有我相
人相眾生相壽者相應生瞋恨須菩提又念
過去於五百世作忍辱仙人於尒所世无我
相无人相无眾生相无壽者相是故須菩提
菩薩應離一切相發阿耨多羅三藐三菩提
心不應住色生心不應住聲香味觸法生心

BD05148號　金剛般若波羅蜜經　（5–5）

□之人 於此
□有頂天 言語之音聲
□聞之 一切比丘衆 及諸比丘尼
□他人說 法師住於此 悉皆得聞之
□於經法 若爲他人說 撰集解其義
如是□□□ □□得聞之 諸佛大聖尊 教化衆生者
於諸大衆中 演說微妙法 持此法華者 悉皆得聞之
三千大千界 內外諸音聲 下至阿鼻獄 上至有頂天
皆聞其音聲 而不壞耳根 其耳聰利故 悉能分別知
持是法華者 雖未得天耳 但用所生耳 功德已如是
復次常精進 若善男子善女人受持是經 若
讀若誦若解說若書寫 成就八百鼻功德 以
是清淨鼻根 聞於三千大千世界上下內外
種種諸香 須曼那華香 闍提華香 末利華香
瞻蔔華香 波羅羅華香 赤蓮華香 青蓮華香
白蓮華香 華樹香 果樹香 栴檀香 沉水香 多
摩羅跋香 多伽羅香 及千万種和香 若末 若
丸 若塗香 持是經者 於此間住 悉能分別 又
復別知衆生之香 象香 馬香 牛羊等香 男
香 女香 童子香 童女香 及草木叢林香 若近
若遠 所有諸香 悉皆得聞 分別不錯 持是經

BD05149號　妙法蓮華經卷六　（2–1）

□他人說 法師住於此 悉皆得聞之
□於經法 若爲他人說 撰集解其義
如是□□□ □□得聞之 諸佛大聖尊 教化衆生者
於諸大衆中 演說微妙法 持此法華者 悉皆得聞之
三千大千界 內外諸音聲 下至阿鼻獄 上至有頂天
皆聞其音聲 而不壞耳根 其耳聰利故 悉能分別知
持是法華者 雖未得天耳 但用所生耳 功德已如是
復次常精進 若善男子善女人受持是經 若
讀若誦若解說若書寫 成就八百鼻功德 以
是清淨鼻根 聞於三千大千世界上下內外
種種諸香 須曼那華香 闍提華香 末利華香
瞻蔔華香 波羅羅華香 赤蓮華香 青蓮華香
白蓮華香 華樹香 果樹香 栴檀香 沉水香 多
摩羅跋香 多伽羅香 及千万種和香 若末 若
丸 若塗香 持是經者 於此間住 悉能分別 又
復別知衆生之香 象香 馬香 牛羊等香 男
香 女香 童子香 童女香 及草木叢林香 若近
若遠 所有諸香 悉皆得聞 分別不錯 持是經
者 雖住於此 亦聞天上諸天之香 波利質多
羅拘鞞陀羅樹香 及曼陀羅華香 摩訶曼陀
羅華香 曼殊沙華香 摩訶曼殊沙華香 栴檀 沉

BD05149號　妙法蓮華經卷六　（2–2）

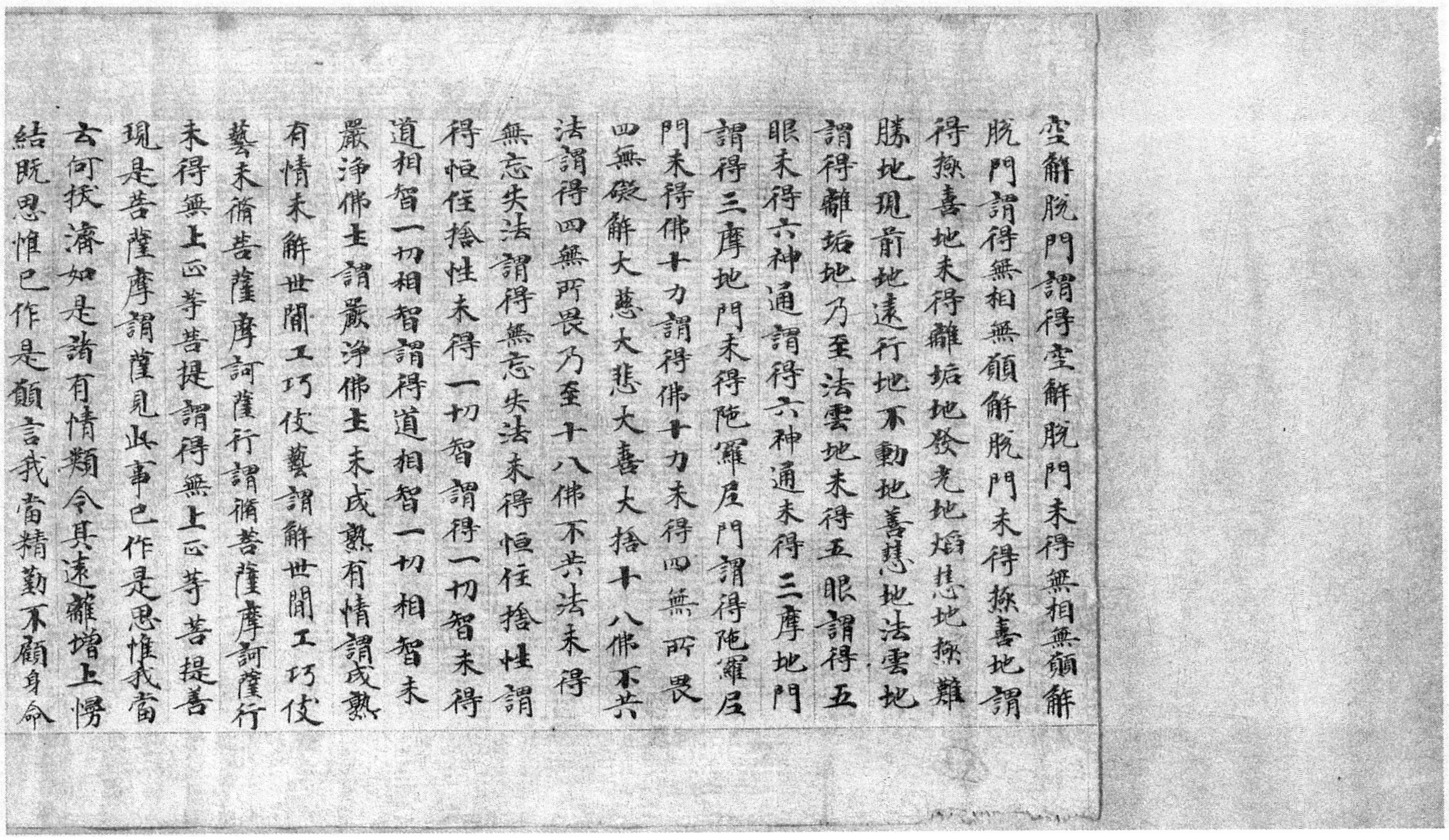
空解脫門謂得空解脫門未得無相無願解
脫門謂得無相無願解脫門未得極喜地謂
得極喜地未得離垢地發光地焰慧地極難
勝地現前地遠行地不動地善慧地法雲地
謂得離垢地乃至法雲地未得五眼謂得五
眼未得六神通謂得六神通未得三摩地門
謂得三摩地門未得陀羅尼門謂得陀羅尼
門未得佛十力謂得佛十力未得四無所畏
四無礙解大慈大悲大喜大捨十八佛不共
法謂得四無所畏乃至十八佛不共法未得
無忘失法謂得無忘失法未得恒住捨性謂
得恒住捨性未得一切智謂得一切智未得
道相智一切相智謂得道相智一切相智未
嚴淨佛土謂嚴淨佛土未成熟有情謂成熟
有情未解世間工巧伎藝謂解世間工巧伎
藝未脩菩薩摩訶薩行謂脩菩薩摩訶薩行
未得無上正等菩提謂得無上正等菩提善
現是菩薩摩訶薩見此事已作是思惟我當
云何扶濟如是諸有情類令其遠離增上慢
結既思惟已作是願言我當精勤不顧身命

BD05150號　大般若波羅蜜多經卷三三一　（5–1）

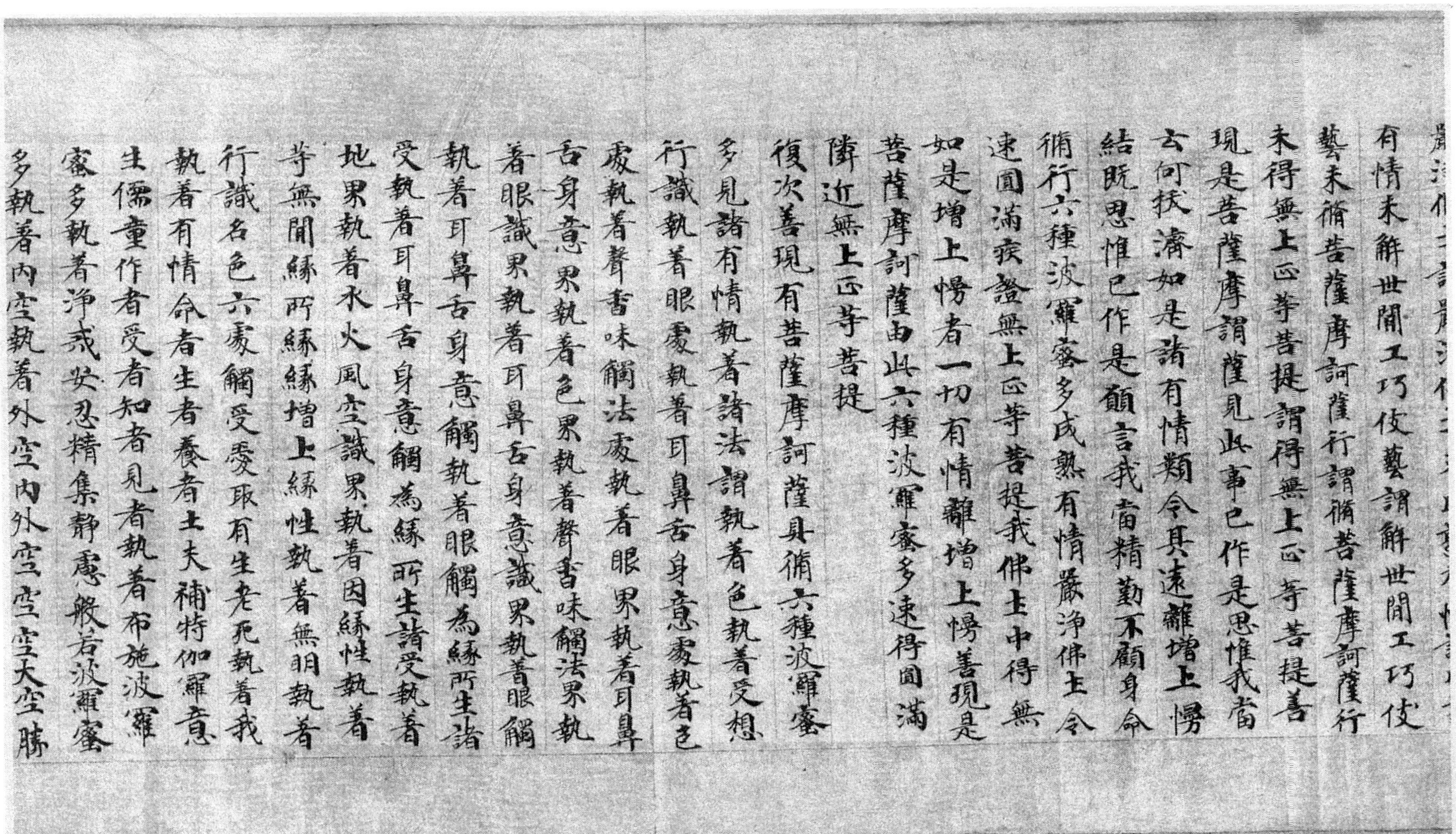
有情未解世間工巧伎藝謂解世間工巧伎
藝未脩菩薩摩訶薩行謂脩菩薩摩訶薩行
未得無上正等菩提謂得無上正等菩提善
現是菩薩摩訶薩見此事已作是思惟我當
云何扶濟如是諸有情類令其遠離增上慢
結既思惟已作是願言我當精勤不顧身命
脩行六種波羅蜜多成熟有情嚴淨佛土令
速圓滿疾證無上正等菩提我佛土中得無
如是增上慢者一切有情離增上慢善現是
菩薩摩訶薩由此六種波羅蜜多速得圓滿
隣近無上正等菩提
復次善現有菩薩摩訶薩具脩六種波羅蜜
多見諸有情執著諸法謂執著色執著受想
行識執著眼處執著耳鼻舌身意處執著色
處執著聲香味觸法處執著眼界執著耳鼻
舌身意界執著色界執著聲香味觸法界執
著眼識界執著耳鼻舌身意識界執著眼觸
執著耳鼻舌身意觸執著眼觸為緣所生諸
受執著耳鼻舌身意觸為緣所生諸受執著
地界執著水火風空識界執著因緣性執著
等無間緣所緣緣增上緣性執著無明執著
行識名色六處觸受愛取有生老死執著我
執著有情命者生者養者士夫補特伽羅意
生儒童作者受者知者見者執著布施波羅
蜜多執著淨戒安忍精進靜慮般若波羅蜜
多執著內空執著外空內外空空空大空勝

BD05150號　大般若波羅蜜多經卷三三一　（5–2）

行識名色六處觸受愛取有生老死執着我
執着有情命者生者養者士夫補特伽羅意
生儒童作者受者知者見者執着布施波羅
蜜多執着淨戒安忍精進靜慮般若波羅蜜
多執着內空執着外空內外空空空大空勝
義空有為空無為空畢竟空無際空散空無
變異空本性空自相空共相空一切法空不
可得空無性空自性空無性自性空執着真
如執着法界法性不虛妄性不變異性平等
性離生性法定法住實際虛空界不思議界
執着苦聖諦執着集滅道聖諦執着四念住
執着四正斷四神足五根五力七等覺支八
聖道支執着四靜慮執着四無量四無色定
執着八解脫執着八勝處九次第定十遍處
執着空解脫門執着無相無願解脫門執着
極喜地執着離垢地發光地焰慧地極難勝
地現前地遠行地不動地善慧地法雲地執
着五眼執着六神通執着三摩地門執着陀羅
尼門執着佛十力執着四無所畏四無礙
解大慈大悲大喜大捨十八佛不共法執着
無忘失法執着恒住捨性執着一切智執着
道相智一切相智執着預流果執着一來不
還阿羅漢果執着獨覺菩提執着菩薩摩訶
薩行執着無上正等菩提善現菩薩摩訶薩
見此事已作是思惟我當云何扶濟如是諸
有情類令離執着既思惟已作是願言我當

BD05150號　大般若波羅蜜多經卷三三一

（5–3）

還阿羅漢果執着獨覺菩提執着菩薩摩訶
薩行執着無上正等菩提善現菩薩摩訶薩
見此事已作是思惟我當云何扶濟如是諸
有情類令離執着既思惟已作是願言我當
精勤不顧身命脩行六種波羅蜜多成熟有
情嚴淨佛土令速圓滿疾證無上正等菩提
我佛土中諸有情類無如是等種種執着善
現是菩薩摩訶薩由此六種波羅蜜多速得
圓滿隣近無上正等菩提
復次善現有菩薩摩訶薩具脩六種波羅蜜
多見有如來應正等覺光明有量壽命有量
諸弟子衆數有分限善現是菩薩摩訶薩見
此事已作是思惟我云何得光明無量壽命無
量諸弟子衆數無分限既思惟已作是願
言我當精勤不顧身命脩行六種波羅蜜多
成熟有情嚴淨佛土令速圓滿疾證無上正
等菩提尒時我身光明無量壽命無量諸弟
子衆數無分限善現是菩薩摩訶薩由此六
種波羅蜜多速得圓滿隣近無上正等菩提
復次善現有菩薩摩訶薩具脩六種波羅蜜
多見有如來應正等覺所居佛土周圓有量
善現是菩薩摩訶薩見此事已作是思惟我
云何得所居佛土周圓無量既思惟已作是
願言我當精勤不顧身命脩行六種波羅蜜
多成熟有情嚴淨佛土令速圓滿疾證無上
正等菩提十方各如殑伽沙數大千世界合

BD05150號　大般若波羅蜜多經卷三三一

（5–4）

多見有如來應正等覺光明有量壽命有量
諸弟子衆數有分限善現是菩薩摩訶薩見
此事已作是思惟我云何得光明無量壽命無
量諸弟子衆數無分限既思惟已作是願
言我當精勤不顧身命脩行六種波羅蜜多
成熟有情嚴淨佛土令速圓滿疾證無上正
等菩提尒時我身光明無量壽命無量諸弟
子衆數無分限善現是菩薩摩訶薩由此六
種波羅蜜多速得圓滿隣近無上正等菩提
復次善現有菩薩摩訶薩具脩六種波羅蜜
多見有如來應正等覺所居佛土周圓有量
善現是菩薩摩訶薩見此事已作是思惟我
云何得所居佛土周圓無量既思惟已作是
願言我當精勤不顧身命脩行六種波羅蜜
多成熟有情嚴淨佛土令速圓滿疾證無上
正等菩提十方各如殑伽沙數大千世界合
為一土我住其中說法教化無量無數無邊

BD05150號　大般若波羅蜜多經卷三三一　（5–5）

施一切衆生願皆獲得如意之手撝空出寶
滿衆生願富樂无盡智慧无窮妙法辯才
悉皆无滯共諸衆生同證阿耨多羅三藐三
菩提得一切智因此善根更復出生无量善
亦皆迴向无上菩提又如過去諸大菩薩脩
行之時切德善根悉皆迴向一切種智現在
未來亦復如是然我所有切德善根亦皆迴
向阿耨多羅三藐三菩提是諸善根願共一
切衆生俱成正覺如餘諸佛坐於道場菩提
樹下不可思議无礙清淨住於无盡法藏陁
羅尼首楞嚴定破魔波旬无量兵衆應見
覺知應可通達如是一切一刹那中悉皆照了
於後夜中獲甘露法證甘露義我及衆生
願皆同證如是妙覺猶如
无量壽佛　勝光佛　妙光佛　阿閦佛
切德善光佛　師子光明佛　百光明佛　網光明佛
寶相佛　寶餤佛　餤明佛　餤威光明佛
吉祥上王佛　微妙聲佛　妙莊嚴佛　法幢佛
上勝身佛　可愛色身佛　光明遍照佛　梵淨王佛

BD05151號　金光明最勝王經卷三　（5–1）

无量壽佛　勝光佛　妙光佛　阿閦佛
功德善光佛　師子光明佛　百光明佛　網光明佛
寶相佛　寶燄佛　燄明佛　燄威光明佛
吉祥上王佛　微妙聲佛　妙莊嚴佛　法幢佛
上勝身佛　可愛色身佛　光明遍照佛　梵淨王佛
上性佛
如是等如來應正遍知過去未來及以現在
現應化得阿耨多羅三藐三菩提轉无上法
輪為度衆生我亦如是廣說如上
善男子若有淨信男子女人於此金光明最
勝經王滅業障品受持讀誦憶念不忘為他
廣說得无量无邊大功德聚譬如三千大千
世界所有衆生一時皆得成就人身得人身已
成獨覺道若有男子女人盡其形壽恭敬
尊重四事供養一一獨覺各施七寶如須弥
山此諸獨覺入涅槃後皆以珎寶起塔供養
其塔高廣十二踰繕那以諸花香寶幢幡蓋
常為供養善男子於意云何是人所獲功德
寧為多不天帝釋言甚多世尊善男子若
復有人於此金光明微妙經典衆經之王滅業
障品受持讀誦憶念不忘為他廣說所獲功
德於前所說供養功德百分不及一百千万
億分乃至筭數譬喻所不能及何以故是善
男子善女人住正行中勸請十方一切諸佛
轉无上法輪皆為諸佛歡喜讚歎善男子如
我所說一切施中法施為勝是故善男子於

BD05151 號　金光明最勝王經卷三　（5–2）

障品受持讀誦憶念不忘為他廣說所獲功
德於前所說供養功德百分不及一百千万
億分乃至筭數譬喻所不能及何以故是善
男子善女人住正行中勸請十方一切諸佛
轉无上法輪皆為諸佛歡喜讚歎善男子如
我所說一切施中法施為勝是故善男子於
三寶所設諸供養不可為比勸受三歸持一切
戒无有毀犯三業不空不可為比一切世界
一切衆生隨力隨能隨所願樂於三乘中勸
發菩提心不可為比於三世中一切世界所
有衆生皆得无礙速令成就无量功德不
可為比三世剎土一切衆生令无障礙得三
菩提不可為比三世剎土一切衆生勸令速
出四惡道苦不可為比三世剎土一切衆生
勸令除滅極重惡業不可為比一切苦惱勸
令解脫不可為比一切怖畏苦惱逼切皆令
得解不可為比三世佛前一切衆生所有功
德勸令隨喜發菩提願不可為比勸除惡
行罵辱之業一切功德皆願成就所在生中
勸請供養尊重讚歎一切三寶勸請衆生淨
脩福行成滿菩提不可為比是故當知勸請一
切世界三世三寶勸請滿足六波羅蜜勸請
轉於无上法輪勸請住世經无量劫演說无
量甚深妙法功德甚深无能比者
尒時天帝釋及恒河女神无量梵王四大天
衆從座而起偏袒右肩右膝著地合掌頂

BD05151 號　金光明最勝王經卷三　（5–3）

能初行此滿者故不可為以是故當知勸請一
切世界三世三寶勸請滿足六波羅蜜勸請
轉於无上法輪勸請住世經无量劫演說无
量甚深妙法功德甚深无能比者
尒時天帝釋及恒河女神无量梵王四大天
衆從座而起偏袒右肩右膝著地合掌頂
礼白佛言世尊我等皆得聞是金光明最勝
王經今悉受持讀誦通利為他廣說依此法
住何以故世尊我等欲求阿耨多羅三藐三
菩提隨順此義種種勝相如法行故尒時梵王
及天帝釋等於說法處皆以種種曼陁羅花
而散佛上三千大千世界地皆大動一切天鼓
及諸音樂不鼓自鳴施金色光遍滿世界出
妙音聲時天帝釋白佛言世尊此等皆是金
光明經威神之力慈悲普救種種利益種種
增長菩薩善根滅諸業障佛言如是如是
如汝所說何以故善男子我念往昔過无量百
千阿僧祇劫有佛名寶王大光照如來應
正遍知出現於世住世六百八十億劫尒時
寶王大光照如來為欲度脫人天釋梵沙門
婆羅門一切衆生令安樂故當出現時初會
說法度百千億億万衆皆得阿羅漢果諸漏
已盡三明六通自在无礙於第二會復度九
十千億億万衆皆得阿羅漢果諸漏已盡三
明六通自在无礙於第三會復度九十八千
億億万衆皆得阿羅漢果圓滿如上

BD05151號　金光明最勝王經卷三　（5–4）

妙音聲時天帝釋白佛言世尊此等皆是金
光明經威神之力慈悲普救種種利益種種
增長菩薩善根滅諸業障佛言如是如是
如汝所說何以故善男子我念往昔過无量百
千阿僧祇劫有佛名寶王大光照如來應
正遍知出現於世住世六百八十億劫尒時
寶王大光照如來為欲度脫人天釋梵沙門
婆羅門一切衆生令安樂故當出現時初會
說法度百千億億万衆皆得阿羅漢果諸漏
已盡三明六通自在无礙於第二會復度九
十千億億万衆皆得阿羅漢果諸漏已盡三
明六通自在无礙於第三會復度九十八千
億億万衆皆得阿羅漢果圓滿如上
善男子我於尒時作女人身名福寶光明於
第三會親近世尊受持讀誦是金光明經為
他廣說求阿耨多羅三藐三菩提故時彼世
尊為我授記此福寶光明女於未來世當得

BD05151號　金光明最勝王經卷三　（5–5）

是比丘言大德莫諫此比丘此比丘是法語比丘律語比
丘所說我等喜樂此比丘所說我等忍可彼比
丘作是說言此丘比是法語比丘律語比丘此
比丘所說我等喜樂此比丘所說我等忍可然此比丘
非法語比丘非律語比丘大德莫破壞和合僧汝等
當樂欲和合僧大德广與僧和合歡喜不諍同一
師學如水乳合於佛法中有增益安樂住是比丘
如是諫時堅持不捨彼比丘應三諫捨是事故乃至三
諫捨者善不捨者僧伽婆尸沙
若比丘依聚落若城邑住汙他家行惡行汙他家亦見
亦聞行惡行亦見亦聞諸比丘當語是比丘言大德
汙他家行惡行汙他家亦見亦聞行惡行亦見亦聞
大德汝汙他家行惡行今可遠此聚落去不須
住此是比丘語彼比丘言大德諸比丘有愛有恚有
怖有癡有如是同罪比丘有驅者有不驅者諸比
丘報言大德莫作是語言僧有愛有恚有怖有
癡有如是同罪比丘有驅者有不驅者而諸比丘不
愛不恚不怖不癡大德汙他家行惡行汙他家亦
見亦聞行惡行亦見亦聞是比丘如是諫時堅持不
捨彼比丘應三諫捨此事故乃至三諫捨者善不捨
者僧伽婆尸沙
若比丘惡性不受人語於戒法中諸比丘如法諫已自
身不受諫語言諸大德莫向我說若好若惡我亦
不向諸大德說若好若惡諸大德且止莫諫我彼

BD05152 號　四分律比丘戒本　（20–1）

愛不恚不怖不癡大德汙他家行惡行汙他家亦
見亦聞行惡行亦見亦聞是比丘如是諫時堅持不
捨彼比丘應三諫捨此事故乃至三諫捨者善不捨
者僧伽婆尸沙
若比丘惡性不受人語於戒法中諸比丘如法諫已自
身不受諫語言諸大德莫向我說若好若惡我亦
不向諸大德說若好若惡諸大德且止莫諫我彼
比丘諫是比丘言大德莫自身不受諫語大德自身當
受諫語大德如法諫諸比丘諸比丘亦如法諫大德
如是佛弟子衆得增益展轉相諫展轉相教展
轉懺悔是比丘如是諫時堅持不捨彼比丘應三諫
捨是事故乃至三諫捨者善不捨者僧伽婆尸沙
諸大德我已說十三僧伽婆尸沙法九初犯四乃至三諫
若比丘犯一一法知而覆藏應强與波利婆沙行波利
婆沙竟增上與六夜摩那埵行摩那埵已餘有出罪
法應二十僧中出是比丘罪若少一人不滿二十衆出是
比丘罪是比丘罪不得除諸比丘亦可呵此是時今問
諸大德是中清淨不　三說
諸大德是中清淨默然故是事如是持
諸大德是二不定法半月半月說戒經中來
若比丘共女人獨在屏處覆處鄣處可作婬處坐說
非法語有住信優婆私於三法中一一法說若波羅夷
若僧伽婆尸沙若波逸提是坐比丘自言我犯是罪於
三法中應一一治若波羅夷若僧伽婆尸沙若波逸提如
住信優婆私所說應如法治是比丘是名不定法
若比丘共女人在露現處不可作婬處坐說麁惡語
有住信優婆夷於二法中二法說若僧伽婆尸沙若
波逸提是坐比丘自言我犯是事於二法中應一一法治
若僧伽婆尸沙若波逸提如住信優婆夷所說應如法
治是比丘是名不定法

BD05152 號　四分律比丘戒本　（20–2）

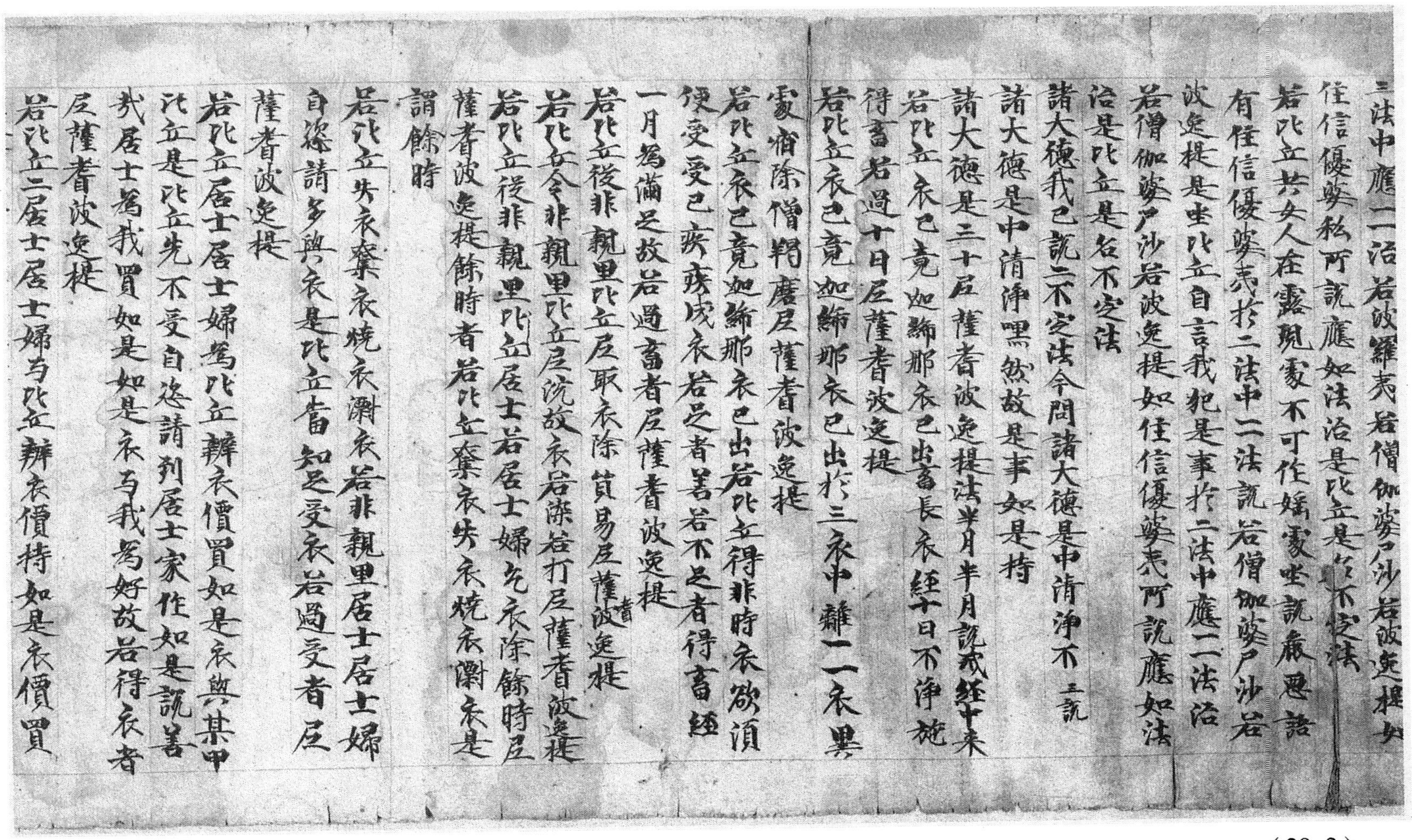

三法中應一一治若波羅夷若僧伽婆尸沙若波逸提如
住信優婆私所說應如法治是比丘是名不定法
若比丘共女人在露現處不可作婬處坐說麁惡語
有住信優婆夷於二法中一一法說若僧伽婆尸沙若
波逸提是坐比丘自言我犯是事於二法中應一一法治
若僧伽婆尸沙若波逸提如住信優婆夷所說應如法
治是比丘是名不定法
諸大德我已說二不定法今問諸大德是中清淨不 三說
諸大德是中清淨默然故是事如是持
諸大德是三十尼薩耆波逸提法半月半月說戒經中來
若比丘衣已竟迦絺那衣已出畜長衣經十日不淨施
得畜若過十日尼薩耆波逸提
若比丘衣已竟迦絺那衣已出於三衣中離一一衣異
處宿除僧羯磨尼薩耆波逸提
若比丘衣已竟迦絺那衣已出若比丘得非時衣欲須
便受受已疾疾成衣若足者善若不足者得畜經
一月為滿足故若過畜者尼薩耆波逸提
若比丘從非親里比丘尼取衣除貿易尼薩耆波逸提
若比丘令非親里比丘尼浣故衣若染若打尼薩耆波逸提
若比丘從非親里居士若居士婦乞衣除餘時尼
薩耆波逸提餘時者若比丘奪衣失衣燒衣漂衣是
謂餘時
若比丘失衣奪衣燒衣漂衣若非親里居士居士婦
自恣請多與衣是比丘當知足受衣若過受者尼
薩耆波逸提
若比丘居士居士婦為比丘辦衣價買如是衣與某甲
比丘是比丘先不受自恣請到居士家作如是說善
哉居士為我買如是如是衣與我為好故若得衣者
尼薩耆波逸提
若比丘二居士居士婦與比丘辦衣價持如是衣價買

BD05152號　四分律比丘戒本　（20–3）

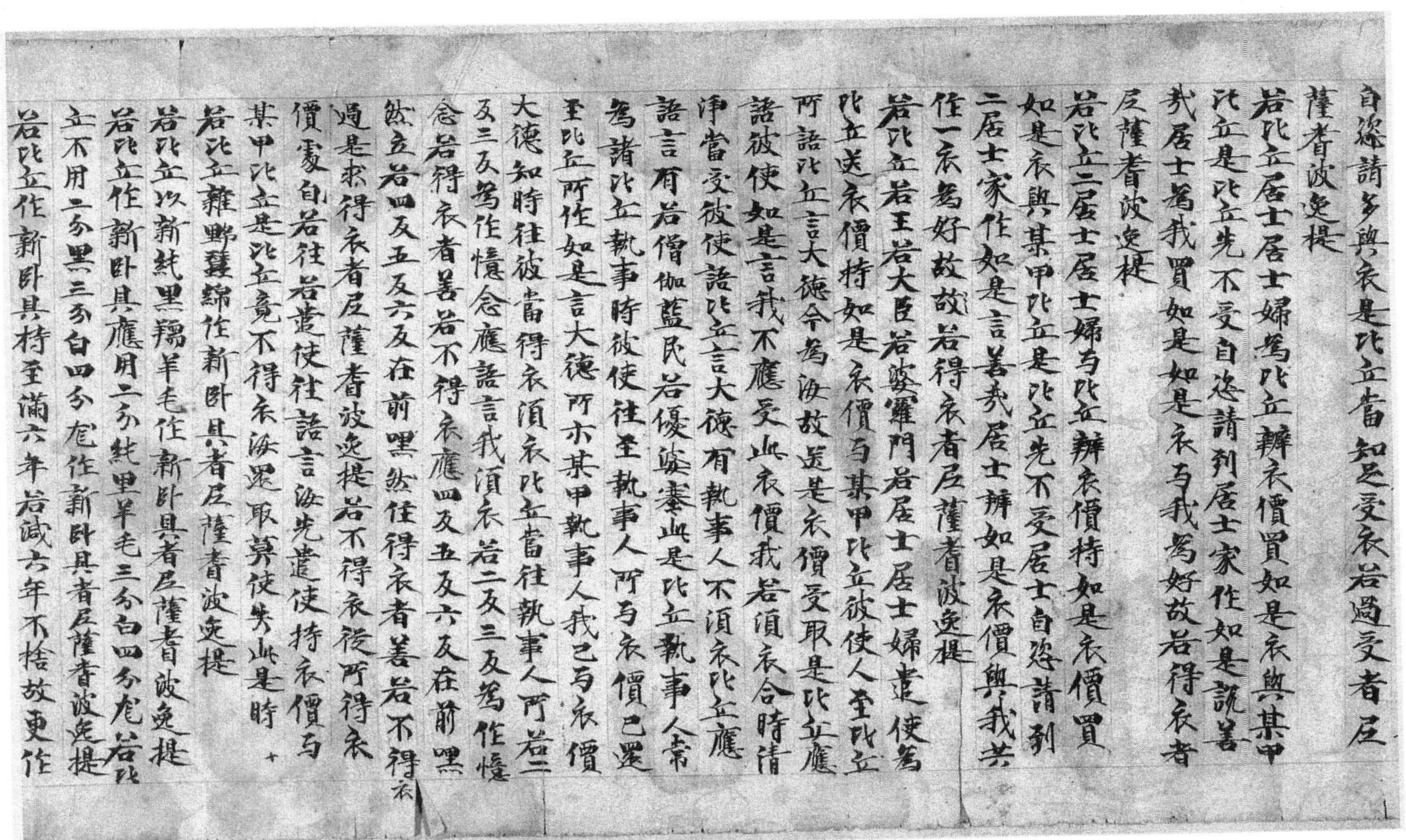

自恣請多與衣是比丘當知足受衣若過受者尼
薩耆波逸提
若比丘居士居士婦為比丘辦衣價買如是衣與某甲
比丘是比丘先不受自恣請到居士家作如是說善
哉居士為我買如是如是衣與我為好故若得衣者
尼薩耆波逸提
若比丘二居士居士婦與比丘辦衣價持如是衣價買
如是衣與某甲比丘是比丘先不受居士自恣請
二居士家作如是言善哉居士辦如是衣價與我共
作一衣為好故故若得衣者尼薩耆波逸提
若比丘若王若大臣若婆羅門若居士居士婦遣使為
比丘送衣價持如是衣價與某甲比丘彼使人至比丘
所語比丘言大德今為汝故送是衣價受取是比丘應
語彼使如是言我不應受此衣價我若須衣合時清
淨當受彼使語比丘言大德有執事人不須衣比丘應
語言有若僧伽藍民若優婆塞此是比丘執事人常
為諸比丘執事時彼使往至執事人所與衣價已還
至比丘所作如是言大德所示某甲執事人我已與衣價
大德知時往彼當得衣須衣比丘當往執事人所若二
反三反為作憶念應語言我須衣若二反三反為作憶
念若得衣者善若不得衣應四反五反六反在前默
然立若四反五反六反在前默然住得衣者善若不得衣
過是求得衣者尼薩耆波逸提若不得衣從所得衣
價處自若往若遣使往語言汝先遣使持衣價與
某甲比丘是比丘竟不得衣汝還取莫使失此是時
若比丘雜野蠶綿作新臥具者尼薩耆波逸提
若比丘以新純黑羺羊毛作新臥具者尼薩耆波逸提
若比丘作新臥具應用二分純黑羊毛三分白四分尨若比
丘不用二分黑三分白四分尨作新臥具者尼薩耆波逸提
若比丘作新臥具持至滿六年若減六年不捨故更作

BD05152號　四分律比丘戒本　（20–4）

價處自若往若遣使往語言汝先遣使持衣價与
某甲比丘是比丘竟不得衣汝還取莫使失此是時 十
若比丘雜野蠶綿作新臥具者尼薩耆波逸提
若比丘以新純黑羺羊毛作新臥具者尼薩耆波逸提
若比丘作新臥具應用二分純黑羊毛三分白四分尨若比
丘不用二分黑三分白四分尨作新臥具者尼薩耆波逸提
若比丘作新臥具持至滿六年若減六年不捨故更作
新者除僧羯磨尼薩耆波逸提
若比丘作新坐具當取故者縱廣一搩手帖著新者上
為壞色故若作新坐具不取故者縱廣一搩手帖著
新者上用壞色故尼薩耆波逸提
若比丘道路行得羊毛若無人持得自持乃至三由旬若
無人持自持過三由旬者尼薩耆波逸提
若比丘使非親里比丘尼浣染擘羊毛者尼薩耆波逸提
若比丘自手捉錢若金銀若教人捉若置地受者尼薩耆波逸提
若比丘種種賣買者尼薩耆波逸提
若比丘種種販賣者尼薩耆波逸提
若比丘畜長鉢不淨施得畜齊十日過者尼薩耆波逸提 廿
若比丘畜鉢減五綴不漏更求新鉢為好故尼薩耆波
逸提彼比丘應往僧中捨展轉取最下鉢與之令持乃至
破應持此是時
若比丘自乞縷線使非親里織師織作衣者尼薩耆波逸提
若比丘居士居士婦使織師為比丘織作衣彼比丘先不受
自恣請便往織師所語言此衣為我作与我極好織令
廣大堅緻我當少多與汝價是比丘與衣價乃至一食直
若得衣者尼薩耆波逸提
若比丘先与比丘衣後瞋恚故若自奪若教人奪取還我
衣來不与汝若比丘還衣彼取衣者尼薩耆波逸提
若比丘有病畜殘藥蘇油生蘇蜜石蜜齊七日得服若
過七日服者尼薩耆波逸提

BD05152 號　四分律比丘戒本　（20–5）

若比丘居士居士婦使織師為比丘織作衣彼比丘先不受
自恣請便往織師所語言此衣為我作与我極好織令
廣大堅緻我當少多與汝價是比丘與衣價乃至一食直
若得衣者尼薩耆波逸提
若比丘先与比丘衣後瞋恚故若自奪若教人奪取還我
衣來不与汝若比丘還衣彼取衣者尼薩耆波逸提
若比丘有病畜殘藥蘇油生蘇蜜石蜜齊七日得服若
過七日服者尼薩耆波逸提
若比丘春殘一月在當求雨浴衣半月應用浴若比丘過一月
前求雨浴衣過半月前用浴者尼薩耆波逸提
若比丘十日未滿夏三月諸比丘得急施衣比丘知是急施
衣當受受已乃至衣時應畜若過畜者尼薩耆波逸提
若比丘夏三月竟後迦提一月滿在阿蘭若有疑恐懼處住
比丘在如是住處三衣中欲留一一衣置村舍內諸比丘有
因緣離衣宿乃至六夜若過者尼薩耆波逸提
若比丘知是僧物自求入己者尼薩耆波逸提
諸大德我已說三十尼薩耆波逸提法今問諸大德是中清淨不
諸大德是中清淨默然故是事如是持
諸大德是九十波逸提法半月半月說戒經中來
若比丘知而妄語者波逸提
若比丘種類毀呰語者波逸提
若比丘兩舌語者波逸提
若比丘与婦女同室宿者波逸提
若比丘与未受大戒人共宿過二宿至三宿者波逸提
若比丘未受大戒人同誦者波逸提
若比丘知他比丘有麤惡罪向未受大戒人說除僧羯磨波逸提
若比丘向未受大戒人說過人法言我見是我知是實者波逸提
若比丘与女人說法過五六語除有知男子波逸提 十
若比丘自手掘地若教人掘者波逸提
若比丘壞鬼神村者波逸提

BD05152 號　四分律比丘戒本　（20–6）

若比丘未受大戒人同誦者波逸提
若比丘知他比丘有麁惡罪向未受大戒人說除僧羯磨波逸提
若比丘向未受大戒人說過人法言我見是我知是實者波逸提
若比丘與女人說法過五六語除有知男子波逸提 十
若比丘自手掘地若教人掘者波逸提
若比丘壞鬼神村者波逸提
若比丘嫌罵知事者波逸提
若比丘妄作異語惱他者波逸提
若比丘取僧繩床木床若臥具坐蓐露地敷若教人敷捨
去不自舉不教人舉者波逸提
若比丘於僧房中敷僧臥具若自敷若教人敷若坐若
臥去時不自舉不教人舉者波逸提
若比丘知先比丘住處後來強於中間敷臥具止宿念言
彼若嫌迮者自當避我去作如是因緣非餘非威儀波逸提
若比丘瞋他比丘不喜僧房中若自牽出教人牽出波逸提
若比丘若僧房若重閣上脫脚繩床若木床若坐若臥波逸提
若比丘知水有虫若自澆泥若澆草若教人澆者波逸提
若比丘作大房舍戶扉窓牖及餘莊飾具指授覆苫齊
三節若過者波逸提 廿
若比丘僧不差教誡比丘尼者波逸提
若比丘為僧差教授比丘尼乃至日暮者波逸提
若比丘語諸比丘作如是語比丘為飲食故教授比丘尼者波逸提
若比丘與非親里比丘尼衣除貿易波逸提
若比丘與非親里比丘尼作衣者波逸提
若比丘與比丘尼在屏覆處坐者波逸提
若比丘與比丘尼共期同一道行乃至一村間除餘時波
逸提異時者與估客行時若疑畏怖時是謂異時
若比丘與比丘尼共期同乘一船若上水下水除直渡者波逸提
若比丘知比丘尼讚嘆教化因緣得食食除檀越先請
意者波逸提

BD05152號　四分律比丘戒本　（20–7）

若比丘與非親里比丘尼作衣者波逸提
若比丘與比丘尼在屏覆處坐者波逸提
若比丘與比丘尼共期同一道行乃至一村間除餘時波
逸提異時者與估客行時若疑畏怖時是謂異時
若比丘與比丘尼共期同乘一船若上水下水除直渡者波逸提
若比丘知比丘尼讚嘆教化因緣得食食除檀越先請
意者波逸提
若比丘與婦女共期同一道行乃至一村間波逸提 三十
若比丘施一食處無病比丘應受一食若過受者波逸提
若比丘展轉食除餘時波逸提餘時者病時施衣時是謂餘時
若比丘別眾食除餘時波逸提餘時者病時作衣時施
衣時道行時乘船時大眾集時沙門施食時此是時
若比丘至白衣家請比丘與餅麨飯若比丘欲須者當取二
三鉢受還至僧伽藍中應分與餘比丘食若比丘無病過兩
三鉢受持還僧伽藍中不分與餘比丘食者波逸提
若比丘足食竟或時受請不作餘食法而食者波逸提
若比丘知他比丘足食已若受請不作餘食法慇懃請與食
長老取是食以是因緣非餘欲使他犯者波逸提
若比丘非時受食食者波逸提
若比丘殘宿食而食者波逸提
若比丘不受食若藥著口中除水及楊枝波逸提
若比丘得好美飲食乳酪魚及肉若比丘如此美飲食
無病自為己索者波逸提 四十
若比丘外道男外道女自手與食者波逸提
若比丘先受請已前食後食行詣餘家不囑授餘比丘除
餘時波逸提餘時者病時作衣時施衣時是謂餘時
若比丘在食家中有寶強安坐者波逸提
若比丘食家中有寶在屏處坐者波逸提
若比丘獨與女人露地坐者波逸提
若比丘語餘比丘如是語大德共至聚落當與汝食彼比
丘竟不教與是比丘食語言汝去我與汝一處若坐若

BD05152號　四分律比丘戒本　（20–8）

若比丘先受請已前食後食行詣餘家不囑授餘比丘除
餘時波逸提餘時者病時作衣施衣時是謂餘時
若比丘在食家中有寶强安坐者波逸提
若比丘食家中有寶在屏處坐者波逸提
若比丘獨與女人露地坐者波逸提
若比丘語餘比丘如是語大德共至聚落當與汝食彼比
丘竟不教與是比丘食語言汝去我與汝一處若坐若
語不樂我獨坐獨語樂以此因緣非餘方便遣去者波逸提 卌六
若比丘請四月與藥無病比丘應受若過受除常請更請
分請盡形壽請波逸提
若比丘往觀軍陣除時因緣波逸提
若比丘有因緣聽至軍中二宿三宿過者波逸提
若比丘二宿三宿軍中住或時觀軍陣鬪戰若觀遊軍象
馬力勢者波逸提
若比丘飲酒者波逸
若比丘水中嬉戲者波逸提
若比丘以指相擊攊者波逸提
若比丘不受諫者波逸提
若比丘恐怖他比丘者波逸提
若比丘半月洗浴無病比丘應受不得過除餘時波逸提餘
時者熱時病時作時風時雨時道行時此是時
若比丘無病自為炙身故在露地然火若教人然火除時因緣
波逸提
若比丘藏他比丘衣鉢坐具針筒若自藏教人藏下至戲笑者
波逸提
若比丘與比丘比丘尼式叉摩那沙彌沙彌尼衣後不語主
還取著者波逸提
若比丘得新衣應三種壞色一一色中隨意壞若青若黑若
木蘭若比丘不以三種壞色若青若黑若木蘭著餘新
衣者波逸提 六十
若比丘故殺畜生命者波逸提
若比丘知水有蟲飲用者波逸提

BD05152 號　四分律比丘戒本　　（20–9）

若比丘與比丘比丘尼式叉摩那沙彌沙彌尼衣後不語主
還取著者波逸提
若比丘得新衣應三種壞色一一色中隨意壞若青若黑若
木蘭若比丘不以三種壞色若青若黑若木蘭著餘新
衣者波逸提 六十
若比丘故殺畜生命者波逸提
若比丘知水有蟲飲用者波逸提
若比丘故惱他比丘令須臾間不樂者波逸提
若比丘知他比丘犯麤惡罪覆藏者波逸提
若比丘年滿廿應受大戒若比丘知年不滿廿與受大戒此人
不得戒彼比丘可呵癡故波逸提
若比丘知諍事如法懺悔已後更發起者波逸提
若比丘知是賊伴結要共同道行乃至一村間者波逸提
若比丘作如是語我知佛所說法行婬欲非障道法彼比丘
諫此比丘言大德莫作是語莫謗世尊謗世尊者不善
世尊不作是語世尊無數方便說犯婬欲者是鄣道法
彼比丘諫此比丘時堅持不捨彼比丘乃至三諫捨此事故若
再三諫捨者善不捨者波逸提
若比丘知如是語人未作法如是邪見而不捨供給所須共同羯
磨止宿言語者波逸提
若比丘知沙彌作如是語我從佛聞法若行婬欲非鄣
道法彼比丘諫此沙彌如是言汝莫誹謗世尊謗世
尊者不善世尊不作是語沙彌世尊無數方便說婬
欲是鄣道法彼比丘諫此沙彌時堅持不捨彼比丘應乃
至再三呵諫令捨此事故乃至三諫而捨者善不捨者
彼比丘應語彼沙彌言汝自今已去不得言佛是我世
尊不得隨逐餘比丘如諸沙彌得與比丘二三宿汝今
無是事汝出去滅去不應住此若比丘知是衆中被
擯沙彌而誘將畜養共止宿者波逸提 七十
若比丘餘比丘如法諫時作如是語我今不學此戒當

BD05152 號　四分律比丘戒本　　（20–10）

至再三可諫令捨此事故乃至三諫而捨者善不捨者
波比丘應語彼沙弥言汝自今已去不得言佛是我世
尊不得隨逐餘比丘如諸沙弥得与比丘二三宿汝今
无是事汝出去滅去不應住此若比丘知是衆中被
擯沙弥而誘將畜養共止宿者波逸提　七十
若比丘餘比丘如法諫時作如是語我今不學此戒當
難問餘智慧持律比丘者波逸提若為知為學故應難
問　若比丘說戒時作如是語大德何用說此雜碎戒為
說是戒時令人惱愧懷疑輕可戒故波逸提
若比丘說戒時作如是語我今始知此法戒經所載半月
半月說戒經中來餘比丘知是比丘若二若三說戒中坐
何況多彼比丘无知无解若犯罪應如法治更重增
无知罪語言長老汝无利不善得汝說戒時不用心
念不一心兩耳聽法彼无知故波逸提
若比丘共同羯磨已後作如是語諸比丘隨親厚以衆僧
物与者波逸提
若比丘衆僧斷事未竟不与欲而起去者波逸提
若比丘與欲已後悔者波逸提
若比丘共比丘鬪諍已聽此語向彼說者波逸提
若比丘瞋恚故不喜打比丘者波逸提
若比丘瞋恚不喜以手搏比丘者波逸提
若比丘瞋恚故以无根僧伽婆尸沙謗者波逸提　八十
若比丘剎利水澆頭王種王未出未藏寶而入若過宮
門閾者波逸提
若比丘寶及寶莊飾具若自捉教人捉除僧伽藍中
及寄宿處波逸提若以寶莊飾若自捉教人捉當作
如是意若有主識者當取作如是因緣非餘
若比丘非時入聚落不囑餘比丘者波逸提
若比丘作繩床木床足應高如來八指除入梐孔上截竟
若過者波逸提

BD05152號　四分律比丘戒本　（20–11）

門閾者波逸提
若比丘寶及寶莊飾具若自捉教人捉除僧伽藍中
及寄宿處波逸提若以寶莊飾若自捉教人捉當作
如是意若有主識者當取作如是因緣非餘
若比丘非時入聚落不囑餘比丘者波逸提
若比丘作繩床木床足應高如來八指除入梐孔上截竟
若過者波逸提
若比丘作兜羅綿貯繩床木床大小褥成者波逸提
若比丘作骨牙角鍼筒刳刮成者波逸提
若比丘作尼師檀當應量作是中量者長佛二搩手
廣一搩手半更增廣長各半搩手若過截竟波逸提
若比丘作覆瘡衣當應量作是中量者長佛四搩手廣
二搩手截竟過者波逸提
若比丘作雨浴衣當應量作是中量者長佛六搩手廣
二搩手半截竟過者波逸提
若比丘與如來等量作衣或過量作者波逸提
是中如來衣量者長佛十搩手廣六搩手是謂如來衣量
諸大德我已說九十波逸提法今問諸大德是中清淨不　三說
諸大德是中清淨默然故是事如是持
諸大德是四波羅提提舍尼法半月半月說戒經中來
若比丘入村中從非親里比丘尼若无病自手取食食
者是比丘應向餘比丘悔過言大德我犯可呵法所不
應為我今向大德悔過是法名悔過法
若比丘至白衣家內食是中有比丘尼指示與某甲羹
与某甲飯比丘應語彼比丘尼如是言大姊且止須比
丘食竟者是比丘應向餘比丘悔過言大德我犯可
呵法所不應為我今向大德悔過是法名悔過法
若比丘先作學家羯磨若比丘於如是學家先不
請无病自手受食食者是比丘應向餘比丘悔過言
大德我犯可呵法所不應為我今向大德悔過是法名悔過

BD05152號　四分律比丘戒本　（20–12）

与某甲飯比丘應語彼比丘尼如是言大姊且止須比
丘食竟者是比丘應向餘比丘悔過言大德我犯可
呵法所不應為我今向大德悔過是法名悔過法
若比丘先作學家羯磨若比丘於如是學家先不
請无病自手受食食者是比丘應向餘比丘悔過言
大德我犯可呵法所不應為我今向大德悔是法名悔過
法
若比丘在阿蘭若迥遠有疑恐怖處若比丘在
如是阿蘭若處住先不語檀越若僧伽藍外不受食
在僧伽藍内无病自手受食食者應向餘比丘悔過
言大德我犯可呵法所不應為我今向大德悔過是
法名悔過法
諸大德我已說四波羅提提舍尼法今問諸大德是中
清淨不 三說
諸大德是中清淨默然故是事如是持
諸大德是眾學戒法半月半月說戒經中來
當齊整著涅槃僧 應 當學
當齊整著 三衣 應當學
不得反抄衣行入白衣舍應當學
不得反抄衣行入白衣舍坐應當學
不得衣纏頸入白衣舍 應 當 學
不得衣纏頸入白衣舍坐應當學
不得覆頭入白衣舍 應 當 學
不得覆頭入白衣舍坐應當學
不得跳行入白衣舍應當 學
不得跳行入白衣舍坐 應當學 十
不得白衣舍内蹲坐應 當學
不得叉腰行入白衣舍應 當 學
不得叉腰行入白衣舍坐應當學
不得搖身行入白衣舍應當學
不得搖身行入白衣舍坐應當學

BD05152號　四分律比丘戒本　（20–13）

不得跳行入白衣舍應當 學
不得跳行入白衣舍坐 應當學 十
不得白衣舍内蹲坐應 當學
不得叉腰行入白衣舍應 當 學
不得叉腰行入白衣舍坐應當學
不得搖身行入白衣舍應當學
不得搖身行入白衣舍坐應當學
不得掉臂行入白衣舍應當 學
不得掉臂行入白衣舍坐應當學
好覆身入白衣舍 應 當 學
好覆身入白衣舍坐應當 學
不得左右顧視行入白衣舍應當學 廿
不得左右顧視行入白衣坐舍 應當學
靜默入白衣舍 應 當 學
靜默入白衣舍坐應 當 學
不得戲笑行入白衣舍應當 學
不得戲笑行入白衣舍坐應當學
用意受食 應 當 學
平鉢受食 應 當 學
平鉢受羹 應 當 學
羹飯等食 應 當 學
以次食 應 當 學 卅
不得挑鉢中而食當 應 學
若比丘无病不得自為己索羹飯應當學
不得以飯覆羹更望得應 當 學
不得視比坐鉢中食應當 學
當繫鉢想食應 當 學
不得大摶飯食應當 學
不得大張口待食應當 學
不得含飯語應 當 學

BD05152號　四分律比丘戒本　（20–14）

[illegible]
不得以飯覆羹更望得應當學
不得視比坐鉢中食應當學
當繫鉢想食應當學
不得大摶飯食應當學
不得大張口待食應當學
不得含飯語應當學
不得摶飯遙擲口中應當學
不得遺落飯食應當學　四十
不得頰食食應當學
不得嚼飯作聲食應當學
不得大噏飯食應當學
不得舌舐食應當學
不得振手食應當學
不得手把散飯食應當學
不得汙手捉飯器應當學
不得洗鉢水棄白衣舍內應當學
不得生草菜上大小便涕唾除病應當學
不得淨水中大小便涕唾除病應當學　五十
不得立大小便除病應當學
不得与反抄衣不恭敬人說法除病應當學
不得為衣纏頸者說法除病應當學
不得為覆頭者說法除病應當學
不得為裹頭者說法除病應當學
不得為叉腰者說法除病應當學
不得為著草屣者說法除病應當學
不得為著木屐者說法除病應當學
不得為騎乘者說法除病應當學
不得在佛塔中宿除為守護故應當學　六十
不得藏財物置佛塔中除為堅牢故應當學
[illegible]

BD05152號　四分律比丘戒本　　（20–15）

不得為叉腰者說法除病應當學
不得為著草屣者說法除病應當學
不得為著木屐者說法除病應當學
不得為騎乘者說法除病應當學
不得在佛塔中宿除為守護故應當學　六十
不得藏財物置佛塔中除為堅牢故應當學
不得著革屣入佛塔中應當學
不得手捉革屣入佛塔中應當學
不得著革屣遶佛塔行應當學
不得著富羅入佛塔中應當學
不得手捉富羅入佛塔中應當學
不得塔下坐食留草及食汙地應當學
不得擔死屍從佛塔下過應當學
不得佛塔下埋死屍應當學
不得佛塔下燒死屍應當學　七十
不得向佛塔燒死屍應當學
不得佛塔四邊燒死屍使臭氣來入應當學
不得持死人衣及床從塔下過除浣染香熏應當學
不得佛塔下大小便應當學
不得向佛塔大小便應當學
不得遶佛塔四邊大小便使臭氣來入應當學
不得持佛像至大小便處應當學
不得在佛塔下嚼楊枝應當學
不得向佛塔嚼楊枝應當學
不得佛塔四邊嚼楊枝應當學　八十
不得在佛塔下涕唾應當學
不得向佛塔涕唾應當學
不得佛塔四邊涕唾應當學
不得向佛塔舒腳坐應當學
不得安佛塔在下房已在上房住應當學

BD05152號　四分律比丘戒本　　（20–16）

不得佛塔四邊嚼楊枝應當學
不得在佛塔下涕唾應當學
不得向佛塔涕唾應當學 八十
不得佛塔四邊涕唾應當學
不得向佛塔舒脚坐應當學
不得安佛塔在下房已在上房住應當學
人坐已立不得為說法除病應當學
人卧已坐不得為說法除病應當學
人在座已在非座不得為說法除病應當學
人在高座已在下座不得為說法除病應當學
人在前行已在後行不得為說法除病應當學 九十
人在高經行處已在下經行處不應為說法除病應當學
人在道已在非道不應為說法除病應當學
不得攜手在道行應當學
不得上樹過人除時因緣應當學
不得絡囊盛鉢貫杖頭著肩上而行應當學
人持杖不恭敬不應為說法除病應當學
人持劍不應為說法除病應當學
人持鉾不應為說法除病應當學
人持刀不應為說法除病應當學
人持蓋不應為說法除病應當學 百
諸大德我已說眾學戒法今問諸大德是中清
淨不 三說
諸大德是中清淨默然故是事如是持
諸大德是七滅諍法半月半月說戒經中來
若比丘有諍事起即應除滅
應與現前毗尼 當與現前毗尼
應與憶念毗尼 當與憶念毗尼
應與不癡毗尼 當與不癡毗尼
應與自言治 當與自言治

BD05152 號　四分律比丘戒本　(20–17)

諸大德是七滅諍法半月半月說戒經中來
若比丘有諍事起即應除滅
應與現前毗尼 當與現前毗尼
應與憶念毗尼 當與憶念毗尼
應與不癡毗尼 當與不癡毗尼
應與自言治 當與自言治
應與覓罪相 當與覓罪相
應與多人語 當與多人語
應與如草覆地 當與如草覆地
諸大德我已說七滅諍法今問諸大德是中
清淨不 三說
諸大德是中清淨默然故是事如是持
諸大德我已說戒經序已說四波羅夷法已
說十三僧伽婆尸沙法已說二不定法已說
卅尼薩耆波逸提法已說九十波逸提法
已說四波羅提提舍尼法已說眾學戒法已說
七滅諍法此是佛所說戒經半月半月戒
經中說若更有餘佛法是中皆共和合應
當學
忍辱第一道 佛說无為最 出家惱他人 不名為沙門
此是毗婆尸如來无所著等正覺說是戒經
譬如明眼人 能避嶮惡道 世有聰明人 能遠離諸惡
此是尸棄如來无所著等正覺說是戒經
不謗亦不嫉 當奉行於戒 飲食知止足 常樂在空閑
心定樂精進 是名諸佛教
此是毗葉羅如來无所著等正覺說是戒經
譬如蜂採花 不壞色與香 但取其味去 比丘入聚然
不違戾他事 不觀作不作 但自觀身行 若正若不正
此是拘留孫如來无所著等正覺說是戒經
心莫作放逸 聖法當勤學 如是无憂愁 心定入涅槃
此是拘那含

BD05152 號　四分律比丘戒本　(20–18)

譬如明眼人 能避嶮惡道 世有聰明人 能遠離諸惡
此是尸棄如來无所著等正覺說是戒經
不謗亦不嫉 當奉行於戒 飲食知止足 常樂在空閑
心定樂精進 是名諸佛教
此是毗葉羅如來无所著等正覺說是戒經
譬如蜂採花 不壞色与香 但取其味去 比丘入聚然
不違戾他事 不觀作不作 但自觀身行 若正若不正
此是拘留孫如來无所著等正覺說是戒經
心莫作放逸 聖法當勤學 如是无愁憂 心定入涅槃
此是拘那含牟尼如來无所著等正覺說是戒經
一切惡莫作 當奉行諸善 自淨其志意 是則諸佛教
此是迦葉如來无所著等正覺說是戒經
善護於口言 自淨其志意 身莫作諸惡 此三業道淨
能得如是行 是大仙人道
此是釋迦牟尼如來无所著等正覺於十二年中為
无事僧說是戒經 從是已後廣分別說 諸比丘自
為樂法樂沙門者 有慚有愧樂學戒者 當
於中學
明人能護戒 能得三種樂 名譽及利養 死得生天上
當觀如是處 有智勤護戒 戒淨有智慧 便得第一道
如過去諸佛 及以未來者 現在諸世尊 能勝一切憂
皆共尊敬戒 此是諸佛法 若有自為身 欲求於仏道
當尊重正法 此是諸佛教 七佛為世尊 滅除諸結使
說是七戒經 諸縛得解脫 已入於涅槃 諸戲永滅盡
尊行大仙說 聖賢稱譽戒 弟子之所行 入寂滅涅槃
世尊涅槃時 興起於大悲 集諸比丘眾 与如是教誡
莫謂我涅槃 淨行者无護 我今說戒經 亦善說毗尼
我雖般涅槃 當視如世尊 此經久住世 佛法得熾盛
以是熾盛故 得入於涅槃 若不持此戒 如所應布薩
喻如日沒時 世界皆闇冥 當護持此戒 如犛牛愛尾

BD05152號 四分律比丘戒本 （20–19）

无事僧說是戒經 從是已後廣分別說 諸比丘自
為樂法樂沙門者 有慚有愧樂學戒者 當
於中學
明人能護戒 能得三種樂 名譽及利養 死得生天上
當觀如是處 有智勤護戒 戒淨有智慧 便得第一道
如過去諸佛 及以未來者 現在諸世尊 能勝一切憂
皆共尊敬戒 此是諸佛法 若有自為身 欲求於仏道
當尊重正法 此是諸佛教 七佛為世尊 滅除諸結使
說是七戒經 諸縛得解脫 已入於涅槃 諸戲永滅盡
尊行大仙說 聖賢稱譽戒 弟子之所行 入寂滅涅槃
世尊涅槃時 興起於大悲 集諸比丘眾 与如是教誡
莫謂我涅槃 淨行者无護 我今說戒經 亦善說毗尼
我雖般涅槃 當視如世尊 此經久住世 佛法得熾盛
以是熾盛故 得入於涅槃 若不持此戒 如所應布薩
喻如日沒時 世界皆闇冥 當護持此戒 如犛牛愛尾
和合一處坐 如佛之所說 我已說戒經 眾僧布薩竟
我今說戒經 所說諸功德 施一切眾生 皆共成仏道
四分戒本

BD05152號 四分律比丘戒本 （20–20）

BD05152 號背 1　文選·魏都賦　（3–1）

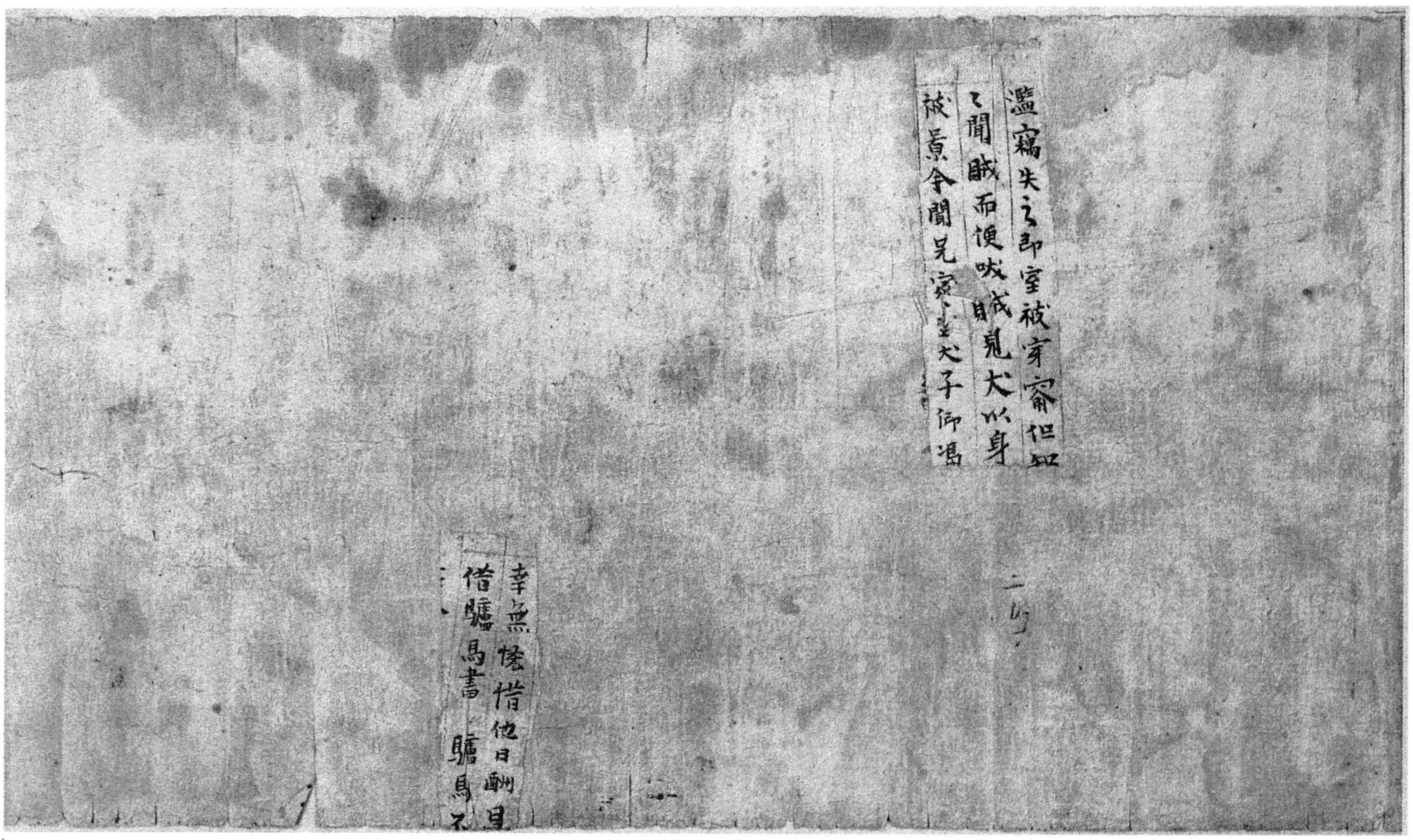

BD05152 號背 2　朋友書儀（擬）　（3–2）

BD05152 號背 2　朋友書儀（擬）　　（3–3）

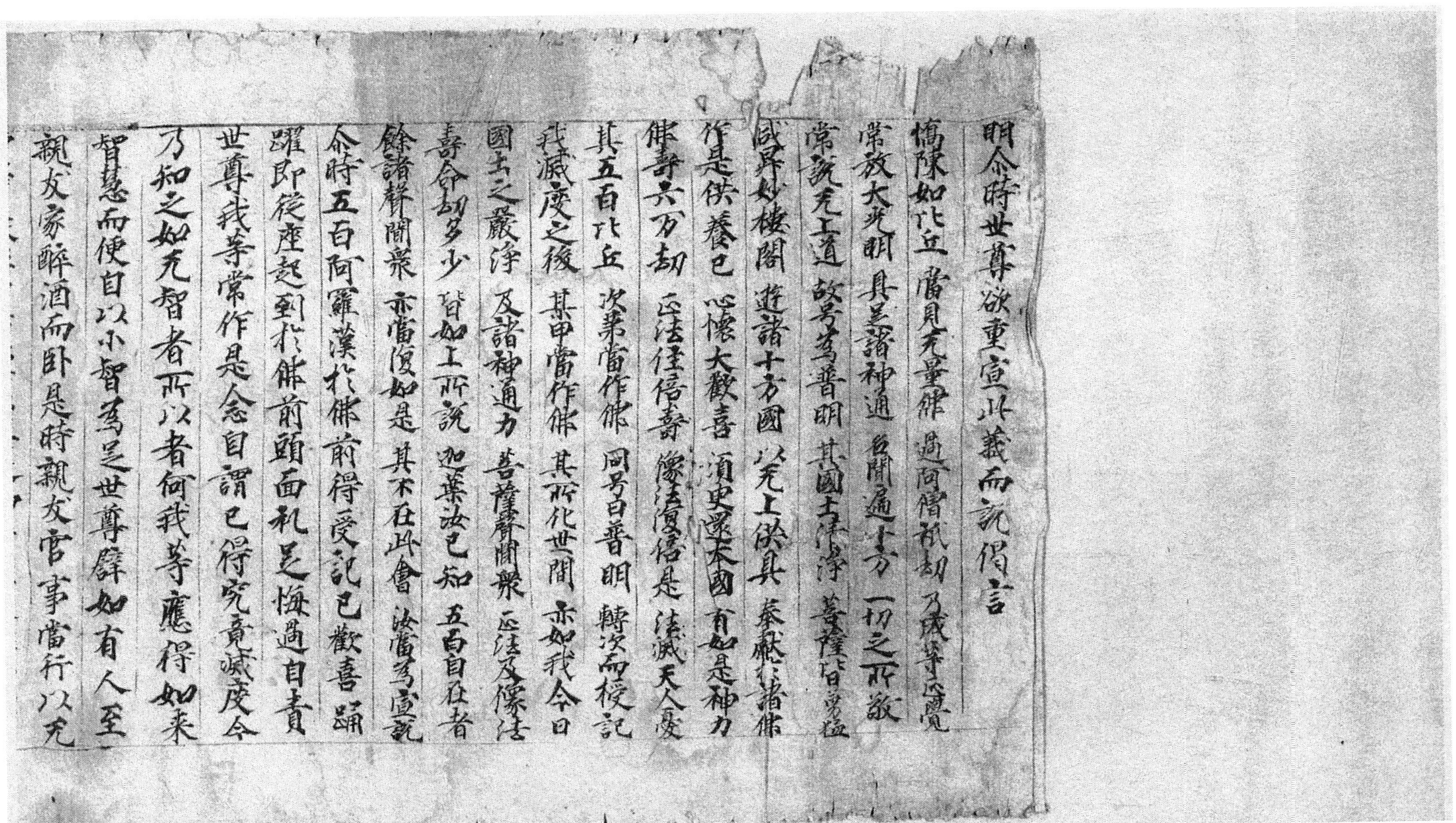

BD05153 號　妙法蓮華經卷四　　（2–1）

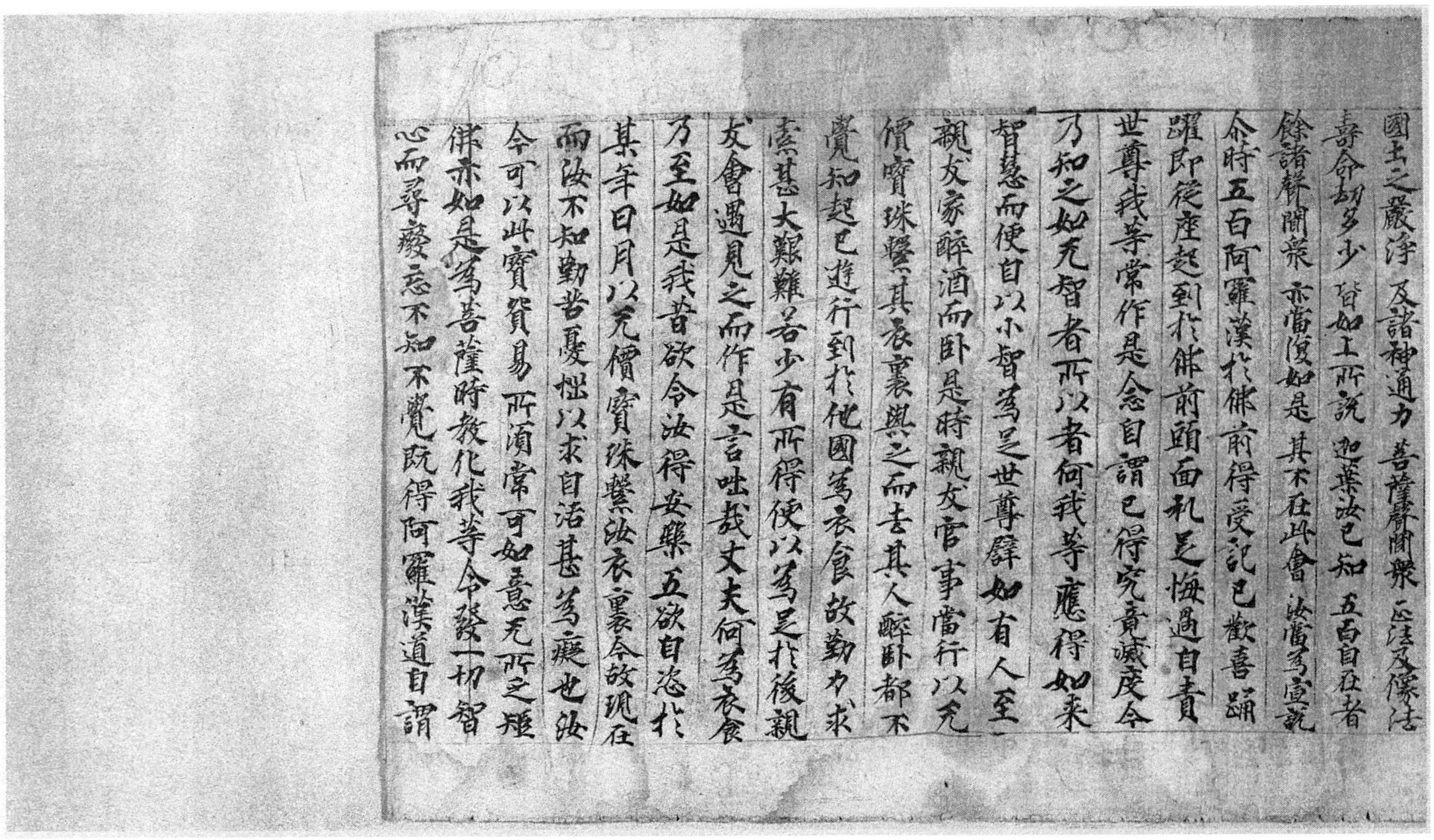

國土之嚴淨　及諸神通力　菩薩聲聞衆　正法及像法
壽命劫多少　皆如上所說　迦葉汝已知　五百自在者
餘諸聲聞衆　亦當復如是　其不在此會　汝當為宣說
尒時五百阿羅漢於佛前得受記已歡喜踊
躍即從座起到於佛前頭面礼足悔過自責
世尊我等常作是念自謂已得究竟滅度今
乃知之如无智者所以者何我等應得如来
智慧而便自以小智為足世尊譬如有人至
親友家醉酒而卧是時親友官事當行以无
價寶珠繫其衣裏與之而去其人醉卧都不
覺知起已遊行到於他國為衣食故勤力求
索甚大艱難若少有所得便以為足於後親
友會遇見之而作是言咄哉丈夫何為衣食
乃至如是我昔欲令汝得安樂五欲自恣於
某年日月以无價寶珠繫汝衣裏今故現在
而汝不知勤苦憂惱以求自活甚為癡也汝
今可以此寶貿易所須常可如意无所乏短
佛亦如是為菩薩時教化我等令發一切智
心而尋廢忘不知不覺既得阿羅漢道自謂

BD05153 號　妙法蓮華經卷四　（2–2）

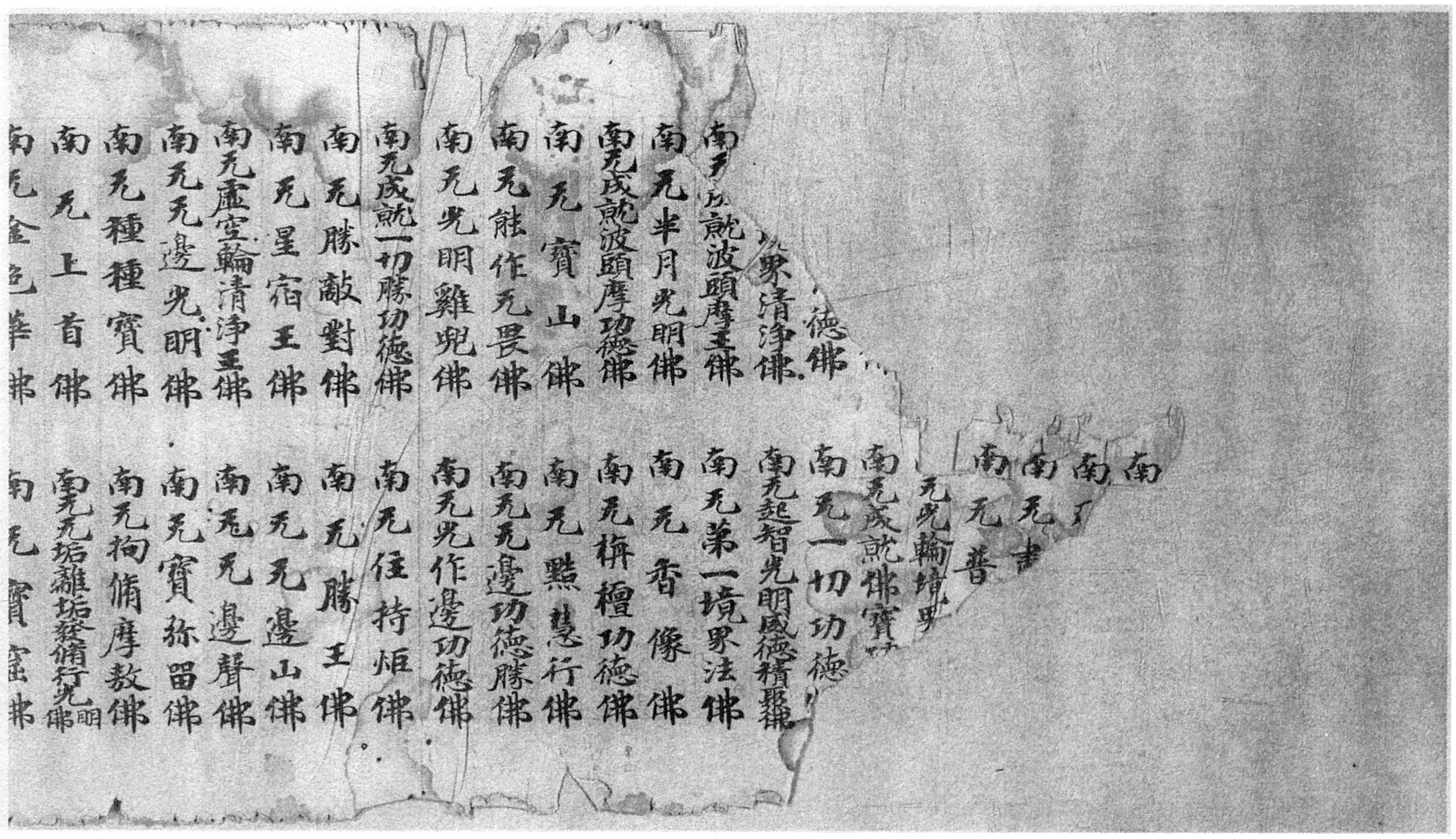

南
南无
南无書
南无普
无光輪增界
南无成就佛寶
德佛　南无一切功德
界清淨佛　南无起智光明威德積聚
南无成就波頭摩王佛　南无第一境界法佛
南无半月光明佛　南无香像佛
南无成就波頭摩功德佛　南无栴檀功德佛
南无寶山佛　南无黠慧行佛
南无能作无畏佛　南无无邊功德勝佛
南无光明雞兜佛　南无光作邊功德佛
南无成就一切勝功德佛　南无住持炬佛
南无勝敵對佛　南无勝王佛
南无星宿王佛　南无无邊山佛
南无虛空輪清淨王佛　南无无邊聲佛
南无无邊光明佛　南无寶弥留佛
南无種種寶佛　南无拘脩摩數佛
南无上首佛　南无无垢離垢發脩行光明佛
南无金色華佛　南无寶蓋佛

BD05154 號　佛名經（十六卷本）卷一五　（28–1）

南无星宿王佛 南无无邊山佛
南无盧空輪清淨王佛 南无无邊聲佛
南无无邊光明佛 南无寶弥留佛
南无種種寶佛 南无拘脩摩教佛
南无上首佛 南无无垢離垢發脩行光明佛
南无金色華佛 南无寶窟佛
南无種種華成就佛 南无放光明佛
南无成就華佛 南无華蓋佛
南无不空發脩行佛 南无勝力王佛
南无淨聲王佛 南无无邊上王佛
南无无障眼佛 南无破諸趣佛
南无離疑佛 南无无相聲佛
南无畢竟成就无邊功德佛 南无寶成就勝佛
南无波頭摩得勝功德佛 南无寶妙佛
南无三世无㝵發脩行佛 南无无邊照佛
南无寶弥留佛 南无然燈勝王佛
南无成就智德佛 南无炬然燈佛
南无无上光明佛 南无功德王光明佛
南无米沙佛 南无梵聲佛
從此以上一万一千五百佛十二部經一切賢聖
南无功德輪佛 南无十方燈佛
南无佛華成就德佛 南无婆羅自在王佛
南无華鬚佛 南无藥王佛
南无見種種佛 南无寶積佛
南无最上佛 南无賢勝佛
南无香妙佛 南无香勝雞兜佛

BD05154 號　佛名經（十六卷本）卷一五　（28–2）

南无佛華成就德佛 南无婆羅自在王佛
南无華鬚佛 南无寶積佛
南无見種種佛 南无藥王佛
南无最上佛 南无賢勝佛
南无香妙佛 南无香勝雞兜佛
南无旃檀屋佛 南无香雞兜佛
南无无邊精進佛 南无過十光佛
南无佛波頭摩妙佛 南无无邊境界佛
南无驚怖波頭摩成就勝王佛 南无寶羅網佛
南无善住王佛 南无最勝香王佛
南无能與一切樂佛 南无能現一切念佛
南无不空名稱佛 南无寶光明佛
南无安隱與一切衆生樂佛 南无无邊盧空莊嚴勝佛
南无善莊嚴佛 南无盧空雞兜佛
南无普華成就勝佛 南无可樂勝佛
南无多寶佛 南无聲相佛
南无无邊境界來佛 南无淨眼佛
南无高佛 南无不可降伏幢佛
南无可諂佛 南无无邊无際諸山佛
南无月輪莊嚴王佛 南无最勝弥留佛
南无樂成就德佛 南无清淨諸弥留佛
南无安樂德佛 南无梵德佛
南无无㝵目佛 南无作无邊功德佛
南无善思惟成就顏佛 南无清淨輪王佛
南无智高佛 南无勇猛仙佛
南无智積佛 南无作方佛
南无能忍佛 南无離諸有佛

BD05154 號　佛名經（十六卷本）卷一五　（28–3）

南无无导目佛　南无作无邊功德佛
南无善思惟成就願佛　南无清淨輪王佛
南无智高佛　南无勇猛仙佛
南无智積佛　南无作方佛
南无能忍佛　南无離諸有佛
南无智護佛　南无妙功德佛
南无隨衆生心現境界佛　南无鏡佛
南无无邊寶佛　南无離一切受境界无畏佛
南无无导寶光明佛　南无无导照佛
南无念一切佛境界佛　南无能現一切佛像佛
南无无相體佛　南无化聲佛
南无化聲善聲佛　南无寶成就勝功德佛
南无海弥留佛　南无无垢意佛
南无智華成就佛　南无高威德山佛
南无寂佛　南无離恨佛
南无斷一切諸導佛　南无成就不可量功德佛
南无樂成就勝境界佛　南无求无畏香佛
南无无障导香光明佛　南无雲妙鼓聲佛
南无須弥山堅佛　南无勝香須弥佛
南无无邊光佛　南无普見佛
南无得无畏佛　南无月燈佛
南无火燈佛　南无勢燈佛
南无高脩佛　南无金剛生佛
南无智自在王佛　南无智力稱佛
南无无畏上佛　南无功德王佛
南无波婆娑佛　南无善眼佛
南无妙莊嚴佛　南无寶蓋佛

BD05154 號　佛名經（十六卷本）卷一五　（28–4）

南无得无畏佛　南无月燈佛
南无火燈佛　南无勢燈佛
南无高脩佛　南无金剛生佛
南无智自在王佛　南无智力稱佛
南无无畏上佛　南无功德王佛
南无波婆娑佛　南无善眼佛
南无妙莊嚴佛　南无寶蓋佛
從此以上一万一千六百佛十二部經一切賢聖
南无香為佛　南无无邊境界不空稱佛
南无不可思議功德王光明佛　南无種種華佛
南无无畏王佛　南无常歌香佛
南无妙藥樹王佛　南无常求安樂佛
南无无邊意行佛　南无无邊境界佛
南无无邊光佛　南无无邊日佛
南无无邊虛空境界佛
南无聲色境界佛　南无香上勝佛
南无虛空勝佛　南无勝功德佛
南无現諸方佛　南无妙弥留佛
南无无障眼佛　南无沙伽羅佛
南无庭燎佛　南无然難兜佛
南无无垢月威德光佛　南无智山佛
南无稱力王佛　南无功德王光明佛
南无智見佛　南无波頭勝成就佛
南无寶火佛　南无寶蓮華勝佛
南无斷諸疑佛　南无領勝衆佛
南无難兜王佛　南无華勝佛
南无放光明佛　南无照波頭摩光明佛

BD05154 號　佛名經（十六卷本）卷一五　（28–5）

南无智見佛　南无波頭勝成就佛
南无寶火佛　南无寶蓮華勝佛
南无斷諸疑佛　南无領勝衆佛
南无雞兜王佛　南无華勝佛
南无放光明佛　南无照波頭摩光明佛
南无方王法雞兜佛　南无无邊步佛
南无娑伽羅山佛　南无阿荷見佛
南无无障㝵吼聲佛　南无无邊功德稱光明佛
南无世間涅槃光无差別循行佛　南无无邊照佛
南无善眼佛　南无一蓋藏佛
南无放光明佛　南无過去未來現在發循行佛
南无无邊華佛　南无无邊淨佛
南无无邊光佛　南无无邊照佛
南无无邊明佛　南无妙明佛
南无无邊境界佛　南无无邊步佛
南无等蓋行佛　南无寶蓋佛
南无星宿王佛　南无蓋星宿佛
南无光明輪佛　南无光明王佛
南无勝光明功德佛　南无不可量光佛
南无勝佛　南无不可量境界步佛
南无无㝵聲吼佛　南无大雲光佛
南无闍梨尼山佛　南无佛華光明佛
南无波頭摩勝華山王佛　南无星宿上首佛
南无放光明佛　南无三周單那堅佛
南无不空見佛　南无頂勝功德佛
南无波頭頂勝功德佛　南无无癡佛

BD05154號　佛名經（十六卷本）卷一五　（28–6）

南无闍梨尼山佛　南无佛華光明佛
南无波頭摩勝華山王佛　南无星宿上首佛
南无放光明佛　南无三周單那堅佛
南无不空見佛　南无頂勝功德佛
南无波頭頂勝功德佛　南无无癡佛
南无能度佛　南无无迷步佛
南无離愚境界佛　南无无闇光明佛
南无无邊精進佛　南无娑羅自在王佛
南无寶娑羅佛　南无一蓋佛
南无蓋莊嚴佛　南无寶衆佛
南无旃衆香佛　南无旃檀屋佛
南无无邊光明佛　南无光輪佛
南无山莊嚴佛　南无无障㝵眼佛
南无善眼佛　南无寶成佛
從此以上一万一千七百佛十二部經一切賢聖
南无一切功德勝佛　南无成就佛華功德佛
南无善住意佛　南无无邊方便佛
南无不空功德佛　南无寶勢佛
南无无邊循行佛　南无嚴无邊功德佛
南无虛空輪光佛　南无无相聲佛
南无藥王佛　南无不怯弱佛
南无離諸畏毛堅佛　南无功德王光明佛
南无觀智起華佛　南无虛空家佛
南无虛空聲佛　南无虛空莊嚴佛
南无大眼佛　南无勝功德佛
南无成佛　南无佛波頭摩德佛
南无成功德佛　南无師子勝佛

BD05154號　佛名經（十六卷本）卷一五　（28–7）

南无離諸畏毛竪佛　南无功德王光明佛
南无觀智起華佛　南无虛空家佛
南无虛空聲佛　南无虛空莊嚴佛
南无大眼佛　南无勝功德佛
南无成佛　南无佛波頭摩德佛
南无成功德佛　南无師子勝佛
南无成就義佛　南无師子護佛
南无善住王佛　南无梵山佛
南无淨目佛　南无不空跡步佛
南无香爲佛　南无香德佛
南无香弥留佛　南无无邊眼佛
南无財屋佛　南无香山佛
南无寶師子佛　南无堅固衆生佛
南无妙勝住王佛　南无无邊境界勝王佛
南无勝精進王佛　南无无疑佛
南无善星宿王佛　南无然燈佛
南无能作光明佛　南无光明山佛
南无光明輪佛　南无妙蓋佛
南无香蓋佛　南无寶蓋佛
南无香去蓋佛　南无旃檀勝佛
南无須弥山積聚佛　南无種種寶光明佛
南无堅固自在王佛　南无淨勝佛
南无淨眼佛　南无不弱佛
南无寶勝佛　南无施羅王佛
南无發脩行轉女根佛　南无无邊脩行佛
南无寂妙光佛　南无闍梨尼光明山佛
南无因王佛　南无梵勝佛

南无須弥山積聚佛　南无種種寶光明佛
南无堅固自在王佛　南无淨勝佛
南无淨眼佛　南无不弱佛
南无寶勝佛　南无施羅王佛
南无發脩行轉女根佛　南无无邊脩行佛
南无寂妙光佛　南无闍梨尼光明山佛
南无因王佛　南无梵勝佛
南无稱身佛　南无華山佛
南无轉胎佛　南无轉難佛
南无斷諸念佛　南无發起諸念佛
南无常脩行佛　南无善住佛
南无一藏佛　南无一山佛
南无无邊身佛　南无无邊精進佛
南无光明輪佛　南无无邊功德王光佛
南无降伏一切諸怨佛　南无過一切魔境界佛
南无不可量華佛　南无不可量香佛
南无不可量聲佛　南无光明頂佛
南无光明勝佛　南无不離二佛

次礼十二部尊經大藏法輪

南无梵聲經　南无須陁洹四功德經
南无持戒而人煞王經　南无蓮華女經
南无國王薩經　南无阿毗曇經
南无金剛蜜經　南无持世經
南无阿那律八念經　南无菩集經
南无迦羅越經　南无阿難問緣持戒經
從此以上一万一千八百佛十二部經一切賢聖
南无薩和達王經　南无阿難邠邸四時施經

南无金剛鬘經　南无持世經
南无阿那律八念經　南无菩集經
南无迦羅越經　南无阿難問緣持戒經
從此以上一万一千八百佛十二部經一切賢聖
南无薩和達王經　南无阿難邠邸四時施經
南无阿闍世王經　南无阿閦佛經
南无德光太子經　南无小阿闍經
南无阿陁三昧經　南无胞藏經
南无阿鳩鳩留經　南无漸備一切智經
次礼十方諸大菩薩
南无滅惡世界儀意菩薩　南无普樂世界華莊嚴菩薩
南无普樂世界大智菩薩　南无安樂世界青日光明菩薩
南无安樂世界師子吼身菩薩　南无蓮華樹世界寶首菩薩
南无安樂世界大勢至菩薩　南无炎氣世界法首菩薩
南无炎氣世界法英菩薩　南无妙樂世界香首菩薩
南无妙樂世界衆香首菩薩　南无照明世界師子意菩薩
南无照明世界師子菩薩　南无不眴世界導御菩薩
南无光曜世界寶場菩薩　南无樂御世界慧步菩薩
南无樂御世界慧見菩薩　南无光察世界雨王菩薩
南无光察世界法王菩薩　南无愛見世界退魔菩薩
南无愛見世界右魔王菩薩　南无照曜世界顯音執王菩薩
南无寶燈須弥山幢世界无上善妙德王菩薩
南无一切香集世界虛空藏菩薩
次礼聲聞緣覺一切賢聖
南无優波羅辟支佛　南无波頭辟支佛
南无善賢辟支佛　南无賢德辟支佛
南无須摩辟支佛　南无喩那辟支佛

BD05154號　佛名經（十六卷本）卷一五　（28–10）

南无寶燈須弥山幢世界无上善妙德王菩薩
南无一切香集世界虛空藏菩薩
次礼聲聞緣覺一切賢聖
南无優波羅辟支佛　南无波頭辟支佛
南无善賢辟支佛　南无賢德辟支佛
南无須摩辟支佛　南无輪那辟支佛
南无留闍辟支佛　南无優留闍辟支佛
南无弗沙辟支佛　南无牛齒辟支佛
南无漏盡辟支佛　南无最後身辟支佛
歸命如是等无量无邊辟支佛
礼三寶已次復懺悔
衆等相與即令身心寂靜无諂无障正是生
善滅惡之時復應各起四種觀行以為滅罪
作前方便何等為四一者觀於因緣二者觀
於果報三者觀我自身四者觀如來身
第一觀因緣者知我此罪藉以无明不善
思惟无正觀力不識其過遠離善友諸佛
菩薩隨逐魔道行耶嶮逕如魚吞鈎不知
其患如蚕作繭自縈自縛如蛾赴火自燒
自爛以是因緣不能自出
第二觀於果報者所有諸惡不善之業三世
流轉苦果无窮沉溺无邊巨夜不悔為諸煩
惱羅刹所食未來生死冥然无崖設使報得
轉輪聖王王四天下飛行自在七寶具足命
終之後不免惡趣四空果報三界尊極福盡
還作牛領中虫況復其餘无福德者而復懈
怠不勤懺悔此亦譬如抱石沉渕求出良難

BD05154號　佛名經（十六卷本）卷一五　（28–11）

第二觀於果報者所有諸惡不善之業三世
流轉苦果无窮沉溺无邊巨夜不悔為諸煩
惱羅刹所食未來生死冥然无崖設使報得
轉輪聖王王四天下飛行自在七寶具足命
終之後不免惡趣四空果報三界尊極福盡
還作牛領中虫況復其餘无福德者而復懈
怠不勤懺悔此亦譬如抱石沉渕求出良難
第三觀我自身雖有正因靈覺之性而為
煩惱黑暗叢林之所覆蔽无了因力不能
得顯我今應當發起勝心破裂无明顛倒
鄣斷滅生死虛偽苦因顯發如來大明覺
慧建立无上涅槃妙果
第四觀如來身无為寂照離四句絕百非
衆德具足湛然常住雖復方便入於滅度慈悲
救接未曾暫捨如是等心可謂滅罪之良津除
障之要行是故弟子今日至到稽首歸依佛
南无東方勝藏珠光佛　南无南方寶積示現佛
南无西方法界智燈佛　南无北方最勝降伏佛
南无東南方龍自在佛　南无西北方轉一切生死佛
南无西南方无邊智自在佛　南无東北方无邊功德月佛
南无下方海智神通佛　南无上方一切勝王佛
如是十方盡虛空界一切三寶至心歸命
常住三寶
弟子等无始以來至於今日長養煩惱日深
日厚日滋日茂覆蓋慧眼令无所見斷障衆
善不得續起障不得見佛不聞正法不值
聖僧煩惱起障不見過去未來一切世中

BD05154號　佛名經（十六卷本）卷一五　（28–12）

如是十方盡虛空界一切三寶至心歸命
常住三寶
弟子等无始以來至於今日長養煩惱日深
日厚日滋日茂覆蓋慧眼令无所見斷障衆
善不得續起障不得見佛不聞正法不值
聖僧煩惱起障不見過去未來一切世中
善惡業行之煩惱障受人天尊貴之煩惱
障生色无色界禪定福樂之煩惱不得自
在神通飛騰隱顯遍至十方諸佛淨土聽
法之煩惱障學安那般那數息不淨觀
諸煩惱障學慈悲喜捨因緣煩惱障學
七方便三觀義煩惱障學四念處煖頂忍
煩惱障學聞思脩第一法煩惱障學空平
等中道解煩惱障學八正道示相之煩惱
障學七覺枝不示相煩惱障學於道品因
緣觀煩惱障學八解脫九空之煩惱障學
於十智三三昧煩惱障學三明六通四无
导煩惱障學六度四等煩惱障學四攝法
廣化之煩惱障學大乘心四弘誓願煩惱
障學十明十行之煩惱障學十迴向十願之
煩惱障初地二地三地四地明解之煩惱障
五地六地七地諸知見煩惱障學八地九地
十地雙照之煩惱障如是乃至障學佛果百
万阿僧祇諸行上煩惱如是行障无量无邊
弟子今日到稽懇向十方佛尊法聖衆慚愧
懺悔願皆消滅至心歸命常住三寶
願藉此懺悔障於諸行一切煩惱願弟子在

BD05154號　佛名經（十六卷本）卷一五　（28–13）

十地雙照之煩惱障如是乃至障學佛果百
万阿僧祇諸行上煩惱如是行障无量无邊
弟子今日到誓恆向十方佛尊法聖衆慚愧
懺悔願皆消滅至心歸命常住三寶
願藉此懺悔障於諸行一切煩惱願弟子在
在處處自在受生不為結業之所迴轉以如
意通於一念頃遍至十方淨諸佛土攝化衆
生於諸禪定甚深境界及諸知見通達无㝵
心能普周一切諸法樂說无窮而不染着得
心自在得法自在智慧自在方便自在令此
煩惱及无智結習畢竟永斷不復相續无漏
聖道朗然如日至心歸命常住三寶
佛說罪業報應教化地獄經
復有衆生吃嗽瘖瘂口不能言若有所說
不能明了何罪所致佛言已前世時坐誹
謗三尊輕毀聖道論他好惡求人長短強
誣良善憎嫉賢人故獲斯罪
復有衆生腹大頸細不能下食若有所食
變為膿血何罪所致佛言已前世時偷盜
僧食或為大會施設餚饍故取麻米屏處
食之悋惜已物但貪他有常行惡心與人
毒藥氣息不通故獲斯罪
復有衆生常為獄卒燒熱鐵丁貫之百節
針之以訖自然火生焚燒其身悉皆燋爛何
罪所致佛言以前世時坐為針師傷人身體
不能差病誑他取物徒令苦苦故獲斯罪
南无輪　佛　　南无不可量佛華光明佛

BD05154號　佛名經（十六卷本）卷一五　　（28–14）

復有衆生常為獄卒燒熱鐵丁貫之百節
針之以訖自然火生焚燒其身悉皆燋爛何
罪所致佛言以前世時坐為針師傷人身體
不能差病誑他取物徒令苦苦故獲斯罪
南无輪　佛　　南无不可量佛華光明佛
南无不可量聲佛　　南无光明山佛
南无娑羅自在王佛　　南无日面佛
南无善目佛　　南无盧空佛
南无寶華佛　　南无寶成佛
南无月華佛　　南无發諸行佛
南无斷諸世間佛　　南无无邊樂說佛
南无離諸覺畏佛　　南无樂說一切境界佛
南无普香光明佛　　南无香光佛
南无香弥留佛　　南无香勝佛
南无香烏佛　　南无香林佛
南无香王佛　　南无波頭摩勝王佛
南无佛境界佛　　南无寂妙佛
南无妙勝佛　　南无散華佛
南无華蓋蹈佛　　南无華尼佛
南无金色華佛　　南无香華佛
南无弥留王佛　　南无導師佛
南无勝諸衆生佛　　南无斷阿叉那佛
南无發善行佛　　南无善華佛
南无无邊香佛　　南无普散香光明佛
南无普散香佛　　南无普散佛
從此以上一万一千九百佛十二部經一切賢聖
南无普散波頭摩勝佛　　南无寶閻梨尼手佛

BD05154號　佛名經（十六卷本）卷一五　　（28–15）

南无發善行佛　南无善華佛
南无无邊香佛　南无普散香光明佛
南无普散香佛　南无普散佛
從此以上一万一千九百佛十二部經一切賢聖
南无普散波頭摩勝佛　南无寶闍梨尼手佛
南无起王佛　南无普佛國土一蓋佛
南无善住王佛　南无妙香佛
南无无邊智境界佛　南无不空發佛
南无不空見佛　南无无障目佛
南无不動佛　南无發生菩提佛
南无无量眼佛　南无有燈佛
南无普照佛　南无光明佛
南无一切佛國土佛　南无不斷處一切衆生藥訖佛
南无无垢步佛　南无无跡步佛
南无離一切憂佛　南无能離一切衆生有佛
南无勝山佛　南无香面佛
南无俱隣佛　南无大力勝佛
南无寶優波頭羅勝佛　南无拘牟頭成佛
南无高聲眼佛　南无上首佛
南无華成佛　南无无邊光明佛
南无月出光佛　南无十方稱佛
南无多羅歌王增上佛　南无无邊光明佛
南无最勝香山佛　南无无畏佛
南无成就无畏德佛　南无成就見邊願功德佛
南无一切功德莊嚴佛　南无華王佛
南无不可降伏幢佛　南无增上護光佛
南无鷲怖波頭摩勝王佛　南无不異心成就勝佛

南无最勝香山佛　南无无畏佛
南无成就无畏德佛　南无成就見邊願功德佛
南无一切功德莊嚴佛　南无華王佛
南无不可降伏幢佛　南无增上護光佛
南无鷲怖波頭摩勝王佛　南无不異心成就勝佛
南无一切上佛　南无虛空輪清淨王佛
南无无相聲吼佛　南无寶起功德佛
南无梵勝佛　南无障导香手佛
南无孫留山光明佛　南无波頭摩勝光佛
南无能作稱名佛　南无稱親佛
南无堅固自在王佛
南无過去如是等无量无邊佛
南无現在積聚无畏佛　南无寶功德光明佛
南无普護佛　南无寶光明佛
南无月莊嚴寶光明智威德聲王佛
南无拘蘇摩樹提不謀善通佛　南无清淨月輪佛
南无寂靜月聲佛　南无阿僧祇住功德精進勝佛
南无善稱名勝佛　南无因陁羅雞兜幢星宿王佛
南无普光明莊嚴勝佛　南无降伏敵對步佛
南无无导樂王樹勝佛　南无普功德光明莊嚴勝佛
南无波頭摩步佛　南无師子佛
南无寶波頭摩善住娑羅王佛
南无日光佛　南无大光佛
南无无邊光佛　南无波頭摩王佛
南无阿偶多羅佛　南无波頭摩勝佛
南无善華佛　南无寶心佛
南无无导光佛　南无山幢佛

南无寶波頭摩善住娑寶王佛
南无日光佛　南无大光佛
南无无邊光佛　南无波頭摩王佛
南无阿偶多羅佛　南无波頭摩勝佛
南无善華佛　南无寶心佛
南无无导光佛　南无山幢佛
南无寶幢佛　南无寶炎佛
南无大炎聚佛　南无旃檀香佛
南无善利光佛　南无波頭摩數身佛
南无依心无邊功德佛　南无寶體法決定聲佛
南无阿僧精進聚集勝佛　南无智通佛
南无弥留山積佛　南无然燈佛
南无大威德力佛　南无日月佛
從此以上一万二千佛十二佛經一切賢聖
南无旃檀佛　南无須弥劫佛
南无月色佛　南无不染佛
南无降伏龍佛　南无龍天佛
南无金色鏡像佛　南无山聲自在王佛
南无山積佛　南无須弥藏佛
南无供養光佛　南无勝覺佛
南无地山佛　南无瑠璃華佛
南无妙瑠璃金形像佛　南无降伏月佛
南无日聲佛　南无散華莊嚴佛
南无海山智奮迅通佛　南无水光佛
南无大香鏡象佛　南无不動山佛
南无寶集佛　南无勝山佛
南无勇猛山佛　南无多功德法住持得通佛
南无日月瑠璃光佛　南无勝瑠璃光佛

BD05154號　佛名經（十六卷本）卷一五　（28-18）

南无日聲佛　南无散華莊嚴佛
南无海山智奮迅通佛　南无水光佛
南无大香鏡象佛　南无不動山佛
南无寶集佛　南无勝山佛
南无勇猛山佛　南无多功德法住持得通佛
南无日月瑠璃光佛　南无勝瑠璃光佛
南无心聞智多枸蘇摩勝佛
南无旃檀月光佛　南无破无明闇佛
南无普蓋波婆羅佛　南无星宿佛
南无弗沙佛　南无法慧增長佛
南无師子戰王山吼佛　南无梵聲龍奮迅佛
南无世間因陁羅佛　南无世間自在王佛
南无可得報佛　南无甘露聲佛
南无樹提光佛　南无那延首龍佛
南无力天佛　南无師子佛
南无毗羅闍光佛　南无世間最上佛
南无山岳佛　南无人自在王佛
南无寶勝威德王劫佛　南无不可嫌身佛
南无稱護佛　南无稱威德佛
南无稱名聲佛　南无稱聲供養佛
南无勇猛稱佛　南无聲分清淨佛
南无智勝善點慧佛　南无智勝成就佛
南无智炎佛　南无妙智佛
南无智炎聚佛　南无智勇猛佛
南无梵聲佛　南无梵勝佛
南无淨天佛　南无善辟佛
南无華勝佛　南无得四无畏佛

BD05154號　佛名經（十六卷本）卷一五　（28-19）

南无智勝善黠慧佛　南无智勝成就佛
南无智炎佛　南无妙智佛
南无智炎衆佛　南无智勇猛佛
南无梵聲佛　南无梵勝佛
南无淨天佛　南无善辟佛
南无華勝佛　南无得四无畏佛
南无善淨天佛　南无梵聲佛
南无淨自在佛　南无淨善眼佛
南无淨聲自在王佛　南无善淨德佛
南无威德力增上佛　南无善勢自在佛
南无威德大勢力佛　南无勝威德佛
南无毗摩勝佛　南无毗摩意佛
南无善毗摩佛　南无毗摩面佛
南无毗摩成就佛　南无毗摩妙佛
南无見寶佛　南无須尼多佛
南无善眼清淨佛　南无无邊眼佛
南无普眼佛　南无无等眼佛
南无勝眼佛　南无不可降伏眼佛
南无不動眼佛　南无寂勝佛
南无善寂佛　南无善寂諸根佛
從此以上一万二千一百佛十二部經一切賢聖
南无寂勝佛　南无寂功德佛
南无寂彼圻佛　南无善住佛
南无寂心佛　南无寂意佛
南无寂靜然佛　南无自在王佛
南无衆勝佛　南无寂王佛
南无大衆自在勇猛佛　南无衆勝解脫佛
南无法幢佛　南无法離兜佛

南无寂彼圻佛　南无善住佛
南无寂心佛　南无寂意佛
南无寂靜然佛　南无自在王佛
南无衆勝佛　南无寂王佛
南无大衆自在勇猛佛　南无衆勝解脫佛
南无法幢佛　南无法離兜佛
南无法起佛　南无法體勝佛
南无法自在勝佛　南无法勇猛佛
南无樂説山佛　南无寶火佛
南无樂説莊嚴雲吼佛　南无勝聲佛
南无妙眼佛　南无成就意佛
南无清淨面勝藏威德佛　南无滿足心佛
南无无比慧佛　南无淨盟羅迦決定威德佛
南无无邊精進佛　南无甘露光佛
南无大威德佛　南无月光佛
南无旃檀香佛　南无須弥劫佛
南无山積佛　南无无垢色佛
南无无染佛　南无龍勝佛
南无金色佛　南无山吼自在王佛
南无金藏佛　南无火光佛
南无火自在佛　南无瑠璃華佛
南无月勝佛　南无月聲佛
南无散華莊嚴光佛　南无大香去照明佛
南无離一切染意王佛　南无衆集寶佛
南无德山佛　南无勇猛山佛
南无梵聲龍奮迅佛　南无世間勝上佛
南无師子奮迅吼佛　南无華勝佛
南无山勝佛　南无成就娑羅自在王佛

南无普□□□□佛　南无大香□□明佛
南无離一切染意王佛　南无衆集寶佛
南无德山佛　南无勇猛山佛
南无梵聲龍奮迅佛　南无世間勝上佛
南无師子奮迅吼佛　南无華勝佛
南无山勝佛　南无成就娑羅自在王佛
南无吼聲佛　南无普光明佛
南无等蓋佛　南无无憂佛
南无智王佛　南无智山佛
南无月光佛　南无普光佛
南无聲德佛　南无无勿成就佛
南无火幢佛　南无智自在佛
南无大自在佛　南无梵聲佛
次礼十二部尊經大藏法輪
南无菩薩悔過經　南无阿閦世女經
南无曉所諍不解者經　南无菩薩十遍和經
南无阿拔經　南无惡人經
南无菩薩等行分然國經　南无阿毗曇九十八結經
南无趣度世道經　南无推權經
南无五十五法戒經　南无受欲聲經
南无惟明經　南无五蓋離疑經
南无一切義要經　南无慧行經
南无五陰喻經　南无思道經
南无王舍城靈鷲山經　南无賢劫五百佛經
南无五百弟子本起經　南无權變經
次礼十方諸大菩薩
南无寶燈須弥山幢世界蓋海天子菩薩
南无光明莊世界淨眼菩薩　南无光明世界淨藏菩薩

BD05154號　佛名經（十六卷本）卷一五　（28–22）

南无一切義要經　南无慧行經
南无五陰喻經　南无思道經
南无王舍城靈鷲山經　南无賢劫五百佛經
南无五百弟子本起經　南无權變經
次礼十方諸大菩薩
南无寶燈須弥山幢世界蓋海天子菩薩
南无光明莊世界淨眼菩薩　南无光明世界淨藏菩薩
南无光莊嚴世界妙莊嚴王菩薩
從此以上一万二千二百佛十二部經一切賢聖
南无淨世界光頂菩薩　南无淨世界慧衆菩薩
南无淨世界具足光闇燈菩薩　南无金色世界文殊師利菩薩
南无樂色世界覺首菩薩　南无華色世界財首菩薩
南无青蓮華色世界德首菩薩　南无瞻蔔華色世界寶首菩薩
南无金色世界目首菩薩　南无寶色世界進首菩薩
南无金剛色世界法首菩薩　南无頗梨色世界智首菩薩
南无如寶色世界賢首菩薩　南无无量慧世界功德林菩薩
南无幢慧世界林慧菩薩　南无地慧世界勝林菩薩
南无勝慧世界无畏林菩薩　南无燈慧世界慚愧林菩薩
南无金剛慧世界精進林菩薩　南无安樂世界力成就林菩薩
次礼聲聞緣覺一切賢聖
南无阿利多辟支佛　南无婆梨多辟支佛
南无多伽樓辟支佛　南无稱辟支佛
南无見辟支佛　南无愛見辟支佛
南无覺辟支佛　南无乾陁羅辟支佛
南无无妻辟支佛　南无梨沙婆辟支佛
南无聞辟支佛　南无身辟支佛
南无毗耶梨辟支佛　南无俱薩羅辟支佛
南无波藪陁羅辟支佛　南无无毒淨心辟支佛

BD05154號　佛名經（十六卷本）卷一五　（28–23）

南无見辟支佛　南无愛見辟支佛
南无覺辟支佛　南无乾陁羅辟支佛
南无无盡辟支佛　南无梨沙婆辟支佛
南无聞辟支佛　南无身辟支佛
南无毗耶梨辟支佛　南无俱薩羅辟支佛
南无波藪陁羅辟支佛　南无无毒淨心辟支佛
南无寶无垢辟支佛　南无福德辟支佛
南无黒辟支佛　南无唯黒辟支佛
南无直福德辟支佛　南无識辟支佛
礼三寶已次復懺悔
弟子等略懺煩惱障竟今當次第懺悔業
障夫業能莊飾世趣在在處處是以思惟
求離世解脫所以六道果報種種不同形類
各異當知皆各業力所作所以佛十力中業
力甚深凡夫之人多於此中好起疑惑何以
故尒現見世間行善之者觸向轗軻為惡之
者是事諧偶謂言天下善惡无分如此計者
皆是不能深達業理何以故尒經中說言有
三種業何等為三一者現報二者生報三者
後報現報業者現在作善作惡現身受報生
報業者此生作善作惡來生受報後報業者
或是過去无量生中作善作惡或於此生中
受或在未来无量生中方受其報向者行
惡之人現在見好此是過去生報後報善
業熟故所以現在有此樂果豈關現在作
諸惡業而得生報後報惡業熟故現在善
根力弱不能排遣是故得此苦報豈關現在
作善而招惡報何以知然現見世間為善之

受或在未来无量生中方受其報向者行
惡之人現在見好此是過去生報後報善
業熟故所以現在有此樂果豈關現在作
諸惡業而得生報後報惡業熟故現在善
根力弱不能排遣是故得此苦報豈關現在
作善而招惡報何以知然現見世間為善之
者為人所讚嘆人所尊重故知未来必招樂
果過去既有如此惡業所以諸佛菩薩教令
親近善友共行懺悔善知識者於得道中則
為全利是故弟子等今日至誠歸依佛
南无東方无量離垢佛　南无南方樹根花王佛
南无西方蓮華自在佛　南无北方金剛能破佛
南无東南方悉檀義勝佛　南无西南方金海自在王佛
南无西北方无邊法自在王佛　南无東北方无㝵香象王佛
南无下方无㝵慧幢佛　南无上方甘露上王佛
如是十方盡虛空界一切三寶至心歸命常
住三寶
弟子等无始以来至於今日積惡如恒河造
罪滿天地捨身與受身不覺亦不知或作五
逆深厚濁纏无閒罪業或造一闡提斷善根
業輕誣佛語謗方等業破滅三寶毀正法業
不信罪福起十惡業迷真返正癡惑之業不
孝二親反戾之業朋友无信不義之業或作
四重六重八重障聖道業毀犯五戒破八齋
業五篇七聚多缺犯業優婆塞戒輕重垢業
或菩薩戒不能清淨如說行業前後方便汙
梵行業月无六齋懈怠之業三長齋不常脩

不信罪福起十惡業迷真返正癡惑之業不
孝二親反戾之業朋友无信不義之業或作
四重六重八重障聖道業毀犯五戒破八齋
業五篇七聚多缺犯業優婆塞戒輕重垢業
或菩薩戒不能清淨如說行業前後方便汙
梵行業月无六齋懈怠之業三長齋不常脩
業三千威儀不如法業八万律儀微細罪業
不脩身戒心慧之業春秋八王造眾罪業行
十六種惡律儀業於苦眾生无慈傷業不矜
不念无憐慜業不拔不濟无救護業心懷嫉
忌无度彼業於怨親境不平等業耽荒五欲
不猒離業或因衣食園林池沼生蕩逸業或
以盛年放恣情慾造眾罪業或善有漏迴向
三有障出世業如是等業无量无邊今日發
露向十方佛尊法聖眾皆悉懺悔至心歸命
常住三寶
願弟子等承是懺悔无間等諸業所生福善
願生生世世滅五逆罪除一闡提或如是輕
重諸罪從今以去乃至道場誓不更犯恒脩
出世清淨善法精持律行守護威儀如度海
者受惜浮囊六度四等常勵行首戒定慧品
轉得增明速成如來卅二相八十種好十力
无畏大悲三念常樂妙智八自在我至心歸
命常住三寶
佛說罪業報應教化地獄經
復有眾生常在濩中牛頭阿傍手捉鐵叉叉
著濩中渚之令爛還即吹活而渚之何罪所

BD05154號　佛名經（十六卷本）卷一五　（28–26）

轉得增明速成如來卅二相八十種好十力
无畏大悲三念常樂妙智八自在我至心歸
命常住三寶
佛說罪業報應教化地獄經
復有眾生常在濩中牛頭阿傍手捉鐵叉叉
著濩中渚之令爛還即吹活而渚之何罪所
致佛言以前世時屠煞眾生湯濩滅毛不可
限量故獲斯罪
復有眾生在火城中煻煨齊心四門雖開到
則閉之東西馳走不能自免為火燒盡何罪
所致佛言以前世時焚燒山澤決穴陵池使
諸眾生沒溺而死故獲斯罪
復有眾生常在雪山中寒風所吹皮肉剝裂
求死不得何罪所致佛言以前世時橫道作
賊剝脫人衣冬月降寒令他凍死剝剝牛羊
苦痛難堪故獲斯罪
復有眾生常在刀山劍樹之上若有所捉即
便傷割皮即斷壞何罪所致佛言以前世時
屠煞為業烹害眾生刀割剝刺骨肉分離頭
脚星散佐於高格稱量而賣或復生懸痛
不可堪故獲斯罪
佛名經卷第十五

BD05154號　佛名經（十六卷本）卷一五　（28–27）

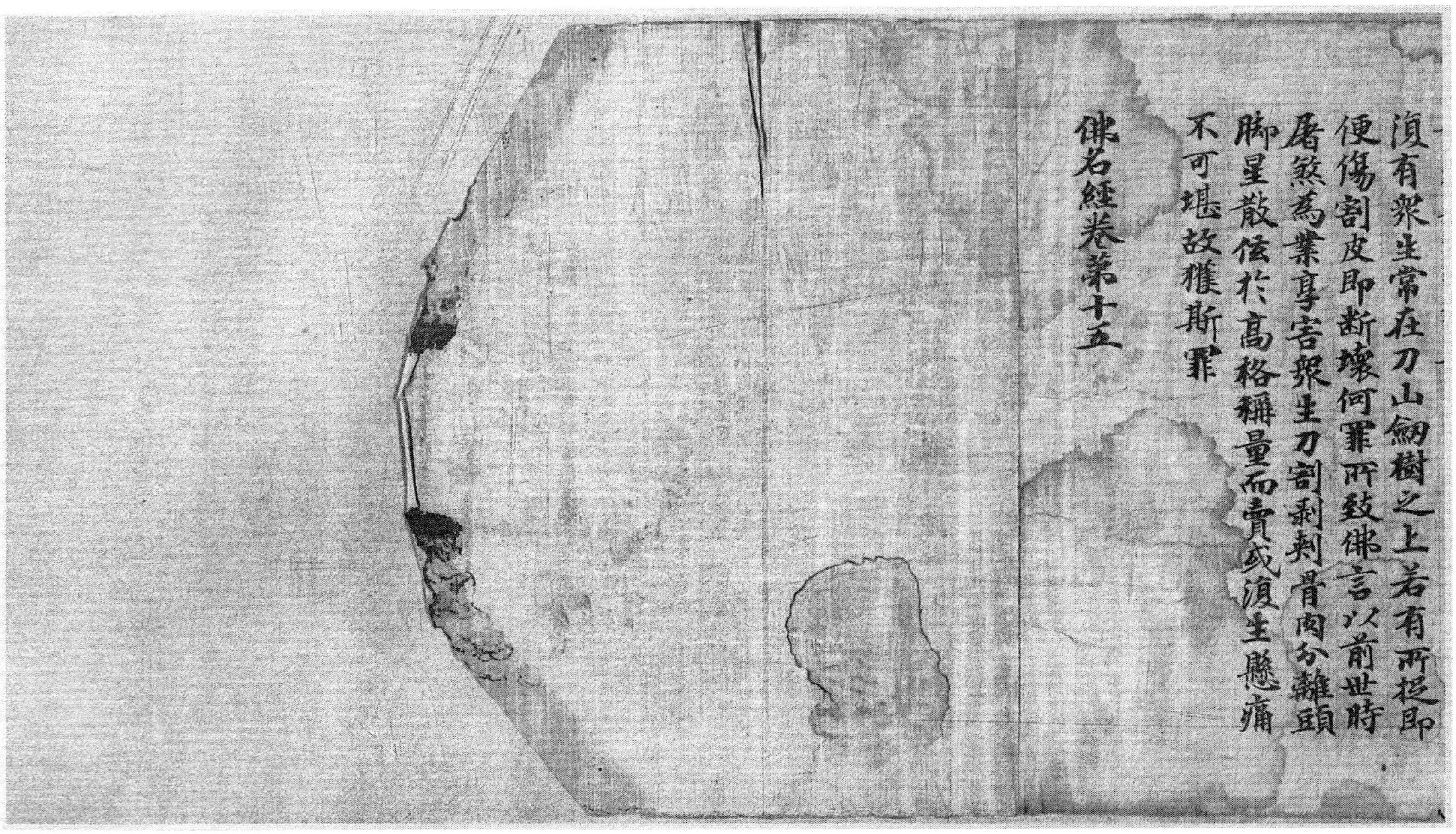

復有衆生常在刀山劍樹之上若有所捉即
便傷割皮即斷壞何罪所致佛言以前世時
屠煞爲業烹宰衆生刀割剝剌骨肉分離頭
脚星散係於高格稱量而賣或復生懸痛
不可堪故獲斯罪

佛名經卷第十五

BD05154號　佛名經（十六卷本）卷一五　　　　（28–28）

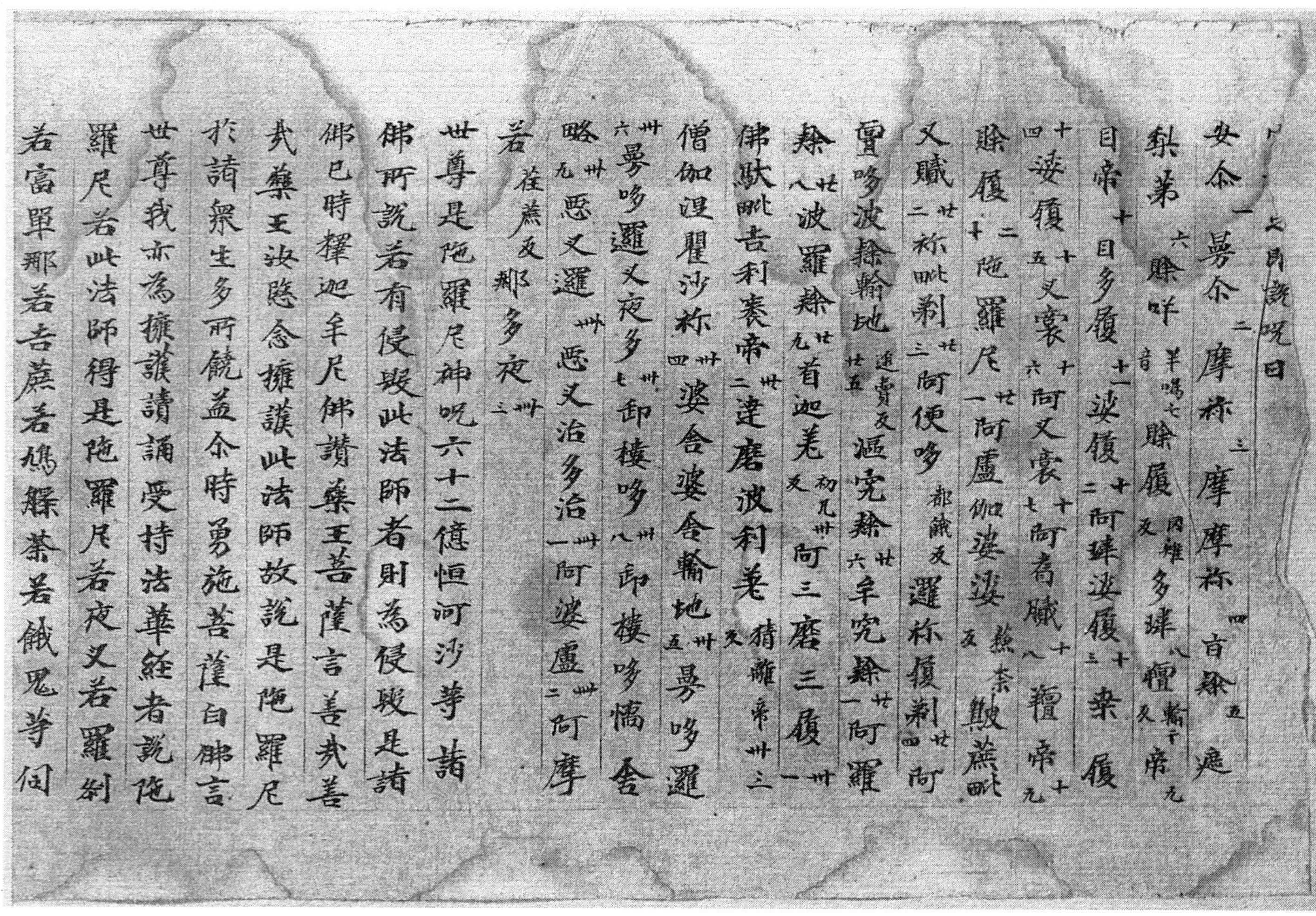

……即說呪曰
安尒一 曼尒二 摩祢三 摩摩祢四 旨隸五 遮
梨第六 賒咩羊鳴音七 賒履多瑋八 羶帝九
目帝十 目多履十一 娑履十二 阿瑋娑履十三 桑履
十四 娑履十五 叉裔十六 阿叉裔十七 阿耆膩十八 羶帝十九
賒履二十 陀羅尼二十一 阿盧伽婆娑蘇奈反 簸蔗毗
叉膩二十二 祢毗剃二十三 阿便哆都餓反 邏祢履剃二十四 阿
亶哆波隸輸地途賣反二十五 漚究隸二十六 牟究隸二十七 阿羅
隸二十八 波羅隸二十九 首迦差初几反三十 阿三磨三履三十一
佛馱毗吉利袠帝三十二 達磨波利差猜離反帝三十三
僧伽涅瞿沙祢三十四 婆舍婆舍輸地三十五 曼哆邏
三十六 曼哆邏叉夜多三十七 郵樓哆三十八 郵樓哆憍舍
略三十九 惡叉邏四十 惡叉冶多冶四十一 阿婆盧四十二 阿摩
若荏蔗反 那多夜四十三
世尊是陀羅尼神呪六十二億恒河沙等諸
佛所說若有侵毀此法師者則爲侵毀是諸
佛已時釋迦牟尼佛讚藥王菩薩言善哉善
哉藥王汝愍念擁護此法師故說是陀羅尼
於諸衆生多所饒益尒時勇施菩薩白佛言
世尊我亦爲擁護讀誦受持法華經者說陀
羅尼若此法師得是陀羅尼若夜叉若羅剎
若富單那若吉蔗若鳩槃荼若餓鬼等伺

BD05155號　妙法蓮華經卷七　　　　（14–1）

佛所說若有侵毀此法師者則為侵毀是諸
佛已時釋迦牟尼佛讚藥王菩薩言善哉善
哉藥王汝愍念擁護此法師故說是陁羅尼
於諸衆生多所饒益尒時勇施菩薩白佛言
世尊我亦為擁護讀誦受持法華經者說陁
羅尼若此法師得是陁羅尼若夜叉若羅刹
若富單那若吉蔗若鳩槃荼若餓鬼等伺
求其短无能得便即於佛前而說呪曰
座隸一 摩訶座隸二 郁枳三 目枳四 阿隸
五 阿羅婆弟六 涅隸弟七 涅隸多婆弟八 伊
緻柅九 韋緻柅十 旨緻柅十一 涅隸墀柅十二
涅犁墀婆底十三
世尊是陁羅尼神呪恒河沙等諸佛所說亦
皆隨喜若有侵毀此法師者則為侵毀是諸
佛已尒時毗沙門天王護世者白佛言世尊
我亦為愍念衆生擁護此法師故說是陁羅
尼即說呪曰
阿梨一 那梨二 㝹那梨三 阿那盧四 那履五 拘
那履六
世尊以是神呪擁護法師我亦自當擁護持
是經者令百由旬内无諸衰患尒時持國天
王在此會中與千万億那由他乾闥婆衆恭
敬圍繞前詣佛所合掌白佛言世尊我亦以
陁羅尼神呪擁護持法華經者即說呪曰
阿伽祢一 伽祢二 瞿利三 乾陁利四 旃陁利五
摩蹬耆六 常求利七 浮樓莎柅八 頞底九

BD05155 號　妙法蓮華經卷七

（14–2）

是經者令百由旬内无諸衰患尒時持國天
王在此會中與千万億那由他乾闥婆衆恭
敬圍繞前詣佛所合掌白佛言世尊我亦以
陁羅尼神呪擁護持法華經者即說呪曰
阿伽祢一 伽祢二 瞿利三 乾陁利四 旃陁利五
摩蹬耆六 常求利七 浮樓莎柅八 頞底九
世尊是陁羅尼神呪四十二億諸佛所說若
有侵毀此法師者則為侵毀是諸佛已尒時
有十羅刹女等一名藍婆二名毗藍婆三名曲
齒四名華齒五名黑齒六名多髮七名无猒
足八名持瓔珞九名睪帝十名奪一切衆生
精氣是十羅刹女與鬼子母并其子及眷屬
俱詣佛所同聲白佛言世尊我等亦欲擁護
讀誦受持法華經者除其衰患若有伺求法
師短者令不得便即於佛前而說呪曰
伊提履一 伊提泯二 伊提履三 阿提履四 伊提
履五 泥履六 泥履七 泥履八 泥履九 泥履
十 樓醯十一 樓醯十二 樓醯十三 樓醯十四 多醯十五
多醯十六 多醯十七 兜醯十八 㝹醯十九
寧上我頭上莫惱於法師若夜叉若羅刹若
餓鬼若富單那若吉蔗若毗陁羅若揵馱若
烏摩勒伽若阿跋摩羅若夜叉吉蔗若人吉
蔗若熱病若一日若二日若三日若四日若
至七日若常熱病若男形若女形若童男形
若童女形乃至夢中亦復莫惱即於佛前而
說偈言
若不順我呪　惱亂說法者　頭破作七分　如阿梨樹枝

BD05155 號　妙法蓮華經卷七

（14–3）

烏摩勒伽若阿跋摩羅若夜叉吉蔗若人吉
蔗若熱病若一日若二日若三日若四日若
至七日若常熱病若男形若女形若童男形
若童女形乃至夢中亦復莫惱即於佛前而
說偈言
若不順我呪　惱亂說法者　頭破作七分　如阿梨樹枝
如煞父母罪　亦如壓油殃　斗秤欺誑人　調達破僧罪
犯此法師者　當獲如是殃
諸羅刹女說此偈已白佛言世尊我等亦當
身自擁護受持讀誦脩行是經者令得安
隱離諸衰患消衆毒藥佛告諸羅刹女善哉
善哉汝等但能擁護受持法華名者福不可量
何况擁護具足受持供養經卷華香瓔珞末
香塗香燒香幡蓋伎樂然種種燈蘇燈油燈
諸香油燈蘇摩那華油燈瞻蔔華油燈婆師
迦華油燈優鉢羅華油燈如是等百千種供
養者睪帝汝等及眷屬應當擁護如是法師
說是陁羅尼品時六万八千人得无生法忍
妙法蓮華經妙莊嚴王本事品第廿七
尒時佛告諸大衆乃往古世過无量无邊不
可思議阿僧祇劫有佛名雲雷音宿王華智
多陁阿伽度阿羅訶三藐三佛陁國名光明
莊嚴劫名憙見彼佛法中有王名妙莊嚴其
王夫人名曰淨德有二子一名淨藏二名淨
眼是二子有大神力福德智慧久脩菩薩所
行之道所謂檀波羅蜜尸羅波羅蜜羼提波

BD05155 號　妙法蓮華經卷七　（14–4）

多陁阿伽度阿羅訶三藐三佛陁國名光明
莊嚴劫名憙見彼佛法中有王名妙莊嚴其
王夫人名曰淨德有二子一名淨藏二名淨
眼是二子有大神力福德智慧久脩菩薩所
行之道所謂檀波羅蜜尸羅波羅蜜羼提波
羅蜜毗梨耶波羅蜜禪波羅蜜般若波羅蜜
方便波羅蜜慈悲喜捨乃至三十七助道法皆
悉明了通達又得菩薩淨三昧日星宿三
昧淨光三昧淨色三昧淨照明三昧長莊嚴
三昧大威德藏三昧於此三昧亦悉通達
尒時彼佛欲引導妙莊嚴王及愍念衆生故
說是法華經時淨藏淨眼二子到其母所合
十指爪掌白言願母往詣雲雷音宿王華智
佛所我等亦當侍從親近供養礼拜所以者
何此佛於一切天人衆中說法華經宜應聽
受母告子言汝父信受外道深着婆羅門
法汝等往白父與共俱去淨藏淨眼合十指
爪掌白母我等是法王子而生此耶見家母
告子言汝等當憂念汝父為現神變若得
見者心必清淨或聽我等往至佛所於是二子
念其父故踊在虛空高七多羅樹現種種神
變於虛空中行住坐臥身上出水身下出火
身下出水身上出火或現大身滿虛空中而
復現小小復現大於空中滅忽然在地入地
如水履水如地現如是等種種神變令其父
王心淨信解時父見子神力如是心大歡喜

BD05155 號　妙法蓮華經卷七　（14–5）

念其父故踊在虛空高七多羅樹現種種神
變於虛空中行住坐卧身上出水身下出火
身下出水身上出火或現大身滿虛空中而
復現小小復現大於空中滅忽然在地入地
如水履水如地現如是等種種神變令其父
王心淨信解時父見子神力如是心大歡喜
得未曾有合掌向子言汝等師為是誰誰之
弟子二子白言大王彼雲雷音宿王華智佛
今在七寶菩提樹下法座上坐於一切世間
天人衆中廣說法華經是我等師我是弟子
父語子言我今亦欲見汝等師可共俱往於
是二子從空中下到其母所合掌白母父王
今已信解堪任發阿耨多羅三藐三菩提心
我等為父已作佛事願母見聽於彼佛所出
家脩道尒時二子欲重宣其意以偈白母
願母放我等　出家作沙門　諸佛甚難值　我等隨佛學
如優曇波羅　值佛復難是　脫諸難亦難　願聽我出家
母即告言聽汝出家所以者何佛難值故於
是二子白父母言善哉父母願時往詣雲雷
音宿王華智佛所親近供養所以者何佛難
得值如優曇波羅華又如一眼之龜值浮木
孔而我等宿福深厚生值佛法是故父母當
聽我等令得出家所以者何諸佛難值時亦
難遇彼時妙莊嚴王後宮八万四千人皆悉
堪任受持是法華經淨眼菩薩於法華三昧
久已通達淨藏菩薩已於无量百千万億劫

BD05155號　妙法蓮華經卷七　（14–6）

孔而我等宿福深厚生值佛法是故父母當
聽我等令得出家所以者何諸佛難值時亦
難遇彼時妙莊嚴王後宮八万四千人皆悉
堪任受持是法華經淨眼菩薩於法華三昧
久已通達淨藏菩薩已於无量百千万億劫
通達離諸惡趣三昧欲令一切衆生離諸惡
趣故其王夫人得諸佛習三昧能知諸佛秘
密之藏二子如是以方便力善化其父令心
信解好樂佛法於是妙莊嚴王與群臣眷屬
俱淨德夫人與後宮婇女眷屬俱其王二子
與四万二千人俱一時共詣佛所到已頭面
禮足繞佛三匝却住一面尒時彼佛為王說
法示教利喜王大歡悅尒時妙莊嚴王及其
夫人解頸真珠瓔珞價直百千以散佛上於
虛空中化成四柱寶臺臺中有大寶牀敷百
千万天衣其上有佛結加趺坐放大光明尒
時妙莊嚴王作是念佛身希有端嚴殊特
成就第一微妙之色時雲雷音宿王華智佛告
四衆言汝等見是妙莊嚴王於我前合掌立
不此王於我法中作比丘精勤脩習助佛道
法當得作佛號娑羅樹王國名大光劫名大
高王其娑羅樹王佛有无量菩薩衆及无量
聲聞其國平正功德如是其王即時以國付
弟王與夫人二子并諸眷屬於佛法中出家脩
道王出家已於八万四千歲常勤精進脩行
妙法華經過是已後得一切淨功德莊嚴三

BD05155號　妙法蓮華經卷七　（14–7）

法當得作佛号娑羅樹王國名大光劫名大
高王其娑羅樹王佛有无量菩薩衆及无量
聲聞其國平正功德如是其王即時以國付
弟王與夫人二子并諸眷屬於佛法中出家修
道王出家已於八万四千歲常懃精進脩行
妙法華經過是已後得一切淨功德莊嚴三
昧即昇虛空高七多羅樹而白佛言世尊此
我二子已作佛事以神通變化轉我耶心令
得安住於佛法中得見世尊此二子者是我
善知識為欲發起宿世善根饒益我故來生
我家尒時雲雷音宿王華智佛告妙莊嚴王
言如是如是如汝所言若善男子善女人種
善根故世世得善知識其善知識能作佛事
示教利喜令入阿耨多羅三藐三菩提大王
當知善知識者是大因緣所謂化導令得見
佛發阿耨多羅三藐三菩提心大王汝見此
二子不此二子已曾供養六十五百千万億
那由他恒河沙諸佛親近恭敬於諸佛所受
持法華經愍念耶見衆生令住正見妙莊嚴
王即從虛空中下而白佛言世尊如來甚希有
以功德智慧故頂上肉髻光明顯照其眼
長廣而紺青色眉間豪相白如珂月齒白齊
密常有光明脣色赤好如頻婆菓尒時妙莊
嚴王讚歎佛如是等无量百千万億功德已
於如來前一心合掌復白佛言世尊未曾有
也如來之法具足成就不可思議微妙功德

BD05155號　妙法蓮華經卷七　　(14-8)

以功德智慧故頂上肉髻光明顯照其眼
長廣而紺青色眉間豪相白如珂月齒白齊
密常有光明脣色赤好如頻婆菓尒時妙莊
嚴王讚歎佛如是等无量百千万億功德已
於如來前一心合掌復白佛言世尊未曾有
也如來之法具足成就不可思議微妙功德
教戒所行安隱快善我從今日不復自隨心
行不生耶見憍慢瞋恚諸惡之心說是語已
礼佛而出佛告大衆於意云何妙莊嚴王豈
異人乎今華德菩薩是其淨德夫人今佛前
光照莊嚴相菩薩是哀愍妙莊嚴王及諸眷
屬故於彼中生其二子者今藥王菩薩藥上
菩薩是是藥王藥上菩薩成就如此諸大功
德已於无量百千万億諸佛所殖衆德本成
就不可思議諸善功德若有人識是二菩薩
名字者一切世間諸天人民亦應礼拜佛說
是妙莊嚴王本事品時八万四千人遠塵離
垢於諸法中得法眼淨

妙法蓮華經普賢菩薩勸發品第廿八

尒時普賢菩薩以自在神通威德名聞與大
菩薩无量无邊不可稱數從東方來所經諸
國普皆震動雨寶蓮華作无量百千万億種
種伎樂又與无數諸天龍夜叉乾闥婆阿脩
羅迦樓羅緊那羅摩睺羅伽人非人等大衆
圍繞各現威德神通之力到娑婆世界耆闍
崛山中頭面礼釋迦牟尼佛右繞七帀白佛
言世尊我於寶威德上王佛國遙聞此娑婆

BD05155號　妙法蓮華經卷七　　(14-9)

國普皆震動雨寶蓮華作无量百千万億種
種伎樂又與无數諸天龍夜叉乾闥婆阿脩
羅迦樓羅緊那羅摩睺羅伽人非人等大衆
圍繞各現威德神通之力到娑婆世界耆闍
崛山中頭面禮釋迦牟尼佛右繞七帀白佛
言世尊我於寶威德上王佛國遥聞此娑婆
世界說法華經與无量无邊百千万億諸
菩薩衆共來聽受唯願世尊當為說之若善
男子善女人於如來滅後云何能得是法華
經佛告普賢菩薩若善男子善女人成就四
法於如來滅後當得是法華經一者為諸佛
護念二者殖衆德本三者入正定聚四者發
救一切衆生之心善男子善女人如是成就
四法於如來滅後必得是經尒時普賢菩薩
白佛言世尊於後五百歲濁惡世中其有受
持是經典者我當守護除其衰患令得安隱
使无伺求得其便者若魔若魔子若魔女若
魔民若為魔所著者若夜叉若羅剎若鳩槃
荼若毗舍闍若吉蔗若富單那若韋陁羅等
諸惱人者皆不得便是人若行若立讀誦此
經我尒時乘六牙白象王與大菩薩衆俱詣
其所而自現身供養守護安慰其心亦為供
養法華經故是人若坐思惟此經尒時我復
乘白象王現其人前其人若於法華經有所
忘失一句一偈我當教之與共讀誦還令通
利尒時受持讀誦法華經者得見我身甚大
歡喜轉復精進以見我故即得三昧及陁羅

其所而自現身供養守護安慰其心亦為供
養法華經故是人若坐思惟此經尒時我復
乘白象王現其人前其人若於法華經有所
忘失一句一偈我當教之與共讀誦還令通
利尒時受持讀誦法華經者得見我身甚大
歡喜轉復精進以見我故即得三昧及陁羅
尼名為旋陁羅尼百千万億旋陁羅尼法音
方便陁羅尼得如是等陁羅尼世尊若後世
後五百歲濁惡世中比丘比丘尼優婆塞優
婆夷求索者受持者讀誦者書寫者欲脩
習是法華經於三七日中應一心精進滿三七
日已我當乘六牙白象與无量菩薩而自圍
繞以一切衆生所憙見身現其人前而為說
法示教利喜亦復與其陁羅尼呪得是陁羅
尼故无有非人能破壞者亦不為女人之所
惑亂我身亦自常護是人唯願世尊聽我說
此陁羅尼呪即於佛前而說呪曰
阿檀地途賣反 一 檀陁婆地 二 檀陁婆帝 三 檀陁鳩
舍隸 四 檀陁脩陁隸 五 脩陁隸 六 脩陁羅
婆底 七 佛馱波羶祢 八 薩婆陁羅尼阿婆多
尼 九 薩婆婆沙阿婆多尼 十 脩阿婆多尼 十一
僧伽婆履叉尼 十二 僧伽涅伽陁尼 十三 阿僧祇
十四 僧伽波伽地 十五 帝隸阿惰僧伽兜略盧庭反
阿羅帝波羅帝 十六 薩婆僧伽三摩地伽蘭
地 十七 薩婆達磨脩波利剎帝 十八 薩婆薩埵
樓馱憍舍略阿㝹伽地 十九 辛阿毗吉利地帝 二十

婆底七 佛馱波羶祢八 薩婆陁羅尼阿婆多
尼九 薩婆沙阿婆多尼十 脩阿婆多尼十一
僧伽婆履叉尼十二 僧伽涅伽陁尼十三 阿僧祇
十四 僧伽波伽地十五 帝隷阿惰僧伽兜略盧遮反
阿羅帝波羅帝十六 薩婆僧伽三摩地伽蘭
地十七 薩婆達磨脩波利刹帝十八 薩婆薩埵
樓馱憍舍略阿㝹伽地十九 辛阿毗吉利地帝二十
世尊若有菩薩得聞是陁羅尼者當知普賢
神通之力若法華經行閻浮提有受持者應
作此念皆是普賢威神之力若有受持讀誦
正憶念解其義趣如說脩行當知是人行普
賢行於无量无邊諸佛所深種善根為諸如
來手摩其頭若但書寫是人命終當生忉利
天上是時八万四千天女作衆伎樂而來迎之
其人即著七寶冠於婇女中娛樂快樂何況
受持讀誦正憶念解其義趣如說脩行若
有人受持讀誦解其義趣是人命終為千佛
授手令不恐怖不墮惡趣即往兜率天上弥
勒菩薩所弥勒菩薩有三十二相大菩薩衆所
共圍繞有百千万億天女眷屬而於中生有
如是等功德利益是故智者應當一心自書
若使人書受持讀誦正憶念如說脩行世尊
我今以神通力守護是經於如來滅後閻浮
提内廣令流布使不斷絶尒時釋迦牟尼佛
讚言善哉善哉普賢汝能護助是經令
多所衆生安樂利益汝已成就不可思議功

BD05155號　妙法蓮華經卷七　（14–12）

若使人書受持讀誦正憶念如說脩行世尊
我今以神通力守護是經於如來滅後閻浮
提内廣令流布使不斷絶尒時釋迦牟尼佛
讚言善哉善哉普賢汝能護助是經令
多所衆生安樂利益汝已成就不可思議功
德深大慈悲從久遠來發阿耨多羅三藐三
菩提意而能作是神通之願守護是經我當
以神通力守護能受持普賢菩薩名者普賢
若有受持讀誦正憶念脩習書寫是法華經
者當知是人則見釋迦牟尼佛如從佛口聞此
經典當知是人供養釋迦牟尼佛當知是人
佛讚善哉當知是人為釋迦牟尼佛手摩
其頭當知是人為釋迦牟尼佛衣之所覆如
是之人不復貪著世樂不好外道經書手筆
亦復不憙親近其人及諸惡者若屠兒若畜
猪羊雞狗若獵師若衒賣女色是人心意質
直有正憶念有福德力是人不為三毒所惱
亦不為嫉妬我慢邪慢增上慢所惱是人少
欲知足能脩普賢之行普賢若如來滅後
後五百歲若有人見受持讀誦法華經者應作
是念此人不久當詣道場破諸魔衆得阿耨
多羅三藐三菩提轉法輪擊法鼓吹法螺雨
法雨當坐天人大衆中師子法座上普賢若
於後世受持讀誦是經典者是人不復貪著
衣服卧具飲食資生之物所願不虛亦於現
世得其福報若有人輕毀之言汝狂人耳空

BD05155號　妙法蓮華經卷七　（14–13）

欲知足能脩普賢之行普賢若如來滅後
後五百歲若有人見受持讀誦法華經者應作
是念此人不久當詣道場破諸魔衆得阿耨
多羅三藐三菩提轉法輪擊法鼓吹法螺雨
法雨當坐天人大衆中師子法座上普賢若
於後世受持讀誦是經典者是人不復貪著
衣服卧具飲食資生之物所願不虛亦於現
世得其福報若有人輕毀之言汝狂人耳空
作是行終无所獲如是罪報當世世无眼若
有供養讚歎之者當於今世得現果報若復
見受持是經者出其過惡若實若不實此人
現世得白癩病若輕笑之者當世世牙齒踈缺
醜脣平鼻手脚繚戾眼目角睞身體臭穢
惡瘡膿血水腹短氣諸惡重病是故普賢若
見受持是經典者當起遠迎當如敬佛說是
普賢勸發品時恒河沙等无量无邊菩薩得
百千万億旋陀羅尼三千大千世界微塵等
諸菩薩具普賢道佛說是經時普賢等諸菩
薩舍利弗等諸聲聞及諸天龍人非人等一
切大會皆大歡喜受持佛語作禮而去

妙法蓮華經卷第七

BD05155號　妙法蓮華經卷七　（14–14）

相衆生相壽者相即是非相何以故離一切
諸相則名諸佛
佛告須菩提如是如是若復有人得聞此經
不驚不怖不畏當知是人甚為希有何以故
須菩提如來說第一波羅蜜非第一波羅蜜
是名第一波羅蜜
須菩提忍辱波羅蜜如來說非忍辱波羅蜜
何以故須菩提如我昔為歌利王割截身體
我於尒時无我相无人相无衆生相无壽者
相何以故我於往昔節節支解時若有我相
人相衆生相壽者相應生瞋恨須菩提又念
過去於五百世作忍辱仙人於尒所世无我
相无人相无衆生相无壽者相是故須菩提
菩薩應離一切諸相發阿耨多羅三藐三菩提
心不應住色生心不應住聲香味觸法生心
應生无所住心若心有住則為非住是故佛
說菩薩心不應住色布施須菩提菩薩為利
益一切衆生應如是布施如來說一切諸相
即是非相又說一切衆生則非衆生

BD05156號　金剛般若波羅蜜經　（6–1）

相无人相无衆生相无壽者相是故須菩提
菩薩應離一切諸相發阿耨多羅三藐三菩提
心不應住色生心不應住聲香味觸法生心
應生无所住心若心有住則為非住是故佛
說菩薩心不應住色布施須菩提菩薩為利
益一切衆生應如是布施如来說一切諸相
即是非相又說一切衆生則非衆生
須菩提如来是真語者實語者如語者不誑
語者不異語者須菩提如来所得法此法无
實无虛
須菩提若菩薩心住於法而行布施如人入
闇則无所見若菩薩心不住法而行布施如
人有目日光明照見種種色
須菩提當来之世若有善男子善女人能於
此經受持讀誦則為如来以佛智慧悉知是
人悉見是人皆得成就无量无邊功德
須菩提若有善男子善女人初日分以恒河
沙等身布施中日分復以恒河沙等身布施
後日分亦以恒河沙等身布施如是无量百
千万億劫以身布施若復有人聞此經典信
心不逆其福勝彼何况書寫受持讀誦為人
解說
須菩提以要言之是經有不可思議不可稱
量无邊功德如来為發大乘者說為發最上
乘者說若有人能受持讀誦廣為人說如来
悉知是人悉見是人皆得成就不可量不可稱

BD05156 號　金剛般若波羅蜜經　（6–2）

心不逆其福勝彼何况書寫受持讀誦為人
解說
須菩提以要言之是經有不可思議不可稱
量无邊功德如来為發大乘者說為發最上
乘者說若有人能受持讀誦廣為人說如来
悉知是人悉見是人皆得成就不可量不可稱
无有邊不可思議功德如是人等則為荷
擔如来阿耨多羅三藐三菩提何以故須菩
提若樂小法者著我見人見衆生見壽者見
則於此經不能聽受讀誦為人解說須菩提
在在處處若有此經一切世間天人阿脩羅
所應供養當知此處則為是塔皆應恭敬作
礼圍遶以諸香而散其處
復次須菩提善男子善女人受持讀誦此經
若為人輕賤是人先世罪業應墮惡道以今
世人輕賤故先世罪業則為消滅當得阿耨
多羅三藐三菩提須菩提我念過去无量阿
僧祇劫於然燈佛前得值八百四千万億那
由他諸佛悉皆供養承事无空過者若復有
人於後末世能受持讀誦此經所得功德於
我所供養諸佛功德百分不及一千万億分
乃至筭數譬喻所不能及須菩提若善男子
善女人於後末世有受持讀誦此經所得功
德我若具說者或有人聞心則狂亂狐疑不
信須菩提當知是經義不可思議果報亦不
可思議

BD05156 號　金剛般若波羅蜜經　（6–3）

人於後末世能受持讀誦此經所得功德於
我所供養諸佛功德百分不及一千万億分
乃至筭數譬喻所不能及須菩提若善男子
善女人於後末世有受持讀誦此經所得功
德我若具說者或有人聞心則狂亂狐疑不
信須菩提當知是經義不可思議果報亦不
可思議
尒時須菩提白佛言世尊善男子善女人發
阿耨多羅三藐三菩提心云何應住云何降伏其
心佛告須菩提善男子善女人發阿耨多
羅三藐三菩提者當生如是心我應滅度一
切衆生滅度一切衆生已而无有一衆生實
滅度者何以故若菩薩有我相人相衆生相
壽者相則非菩薩所以者何須菩提實无有
法發阿耨多羅三藐三菩提者
須菩提於意云何如来於然燈佛所有法得
阿耨多羅三藐三菩提不不也世尊如我解
佛所說義佛於然燈佛所无有法得阿耨多
羅三藐三菩提佛言如是如是須菩提實无
有法如来得阿耨多羅三藐三菩提須菩提
若有法如来得阿耨多羅三藐三菩提者然
燈佛則不與我受記汝於来世當得作佛号
釋迦牟尼以實无有法得阿耨多羅三藐三
菩提是故然燈佛與我受記作如是言汝於来
世當得作佛号釋迦牟尼何以故如来者即諸

若有法如来得阿耨多羅三藐三菩提者然
燈佛則不與我受記汝於来世當得作佛号
釋迦牟尼以實无有法得阿耨多羅三藐三
菩提是故然燈佛與我受記作如是言汝於来
世當得作佛号釋迦牟尼何以故如来者即諸
法如義若有人言如来得阿耨多羅三藐三
菩提須菩提實无有法佛得阿耨多羅三藐
三菩提須菩提如来所得阿耨多羅三藐三
菩提於是中无實无虛是故如来說一切法
皆是佛法須菩提所言一切法者即非一切
法是故名一切法
須菩提譬如人身長大須菩提言世尊如来
說人身長大則為非大身是名大身
須菩提菩薩亦如是若作是言我當滅度无
量衆生則不名菩薩何以故須菩提實无有
法名為菩薩是故佛說一切法无我无人无
衆生无壽者須菩提若菩薩作是言我當
莊嚴佛土是不名菩薩何以故如来說莊嚴佛
土者即非莊嚴是名莊嚴須菩提若菩薩通
達无我法者如来說名真是菩薩
須菩提於意云何如来有肉眼不如是世尊
如来有肉眼須菩提於意云何如来有天眼
不如是世尊如来有天眼須菩提於意云
何如来有慧眼不如是世尊如来有慧眼須菩
提於意云何如来有法眼不如是世尊如来
有法眼須菩提於意云何如来有佛眼不如
是世尊如来有佛眼須菩提於意云何

達无我法者如来說名真是菩薩
須菩提於意云何如来有肉眼不如是世尊
如来有肉眼須菩提於意云何如来有天眼
不如是世尊如来有天眼須菩提於意云
何如来有慧眼不如是世尊如来有慧眼須菩
提於意云何如来有法眼不如是世尊如来
有法眼須菩提於意云何如来有佛眼不如
是世尊如来有佛眼須菩提於意云何如恒河
中所有沙佛說是沙不如是世尊如来說是
沙須菩提於意云何如一恒河中所有沙有
如是等恒河是諸恒河所有沙數佛世界如
是寧為多不甚多世尊佛告須菩提尒所
國土中所有衆生若干種心如来悉知何以故
如来說諸心皆為非心是名為心所以者何
須菩提過去心不可得現在心不可得未来
心不可得須菩提於意云何若有人滿三千
大千世界七寶以用布施是人以是因緣得
福多不如是世尊此人以是因緣得福甚多
須菩提若福德有實如来不說得福德多以
福德无故如来說得福德多
須菩提於意云何佛可以具足色身見不不
也世尊如来不應以具足色身見何以故如
来說具足色身即非具足色身是名具足色

BD05156 號　金剛般若波羅蜜經　（6–6）

佛世尊其佛以恒河沙等三千大千世界為
一佛土七寶為地地平如掌无有山陵谿澗
溝壑七寶臺觀充滿其中諸天宮殿近處虛
空人天交接兩得相見无諸惡道亦无女人
一切衆生皆以化生无有婬欲得大神通身
出光明飛行自在志念堅固精進智慧普皆
金色三十二相而自莊嚴其國衆生常以二
食一者法喜食二者禪悅食有无量阿僧祇
千万億那由他諸菩薩衆得大神通四无礙
智善能教化衆生之類其聲聞衆筭數校計
所不能知皆得具足六通三明及八解脫其
佛國土有如是等无量功德莊嚴成就劫名
寶明國名善淨其佛壽命无量阿僧祇劫法
住甚久佛滅度後起七寶塔遍滿其國尒時
世尊欲重宣此義而說偈言
諸比丘諦聽　佛子所行道　善學方便故　不可得思議
知衆樂小法　而畏於大智　是故諸菩薩　作聲聞緣覺
以无數方便　化諸衆生類　自說是聲聞　去佛道甚遠
度脫无量衆　皆悉得成就　雖小欲懈怠　漸當令作佛

BD05157 號　妙法蓮華經卷四　（15–1）

住甚久佛滅度後起七寶塔遍滿其國尒時
世尊欲重宣此義而說偈言
諸比丘諦聽　佛子所行道　善學方便故　不可得思議
知衆樂小法　而畏於大智　是故諸菩薩　作聲聞緣覺
以无數方便　化諸衆生類　自說是聲聞　去佛道甚遠
度脫无量衆　皆悉得成就　雖小欲懈怠　漸當令作佛
內祕菩薩行　外現是聲聞　小欲猒生死　實自淨佛土
示衆有三毒　又現邪見相　我弟子如是　方便度衆生
若我具足說　種種現化事　衆生聞是者　心則懷疑惑
今此富樓那　於昔千億佛　勤脩所行道　宣護諸佛法
為求无上慧　而於諸佛所　現居弟子上　多聞有智慧
所說无所畏　能令衆歡喜　未曾有疲惓　而以助佛事
已度大神通　具四无礙智　知衆根利鈍　常說清淨法
演暢如是義　教諸千億衆　令住大乘法　而自淨佛土
未來亦供養　无量无數佛　護助宣正法　亦自淨佛土
常以諸方便　說法无所畏　度不可計衆　成就一切智
供養諸如來　護持法寶藏　其後當作佛　号名曰法明
其國名善淨　七寶所合成　劫名為寶明　菩薩衆甚多
其數无量億　皆度大神通　威德力具足　充滿其國土
聲聞亦无數　三明八解脫　得四无礙智　以是等為僧
其國諸衆生　婬欲皆已斷　純一變化生　具相莊嚴身
法喜禪悅食　更无餘食想　无有諸女人　亦无諸惡道
富樓那比丘　功德悉成滿　當得斯淨土　賢聖衆甚多
如是无量事　我今但略說
尒時千二百阿羅漢心自在者作是念我等

其國諸衆生　婬欲皆已斷　純一變化生　具相莊嚴身
法喜禪悅食　更无餘食想　无有諸女人　亦无諸惡道
富樓那比丘　功德悉成滿　當得斯淨土　賢聖衆甚多
如是无量事　我今但略說
尒時千二百阿羅漢心自在者作是念我等
歡喜得未曾有若世尊各見授記如餘大弟
子者不亦快乎佛知此等心之所念告摩訶
迦葉是千二百阿羅漢我今當現前次第與
受阿耨多羅三藐三菩提記於此衆中我大
弟子憍陳如比丘當供養六万二千億佛然
後得成為佛号曰普明如來應供正遍知明
行足善逝世間解无上士調御丈夫天人師
佛世尊其五百阿羅漢優樓頻螺迦葉伽耶
迦葉那提迦葉迦留陁夷優陁夷阿㝹樓䭾
離波多劫賓那薄拘羅周陁莎伽陁等皆當
得阿耨多羅三藐三菩提盡同一号名曰普
明尒時世尊欲重宣此義而說偈言
憍陳如比丘　當見无量佛　過阿僧祇劫　乃成等正覺
常放大光明　具足諸神通　名聞遍十方　一切之所敬
常說无上道　故号為普明　其國土清淨　菩薩皆勇猛
咸昇妙樓閣　遊諸十方國　以无上供養　奉獻於諸佛
作是供養已　心懷大歡喜　須臾還本國　有如是神力
佛壽六万劫　正法住倍壽　像法復倍是　法滅天人憂
其五百比丘　次第當作佛　同号曰普明　轉次而授記
我滅度之後　某甲當作佛　其所化世間　亦如我今日

常說无上道　故号為普明　其國土清淨　菩薩皆勇猛
咸昇妙樓閣　遊諸十方國　以无上供養　奉獻於諸佛
作是供養已　心懷大歡喜　須臾還本國　有如是神力
佛壽六万劫　正法住倍壽　像法復倍是　法滅天人憂
其五百比丘　次第當作佛　同号曰普明　轉次而授記
我滅度之後　某甲當作佛　其所化世間　亦如我今日
國土之嚴淨　及諸神通力　菩薩聲聞衆　正法及像法
壽命劫多少　皆如上所說　迦葉汝已知　五百自在者
餘諸聲聞衆　亦當復如是　其不在此會　汝當為宣說
尒時五百阿羅漢於佛前得受記已歡喜踊
躍即從座起到於佛前頭面礼足悔過自責
世尊我等常作是念自謂已得究竟滅度今
乃知之如无智者所以者何我等應得如来
智慧而便自以小智為足世尊譬如有人至
親友家醉酒而卧是時親友官事當行以无
價寶珠繫其衣裏與之而去其人醉卧都不
覺知起已遊行到於他國為衣食故勤力求
索甚大艱難若少有所得便以為足於後親
友會遇見之而作是言咄哉丈夫何為衣食
乃至如是我昔欲令汝得安樂五欲自恣於
某年日月以无價寶珠繫汝衣裏今故現在
而汝不知勤苦憂惱以求自活甚為癡也汝
今可以此寶貿易所須常可如意无所乏短
佛亦如是為菩薩時教化我等令發一切智
心而尋廢忘不知不覺既得阿羅漢道自謂
滅度資生艱難得少為足一切智願猶在不

BD05157號　妙法蓮華經卷四　（15–4）

而汝不知勤苦憂惱以求自活甚為癡也汝
今可以此寶貿易所須常可如意无所乏短
佛亦如是為菩薩時教化我等令發一切智
心而尋廢忘不知不覺既得阿羅漢道自謂
滅度資生艱難得少為足一切智願猶在不
失今者世尊覺悟我等作如是言諸比丘汝
等所得非究竟滅我久令汝等種佛善根以
方便故示涅槃相而汝謂為實得滅度世尊
我今乃知實是菩薩得受阿耨多羅三藐三
菩提記以是因緣甚大歡喜得未曾有尒時
阿若憍陳如等欲重宣此義而說偈言
我等聞无上　安隱授記聲　歡喜未曾有　礼无量智佛
今於世尊前　自悔諸過咎　於无量佛寶　得少涅槃分
如无智愚人　便自以為足　譬如貧窮人　往至親友家
其家甚大富　具設諸餚饍　以无價寶珠　繫著內衣裏
嘿與而捨去　時卧不覺知　是人既已起　遊行詣他國
求衣食自濟　資生甚艱難　得少便為足　更不願好者
不覺內衣裏　有无價寶珠　與珠之親友　後見此貧人
苦切責之已　示以所繫珠　貧人見此珠　其心大歡喜
富有諸財物　五欲而自恣　我等亦如是　世尊於長夜
常愍見教化　令種无上願　我等无智故　不覺亦不知
得少涅槃分　自足不求餘　今佛覺悟我　言非實滅度
得佛无上慧　尒乃為真滅　我今從佛聞　受記莊嚴事
及轉次受決　身心遍歡喜
妙法蓮華經授學无學人記品第九

BD05157號　妙法蓮華經卷四　（15–5）

當有諸財物　五欲而自恣　我等亦如是　世尊於長夜
常愍見教化　令種无上願　我等无智故　不覺亦不知
得少涅槃分　自足不求餘　今佛覺悟我　言非實滅度
得佛无上慧　尒乃為真滅　我今從佛聞　受記莊嚴事
及轉次受決　身心遍歡喜

妙法蓮華経授學无學人記品第九

尒時阿難羅睺羅而作是念我等每自思惟
設得受記不亦快乎即從座起到於佛前頭
面礼足俱白佛言世尊我等於此亦應有分
唯有如來我等所歸又我等為一切世間天
人阿脩羅所見知識阿難常為侍者護持法
藏羅睺羅是佛之子若佛見授阿耨多羅三
藐三菩提記者我願既滿衆望亦足尒時學
无學聲聞弟子二千人皆從座起偏袒右肩
到於佛前一心合掌瞻仰世尊如阿難羅睺
羅所願住立一面尒時佛告阿難汝於來世
當得作佛号山海慧自在通王如來應供正
遍知明行足善逝世間解无上士調御丈夫
天人師佛世尊當供養六十二億諸佛護持
法藏然後得阿耨多羅三藐三菩提教化二
十千万億恒河沙諸菩薩等令成阿耨多羅
三藐三菩提國名常立勝幡其土清淨瑠璃為
地劫名妙音遍滿其佛壽命无量千万億
阿僧祇劫若人於千万億无量阿僧祇劫中
筭數校計不能得知正法住世倍於壽命像

十千万億恒河沙諸菩薩等令成阿耨多羅
三藐三菩提國名常立勝幡其土清淨瑠璃為
地劫名妙音遍滿其佛壽命无量千万億
阿僧祇劫若人於千万億无量阿僧祇劫中
筭數校計不能得知正法住世倍於壽命像
法住世復倍正法阿難是山海慧自在通王
佛為十方无量千万億恒河沙等諸佛如來
所共讚歎稱其功德尒時世尊欲重宣此義
而說偈言
我今僧中說　阿難持法者　當供養諸佛　然後成正覺
号曰山海慧　自在通王佛　其國土清淨　名常立勝幡
教化諸菩薩　其數如恒沙　佛有大威德　名聞滿十方
壽命无有量　以愍衆生故　正法倍壽命　像法復倍是
如恒河沙等　无數諸衆生　於此佛法中　種佛道因緣
尒時會中新發意菩薩八千人咸作是念我
等尚不聞諸大菩薩得如是記有何因緣而
諸聲聞得如是決尒時世尊知諸菩薩心之
所念而告之曰諸善男子我與阿難等於空
王佛所同時發阿耨多羅三藐三菩提心阿
難常樂多聞我常勤精進是故我已得成阿
耨多羅三藐三菩提而阿難護持我法亦護
將來諸佛法藏教化成就諸菩薩衆其本願
如是故獲斯記阿難面於佛前自聞受記及
國土莊嚴所願具足心大歡喜得未曾有即時

難常樂多聞我常勤精進是故我已得成阿
耨多羅三藐三菩提而阿難護持我法亦護
將來諸佛法藏教化成就諸菩薩衆其本願
如是故獲斯記阿難面於佛前自聞受記及
國土莊嚴所願具足心大歡喜得未曾有即時
憶念過去无量千万億諸佛法藏通達无
礙如今所聞亦識本願尒時阿難而說偈言
世尊甚希有　令我念過去　无量諸佛法　如今日所聞
我今无復疑　安住於佛道　方便為侍者　護持諸佛法
尒時佛告羅睺羅汝於來世當得作佛号蹈
七寶華如來應供正遍知明行足善逝世間
解无上士調御丈夫天人師佛世尊當供養
十世界微塵等數諸佛如來常為諸佛而作
長子猶如今也是蹈七寶華佛國土莊嚴壽
命劫數所化弟子正法像法亦如山海慧自
在通王如來无異亦為此佛而作長子過是
已後當得阿耨多羅三藐三菩提尒時世尊
欲重宣此義而說偈言
我為太子時　羅睺為長子　我今成佛道　受法為法子
於未來世中　見无量億佛　皆為其長子　一心求佛道
羅睺羅密行　唯我能知之　現為我長子　以示諸衆生
无量億千万　功德不可數　安住於佛法　以求无上道
尒時世尊見學无學二千人其意柔軟寂然
清淨一心觀佛佛告阿難汝見是學无學二
千人不唯然已見阿難是諸人等當供養五

BD05157號　妙法蓮華經卷四　（15–8）

於未來世中　見无量億佛　皆為其長子　一心求佛道
羅睺羅密行　唯我能知之　現為我長子　以示諸衆生
无量億千万　功德不可數　安住於佛法　以求无上道
尒時世尊見學无學二千人其意柔軟寂然
清淨一心觀佛佛告阿難汝見是學无學二
千人不唯然已見阿難是諸人等當供養五
十世界微塵數諸佛如來恭敬尊重護持法
藏末後同時於十方國各得成佛皆同一号
名曰寶相如來應供正遍知明行足善逝世
間解无上士調御丈夫天人師佛世尊壽命
一劫國土莊嚴聲聞菩薩正法像法皆悉同
等尒時世尊欲重宣此義而說偈言
是二千聲聞　今於我前住　悉皆與授記　未來當成佛
所供養諸佛　如上說塵數　護持其法藏　後當成正覺
各於十方國　悉同一名号　俱時坐道場　以證无上慧
皆名為寶相　國土及弟子　正法與像法　悉等无有異
咸以諸神通　度十方衆生　名聞普周遍　漸入於涅槃
尒時學无學二千人聞佛授記歡喜踊躍而
說偈言
世尊慧燈明　我聞授記音　心歡喜充滿　如甘露見灌
妙法蓮華經法師品第十
尒時世尊因藥王菩薩告八万大士藥王汝
見是大衆中无量諸天龍王夜叉乾闥婆阿
脩羅迦樓羅緊那羅摩睺羅伽人與非人及
比丘比丘尼優婆塞優婆夷求聲聞者求辟

BD05157號　妙法蓮華經卷四　（15–9）

妙法蓮華經法師品第十
爾時世尊因藥王菩薩告八万大士藥王汝
見是大衆中无量諸天龍王夜叉乾闥婆阿
脩羅迦樓羅緊那羅摩睺羅伽人與非人及
比丘比丘尼優婆塞優婆夷求聲聞者求辟
支佛者求佛道者如是等類咸於佛前聞妙
法華經一偈一句乃至一念隨喜者我皆與
授記當得阿耨多羅三藐三菩提佛告藥王
又如來滅度之後若有人聞妙法華經乃至
一偈一句一念隨喜者我亦與授阿耨多羅
三藐三菩提記若復有人受持讀誦解說書
寫妙法華經乃至一偈於此經卷敬視如佛
種種供養華香瓔珞末香塗香燒香繒蓋幢
幡衣服妓樂乃至合掌恭敬藥王當知是諸
人等已曾供養十万億佛於諸佛所成就大
願愍衆生故生此人間藥王若有人問何等
衆生於未來世當得作佛應示是諸人等於
未來世必得作佛何以故若善男子善女人
於法華經乃至一句受持讀誦解說書寫種
種供養經卷華香瓔珞末香塗香燒香繒蓋
幢幡衣服妓樂合掌恭敬是人一切世間所
應瞻奉應以如來供養而供養之當知此人
是大菩薩成就阿耨多羅三藐三菩提哀愍
衆生願生此間廣演分別妙法華經何況盡
能受持種種供養者藥王當知是人自捨清

種供養經卷華香瓔珞末香塗香燒香繒蓋
幢幡衣服妓樂合掌恭敬是人一切世間所
應瞻奉應以如來供養而供養之當知此人
是大菩薩成就阿耨多羅三藐三菩提哀愍
衆生願生此間廣演分別妙法華經何況盡
能受持種種供養者藥王當知是人自捨清
淨業報於我滅度後愍衆生故生於惡世廣
演此經若是善男子善女人我滅度後能竊
為一人說法華經乃至一句當知是人則如來
使如來所遣行如來事何況於大衆中廣
為人說藥王若有惡人以不善心於一劫中
現於佛前常毀罵佛其罪尚輕若人以一惡
言毀呰在家出家讀誦法華經者其罪甚重
藥王其有讀誦法華經者當知是人以佛莊
嚴而自莊嚴則為如來肩所荷擔其所至方
應隨向礼一心合掌恭敬供養尊重讚歎華
香瓔珞末香塗香燒香繒蓋幢幡衣服餚饌
作諸妓樂人中上供而供養之應持天寶而以
散之天上寶聚應以奉獻所以者何是人
歡喜說法須臾聞之即得究竟阿耨多羅三藐
三菩提故爾時世尊欲重宣此義而說偈言
若欲住佛道　成就自然智　常當勤供養　受持法華者
其有欲疾得　一切種智慧　當受持是經　并供養持者
若有能受持　妙法華經者　當知佛所使　愍念諸衆生
諸有能受持　妙法華經者　捨於清淨土　愍衆故生此

歡喜說法須臾聞之即得究竟阿耨多羅三藐
三菩提故尒時世尊欲重宣此義而說偈言
若欲住佛道　成就自然智　常當勤供養　受持法華者
其有欲疾得　一切種智慧　當受持是經　并供養持者
若有能受持　妙法華經者　當知佛所使　愍念諸衆生
諸有能受持　妙法華經者　捨於清淨土　愍衆故生此
當知如是人　自在所欲生　能於此惡世　廣說无上法
應以天華香　及天寶衣服　天上妙寶聚　供養說法者
吾滅後惡世　能持是經者　當合掌礼敬　如供養世尊
上饌衆甘美　及種種衣服　供養是佛子　兾得須臾聞
若能於後世　受持是經者　我遣在人中　行於如來事
若於一劫中　常懷不善心　作色而罵佛　獲无量重罪
其有讀誦持　是法華經者　須臾加惡言　其罪復過彼
有人求佛道　而於一劫中　合掌在我前　以无數偈讚
由是讚佛故　得无量功德　歎美持經者　其福復過彼
於八十億劫　以最妙色聲　及與香味觸　供養持經者
如是供養已　若得須臾聞　則應自欣慶　我今獲大利
藥王今告汝　我所說諸經　而於此經中　法華最第一
尒時佛復告藥王菩薩摩訶薩我所說經典
无量千億已說今說當說而於其中此法華
經最為難信難解藥王此經是諸佛祕要之
藏不可分布妄授與人諸佛世尊之所守護
從昔已來未曾顯說而此經者如來現在猶
多怨嫉況滅度後藥王當知如來滅後其能
書持讀誦供養為他人說者如來則為以衣

BD05157號　妙法蓮華經卷四　（15–12）

藥王今告汝　我所說諸經　而於此經中　法華最第一
尒時佛復告藥王菩薩摩訶薩我所說經典
无量千億已說今說當說而於其中此法華
經最為難信難解藥王此經是諸佛祕要之
藏不可分布妄授與人諸佛世尊之所守護
從昔已來未曾顯說而此經者如來現在猶
多怨嫉況滅度後藥王當知如來滅後其能
書持讀誦供養為他人說者如來則為以衣
覆之又為他方現在諸佛之所護念是人有
大信力及志願力諸善根力當知是人與如
來共宿則為如來手摩其頭藥王在在處處
若說若讀若誦若書若經卷所住之處皆應
起七寶塔極令高廣嚴飾不須復安舍利所以
者何此中已有如來全身此塔應以一切華
香瓔珞繒蓋幢幡妓樂歌頌供養恭敬尊重
讚歎若有人得見此塔礼拜供養當知是等
皆近阿耨多羅三藐三菩提藥王多有人在
家出家行菩薩道若不能得見聞讀誦書持
供養是法華經者當知是人未善行菩薩道
若有得聞是經典者乃能善行菩薩之道其
有衆生求佛道者若見若聞是法華經聞已
信解受持者當知是人得近阿耨多羅三藐
三菩提藥王譬如有人渴乏須水於彼高原
穿鑿求之猶見乾土知水尚遠施功不已轉
見濕土遂漸至泥其心決定知水必近菩薩

BD05157號　妙法蓮華經卷四　（15–13）

若有得聞是經典者乃能善行菩薩之道其
有衆生求佛道者若見若聞是法華經聞已
信解受持者當知是人得近阿耨多羅三藐
三菩提藥王譬如有人渴乏須水於彼高原
穿鑿求之猶見乾土知水尚遠施功不已轉
見濕土遂漸至泥其心決定知水必近菩薩
亦復如是若未聞未解未能修習是法華經
當知是人去阿耨多羅三藐三菩提尚遠若
得聞解思惟修習必知得近阿耨多羅三藐
三菩提所以者何一切菩薩阿耨多羅三藐
三菩提皆屬此經此經開方便門示真實相
是法華經藏深固幽遠无人能到今佛教化
成就菩薩而為開示藥王若有菩薩聞是法
華經驚疑怖畏當知是為新發意菩薩若聲
聞人聞是經驚疑怖畏當知是為增上慢者
藥王若有善男子善女人如來滅後欲為四
衆說是法華經者云何應說是善男子善女
人入如來室著如來衣坐如來座尒乃應為
四衆廣說斯經如來室者一切衆生中大慈
悲心是如來衣者柔和忍辱心是如來座者
一切法空是安住是中然後以不懈怠心為
諸菩薩及四衆廣說是法華經藥王我於餘
國遣化人為其集聽法衆亦遣化比丘比丘
尼優婆塞優婆夷聽其說法是諸化人聞法
信受隨順不逆若說法者在空閑處我時廣

BD05157號　妙法蓮華經卷四　（15–14）

成就菩薩而為開示藥王若有菩薩聞是法
華經驚疑怖畏當知是為新發意菩薩若聲
聞人聞是經驚疑怖畏當知是為增上慢者
藥王若有善男子善女人如來滅後欲為四
衆說是法華經者云何應說是善男子善女
人入如來室著如來衣坐如來座尒乃應為
四衆廣說斯經如來室者一切衆生中大慈
悲心是如來衣者柔和忍辱心是如來座者
一切法空是安住是中然後以不懈怠心為
諸菩薩及四衆廣說是法華經藥王我於餘
國遣化人為其集聽法衆亦遣化比丘比丘
尼優婆塞優婆夷聽其說法是諸化人聞法
信受隨順不逆若說法者在空閑處我時廣
遣天龍鬼神乾闥婆阿修羅等聽其說法我
雖在異國時時令說法者得見我身若於此
經忘失句逗我還為說令得具足尒時世尊
欲重宣此義而說偈言
欲捨諸懈怠　應當聽此經　是經難得聞　信受者亦難

BD05157號　妙法蓮華經卷四　（15–15）

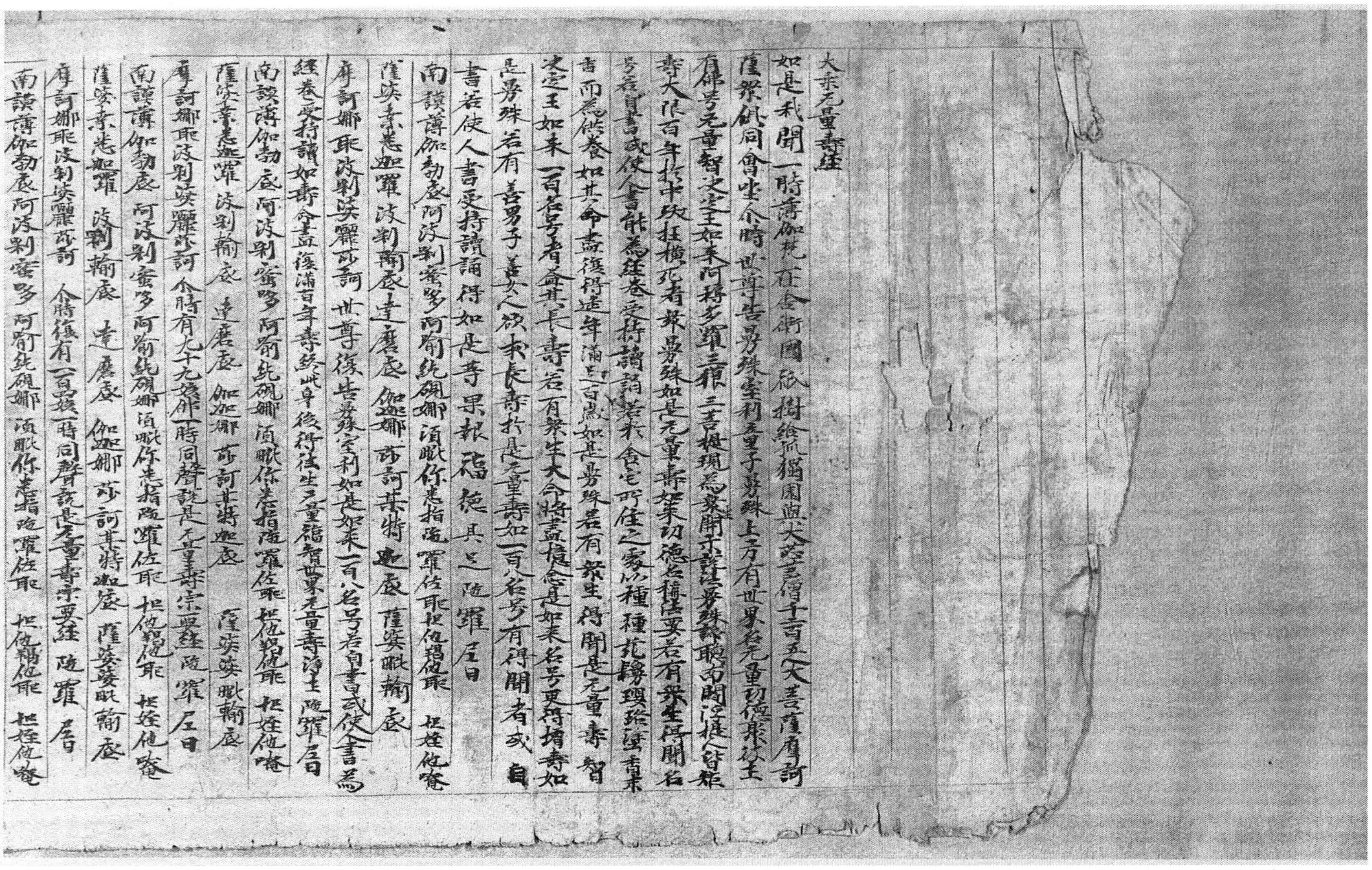

大乘无量壽經
如是我聞一時薄伽梵在舍衛國祇樹給孤獨園與大苾芻僧千二百五十人大菩薩摩訶
薩衆俱同會坐尒時世尊告曼殊室利童子曼殊上方有世界名無量功德聚彼土
有佛号无量智決定王如來阿羅訶三藐三佛陀現爲衆開示說法曼殊聽南閻浮提人皆短
壽大限百年於中夭枉橫死者衆曼殊如是无量壽如來功德名稱法要若有衆生得聞名
号若自書或使人書能爲經卷受持讀誦若於舍宅所住之處以種種花鬘瓔珞塗香末
香而爲供養如其命盡復得延年滿於百歲如是曼殊若有衆生得聞是无量壽智
決定王如來一百八名号者益其長壽若有衆生大命將盡憶念是如來名号更得增壽如
是曼殊若有善男子善女人欲求長壽於是无量壽如來一百八名号有得聞者或自
書若使人書受持讀誦得如是等果報福德具足 陁羅尼曰
南謨薄伽勃底阿波唎蜜多阿喻紇硯娜須毗你悉指陁囉佐耶怛他羯他耶 怛姪他唵
薩婆桑悉迦囉 波唎輸底 達磨底 伽伽娜 莎訶莾揭底 薩婆婆毗輸底
摩訶娜耶波唎婆囉莎訶 世尊復告曼殊室利如是如來一百八名号若自書或使人書爲
經卷受持讀誦如壽命盡復滿百年壽終之後得往生无量福智世界无量壽淨土 陁羅尼曰
南謨薄伽勃底阿波唎蜜多阿喻紇硯娜須毗你悉指陁囉佐耶怛他羯他耶 怛姪他唵
薩婆桑悉迦囉 波唎輸底 達磨底 伽伽娜 莎訶莾揭底 薩婆婆毗輸底
摩訶娜耶波唎婆囉莎訶 尒時有九十九俱胝佛一時同聲說是无量壽宗要經 陁羅尼曰
南謨薄伽勃底阿波唎蜜多阿喻紇硯娜須毗你悉指陁囉佐耶怛他羯他耶 怛姪他唵
薩婆桑悉迦囉 波唎輸底 達磨底 伽伽娜 莎訶莾揭底 薩婆婆毗輸底
摩訶娜耶波唎婆囉莎訶 尒時復有一百四俱胝佛一時同聲說是无量壽宗要經 陁羅尼曰
南謨薄伽勃底阿波唎蜜多阿喻紇硯娜須毗你悉指陁囉佐耶怛他羯他耶 怛姪他唵

BD05158 號　無量壽宗要經　（5–1）

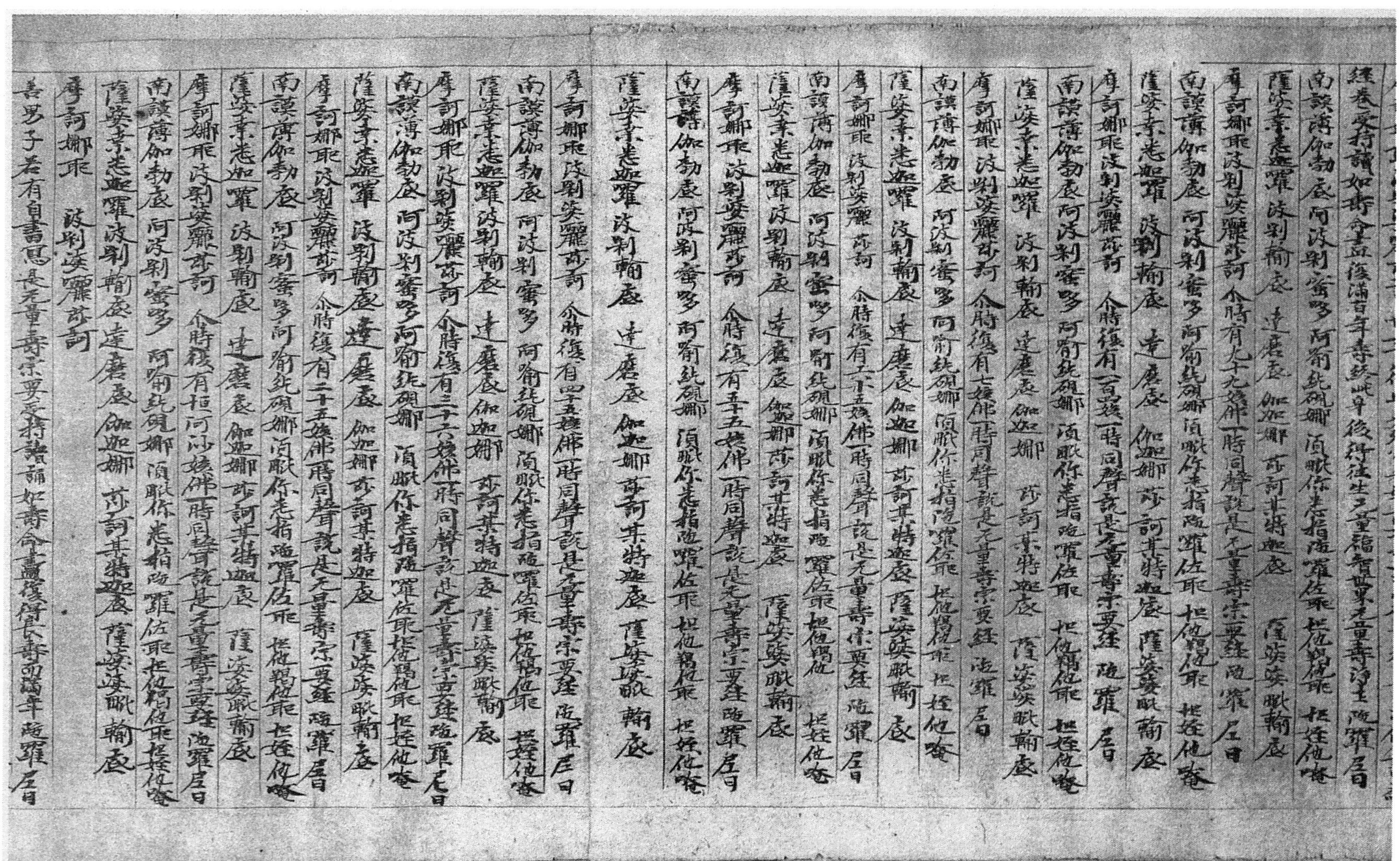

經卷受持讀誦如壽命盡復滿百年壽終之後得往生无量福智世界无量壽淨土 陁羅尼曰
南謨薄伽勃底阿波唎蜜多阿喻紇硯娜須毗你悉指陁囉佐耶怛他羯他耶 怛姪他唵
薩婆桑悉迦囉 波唎輸底 達磨底 伽伽娜 莎訶莾揭底 薩婆婆毗輸底
摩訶娜耶波唎婆囉莎訶 尒時有九十九俱胝佛一時同聲說是无量壽宗要經 陁羅尼曰
南謨薄伽勃底阿波唎蜜多阿喻紇硯娜須毗你悉指陁囉佐耶怛他羯他耶 怛姪他唵
薩婆桑悉迦囉 波唎輸底 達磨底 伽伽娜 莎訶莾揭底 薩婆婆毗輸底
摩訶娜耶波唎婆囉莎訶 尒時復有一百四俱胝佛一時同聲說是无量壽宗要經 陁羅尼曰
南謨薄伽勃底阿波唎蜜多阿喻紇硯娜須毗你悉指陁囉佐耶怛他羯他耶 怛姪他唵
薩婆桑悉迦囉 波唎輸底 達磨底 伽伽娜 莎訶莾揭底 薩婆婆毗輸底
摩訶娜耶波唎婆囉莎訶 尒時復有七俱胝佛一時同聲說是无量壽宗要經 陁羅尼曰
南謨薄伽勃底阿波唎蜜多阿喻紇硯娜須毗你悉指陁囉佐耶怛他羯他耶 怛姪他唵
薩婆桑悉迦囉 波唎輸底 達磨底 伽伽娜 莎訶莾揭底 薩婆婆毗輸底
摩訶娜耶波唎婆囉莎訶 尒時復有六十五俱胝佛一時同聲說是无量壽宗要經 陁羅尼曰
南謨薄伽勃底阿波唎蜜多阿喻紇硯娜須毗你悉指陁囉佐耶怛他羯他耶 怛姪他唵
薩婆桑悉迦囉 波唎輸底 達磨底 伽伽娜 莎訶莾揭底 薩婆婆毗輸底
摩訶娜耶波唎婆囉莎訶 尒時復有五十五俱胝佛一時同聲說是无量壽宗要經 陁羅尼曰
南謨薄伽勃底阿波唎蜜多阿喻紇硯娜須毗你悉指陁囉佐耶怛他羯他耶 怛姪他唵
薩婆桑悉迦囉 波唎輸底 達磨底 伽伽娜 莎訶莾揭底 薩婆婆毗輸底
摩訶娜耶波唎婆囉莎訶 尒時復有四十五俱胝佛一時同聲說是无量壽宗要經 陁羅尼曰
南謨薄伽勃底阿波唎蜜多阿喻紇硯娜須毗你悉指陁囉佐耶怛他羯他耶 怛姪他唵
薩婆桑悉迦囉 波唎輸底 達磨底 伽伽娜 莎訶莾揭底 薩婆婆毗輸底
摩訶娜耶波唎婆囉莎訶 尒時復有三十六俱胝佛一時同聲說是无量壽宗要經 陁羅尼曰
南謨薄伽勃底阿波唎蜜多阿喻紇硯娜須毗你悉指陁囉佐耶怛他羯他耶 怛姪他唵
薩婆桑悉迦囉 波唎輸底 達磨底 伽伽娜 莎訶莾揭底 薩婆婆毗輸底
摩訶娜耶波唎婆囉莎訶 尒時復有二十五俱胝佛一時同聲說是无量壽宗要經 陁羅尼曰
南謨薄伽勃底阿波唎蜜多阿喻紇硯娜須毗你悉指陁囉佐耶怛他羯他耶 怛姪他唵
薩婆桑悉迦囉 波唎輸底 達磨底 伽伽娜 莎訶莾揭底 薩婆婆毗輸底
摩訶娜耶波唎婆囉莎訶 尒時復有恒河沙俱胝佛一時同聲說是无量壽宗要經 陁羅尼曰
南謨薄伽勃底阿波唎蜜多阿喻紇硯娜須毗你悉指陁囉佐耶怛他羯他耶 怛姪他唵
薩婆桑悉迦囉 波唎輸底 達磨底 伽伽娜 莎訶莾揭底 薩婆婆毗輸底
摩訶娜耶 波唎婆囉莎訶
善男子若有自書寫是无量壽宗要經受持讀誦如壽命盡復得長壽而滿百年 陁羅尼曰

BD05158 號　無量壽宗要經　（5–2）

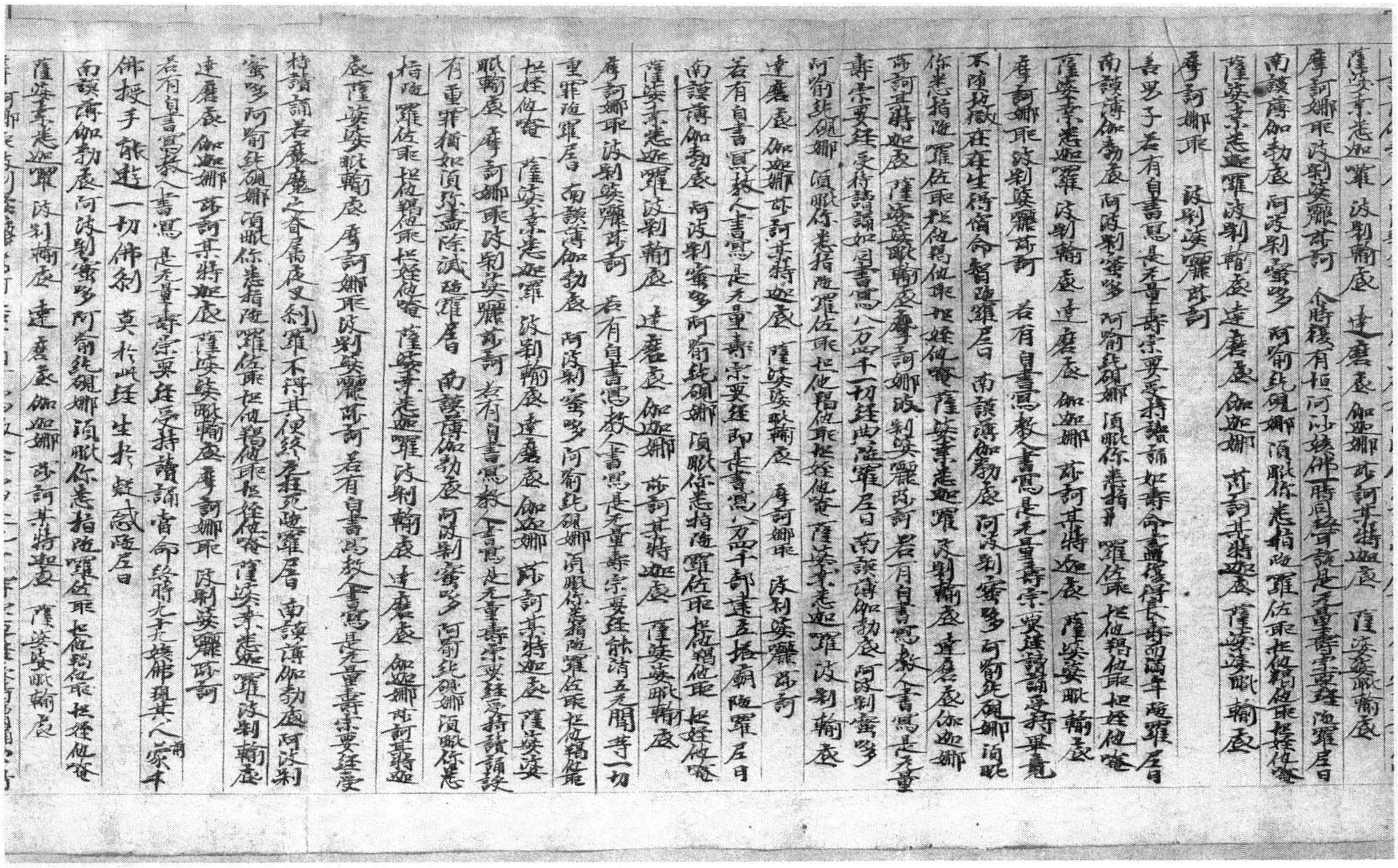

薩婆桑悉迦羅 波唎輸底 達磨底 伽伽那 莎訶三牟特迦底 薩婆婆毗輸底
摩訶娜耶 波唎婆囉莎訶 今時復有恒河沙數佛一時同聲說是无量壽宗要經 陀羅尼曰
南謨薄伽勃底 阿波唎蜜多 阿喻紇硯娜 須毗你失指陀 囉佐耶 怛他羯他耶 怛姪他唵
薩婆桑悉迦羅 波唎輸底 達磨底 伽伽那 莎訶三牟特迦底 薩婆婆毗輸底
摩訶娜耶 波唎婆囉莎訶
善男子若有自書寫是无量壽宗要經受持讀誦 如壽命盡復得長壽而滿百年 陀羅尼曰
南謨薄伽勃底 阿波唎蜜多 阿喻紇硯娜 須毗你失指 囉佐耶 怛他羯他耶 怛姪他唵
薩婆桑悉迦羅 波唎輸底 達磨底 伽伽那 莎訶三牟特迦底 薩婆婆毗輸底
摩訶娜耶 波唎婆囉莎訶 若有自書寫教人書寫是无量壽宗要經讀誦受持畢竟
不墮地獄 在在生得宿命智 陀羅尼曰 南謨薄伽勃底 阿波唎蜜多 阿喻紇硯娜 須毗
你失指陀 囉佐耶 怛他羯他耶 怛姪他唵 薩婆桑悉迦羅 波唎輸底 達磨底 伽伽娜
莎訶三牟特迦底 薩婆婆毗輸底 摩訶娜耶 波唎婆囉莎訶 若有自書寫教人書寫是无量
壽宗要經受持讀誦如同書寫八万四千一切經典 陀羅尼曰 南謨薄伽勃底 阿波唎蜜多
阿喻紇硯娜 須毗你失指陀 囉佐耶 怛他羯他耶 怛姪他唵 薩婆桑悉迦羅 波唎輸底
達磨底 伽伽娜 莎訶三牟特迦底 薩婆婆毗輸底 摩訶娜耶 波唎婆囉莎訶
若有自書寫教人書寫是无量壽宗要經 即是書寫八万四千部 建立塔廟 陀羅尼曰
南謨薄伽勃底 阿波唎蜜多 阿喻紇硯娜 須毗你失指陀 囉佐耶 怛他羯他耶 怛姪他唵
薩婆桑悉迦羅 波唎輸底 達磨底 伽伽娜 莎訶三牟特迦底 薩婆婆毗輸底
摩訶娜耶 波唎婆囉莎訶 若有自書寫教人書寫是无量壽宗要經 能消五无間等一切
重罪 陀羅尼曰 南謨薄伽勃底 阿波唎蜜多 阿喻紇硯娜 須毗你失指陀 囉佐耶 怛他羯他耶
怛姪他唵 薩婆桑悉迦羅 波唎輸底 達磨底 伽伽娜 莎訶三牟特迦底 薩婆婆
毗輸底 摩訶娜耶 波唎婆囉莎訶 若有自書寫教人書寫是无量壽宗要經受持讀誦
有重罪積如須彌盡除滅 陀羅尼曰 南謨薄伽勃底 阿波唎蜜多 阿喻紇硯娜 須毗你失
指陀 囉佐耶 怛他羯他耶 怛姪他唵 薩婆桑悉迦羅 波唎輸底 達磨底 伽伽娜 莎訶三牟特迦
底 薩婆婆毗輸底 摩訶娜耶 波唎婆囉莎訶 若有自書寫教人書寫是无量壽宗要經受
持讀誦 若魔魔之眷屬夜叉羅剎不得其便 終无橫死 陀羅尼曰 南謨薄伽勃底 阿波唎
蜜多 阿喻紇硯娜 須毗你失指陀 囉佐耶 怛他羯他耶 怛姪他唵 薩婆桑悉迦羅 波唎輸底
達磨底 伽伽娜 莎訶三牟特迦底 薩婆婆毗輸底 摩訶娜耶 波唎婆囉莎訶
若有自書寫教人書寫是无量壽宗要經受持讀誦 當命終時九十九姟佛現其人前來
佛授手 能遊一切佛剎 莫於此經生於疑惑 陀羅尼曰
南謨薄伽勃底 阿波唎蜜多 阿喻紇硯娜 須毗你失指陀 囉佐耶 怛他羯他耶 怛姪他唵
薩婆桑悉迦羅 波唎輸底 達磨底 伽伽娜 莎訶三牟特迦底 薩婆婆毗輸底

BD05158 號　無量壽宗要經　（5–3）

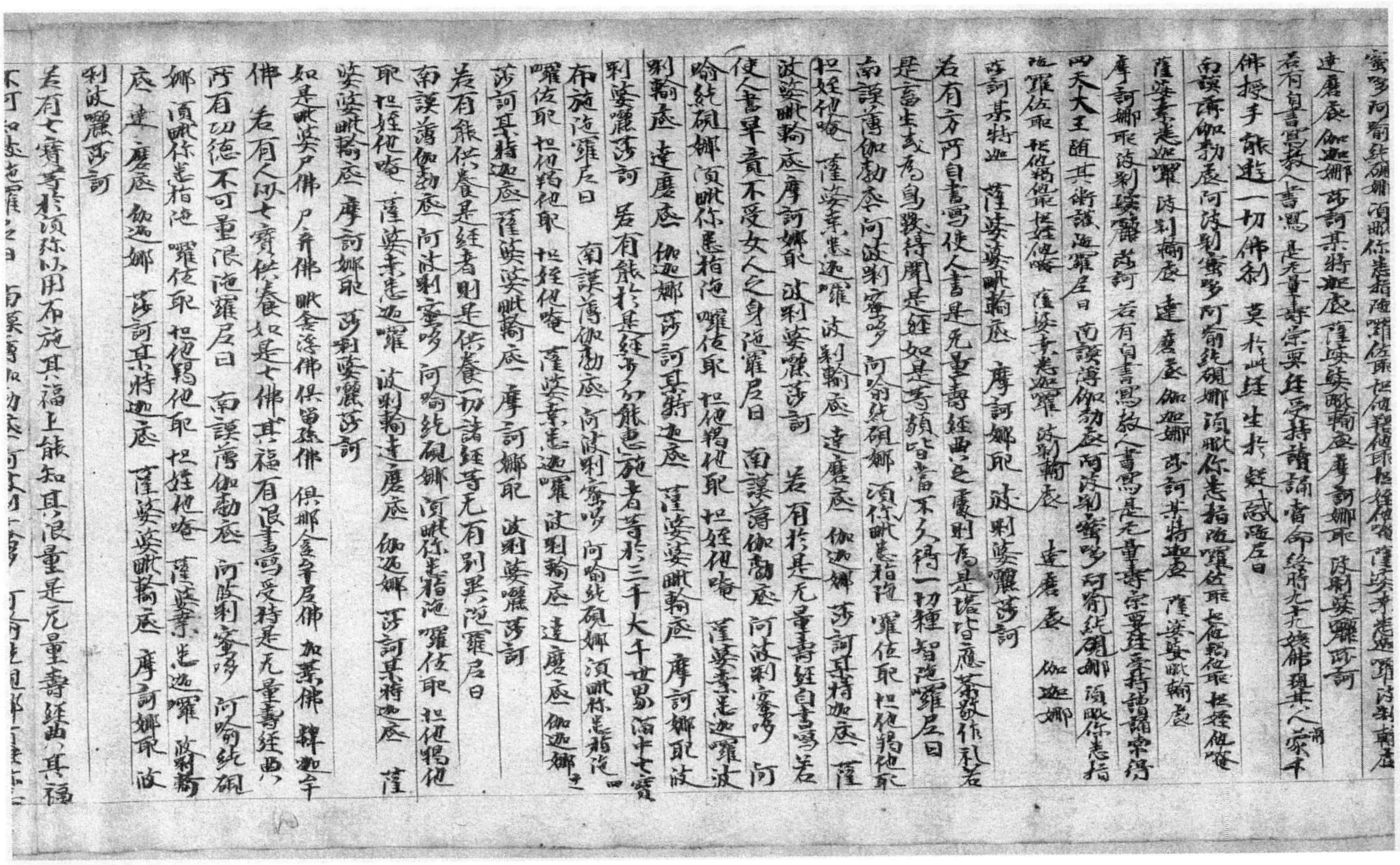

蜜多 阿喻紇硯娜 須毗你失指陀 囉佐耶 怛他羯他耶 怛姪他唵 薩婆桑悉迦羅 波唎輸底
達磨底 伽伽娜 莎訶三牟特迦底 薩婆婆毗輸底 摩訶娜耶 波唎婆囉莎訶
若有自書寫教人書寫是无量壽宗要經受持讀誦 當命終時九十九姟佛現其人前來
佛授手 能遊一切佛剎 莫於此經生於疑惑 陀羅尼曰
南謨薄伽勃底 阿波唎蜜多 阿喻紇硯娜 須毗你失指陀 囉佐耶 怛他羯他耶 怛姪他唵
薩婆桑悉迦羅 波唎輸底 達磨底 伽伽娜 莎訶三牟特迦底 薩婆婆毗輸底
摩訶娜耶 波唎婆囉莎訶 若有自書寫教人書寫是无量壽宗要經受持讀誦 常得
四天大王隨其衛護 陀羅尼曰 南謨薄伽勃底 阿波唎蜜多 阿喻紇硯娜 須毗你失指
陀 囉佐耶 怛他羯他耶 怛姪他唵 薩婆桑悉迦羅 波唎輸底 達磨底 伽伽娜
莎訶三牟特迦 薩婆婆毗輸底 摩訶娜耶 波唎婆囉莎訶
若有方所自書寫使人書是无量壽經典之處 則為是諸皆應恭敬作禮 若
是畜生或為鳥獸得聞是經 如是等類皆當不久得一切種智 陀羅尼曰
南謨薄伽勃底 阿波唎蜜多 阿喻紇硯娜 須毗你失指陀 囉佐耶 怛他羯他耶
怛姪他唵 薩婆桑悉迦羅 波唎輸底 達磨底 伽伽娜 莎訶三牟特迦底 薩
婆婆毗輸底 摩訶娜耶 波唎婆囉莎訶 若有於是无量壽經自書寫 若
使人書 畢竟不受女人之身 陀羅尼曰 南謨薄伽勃底 阿波唎蜜多 阿
喻紇硯娜 須毗你失指陀 囉佐耶 怛他羯他耶 怛姪他唵 薩婆桑悉迦羅 波
唎輸底 達磨底 伽伽娜 莎訶三牟特迦底 薩婆婆毗輸底 摩訶娜耶 波
唎婆囉莎訶 若有能於是經少分能惠施者 等於三千大千世界滿中七寶
布施 陀羅尼曰 南謨薄伽勃底 阿波唎蜜多 阿喻紇硯娜 須毗你失指陀
囉佐耶 怛他羯他耶 怛姪他唵 薩婆桑悉迦羅 波唎輸底 達磨底 伽伽娜
莎訶三牟特迦底 薩婆婆毗輸底 摩訶娜耶 波唎婆囉莎訶
若有能供養是經者 則是供養一切諸經 等无有別異 陀羅尼曰
南謨薄伽勃底 阿波唎蜜多 阿喻紇硯娜 須毗你失指陀 囉佐耶 怛他羯他
耶 怛姪他唵 薩婆桑悉迦羅 波唎輸底 達磨底 伽伽娜 莎訶三牟特迦底 薩
婆婆毗輸底 摩訶娜耶 波唎婆囉莎訶
如是毗婆尸佛 尸棄佛 毗舍浮佛 俱留孫佛 俱那含牟尼佛 迦葉佛 釋迦牟
佛 若有人以七寶供養如是七佛 其福有限 書寫受持是无量壽經典
所有功德不可量限 陀羅尼曰 南謨薄伽勃底 阿波唎蜜多 阿喻紇硯
娜 須毗你失指陀 囉佐耶 怛他羯他耶 怛姪他唵 薩婆桑悉迦羅 波唎輸
底 達磨底 伽伽娜 莎訶三牟特迦底 薩婆婆毗輸底 摩訶娜耶 波
唎婆囉莎訶
若有七寶等於須彌 以用布施 其福上能知其限量 是无量壽經典 其福

BD05158 號　無量壽宗要經　（5–4）

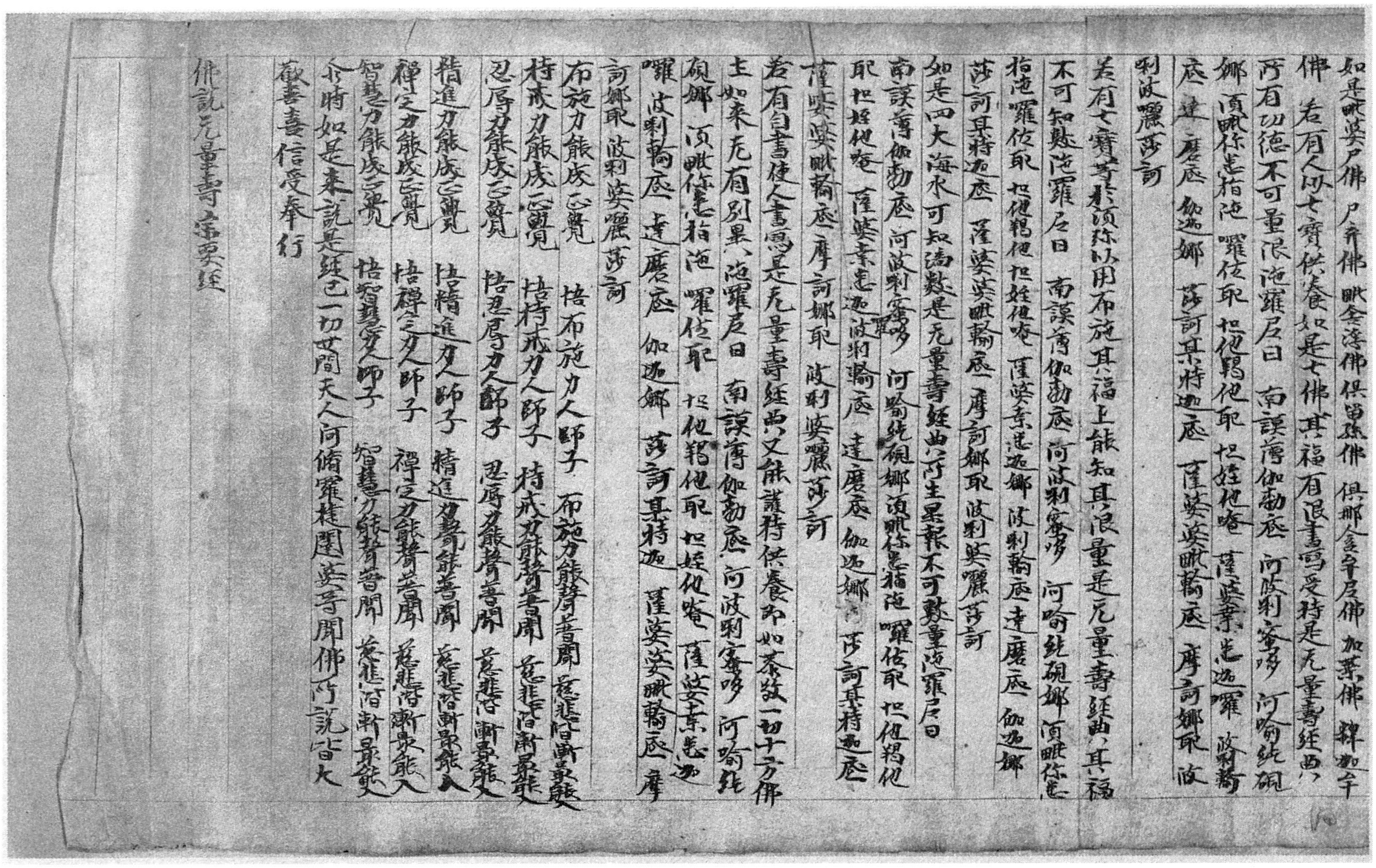

如是毗婆尸佛　尸弃佛　毗舍浮佛　俱留孫佛　俱那含牟尼佛　加葉佛　釋迦牟
佛　若有人以七寶供養如是七佛，其福有限；書寫受持是无量壽經典，
所有功德不可量限。陁羅尼曰　南謨薄伽勃底　阿波唎蜜哆　阿喻紇硯
娜　須毗你悉指陁　囉佐耶　怛他羯他耶　怛姪他唵　薩婆桑悉迦囉　波唎輸
底　達磨底　伽伽娜　莎訶娑莫特迦底　薩婆婆毗輸底　摩訶娜耶　波
唎波囉麗莎訶
若有七寶等於須弥，以用布施，其福上能知其限量；是无量壽經典，其福
不可知數。陁羅尼曰　南謨薄伽勃底　阿波唎蜜哆　阿喻紇硯娜　須毗你悉
指陁　囉佐耶　怛他羯他耶　怛姪他唵　薩婆桑悉迦娜　波唎輸底　達磨底　伽伽娜
莎訶娑莫特迦底　薩婆婆毗輸底　摩訶娜耶　波唎婆囉麗莎訶
如是四大海水可知滴數；是无量壽經典，所生果報不可數量。陁羅尼曰
南謨薄伽勃底　阿波唎蜜哆　阿喻紇硯娜　須毗你悉指陁　囉佐耶　怛他羯他
耶　怛姪他唵　薩婆桑悉迦　波唎輸底　達磨底　伽伽娜　莎訶娑莫特迦底
薩婆婆毗輸底　摩訶娜耶　波唎婆囉麗莎訶
若有自書、使人書寫是无量壽經典，又能護持供養，即如恭敬一切十方佛
土如來，无有別異。陁羅尼曰　南謨薄伽勃底　阿波唎蜜哆　阿喻紇
硯娜　須毗你悉指陁　囉佐耶　怛他羯他耶　怛姪他唵　薩婆桑悉迦
囉　波唎輸底　達磨底　伽伽娜　莎訶娑莫特迦　薩婆婆毗輸底　摩
訶娜耶　波唎婆囉麗莎訶
布施力能成正覺　悟布施力人師子　布施力能聲普聞　慈悲悟斷最能入
持戒力能成正覺　悟持戒力人師子　持戒力能聲普聞　慈悲悟斷最能入
忍辱力能成正覺　悟忍辱力人師子　忍辱力能聲普聞　慈悲悟斷最能入
精進力能成正覺　悟精進力人師子　精進力能聲普聞　慈悲悟斷最能入
禪定力能成正覺　悟禪定力人師子　禪定力能聲普聞　慈悲悟斷最能入
智慧力能成正覺　悟智慧力人師子　智慧力能聲普聞　慈悲悟斷最能入
尒時如來說是經已，一切世間天人阿脩羅揵闥婆等，聞佛所說，皆大
歡喜，信受奉行。
佛說无量壽宗要經

BD05158 號　無量壽宗要經　（5–5）

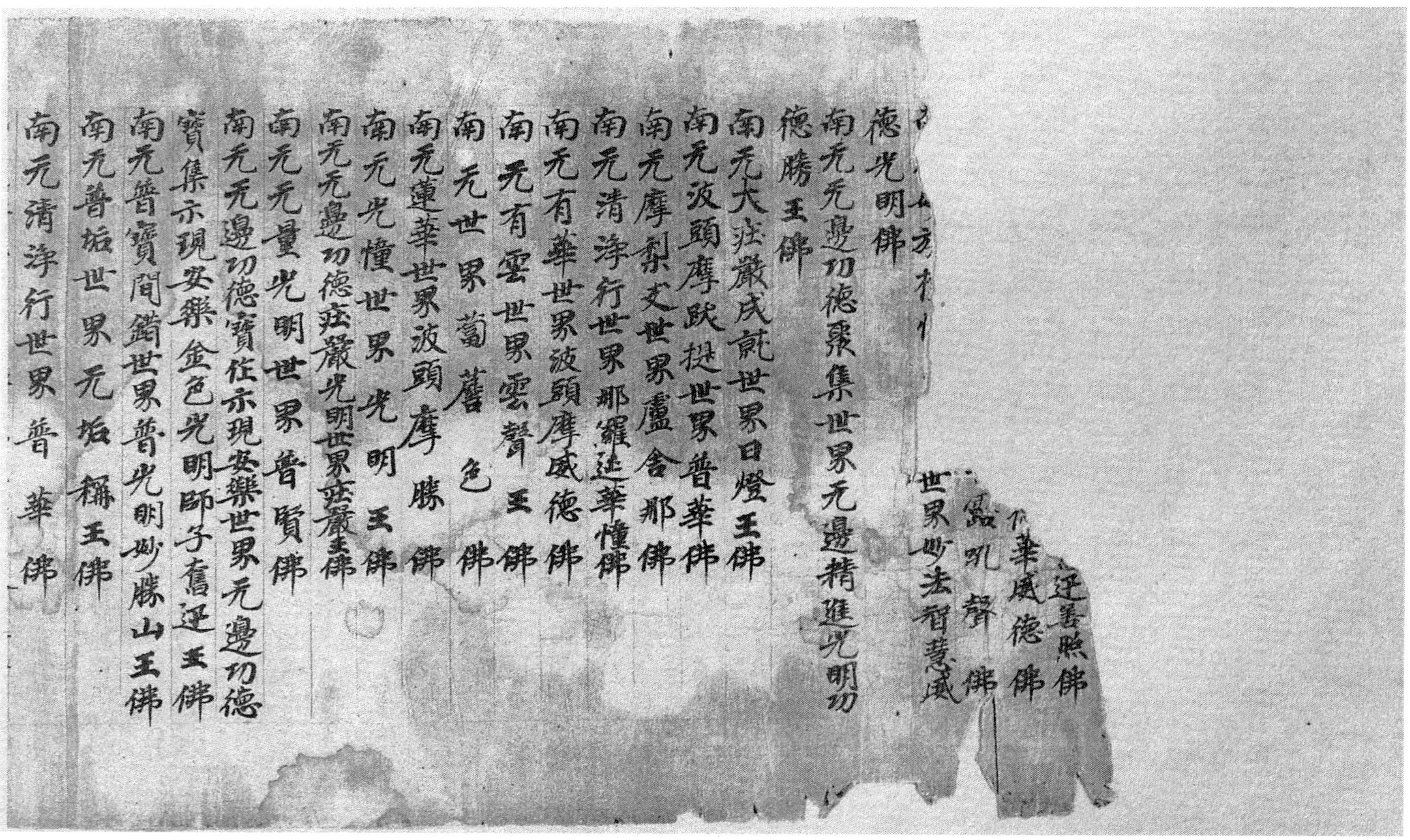

逕善照佛
華威德佛
師吼聲佛
世界妙法智慧威
[illegible]
德光明佛
南无无邊功德聚集世界无邊精進光明功
德勝王佛
南无大莊嚴成就世界日燈王佛
南无波頭摩跃提世界普華佛
南无摩梨支世界盧舍那佛
南无清淨行世界那羅延華幢佛
南无有華世界波頭摩威德佛
南无有雲世界雲聲王佛
南无世界蔔薝色佛
南无蓮華世界波頭摩勝佛
南无光幢世界光明王佛
南无无邊功德莊嚴光明世界莊嚴王佛
南无无量光明世界普賢佛
南无无邊功德寶住示現安樂世界无邊功德
寶集示現安樂金色光明師子奮迅王佛
南无普寶閻錯世界普光明妙勝山王佛
南无普垢世界无垢稱王佛
南无清淨行世界普華佛

BD05159 號　佛名經（十六卷本）卷九　（26–1）

南无无量光明世界普賢佛
南无无邊功德寶住示現安樂世界无邊功德
寶集示現安樂金色光明師子奮迅王佛
南无普寶間錯世界普光明妙勝山王佛
南无普垢世界无垢稱王佛
南无清淨行世界普華佛
如是諸世界中諸佛一切歸命及彼菩薩
摩訶薩一切大衆亦悉歸命
爾時諸比丘白佛言世尊世尊如是諸佛如
來所有壽命長短等不佛告諸比丘汝等諦
聽當為汝說比丘我此娑婆世界賢劫釋迦
牟尼佛國土一劫於安樂世界為一日一夜
若安樂世界阿弥陁佛國土一劫於袈裟幢
世界碎金剛佛國土為一日一夜若袈裟幢世
界一劫於不退輪吼世界善快光明波頭摩敷
身如來佛國土為一日一夜若不退輪吼世界
一劫於无垢世界法幢如來佛國土為一
日一夜若无垢世界一劫於善然燈世界師
子如來佛國土為一日一夜若善然燈世界
一劫於善光明世界盧舍那藏如來佛國土
為一日一夜若善光明世界一劫於難過世
界法光明波頭摩敷身如來佛國土為一日
一夜若難過世界一劫於莊嚴慧世界一劫通
光如來佛國為一日一夜若莊嚴惠世界一
劫於鏡輪光世界月智如來佛國土為一日
一夜比丘入如是數滿足過十阿僧祇百千万
世界最後波頭摩勝世界於賢勝如來佛
國土為一日一夜比丘如是等世界无量无
邊長短不等諸佛如來壽命住世亦復如是
諸比丘汝等應當稱諸佛名住如是言

BD05159號　佛名經（十六卷本）卷九　（26–2）

光如來佛國為一日一夜若莊嚴惠世界一
劫於鏡輪光世界月智如來佛國土為一日
一夜比丘入如是數滿足過十阿僧祇百千万
世界最後波頭摩勝世界於賢勝如來佛
國土為一日一夜比丘如是等世界无量无
邊長短不等諸佛如來壽命住世亦復如是
諸比丘汝等應當稱諸佛名住如是言
南无如是等諸佛如來
南无不動智佛　南无阿尼羅智佛
南无阿私陁智佛　南无行智佛
南无阿樓那智佛　南无常智佛
南无妙智佛　南无樂自在天佛
南无梵天佛　南无勝智天佛
南无菴摩月佛　南无不退月佛
南无不動月佛　南无阿尼羅月佛
南无婆留那月佛　南无阿私月佛
南无勝月佛　南无阿樓那月佛
南无无垢月佛　南无勝智月佛
南无不退眼佛　南无第一眼佛
南无阿尼羅眼佛　南无不動眼佛
南无阿私陁眼佛　南无行眼佛
南无婆留那眼佛　南无勝眼佛
南无微妙清眼佛　南无不退幢佛
南无阿尼羅幢佛　南无阿私陁幢佛
南无行幢佛　南无阿樓那幢佛
南无常幢佛　南无妙幢佛
南无自在幢佛　南无梵幢佛
南无勝幢佛　南无弥留勝佛
從此以上七千二百佛十二部經一切賢聖

BD05159號　佛名經（十六卷本）卷九　（26–3）

南无阿尼羅幢佛　南无阿私陁幢佛
南无行幢佛　南无阿樓那幢佛
南无常幢佛　南无妙幢佛
南无自在幢佛　南无梵幢佛
南无勝幢佛　南无弥留勝佛
從此以上七千二百佛十二部經一切賢聖
南无波頭摩勝藏佛　南无普眼佛
南无梵命佛　南无金剛齊佛
南无婆藪天佛　南无一切法决定王佛
南无弥留幢家眼勝佛　南无致沙佛
南无弗沙佛　南无波頭摩勝佛
南无大光明佛　南无法意佛
南无善法佛　南无稱勝佛
南无寶慧佛　南无微眼佛
南无燈佛　南无釋義佛
南无自在佛　南无婆藪天佛
南无不去佛　南无釋勝佛
南无妙行佛　南无尋月佛
南无无邊智上首佛　南无普眼佛
南无厚波賧羅佛　南无妙勝佛
南无日佛　南无无邊光佛
南无法幢佛　南无无邊智然燈佛
南无普功德覩然燈佛　南无功德佛
南无金剛幢佛　南无普智寶炎勝功德幢佛
南无日陁羅幢勝幢佛
南无普智寶炎勝功德難都佛
南无无垢輪大悲雲幢佛
南无金剛那羅延幢佛　南无无尋勝行佛
南无大炎佛　南无山勝莊嚴佛
南无一切法海上莊嚴速王佛

南无日陁羅幢勝幢佛
南无普智寶炎勝功德難都佛
南无无垢輪大悲雲幢佛
南无金剛那羅延幢佛　南无无尋勝行佛
南无大炎佛　南无山勝莊嚴佛
南无一切法海上莊嚴速住佛
南无深法海沙光佛　南无寶炎園然燈佛
南无功德海光明輪勝佛　南无盧遮那勝藏佛
南无滿虛空法界尸法羅勝然燈佛
南无不退然燈佛　南无法界吼佛
南无妙法樹山王威德佛　南无一切法海吼王佛
南无寶光明然燈幢佛　南无須弥功德光威德佛
南无法雲吼王佛　南无智炬然燈王佛
南无法雷速幢勝佛　南无法然燈奮迅師子佛
南无智力威德山王佛　南无退法界吼佛
南无雷光明劫善照世界初放稱檀香光明照佛
南无善决定清淨劫无垢世界初盧舍那佛
南无甘露莊嚴劫善清淨世界初稱檀然燈王佛
南无善住劫妙音世界初須弥光明勝王佛
南无善見劫莊嚴世界初无邊功德種種寶
莊嚴王佛
南无炎清淨劫清淨世界初金剛奮迅佛
南无不可燃劫不可燃世界初毗沙門佛
南无不可燃劫不可燃世界初寶月佛
南无不可訶劫稱財世界不可思議光明佛
南无清淨莊嚴劫清淨世界初觀世王佛
南无貞慶劫光明慶世界初火光明佛
南无梵讃歎劫清淨世界初力莊嚴王佛
南无德光明莊嚴劫月幢世界初善眼佛

南无不可數劫不可數世界初田沙門佛
南无不可嫌劫不可嫌世界初寶月佛
南无不可訶劫稱財世界不可思議光明佛
南无清淨莊嚴劫清淨世界初觀世王佛
南无貞慶劫光明慶世界初火光明佛
南无梵讚歎劫清淨世界初力莊嚴王佛
南无德光明莊嚴劫月幢世界初善眼佛
南无栴檀香行平等勝成就佛
南无法海吼光明王佛　南无无垢轉法輪佛
南无獅靜威德王佛　南无虛空劫然燈佛
南无天自在藏佛　南无日幢雞都王佛
南无信威德佛　南无寶華藏佛
南无妙日身佛　南无不濁身佛
南无一切身智光明月佛　南无閻浮檀威德王佛
南无相莊嚴身佛　南无種種光明火月佛
南无善觀智雞都佛　南无无垢智光明王佛
南无金剛那羅延精進佛　南无不可降伏智雲佛
南无普无垢智通佛　南无无垢眼勝雲佛
南无師子智佛　南无金剛菩提光佛
南无燈火髻佛　南无智日雞都佛
南无寶波頭摩敷身佛
從此以上七千三百佛十二部經一切賢聖
南无得功德佛　南无智光明雲光佛
南无普明月佛　南无无障蓋吼佛
南无普光明奮迅師子佛
南无法界境界慧月佛
南无一切虛空樂說覺佛
南无初香善名佛
南无普聲獅靜吼佛
南无甘露山威德佛

BD05159號　佛名經（十六卷本）卷九　（26-6）

南无普光明奮迅師子佛
南无法界境界慧月佛
南无一切虛空樂說覺佛
南无初香善名佛
南无普聲獅靜吼佛
南无甘露山威德佛
南无法海吼聲佛
南无善堅羅網堅佛　南无善智滿月面佛
南无佛虛空鏡像頭髻佛　南无寶炎山勝王佛
南无光明月微塵佛　南无寶月幢佛
南无清淨智華光明佛　南无寶勝光明威德王佛
南无无垢功德火光明佛　南无炎海然燈佛
南无三昧輪身佛　南无不可比功德稱幢佛
南无普智行佛
南无法无垢吼王佛
南无長臂本願无垢月佛
南无相義然燈佛
南无法起寶齊聲佛
南无勝照藏王佛
南无乘幢佛
南无法海波頭摩廣信畏天佛
南无法海吼光明佛　南无无垢法山佛
南无法輪光明髻佛　南无法日勝雲佛
南无法海說聲王佛　南无法日智輪然燈佛
南无蓮華雞都幢雲佛　南无法炎山雞都王佛
南无法行深勝月佛　南无法智普鏡佛
南无藏普智住照佛　南无山勝藏王佛
南无普門賢照佛　南无連一切精進幢佛
南无法寶華勝雲佛　南无獅光明深髻佛

BD05159號　佛名經（十六卷本）卷九　（26-7）

南无法海説聲王佛　南无法日智輪然燈佛
南无法華難都幢雲佛　南无法炎山難都王佛
南无法行深勝月佛　南无法智普鏡佛
南无藏普智住照佛　南无山勝藏王佛
南无普門賢照佛　南无連一切精進幢佛
南无法寶華勝雲佛　南无獅光明深髻佛
南无法光明慈樂説明月佛
南无琰海佛　南无智日普光明佛
南无普輪頂佛　南无智光明王佛
南无福德光華焰佛　南无智師子難幢王佛
南无日光明王佛　南无寶相山佛
南无莊嚴山佛　南无日與普照佛
南无法羅綱覺勝月佛　南无畏那羅延師子佛
南无普不二勇猛佛
南无法波頭摩敷身佛
南无功德華勝海佛
南无菩提輪善覺勝月佛
南无然法炬勝月佛
南无普賢鏡像髻佛
南无法幢然燈佛
南无金剛幢王佛
南无稱山勝雲佛
南无旃檀勝月佛
南无普功德華威德光佛
南无照衆生王佛
南无勝波頭摩華藏佛
南无香炎光明勝佛
南无日波頭摩佛
南无相山盧舍那佛　南无普聞名稱幢佛
南无普門光明須彌佛　南无法城光勝佛

BD05159號　佛名經（十六卷本）卷九　（26–8）

南无普功德華威德光佛
南无照衆生王佛
南无勝波頭摩華藏佛
南无香炎光明勝佛
南无日波頭摩佛　南无普聞名稱幢佛
南无相山盧舍那佛　南无法城光勝佛
南无普門光明須彌佛　南无相勝法力勇猛幢佛
南无普功德威德佛　南无光明功德山波若照佛
南无轉法輪光明吼佛
南无轉法輪月妙勝佛
南无法華盧舍那清淨難都佛
南无寶波頭摩光明藏佛　南无普覺花佛
南无寶山雲燈佛
南无種種光明勝彌留藏佛　南无福德雲盖佛
南无光明輪峯王佛　南无功德山威德佛
南无法峯雲幢佛　南无香醉幢智威德佛
南无法日雲燈王佛　南无法雲稱勝月佛
南无法輪力雲佛
南无賢首彌留威德佛
從此以上七千四百佛十二部經一切賢聖
南无普慧雲吼佛
南无法力勝山佛　南无香炎勝王佛
南无伽那迦摩尼山聲佛
南无須藏一切法光明輪佛
次礼十二部尊經大藏法輪
南无諸法本經　南无大淨法門經
南无漏分布經　南无諸方佛經
南无十善十惡經　南无九横經
南无度集經　南无十五德經
南无尊法輪經　南无[illegible]

BD05159號　佛名經（十六卷本）卷九　（26–9）

南无頂藏一切法光明輪佛
次礼十二部尊經大藏法輪
南无諸法本經　南无大淨法門經
南无遍分布經　南无諸方佛經
南无十善十惡經　南无九横經
南无度集經　南无十五德經
南无轉法輪經　南无生死變化經
南无十地經　南无明度經
南无生聞婆羅門經　南无十熱經
南无玄起經　南无自見自知為能盡結經
南无十遍神七言禪利經　南无猛施經
南无金輪王輪經　南无有三方便經
南无持人菩薩經　南无金益長者子經
南无有賢者法經　南无波邊王經
南无比丘所求色經　南无有院竭署杜衆羅經
南无興調經　南无憂多羅母經
次礼十方諸大菩薩
南无大明菩薩　南无无盡意菩薩
南无意王菩薩　南无无邊意菩薩
南无日意菩薩　南无月音菩薩
南无美音菩薩　南无美音聲菩薩
南无大音聲菩薩　南无堅精進菩薩
南无常堅菩薩　南无堅發菩薩
南无堅莊菩薩　南无常悲菩薩
南无常輕菩薩　南无法上菩薩
南无法意菩薩　南无法喜菩薩
南无法首菩薩　南无法積菩薩
南无發精進菩薩　南无智慧菩薩
南无淨威德菩薩　南无那羅延菩薩
南无善思惟菩薩　南无法思惟菩薩

[illegible]
南无常輕菩薩　南无法上菩薩
南无法意菩薩　南无法喜菩薩
南无法首菩薩　南无法積菩薩
南无發精進菩薩　南无智慧菩薩
南无淨威德菩薩　南无那羅延菩薩
南无善思惟菩薩　南无法思惟菩薩
南无跋陀波羅菩薩　南无法益菩薩
南无高德菩薩　南无師子遊行菩薩
次礼聲聞緣覺一切賢聖
南无阿若憍陳如　南无摩訶迦葉
南无優樓頻螺迦葉　南无伽耶迦葉
南无那提迦葉　南无舍利弗
南无大目揵連　南无摩訶迦旃延
南无阿㝹樓馱　南无劫賓那
南无憍梵波提
礼三寶已次復懺悔
弟子等略懺煩惱障竟今當次第懺悔業障
夫業能莊飾世趣在在處處是以思惟求離
世解脫所以六道果報種種不同形類各異當
知皆是業力所作所以佛十力中業力甚深凡
夫之人多於此中好起疑惑何以故尔現見世
間行善之者觸向轗軻為惡之者是事諧偶
謂言天下善惡无分如此計者皆是不能深達
業理何以故尔經中說言有三種業何等為三
一者現報二者生報三者後報現報業者現在
作善作惡現身受報生報業者此生作善作
惡來生受報後報業者或是過去无量生中作
善作惡或於此生中受或在未來无量生中方受
其報向者行惡之人現在見好此是過去生報後報
[illegible]

一者現報二者生報三者後報現報業者現在
作善作惡現身受報生報業者此生作善作
惡來生受報後報業者或是過去无量生中作
善作惡或於此生中受或在未來无量生中方受
其報向者行惡之人現在見好此是過去生報後報
善業熟故所以現在有此樂果豈關現在作諸
惡業而得好報行善之人現在見苦者是過去
生中生報後報惡業熟故在善根力弱不能排遣
是故得此苦報豈關現在作善而招惡報何以
知然現見世間為善之者為人所讚人所尊
重故知未來必招樂果過去既有如此惡業
所以諸佛菩薩教令親近善友共行懺悔善
知識者於得道中則為全利是故弟子等今
日至誠歸依於佛
南无東方无量離垢佛　南无南方樹根花王佛
南无西方蓮華自在佛　南无北方金剛能破佛
南无東南方悲檀義勝佛　南无西南方金海自在佛
南无西北方无邊法自在佛　南无東北方无尋象王佛
南无下方无尋惠幢佛　南无上方甘露上王佛
如是十方盡虛空界一切三寶
弟子等无始以來至於今日積惡如恒沙造
罪滿天地捨身與受身不覺亦不知或作五逆
深厚濁纏无間罪業或造一闡提斷善根業輕
誣佛語謗方等業破滅三寶毀正法業不信罪
福起十惡業迷真返正癡惑之業不孝二親
反戾之業輕慢師長无禮敬業朋友无信不義
之業或作四重六重八重障聖道業毀犯五戒破
八齋業五篇七聚多缺犯業優婆塞戒輕重
垢業或菩薩戒不能清淨如說行業前後方
便汙梵行業月无六齋懈怠之業年三長齋

BD05159號　佛名經（十六卷本）卷九　（26–12）

反戾之業輕慢師長无禮敬業朋友无信不義
之業或作四重六重八重障聖道業毀犯五戒破
八齋業五篇七聚多缺犯業優婆塞戒輕重
垢業或菩薩戒不能清淨如說行業前後方
便汙梵行業月无六齋懈怠之業年三長齋
不常脩業三千威儀不如法業八万律儀微
細罪業不脩身或心慧之業春秋八王造衆
罪業行十六種惡律儀業於苦衆生无慈傷
業不矜不念无矜愍業不扶不濟不救護業
心懷嫉忌无慶彼業於怨親境不平等業耽
荒五欲不猒離業或因衣食園林池沼生蕩
逸業或以盛年放恣情欲造衆罪業或善有
漏迴向三有障出世業如是等業无量无邊
今日發露向十方佛尊法聖衆皆悉懺悔
願弟子等承是懺悔无間諸業所生福善願
生生世世滅五逆罪除闡提惑如是輕重諸
罪從今以去乃至道場誓不更犯恒習出世
清淨善法精持律行守護威儀如度海者愛
惜浮囊六度四等常標行首戒定慧品轉得
增明速成如來卅二相八十種好十力无畏
大悲三念常樂妙智八自在我　往礼一拜
南无然法輪威德佛　南无山峯勝威德佛
南无普精進炬光明王佛　南无三昧賢寶天冠光明佛
南无勝寶光佛　南无法炬寶幢聲佛
南无樂法光明師子佛　南无莊嚴相月幢佛
南无光明山雷電雲佛　南无无垢幢佛
南无无尋法靈空光明佛　南无伏智華敷身佛
南无世間妙光明聲佛　南无法三昧光明聲佛
從此以上七千五百佛十二部經一切賢聖
南无法聲[illegible]藏佛　南无法大海聲佛

BD05159號　佛名經（十六卷本）卷九　（26–13）

南无光明山雷電雲佛　南无无垢幢佛
南无无寻法靈空光明佛　南无伏智華敷身佛
南无世間妙光明聲佛　南无法三昧光明聲佛
從此以上七千五百佛十二部經一切賢聖
南无法聲多藏佛　南无法大海聲佛
南无三世相鏡像威德佛　南无高法輪光明佛
南无法界師子光佛　南无盧舍那勝須弥佛
南无一切三昧海師子佛　南无普光慧然燈佛
南无法界城然燈佛　南无普門吼光王佛
南无賢首佛　南无普光音佛
南无昭王佛　南无法界燈佛
南无靈空山照佛　南无阿尼羅有眼佛
南无龍自在王佛　南无普照勝須弥王佛
南无无寻靈空智雞都幢王佛
南无普智光明照十方吼佛
南无雲王吼聲佛　南无不空見佛
南无普照佛　南无寶聲佛
南无妙聲佛　南无金色寶住果妙山佛
南无金閻浮幢子遮光明佛
南无金色百光明佛　南无寶稱佛
南无不空稱佛　南无日愛佛
南无成就智囊佛　南无普賢佛
南无无垢光明雞都王佛
南无寶炎佛　南无日月佛
南无海勝佛　南无法幢佛
南无无邊功德王佛　南无寶藏佛
南无无垢面佛　南无无量壽華佛
南无寶聚佛　南无智起佛
南无普讓佛

BD05159號　佛名經（十六卷本）卷九　（26–14）

南无海勝佛　南无法幢佛
南无无邊功德王佛　南无寶藏佛
南无无垢面佛　南无无量壽華佛
南无寶聚佛　南无智起佛
南无普讓佛
尒時憂波摩那比丘從坐而起偏袒右肩右
膝著地白佛言世尊世尊幾佛過去佛告憂
波摩那比丘比丘辟如恒河沙世界下至水際
上盡有頂滿中微塵比丘有人於中取尒所
微塵過恒河沙世界下一微塵如是過恒河
沙世界復下一微塵如是盡尒所微塵比丘於
意云何若著微塵若不著微塵是微塵數
可知數不比丘言不也世尊佛告比丘比丘彼微
塵可知其數不彼過去同名釋迦牟尼佛已入涅
槃者不可數知比丘我知彼過去諸佛如現在前
見彼諸佛母同名摩訶摩耶父同名輸頭檀王
城同名迦毗羅彼諸佛第一聲聞弟子同名舍
利弗目揵連侍者弟子同名阿難何况種種
異名母異名父異名城異名弟子異名侍者比
丘彼若干世界彼人於何等世界著微塵何等
世界不著微塵彼諸世界若著微塵不著微
塵下至水際上至有頂比丘復有第二人取一微塵
過彼若干微塵數世界尒數佛國土阿僧祇億
百千万那由他世界為一步比丘彼人如是過百
千万億那由他阿僧祇劫行乃下一塵如是盡
諸微塵比丘如是若干世界滿中微塵復更著
十方世界比丘復過是世界著微塵彼諸世界
下至水際上至有頂滿中微塵比丘於意云何
彼微塵可知數不比丘言不也世尊佛告比丘彼
諸微塵可知其數彼同名母同名父同名弟子

BD05159號　佛名經（十六卷本）卷九　（26–15）

百千万那由他世界爲一步比丘彼人如是遊百
千万億那由他阿僧祇劫行乃下一塵如是盡
諸微塵比丘如是若干世界滿中微塵復更著
十方世界比丘復過是世界者微塵彼諸世界
下至水際上至有頂滿中微塵比丘於意云何
彼微塵可知數不比丘言不也世尊佛告比丘彼
諸微塵可知其數彼同名母同名父同名弟子
同名侍者同名釋迦牟尼佛不可知數如釋迦
牟尼不勝億佛々如是盧舍那佛々如是无
垢勝眼佛々如是无垢光明佛々如是光明清
淨王佛々如是善无垢清淨佛々如是成就无
邊功德勝王佛々如是寶光明佛々如是術脩
佛々如是聲德佛々如是波頭摩勝佛々如是
日月佛々如是普寶蓋佛々如是比丘汝當歸
命如是等阿僧祇同名佛
南无普光明奮迅王佛
南无普照佛　南无藥王佛
南无弥留燈王佛　南无寶莊嚴佛
南无智成就佛　南无寶蓋佛
南无放炎佛　南无物成就佛
南无稱佛　南无三昧勝佛
南无寶觀佛　南无寶雜都佛
南无尸羅施佛　南无莎羅王佛
南无寶雜梵王佛　南无大嚴佛
南无山自在王佛　南无旃陀佛
南无見義佛　南无自在幢佛
南无大弥留佛　南无无光勝佛
南无大莊嚴佛　南无大智幢佛
南无日藏佛　南无无畏上勝山王佛
南无梵自在佛　南无餘依心熙聲王佛

南无見義佛　南无自在幢佛
南无大弥留佛　南无无光勝佛
南无大莊嚴佛　南无大智幢佛
南无日藏佛　南无无畏上勝山王佛
南无梵自在佛　南无餘依心熙聲王佛
南无智雜梵佛　南无智炬住持佛
南无一切世間佛　南无法照佛
南无无垢光佛　南无普光佛
南无一切勝佛　南无術聲[illegible]聲佛
南无普明佛
南无勝山王師子奮迅境界聲佛
南无地住持佛　南无功德王光佛
南无住持智遊熾佛　南无樂說勝王佛
南无金色波頭摩華　南无雜勝佛
南无寶住佛　南无无量聲佛
南无親光佛　南无龍天佛
南无天力佛　南无師子佛
南无雜詩光佛　南无世天佛
南无勝積佛
從此以上七千六百佛十二部經一切賢聖
南无人王佛　南无華王佛
南无華勝佛　南无妙精進佛
南无目陀羅雜光佛　南无清淨无垢光菩提
寶華不斷絕光明王佛
南无薝蔔上佛　南无意福德日王佛
南无觀聲王佛　南无无垢威德佛
南无功德寶集吼佛　南无成就意佛
南无成就勝佛　南无斯何佛
南无威德佛
南无[illegible]佛

南无觀聲王佛　南无无垢威德佛
南无功德寶集明佛　南无成就意佛
南无成就勝佛　南无斯何佛
南无威德佛
南无阿輸迦世界賢妙勝佛
若善男子善女人受持是名必得不退菩提
南无難陁世界獅檀勝佛
若善男子善女人受持是佛名畢竟清
淨心
南无跋陁世界獅深佛
南无意智難究佛
南无世界破魔力佛
南无滿月世界无憂佛
南无難究意勝世界寶蓋佛
南无諸吼聲勝世界華勝佛
南无羞摩世界三舊逕佛
南无廣世界樹提勝佛
南无月勝世界金剛功德身佛
南无過去无量无邊彌勝佛
若善男子稱彼佛名得畢竟不退菩提心
南无弥留勝王佛
彼佛初成佛第一會八十億百千万那由他
聲聞衆第二會七十那由他第四會廿五億
百千万那由他如是菩薩无量无邊百万
億那由他
南无師子妙聲王佛
彼如來初會有九十億聲聞第二會九十億
第三會九十三億第四會九十九億如是
菩薩摩訶薩衆无量无邊
南无華勝佛

億那由他
南无師子妙聲王佛
彼如來初會有九十億聲聞第二會九十億
第三會九十三億第四會九十九億如是
菩薩摩訶薩衆无量无邊
南无華勝佛
彼佛初會八十億聲聞菩薩僧亦如是
南无妙行佛
南无无量大莊嚴佛
彼佛初會八十億聲聞第二會七十億乃至
第十會亦如是菩薩僧亦如是无量无邊
南无放炎佛
彼佛初會有九十億聲聞如是第二乃至
第十亦如是菩薩摩訶薩僧无量无邊
南无一切光明佛
彼佛初會有那由他億聲聞菩薩僧亦如是
南无无量光明佛
彼佛初會聲聞有九十六億第二會卆四
億第三會九十二億菩薩亦如是
南无聲德佛
彼佛初會聲聞有八十億第二會七十億第
三會六十億菩薩僧亦如是應當歸命如是
等復次比丘應當敬礼清淨无垢世界菩薩
佛謂文殊師利現在普見如來國土中
復次比丘應當敬礼四大士菩薩佛
一名光明億現在東方无畏如來佛國土中
第二名智勝現在南方智聚如來佛國土中
第三名獅根現在西方智山如來國土中
第四名願意成就現在北方那羅延如來國
土中

復次比丘應當敬禮四大士菩薩佛
一名光明憶現在東方光畀如來佛國土中
第二名智勝現在南方智聚如來佛國土中
第三名斷根現在西方智山如來國土中
第四名願意成就現在北方那羅延如來國
土中
復次摩訶男比丘重問如來世尊過去幾佛
入涅槃佛告摩訶男汝今諦聽當為汝說比
丘東方恒河沙世界南方恒河沙世界西方
恒河沙世界北方恒河沙世界上下四維恒河
沙世界彼一切世界下至水際上盡有頂滿中
微塵比丘於意云何彼如是微塵可知數不比
丘言不也世尊佛告比丘如是同名釋迦牟尼佛
過去入涅槃我知過去諸佛如現在前彼諸佛
母同名摩訶摩耶父名輸頭檀王城同名迦毗羅
彼佛第一聲聞弟子同名舍利弗目揵連侍者
弟子同名阿難陀何況種種異名母異名父異
名城異名弟子異名侍者異名比丘彼若干世
界彼人於何等世界著微塵何等世界不著
微塵彼諸世界若著微塵及不著者下至水
際上至有頂比丘復有第二人取彼微塵過彼
若干微塵數世界尒所佛國土阿僧祇億百
千万那由他世界過尒所世界為一步比丘彼人
復過若干微塵數世界為一步復人如是過百千万
億那由他阿僧祇劫行乃下一塵如是盡諸微塵比
丘如是若干世界若干微塵及不著者滿中微
塵復更著十方世界比丘復過是世界若著
微塵及不著者彼諸世界下至水際上至有
頂滿中微塵比丘於意云何彼諸微塵可知
數不比丘言不也世尊佛告比丘彼諸微塵

塵復更著十方世界比丘復過是世界若著
微塵及不著者彼諸世界下至水際上至有
頂滿中微塵比丘於意云何彼諸微塵可知
數不比丘言不也世尊佛告比丘彼諸微塵
可知其數彼同名釋迦牟尼佛母同名摩
訶摩耶父同名輸頭檀城同名迦毗羅第
一弟子同名舍利弗目揵連侍者弟子同名
阿難陀不可知數復次比丘復有第三人取彼
尒世界微塵過彼尒所一微塵數世界為過
若干百千万億那由他阿僧祇行乃下一塵
如是盡諸微塵復有第四人彼若千微塵
數世界若著若不著下至水際上至有頂滿
中微塵比丘於意云何彼微塵可知數不不
也世尊佛告比丘彼若干數塵可知其數然
彼同名釋迦牟尼佛母同名父同名世界同名
弟子同名侍者同名佛不可知數比丘如是第
五人第六第七第八第九第十人復次比丘第
十一人是彼若干微塵中取一微塵破為十方
若干世界微塵分如一微塵破為若千分如是
餘微塵亦悉破為若干世界微塵數分比丘
於意云何彼微塵可知數不比丘言不也世尊
佛告比丘復有人彼若干微塵佛國土為過
一步如是速疾神通行東方世界无量无邊
劫行行如是東方世界下一微塵東方盡如
是微塵若著微塵及不著者下至水際上至
有頂滿中微塵如是南方乃至十方下至水際上
至有頂滿中微塵比丘於意云何彼微塵可
知數不比丘言不也世尊佛告比丘若干微
塵分可知其數然現尒在世同名釋迦尼佛入涅
槃不可數知母同名摩訶摩耶父同名輸頭曇氏

有頂滿中微塵如是南方乃至十方下至水際上
至有頂滿中微塵比丘於意云何彼微塵可
知數不比丘言不也世尊佛告比丘若干微
塵分可知其數然現亦在世同名釋迦尼佛入涅
槃不可數知母同名摩訶摩耶父同名輸頭檀城
同名迦毗羅弟子同名舍利弗目揵連侍者
弟子同名阿難陀何況種種名異比丘我若干微
塵數劫住世說一同名釋迦牟尼佛不可窮
盡如是同名然燈佛同名提波延佛同名燈光
明佛同名一切勝佛同名稱佛同名波頭摩頭
佛同名毗婆尸佛同名尸弃佛同名毗舍浮佛同
名拘留孫佛同名拘那含佛同名迦葉佛如是
等異名母乃至異名侍者入涅槃我知彼佛如
現在前應當敬礼如是等
次礼十二部尊經大藏法輪
南无有三力經　南无造海佛時經
南无憂多羅經　南无有五力經
南无河中大聚沫經　南无普達經
南无四姓長者難經　南无折佛經
南无舍利弗悔過經　南无四无畏經
南无車匿本末經　南无舍利弗經
南无四不可得經　南无百六十二品經
南无四飯經　南无賴吒和羅經
南无不退轉經　南无寶積經
南无放鉢經　南无梵魔難經
南无梵皇經　南无寶髻經
南无寶施女經　南无藍達王經
南无天上釋為故世在中經　南无道德舍利日經
南无彌迦羅門菩薩經　南无中要語章經
次礼十方諸大菩薩摩訶薩

BD05159號　佛名經（十六卷本）卷九　（26–22）

南无放鉢經　南无梵魔難經
南无梵皇經　南无寶髻經
南无寶施女經　南无藍達王經
南无天上釋為故世在中經　南无道德舍利日經
南无彌迦羅門菩薩經　南无中要語章經
次礼十方諸大菩薩摩訶薩
南无喜根菩薩　南无上寶月菩薩
南无不虛德菩薩　南无龍德菩薩
南无文殊師利菩薩　南无妙音菩薩
南无雲音菩薩　南无勝意菩薩
南无照菩薩　南无勇衆菩薩
南无勝衆菩薩　南无威儀菩薩
南无師子菩薩　南无上意菩薩
南无益意菩薩　南无增意菩薩
南无寶明菩薩　南无慧頂菩薩
南无藥說頂菩薩　南无有德菩薩
南无觀世自在王菩薩　南无陀羅尼自在王菩薩
南无大自在王菩薩　南无无憂德菩薩
南无不虛見菩薩　南无離惡道菩薩
南无一切勇健菩薩　南无破闇菩薩
南无功德寶菩薩　南无華威德菩薩
次礼聲聞緣覺一切賢聖
南无畢陵伽婆蹉　南无薄拘羅
南无摩訶拘絺羅　南无難陀
從此以上七千七百佛十二部經一切賢聖
南无孫陀羅難陀　南无富樓那
南无彌多羅尼子　南无須菩提
南无阿難　南无羅睺羅
礼三寶已次復懺悔
弟子今以慈相懺悔一切諸業今當次第更

BD05159號　佛名經（十六卷本）卷九　（26–23）

南无孫陀羅難陀　南无富樓那
南无弥多羅尼子　南无須菩提
南无阿難　南无羅睺羅
礼三寶已次復懺悔
弟子今以總相懺悔一切諸業今當次第更
復一一别相懺悔若總若别若麁若細若輕若
重若說不說品類相從願皆消滅别相懺者
先懺身三次懺口四其餘諸障次第稽顙身
三業者第一殺害如經所明恕己可爲喻勿殺
勿行杖雖復禽獸之殊保命畏死其事是一若
尋此衆生无始以來或是我父母兄弟六親眷
屬以業因緣輪迴六道出生入死改形易報不
復相識而今煞害食噉其肉傷慈之甚是故佛
言設得餘食當如飢世食子肉想何况食噉
此魚肉耶又言爲利煞衆生以錢網衆肉二俱
是惡業死墮叫喚地獄故知煞害及以食噉罪深
河海過重丘岳然弟子等无始以來不遇善友
皆爲此業是故經言煞害之罪能令衆生墮於
地獄餓鬼受苦若在畜生則受豺狼鷹鷂等
身或毒虵蝮蠍等身常懷惡心或受麞鹿熊羆
等身常懷恐怖若生人中得二種果報一者
多病二者短命煞害食噉既有如是无量種
種諸惡果報是故弟子至到稽顙歸依於佛
南无東方滅諸怖畏佛　南无南方日月燈明佛
南无西方覺華光佛　南无北方發切德佛
南无東南方除衆惱寘佛　南无西南方无生自在佛
南无西北方大神通佛　南无東北方寶離垢心佛
南无下方同像空无佛　南无上方瑠璃藏勝佛
如是十方盡虚空界一切三寶

BD05159號　佛名經（十六卷本）卷九　（26–24）

南无西方覺華光佛　南无北方發切德佛
南无東南方除衆惱寘佛　南无西南方无生自在佛
南无西北方大神通佛　南无東北方寶離垢心佛
南无下方同像空无佛　南无上方瑠璃藏勝佛
如是十方盡虚空界一切三寶
弟子自從无始以來至於今日有此心識常
懷慘毒无慈愍心或因貪起煞因瞋因癡及
以慢煞或興惡方便誓煞願煞及以呪煞或
破決湖池焚燒山野田獵魚捕或因風放火
飛鷹放犬惱害一切如是等罪今悉懺悔或
以檻穽抗撥叉戟鷲弓弩彈射飛鳥走獸
之類或以罾網鉤釣水性魚鱉黿鼉蝦
蜆螺蚌濕居之屬使水陸之與空行藏竄无
地或畜養雞猪牛羊犬豕鵝鴨之屬自供庖
廚或貨他宰煞使其哀聲碎刹裂屠割炮燒
煑炙楚毒酸切横加无辜但取一時之快口
不知嬰豐之者痛得味甚寡不過三寸舌根
而已然其罪報殃累永劫如是等罪今日至
誠皆悉懺悔又復无始以來至于今日或復
興師相伐壃場交諍兩陣相向更相煞害或
自煞教煞聞煞歡喜或習屠膾賃爲[illegible]
宰他命行於不忍或恣忿怒揮戈舉刃或斬
或刺或推著坑塹或以水沉溺或塞穴壞巢
土石磓磚或以車馬雷轢踐蹋一切衆生如
是等罪无量无邊今日發露皆悉懺悔又復
无始以來或墮胎破卵毒藥蠱道傷煞衆生
墾土掘地種殖田園養蠶煑繭傷煞滋甚或
打撲蚊蚋掐蚤虱或燒除糞掃開決溝渠
枉害一切或噉菓實或用穀米或水或菜横
煞衆生或然樵薪或露燈燭燒諸虫類或食

BD05159號　佛名經（十六卷本）卷九　（26–25）

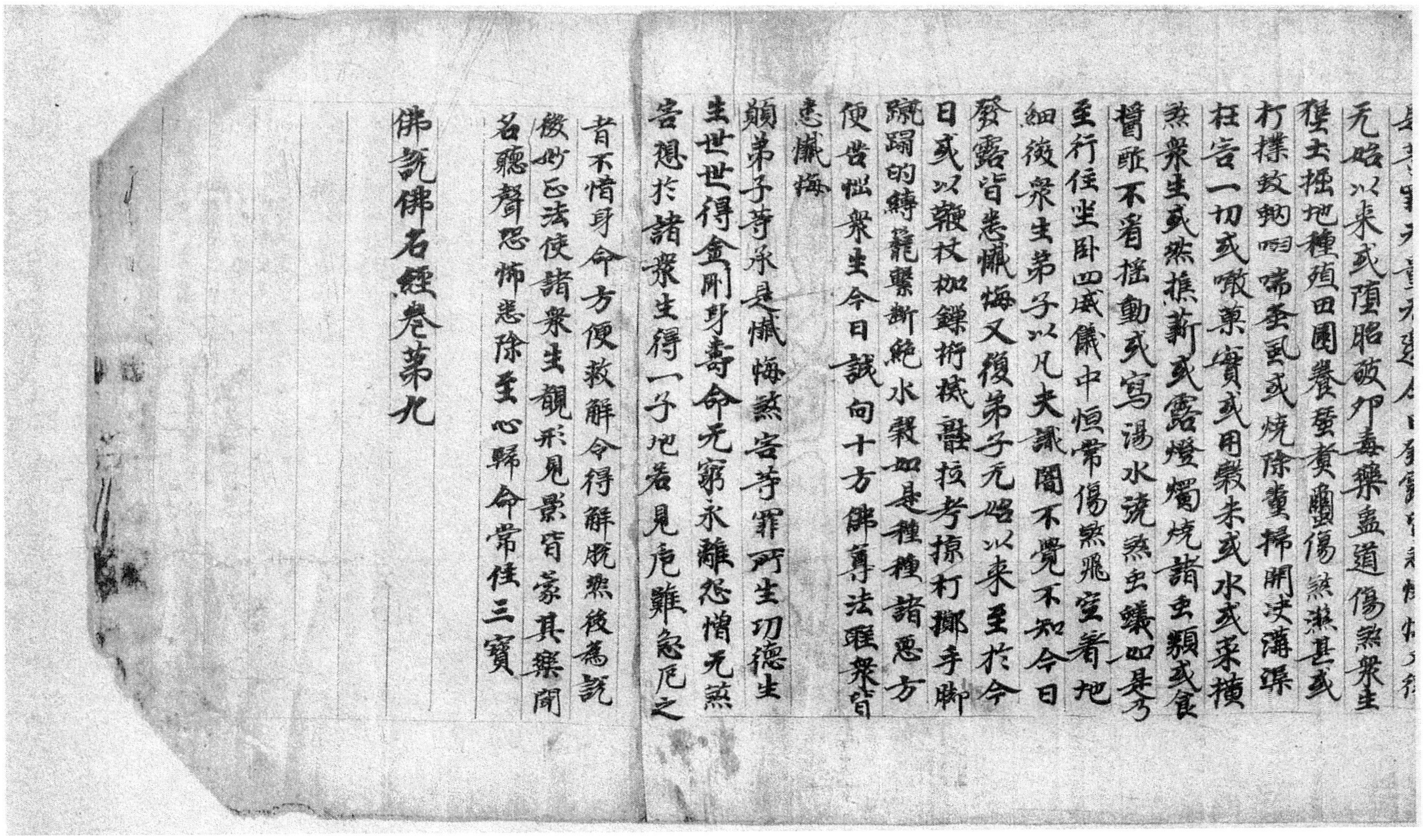

无始以來或墮胎破卵毒藥蠱道傷殺衆生
墾土掘地種殖田園養蠶煑繭傷殺滋甚或
打撲蚊蚋噉嚙蚤虱或燒除糞掃開決溝渠
枉害一切或噉菓實或用穀米或水或菜橫
殺衆生或然樵薪或露燈燭燒諸虫類或食
醬醋不看搖動或寫湯水澆殺虫蟻如是乃
至行住坐臥四威儀中恒常傷殺飛空著地
細微衆生弟子以凡夫識闇不覺不知今日
發露皆悉懺悔又復弟子无始以來至於今
日或以鞭杖枷鎖桁械壓拉考掠打擲手脚
蹴蹋拘縛籠繫斷絶水穀如是種種諸惡方
便惱衆生今日誠向十方佛尊法聖衆皆
悉懺悔
願弟子等承是懺悔殺害等罪所生功德生
生世世得金剛身壽命无窮永離怨憎无殺
害想於諸衆生得一子地若見危難急厄之
者不惜身命方便救解令得解脫然後爲說
微妙正法使諸衆生覩形見影皆蒙其樂聞
名聽聲恐怖悉除至心歸命常住三寶

佛說佛名經卷第九

BD05159 號　佛名經（十六卷本）卷九　　（26–26）

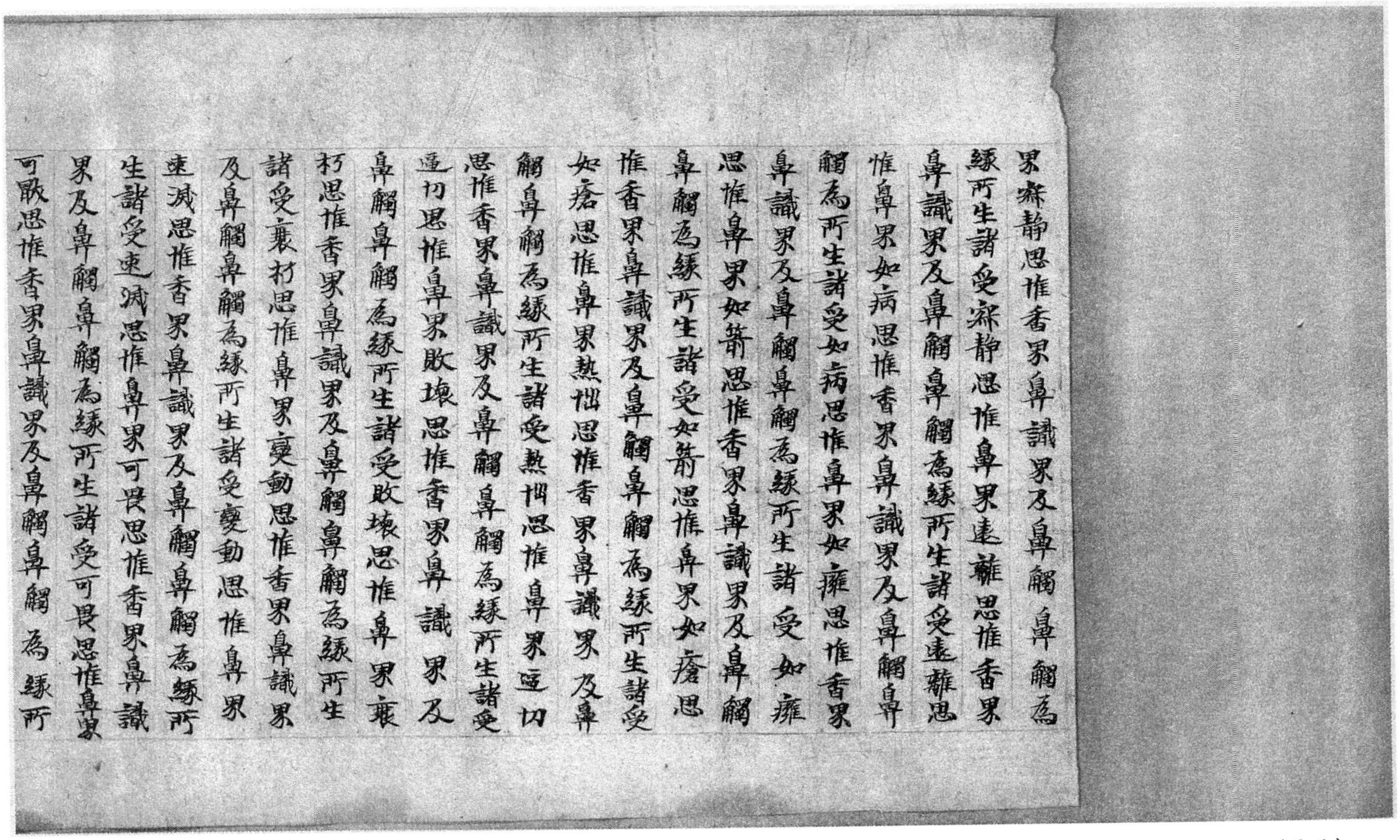

界寂靜思惟香界鼻識界及鼻觸鼻觸爲
緣所生諸受寂靜思惟鼻界遠離思惟香界
鼻識界及鼻觸鼻觸爲緣所生諸受遠離思
惟鼻界如病思惟香界鼻識界及鼻觸鼻
觸爲所生諸受如病思惟鼻界如癰思惟香界
鼻識界及鼻觸鼻觸爲緣所生諸受如癰
思惟鼻界如箭思惟香界鼻識界及鼻觸
鼻觸爲緣所生諸受如箭思惟鼻界如瘡思
惟香界鼻識界及鼻觸鼻觸爲緣所生諸受
如瘡思惟鼻界熱惱思惟香界鼻識界及鼻
觸鼻觸爲緣所生諸受熱惱思惟鼻界逼切
思惟香界鼻識界及鼻觸鼻觸爲緣所生諸受
逼切思惟鼻界敗壞思惟香界鼻識界及
鼻觸鼻觸爲緣所生諸受敗壞思惟鼻界衰
朽思惟香界鼻識界及鼻觸鼻觸爲緣所生
諸受衰朽思惟鼻界變動思惟香界鼻識界
及鼻觸鼻觸爲緣所生諸受變動思惟鼻界
速滅思惟香界鼻識界及鼻觸鼻觸爲緣所
生諸受速滅思惟鼻界可畏思惟香界鼻識
界及鼻觸鼻觸爲緣所生諸受可畏思惟鼻界
可厭思惟香界鼻識界及鼻觸鼻觸爲緣所

BD05160 號　大般若波羅蜜多經卷七七　　（6–1）

朽思惟香界鼻識界及鼻觸鼻觸為緣所生
諸受衰朽思惟鼻界變動思惟香界鼻識界
及鼻觸鼻觸為緣所生諸受變動思惟鼻界
速滅思惟香界鼻識界及鼻觸鼻觸為緣所
生諸受速滅思惟鼻界可畏思惟香界鼻識
界及鼻觸鼻觸為緣所生諸受可畏思惟鼻界
可厭思惟香界鼻識界及鼻觸鼻觸為緣所
生諸受可厭思惟鼻界有災思惟香界鼻識
界及鼻觸鼻觸為緣所生諸受有災思惟鼻
界有横思惟香界鼻識界及鼻觸鼻觸為緣所
生諸受有横思惟鼻界有疫思惟香界鼻識界
及鼻觸鼻觸為緣所生諸受有疫思惟鼻界有
癘思惟香界鼻識界及鼻觸鼻觸為緣所生
諸受有癘思惟鼻界性不安隱思惟香界鼻
識界及鼻觸鼻觸為緣所生諸受性不安隱
思惟鼻界不可保信思惟香界鼻識界及鼻
觸鼻觸為緣所生諸受不可保信思惟鼻界
无生无滅思惟香界鼻識界及鼻觸鼻觸為
緣所生諸受无生无滅思惟鼻界无染无淨
思惟香界鼻識界及鼻觸鼻觸為緣所生諸
受无染无淨思惟鼻界无作无為思惟香界
鼻識界及鼻觸鼻觸為緣所生諸受无作无
為憍尸迦是為菩薩摩訶薩般若波羅蜜多
憍尸迦若菩薩摩訶薩以應一切智智心用
无所得為方便思惟舌界无常思惟味界舌
識界及舌觸舌觸為緣所生諸受无常思惟
舌界苦思惟味界舌識界及舌觸舌觸為緣

BD05160號　大般若波羅蜜多經卷七七　（6–2）

為憍尸迦是為菩薩摩訶薩般若波羅蜜多
憍尸迦若菩薩摩訶薩以應一切智智心用
无所得為方便思惟舌界无常思惟味界舌
識界及舌觸舌觸為緣所生諸受无常思惟
舌界苦思惟味界舌識界及舌觸舌觸為緣
所生諸受苦思惟舌界无我思惟味界舌識界
及舌觸舌觸為緣所生諸受无我思惟舌
界不淨思惟味界舌識界及舌觸舌觸為緣
所生諸受不淨思惟舌界空思惟味界舌識
界及舌觸舌觸為緣所生諸受空思惟舌界
无相思惟味界舌識界及舌觸舌觸為緣所
生諸受无相思惟舌界无願思惟味界舌識
界及舌觸舌觸為緣所生諸受无願思惟舌
界寂靜思惟味界舌識界及舌觸舌觸為緣
所生諸受寂靜思惟舌界遠離思惟味界舌
識界及舌觸舌觸為緣所生諸受遠離思惟
舌界如病思惟味界舌識界及舌觸舌觸為
緣所生諸受如病思惟舌界如癰思惟味界
舌識界及舌觸舌觸為緣所生諸受如癰思
惟舌界如箭思惟味界舌識界及舌觸舌觸
為緣所生諸受如箭思惟舌界如瘡思惟味
界舌識界及舌觸舌觸為緣所生諸受如瘡
思惟舌界熱惱思惟味界舌識界及舌觸舌
觸為緣所生諸受熱惱思惟舌界逼切思惟
味界舌識界及舌觸舌觸為緣所生諸受逼
切思惟舌界敗壞思惟味界舌識界及舌觸舌
觸為緣所生諸受敗壞思惟舌界衰朽思

BD05160號　大般若波羅蜜多經卷七七　（6–3）

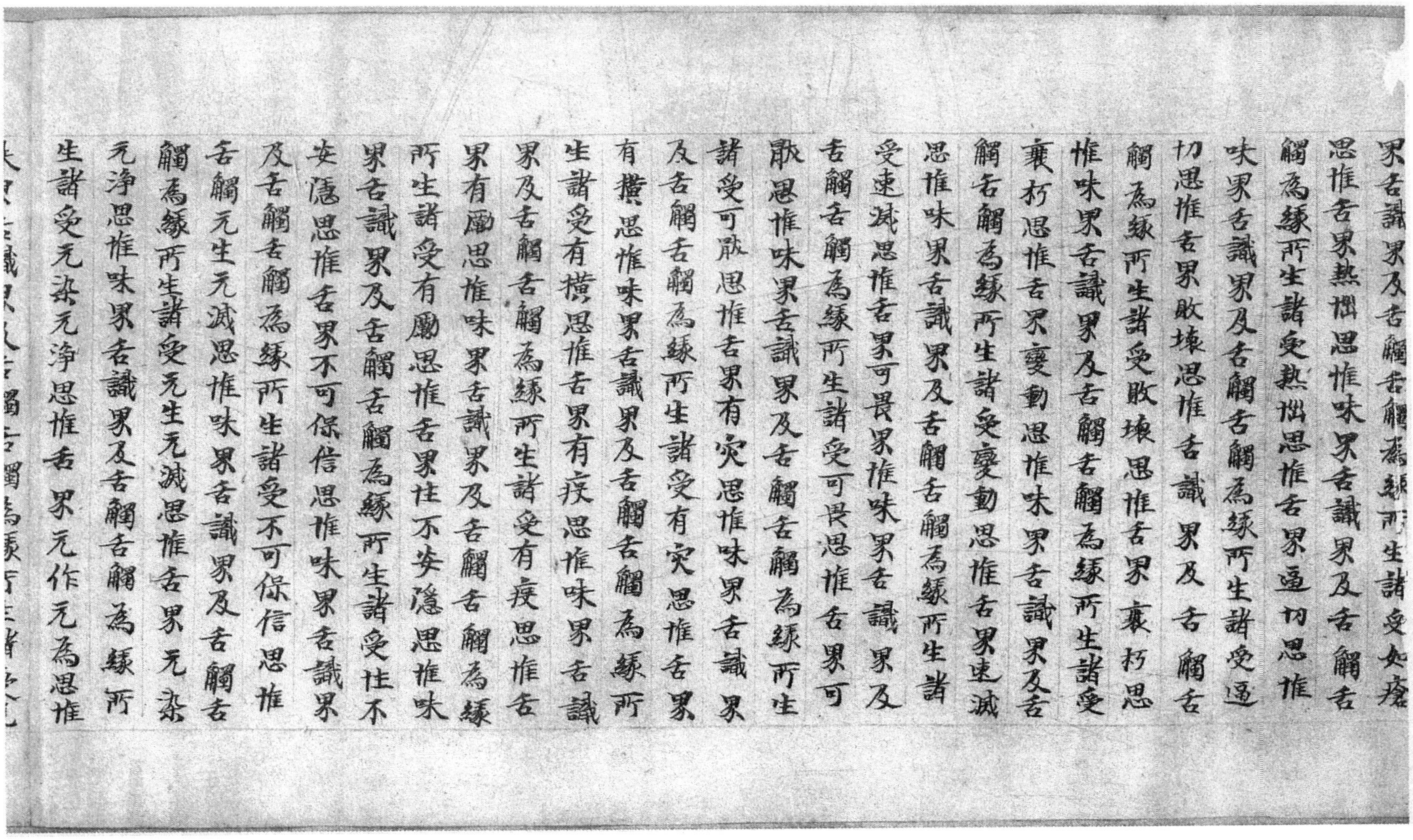
界舌識界及舌觸舌觸為緣所生諸受如瘡
思惟舌界熱惱思惟味界舌識界及舌觸舌
觸為緣所生諸受熱惱思惟舌界逼切思惟
味界舌識界及舌觸舌觸為緣所生諸受逼
切思惟舌界敗壞思惟舌識界及舌觸舌
觸為緣所生諸受敗壞思惟舌界衰朽思
惟味界舌識界及舌觸舌觸為緣所生諸受
衰朽思惟舌界變動思惟味界舌識界及舌
觸舌觸為緣所生諸受變動思惟舌界速滅
思惟味界舌識界及舌觸舌觸為緣所生諸
受速滅思惟舌界可畏思惟味界舌識界及
舌觸舌觸為緣所生諸受可畏思惟舌界可
猒思惟味界舌識界及舌觸舌觸為緣所生
諸受可猒思惟舌界有灾思惟味界舌識界
及舌觸舌觸為緣所生諸受有灾思惟舌界
有横思惟味界舌識界及舌觸舌觸為緣所
生諸受有横思惟舌界有疫思惟味界舌識
界及舌觸舌觸為緣所生諸受有疫思惟舌
界有癘思惟味界舌識界及舌觸舌觸為緣
所生諸受有癘思惟舌界性不安隱思惟味
界舌識界及舌觸舌觸為緣所生諸受性不
安隱思惟舌界不可保信思惟味界舌識界
及舌觸舌觸為緣所生諸受不可保信思惟
舌觸无生无滅思惟味界舌識界及舌觸舌
觸為緣所生諸受无生无滅思惟舌界无染
无淨思惟味界舌識界及舌觸舌觸為緣所
生諸受无染无淨思惟舌界无作无為思惟

BD05160號　大般若波羅蜜多經卷七七　（6–4）

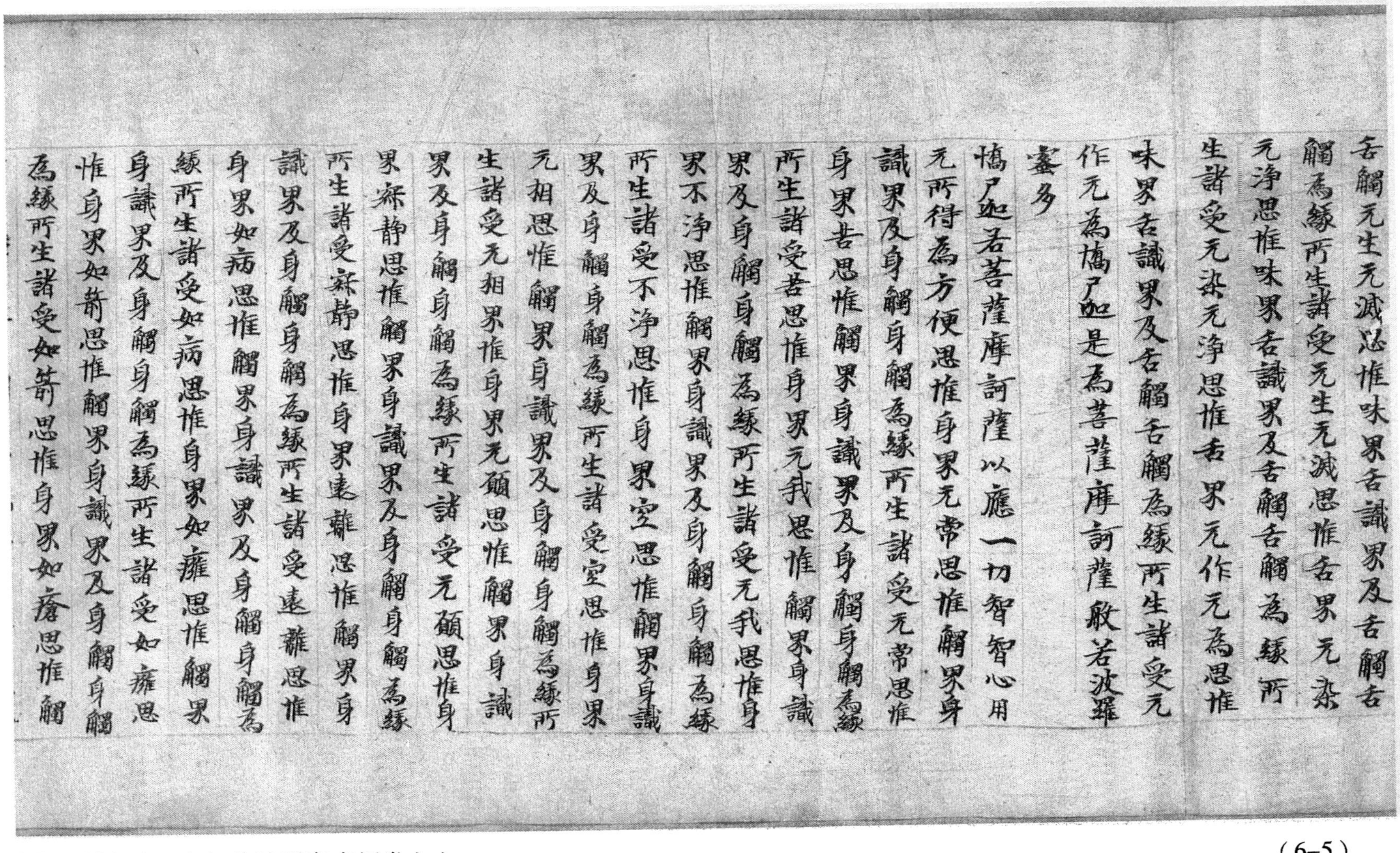
舌觸无生无滅思惟味界舌識界及舌觸舌
觸為緣所生諸受无生无滅思惟舌界无染
无淨思惟味界舌識界及舌觸舌觸為緣所
生諸受无染无淨思惟舌界无作无為思惟
味界舌識界及舌觸舌觸為緣所生諸受无
作无為憍尸迦是為菩薩摩訶薩般若波羅
蜜多
憍尸迦若菩薩摩訶薩以應一切智智心用
无所得為方便思惟身界无常思惟觸界身
識界及身觸身觸為緣所生諸受无常思惟
身界苦思惟觸界身識界及身觸身觸為緣
所生諸受苦思惟身界无我思惟觸界身識
界及身觸身觸為緣所生諸受无我思惟身
界不淨思惟觸界身識界及身觸身觸為緣
所生諸受不淨思惟身界空思惟觸界身識
界及身觸身觸為緣所生諸受空思惟身界
无相思惟觸界身識界及身觸身觸為緣所
生諸受无相思惟身界无願思惟觸界身識
界及身觸身觸為緣所生諸受无願思惟身
界寂靜思惟觸界身識界及身觸身觸為緣
所生諸受寂靜思惟身界遠離思惟觸界身
識界及身觸身觸為緣所生諸受遠離思惟
身界如病思惟觸界身識界及身觸身觸為
緣所生諸受如病思惟身界如癰思惟觸界
身識界及身觸身觸為緣所生諸受如癰思
惟身界如箭思惟觸界身識界及身觸身觸
為緣所生諸受如箭思惟身界如瘡思惟觸

BD05160號　大般若波羅蜜多經卷七七　（6–5）

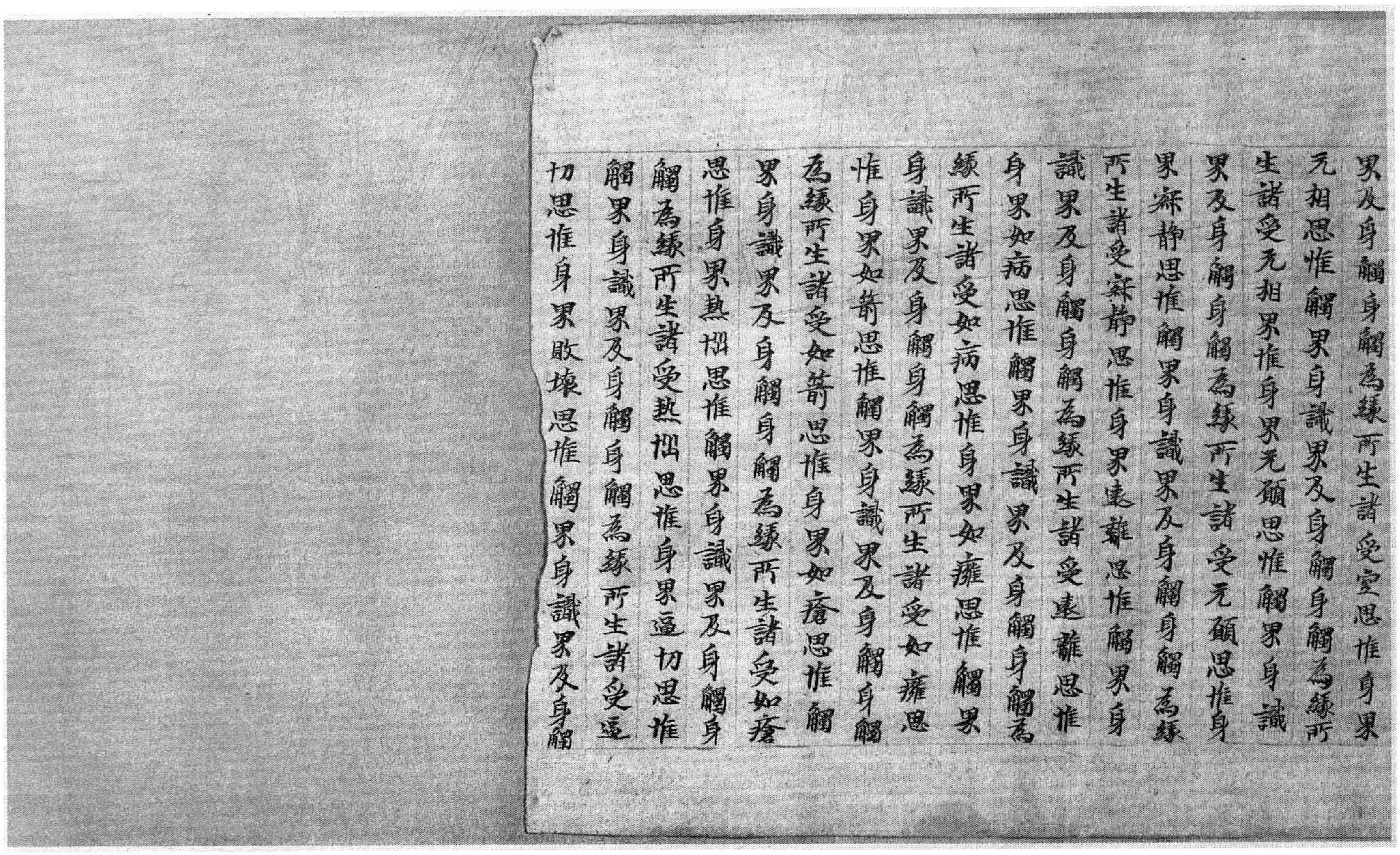

界及身觸身觸為緣所生諸受空思惟身界
无相思惟觸界身識界及身觸身觸為緣所
生諸受无相思惟身界无願思惟觸界身識
界及身觸身觸為緣所生諸受无願思惟身
界寂靜思惟觸界身識界及身觸身觸為緣
所生諸受寂靜思惟身界遠離思惟觸界身
識界及身觸身觸為緣所生諸受遠離思惟
身界如病思惟觸界身識界及身觸身觸為
緣所生諸受如病思惟身界如癰思惟觸界
身識界及身觸身觸為緣所生諸受如癰思
惟身界如箭思惟觸界身識界及身觸身觸
為緣所生諸受如箭思惟身界如瘡思惟觸
界身識界及身觸身觸為緣所生諸受如瘡
思惟身界熱惱思惟觸界身識界及身觸身
觸為緣所生諸受熱惱思惟身界逼切思惟
觸界身識界及身觸身觸為緣所生諸受逼
切思惟身界敗壞思惟觸界身識界及身觸

BD05160 號　大般若波羅蜜多經卷七七　　（6–6）

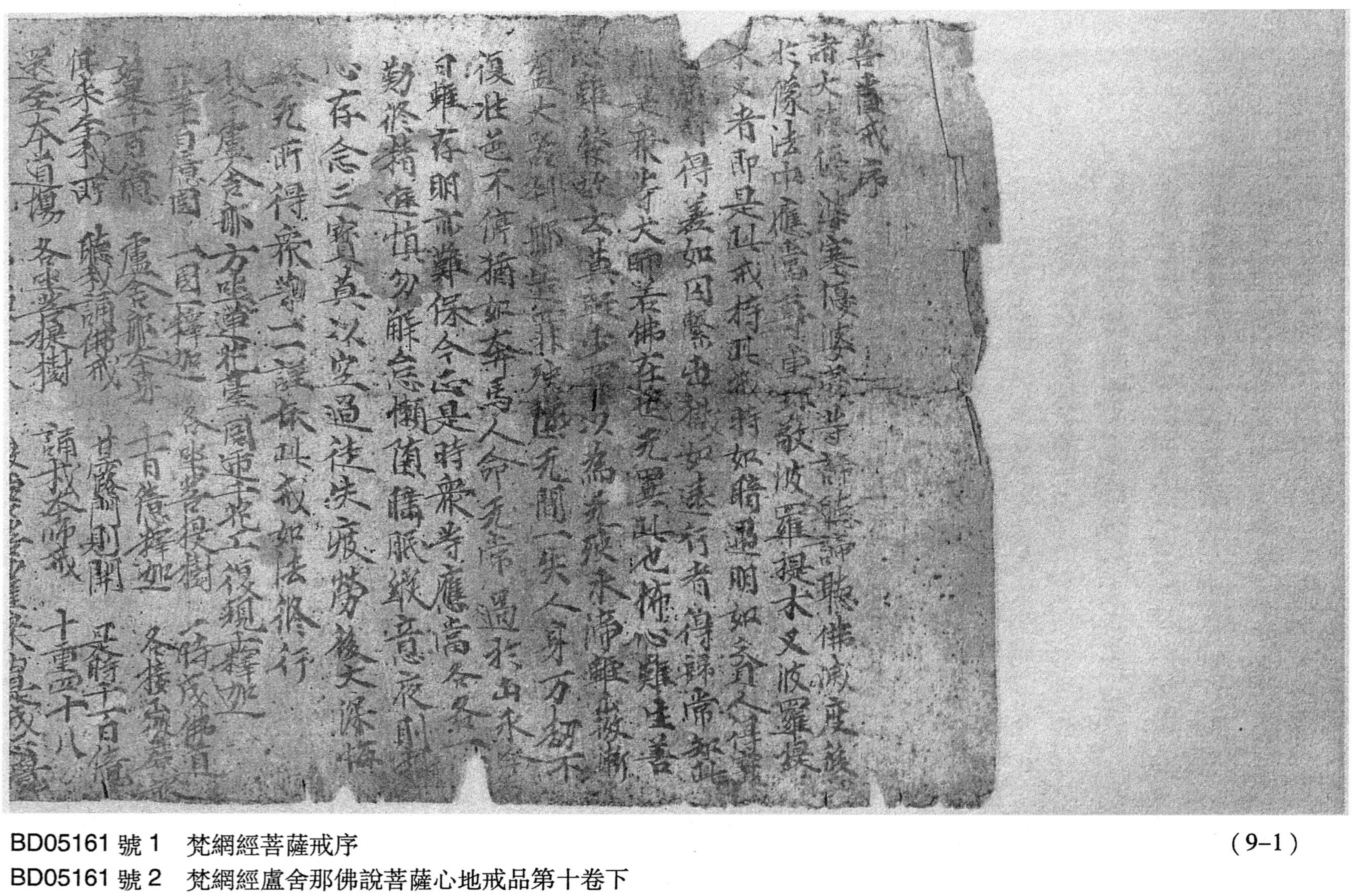

菩薩戒序

BD05161 號 1　梵網經菩薩戒序　　（9–1）

BD05161 號 2　梵網經盧舍那佛說菩薩心地戒品第十卷下

[illegible]
无所得衆[illegible]以戒如法修行
我今盧舍那 方坐蓮花臺 周匝千花上 復現千釋迦
一花百億國 一國一釋迦 各坐菩提樹 一時成佛道
如是千百億 盧舍那本身 千百億釋迦 各接微塵衆
俱來至我所 聽我誦佛戒 甘露門則開 是時千百億
還至本道場 各坐菩提樹 誦我本師戒 十重四十八
戒如明日月 亦如瓔珞珠 微塵菩薩衆 由是成正覺
是盧舍那誦 我亦如是誦 汝新學菩薩 頂戴受持戒
受持是戒已 轉授諸衆生 諦聽我正誦 佛法中戒藏
波羅提木叉 大衆心諦信 汝是當成佛 我是已成佛
常作如是信 戒品已具足 一切有心者 皆應攝佛戒
衆生受佛戒 即入諸佛位 位同大覺已 真是諸佛子
大衆皆恭敬 至心聽我誦
爾時釋迦牟尼佛初坐菩提樹下成无上正覺初結
菩薩波羅提木叉孝順父母師僧三寶孝順至
道之法孝名為戒亦名制止即口放无量光明是
時百万億大衆諸菩薩十八梵六欲天子十六大國
王合掌至心聽佛誦一切諸佛大乘戒
佛告諸菩薩言我今半月半月自誦諸佛法戒汝
等一切發心菩薩亦誦乃至十發趣十長養十金
剛十地諸菩薩亦誦是故戒光從口出有緣非无因
故光光非青黃赤白黑非色非心非有非无非因果
法是諸佛之本原行菩薩道之根本是大衆諸佛
子之根本是故大衆諸佛子應受持應讀誦善學
佛子諦聽若受佛戒者國王王子百官宰相

BD05161 號 2　梵網經盧舍那佛說菩薩心地戒品第十卷下　（9–2）

剛十地諸菩薩亦誦是故戒光從口出有緣非无因
故光光非青黃赤白黑非色非心非有非无非因果
法是諸佛之本原行菩薩道之根本是大衆諸佛
子之根本是故大衆諸佛子應受持應讀誦善學
佛子諦聽若受佛戒者國王王子百官宰相
比丘比丘尼十八梵六欲天子庶民黃門婬男婬女奴婢
八部鬼神金剛神畜生乃至變化人但解法師語盡
受得戒皆名第一清淨者佛告諸佛子言有
十重波羅提木叉若受菩薩戒不誦此戒者非菩薩
非佛種子我亦如是誦一切菩薩已學一切菩薩當
學一切菩薩今學已略說波羅提木叉相
貌應當學敬心奉持
佛告佛子若自殺教人殺方便讚歎殺見作隨喜
乃至咒殺殺因殺緣殺法殺業乃至一切有命者
不得故殺而菩薩應起常住慈悲心孝順心方
便救護一切衆生而反自恣心快意殺生者是
菩薩波羅夷罪
若佛子自盜教人盜方便盜咒盜盜因盜緣
盜法盜業乃至鬼神有主劫賊物一切財物
一針一草不得故盜而菩薩應生佛性孝順
心慈悲心常助一切人生福生樂而反更盜人
財物者是菩薩波羅夷罪
若佛子自婬教人婬乃至一切女人不得故婬婬因
婬緣婬法婬業乃至畜生女諸天鬼神女及非
道行婬而菩薩應生孝順心救度一切衆生

BD05161 號 2　梵網經盧舍那佛說菩薩心地戒品第十卷下　（9–3）

心慈悲心常助一切人生福生善而反更
恥心者是菩薩波羅夷罪
若佛子自婬教人婬乃至一切女人不得故婬婬因
婬緣婬法婬業乃至畜生女諸天鬼神女及非
道行婬而菩薩應生孝順心救度一切衆生
淨法與人而反更起一切人婬不擇畜生乃至母
女姊妹六親行婬无慈悲心者是菩薩波羅
夷罪
若佛子自妄語教人妄語方便妄語妄語因語
緣妄語法妄語業乃至不見言見見言不見身
心妄語而菩薩常生正語正見亦生一切衆生正語
正語正見而反更起一切衆生耶語耶見耶業
者是菩薩波羅夷罪
若佛子自酤酒教人酤酒酤酒因酤酒緣酤酒法酤
酒業一切酒不得酤是酒起罪因緣而菩薩應生
一切衆明達之慧而反更生衆生顛倒之心者是菩
薩波羅夷罪
若佛子口自說出家在家菩薩比丘比丘尼罪過
教人說罪過罪過因罪過緣罪過法罪過業
而菩薩聞外道惡人及二乘惡人說佛法中非法
非律常生悲心教化是惡人輩令生大乘善
信而菩薩反更自說佛法中罪過者是菩薩
波羅夷罪
若佛子口自讚毀他亦教人自讚毀他毀他因
毀他緣毀他法毀他業而菩薩應代一切衆生
受加毀辱惡事自向己好事與他人若自揚己

BD05161 號 2　梵網經盧舍那佛說菩薩心地戒品第十卷下　（9–4）

信而菩薩反更自說佛法中罪過者是菩薩
波羅夷罪
若佛子口自讚毀他亦教人自讚毀他毀他因
毀他緣毀他法毀他業而菩薩應代一切衆生
受加毀辱惡事自向己好事與他人若自揚己
德隱他人好事令他人受毀者是菩薩波羅夷
罪
若佛子自慳教人慳慳因慳緣慳法慳業而菩薩
見一切貧窮人來乞者隨前人所須一切給與而菩
薩以惡心瞋心乃至不施一錢一針一草有求法
者而不為說一句一偈一微塵許法而反更罵
辱者是菩薩波羅夷罪
若佛子自瞋教人瞋瞋因瞋緣瞋法瞋業而菩
薩應生一切衆生中善根无諍之事常生悲心
孝順心而反更於一切衆生中乃至於非衆生
中以惡口罵辱加以手打及以刀杖意猶不
息前人求悔善言懺謝猶瞋不解者是
菩薩波羅夷罪
若佛子自謗三寶教人謗三寶謗因謗緣謗
法謗業而菩薩見外道及以惡人一言謗佛音
聲如三百鉾刺心況口自謗不生信心孝順心而
反更助惡人耶見人謗者是菩薩波羅夷罪
善學諸人者是菩薩十波羅提木叉應當於
中不應一一犯如微塵許何況具足犯十戒若
有犯者不得現身發菩提心亦失國王位
轉輪王位亦失比丘比丘尼位亦失十發趣十

BD05161 號 2　梵網經盧舍那佛說菩薩心地戒品第十卷下　（9–5）

反更助惡人耶見人謗者是菩薩波羅夷罪
善學諸仁者是菩薩十波羅提木叉應當於
中不應一一犯如微塵許何況具足犯十戒若
有犯者不得現身發菩提心亦失國王位
轉輪王位亦失比丘比丘尼位亦失十發趣十長
養十金剛十地佛性常住妙果一切皆失墮三
惡道中二劫三劫不聞父母三寶名字以是不
應一一犯汝等一切諸菩薩今學當學已學
如是十戒應當學敬心奉持八万威儀品
當明
佛告諸菩薩言已說十波羅提木叉竟四十八
輕今當說
若佛子欲受國王位時受轉輪位時百官受位
時應先受菩薩戒一切鬼神救護王身百官之
身諸佛歡喜既得戒已生孝順心恭敬心見上
座和尚阿闍梨大德同學同見同行者
應起承迎禮拜問訊而菩薩反生憍心癡
心慢心不起承迎禮拜一一不如法供養以自賣
身國城男女七寶百物而供養之若不爾
者犯輕垢罪
若佛子故飲酒而生酒過失无量若自身手過
酒器與人飲酒者五百世无手何況自飲不
得教一切人飲及一切衆生飲若何況自飲一切酒
不得飲若故自飲教人飲者犯輕垢罪

BD05161 號 2　梵網經盧舍那佛說菩薩心地戒品第十卷下　（9–6）

者犯輕垢罪
若佛子故飲酒而生酒過失无量若自身手過
酒器與人飲酒者五百世无手何況自飲不
得教一切人飲及一切衆生飲若何況自飲一切酒
不得飲若故自飲教人飲者犯輕垢罪
若佛子故食肉一切肉不得食斷大慈悲佛
性種子一切衆生見而捨去是故一切菩薩不
得食一切衆生肉食肉得无量罪若故食者犯
輕垢罪
若佛子不得食五辛大蒜茖葱慈葱
蘭葱興渠是五種一切食中不得食若故食
者犯輕垢罪
若佛子見一切衆生犯八戒五戒十戒毀禁
七逆八難一切犯戒罪應教懺悔而菩薩
不教懺悔共住同僧利養而共布薩一衆
住說戒而不舉其罪不教悔過者犯輕
垢罪
若佛子見大乘法師大乘同學同見同
行來入僧坊舍宅城邑若百里千里來者
即起迎來送去禮拜供養日日三時供養
日食三兩金百味飲食床座醫藥供
事法師一切所須盡給與之常請法師三
時說法日日三時禮拜不生瞋心患惱之
心為法滅身請法若不爾者犯輕垢罪
若佛子一切處有講法毗尼經律大宅舍

BD05161 號 2　梵網經盧舍那佛說菩薩心地戒品第十卷下　（9–7）

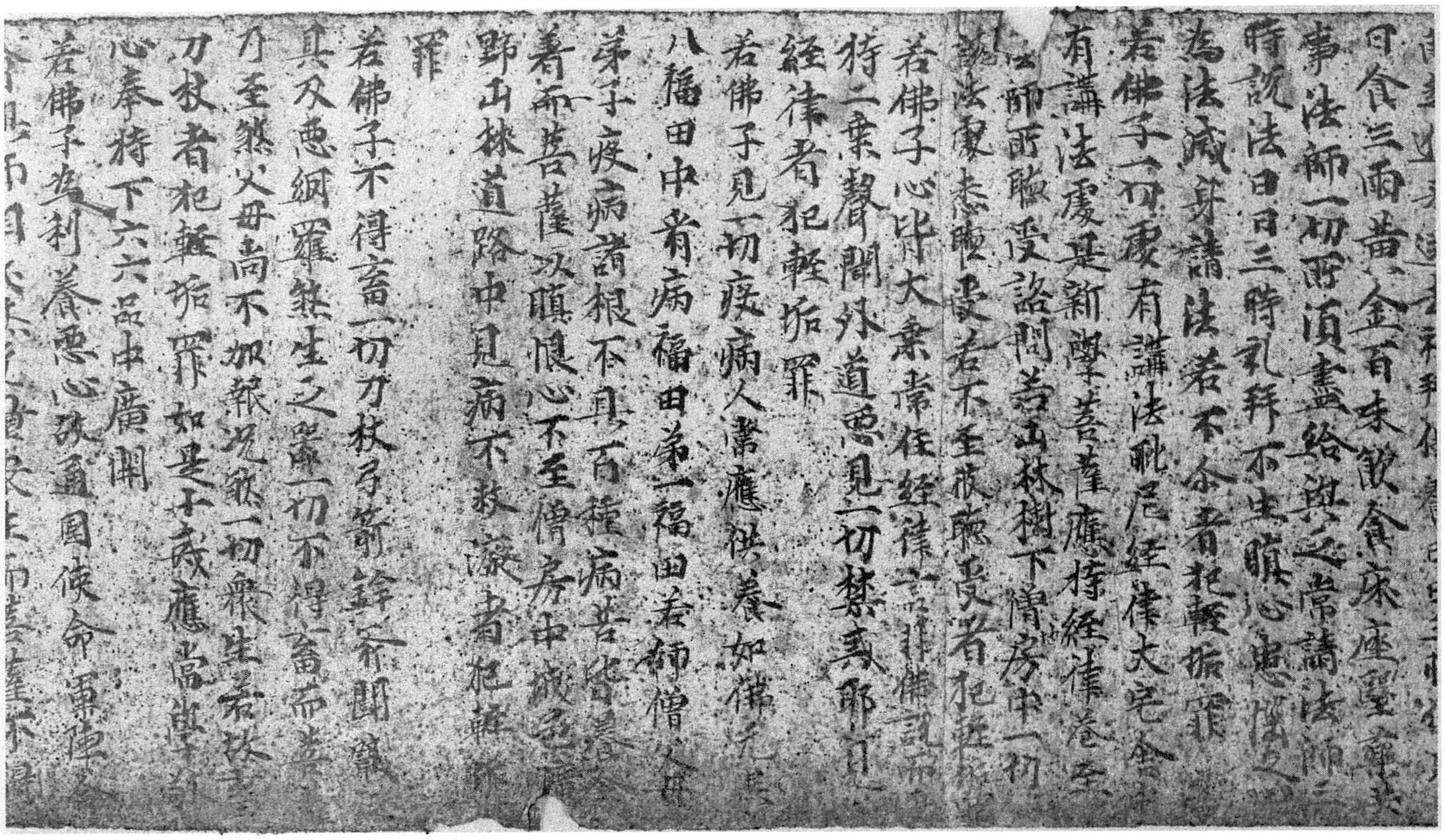
日食三兩黃金百味飲食床座醫藥供
事法師一切所須盡給與之常請法師三
時說法日日三時禮拜不生瞋心患惱之
為法滅身請法若不爾者犯輕垢罪
若佛子一切處有講法毗尼經律大宅舍中
有講法處是新學菩薩應持經律卷至
法師所聽受諮問若山林樹下僧房中一切
說法處悉聽受若不至彼聽受者犯輕
若佛子心背大乘常住經律言非佛說而
持二乘聲聞外道惡見一切禁戒邪見
經律者犯輕垢罪
若佛子見一切疾病人常應供養如佛無異
八福田中看病福田第一福田若父母師僧
弟子疾病諸根不具百種病苦惱皆養
令差而菩薩以瞋恨心不至僧房中城邑
曠野山林道路中見病不救濟者犯輕垢
罪
若佛子不得畜一切刀杖弓箭鉾斧鬪戰
具及惡網羅殺生之器一切不得畜而菩薩
乃至殺父母尚不加報況殺一切衆生若故
畜刀杖者犯輕垢罪如是十戒應當學敬
心奉持下六六品中廣開
若佛子為利養惡心故通國使命軍陣

BD05161 號 2　梵網經盧舍那佛說菩薩心地戒品第十卷下　　（9–8）

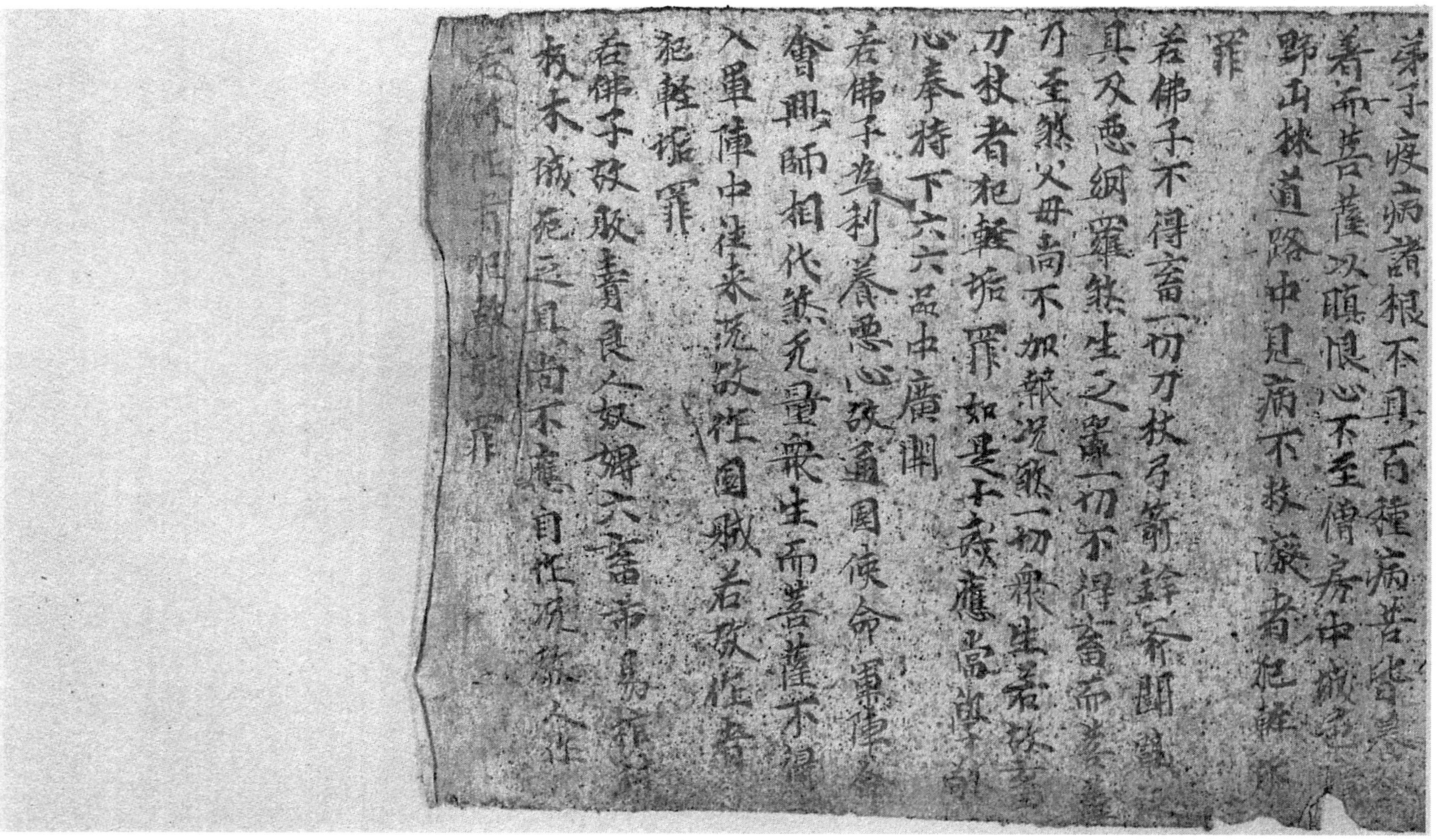
弟子疾病諸根不具百種病苦惱皆養
令差而菩薩以瞋恨心不至僧房中城邑
曠野山林道路中見病不救濟者犯輕垢
罪
若佛子不得畜一切刀杖弓箭鉾斧鬪戰
具及惡網羅殺生之器一切不得畜而菩薩
乃至殺父母尚不加報況殺一切衆生若故
畜刀杖者犯輕垢罪如是十戒應當學敬
心奉持下六六品中廣開
若佛子為利養惡心故通國使命軍陣
合會興師相伐殺無量衆生而菩薩不得
入軍陣中往來況故作國賊若故作者
犯輕垢罪
若佛子故販賣良人奴婢六畜市易棺
板木盛死之具尚不應自作況教人作
若故作者犯輕垢罪

BD05161 號 2　梵網經盧舍那佛說菩薩心地戒品第十卷下　　（9–9）

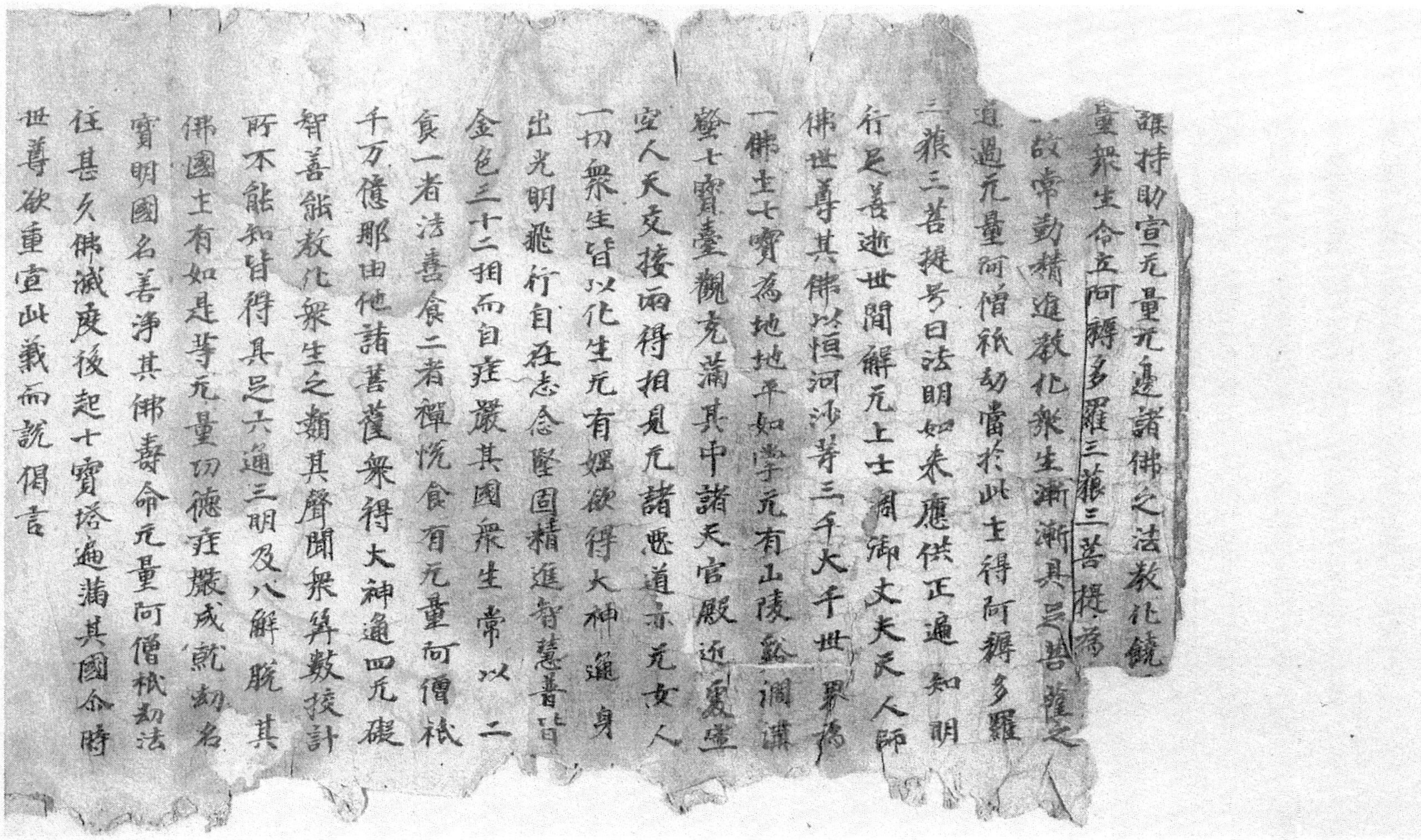

護持助宣无量无邊諸佛之法教化饒
益无量衆生令立阿耨多羅三藐三菩提爲
故常勤精進教化衆生漸漸具足菩薩之
道過无量阿僧祇劫當於此土得阿耨多羅
三藐三菩提号曰法明如来應供正遍知明
行足善逝世間解无上士調御丈夫天人師
佛世尊其佛以恒河沙等三千大千世界為
一佛土七寶為地地平如掌无有山陵谿澗溝
壑七寶臺觀充滿其中諸天宮殿近處虛
空人天交接兩得相見无諸惡道亦无女人
一切衆生皆以化生无有婬欲得大神通身
出光明飛行自在志念堅固精進智慧普皆
金色三十二相而自莊嚴其國衆生常以二
食一者法喜食二者禪悅食有无量阿僧祇
千万億那由他諸菩薩衆得大神通四无礙
智善能教化衆生之類其聲聞衆筭數校計
所不能知皆得具足六通三明及八解脫其
佛國土有如是等无量功德莊嚴成就劫名
寶明國名善淨其佛壽命无量阿僧祇劫法
住甚久佛滅度後起七寶塔遍滿其國尒時
世尊欲重宣此義而說偈言

BD05162 號　妙法蓮華經卷四　（32–1）

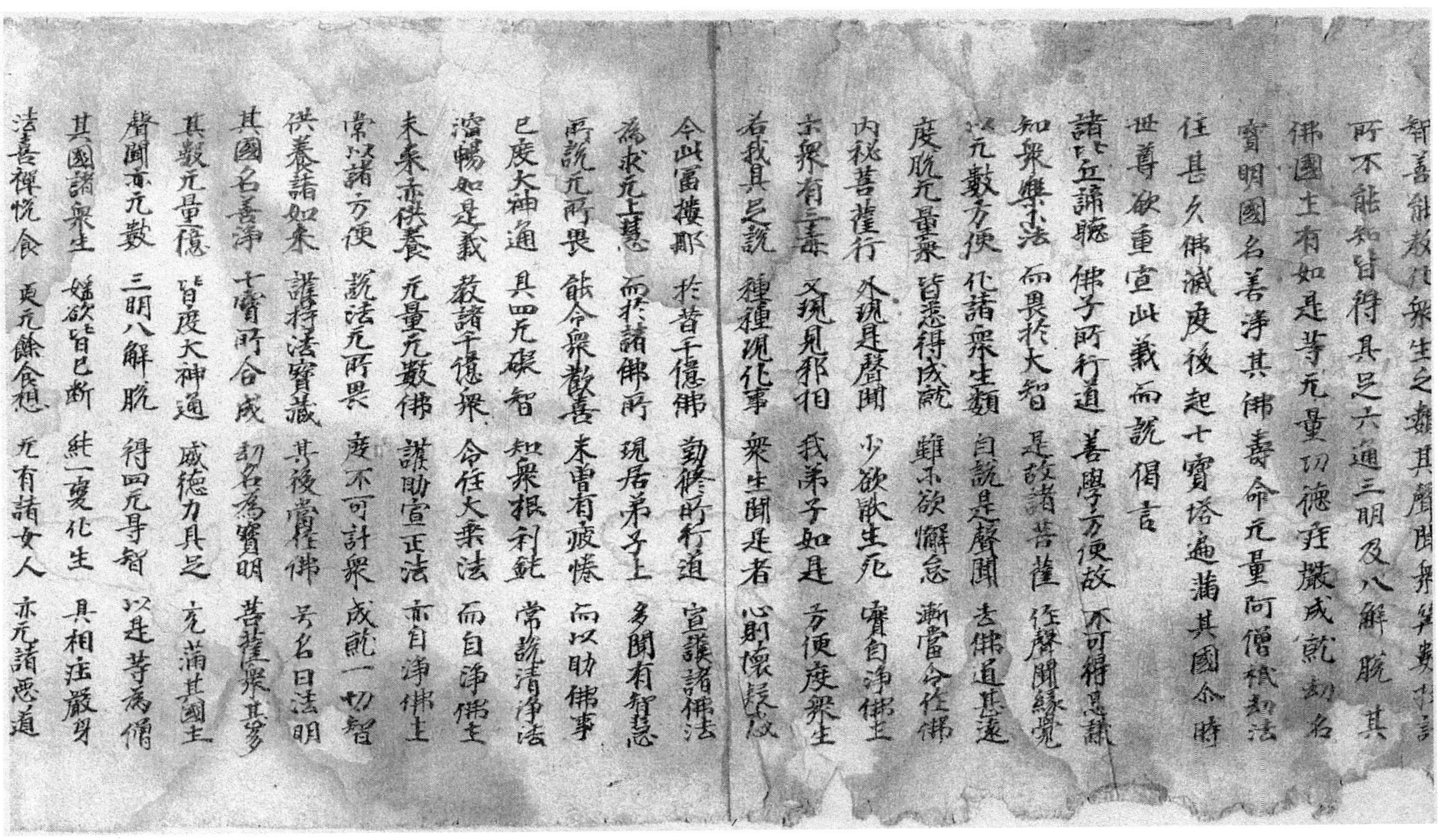

智善能教化衆生之類其聲聞衆筭數校計
所不能知皆得具足六通三明及八解脫其
佛國土有如是等无量功德莊嚴成就劫名
寶明國名善淨其佛壽命无量阿僧祇劫法
住甚久佛滅度後起七寶塔遍滿其國尒時
世尊欲重宣此義而說偈言
諸比丘諦聽　佛子所行道　善學方便故　不可得思議
知衆樂小法　而畏於大智　是故諸菩薩　作聲聞緣覺
以无數方便　化諸衆生類　自說是聲聞　去佛道甚遠
度脫无量衆　皆悉得成就　雖小欲懈怠　漸當令作佛
内祕菩薩行　外現是聲聞　少欲厭生死　實自淨佛土
示衆有三毒　又現邪見相　我弟子如是　方便度衆生
若我具足說　種種現化事　衆生聞是者　心則懷疑惑
今此富樓那　於昔千億佛　勤修所行道　宣護諸佛法
為求无上慧　而於諸佛所　現居弟子上　多聞有智慧
所說无所畏　能令衆歡喜　未曾有疲惓　而以助佛事
已度大神通　具四无礙智　知衆根利鈍　常說清淨法
演暢如是義　教諸千億衆　令住大乘法　而自淨佛土
未來亦供養　无量无數佛　護助宣正法　亦自淨佛土
常以諸方便　說法无所畏　度不可計衆　成就一切智
供養諸如來　護持法寶藏　其後得成佛　号名曰法明
其國名善淨　七寶所合成　劫名為寶明　菩薩衆甚多
其數无量億　皆度大神通　威德力具足　充滿其國土
聲聞亦无數　三明八解脫　得四无礙智　以是等為僧
其國諸衆生　婬欲皆已斷　純一變化生　具相莊嚴身
法喜禪悅食　更无餘食想　无有諸女人　亦无諸惡道

BD05162 號　妙法蓮華經卷四　（32–2）

供養諸如來　護持法寶藏　其後當作佛　号名曰法明
其國名善淨　七寶所合成　劫名為寶明　菩薩衆甚多
其數无量億　皆度大神通　威德力具足　充滿其國土
聲聞亦无數　三明八解脫　得四无㝵智　以是等為僧
其國諸衆生　婬欲皆已斷　純一變化生　具相莊嚴身
法喜禪悅食　更无餘食想　无有諸女人　亦无諸惡道
富樓那比丘　功德悉成滿　當得斯淨土　賢聖衆甚多
如是无量事　我今但略說
尒時千二百阿羅漢心自在者作是念我等
歡喜得未曾有若世尊各見授記如餘大
弟子者不亦快乎佛知此等心之所念告摩訶
迦葉是千二百阿羅漢我今當現前次第與
授阿耨多羅三藐三菩提記於此衆中我大
弟子憍陳如比丘當供養六萬二千億佛然
後得成為佛号曰普明如來應供正遍知明
行足善逝世間解无上士調御丈夫天人師
佛世尊其五百阿羅漢優樓頻螺迦葉伽耶
迦葉那提迦葉迦留陀夷優陀夷阿㝹樓馱
離婆多劫賓那薄拘羅周陀莎伽陀等皆
當得阿耨多羅三藐三菩提盡同一号名曰普
明尒時世尊欲重宣此義而說偈言
憍陳如比丘　當見无量佛　過阿僧祇劫　乃成等正覺
常放大光明　具足諸神通　名聞遍十方　一切之所敬
常說无上道　故号為普明　其國土清淨　菩薩皆勇猛
咸昇妙樓閣　遊諸十方國　以无上供具　奉獻於諸佛
作是供養已　心懷大歡喜　須臾還本國　有如是神力

BD05162號　妙法蓮華經卷四　（32–3）

明尒時世尊欲重宣此義而說偈言
憍陳如比丘　當見无量佛　過阿僧祇劫　乃成等正覺
常放大光明　具足諸神通　名聞遍十方　一切之所敬
常說无上道　故号為普明　其國土清淨　菩薩皆勇猛
咸昇妙樓閣　遊諸十方國　以无上供具　奉獻於諸佛
作是供養已　心懷大歡喜　須臾還本國　有如是神力
佛壽六萬劫　正法住倍壽　像法復倍是　法滅天人憂
其五百比丘　次第當作佛　同号曰普明　轉次而授記
我滅度之後　某甲當作佛　其所化世間　亦如我今日
國土之嚴淨　及諸神通力　菩薩聲聞衆　正法及像法
壽命劫多少　皆如上所說　迦葉汝已知　五百自在者
餘諸聲聞衆　亦當復如是　其不在此會　汝當為宣說
尒時五百阿羅漢於佛前得授記已歡喜踊
躍即從座起到於佛前頭面禮足悔過自責
世尊我等常作是念自謂已得究竟滅度今
乃知之如无智者所以者何我等應得如來
智慧而便自以小智為足世尊譬如有人至
親友家醉酒而臥是時親友官事當行以无
價寶珠繫其衣裏與之而去其人醉臥都不
覺知起已遊行到於他國為衣食故勤力求
索甚大艱難若少有所得便以為足於後親
友會遇見之而作是言咄哉丈夫何為衣食
乃至如是我昔欲令汝得安樂五欲自恣於
某年日月以无價寶珠繫汝衣裏今故現在
而汝不知勤苦憂惱以求自活甚為癡也汝
今可以此寶貿易所須常可如意无所乏短

BD05162號　妙法蓮華經卷四　（32–4）

索甚大艱難若少有所得便以為足於後親
友會遇見之而作是言咄哉丈夫何為衣食
乃至如是我昔欲令汝得安樂五欲自恣於
某年日月以无價寶珠繫汝衣裏今故現在
而汝不知勤苦憂惱以求自活甚為癡也汝
今可以此寶貿易所須常可如意无所乏短
佛亦如是為菩薩時教化我等令發一切智
心而尋廢忘不知不覺既得阿羅漢道自謂
滅度資生艱難得少為足一切智願猶在不
失今者世尊覺悟我等作如是言諸比丘汝
等所得非究竟滅我久令汝等種佛善根以
方便故示涅槃相而汝謂為實得滅度世尊
我今乃知實是菩薩得受阿耨多羅三藐三
菩提記以是因緣甚大歡喜得未曾有尒時
阿若憍陳如等欲重宣此義而說偈言
我等聞无上 安隱授記聲 歡喜未曾有 礼无量智佛
今於世尊前 自悔諸過咎 於无量佛寶 得少涅槃分
如无智愚人 便自以為足 譬如貧窮人 往至親友家
其家甚大富 具設諸餚饍 以无價寶珠 繫著內衣裏
默與而捨去 時卧不覺知 是人既已起 遊行詣他國
求衣食自濟 資生甚艱難 得少便為足 更不願好者
不覺內衣裏 有无價寶珠 與珠之親友 後見此貧人
苦切責之已 示以所繫珠 貧人見此珠 其心大歡喜
富有諸財物 五欲而自恣 我等亦如是 世尊於長夜
常愍見教化 令種无上願 我等无智故 不覺亦不知
得少涅槃分 自足不求餘 今佛覺悟我 言非實滅度

不覺內衣裏 有无價寶珠 與珠之親友 後見此貧人
苦切責之已 示以所繫珠 貧人見此珠 其心大歡喜
富有諸財物 五欲而自恣 我等亦如是 世尊於長夜
常愍見教化 令種无上願 我等无智故 不覺亦不知
得少涅槃分 自足不求餘 今佛覺悟我 言非實滅度
得佛无上慧 尒乃為真滅 我今從佛聞 受記莊嚴事
及轉次受決 身心遍歡喜

妙法蓮華經授學无學人記品第九

尒時阿難羅睺羅而作是念我等每自思惟
設得受記不亦快乎即從座起到於佛前頭
面礼足俱白佛言世尊我等於此亦應有分
唯有如來我等所歸又我等為一切世間天
人阿脩羅所見知識阿難常為侍者護持法
藏羅睺羅是佛之子若佛見授阿耨多羅三
藐三菩提記者我願既滿眾望亦足尒時學
无學聲聞弟子二千人皆從座起偏袒右肩
到於佛前一心合掌瞻仰世尊如阿難羅睺羅
所願住立一面尒時佛告阿難汝於來世當
得作佛号山海慧自在通王如來應供正遍
知明行足善逝世間解无上士調御丈夫
天人師佛世尊當供養六十二億佛護持
法藏然後得阿耨多羅三藐三菩提教化二
十千萬億恒河沙諸菩薩等令成阿耨多羅
三藐三菩提國名常立勝幡其土清淨琉璃
為地劫名妙音遍滿其佛壽命无量千萬億

天人師佛世尊當供養六十二億佛護持
法藏然後得阿耨多羅三藐三菩提教化二
十千萬億恒河沙諸菩薩等令成阿耨多羅
三藐三菩提國名常立勝幡其土清淨琉璃
為地劫名妙音遍滿其佛壽命无量千萬億
阿僧祇劫若人於千萬億无量阿僧祇劫中
筭數挍計不能得知正法住世倍於壽命像
法住世復倍正法阿難是山海慧自在通王
佛為十方无量千万億恒河沙等諸佛如來
所共讚嘆稱其功德尒時世尊欲重宣此義
而說偈言
我今僧中說　阿難持法者　當供養諸佛　然後成正覺
号曰山海慧　自在通王佛　其國土清淨　名常立勝幡
教化諸菩薩　其數如恒沙　佛有大威德　名聞滿十方
壽命无有量　以愍衆生故　正法倍壽命　像法復倍是
如恒河沙等　无數諸衆生　於此佛法中　種佛道因緣
尒時會中新發意菩薩八千人咸作是念我
等尚不聞諸大菩薩得如是記有何因緣而
諸聲聞得如是決尒時世尊知諸菩薩心之
所念而告之曰諸善男子我與阿難等於空
王佛所同時發阿耨多羅三藐三菩提心阿
難常樂多聞我常勤精進是故我已得成阿
耨多羅三藐三菩提而阿難護持我法亦護
將來諸佛法藏教化成就諸菩薩衆其本願
如是故獲斯記阿難面於佛前自聞受記及

BD05162號　妙法蓮華經卷四　（32–7）

難常樂多聞我常勤精進是故我已得成阿
耨多羅三藐三菩提而阿難護持我法亦護
將來諸佛法藏教化成就諸菩薩衆其本願
如是故獲斯記阿難面於佛前自聞受記及
國土莊嚴所願具足心大歡喜得未曾有即
時憶念過去无量千萬億諸佛法藏通達
无㝵如今所聞亦識本願尒時阿難而說偈言
世尊甚希有　令我念過去　无量諸佛法　如今日所聞
我今无所疑　安住於佛道　方便為侍者　護持諸佛法
尒時佛告羅睺羅汝於來世當得作佛号蹈
七寶華如來應供正遍知明行足善逝世間
解无上士調御丈夫天人師佛世尊當供養
十世界微塵等數諸佛如來常為諸佛而作
長子猶如今也是蹈七寶華佛國土莊嚴壽
命劫數所化弟子正法像法亦如山海慧自
在通王如來无異亦為此佛而作長子過是
已後當得阿耨多羅三藐三菩提尒時世尊
欲重宣此義而說偈言
我為太子時　羅睺為長子　我今成佛道　受法為法子
於未來世中　見无量億佛　皆為其長子　一心求佛道
羅睺羅密行　唯我能知之　現為我長子　以示諸衆生
无量億千万　功德不可數　安住於佛法　以求无上道
尒時世尊見學无學二千人其意柔軟寂然
清淨一心觀佛佛告阿難汝見是學无學二
千人不唯然已見阿難是諸人等當供養五

BD05162號　妙法蓮華經卷四　（32–8）

羅睺羅密行　唯我能知之　現為我長子　以示諸衆生
无量億千万　功德不可數　安住於佛法　以求无上道
尒時世尊見學无學二千人其意柔軟寂然
清淨一心觀佛佛告阿難汝見是學无學二
千人不唯然已見阿難是諸人等當供養五
十世界微塵數諸佛如來恭敬尊重護持法
藏末後同時於十方國各得成佛皆同一号
名曰寶相如來應供正遍知明行足善逝世間
解无上士調御丈夫天人師佛世尊壽命一
劫國土莊嚴聲聞菩薩正法像法皆悉同
等尒時世尊欲重宣此義而說偈言
是二千聲聞　今於我前住　悉皆與授記　未來當成佛
所供養諸佛　如上說塵數　護持其法藏　後當成正覺
各於十方國　悉同一名号　俱時坐道場　以證无上慧
皆名為寶相　國土及弟子　正法與像法　悉等无有異
咸以諸神通　度十方衆生　名聞普周遍　漸入於涅槃
尒時學无學二千人聞佛授記歡喜踊躍而
說偈言
世尊慧燈明　我聞授記音　心歡喜充滿　如甘露見灌
妙法蓮華經法師品第十
尒時世尊因藥王菩薩告八萬大士藥王汝
見是大衆中无量諸天龍王夜叉乾闥婆阿
脩羅迦樓羅緊那羅摩睺羅伽人與非人及
比丘比丘尼優婆塞優婆夷求聲聞者求辟
支佛者求佛道者如是等類咸於佛前聞

BD05162號　妙法蓮華經卷四　（32–9）

見是大衆中无量諸天龍王夜叉乾闥婆阿
脩羅迦樓羅緊那羅摩睺羅伽人與非人及
比丘比丘尼優婆塞優婆夷求聲聞者求辟
支佛者求佛道者如是等類咸於佛前聞
妙法華經一偈一句乃至一念隨喜者我皆與
授記當得阿耨多羅三藐三菩提佛告藥王
又如來滅度之後若有人聞妙法華經乃至一
偈一句一念隨喜者我亦與授阿耨多羅
三藐三菩提記若復有人受持讀誦解說書
寫妙法華經乃至一偈於此經卷敬視如佛
種種供養華香瓔珞末香塗香燒香繒蓋幢
幡衣服伎樂乃至合掌恭敬藥王當知是諸
人等已曾供養十万億佛於諸佛所成就大
願愍衆生故生此人間藥王若有人問何等
衆生於未來世當得作佛應示是諸人等於
未來世必得作佛何以故若善男子善女人
於法華經乃至一句受持讀誦解說書寫種
種供養經卷華香瓔珞末香塗香燒香繒蓋
幢幡衣服伎樂合掌恭敬是人一切世間所
應瞻奉應以如來供養而供養之當知此人
是大菩薩成就阿耨多羅三藐三菩提哀愍
衆生願生此間廣演分別妙法華經何況盡
能受持種種供養者藥王當知是人自捨清
淨業報於我滅度後愍衆生故生於惡世廣
演此經若是善男子善女人我滅度後能竊
為一人說法華經乃至一句當知是人則如來

BD05162號　妙法蓮華經卷四　（32–10）

是大菩薩成就阿耨多羅三藐三菩提哀愍
衆生願生此間廣演分別妙法華經何况盡
能受持種種供養者藥王當知是人自捨清
淨業報於我滅度後愍衆生故生於惡世廣
演此經若是善男子善女人我滅度後能竊
為一人說法華經乃至一句當知是人則如來
使如來所遣行如來事何况於大衆中廣
為人說藥王若有惡人以不善心於一劫中
現於佛前常毀罵佛其罪尚輕若人以一惡
言毀呰在家出家讀誦法華經者其罪甚重
藥王其有讀誦法華經者當知是人以佛莊
嚴而自莊嚴則為如來肩所荷擔其所至
方應隨向礼一心合掌恭敬供養尊重讚歎華
香瓔珞末香塗香燒香繒蓋幢幡衣服餚饌
作諸伎樂人中上供而供養之應持天寶而
以散之天上寶聚應以奉獻所以者何是人
歡喜說法須臾聞之即得究竟阿耨多羅三
藐三菩提故尒時世尊欲重宣此義而說偈言
若欲住佛道　成就自然智　常當勤供養　受持法華者
其有欲疾得　一切種智慧　當受持是經　并供養持者
若有能受持　妙法華經者　當知佛所使　愍念諸衆生
諸有能受持　妙法華經者　捨於清淨土　愍衆故生此
當知如是人　自在所欲生　能於此惡世　廣說无上法
應以天華香　及天寶衣服　天上妙寶聚　供養說法者
吾滅後惡世　能持是經者　當合掌礼敬　如供養世尊
上饌衆甘美　及種種衣服　供養是佛子　冀得須臾聞

BD05162號　妙法蓮華經卷四　（32–11）

若有能受持　妙法華經者　當知佛所使　愍念諸衆生
諸有能受持　妙法華經者　捨於清淨土　愍衆故生此
當知如是人　自在所欲生　能於此惡世　廣說无上法
應以天華香　及天寶衣服　天上妙寶聚　供養說法者
吾滅後惡世　能持是經者　當合掌礼敬　如供養世尊
上饌衆甘美　及種種衣服　供養是佛子　冀得須臾聞
若能於後世　受持是經者　我遣在人中　行於如來事
若於一劫中　常懷不善心　作色而罵佛　獲无量重罪
其有讀誦持　是法華經者　須臾加惡言　其罪復過彼
有人求佛道　而於一劫中　合掌在我前　以无數偈讚
由是讚佛故　得无量功德　歎美持經者　其福復過彼
於八十億劫　以最妙色聲　及與香味觸　供養持經者
如是供養已　若得須臾聞　則應自欣慶　我今獲大利
藥王今告汝　我所說諸經　而於此經中　法華最第一
尒時佛復告藥王菩薩摩訶薩我所說經典
无量千万億已說今說當說而於其中此法
華經最為難信難解藥王此經是諸佛祕要
之藏不可分布妄授與人諸佛世尊之所守護
從昔已來未曾顯說而此經者如來現在猶
多怨嫉况滅度後藥王當知如來滅後其能
書持讀誦供養為他人說者如來則為以衣
覆之又為他方現在諸佛之所護念是人
有大信力及志願力諸善根力當知是人與
如來共宿則為如來手摩其頭藥王在在
處處若說若讀若誦若書若經卷所住處皆應
起七寶塔極令高廣嚴飾不須復安舍利所

BD05162號　妙法蓮華經卷四　（32–12）

書持讀誦供養為他人說者如來則為以衣
覆之又為他方現在諸佛之所護念是人
有大信力及志願力諸善根力當知是人與
如來共宿則為如來手摩其頭藥王在在處
處若說若讀若誦若書若經卷所住處皆應
起七寶塔極令高廣嚴飾不須復安舍利所
以者何此中已有如來全身此塔應以一切華
香瓔珞繒蓋幢幡伎樂歌頌供養恭敬尊重
讚歎若有人得見此塔礼拜供養當知是等
皆近阿耨多羅三藐三菩提藥王多有人
在家出家行菩薩道若不能得見聞讀誦書
持供養是法華經者當知是人未善行菩薩
道若有得聞是經典者乃能善行菩薩之道
其有衆生求佛道者若見若聞是法華經聞
已信解受持者當知是人得近阿耨多羅三
藐三菩提藥王譬如有人渴乏須水於彼高
原穿鑿求之猶見乾土知水尚遠施功不已
轉見濕土遂漸至泥其心決定知水必近菩
薩亦復如是若未聞未解未能修習是法華
經當知是人去阿耨多羅三藐三菩提尚遠
若得聞解思惟修習必知得近阿耨多羅三
藐三菩提所以者何一切菩薩阿耨多羅三
藐三菩提皆屬此經此經開方便門示真實
相是法華經藏深固幽遠无人能到今佛教
化成就菩薩而為開示藥王若有菩薩聞是
法華經驚疑怖畏當知是為新發意菩薩若

BD05162號　妙法蓮華經卷四　（32–13）

藐三菩提所以者何一切菩薩阿耨多羅三
藐三菩提皆屬此經此經開方便門示真實
相是法華經藏深固幽遠无人能到今佛教
化成就菩薩而為開示藥王若有菩薩聞是
法華經驚疑怖畏當知是為新發意菩薩若
聲聞人聞是經驚疑怖畏當知是為增上慢
者藥王若有善男子善女人如來滅後欲為
四衆說是法華經者云何應說是善男子善
女人入如來室著如來衣坐如來座尔乃應
為四衆廣說斯經如來室者一切衆生中大
慈悲心是如來衣者柔和忍辱心是如來座
者一切法空是安住是中然後以不懈怠心
為諸菩薩及四衆廣說是法華經藥王我
於餘國遣化人為其集聽法衆亦遣化比丘比
丘尼優婆塞優婆夷聽其說法是諸化人聞
法信受隨順不逆若說法者在空閑處我時
廣遣天龍鬼神乾闥婆阿脩羅等聽其說法
我雖在異國時時令說法者得見我身若於
此經忘失句逗我還為說令得具足尔時世
尊欲重宣此義而說偈言
欲捨諸懈怠　應當聽此經　是經難得聞　信受者亦難
如人渴須水　穿鑿於高原　猶見乾燥土　知去水尚遠
漸見濕土泥　決定知近水　藥王汝當知　如是諸人等
不聞法華經　去佛智甚遠　若聞是深經　決了聲聞法
是諸經之王　聞已諦思惟　當知此人等　近於佛智慧
若人說此經　應入如來室　著於如來衣　而坐如來座

BD05162號　妙法蓮華經卷四　（32–14）

欲捨諸懈怠　應當聽此經　是經難得聞　信受者亦難
如人渴須水　穿鑿於高原　猶見乾燥土　知去水尚遠
漸見濕土泥　決定知近水　藥王汝當知　如是諸人等
不聞法華經　去佛智甚遠　若聞是深經　決了聲聞法
是諸經之王　聞已諦思惟　當知此人等　近於佛智慧
若人說此經　應入如來室　著於如來衣　而坐如來座
處眾无所畏　廣為分別說　大慈悲為室　柔和忍辱衣
諸法空為座　處此為說法　若說此經時　有人惡口罵
加刀杖瓦石　念佛故應忍　我千萬億土　現淨堅固身
於无量億劫　為眾生說法　若我滅度後　能說此經者
我遣化四眾　比丘比丘尼　及清信士女　供養於法師
引導諸眾生　集之令聽法　若人欲加惡　刀杖及瓦石
則遣變化人　為之作衛護　若說法之人　獨在空閑處
寂寞无人聲　讀誦此經典　我尒時為現　清淨光明身
若忘失章句　為說令通利　若人具是德　或為四眾說
空處讀誦經　皆得見我身　若人在空閑　我遣天龍王
夜叉鬼神等　為作聽法眾　是人樂說法　分別无罣㝵
諸佛護念故　能令大眾喜　若親近法師　速得菩薩道
隨順是師學　得見恒沙佛

妙法蓮華經見寶塔品第十一

尒時佛前有七寶塔高五百由旬縱廣二百
五十由旬從地踊出住在空中種種寶物而
莊校之五千欄楯龕室千萬无數幢幡以為
嚴飾垂寶瓔珞寶鈴萬億而懸其上四面
出多摩羅跋栴檀之香充遍世界其諸幡
蓋以金銀琉璃車𤦲馬瑙真珠玫瑰七寶合成高

BD05162號　妙法蓮華經卷四　（32–15）

五十由旬從地踊出住在空中種種寶物而
莊校之五千欄楯龕室千萬无數幢幡以為
嚴飾垂寶瓔珞寶鈴萬億而懸其上四面
出多摩羅跋栴檀之香充遍世界其諸幡
蓋以金銀琉璃車𤦲馬瑙真珠玫瑰七寶合成高
至四天王宮三十三天雨天曼陀羅華供養
寶塔餘諸天龍夜叉乾闥婆阿脩羅迦樓
羅緊那羅摩睺羅伽人非人等千萬億眾
以一切華香瓔珞幡蓋伎樂供養寶塔恭敬尊
重讚歎尒時寶塔中出大音聲歎言善哉善
哉釋迦牟尼世尊能以平等大慧教菩薩法
佛所護念妙法華經為大眾說如是如是釋
迦牟尼世尊如所說者皆是真實尒時四眾
見大寶塔住在空中又聞塔中所出音聲皆
得法喜怪未曾有從座而起恭敬合掌却
住一面尒時有菩薩摩訶薩名大樂說知一
切世間天人阿脩羅等心之所疑而白佛言世
尊以何因緣有此寶塔從地踊出又於其中發
是音聲尒時佛告大樂說菩薩此寶塔中有
如來全身乃往過去東方无量千萬億阿
僧祇世界國名寶淨彼中有佛号曰多寶其
佛本行菩薩道時作大誓願若我成佛滅度
之後於十方國土有說法華經處我之塔廟
為聽是經故踊現其前為作證明讚言善哉
彼佛成道已臨滅度時於天人大眾中告諸
比丘我滅度後欲供養

BD05162號　妙法蓮華經卷四　（32–16）

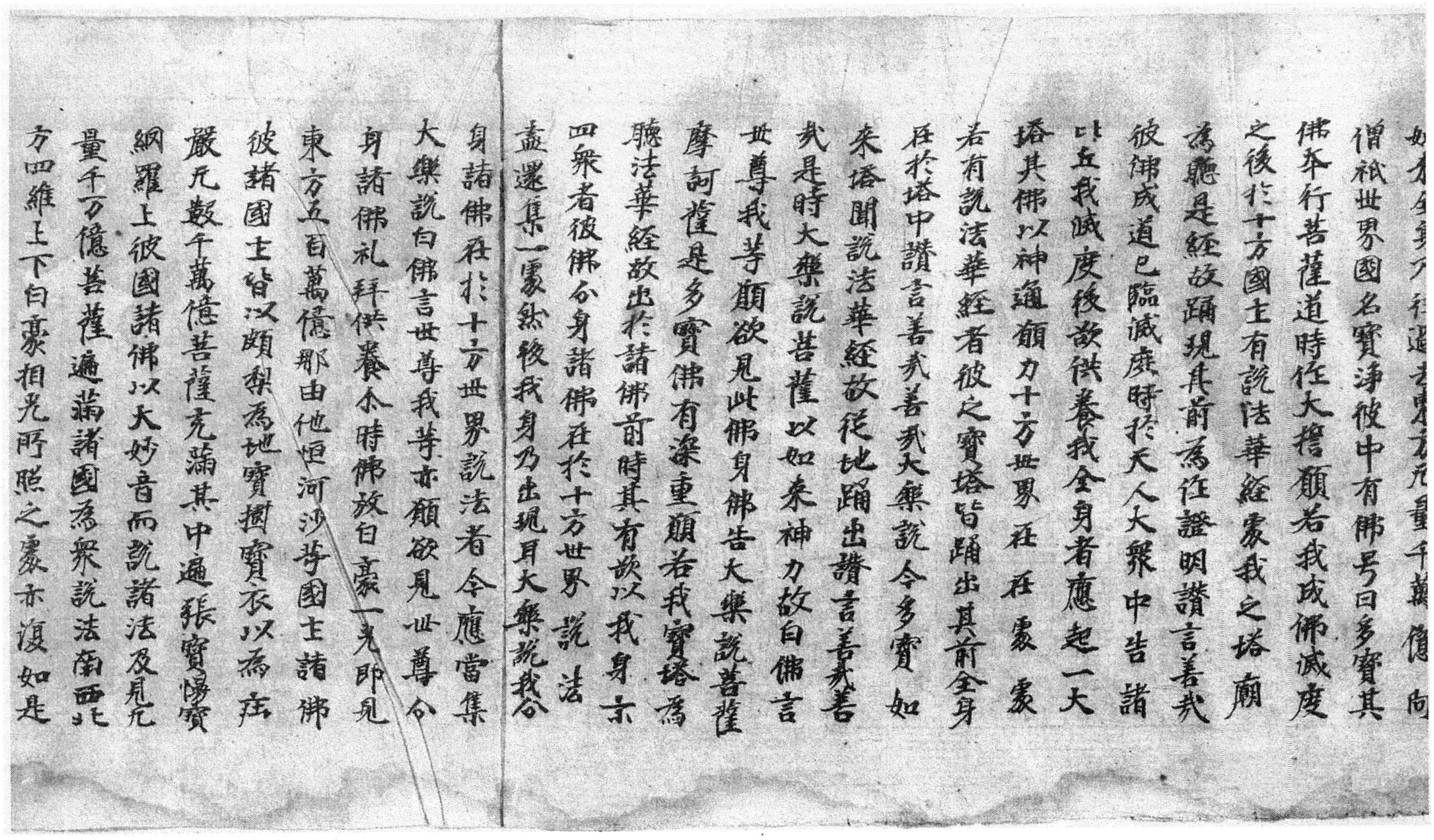
如来全身乃往過去東方无量千萬億阿
僧祇世界國名寶淨彼中有佛号曰多寶其
佛本行菩薩道時作大誓願若我成佛滅度
之後於十方國土有說法華經處我之塔廟
為聽是經故踊現其前為作證明讚言善哉
彼佛成道已臨滅度時於天人大眾中告諸
比丘我滅度後欲供養我全身者應起一大
塔其佛以神通願力十方世界在在處處
若有說法華經者彼之寶塔皆踊出其前全身
在於塔中讚言善哉善哉大樂說今多寶如
來塔聞說法華經故從地踊出讚言善哉善
哉是時大樂說菩薩以如來神力故白佛言
世尊我等願欲見此佛身佛告大樂說菩薩
摩訶薩是多寶佛有深重願若我寶塔為
聽法華經故出於諸佛前時其有欲以我身示
四眾者彼佛分身諸佛在於十方世界說法
盡還集一處然後我身乃出現耳大樂說我分
身諸佛在於十方世界說法者今應當集
大樂說白佛言世尊我等亦願欲見世尊分
身諸佛禮拜供養尒時佛放白毫一光即見
東方五百萬億那由他恒河沙等國土諸佛
彼諸國土皆以頗梨為地寶樹寶衣以為莊
嚴无數千萬億菩薩充滿其中遍張寶幔寶
網羅上彼國諸佛以大妙音而說諸法及見无
量千万億菩薩遍滿諸國為眾說法南西北
方四維上下白毫相光所照之處亦復如是

BD05162號　妙法蓮華經卷四　（32–17）

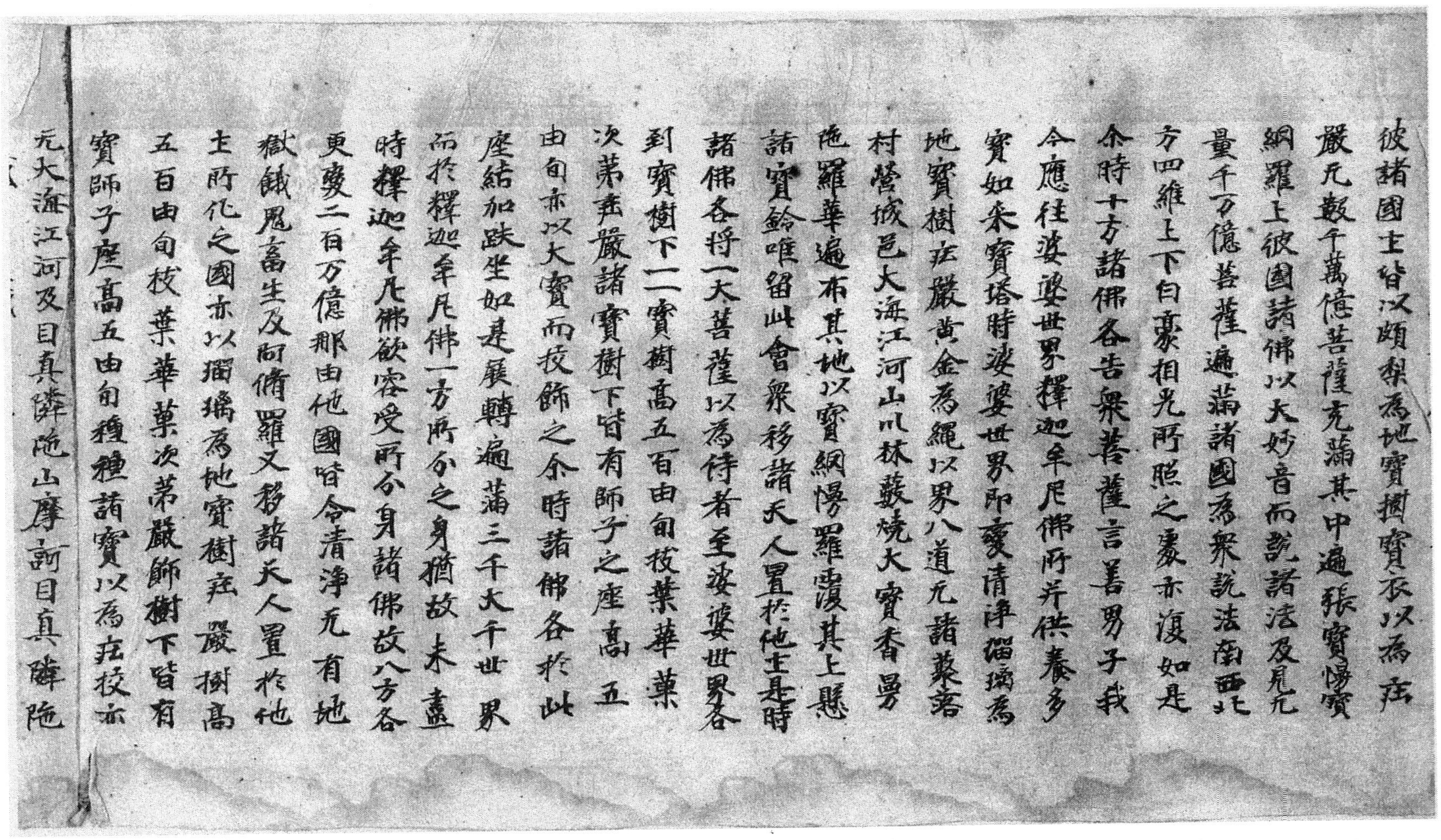
彼諸國土皆以頗梨為地寶樹寶衣以為莊
嚴无數千萬億菩薩充滿其中遍張寶幔寶
網羅上彼國諸佛以大妙音而說諸法及見无
量千万億菩薩遍滿諸國為眾說法南西北
方四維上下白毫相光所照之處亦復如是
尒時十方諸佛各告眾菩薩言善男子我
今應往娑婆世界釋迦牟尼佛所并供養多
寶如來寶塔時娑婆世界即變清淨瑠璃為
地寶樹莊嚴黃金為繩以界八道无諸聚落
村營城邑大海江河山川林藪燒大寶香曼
陁羅華遍布其地以寶網幔羅覆其上懸
諸寶鈴唯留此會眾移諸天人置於他土是時
諸佛各將一大菩薩以為侍者至娑婆世界各
到寶樹下一一寶樹高五百由旬枝葉華菓
次第莊嚴諸寶樹下皆有師子之座高五
由旬亦以大寶而校飾之尒時諸佛各於此
座結加趺坐如是展轉遍滿三千大千世界
而於釋迦牟尼佛一方所分之身猶故未盡
時釋迦牟尼佛欲容受所分身諸佛故八方各
更變二百万億那由他國皆令清淨无有地
獄餓鬼畜生及阿脩羅又移諸天人置於他
土所化之國亦以瑠璃為地寶樹莊嚴樹高
五百由旬枝葉華菓次第嚴飾樹下皆有
寶師子座高五由旬種種諸寶以為莊校亦
无大海江河及目真隣陁山摩訶目真隣陁

BD05162號　妙法蓮華經卷四　（32–18）

獄餓鬼畜生及阿脩羅又移諸天人置於他
土所化之國亦以瑠璃為地寶樹莊嚴樹高
五百由旬枝葉華菓次第嚴飾樹下皆有
寶師子座高五由旬種種諸寶以為莊挍亦
无大海江河及目真隣陁山摩訶目真隣陁
山鐵圍山大鐵圍山須弥山等諸山王通為一
佛國土寶地平正寶交露幔遍覆其上懸
諸幡蓋燒大寶香諸天寶華遍布其地釋迦
牟尼佛為諸佛當來坐故復於八方各更變二
百万億那由他國皆令清淨无有地獄餓鬼
畜生及阿脩羅又移諸天人置於他方所化
之國亦以瑠璃為地寶樹莊嚴樹高五百由
旬枝葉華菓次第莊嚴樹下皆有寶師子座
高五由旬亦以大寶而挍飾之亦无大海江河
及目真隣陁山摩訶目真隣陁山鐵圍山大
鐵圍山須弥山等諸山王通為一佛國土寶
地平正寶交露幔遍覆其上懸諸幡蓋燒
大寶香諸天寶華遍布其地尒時東方釋迦
牟尼所分之身百千万億那由他恒河沙等
國土中諸佛各各說法來集於此如是次第
十方諸佛皆悉來集坐於八方尒時一一方四
百万億那由他國土諸佛如來遍滿其中是
時諸佛各在寶樹下坐師子座皆遣侍者問
訊釋迦牟尼佛各賚寶華滿掬而告之言善
男子汝往詣耆闍崛山釋迦牟尼佛所如我

BD05162號　妙法蓮華經卷四　（32–19）

十方諸佛皆悉來集坐於八方尒時一一方四
百万億那由他國土諸佛如來遍滿其中是
時諸佛各在寶樹下坐師子座皆遣侍者問
訊釋迦牟尼佛各賚寶華滿掬而告之言善
男子汝往詣耆闍崛山釋迦牟尼佛所如我
辭曰少病少惱氣力安樂及菩薩聲聞衆悉
安隱不以此寶華散佛供養而作是言彼某
甲佛與欲開此寶塔諸佛遣使亦復如是尒
時釋迦牟尼佛見所分身佛悉已來集各各
坐於師子之座皆聞諸佛與欲同開寶塔即
從座起住虛空中一切四衆起立合掌一心觀
佛於是釋迦牟尼佛以右指開七寶塔戶
出大音聲如却關鑰開大城門即時一切衆
會皆見多寶如來於寶塔中坐師子座全身
不散如入禪定又聞其言善哉善哉釋迦牟
尼佛快說是法華經我為聽是經故而來至
此尒時四衆等見過去无量千萬億劫滅度
佛說如是言歎未曾有以天寶華聚散多寶
佛及釋迦牟尼佛上尒時多寶佛於寶塔中
分半座與釋迦牟尼佛而作是言釋迦牟尼
佛可就此座即時釋迦牟尼佛入其塔中坐
其半座結加趺坐尒時大衆見二如來在七
寶塔中師子座上結加趺坐各作是念佛坐
高遠唯願如來以神通力令我等輩俱處虛
空即時釋迦牟尼佛以神通力接諸大衆皆

BD05162號　妙法蓮華經卷四　（32–20）

佛可就此座即時釋迦牟尼佛入其塔中坐
其半座結加趺坐尒時大衆見二如來在七
寶塔中師子座上結跏趺坐各作是念佛坐
高遠唯願如來以神通力令我等輩俱處虛
空即時釋迦牟尼佛以神通力接諸大衆皆
在虛空以大音聲普告四衆誰能於此娑婆
國土廣說妙法華經今正是時如來不久當
入涅槃佛欲以此妙法華經付囑有在尒時
世尊欲重宣此義而說偈言
聖主世尊　雖久滅度　在寶塔中　尚為法來
諸人云何　不勤為法　此佛滅度　无央數劫
處處聽法　以難遇故　彼佛本願　我滅度後
在在所往　常為聽法　又我分身　无量諸佛
如恒沙等　來欲聽法　及見滅度　多寶如來
各捨妙土　及弟子衆　天人龍神　諸供養事
令法久住　故來至此　為坐諸佛　以神通力
移无量衆　令國清淨　諸佛各各　詣寶樹下
如清涼池　蓮華莊嚴　其寶樹下　諸師子座
佛坐其上　光明嚴飾　如夜闇中　然大炬火
身出妙香　遍十方國　衆生蒙薰　喜不自勝
譬如大風　吹小樹枝　以是方便　令法久住
告諸大衆　我滅度後　誰能護持　讀說斯經
今於佛前　自說誓言　其多寶佛　雖久滅度
以大誓願　而師子吼　多寶如來　及與我身
所集化佛　當知此意　諸佛子等　誰能護法
當發大願　令得久住　其有能護　此經法者

BD05162號　妙法蓮華經卷四　（32–21）

告諸大衆　我滅度後　誰能護持　讀說斯經
今於佛前　自說誓言　其多寶佛　雖久滅度
以大誓願　而師子吼　多寶如來　及與我身
所集化佛　當知此意　諸佛子等　誰能護法
當發大願　令得久住　其有能護　此經法者
則為供養　我及多寶　此多寶佛　處於寶塔
常遊十方　為是經故　亦復供養　諸來化佛
莊嚴光飾　諸世界者　若說此經　則為見我
多寶如來　及諸化佛　諸善男子　各諦思惟
此為難事　宜發大願　諸餘經典　數如恒沙
雖說此等　未足為難　若接須彌　擲置他方
无數佛土　亦未為難　若以足指　動大千界
遠擲他國　亦未為難　若立有頂　為衆演說
无量餘經　亦未為難　若佛滅後　於惡世中
能說此經　是則為難　假使有人　手把虛空
而以遊行　亦未為難　於我滅後　若自書持
若使人書　是則為難　若以大地　置足甲上
昇於梵天　亦未為難　佛滅度後　於惡世中
暫讀此經　是則為難　假使劫燒　擔負乾草
入中不燒　亦未為難　我滅度後　若持此經
為一人說　是則為難　若持八萬　四千法藏
十二部經　為人演說　令諸聽者　得六神通
雖能如是　亦未為難　於我滅後　聽受此經
問其義趣　是則為難　若人說法　令千萬億
无量无數　恒沙衆生　得阿羅漢　具六神通

BD05162號　妙法蓮華經卷四　（32–22）

為一人說　是則為難　若持八萬　四千法藏
十二部經　為人演說　令諸聽者　得六神通
雖能如是　亦未為難　於我滅後　聽受此經
問其義趣　是則為難　若人說法　令千萬億
无量无數　恒沙眾生　得阿羅漢　具六神通
雖有是益　亦未為難　於我滅度　若能奉持
如斯經典　是則為難　我為佛道　於无量土
從始至今　廣說諸經　而於其中　此經第一
若有能持　則持佛身　諸善男子　於我滅後
誰能受持　讀誦此經　今於佛前　自說誓言
此經難持　若暫持者　我則歡喜　諸佛亦然
如是之人　諸佛所歎　是則勇猛　是則精進
是名持戒　行頭陀者　則為疾得　无上佛道
能於來世　讀持此經　是真佛子　住淳善地
佛滅度後　能解其義　是諸天人　世間之眼
於恐畏世　能須臾說　一切天人　皆應供養
妙法蓮華經提婆達多品第十二
尒時佛告諸菩薩及天人四眾吾於過去无
量劫中求法華經无有懈惓於多劫中常
作國王發願求於无上菩提心不退轉為欲滿
足六波羅蜜勤行布施心无悋惜象馬七珎
國城妻子奴婢僕從頭目髓腦身肉手足不
惜軀命時世人民壽命无量為於法故捐捨
國位委政太子擊鼓宣令四方求法誰能為
我說大乘者吾當終身供給走使時有仙人
來白王言我有大乘名妙法蓮華經若不違

BD05162號　妙法蓮華經卷四　（32–23）

國城妻子奴婢僕從頭目髓腦身肉手足不
惜軀命時世人民壽命无量為於法故捐捨
國位委政太子擊鼓宣令四方求法誰能為
我說大乘者吾當終身供給走使時有仙人
來白王言我有大乘名妙法蓮華經若不違
我當為宣說王聞仙言歡喜踊躍即隨仙人供
給所須採菓汲水拾薪設食乃至以身而為
床座身心无倦于時奉事經於千歲為於法
故精勤給侍令无所乏尒時世尊欲重宣此
義而說偈言
我念過去劫　為求大法故　雖作世國王　不貪五欲樂
搥鍾告四方　誰有大法者　若為我解說　身當為奴僕
時有阿私仙　來白於大王　我有微妙法　世間所希有
若能脩行者　吾當為汝說　時王聞仙言　心生大喜悅
即便隨仙人　供給於所須　採薪及菓蓏　隨時恭敬與
情存妙法故　身心无懈惓　普為諸眾生　勤求於大法
亦不為已身　及以五欲樂　故為大國王　勤求獲此法
遂致得成佛　今故為汝說
佛告諸比丘尒時王者則我身是時仙人者
今提婆達多是由提婆達多善知識故令我
具足六波羅蜜慈悲喜捨三十二相八十種
好紫磨金色十力四无所畏四攝法十八不
共神通道力成等正覺廣度眾生皆因提婆
達多善知識故告諸四眾提婆達多却後過
无量劫當得成佛号曰天王如來應供正遍

BD05162號　妙法蓮華經卷四　（32–24）

令提婆達多是由提婆達多善知識故令我
具足六波羅蜜慈悲喜捨三十二相八十種
好紫磨金色十力四无所畏四攝法十八不
共神通道力成等正覺廣度衆生皆因提婆
達多善知識故告諸四衆提婆達多却後過
无量劫當得成佛号曰天王如來應供正遍
知明行足善逝世間解无上士調御丈夫天
人師佛世尊世界名天道時天王佛住世二
十中劫廣為衆生說於妙法恒河沙衆生得
阿羅漢果无量衆生發緣覺心恒河沙衆生
發无上道心得无生法忍至不退轉時天王
佛般涅槃後正法住世二十中劫全身舍利
起七寶塔高六十由旬縱廣四十由旬諸天人
民悉以雜華末香燒香塗香衣服瓔珞幢幡
寶蓋伎樂歌頌礼拜供養七寶妙塔无量
衆生得阿羅漢果无量衆生悟辟支佛不可
思議衆生發菩提心至不退轉佛告諸比丘
未來世中若有善男子善女人聞妙法華經提
婆達多品淨心信敬不生疑惑者不墮地獄
餓鬼畜生生十方佛前所生之處常聞此經
若生人天中受勝妙樂若在佛前蓮華化生
於時下方多寶世尊所從菩薩名曰智積白
多寶佛當還本土釋迦牟尼佛告智積曰善
男子且待須臾此有菩薩名文殊師利可與
相見論說妙法可還本土尒時文殊師利坐
千葉蓮華大如車輪俱來菩薩亦坐寶蓮華

餓鬼畜生生十方佛前所生之處常聞此經
若生人天中受勝妙樂若在佛前蓮華化生
於時下方多寶世尊所從菩薩名曰智積白
多寶佛當還本土釋迦牟尼佛告智積曰善
男子且待須臾此有菩薩名文殊師利可與
相見論說妙法可還本土尒時文殊師利坐
千葉蓮華大如車輪俱來菩薩亦坐寶蓮華
從於大海娑竭羅龍宮自然踊出住虛空中
詣靈鷲山從蓮華下至於佛所頭面敬礼二
世尊足脩敬已畢往智積所共相慰問却坐
一面智積菩薩問文殊師利仁往龍宮所化
衆生其數幾何文殊師利言其數无量不可
稱計非口所宣非心所測且待須臾自當有證
所言未竟无數菩薩坐寶蓮華從海踊出
詣靈鷲山住在虛空此諸菩薩皆是文殊師
利之所化度具菩薩行皆共論說六波羅蜜
本聲聞人在虛空中說聲聞行今皆脩行大
乘空義文殊師利謂智積曰於海教化其事
如是尒時智積菩薩以偈讚曰
大智德勇健　化度无量衆　今此諸大會　及我皆已見
演暢實相義　開闡一乘法　廣度諸衆生　令速成菩提
文殊師利言我於海中唯常宣說妙法華經
智積問文殊師利言此經甚深微妙諸經中
寶世所希有頗有衆生勤加精進脩行此經
速得佛不文殊師利言有娑竭羅龍王女年
始八歲智慧利根善知

演暢實相義　開闡一乘法　廣度諸衆生　令速成菩提
文殊師利言我於海中唯常宣說妙法華經
智積問文殊師利言此經甚深微妙諸經中
寶世所希有頗有衆生勤加精進修行此經
速得佛不文殊師利言有娑竭羅龍王女年
始八歲智慧利根善知衆生諸根行業得陁
羅尼諸佛所說甚深秘藏悉能受持深入禪
定了達諸法於剎那頃發菩提心得不退轉
辯才无导慈念衆生猶如赤子功德具足心
念口演微妙廣大慈悲仁讓志意和雅能至
菩提智積菩薩言我見釋迦如來於无量劫
難行苦行積功累德求菩提道未曾止息觀
三千大千世界乃至无有如芥子許非是菩
薩捨身命處為衆生故然後乃得成菩提道
不信此女於須臾頃便成正覺言論未訖時
龍王女忽現於前頭面礼敬却住一面以偈
讚曰
深達罪福相　遍照於十方　微妙淨法身　具相三十二
以八十種好　用莊嚴法身　天人所戴仰　龍神咸恭敬
一切衆生類　无不宗奉者　又聞成菩提　唯佛當證知
我闡大乘教　度脫苦衆生
時舍利弗語龍女言汝謂不久得无上道是
事難信所以者何女身垢穢非是法器云何
能得无上菩提佛道懸曠經无量劫勤苦積
行具修諸度然後乃成又女人身猶有五障一
者不得作梵天王二者帝釋三者魔王四者

BD05162號　妙法蓮華經卷四　（32–27）

我闡大乘教　度脫苦衆生
時舍利弗語龍女言汝謂不久得无上道是
事難信所以者何女身垢穢非是法器云何
能得无上菩提佛道懸曠經无量劫勤苦積
行具修諸度然後乃成又女人身猶有五障一
者不得作梵天王二者帝釋三者魔王四者
轉輪聖王五者佛身云何女身速得成佛尒
時龍女有一寶珠價直三千大千世界持以
上佛佛即受之龍女謂智積菩薩尊者舍利
弗言我獻寶珠世尊納受是事疾不答言甚
疾女言以汝神力觀我成佛復速於此當時
衆會皆見龍女忽然之間變成男子具菩薩
行即往南方无垢世界坐寶蓮華成等正覺
三十二相八十種好普為十方一切衆生演說
妙法尒時娑婆世界菩薩聲聞天龍八部
人與非人皆遥見彼龍女成佛普為時會人
天說法心大歡喜悉遥敬礼无量衆生聞法
解悟得不退轉无量衆生得受道記无垢世
界六反震動娑婆世界三千衆生住不退地
三千衆生發菩提心而得受記智積菩薩及
舍利弗一切衆會默然信受
妙法蓮華經持品第十三
尒時藥王菩薩摩訶薩及大樂說菩薩摩
訶薩與二萬菩薩眷屬俱皆於佛前作是誓言
唯願世尊不以為慮我等於佛滅後當奉持
讀誦說此經典後惡世衆生善根轉少多增

BD05162號　妙法蓮華經卷四　（32–28）

妙法蓮華經持品第十三
尒時藥王菩薩摩訶薩及大樂說菩薩摩
訶薩與二萬菩薩眷屬俱皆於佛前作是誓言
唯願世尊不以為慮我等於佛滅後當奉持
讀誦說此經典後惡世衆生善根轉少多增
上慢貪利供養增不善根遠離解脫雖難可
教化我等當起大忍力讀誦此經持說書寫
種種供養不惜身命尒時衆中五百阿羅漢
得授記者白佛言世尊我等亦自誓願於異
國土廣說此經復有學无學八千人得授記
者從座而起合掌向佛作是誓言世尊我等
亦當於他國土廣說此經所以者何是娑婆
國中人多弊惡懷增上慢功德淺薄瞋濁諂
曲心不實故尒時佛姨母摩訶波闍波提比
丘尼與學无學比丘尼六千人俱從座而起
一心合掌瞻仰尊顏目不暫捨於時世尊告
憍曇弥何故憂色而視如來汝心將无謂我
不說汝名授阿耨多羅三藐三菩提記耶憍
曇弥我先惣說一切聲聞皆已授記今汝欲
知記者將來之世當於六萬八千億諸佛法
中為大法師及六千學无學比丘尼俱為法
師汝如是漸漸具菩薩道當得作佛号一切
衆生憙見如來應供正遍知明行足善逝世
間解无上士調御丈夫天人師佛世尊憍曇
弥是一切衆生憙見佛及六千菩薩轉次授

中為大法師及六千學无學比丘尼俱為法
師汝如是漸漸具菩薩道當得作佛号一切
衆生憙見如來應供正遍知明行足善逝世
間解无上士調御丈夫天人師佛世尊憍曇
弥是一切衆生憙見佛及六千菩薩轉次授
記得阿耨多羅三藐三菩提尒時羅睺羅母
耶輸陁羅比丘尼作是念世尊於授記中獨
不說我名佛告耶輸陁羅汝於來世百千万
億諸佛法中脩菩薩行為大法師漸具佛道
於善國中當得作佛号具足千萬光相如來
應供正遍知明行足善逝世間解无上士調
御丈夫天人師佛世尊佛壽无量阿僧祇劫
尒時摩訶波闍波提比丘尼及耶輸陁羅比
丘尼并其眷屬皆大歡喜得未曾有即於
佛前而說偈言
世尊導師　安隱天人　我等聞記　心安具足
諸比丘尼說是偈已白佛言世尊我等亦能
於他方國土廣宣此經尒時世尊視八十萬
億那由他諸菩薩摩訶薩是諸菩薩皆是阿
惟越致轉不退法輪得諸陁羅尼即從座起
至於佛前一心合掌而作是念若世尊告勑
我等持說此經者當如佛教廣宣斯法復作
是念佛今默然不見告勑我當云何時諸菩
薩敬順佛意并欲自滿本願便於佛前作師
子吼而發誓言世尊我等於如來滅後周旋
往反十方世界能令衆

我等持說此經者當如佛教廣宣斯法復作是念佛今默然不見告勅我當云何時諸菩薩敬順佛意并欲自滿本願便於佛前作師子吼而發誓言世尊我等於如來滅後周旋往反十方世界能令衆生書寫此經受持讀誦解說其義如法修行正憶念皆是佛之威力唯願世尊在於他方遥見守護即時諸菩薩俱同發聲而說偈言

唯願不為慮 於佛滅度後 恐怖惡世中 我等當廣說
有諸无智人 惡口罵詈等 及加刀杖者 我等皆當忍
惡世中比丘 邪智心諂曲 未得謂為得 我慢心充滿
或有阿練若 納衣在空閑 自謂行真道 輕賤人間者
貪著利養故 與白衣說法 為世所恭敬 如六通羅漢
是人懷惡心 常念世俗事 假名阿練若 好出我等過
而作如是言 此諸比丘等 為貪利養故 說外道論議
自作此經典 誑惑世間人 為求名聞故 分別於是經
常在大衆中 欲毀我等故 向國王大臣 婆羅門居士
及餘比丘衆 誹謗說我惡 謂是邪見人 說外道論議
我等敬佛故 悉忍是諸惡 為斯所輕言 汝等皆是佛
如此輕慢言 皆當忍受之 濁劫惡世中 多有諸恐怖
惡鬼入其身 罵詈毀辱我 我等敬信佛 當著忍辱鎧
為說是經故 忍此諸難事 我不愛身命 但惜无上道
我等於來世 護持佛所囑 世尊自當知 濁世惡比丘
不知佛方便 隨宜所說法 惡口而顰蹙 數數見擯出
遠離於塔寺 如是等衆惡 念佛告勅故 皆當忍是事

BD05162號　妙法蓮華經卷四　(32–31)

如此輕慢言 皆當忍受之 濁劫惡世中 多有諸恐怖
惡鬼入其身 罵詈毀辱我 我等敬信佛 當著忍辱鎧
為說是經故 忍此諸難事 我不愛身命 但惜无上道
我等於來世 護持佛所囑 世尊自當知 濁世惡比丘
不知佛方便 隨宜所說法 惡口而顰蹙 數數見擯出
遠離於塔寺 如是等衆惡 念佛告勅故 皆當忍是事
諸聚落城邑 其有求法者 我皆到其所 說佛所囑法
我是世尊使 處衆无所畏 我當善說法 願佛安隱住
我於世尊前 諸來十方佛 發如是誓言 佛自知我心

妙法蓮華經卷第四

BD05162號　妙法蓮華經卷四　(32–32)

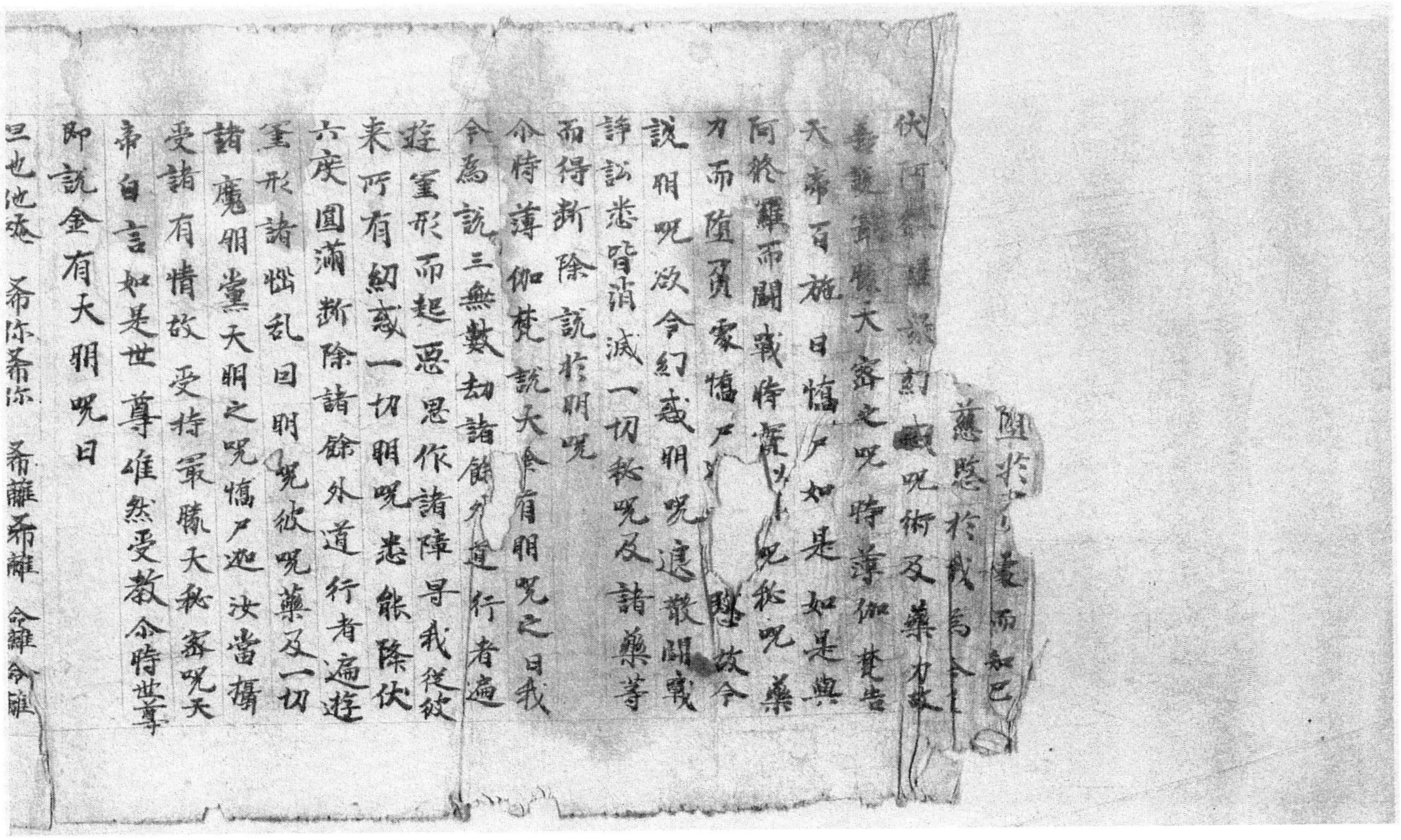

伏阿修羅……
善說……大寄之呪時薄伽梵告
天帝百施日憍尸如是如是與
阿修羅而鬬戰時應以呪秘呪藥
力而墮負憂憍尸……故今
說明呪欲令幻惑明呪遠散鬬戰
諍訟悉皆消滅一切秘呪及諸藥等
而得斷除說於明呪
今時薄伽梵說天帝有明呪之日我
今為說三無數劫諸餘外道行者遍
旋室形而起惡思作諸障㝵我從彼
來所有幻惑一切明呪悉能除伏
六度圓滿斷除諸餘外道行者遍旋
室形諸惱亂曰明呪欲呪藥及一切
諸魔朋黨天明之呪憍尸迦汝當攝
受諸有情故受持最勝大秘密呪天
帝白言如是世尊唯然受教今時世尊
即說金有天明呪曰
怛也他唵 希你希你 希離希離 命離命離

BD05163號　金有陀羅尼經　（4–1）

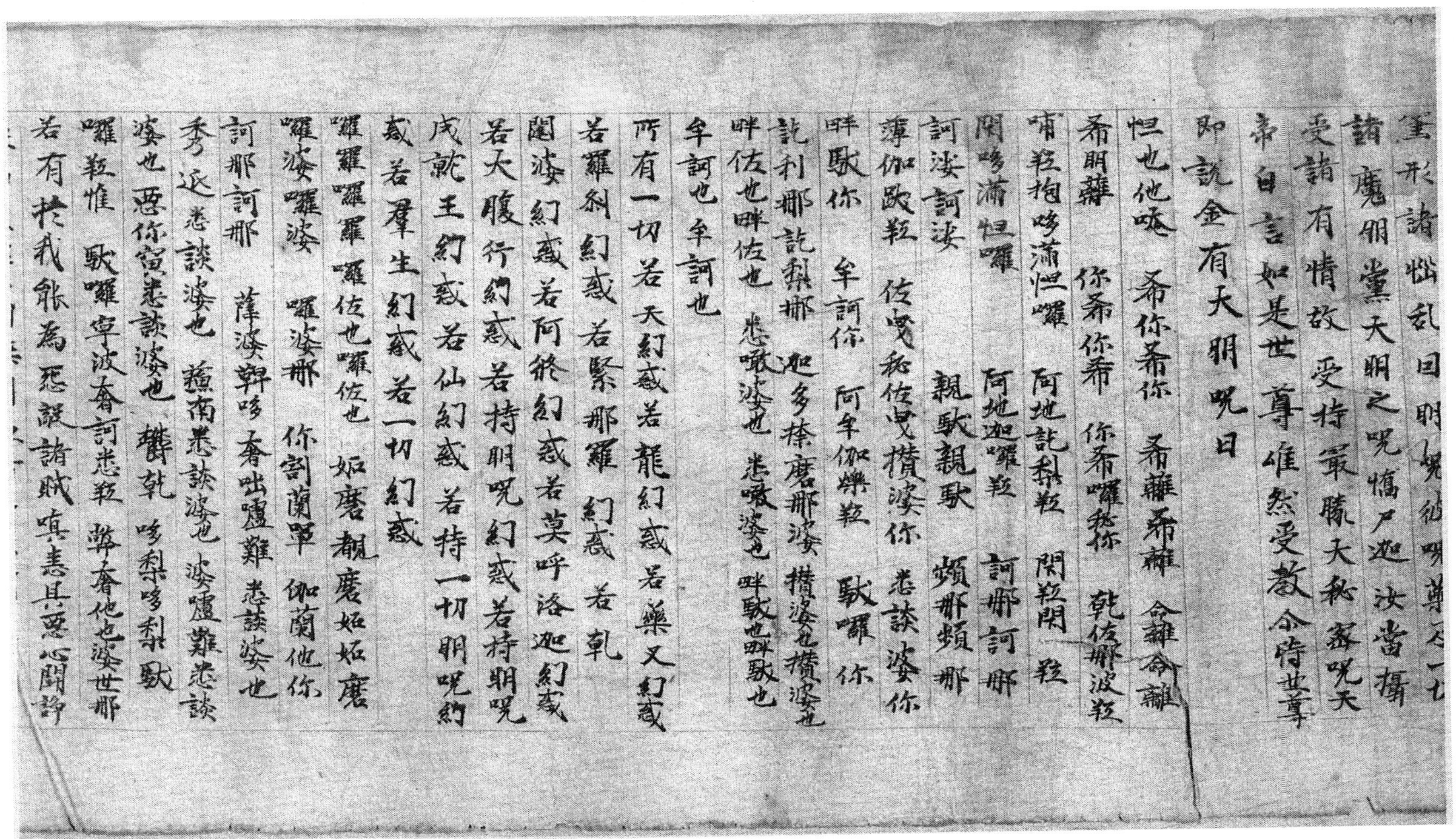

室形諸惱亂曰明呪欲呪藥及一切
諸魔朋黨天明之呪憍尸迦汝當攝
受諸有情故受持最勝大秘密呪天
帝白言如是世尊唯然受教今時世尊
即說金有天明呪曰
怛也他唵 希你希你 希離希離 命離命離
希朋離 你希你希 你希囉你 乾佉那波粒
哺粒抱哆滿怛囉 阿地託梨粒 閉粒閉粒
閉哆滿怛囉 阿地迦囉粒 訶那訶那
訶婆訶婆 親馱親馱 頻那頻那
薄伽歐粒 佐咒秘佐咒攢婆你 悉談婆你
畔馱你 牟訶你 阿牟伽煉粒 馱囉你
託利那託梨那 迦多捺磨那婆 攢婆也攢婆也
畔佐也畔佐也 悉嚇婆也悉嚇婆也 畔馱也畔馱也
牟訶也牟訶也
所有一切若天幻惑若龍幻惑若藥叉幻惑
若羅刹幻惑若緊那羅幻惑若乾
闥婆幻惑若阿修幻惑若莫呼洛迦幻惑
若大腹行幻惑若持明呪幻惑若持明呪
成就王幻惑若仙幻惑若持一切明呪幻
惑若群生幻惑若一切幻惑
囉囉囉囉囉囉 囉佐也囉佐也 妬磨靚磨妬妬磨
囉婆囉婆 囉婆那 你尉蘭單 伽蘭他你
訶那訶那 薩婆薢哆 奢咄盧難 悉談婆也
秀近悉談婆也 摭南悉談婆也 婆盧難悉談
婆也惡你寅悉談婆也 講乾 哆梨哆梨馱
囉粒惟 馱囉卑波奢訶悉粒 弊奢他也婆世那
若有於我能為惡誑諸賊嗔恚其惡心鬬諍

BD05163號　金有陀羅尼經　（4–2）

訶那訶那　薩婆𡁠哆　奢岀盧難　悉謎婆也
秀迷悉謎婆也　𧄼南悉謎婆也　婆盧難悉謎
婆也　悪你窒悉謎婆也　攢乾　哆梨哆梨馱
囉鞁惟　馱囉寧波奢訶悉鞁　弊奢他也婆世那
若有於我能為惡叡　諸賊嗔恚其惡心鬪諍
𢶡諍敵作一切無利益者　訶那訶　那哆
訶哆訶波佐波佐　半佐也半佐也　攢婆也　攢
婆也悉謎婆也悉謎婆也　半馱也半馱也　半訶也
半訶也摩訶半訶你　薄伽跋鞁蔆訶
於一切怖畏嬈惱疾疫願守護我以馱蔆
訶　　傴尸迦若善男子若善女人若
王若王大臣能憶念此金有明呪者彼無他怖
畏於彼部黨他所設軍不能侵惱亦非天
亦非龍亦非藥叉亦非乾闥婆亦非阿修
羅亦非緊那羅亦非莫呼洛迦亦持明呪者
亦非飛空毋等亦不非時而持毒命明呪𧩑呪
一切諸藥不能為害他所設軍不能侵迮他
所設軍而不賜命力不能害水火毒藥明呪秘
呪一切諸藥而不能侵逼著於彼自作教隨
喜造罪彼之處所傴尸迦是故淨信苾蒭
苾蒭尼烏波索迦烏波斯迦善男子善
善女人等以此明呪呪水七遍自洗其身能
護於身若有欲令於一切怖畏一切嬈惱一切
疾疫一切明呪一切秘呪一切諸藥一切厭蠱而
進過者當念此金有明呪若王若王大臣若欲催
他軍衆伏他軍衆亦當念此金有明呪若呪
線七遍作七結已繫於身上若呪水七遍能
護自身若有書寫於一切怖畏無部㝵陁羅尼

BD05163號　金有陀羅尼經　　（4–3）

苾蒭尼烏波索迦烏波斯迦善男子善
善女人等以此明呪呪水七遍自洗其身能
護於身若有欲令於一切怖畏一切嬈惱一切
疾疫一切明呪一切秘呪一切諸藥一切厭蠱而
進過者當念此金有明呪若王若王大臣若欲催
他軍衆伏他軍衆亦當念此金有明呪若呪
線七遍作七結已繫於身上若呪水七遍能
護自身若有書寫於一切怖畏無部㝵陁羅尼
或能受持或繫脛下若置高幢入軍陣者善
安得脫以此金呪威神之力內族眷屬善安過
未成能成若欲催伏諸明呪者於白線上呪七遍
已作七結者能繫催伏若欲催諸幻惑者取冢間
土呪七遍已而散擲者能催幻惑論贊之時
欲禁其口取秦菽蘼呪七遍已而豎臂者一切
言論悉能對荅受持讀誦而稱讚者一切諸罪
悉皆消滅却往彼造作之者及思惟[illegible]
所或繫於繩及水自護者於彼身上一切明呪秘呪諸
藥不能為害未成辦者悉能成辦彼所求事一切順
從時薄伽梵說是語已天帝百施聞佛所說言受
奉行
佛說金有陁羅尼經一卷

BD05163號　金有陀羅尼經　　（4–4）

翟清子

BD05163號背　題名　（1–1）

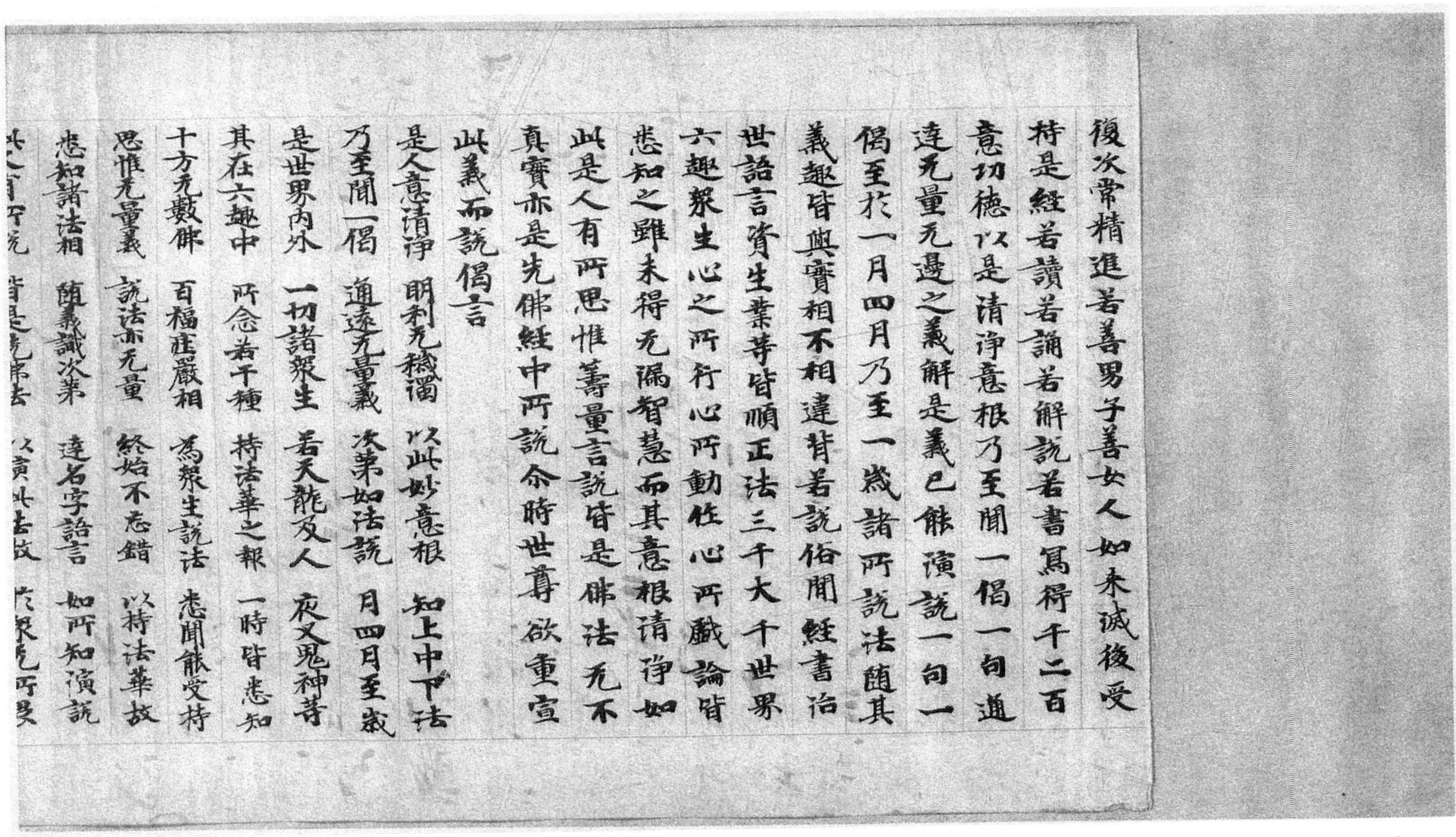
復次常精進若善男子善女人如來滅後受
持是經若讀若誦若解說若書寫得千二百
意功德以是清淨意根乃至聞一偈一句通
達无量无邊之義解是義已能演說一句一
偈至於一月四月乃至一歲諸所說法隨其
義趣皆與實相不相違背若說俗間經書治
世語言資生業等皆順正法三千大千世界
六趣衆生心之所行心所動作心所戲論皆
悉知之雖未得无漏智慧而其意根清淨如
此是人有所思惟籌量言說皆是佛法无不
真實亦是先佛經中所說尒時世尊欲重宣
此義而說偈言
是人意清淨　明利无穢濁　以此妙意根　知上中下法
乃至聞一偈　通達无量義　次第如法說　月四月至歲
是世界內外　一切諸衆生　若天龍及人　夜叉鬼神等
其在六趣中　所念若干種　持法華之報　一時皆悉知
十方无數佛　百福莊嚴相　為衆生說法　悉聞能受持
思惟无量義　說法亦无量　終始不忘錯　以持法華故
悉知諸法相　隨義識次第　達名字語言　如所知演說
此人有所說　皆是先佛法　以演此法故　於衆无所畏

BD05164號　妙法蓮華經卷六　（2–1）

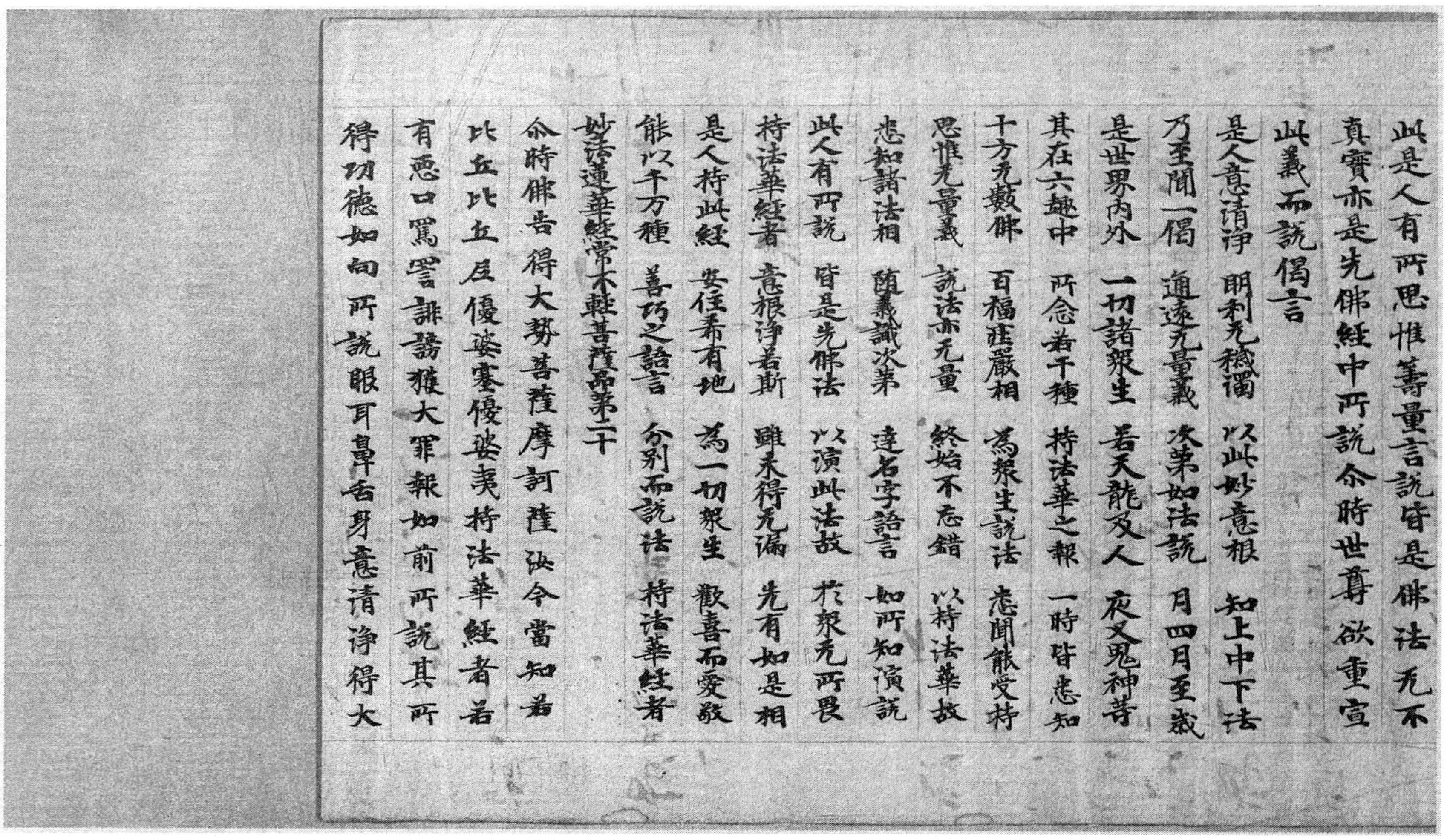

此是人有所思惟籌量言說皆是佛法无不
真實亦是先佛經中所說尒時世尊欲重宣
此義而說偈言
是人意清淨　明利无穢濁　以此妙意根　知上中下法
乃至聞一偈　通達无量義　次第如法說　月四月至歲
是世界內外　一切諸衆生　若天龍及人　夜叉鬼神等
其在六趣中　所念若干種　持法華之報　一時皆悉知
十方无數佛　百福莊嚴相　為衆生說法　悉聞能受持
思惟无量義　說法亦无量　終始不忘錯　以持法華故
悉知諸法相　隨義識次第　達名字語言　如所知演說
此人有所說　皆是先佛法　以演此法故　於衆无所畏
持法華經者　意根淨若斯　雖未得无漏　先有如是相
是人持此經　安住希有地　為一切衆生　歡喜而愛敬
能以千万種　善巧之語言　分別而說法　持法華經者
妙法蓮華經常不輕菩薩品第二十
尒時佛告得大勢菩薩摩訶薩汝今當知若
比丘比丘尼優婆塞優婆夷持法華經者若
有惡口罵詈誹謗獲大罪報如前所說其所
得功德如向所說眼耳鼻舌身意清淨得大

BD05164 號　妙法蓮華經卷六　　(2–2)

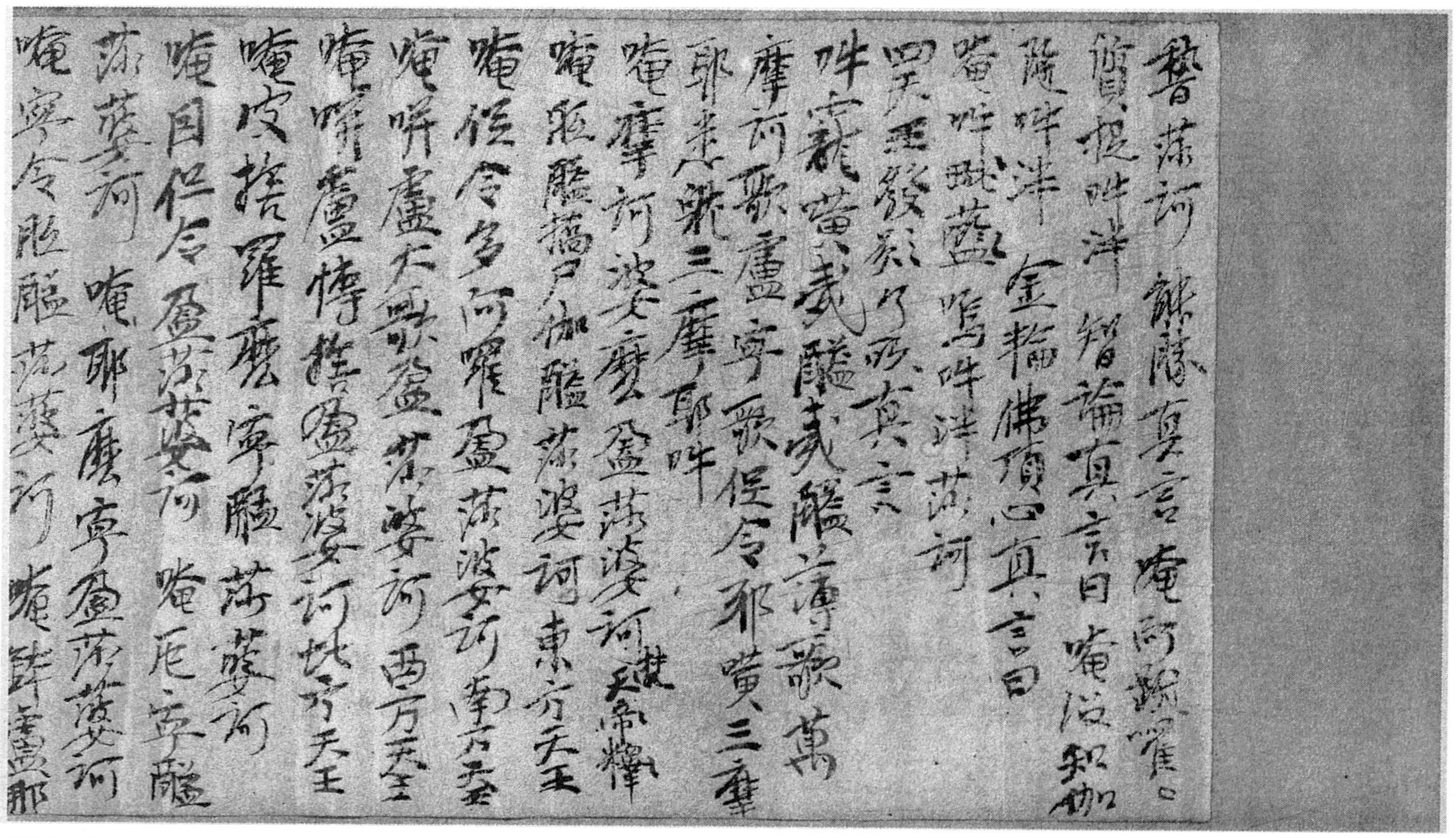

普莎訶　觀藥真言　唵阿謨囉囗
賀抳吽泮　智論真言曰　唵沙知伽
隨吽泮　金輪佛頂心真言曰
唵吽𠺕藍　嗚吽泮莎訶
四天王發願文真言
吽寐當式醯式醯薄歌萬
摩訶歌盧寧歌促令耶黃三華
耶米化三摩耶吽
唵摩訶婆娑盆莎婆訶　拔天帝釋
唵毗醯摩尸伽醯莎婆訶　東方天王
唵揭令多阿囉盈莎婆訶　南方天王
唵嚩盧大歌盆莎婆訶　西方天王
唵嚩盧博揭盈莎婆訶　北方天王
唵皮揭羅麼寧醯莎婆訶
唵因但令盈莎婆訶　唵尼寧醯
莎婆訶　唵耶麼寧盈莎婆訶
唵寧令毗醯莎婆訶　唵隣盧耶

BD05164 號背　真言雜抄（擬）　　(2–1)

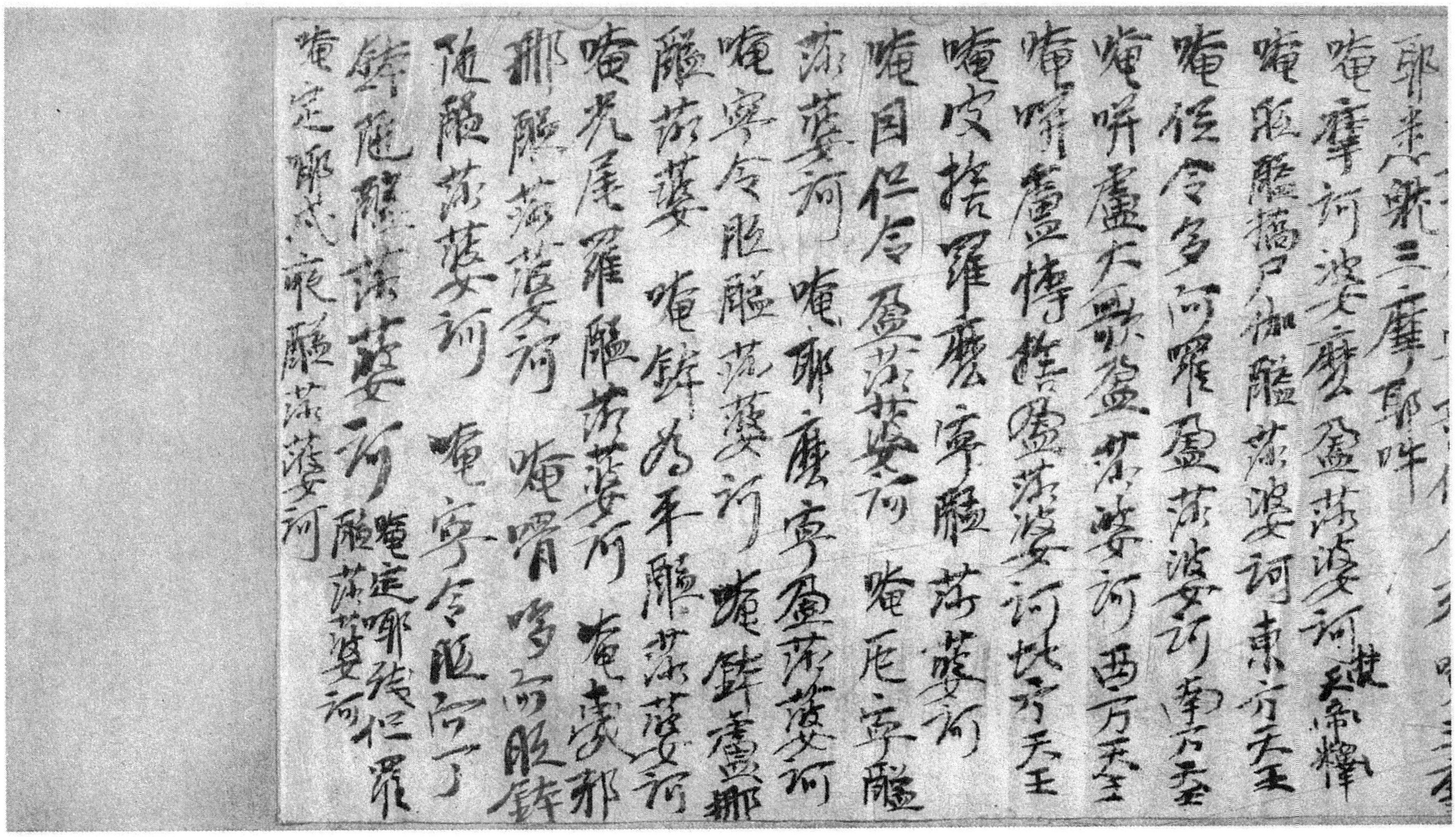

BD05164 號背　真言雜抄（擬）　（2–2）

南无德相佛
南无衆主佛
南无堅際佛
南无作明佛
南无金剛佛
南无无畏佛
南无華目佛
南无華光佛
南无大威德佛
南无无量明佛

南无拚[illegible]
南无亦義佛
南无興成佛
南无善濡佛
南无堅固佛
南无不可壞佛
南无羅睺佛
南无梵聲佛
南无不高佛
南无大山佛
南无将衆佛
南无珎寶佛
南无軍力佛
南无仁愛佛
南无梵王佛
南无龍德佛

BD05165 號　現在賢劫千佛名經　（26–1）

南无華目佛　南无軍力佛
南无華光佛　南无仁愛佛
南无大威德佛　南无梵王佛
南无无量明佛　南无龍德佛
南无堅步佛　南无不虚見佛
南无精進得佛　南无善守佛
南无歡喜佛　南无不退佛
南无師子相佛　南无勝知佛
南无法氏佛　南无喜王佛
南无妙御佛　南无憂作佛
南无德辟佛　南无香爲佛
南无觀視佛　南无雲音佛
南无善思佛　南无善意佛
南无離垢佛　南无月相佛
南无大名佛　南无珠鬘佛
南无威猛佛　南无師子步佛
南无德樹佛　南无歡釋佛
南无慧聚佛　南无安住佛
南无有意佛　南无鴦伽陁佛
南无无量意佛　南无妙色佛
南无多智佛　南无光明佛
南无堅戒佛　南无吉祥佛
南无寶相佛　南无蓮華佛
南无那羅延佛　南无安樂佛
南无智積佛　南无德敬佛　一百

BD05165號　現在賢劫千佛名經　（26–2）

南无无量意佛　南无妙色佛
南无多智佛　南无光明佛
南无堅戒佛　南无吉祥佛
南无寶相佛　南无蓮華佛
南无那羅延佛　南无安樂佛
南无智積佛　南无德敬佛　一百
南无梵德佛　南无寶積佛
南无華天佛　南无善思議佛
南无法自在佛　南无名聞意佛
南无樂說聚佛　南无金剛相佛
南无求利佛　南无遊戲佛
南无離闇佛　南无多天佛
南无弥樓相佛　南无衆明佛
南无寶藏佛　南无極高行佛
南无提沙佛　南无珠角佛
南无德讚佛　南无日月明佛
南无日明佛　南无星宿佛
南无師子相佛　南无違藍王佛
南无福藏佛　南无見有邊佛
南无電明佛　南无金山佛
南无師子德佛　南无勝相佛
南无明讚佛　南无堅精進佛
南无具足讚佛　南无離畏佛
南无應天佛　南无大燈佛
南无世明佛　南无妙香佛

BD05165號　現在賢劫千佛名經　（26–3）

南无師子德佛　南无勝相佛
南无明讚佛　南无堅精進佛
南无具足讚佛　南无離畏佛
南无應天佛　南无大燈佛
南无世明佛　南无妙香佛
南无持上功德佛　南无離闇佛
南无師子頰佛　南无寶積佛
南无滅過佛　南无持甘露佛
南无人月佛　南无善見佛
南无莊嚴佛　南无珠明佛
南无山頂佛　南无名相佛
南无法積佛　南无定義佛
南无施願佛　南无寶衆佛
南无遊步佛　南无衆王佛
南无安隱佛　南无法差別佛
南无上尊佛　南无無高德佛
南无上師子音佛　南无樂戲佛
南无龍明佛　南无華山佛
南无龍喜佛　南无香自在佛
南无大名佛　南无天力佛
南无德鬘佛　南无龍手佛
南无善行意佛　南无目莊嚴佛
南无智勝佛　南无无量目佛
南无寶語佛　南无日明佛
南无定意佛　南无无量形佛
南无照明佛　南无寶相佛

BD05165號　現在賢劫千佛名經

(26-4)

南无善行意佛　南无目莊嚴佛
南无智勝佛　南无无量目佛
南无寶語佛　南无日明佛
南无定意佛　南无无量形佛
南无照明佛　南无寶相佛
南无斷疑佛　南无善明佛
南无不虛步佛　南无覺悟佛
南无華相佛　南无山主王佛
南无大威德佛　南无遍見佛
南无无量名佛　南无寶天佛
南无任義佛　南无滿意佛
南无上讚佛　南无无憂佛
南无无垢佛　南无梵天佛
南无華根佛　南无身差別佛
南无法明佛　南无盡見佛　二百
南无德淨佛　南无月面佛
南无寶燈佛　南无寶相佛
南无上名佛　南无无量音佛
南无連藍佛　南无師子身佛
南无明意佛　南无无能勝佛
南无功德品佛　南无月相佛
南无得勢佛　南无无邊行佛
南无開華佛　南无淨垢佛
南无見一切義佛　南无勇力佛
南无富足佛　南无福德佛

BD05165號　現在賢劫千佛名經

(26-5)

南无切德品佛　南无月相佛
南无得勢佛　南无无邊行佛
南无閑華佛　南无淨垢佛
南无見一切義佛　南无勇力佛
南无富足佛　南无福德佛
南无隨時佛　南无廣意佛
南无切德敬佛　南无善寂滅佛
南无財天佛　南无淨斷疑佛
南无无量持佛　南无妙樂佛
南无不負佛　南无无住佛
南无得叉伽佛　南无衆首佛
南无世光佛　南无多德佛
南无弗沙佛　南无无邊威德佛
南无義意佛　南无藥王佛
南无斷惡佛　南无无勢佛
南无善調佛　南无名德佛
南无華德佛　南无勇德佛
南无金剛軍佛　南无大德佛
南无寂滅意佛　南无香象佛
南无那羅延佛　南无善住佛
南无无所負佛　南无月積佛
南无電相佛　南无恭敬佛
南无威德守佛　南无智日佛
南无上利佛　南无須彌頂佛
南无治惡賊佛　南无蓮華佛

BD05165 號　現在賢劫千佛名經　（26–6）

南无无所負佛　南无月積佛
南无電相佛　南无恭敬佛
南无威德守佛　南无智日佛
南无上利佛　南无須彌頂佛
南无治惡賊佛　南无蓮華佛
南无應讚佛　南无知次佛
南无離憍佛　南无那羅延佛
南无常樂佛　南无不步國佛
南无天名佛　南无見有邊佛
南无甚良佛　南无多功德佛
南无寶月佛　南无師子相佛
南无樂禪佛　南无无所步佛
南无遊戲佛　南无德寶佛
南无應名稱佛　南无華身佛
南无大音聲佛　南无辯才讚佛
南无金剛珠佛　南无无量壽佛
南无珠莊嚴佛　南无大王佛
南无德高德佛　南无高名佛
南无百光佛　南无喜悅佛
南无龍步佛　南无意願佛
南无寶月佛　南无滅已佛
南无喜王佛　南无調御佛
南无喜自在佛　南无寶髻佛
南无離畏佛　南无寶藏佛
南无月面佛　南无淨名佛

BD05165 號　現在賢劫千佛名經　（26–7）

南无寶月佛　南无滅已佛
南无喜王佛　南无調御佛
南无喜自在佛　南无寶髻佛
南无離畏佛　南无寶藏佛
南无月面佛　南无淨名佛
南无威德家藏佛　南无愛相佛
南无多天佛　南无須弥摩佛
南无天愛佛　南无寶衆佛
南无寶步佛　南无師子分佛
南无極高行佛　南无人王佛
南无善意佛　南无世明佛
南无寶威德佛　南无德乘佛
南无覺相佛　南无善莊嚴佛
南无香濟佛　南无香象佛
南无衆炎佛　南无慈相佛
南无妙香佛　南无堅鎧佛
南无威德猛佛　南无珠鎧佛
南无仁賢佛　南无善逝月佛
南无梵自在佛　南无師子月佛
南无福威德佛　南无正生佛
南无无勝佛　南无月觀佛
南无寶名佛　南无大精進佛
南无山光佛　南无德聚佛
南无供養名佛　南无法讚佛
南无施明佛　南无電德佛

BD05165號　現在賢劫千佛名經　（26–8）

南无无勝佛　南无月觀佛
南无寶名佛　南无大精進佛
南无山光佛　南无德聚佛
南无供養名佛　南无法讚佛
南无施明佛　南无電德佛
南无寶語佛　南无救命佛
南无善戒佛　南无善衆佛
南无定意佛　南无破有闇佛
南无喜勝佛　南无師子光佛
南无照明佛　南无上名佛
南无利慧佛　南无珠明佛
南无威光佛　南无不破論佛
南无光明佛　南无珠輪佛
南无世師佛　南无吉手佛
南无善月佛　南无寶炎佛
南无羅睺守佛　南无樂菩提佛
南无等光佛　南无至寂滅佛
南无世最妙佛　南无无憂佛
南无十勢力佛　南无喜力佛
南无德勢力佛　南无得勢佛
南无功德藏佛　南无真行佛
南无上安佛　南无提沙佛
南无大光佛　南无電明佛
南无廣德佛　南无弥寶佛
南无福德明佛　南无造鎧佛

BD05165號　現在賢劫千佛名經　（26–9）

南无上安佛　南无提沙佛
南无大光佛　南无電明佛
南无廣德佛　南无珎寶佛
南无福德明佛　南无造鎧佛
南无成手佛　南无善華佛
南无集寶佛　南无大海佛
南无持地佛　南无義意佛
南无善思惟佛　南无德輪佛
南无寶火佛　南无利益佛
南无世月佛　南无美音佛
南无梵相佛　南无衆師首佛
南无師子行佛　南无難施佛
南无應供佛　南无明威德佛
南无大光佛　南无大勢力佛　四百
南无寶名佛　南无衆清淨佛
南无无邊名佛　南无不虛光佛
南无聖天佛　南无智王佛
南无金剛衆佛　南无善鄣佛
南无建慈佛　南无華國佛
南无法意佛　南无風行佛
南无善思名佛　南无多明佛
南无密衆佛　南无功德守佛
南无利意佛　南无无懼佛
南无堅觀佛　南无住法佛
南无珠足佛　南无解脫德佛

BD05165號　現在賢劫千佛名經　（26–10）

南无善思名佛　南无多明佛
南无密衆佛　南无功德守佛
南无利意佛　南无无懼佛
南无堅觀佛　南无住法佛
南无珠足佛　南无解脫德佛
南无妙身佛　南无善意佛
南无普德佛　南无妙智佛
南无梵賊佛　南无寶音佛
南无正智佛　南无力得佛
南无師子意佛　南无華相佛
南无智積佛　南无華齒佛
南无功德藏佛　南无名寶佛
南无希有名佛　南无上戒佛
南无无畏佛　南无日明佛
南无梵壽佛　南无一切天佛
南无樂智佛　南无寶天佛
南无珠藏佛　南无德流布佛
南无智王佛　南无无縛佛
南无堅法佛　南无天德佛
南无梵牟尼佛　南无安祥行佛
南无懃精進佛　南无炎肩佛
南无大威德佛　南无瞻蔔華佛
南无歡喜佛　南无善衆佛
南无帝幢佛　南无大愛佛
南无須曼色佛　南无衆妙佛

BD05165號　現在賢劫千佛名經　（26–11）

南无勲精進佛　南无炎肩佛
南无大威德佛　南无瞻蔔華佛
南无歡喜佛　南无善衆佛
南无帝幢佛　南无大愛佛
南无須勢色佛　南无衆妙佛
南无可樂佛　南无勢力行佛
南无善定義佛　南无牛王佛
南无妙臂佛　南无大車佛
南无滿願佛　南无德光佛
南无寶音佛　南无金剛軍佛
南无富貴佛　南无師子力佛
南无淨目佛　南无迦葉佛
南无淨意佛　南无智次第佛
南无猛威德佛　南无大光明佛
南无日光曜佛　南无淨藏佛
南无分別威佛　南无无損佛
南无密口佛　南无月光佛
南无特明佛　南无善寂行佛
南无不動佛　南无大請佛
南无德法佛　南无嚴土佛
南无莊嚴王佛　南无高出佛
南无炎熾佛　南无華德佛
南无寶嚴佛　南无上善佛
南无寶上佛　南无利慧佛　五百
南无海得佛　南无梵相佛

BD05165號　現在賢劫千佛名經　（26–12）

南无莊嚴王佛　南无高出佛
南无炎熾佛　南无華德佛
南无寶嚴佛　南无上善佛
南无寶上佛　南无利慧佛　五百
南无海得佛　南无梵相佛
南无月蓋佛　南无多炎佛
南无遠藍王佛　南无智稱佛
南无覺想佛　南无功德光佛
南无普流布佛　南无滿月佛
南无華光佛　南无善戒王佛
南无燈王佛　南无電光佛
南无光王佛　南无光明佛
南无具足讚佛　南无華藏佛
南无弗沙佛　南无身端嚴佛
南无淨義佛　南无威猛軍佛
南无福威德佛　南无力行佛
南无羅睺天佛　南无智聚佛
南无調御佛　南无如王佛
南无華相佛　南无羅睺羅佛
南无大藥佛　南无宿王佛
南无藥王佛　南无德手佛
南无得叉伽佛　南无流布王佛
南无日光佛　南无法藏佛
南无妙意佛　南无德王佛
南无金剛衆佛　南无慧頂佛
南无善住佛　南无意行佛

BD05165號　現在賢劫千佛名經　（26–13）

南无得叉伽佛　南无流布王佛
南无日光佛　南无法藏佛
南无妙意佛　南无德主佛
南无金剛衆佛　南无慧頂佛
南无善住佛　南无意行佛
南无梵音佛　南无師子佛
南无雷音佛　南无通相佛
南无慧陰佛　南无安隱佛
南无梵王佛　南无牛王佛
南无梨陁目佛　南无龍德佛
南无實相佛　南无莊嚴佛
南无不沒音佛　南无華持佛
南无音得佛　南无師子佛
南无莊嚴辭佛　南无勇智佛
南无華積佛　南无華開佛
南无力行佛　南无得積佛
南无上形色佛　南无明曜佛
南无月燈佛　南无威德王佛
南无菩提王佛　南无无盡佛
南无菩提眼佛　南无身充滿佛
南无慧國佛　南无家上佛
南无清涼照佛　南无慧德佛
南无妙音聲佛　南无導師佛
南无无导藏佛　南无上施佛

BD05165 號　現在賢劫千佛名經　(26–14)

南无慧國佛　南无家上佛
南无清涼照佛　南无慧德佛
南无妙音聲佛　南无導師佛
南无无导藏佛　南无上施佛
南无大尊佛　南无智力勢佛
南无大炎佛　南无帝王佛
南无制力佛　南无威德佛
南无善明佛　南无名聞佛
南无端嚴佛　南无无塵垢佛
南无威儀佛　南无師子軍佛
南无天王佛　南无名聲佛
南无殊勝佛　南无大藏佛
南无福德光佛　南无梵聲佛　六百
南无燈王佛　南无智頂佛
南无上天佛　南无地王佛
南无至解脫佛　南无金髻佛
南无羅睺日佛　南无莫能勝佛
南无牟尼淨佛　南无善光佛
南无金齊佛　南无衆德天王佛
南无法益佛　南无德辟佛
南无鴦伽陁佛　南无美妙慧佛
南无微意佛　南无諸威德佛
南无師子歎佛　南无解脫相佛
南无慧藏佛　南无智聚佛
南无威相佛　南无斷流佛

BD05165 號　現在賢劫千佛名經　(26–15)

南无法益佛　南无德辟佛
南无鴦伽陁佛　南无美妙慧佛
南无微意佛　南无諸威德佛
南无師子䟦佛　南无解脱相佛
南无慧藏佛　南无智聚佛
南无威相佛　南无断流佛
南无无㝵讃佛　南无寳聚佛
南无善音佛　南无山王相佛
南无法頂佛　南无解脱德佛
南无善端嚴佛　南无吉身佛
南无愛語佛　南无師子利佛
南无和樓那佛　南无師子法佛
南无法力佛　南无愛樂佛
南无讃不動佛　南无衆明王佛
南无覺悟佛　南无妙明佛
南无意住義佛　南无光照佛
南无香德佛　南无令善佛
南无不虚行佛　南无滅恚佛
南无上色佛　南无善步佛
南无大音讃佛　南无淨顛佛
南无日天佛　南无樂慧佛
南无攝身佛　南无威德勢佛
南无刹利佛　南无德乘佛
南无上金佛　南无解脱髻佛
南无樂法佛　南无住行佛

BD05165 號　現在賢劫千佛名經　（26–16）

南无日天佛　南无樂慧佛
南无攝身佛　南无威德勢佛
南无刹利佛　南无德乘佛
南无上金佛　南无解脱髻佛
南无樂法佛　南无住行佛
南无捨憍慢佛　南无智藏佛
南无梵行佛　南无旃檀佛
南无无憂名佛　南无端嚴身佛
南无相國佛　南无蓮華佛
南无无邊德佛　南无天光佛
南无慧華佛　南无頻頭摩佛
南无智富佛　南无梵財佛
南无寳手佛　南无淨根佛
南无具足論佛　南无上論佛
南无弗沙佛　南无提沙佛
南无有日佛　南无出泥佛
南无得智佛　南无讃羅佛
南无上吉佛　南无法樂佛
南无求勝佛　南无智慧佛
南无善聖佛　南无網日佛
南无琉璃藏佛　南无名聞佛
南无利家佛　南无教化佛
南无日明佛　南无善明佛
南无衆德上明佛　南无寳德佛　七百
南无人月佛　南无羅睺佛
南无甘露明佛　南无妙意佛

BD05165 號　現在賢劫千佛名經　（26–17）

南无利家佛　南无教化佛
南无日明佛　南无善明佛
南无衆德上明佛　南无寶德佛　七百
南无人月佛　南无羅睺佛
南无甘露明佛　南无妙意佛
南无大明佛　南无一切生佛
南无樂智佛　南无山王佛
南无家滅佛　南无德聚力佛
南无天王佛　南无妙音聲佛
南无妙華佛　南无住義佛
南无切德藏聚佛　南无智无等佛
南无甘露音佛　南无善手佛
南无利慧佛　南无思解脫義佛
南无勝音佛　南无梨陁行佛
南无善義佛　南无无過佛
南无行善佛　南无華藏佛
南无妙光佛　南无樂說佛
南无善清佛　南无衆王佛
南无離畏佛　南无樂智佛
南无辯才日佛　南无名聞佛
南无寶月明佛　南无上意佛
南无无畏佛　南无大見佛
南无梵音佛　南无善音佛
南无慧清佛　南无无等意佛
南无金剛軍佛　南无菩提意佛

BD05165號　現在賢劫千佛名經　（26–18）

南无辯才日佛　南无名聞佛
南无寶月明佛　南无上意佛
南无无畏佛　南无大見佛
南无梵音佛　南无善音佛
南无慧清佛　南无无等意佛
南无金剛軍佛　南无菩提意佛
南无樹王佛　南无勝陁音佛
南无福德力佛　南无勢德佛
南无聖愛佛　南无勢行佛
南无璃珀佛　南无雷音雲佛
南无善愛目佛　南无善智佛
南无具足佛　南无德積佛
南无大音佛　南无法相佛
南无智意佛　南无虛空佛
南无祠意佛　南无慧意差別佛
南无切德光佛　南无聖王佛
南无衆意佛　南无辯才輪佛
南无善家佛　南无月面佛
南无日名佛　南无无垢佛
南无切德集佛　南无華德相佛
南无辯才國佛　南无寶施佛
南无愛月佛　南无不高佛
南无師子力佛　南无自在王佛
南无无量淨佛　南无等定佛
南无不壞佛　南无滅垢佛
南无下[illegible]方佛　[illegible]

BD05165號　現在賢劫千佛名經　（26–19）

南无鞞手國佛　南无寶施佛
南无愛月佛　南无不高佛
南无師子力佛　南无自在王佛
南无无量淨佛　南无善定佛
南无不壞佛　南无滅垢佛
南无不失方佛　南无无嬈佛
南无妙面佛　南无智制住佛
南无法師王佛　南无大天佛
南无深意佛　南无无量佛
南无法力佛　南无世供養佛
南无華光佛　南无三世供佛
南无應日藏佛　南无天供養佛
南无上智人佛　南无真髻佛
南无信甘露佛　南无金剛佛　八百
南无堅固佛　南无寶肩明佛
南无梨陀步佛　南无隨日佛
南无清淨佛　南无明力佛
南无功德聚佛　南无具足德佛
南无師子行佛　南无高出佛
南无華施佛　南无珠明佛
南无蓮華佛　南无愛智佛
南无槃陀嚴佛　南无不虛行佛
南无生法佛　南无相相佛
南无思惟樂佛　南无樂解脫佛
南无知道理佛　南无多聞海佛

BD05165號　現在賢劫千佛名經

（26–20）

南无華施佛　南无珠明佛
南无蓮華佛　南无愛智佛
南无槃陀嚴佛　南无不虛行佛
南无生法佛　南无相相佛
南无思惟樂佛　南无樂解脫佛
南无知道理佛　南无多聞海佛
南无持華佛　南无不隨世佛
南无喜眾佛　南无孔雀音佛
南无不退沒佛　南无斷有愛佛
南无威儀濟佛　南无諸天流布佛
南无寶步佛　南无華手佛
南无威德佛　南无破怨賊佛
南无富多聞佛　南无妙國佛
南无華明佛　南无師子智佛
南无月出佛　南无滅闇佛
南无无動佛　南无次第行佛
南无福燈佛　南无音聲治佛
南无檮量佛　南无勢力佛
南无身止住佛　南无善月佛
南无覺意華佛　南无上吉佛
南无善威德佛　南无智力德佛
南无善燈佛　南无堅行佛
南无天音佛　南无樂安佛
南无日面佛　南无樂解脫佛
南无戒明佛　南无住戒佛

BD05165號　現在賢劫千佛名經

（26–21）

南无善威德佛　南无智力德佛
南无善燈佛　南无堅行佛
南无天音佛　南无樂安佛
南无日面佛　南无樂解脫佛
南无熱明佛　南无任熱佛
南无无垢佛　南无堅出佛
南无安闍耶佛　南无增益佛
南无香明佛　南无違藍明佛
南无念王佛　南无蜜鉢佛
南无无号相佛　南无信熱佛
南无至妙道佛　南无樂實佛
南无明法佛　南无具威德佛
南无大慈佛　南无上慈佛
南无至寂滅佛　南无甘露王佛
南无弥樓明佛　南无聖讚佛
南无廣照佛　南无威德佛
南无見明佛　南无善行報佛
南无善喜佛　南无无憂佛
南无寶明佛　南无威儀佛
南无樂福德佛　南无功德海佛
南无盡相佛　南无斷魔佛
南无盡魔佛　南无過囊道佛
南无不壞意佛　南无水王佛
南无淨魔佛　南无眾上王佛
南无愛明佛　南无菩提相佛 九百

BD05165 號　現在賢劫千佛名經　（26–22）

南无樂福德佛　南无功德海佛
南无盡相佛　南无斷魔佛
南无盡魔佛　南无過囊道佛
南无不壞意佛　南无水王佛
南无淨魔佛　南无眾上王佛
南无愛明佛　南无菩提相佛 九百
南无智音佛　南无善滅佛
南无梵命佛　南无智喜佛
南无神相佛　南无如眾王佛
南无持地佛　南无愛日佛
南无羅睺月佛　南无華明佛
南无樂師上佛　南无持勢力佛
南无福德明佛　南无喜明佛
南无好音佛　南无法自在佛
南无梵音佛　南无善業佛
南无音无錯佛　南无大施佛
南无名讚佛　南无眾相佛
南无德流布佛　南无世自在佛
南无德樹佛　南无滅癡佛
南无无量佛　南无善月佛
南无无邊辯相佛　南无梨陁法佛
南无應供養佛　南无度憂佛
南无樂安佛　南无世音佛
南无愛身佛　南无妙足佛
南无憂鉢羅佛　南无華纓佛
[illegible]

BD05165 號　現在賢劫千佛名經　（26–23）

南无應供養佛　南无度憂佛
南无樂安佛　南无世音佛
南无愛身佛　南无妙足佛
南无憂鉢羅佛　南无華瓔佛
南无无邊辯光佛　南无信聖佛
南无德精進佛　南无真實佛
南无天主佛　南无樂高音佛
南无信淨佛　南无婆耆羅陁佛
南无福德音佛　南无炎熾佛
南无无邊德佛　南无聚成佛
南无師子遊佛　南无不動佛
南无信清淨佛　南无行明佛
南无龍音佛　南无持輪佛
南无財成佛　南无世愛佛
南无法名佛　南无无量寶名佛
南无雲相佛　南无慧道佛
南无妙香佛　南无虛空音佛
南无虛空佛　南无天王佛
南无珠淨佛　南无善財佛
南无燈炎佛　南无寶音聲佛
南无人主王佛　南无羅睺守佛
南无安隱佛　南无師子意佛
南无寶名聞佛　南无得利佛
南无過見佛　南无世華佛
南无高頂佛　南无无偏辯才佛

BD05165號　現在賢劫千佛名經　（26–24）

南无燈炎佛　南无寶音聲佛
南无人主王佛　南无羅睺守佛
南无安隱佛　南无師子意佛
南无寶名聞佛　南无得利佛
南无過見佛　南无世華佛
南无高頂佛　南无无偏辯才佛
南无善別知見佛　南无師子牙佛
南无梨陁步佛　南无福德佛
南无法燈蓋佛　南无目揵連佛
南无无憂國佛　南无意思佛
南无樂菩提佛　南无法天敬佛
南无斷勢力佛　南无極勢力佛
南无慧華佛　南无堅音佛
南无安樂佛　南无妙義佛
南无愛淨佛　南无慚愧顏佛
南无妙髻佛　南无欲樂佛
南无樓至佛

BD05165號　現在賢劫千佛名經　（26–25）

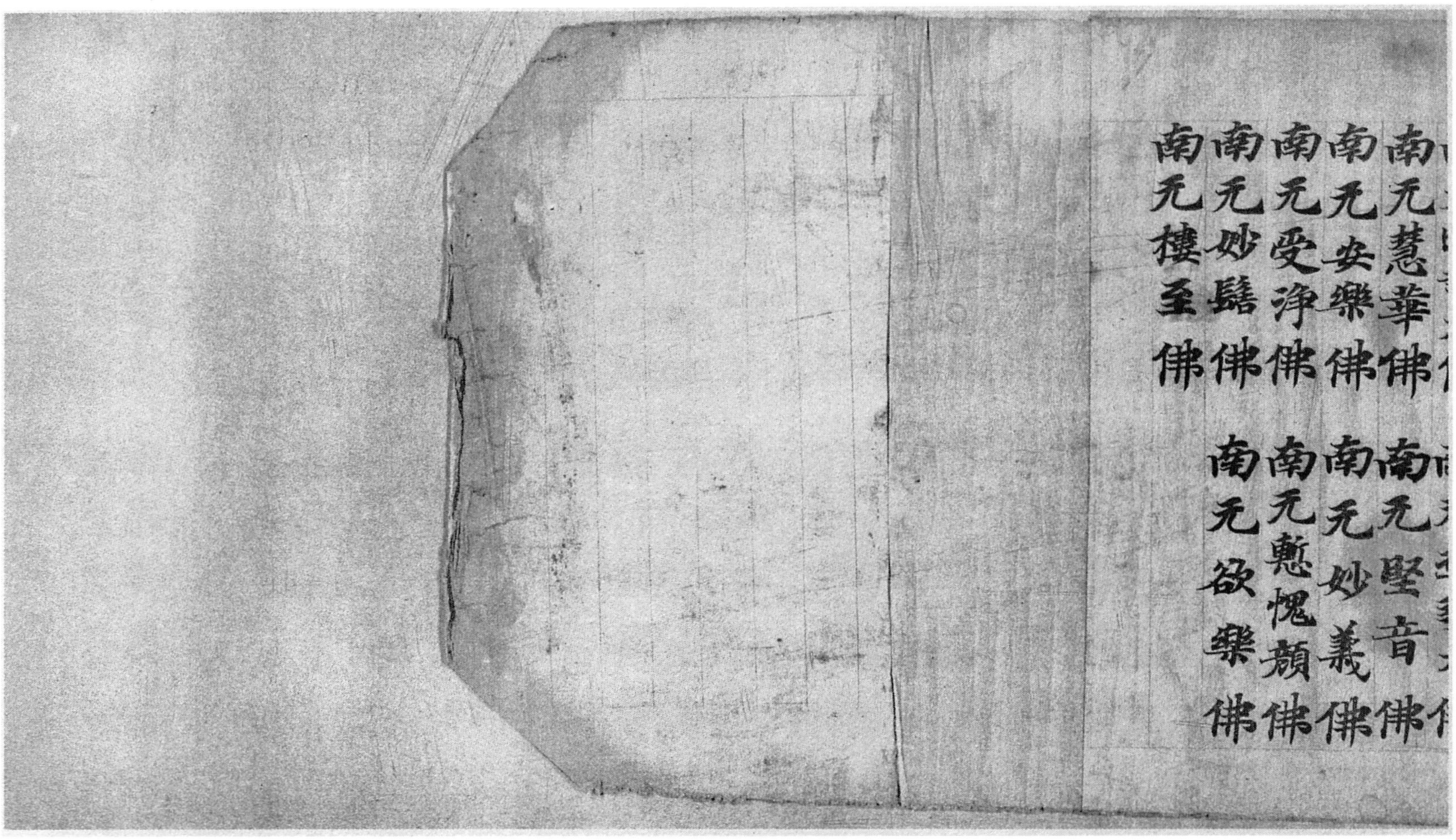

[illegible]
南无慧華佛　南无堅音佛
南无安樂佛　南无妙義佛
南无受淨佛　南无慙愧顏佛
南无妙鬚佛　南无欲樂佛
南无樓至佛

BD05165 號　現在賢劫千佛名經　（26–26）

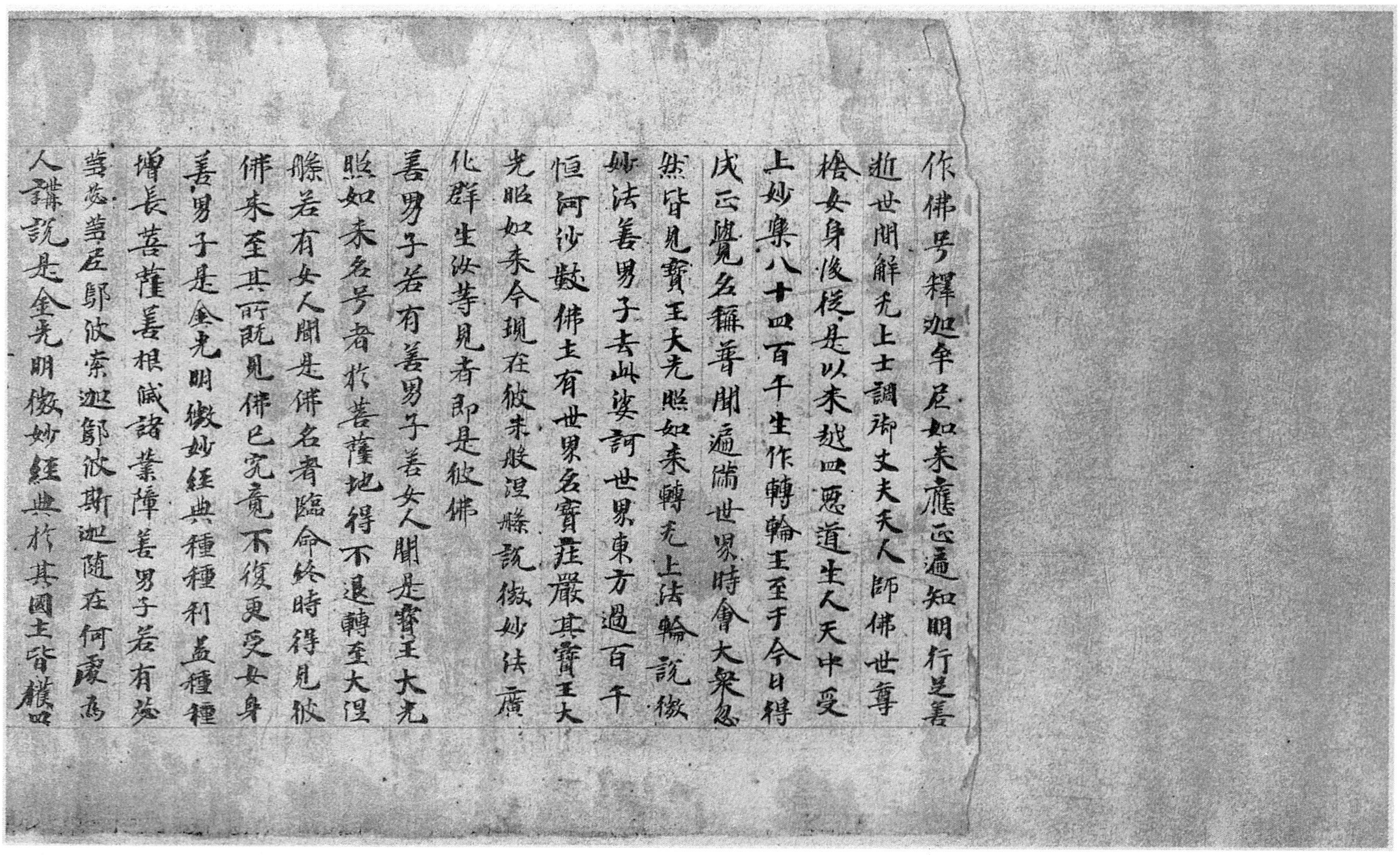

作佛号釋迦牟尼如來應正遍知明行足善
逝世間解无上士調御丈夫天人師佛世尊
捨女身後從是以來越四惡道生人天中受
上妙樂八十四百千生作轉輪王至于今日得
成正覺名稱普聞遍滿世界時會大衆忽
然皆見寶王大光照如來轉无上法輪說微
妙法善男子去此娑訶世界東方過百千
恒河沙數佛土有世界名寶莊嚴其寶王大
光照如來今現在彼未般涅槃說微妙法廣
化群生汝等見者即是彼佛
善男子若有善男子善女人聞是寶王大光
照如來名号者於菩薩地得不退轉至大涅
槃若有女人聞是佛名者臨命終時得見彼
佛來至其所既見佛已究竟不復更受女身
善男子是金光明微妙經典種種利益種種
增長菩薩善根滅諸業障善男子若有苾
芻苾芻尼鄔波索迦鄔波斯迦隨在何處為
人講說是金光明微妙經典於其國土皆獲四

BD05166 號　金光明最勝王經卷三　（4–1）

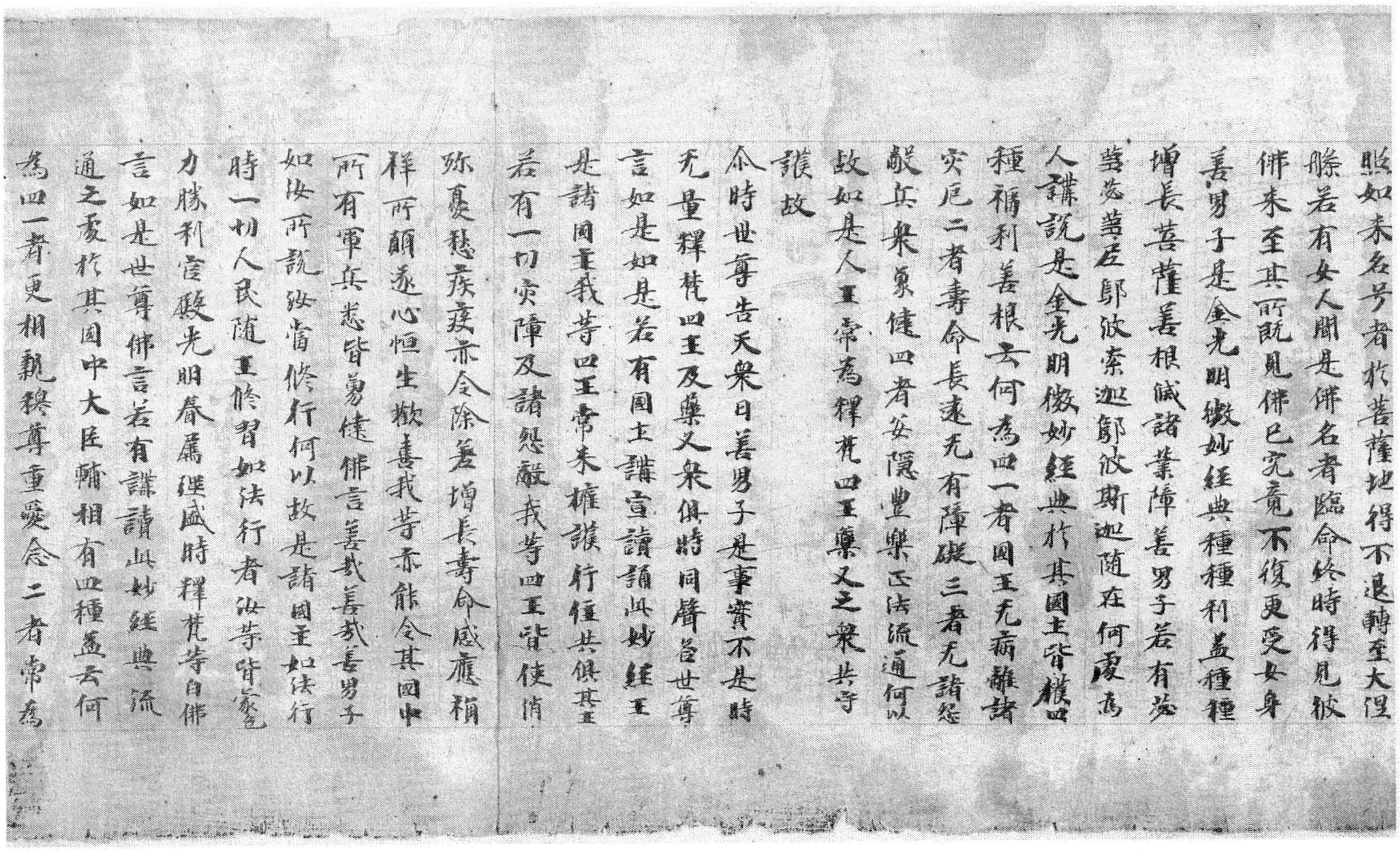

照如來名号者於菩薩地得不退轉至大涅
槃若有女人聞是佛名者臨命終時得見彼
佛來至其所既見佛已究竟不復更受女身
善男子是金光明微妙經典種種利益種種
增長菩薩善根滅諸業障善男子若有苾
芻苾芻尼鄔波索迦鄔波斯迦隨在何處為
人講說是金光明微妙經典於其國土皆獲四
種福利善根云何為四一者國王无病離諸
災厄二者壽命長遠无有障礙三者无諸怨
敵兵眾勇健四者安隱豐樂正法流通何以
故如是人王常為釋梵四王藥叉之眾共守
護故
尒時世尊告天眾曰善男子是事實不是時
无量釋梵四王及藥叉眾俱時同聲答世尊
言如是如是若有國土講宣讀誦此妙經王
是諸國王我等四王常來擁護行住共俱其王
若有一切災障及諸怨敵我等四王皆使消
殄憂愁疾疫亦令除差增長壽命感應禎
祥所願遂心恒生歡喜我等亦能令其國中
所有軍兵悉皆勇健佛言善哉善哉善男子
如汝所說汝當修行何以故是諸國王如法行
時一切人民隨王修習如法行者汝等皆蒙
力勝利宮殿光明眷屬強盛時釋梵等白佛
言如是世尊佛言若有講讀此妙經典流
通之處於其國中大臣輔相有四種益云何
為四一者更相親穆尊重愛念二者常為

BD05166號　金光明最勝王經卷三　（4–2）

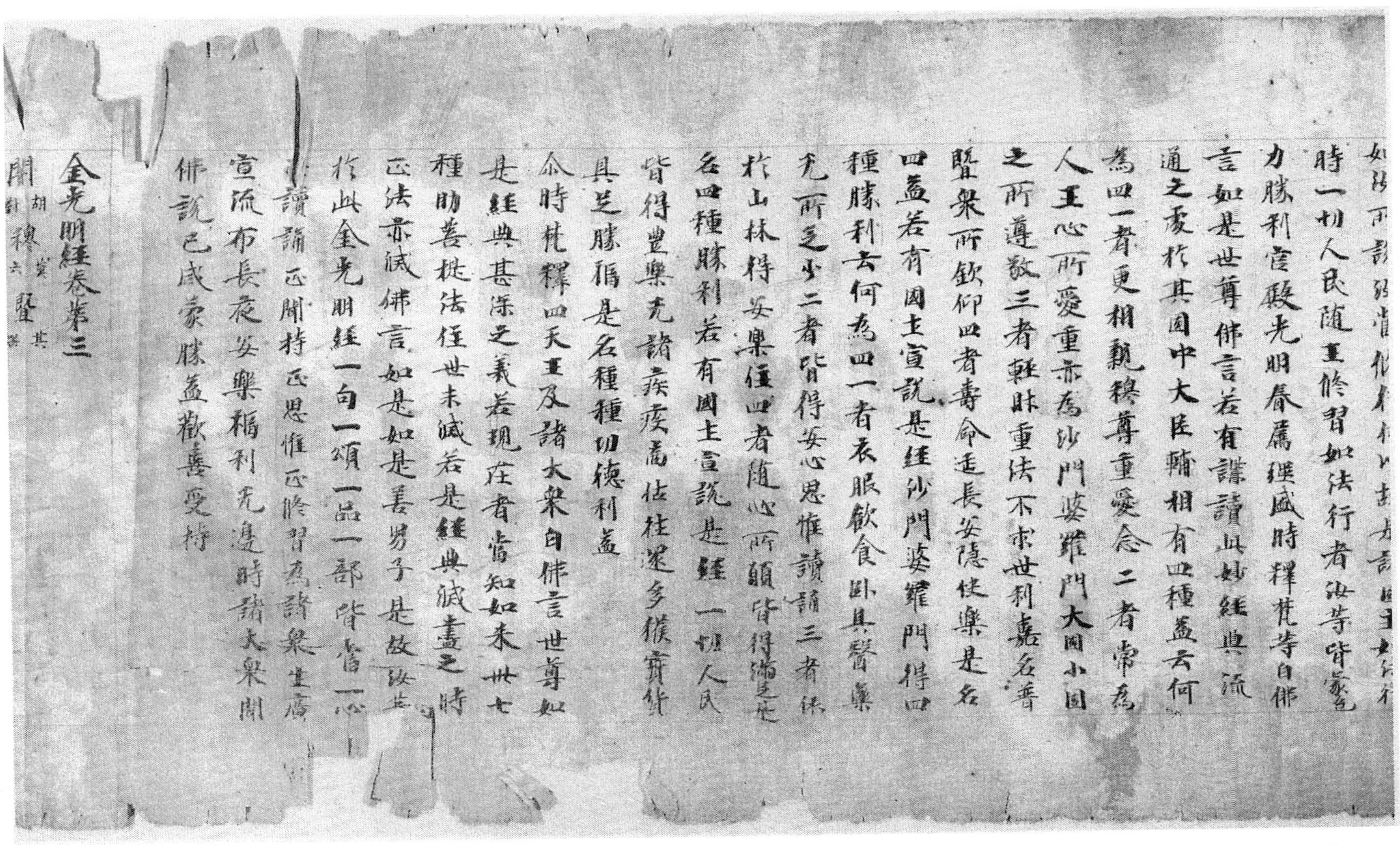

如汝所說汝當修行何以故是諸國王如法行
時一切人民隨王修習如法行者汝等皆蒙
力勝利宮殿光明眷屬強盛時釋梵等白佛
言如是世尊佛言若有講讀此妙經典流
通之處於其國中大臣輔相有四種益云何
為四一者更相親穆尊重愛念二者常為
人王心所愛重亦為沙門婆羅門大國小國
之所遵敬三者輕財重法不求世利嘉名普
暨眾所欽仰四者壽命延長安隱快樂是名
四益若有國土宣說是經沙門婆羅門得四
種勝利云何為四一者衣服飲食臥具醫藥
无所乏少二者皆得安心思惟讀誦三者依
於山林得安樂住四者隨心所願皆得滿足是
名四種勝利若有國土宣說是經一切人民
皆得豐樂无諸疾疫商估往還多獲寶貨
具足勝福是名種種功德利益
尒時梵釋四天王及諸大眾白佛言世尊如
是經典甚深之義若現在者當知如來卅七
種助菩提法住世未滅若是經典滅盡之時
正法亦滅佛言如是如是善男子是故汝等
於此金光明經一句一頌一品一部皆當一心
讀誦正聞持正思惟正修習為諸眾生廣
宣流布長夜安樂福利无邊時諸大眾聞
佛說已咸蒙勝益歡喜受持
金光明經卷第三
胡　寅　其
開　穆　登

BD05166號　金光明最勝王經卷三　（4–3）

是經典甚深之義若現在者當知如來卅七
種助菩提法住世未滅若是經典滅盡之時
正法亦滅佛言如是如是善男子是故汝等
於此金光明經一句一頌一品一部皆當一心
讀誦正聞持正思惟正修習為諸衆生廣
宣流布長夜安樂福利無邊時諸大衆聞
佛說已咸蒙勝益歡喜受持
金光明經卷第三
闍胡對穆黃六豎其著

BD05166 號　金光明最勝王經卷三　（4–4）

卷第三

BD05166 號背　勘記　（1–1）

須菩提若有善男子善
命布施若復有人……此經
爲尊爲他人說其福甚
尒時須菩提聞說是經深解義
而白佛言希有世尊佛說如是
從昔來所得慧眼未曾得聞
若復有人得聞是經信心清
知是人成就第一希有功德世
則是非相是故如來說名實相世
聞如是經典信解受持不足爲難
後五百歲其有衆生得聞是經信
人則爲第一希有何以故此人无我
生相壽者相所以者何我相即是
衆生相壽者相即是非
諸相則名諸佛
佛告須菩提如是如是若復有人
不驚不怖不畏當知是人甚爲
須菩提如來說第一波羅蜜非
是名第一波羅蜜

BD05167號　金剛般若波羅蜜經　（10–1）

生相壽者相所以者何我相即是
衆生相壽者相即是非
諸相則名諸佛
佛告須菩提如是如是若復有人
不驚不怖不畏當知是人甚爲
須菩提如來說第一波羅蜜非
是名第一波羅蜜
須菩提忍辱波羅蜜如來說非忍辱
何以故須菩提如我昔爲歌利王割截身體
我於尒時无我相无人相无衆生相无壽者
相何以故我於往昔節節支解時若有我相
人相衆生相壽者相應生瞋恨須菩提又念
過去於五百世作忍辱仙人於尒所世无我
相无人相无衆生相无壽者相是故須菩提
菩薩應離一切相發阿耨多羅三藐三菩提
心不應住色生心不應住聲香味觸法生心
應生无所住心若心有住則爲非住是故佛
說菩薩心不應住色布施須菩提菩薩爲利
益一切衆生應如是布施如來說一切諸相
即是非相又說一切衆生則非衆生
須菩提如來是真語者實語者如語者不誑
語者不異語者須菩提如來所得法无實
无虛須菩提若菩薩心住於法而行布施如人入
闇則无所見若菩薩心不住法而行布施如
人有目日光明照見種種色
須菩提當來之世若有善男子善女人能於此
經受持讀誦則爲如來以佛智慧悉知是人
悉見是人皆得成就无量无邊功德
須菩提若有善男子善女人初日分以恒河

BD05167號　金剛般若波羅蜜經　（10–2）

无虚須菩提若菩薩心住於法而行布施如人
闇則无所見若菩薩心不住法而行布施如
人有目日光明照見種種色
須菩提當來之世若善男子善女人能於此
經受持讀誦則為如來以佛智慧悉知是人
悉見是人皆得成就无量无邊功德
須菩提若有善男子善女人初日分以恒河
沙等身布施中日分復以恒河沙等身布施
後日分亦以恒河沙等身布施如是无量百
千万億劫以身布施若復有人聞此經典信
心不逆其福勝彼何况書寫受持讀誦為人
解説須菩提以要言之是經有不可思議不可稱
量无邊功德如來為發大乘者説為發最上
乘者説若有人能受持讀誦廣為人説如來
悉知是人悉見是人皆得成就不可量不可
稱无有邊不可思議功德如是人等則為荷
擔如來阿耨多羅三藐三菩提何以故須菩
提若樂小法者著我見人見衆生見壽者見
則於此經不能聽受讀誦為人解説須菩提
在在處處若有此經一切世間天人阿脩羅
所應供養當知此處則為是塔皆應恭敬
作礼圍遶以諸華香而散其處
復次須菩提善男子善女人受持讀誦此經
若為人輕賤是人先世罪業應墮惡道以今
世人輕賤故先世罪業則為消滅當得阿耨
多羅三藐三菩提須念過去无量阿僧
祇劫於然燈佛前得值八百四千万億那
由他諸佛悉皆供養承事无空過者若復有
人於後末世能受持讀誦此經所得功德於

BD05167 號　金剛般若波羅蜜經　（10–3）

若為人輕賤是人先世罪業應墮惡道以今
世人輕賤故先世罪業則為消滅當得阿耨
多羅三藐三菩提須念過去无量阿僧
祇劫於然燈佛前得值八百四千万億那
由他諸佛悉皆供養承事无空過者若復有
人於後末世能受持讀誦此經所得功德於
我所供養諸佛功德百分不及一千万億分
乃至筭數譬喻所不能及須菩提若善男子
善女人於後末世有受持讀誦此經所得功
德我若具説者或有人聞心則狂亂狐疑不
信須菩提當知是經義不可思議果報亦
可思議
尒時須菩提白佛言世尊善男子善女人發
阿耨多羅三藐三菩提心云何應住云何降
伏其心佛告須菩提善男子善女人發阿耨
多羅三藐三菩提者當生如是心我應滅度
一切衆生滅度一切衆生已而无有一衆生
實滅度者何以故若菩薩有我相人相衆生
相壽者相則非菩薩所以者何須菩提實无
有法發阿耨多羅三藐三菩提者
須菩提於意云何如來於然燈佛所有法得
阿耨多羅三藐三菩提不不也世尊如我解
佛所説義佛於然燈佛所无有法得阿耨多
羅三藐三菩提佛言如是如是須菩提實无
有法如來得阿耨多羅三藐三菩提須菩提
佛則不與我受記汝於來世當得作佛號釋
迦牟尼以實无有法得阿耨多羅三藐三菩
提是故然燈佛與我受記作是言汝於來世

BD05167 號　金剛般若波羅蜜經　（10–4）

佛所說義佛於然燈佛所无有法得阿耨多
羅三藐三菩提佛言如是如是須菩提實无
有法如来得阿耨多羅三藐三菩提須菩提
佛則不與我受記汝於来世當得作佛号釋
迦牟尼以實无有法得阿耨多羅三藐三菩
提是故然燈佛與我受記作是言汝於来世
當得作佛号釋迦牟尼何以故如来者即諸
法如義若有人言如来得阿耨多羅三藐三
菩提須菩提實无有法佛得阿耨多羅三藐
三菩提須菩提如来所得阿耨多羅三藐三
菩提於是中无實无虛是故如来說一切法
皆是佛法須菩提所言一切法者即非一切
法是故名一切法
須菩提譬如人身長大須菩提言世尊如来
說人身長大則為非大身是名大身
須菩提菩薩亦如是若作是言我當滅度无
量衆生則不名菩薩何以故須菩提實无有
法名為菩薩是故佛說一切法无我无人无
衆生无壽者須菩提若菩薩作是言我當莊
嚴佛土是不名菩薩何以故如来說莊嚴佛
土者即非莊嚴是名莊嚴須菩提若菩薩通
達无我法者如来說名真是菩薩
須菩提於意云何如来有肉眼不如是世尊
如来有肉眼須菩提於意云何如来有天眼
不如是世尊如来有天眼須菩提於意云何
如来有慧眼不如是世尊如来有慧眼須菩
提於意云何如来有法眼不如是世尊如来
有法眼須菩提於意云何如来有佛眼不如

BD05167號　金剛般若波羅蜜經　（10–5）

不如是世尊如来有天眼須菩提於意云何
如来有慧眼不如是世尊如来有慧眼須菩
提於意云何如来有法眼不如是世尊如来
有法眼須菩提於意云何如来有佛眼不如
是世尊如来有佛眼須菩提於意云何恒河
中所有沙佛說是沙不如是世尊如来說是
沙須菩提於意云何如一恒河中所有沙有
如是等恒河是諸恒河所有沙數佛世界如
是寧為多不甚多世尊佛告須菩提尒所國
土中所有衆生若干種心如来悉知何以故
如来說諸心皆為非心是名為心所以者何
須菩提過去心不可得現在心不可得未来
心不可得須菩提於意云何若有人滿三千
大千世界七寶以用布施是人以是因緣得
福多不如是世尊此人以是因緣得福甚多
須菩提若福德有實如来不說得福德多以
福德无故如来說得福德多
須菩提於意云何佛可以具足色身見不不
也世尊如来不應以具足色身見何以故如
来說具足色身即非具足色身是名具足色
身須菩提於意云何如来可以具足諸相見
不不也世尊如来不應以具足諸相見何以
故如来說諸相具足即非具足是名諸相具
足須菩提汝勿謂如来作是念我當有所說
法莫作是念何以故若人言如来有所說法
即為謗佛不能解我所說故須菩提說法者
无法可說是名說法
須菩提白佛言世尊佛得阿耨多羅三藐三

BD05167號　金剛般若波羅蜜經　（10–6）

故如来說諸相具足即非具足是名諸相具
足須菩提汝勿謂如来作是念我當有所說
法莫作是念何以故若人言如来有所說法
即爲謗佛不能解我所說故須菩提說法者
无法可說是名說法
須菩提白佛言世尊佛得阿耨多羅三藐三
菩提爲无所得耶如是如是須菩提我於阿
耨多羅三藐三菩提乃至无有少法可得是
名阿耨多羅三藐三菩提復次須菩提是法
平等无有高下是名阿耨多羅三藐三菩提
以无我无人无衆生无壽者脩一切善法則
得阿耨多羅三藐三菩提須菩提所言善法
者如来說非善法是名善法
須菩提若三千大千世界中所有諸須弥山
王如是等七寶聚有人持用布施若人以此
般若波羅蜜經乃至四句偈等受持讀誦爲
他人說於前福德百分不及一百千万億分乃
至筭數譬喻所不能及
須菩提於意云何汝等勿謂如来作是念我
當度衆生須菩提莫作是念何以故實无有
衆生如来度者若有衆生如来度者如来則
有我人衆生壽者須菩提如来說有我者則
非有我而凡夫之人以爲有我須菩提凡夫
者如来說則非凡夫
須菩提於意云何可以卅二相觀如来不須
菩提言如是如是以卅二相觀如来佛言須
菩提若以卅二相觀如来者轉輪聖王則是
如来須菩提白佛言世尊如我解佛所說義

BD05167號　金剛般若波羅蜜經　（10–7）

者如来說則非凡夫
須菩提於意云何可以卅二相觀如来不須
菩提言如是如是以卅二相觀如来佛言須
菩提若以卅二相觀如来者轉輪聖王則是
如来須菩提白佛言世尊如我解佛所說義
不應以卅二相觀如来尒時世尊而說偈言
若以色見我　以音聲求我　是人行邪道　不能見如来
須菩提汝若作是念如来不以具足相故得
阿耨多羅三藐三菩提須菩提莫作是念
如来不以具足相故得阿耨多羅三藐三菩
提須菩提汝若作是念發阿耨多羅三藐三
菩提者說諸法斷滅相莫作是念何以故發阿
耨多羅三藐三菩提者於法不說斷滅相須
菩提若菩薩以滿恒河沙等世界七寶布施
若復有人知一切法无我得成於忍此菩薩
勝前菩薩所得功德須菩提以諸菩薩不受
福德故須菩提白佛言世尊云何菩薩不受
福德須菩提菩薩所作福德不應貪著是
故說不受福德
須菩提若有人言如来若来若去若坐若卧
是人不解我所說義何以故如来者无所從
来亦无所去故名如来
須菩提若善男子善女人以三千大千世界
碎爲微塵於意云何是微塵衆寧爲多不甚
多世尊何以故若是微塵衆實有者佛則不
說是微塵衆所以者何佛說微塵衆則非微塵
衆是名微塵衆世尊如来所說三千大千世
界則非世界是名世界何以故若世界實有

BD05167號　金剛般若波羅蜜經　（10–8）

須菩提若善男子善女人以三千大千世界
碎為微塵於意云何是微塵衆寧為多不甚
多世尊何以故若是微塵衆實有者佛則不
說是微塵衆所以者何佛說微塵衆則非微塵
衆是名微塵衆世尊如來所說三千大千世
界則非世界是名世界何以故若世界實有
者則是一合相如來說一合相則非一合相
是名一合相須菩提一合相者則是不可說
但凡夫之人貪著其事須菩提若人言佛說
我見人見衆生見壽者見須菩提於意云何
是人解我所說義不世尊是人不解如來所
說義何以故世尊說我見人見衆生見壽者
見即非我見人見衆生見壽者見是名我見
人見衆生見壽者見須菩提發阿耨多羅三
藐三菩提心者於一切法應如是知如是見如
是信解不生法相須菩提所言法相者如來
說即非法相是名法相須菩提若有人以滿
无量阿僧祇世界七寶持用布施若有善
男子善女人發菩薩心者持於此經乃至四
句偈等受持讀誦為人演說其福勝彼云何
為人演說不取於相如如不動何以故
一切有為法　如夢幻泡影　如露亦如電　應作如是觀
佛說是經已長老須菩提及諸比丘比丘尼
優婆塞優婆夷一切世間天人阿脩羅聞佛
所說皆大歡喜信受奉行
金剛般若波羅蜜經

BD05167 號　金剛般若波羅蜜經　（10–9）

但凡夫之人貪著其事須菩提若人言佛說
我見人見衆生見壽者見須菩提於意云何
是人解我所說義不世尊是人不解如來所
說義何以故世尊說我見人見衆生見壽者
見即非我見人見衆生見壽者見是名我見
人見衆生見壽者見須菩提發阿耨多羅三
藐三菩提心者於一切法應如是知如是見如
是信解不生法相須菩提所言法相者如來
說即非法相是名法相須菩提若有人以滿
无量阿僧祇世界七寶持用布施若有善
男子善女人發菩薩心者持於此經乃至四
句偈等受持讀誦為人演說其福勝彼云何
為人演說不取於相如如不動何以故
一切有為法　如夢幻泡影　如露亦如電　應作如是觀
佛說是經已長老須菩提及諸比丘比丘尼
優婆塞優婆夷一切世間天人阿脩羅聞佛
所說皆大歡喜信受奉行
金剛般若波羅蜜經

BD05167 號　金剛般若波羅蜜經　（10–10）

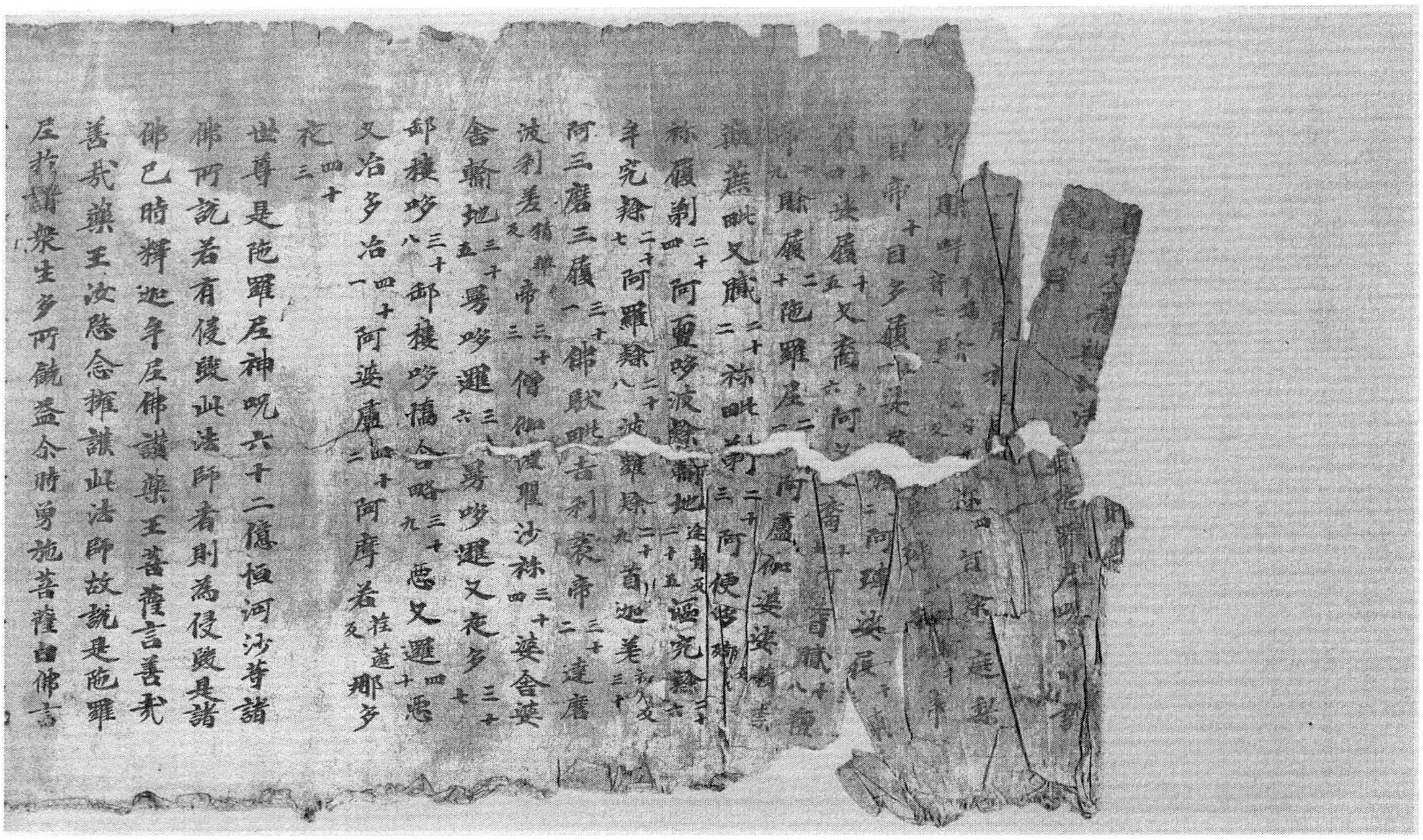

夜三四十
世尊是陁羅尼神呪六十二億恒河沙等諸
佛所說若有侵毀此法師者則為侵毀是諸
佛已時釋迦牟尼佛讚藥王菩薩言善哉
善哉藥王汝愍念擁護此法師故說是陁羅
尼於諸衆生多所饒益尒時勇施菩薩白佛言

BD05168號　妙法蓮華經卷七　　（10–1）

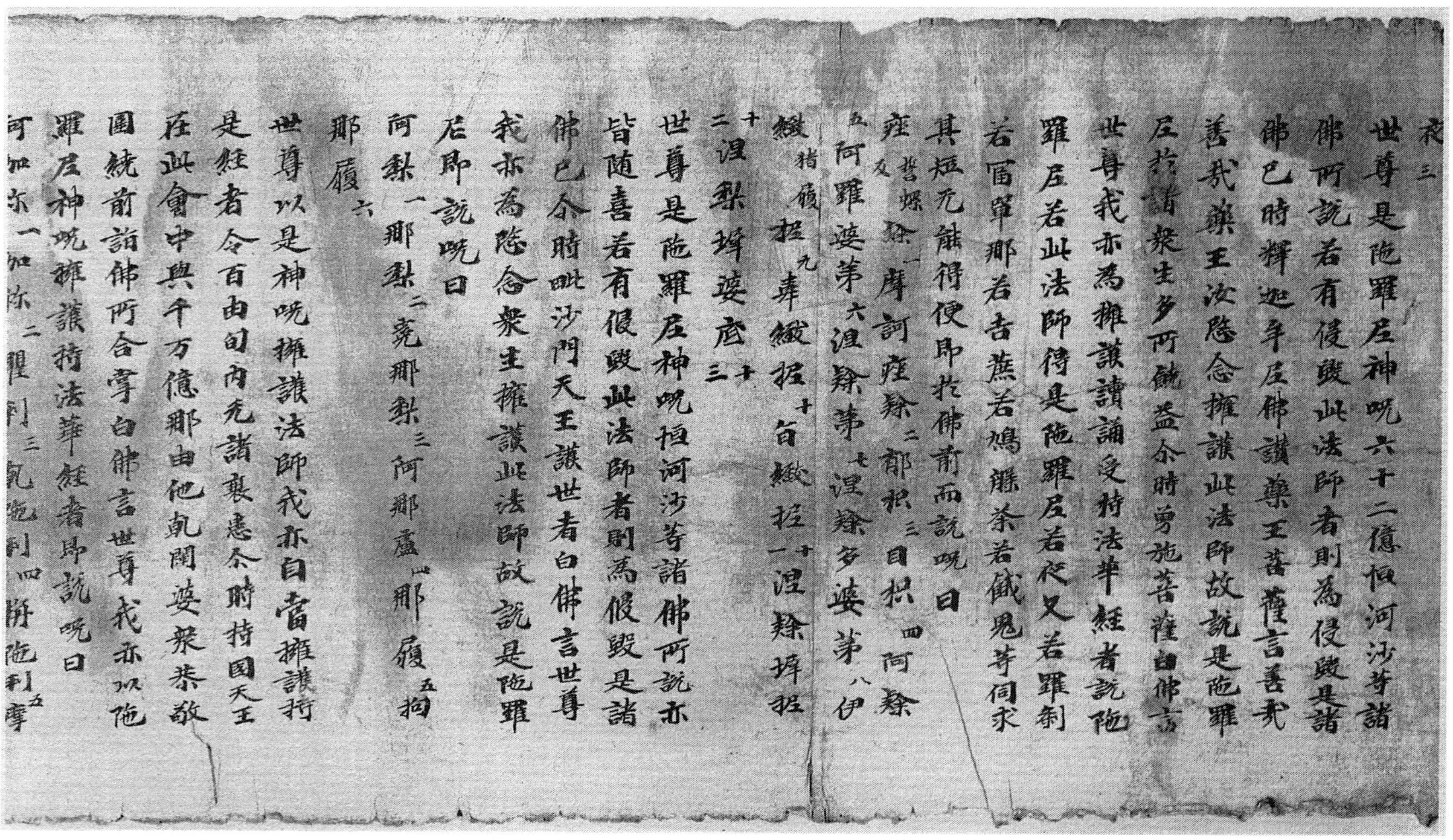

夜三
世尊是陁羅尼神呪六十二億恒河沙等諸
佛所說若有侵毀此法師者則為侵毀是諸
佛已時釋迦牟尼佛讚藥王菩薩言善哉
善哉藥王汝愍念擁護此法師故說是陁羅
尼於諸衆生多所饒益尒時勇施菩薩白佛言
世尊我亦為擁護讀誦受持法華經者說陁
羅尼若此法師得是陁羅尼若夜叉若羅剎
若冨單那若吉蔗若鳩槃荼若餓鬼等伺求
其短无能得便即於佛前而說呪曰
痤隷一摩訶痤隷二郁枳三目枳四阿隷
五阿羅婆第六涅隷第七涅隷多婆第八伊
緻抳九韋緻抳十旨緻抳十一涅隷墀抳
十二涅犁墀婆底十三
世尊是陁羅尼神呪恒河沙等諸佛所說亦
皆隨喜若有侵毀此法師者則為侵毀是諸
佛已尒時毗沙門天王護世者白佛言世尊
我亦為愍念衆生擁護此法師故說是陁羅
尼即說呪曰
阿梨一那梨二寃那梨三阿那盧四那履五拘
那履六
世尊以是神呪擁護法師我亦自當擁護持
是經者令百由旬內无諸衰患尒時持国天王
在此會中與千万億那由他乹闥婆衆恭敬
圍繞前詣佛所合掌白佛言世尊我亦以陁
羅尼神呪擁護持法華經者即說呪曰
阿伽祢一伽祢二瞿利三乾陁利四旃陁利五摩

BD05168號　妙法蓮華經卷七　　（10–2）

是經者令百由旬內无諸衰患尒時持國天王
在此會中與千万億那由他乾闥婆衆恭敬
圍繞前詣佛所合掌白佛言世尊我亦以陁
羅尼神呪擁護持法華經者即說呪曰
阿伽祢一伽祢二瞿利三乾陁利四栴陁利五摩
蹬耆六常求利七浮樓莎柅八頞底九
世尊是陁羅尼神呪四十二億諸佛所說若
有侵毀此法師者則爲侵毀是諸佛已尒時
有羅剎女等一名藍婆二名毗藍婆三名曲
齒四名華齒五名黑齒六名多髮七名无猒
足八名持瓔珞九名睪帝十名奪一切衆生
精氣是十羅剎女與鬼子母并其子及眷屬
俱詣佛所同聲白佛言世尊我等亦欲擁護
讀誦受持法華經者除其衰患若有伺求
法師短者令不得便即於佛前而說呪
伊提履一伊提泯二伊提履三阿提履四伊
提履五泥履六泥履七泥履八泥履九泥履十
樓醯十一樓醯十二樓醯十三樓醯十四多醯十五多醯十六
多醯十七兜醯十八㝹醯十九
寧上我頭上莫惱於法師若夜叉若羅剎若
餓鬼若富單那若吉蔗若毗陁羅若揵馱
若烏摩勒伽若阿跋摩羅若夜叉吉蔗若人
吉蔗若熱病若一日若二日若三日若四日若
至七日若常熱病若男形若女形若童男形
若童女形乃至夢中亦復莫惱即於佛前而
說偈言

BD05168號　妙法蓮華經卷七　（10–3）

若烏摩勒伽若阿跋摩羅若夜叉吉蔗若人
吉蔗若熱病若一日若二日若三日若四日若
至七日若常熱病若男形若女形若童男形
若童女形乃至夢中亦復莫惱即於佛前而
說偈言
若不順我呪　惱亂說法者　頭破作七分　如阿梨樹枝
如殺父母罪　亦如壓油殃　斗秤欺誑人　調達破僧罪
犯此法師者　當獲如是殃
諸羅剎女說此偈已白佛言世尊我等亦當
身自擁護受持讀誦脩行是經者令得安隱
離諸衰患消衆毒藥佛告諸羅剎女善哉善
哉汝等但能擁護受持法華名者福不可量
何況擁護具足受持供養經卷華香瓔珞末香
塗香燒香幡蓋伎樂燃種種燈蘇燈油燈諸
香油燈蘇摩那華油燈瞻蔔華油燈婆師迦
華油燈優鉢羅華油燈如是等百千種供養
者睪帝汝等及眷屬應當擁護如是法師說
是陁羅尼品時六万八千人得无生法忍
妙法蓮華經妙莊嚴王本事品第二十七
尒時佛告諸大衆乃往古世過无量无邊不
可思議阿僧祇劫有佛名雲雷音宿王華智
多陁阿伽度阿羅呵三藐三佛陁國名光明
莊嚴劫名憙見彼佛法中有王名妙莊嚴其
王夫人名曰淨德有二子一名淨藏二名淨眼
是二子有大神力福德智慧久脩菩薩所行
之道所謂檀波羅蜜尸羅波羅蜜羼提波

BD05168號　妙法蓮華經卷七　（10–4）

多陀阿伽度阿羅呵三藐三佛陀國名光明
莊嚴劫名憙見彼佛法中有王名妙莊嚴其
王夫人名曰淨德有二子一名淨藏二名淨眼
是二子有大神力福德智慧久脩菩薩所行
之道所謂檀波羅蜜尸羅波羅蜜羼提波
羅蜜毗梨耶波羅蜜禪波羅蜜般若波羅蜜
方便波羅蜜慈悲喜捨乃至三十七助道法
皆悉明了通達又得菩薩三昧日星宿三昧
淨光三昧淨色三昧淨照明三昧長莊嚴三
昧大威德藏三昧於此三昧亦悉通達尒時
彼佛欲引導妙莊嚴王及愍念衆生故說是
法華經時淨藏淨眼二子到其母所合十指
爪掌白言願母往詣雲雷音宿王華智佛
所我等亦當侍從親近供養礼拜所以者何
此佛於一切天人衆中說法華經宜應聽受
母告子言汝父信受外道深著婆羅門法汝
等應往白父與共俱去淨藏淨眼合十指爪
掌白母我等是法王子而生此耶見家母告
子言汝等當憂念汝父為現神變若得見者
心必清淨或聽我等往至佛所於是二子念
其父故踊在虛空高七多羅樹現種種神變
於虛空中行住坐卧身上出水身下出火身下
出水身上出火或現大身滿虛空中而復現
小小復現大於空中滅忽然在地入地如水
履水如地現如是等種種神變令其父王心
淨信解時父見子神力如是心大歡喜得未

BD05168號　妙法蓮華經卷七　（10–5）

於虛空中行住坐卧身上出水身下出火身下
出水身上出火或現大身滿虛空中而復現
小小復現大於空中滅忽然在地入地如水
履水如地現如是等種種神變令其父王心
淨信解時父見子神力如是心大歡喜得未
曾有合掌向子言汝等師為是誰誰之弟
子二子白言大王彼雲雷音宿王華智佛今
在七寶菩提樹下法座上坐於一切世間天
人衆中廣說法華經是我等師我是弟子
父語子言我今亦欲見汝等師可共俱往於
是二子從空中下到其母所合掌白母父王今
已信解堪任發阿耨多羅三藐三菩提心我等
為父已作佛事願母見聽於彼佛所出家脩
道尒時二子欲重宣其意以偈白母
願母放我等　出家作沙門　諸佛甚難值　我等隨佛學
如優曇波羅　值佛復難是　脫諸難亦難　願聽我出家
母即告言聽汝出家所以者何佛難值故於
是二子白父母言善哉父母願時往詣雲雷
音宿王華智佛所親近供養所以者何佛難
得值如優曇波羅華又如一眼之龜值浮木
孔而我等宿福深厚生值佛法是故父母當
聽我等令得出家所以者何諸佛難值時亦
難遇彼時妙莊嚴王後宮八万四千人皆悉
堪任受持是法華經淨眼菩薩於法華三昧
久已通達淨藏菩薩已於无量百千万億劫
通達離諸惡趣三昧欲令一切衆生離諸惡

BD05168號　妙法蓮華經卷七　（10–6）

孔而我等宿福深厚生值佛法故父母當
聽我等令得出家所以者何諸佛難值時亦
難遇彼時妙莊嚴王後宮八万四千人皆悉
堪任受持是法華經淨眼菩薩於法華三昧
久已通達淨藏菩薩已於无量百千万億劫
通達離諸惡趣三昧欲令一切衆生離諸惡
趣故其王夫人得諸佛習三昧能知諸佛秘
密之藏二子如是以方便力善化其父令心信
解好樂佛法於是妙莊嚴王與群臣眷屬俱
淨德夫人與後宮采女眷屬俱其王二子與
四万二千人俱一時共詣佛所到已頭面礼足
繞佛三帀却住一面尒時彼佛為王說法
示教利喜王大歡悅尒時妙莊嚴王及其夫
人解頸真珠瓔珞價直百千以散佛上於虛
空中化成四柱寶臺臺中有大寶床敷百千
千万天衣其上有佛結加趺坐放大光明尒
時妙莊嚴王作是念佛身希有端嚴殊特成
就第一微妙之色時雲雷音宿王華智佛告
四衆言汝等見是妙莊嚴王於我前合掌立
不此王於我法中作比丘精勤修習助佛道法
當得作佛号娑羅樹王國名大光劫名大高
王其娑羅樹王佛有无量菩薩衆及无量聲
聞其國平正功德如是其王即時以國付弟王
與夫人二子并諸眷屬於佛法中出家修道
王出家已於八万四千歲常勤精進修行妙
法華經過是已後得一切淨功德莊嚴三昧

BD05168號　妙法蓮華經卷七　（10–7）

王其娑羅樹王佛有无量菩薩衆及无量聲
聞其國平正功德如是其王即時以國付弟王
與夫人二子并諸眷屬於佛法中出家修道
王出家已於八万四千歲常勤精進修行妙
法華經過是已後得一切淨功德莊嚴三昧
即昇虛空高七多羅樹而白佛言世尊此
我二子已作佛事以神通變化轉我邪心令
得安住於佛法中得見世尊此二子者是我
善知識為欲發起宿世善根饒益我故來生
我家尒時雲雷音宿王華智佛告妙莊嚴王
言如是如是如汝所言若善男子善女人種
善根故世世得值善知識其善知識能作佛事
示教利喜令入阿耨多羅三藐三菩提大王當
知善知識者是大因緣所謂化導令得見佛
發阿耨多羅三藐三菩提心大王汝見此二
子不此二子已曾供養六十五百千万億那由
他恒河沙諸佛親近恭敬於諸佛所受持
法華經愍念邪見衆生令住正見妙莊嚴
王即從虛空中下而白佛言世尊如來甚希
有以功德智慧故頂上肉髻光明顯照其眼
長廣而紺青色眉間毫相白如珂月齒白齊
密常有光明脣色赤好如頻婆菓尒時妙
莊嚴王讚歎佛如是等无量百千万億功德
已於如來前一心合掌復白佛言世尊未曾
有也如來之法具足成就不可思議微妙功
德教戒所行安隱快善我從今日不復自隨

BD05168號　妙法蓮華經卷七　（10–8）

長廣而紺青色眉間豪相白如珂月齒白齊
密常有光明脣色赤好如頻婆菓尒時妙
莊嚴王讚嘆佛如是等无量百千万億功德
已於如來前一心合掌復白佛言世尊未曾
有也如來之法具足成就不可思議微妙功
德教戒所行安隱快善我從今日不復自隨
心行不生邪見憍慢瞋恚諸惡之心說是語
已礼佛而出佛告大衆於意云何妙莊嚴王豈
異人乎今華德菩薩是其淨德夫人今佛前
光照莊嚴相菩薩是哀愍妙莊嚴王及諸眷
屬故於彼中生其二子者今藥王菩薩藥上
菩薩是是藥王藥上菩薩成就如此諸大功
德已於无量百千万億諸佛所殖衆德本成
就不可思議諸善功德若有人識是二菩薩
名字者一切世間諸天人民亦應礼拜佛說
是妙莊嚴王本事品時八万四千人遠塵離
垢於諸法中得法眼淨
妙法蓮華經普賢菩薩勸發品第二十八
尒時普賢菩薩以自在神通威德名聞與大
菩薩无量无邊不可稱數從東方來所經諸
國普皆震動雨寶蓮華作无量百千万億種
種伎樂又與无數諸天龍夜叉乾闥婆阿脩
羅迦樓羅緊那羅摩睺羅伽人非人等大衆
圍繞各現威德神通之力到娑婆世界耆闍
崛山中頭面礼釋迦牟尼佛右繞七帀白佛
言世尊我於寶威德上王佛國遙聞此娑婆

BD05168號　妙法蓮華經卷七　（10–9）

名字者一切世間諸天人民亦應礼拜佛說
是妙莊嚴王本事品時八万四千人遠塵離
垢於諸法中得法眼淨
妙法蓮華經普賢菩薩勸發品第二十八
尒時普賢菩薩以自在神通威德名聞與大
菩薩无量无邊不可稱數從東方來所經諸
國普皆震動雨寶蓮華作无量百千万億種
種伎樂又與无數諸天龍夜叉乾闥婆阿脩
羅迦樓羅緊那羅摩睺羅伽人非人等大衆
圍繞各現威德神通之力到娑婆世界耆闍
崛山中頭面礼釋迦牟尼佛右繞七帀白佛
言世尊我於寶威德上王佛國遙聞此娑婆
世界說法華經與无量无邊百千万億諸菩
薩衆共來聽受唯願世尊當為說之若善男
子善女人於如來滅後云何能得是法華經
佛告普賢菩薩若善男子善女人成就四法
於如來滅後當得是法華經一者為諸佛護
念二者殖衆德本三者入正定聚四者發救
一切衆生之心善男子善女人如是成就四

BD05168號　妙法蓮華經卷七　（10–10）

大般若波羅蜜多經卷第一百卅五

BD05169 號背　護首　　（1–1）

大般若波羅蜜多經卷第一百卅五
初分校量功德品第卅之卅三　三藏法師玄奘奉　詔譯
憍尸迦若善男子善女人等教化十方各如
殑伽沙等世界諸有情類皆令安住獨覺菩
提所獲福聚不如有人教一有情令趣无上
正等菩提何以故憍尸迦若教有情令趣无
上正等菩提則令世間佛眼不斷所以者何

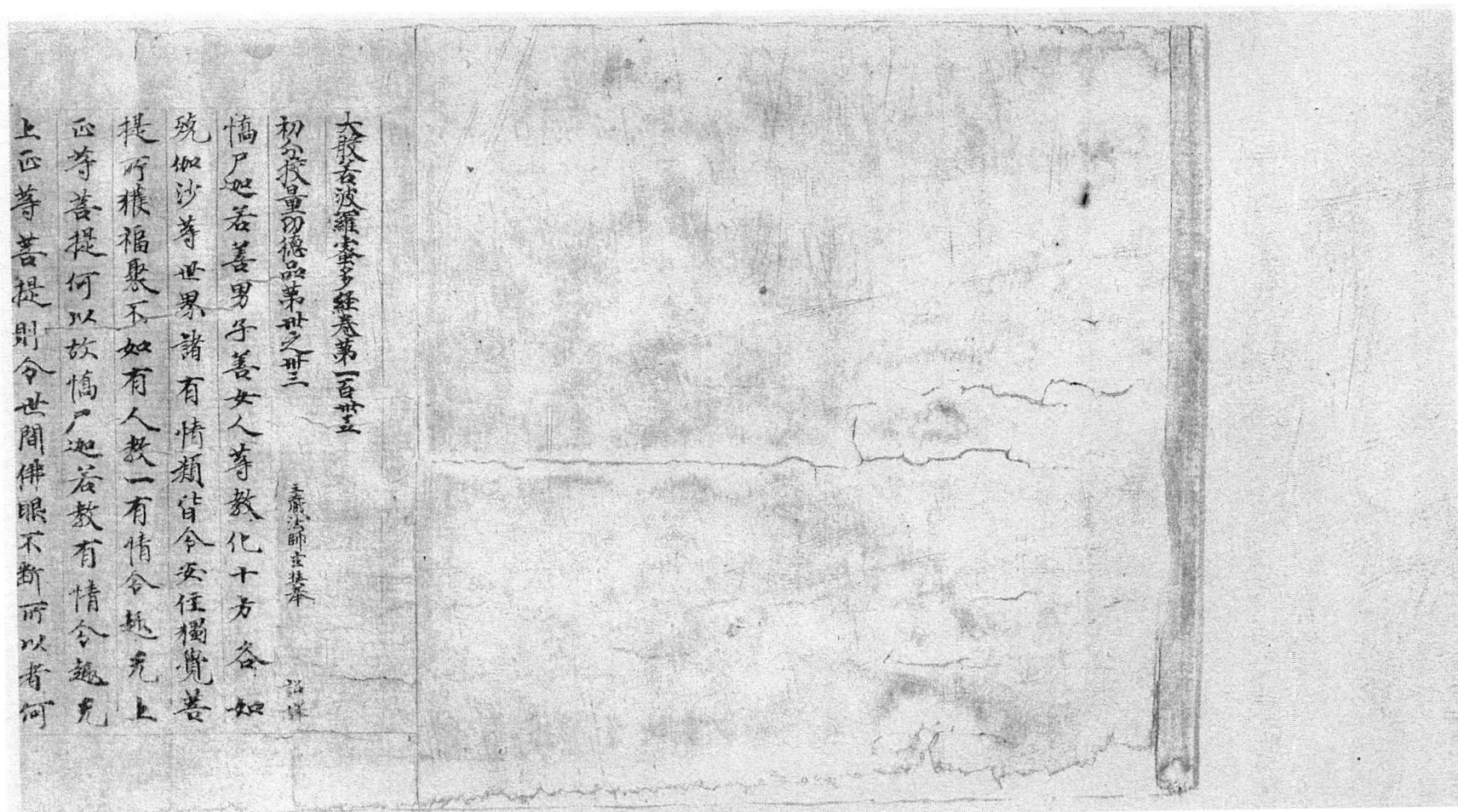

BD05169 號　大般若波羅蜜多經卷一三五　　（4–1）

初分校量功德品第卅之卅三　三藏法師玄奘奉　詔譯
憍尸迦若善男子善女人等教化十方各如
殑伽沙等世界諸有情類皆令安住獨覺菩
提所獲福聚不如有人教一有情令趣无上
正等菩提何以故憍尸迦若教有情令趣无
上正等菩提則令世間佛眼不斷所以者何
由有菩薩摩訶薩故便有預流一來不還阿
羅漢果獨覺菩提由有菩薩摩訶薩故便有
如來應正等覺證得无上正等菩提由有菩
薩摩訶薩故便有佛寶法寶僧寶一切世間
歸依供養以是故憍尸迦一切世間若天若
魔若梵若沙門若婆羅門及阿素洛人非人
等應以无量上妙華鬘塗散等香衣服纓絡
寶幢幡蓋衆妙珍奇伎樂燈明盡諸所有供
養恭敬尊重讚歎菩薩摩訶薩憍尸迦由此
當知若善男子善女人等書寫如是甚深般
若波羅蜜多施他讀誦若轉書寫廣令流布
所獲福聚勝前福聚无量无邊何以故如是
般若波羅蜜多秘密藏中廣說一切世出世
間勝善法故由此般若波羅蜜多秘密藏中
所說法故世間便有刹帝利大族婆羅門大
族長者大族居士大族施設可得由此般若
波羅蜜多秘密藏中所說法故世間便有四
大王衆天三十三天夜魔天覩史多天樂變
化天他化自在天施設可得由此般若波羅
蜜多秘密藏中所說法故世間便有梵衆天

BD05169 號　大般若波羅蜜多經卷一三五　　（4–2）

族長者大族居士大族施設可得由此般若
波羅蜜多秘密藏中所說法故世間便有四
大王衆天三十三天夜魔天覩史多天樂變
化天他化自在天施設可得由此般若波羅
蜜多秘密藏中所說法故世間便有梵衆天
梵輔天梵會天大梵天施設可得由此般若
波羅蜜多秘密藏中所說法故世間便有光
天少光天无量光天極光淨天施設可得由
此般若波羅蜜多秘密藏中所說法故世間
便有淨天少淨天无量淨天遍淨天施設可
得由此般若波羅蜜多秘密藏中所說法故
世間便有廣天少廣天无量廣天廣果天施
設可得由此般若波羅蜜多秘密藏中所說
法故世間便有无繁天无熱天善現天善見
天色究竟天施設可得由此般若波羅蜜多
秘密藏中所說法故世間便有空无邊處天
識无邊處天无所有處天非想非非想處天
施設可得由此般若波羅蜜多秘密藏中所
說法故世間便有布施波羅蜜多淨戒波羅
蜜多安忍波羅蜜多精進波羅蜜多靜慮波
羅蜜多般若波羅蜜多施設可得由此般若
波羅蜜多秘密藏中所說法故世間便有內
空外空內外空空空大空勝義空有為空无
為空畢竟空无際空散空无變異空本性空
自相空共相空一切法空不可得空无性空
自性空无性自性空施設可得由此般若波

BD05169 號　大般若波羅蜜多經卷一三五　　（4–3）

天色究竟天施設可得由此般若波羅蜜多
秘密藏中所說法故世間便有空无邊處天
識无邊處天无所有處天非想非非想處天
施設可得由此般若波羅蜜多秘密藏中所
說法故世間便有布施波羅蜜多淨戒波羅
蜜多安忍波羅蜜多精進波羅蜜多靜慮波
羅蜜多般若波羅蜜多施設可得由此般若
波羅蜜多秘密藏中所說法故世間便有內
空外空內外空空空大空勝義空有為空无
為空畢竟空无際空散空无變異空本性空
自相空共相空一切法空不可得空无性空
自性空无性自性空施設可得由此般若波
羅蜜多秘密藏中所說法故世間便有真如
法界法性不虛妄性不變異性平等性離生
性法定法住實際虛空界不思議界施設可
得由此般若波羅蜜多秘密藏中所說法故
世間便有苦聖諦集聖諦滅聖諦道聖諦施
設可得由此般若波羅蜜多秘密藏…

BD05169 號　大般若波羅蜜多經卷一三五

（4–4）

梵…
衆生聞此法　得道若…
爾時大通智勝如來嘿然許之又諸比…
光明照曜昔所未有歡喜踊躍生希有心即各…
宮殿有此光曜而彼衆中有一大梵天王名曰妙法為諸梵衆而說偈…
我等諸宮殿　光明甚威曜　此非无因緣　是相宜求之　過於百千劫　未曾見是相　為大德天生
為佛出世間　爾時五百万億諸梵天王與宮殿俱各以衣裓盛諸天華共詣北方推尋是相
見大通智勝如來處于道場菩提樹下坐師子座諸天龍王乾闥婆緊那羅摩睺羅伽人
非人等恭敬圍繞及見十六王子請佛轉法輪時諸梵天王頭面礼佛繞百千帀即以天華而
散佛上所散之華如須弥山并以供養佛菩提樹華供養已各以宮殿奉上彼佛而作是言唯見
哀愍饒益我等所獻宮殿願垂納處爾時諸梵天王即於佛前一心同聲以偈頌曰
世尊甚難見　破諸煩惱者　過百三十劫　今乃得一見　諸飢渴衆生　以法雨充滿　昔所未曾覩
无量智慧者　如優曇波羅　今日乃值遇　我等諸宮殿　蒙光故嚴飾　世尊大慈愍　唯願垂納受
爾時諸梵天王偈讚佛已各作是言唯願世尊轉於法輪令一切世間諸天魔梵沙門婆羅門皆獲安
隱而得度脫時諸梵天王一心同聲以偈頌曰　唯願天人尊　轉无上法輪
擊于大法鼓　而吹大法螺　普雨大法雨　度无量衆生　我等咸歸請　當演深遠音
爾時大通智勝如來嘿然許之西南方乃至下方亦復如是爾時上方五百万億國土諸大梵王
皆悉自覩所止宮殿光明威曜昔所未有歡喜踊躍生希有心即各相詣共議此事以何
因緣我等宮殿有斯光明而彼衆中有一大梵天王名曰尸棄為諸梵衆而說偈言
今以何因緣　我等諸宮殿　威德光明曜　嚴飾未曾有　如是之妙相　昔所未聞見
為大德天生　為佛出世間　爾時五百万億諸梵天王與宮殿俱各以衣裓
盛諸天華共詣下方推尋是相見大通智勝如來處于道場菩提樹下坐師子座諸
天龍王乾闥婆緊那羅摩睺羅伽人非人等恭敬圍繞及見十六王子請佛轉法輪時諸
梵天王頭面礼佛繞百千帀即以天華而散佛上所散之華如須弥山并以供養佛菩提
樹華供養已各以宮殿奉上彼佛而作是言唯見哀愍饒益我等所獻宮殿願垂納處
時諸梵天王即於佛前一心同聲以偈頌曰　善哉見諸佛　救世之聖尊　能於三界獄
勉出諸衆生　普智天人尊　哀愍群萌類　能開甘露門　廣度於一切　於昔无量劫　空過无有佛
世尊未出時　十方常闇瞑　三惡道增長　阿修羅亦盛　諸天衆轉減　死多墮惡道　不從佛聞法

BD05170 號　妙法蓮華經（小字本）

（10–1）

為大德天生 為佛出世間
尒時五百万億諸梵天王與宮殿俱各以衣裓
盛諸天華共詣下方推尋是相見大通智勝如來處于道場菩提樹下坐師子座諸
天龍王乾闥婆緊那羅摩睺羅伽人非人等恭敬圍繞及見十六王子請佛轉法輪時諸
梵天王頭面礼佛遶百千帀即以天華而散佛上所散之華如須弥山并以供養佛菩提
樹華供養已各以宮殿奉上彼佛而作是言唯見哀愍饒益我等所獻宮殿願垂納處
時諸梵天王即於佛前一心同聲以偈頌曰
善哉見諸佛 救世之聖尊 能於三界獄
勉出諸衆生 普智天人尊 哀愍群萌類 能開甘露門 廣度於一切 於昔无量劫 空過无有佛
世尊未出時 十方常暗暝 三惡道增長 阿修羅亦盛 諸天衆轉減 死多墮惡道 不從佛聞法
常行不善事 色力及智慧 斯等皆減少 罪業因緣故 失樂及樂想 住於邪見法 不識善儀則
不蒙佛所化 常墮於惡道 佛為世間眼 久遠時乃出 哀愍諸衆生 故現於世間 超出成正覺
我等甚欣慶 及餘一切衆 喜歎未曾有 我等諸宮殿 蒙光故嚴飾 今以奉世尊
唯垂哀納受 願以此功德 普及於一切 我等與衆生 皆共成佛道
尒時五百万億諸天梵王偈讚佛已各白佛言唯願世尊轉於法輪多所安隱多所度脫
時諸梵天王而說偈言 世尊轉法輪 擊甘露法鼓 度苦惱衆生 開示涅槃道
唯願受我請 以大微妙音 哀愍而敷演 无量劫習法
尒時大通智勝如來受十方諸梵天王及十六王子請即時三轉十二行法輪若沙門婆
羅門若天魔梵及餘世間所不能轉謂是苦是苦集是苦滅是苦滅道及廣說十
二因緣法无明緣行行緣識識緣名色名色緣六入六入緣觸觸緣受受緣愛愛緣
取取緣有有緣生生緣老死憂悲苦惱无明滅則行滅行滅則識滅識滅則名色滅
名色滅則六入滅六入滅則觸滅觸滅則受滅受滅則愛滅愛滅則取滅取滅則有滅有滅
則生滅生滅則老死憂悲苦惱滅佛於天人大衆之中說是法時六百万億那由他人以不受
一切法故而於諸漏心得解脫皆得深妙禪定三明六通具八解脫第二第三第四說法
時千万億恒河沙那由他等衆生亦以不受一切法故而於諸漏心得解脫從是已後諸
聲聞衆无量无邊不可稱數尒時十六王子皆以童子出家而為沙弥諸根通利
智慧明了已曾供養百千万億諸佛淨修梵行求阿耨多羅三藐三菩提俱白佛
言世尊是諸无量千万億大德聲聞皆已成就世尊亦當為我等說阿耨多羅三
藐三菩提法我等聞已皆共修學世尊我等志願如來知見深心所念佛自證
知尒時轉輪聖王所將衆中八万億人見十六王子出家亦求出家王即聽許
尒時彼佛受沙弥請過二万劫已乃於四衆之中說是大乘經名妙法蓮華
教菩薩法佛所護念說是經已十六沙弥為阿耨多羅三藐三菩提故皆共受持諷誦通
利說是經時十六菩薩沙弥皆悉信受聲聞衆中亦有信解其餘衆生千万億種皆生疑
惑佛說是經於八千劫未曾休廢說此經已即入靜室住於禪定八万四千劫是時十六菩薩
沙弥知佛入室寂然禪定各昇法座亦於八万四千劫為四部衆廣說分別妙法華經一一皆度
六百万億那由他恒河沙等衆生示教利喜令發阿耨多羅三藐三菩提心大通智勝佛
過八万四千劫已從三昧起往詣法座安詳而坐普告大衆是時十六菩薩沙弥甚為希有諸
根通利智慧明了已曾供養无量千万億數諸佛於諸佛所常修梵行受持佛智開示衆生
令入其中汝等皆當數數親近而供養之所以者何若聲聞辟支佛及諸菩薩能信是十六菩
薩所說經法受持不毀者是人皆當得阿耨多羅三藐三菩提如來之慧佛告諸比丘是十六菩
[illegible]

BD05170 號　妙法蓮華經（小字本）　（10–2）

利說是經時十六菩薩沙弥皆悉信受聲聞衆中亦有信解其餘衆生千万億種皆生疑
惑佛說是經於八千劫未曾休廢說此經已即入靜室住於禪定八万四千劫是時十六菩薩
沙弥知佛入室寂然禪定各昇法座亦於八万四千劫為四部衆廣說分別妙法華經一一皆度
六百万億那由他恒河沙等衆生示教利喜令發阿耨多羅三藐三菩提心大通智勝佛
過八万四千劫已從三昧起往詣法座安詳而坐普告大衆是時十六菩薩沙弥甚為希有諸
根通利智慧明了已曾供養无量千万億數諸佛於諸佛所常修梵行受持佛智開示衆生
令入其中汝等皆當數數親近而供養之所以者何若聲聞辟支佛及諸菩薩能信是十六菩
薩所說經法受持不毀者是人皆當得阿耨多羅三藐三菩提如來之慧佛告諸比丘是十六菩
薩常樂說是妙法蓮華經一一菩薩所化六百万億那由他恒河沙等衆生世世所生與菩薩俱從
其聞法悉皆信解以此因緣得值四万億諸佛世尊于今不盡諸比丘我今語汝彼佛弟子
十六沙弥今皆得阿耨多羅三藐三菩提於十方國土現在說法有无量百千万億菩薩聲
聞以為眷屬其二沙弥東方作佛一名阿閦在歡喜國二名須弥頂東南方二佛一名師子音
二名師子相南方二佛一名虛空住二名常滅西南方二佛一名帝相二名梵相西方二佛一名
阿弥陀二名度一切世間苦惱西北方二佛一名多摩羅跋栴檀香神通二名須弥相北方二佛
一名雲自在二名雲自在王東北方佛名壞一切世間怖畏第十六我釋迦牟尼佛於娑婆
國土成阿耨多羅三藐三菩提諸比丘我等為沙弥時各各教化无量百千万億恒河沙等
衆生從我聞法為阿耨多羅三藐三菩提此諸衆生于今有住聲聞地者我常教化阿耨
多羅三藐三菩提是諸人等應以是法漸入佛道所以者何如來智慧難信難解尒
時所化无量恒河沙等衆生者汝等諸比丘及我滅度後未來世中聲聞弟子是也我滅
度後復有弟子不聞是經不知不覺菩薩所行自於所得功德生滅度想當入涅槃我
於餘國作佛更有異名是人雖生滅度之想入於涅槃而於彼土求佛智慧得聞是經唯
以佛乘而得滅度更无餘乘除諸如來方便說法諸比丘若如來自知涅槃時到衆又清
淨信解堅固了達空法深入禪定便集諸菩薩及聲聞衆為說是經世間无有二乘而得
滅度唯一佛乘得滅度耳比丘當知如來方便深入衆生之性知其志樂小法深著五欲為是
等故說於涅槃是人若聞則便信受譬如五百由旬險難惡道曠絕无人怖畏之處若有衆多
過此道至珍寶處有一導師聰慧明達善知險道通塞之相將導衆人欲過此難所將人衆中
路懈退白導師言我等疲極而復怖畏不能復進前路猶遠今欲退還導師多諸方便而作
是念此等可愍云何捨大珍寶而欲退還作是念已以方便力於險道中過三百由旬化作
一城告衆人言汝等勿怖莫得退還今此大城可於中止隨意所作若入是城快得安隱若
能前至寶所亦可得去是時疲極之衆心大歡喜歎未曾有我等今者免斯惡道
快得安隱於是衆人前入化城生已度想生安隱想尒時導師知此人衆既得止息无復疲
惓即滅化城語衆人言汝等去來寶處在近向者大城我所化作為止息耳諸比丘如來亦
復如是今為汝等作大導師知諸生死煩惱惡道險難長遠應去應度若衆
生但聞一佛乘者則不欲見佛不欲親近便作是念佛道長遠久受勤苦乃可
得成佛知是心怯弱下劣以方便力而於中道為止息故說二涅槃若衆生住於二
地如來尒時即便為說汝等所作未辦汝所住地近於佛慧當觀察籌量所得涅
槃非真實也但是如來方便之力於一佛乘分別說三如彼導師為止息故化作大城既
知息已而告之言寶處在近此城非實我化作耳尒時世尊欲重宣此義而說偈言
大通智勝佛 十劫坐道場 佛法不現前 不得成佛道 諸天神龍王 阿修羅衆等
常雨於天華 以供養彼佛 諸天擊天鼓 并作衆伎樂 香風吹萎華 更雨新好者
過十小劫已 乃得成佛道 諸天及世人 心皆懷踊躍 彼佛十六子 皆與其眷屬

BD05170 號　妙法蓮華經（小字本）　（10–3）

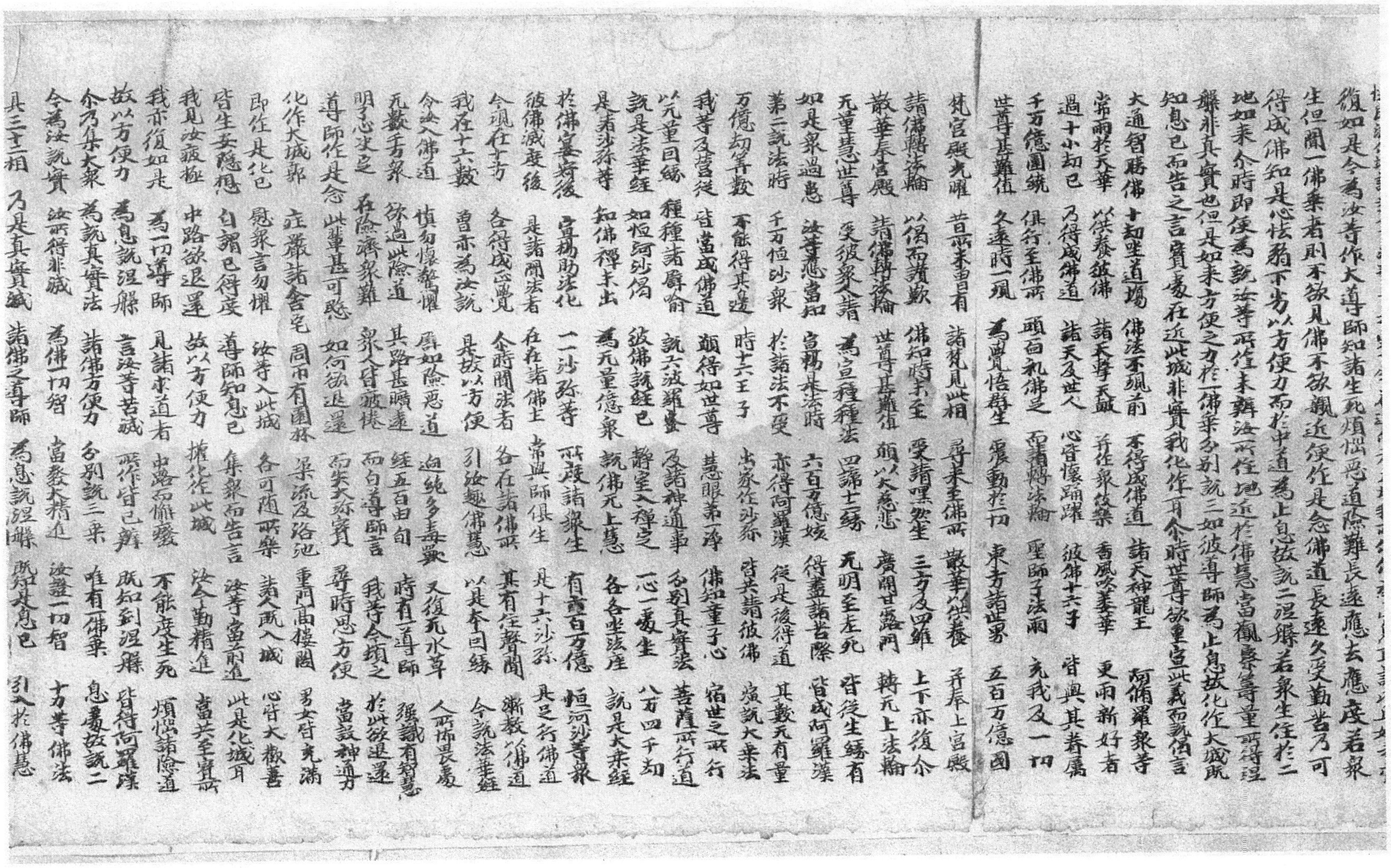

BD05170號　妙法蓮華經（小字本）　（10–4）

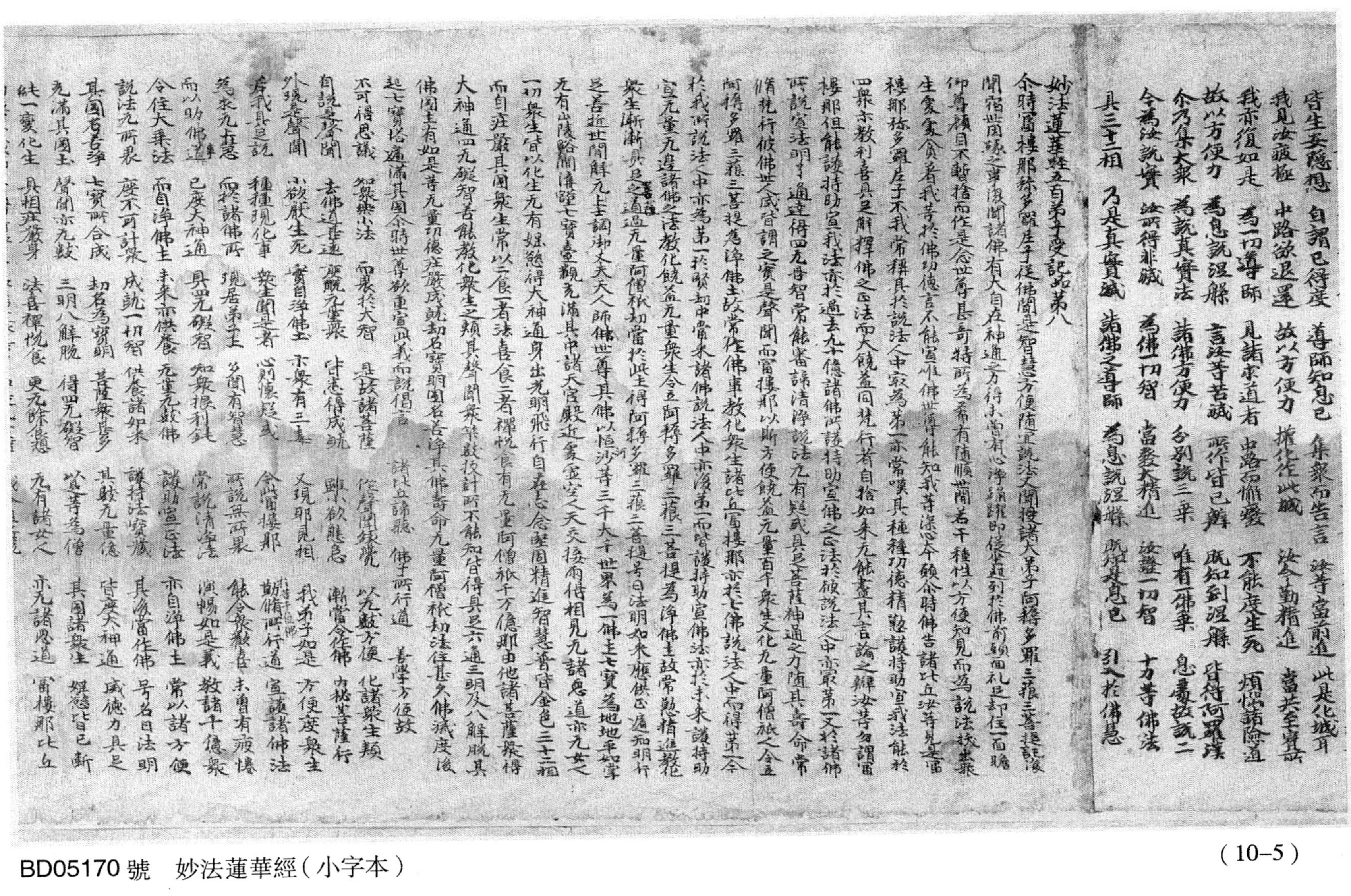

BD05170號　妙法蓮華經（小字本）　（10–5）

為求无上慧 而於諸佛所 現居弟子上 多聞有智慧 所說无所畏 能令衆歡喜 未曾有疲惓 而以助佛事 已度大神通 具四无礙智 知諸根利鈍 常說清淨法 演暢如是義 教諸千億衆 令住大乘法 而自淨佛土 未來亦供養 无量无數佛 護助宣正法 亦自淨佛土 常以諸方便 說法无所畏 度不可計衆 成就一切智 供養諸如來 護持法寶藏 其後得成佛 号名曰法明 其國名善淨 七寶所合成 劫名為寶明 菩薩衆甚多 其數无量億 皆度大神通 威德力具足 充滿其國土 聲聞亦无數 三明八解脫 得四无礙智 以是等為僧 其國諸衆生 婬欲皆已斷 純一變化生 具相莊嚴身 法喜禪悅食 更无餘食想 无有諸女人 亦无諸惡道 富樓那比丘 功德悉成滿 當得斯淨土 賢聖衆甚多 如是无量事 我今但略說

爾時千二百阿羅漢心自在者作是念我等歡喜得未曾有若世尊各見授記如餘大弟子者不亦快乎佛知此等心之所念告摩訶迦葉是千二百阿羅漢我今當現前次第與授阿耨多羅三藐三菩提記於此衆中我大弟子憍陳如比丘當供養六萬二千億佛然後得成為佛号曰普明如來應供正遍知明行足善逝世間解无上士調御丈夫天人師佛世尊其五百阿羅漢優樓頻螺迦葉伽耶迦葉那提迦葉迦留陀夷優陀夷阿㝹樓馱離婆多劫賓那薄拘羅周陀莎伽陀等皆當得阿耨多羅三藐三菩提盡同一号名曰普明爾時世尊欲重宣此義而說偈言

憍陳如比丘 當見无量佛 過阿僧祇劫 乃成等正覺 常放大光明 具足諸神通 名聞遍十方 一切之所敬 常說无上道 故号為普明 其國土清淨 菩薩皆勇猛 咸昇妙樓閣 遊諸十方國 以无上供具 奉獻於諸佛 作是供養已 心懷大歡喜 須臾還本國 有如是神力 佛壽六萬劫 正法住倍壽 像法復倍是 法滅天人憂 其五百比丘 次第當作佛 同号曰普明 轉次而授記 我滅度之後 某甲當作佛 其所化世間 亦如我今日 國土之嚴淨 及諸神通力 菩薩聲聞衆 正法及像法 壽命劫多少 皆如上所說 迦葉汝已知 五百自在者 餘諸聲聞衆 亦當復如是 其不在此會 汝當為宣說

爾時五百阿羅漢於佛前得受記已歡喜踊躍即從座起到於佛前頭面礼足悔過自責世尊我等常作是念自謂已得究竟滅度今乃知之如无智者所以者何我等應得如來智慧而便自以小智為足世尊譬如有人至親友家醉酒而卧是時親友官事當行以无價寶珠繫其衣裏與之而去其人醉卧都不覺知起已遊行到於他國為衣食故勤力求索甚大艱難若少有所得便以為足於後親友會遇見之而作是言咄哉丈夫何為衣食乃至如是我昔欲令汝得安樂五欲自恣於某年日月以无價寶珠繫汝衣裏今故現在而汝不知勤苦憂惱以求自活甚為癡也汝今可以此寶貿易所須常可如意无所乏短佛亦如是為菩薩時教化我等令發一切智心而尋廢忘不知不覺既得阿羅漢道自謂滅度資生艱難得少為足一切智願猶在不失今者世尊覺悟我等作如是言諸比丘汝等所得非究竟滅我久令汝等種佛善根以方便故示涅槃相而汝謂為實得滅度世尊我今乃知實是菩薩得受阿耨多羅三藐三菩提記以是因緣甚大歡喜得未曾有爾時阿若憍陳如等欲重宣此義而說偈言

我等聞无上 安隱授記聲 歡喜未曾有 礼无量智佛 今於世尊前 自悔諸過咎 於无量佛寶 得少涅槃分 如无智愚人 便自以為足 譬如貧窮人 往至親友家 其家甚大富 具設諸餚饍 以无價寶珠 繫著內衣裏 默與而捨去 時卧不覺知 是人既已起 遊行詣他國 求衣食自濟 資生甚艱難 得少便為足 更不願好者 不覺內衣裏 有无價寶珠 與珠之親友 後見此貧人 苦切責之已 示以所繫珠 貧人見此珠 其心大歡喜 富有諸財物 五欲而自恣 我等亦如是 世尊於長夜 常愍見教化 令種无上願 我等无智故 不覺亦不知 得少涅槃分 自足不求餘 今佛覺悟我 言非實滅度 得佛无上慧 爾乃為真滅 我今從佛聞 授記莊嚴事 及轉次受記 身心遍歡喜

妙法蓮華經授學无學人記品第九

爾時阿難羅睺羅而作是念我等每自思惟設得受記不亦快乎即從座起到於佛前頭面礼足俱白佛言世尊我等於此亦應有分唯有如來我等所歸

BD05170號　妙法蓮華經（小字本）　（10–6）

以无價寶珠 繫著內衣裏 默與而捨去 時卧不覺知 是人既已起 遊行詣他國 求衣食自濟 資生甚艱難 得少便為足 更不願好者 不覺內衣裏 有无價寶珠 與珠之親友 後見此貧人 苦切責之已 示以所繫珠 貧人見此珠 其心大歡喜 富有諸財物 五欲而自恣 我等亦如是 世尊於長夜 常愍見教化 令種无上願 我等无智故 不覺亦不知 得少涅槃分 自足不求餘 今佛覺悟我 言非實滅度 得佛无上慧 爾乃為真滅 我今從佛聞 授記莊嚴事 及轉次受記 身心遍歡喜

妙法蓮華經授學无學人記品第九

爾時阿難羅睺羅而作是念我等每自思惟設得受記不亦快乎即從座起到於佛前頭面礼足俱白佛言世尊我等於此亦應有分唯有如來我等所歸又我等為一切世間天人阿修羅所見知識阿難常為侍者護持法藏羅睺羅是佛之子若佛見授阿耨多羅三藐三菩提記者我願既滿衆望亦足爾時學无學聲聞弟子二千人皆從座起偏袒右肩到於佛前一心合掌瞻仰世尊如阿難羅睺羅所願住立一面爾時佛告阿難汝於來世當得作佛号山海慧自在通王如來應供正遍知明行足善逝世間解无上士調御丈夫天人師佛世尊當供養六十二億諸佛護持法藏然後得阿耨多羅三藐三菩提教化二十千萬億恒河沙諸菩薩等令成阿耨多羅三藐三菩提國名常立勝幡其土清淨琉璃為地劫名妙音遍滿其佛壽命无量千萬億阿僧祇劫若人於千萬億无量阿僧祇劫中筭數校計不能得知正法住世倍於壽命像法住世復倍正法阿難是山海慧自在通王佛為十方无量千萬億恒河沙等諸佛如來所共讚歎稱其功德爾時世尊欲重宣此義而說偈言

我今僧中說 阿難持法者 當供養諸佛 然後成正覺 号曰山海慧 自在通王佛 其國土清淨 名常立勝幡 教化諸菩薩 其數如恒沙 佛有大威德 名聞滿十方 壽命无有量 以愍衆生故 正法倍壽命 像法復倍是 如恒河沙等 无數諸衆生 於此佛法中 種佛道因緣

爾時會中新發意菩薩八千人咸作是念我等尚不聞諸大菩薩得如是記有何因緣而諸聲聞得如是決爾時世尊知諸菩薩心之所念而告之曰諸善男子我與阿難等於空王佛所同時發阿耨多羅三藐三菩提心阿難常樂多聞我常勤精進是故我已得成阿耨多羅三藐三菩提而阿難護持我法亦護將來諸佛法藏教化成就諸菩薩衆其本願如是故獲斯記阿難面於佛前自聞授記及國土莊嚴所願具足心大歡喜得未曾有即時憶念過去无量千萬億諸佛法藏通達无礙如今所聞亦識本願爾時阿難而說偈言

世尊甚希有 令我念過去 无量諸佛法 如今日所聞 我今无復疑 安住於佛道 方便為侍者 護持諸佛法

爾時佛告羅睺羅汝於來世當得作佛号蹈七寶華如來應供正遍知明行足善逝世間解无上士調御丈夫天人師佛世尊當供養十世界微塵等數諸佛如來常為諸佛而作長子猶如今也是蹈七寶華佛國土莊嚴壽命劫數所化弟子正法像法亦如山海慧自在通王如來无異亦為此佛而作長子過是已後當得阿耨多羅三藐三菩提爾時世尊欲重宣此義而說偈言

我為太子時 羅睺為長子 我今成佛道 受法為法子 於未來世中 見无量億佛 皆為其長子 一心求佛道 羅睺羅密行 唯我能知之 現為我長子 以示諸衆生 无量億千萬 功德不可數 安住於佛法 以求无上道

爾時世尊見學无學二千人其意柔軟寂然清淨一心觀佛佛告阿難汝見是學无學二千人不唯然已見阿難是諸人等當供養五十世界微塵數諸佛如來恭敬尊重護持法藏末後同時於十方國各得成佛皆同一号名曰寶相如來應供正遍知明行足善逝世間解无上士調御丈夫天人師佛世尊壽命一劫國土莊

BD05170號　妙法蓮華經（小字本）　（10–7）

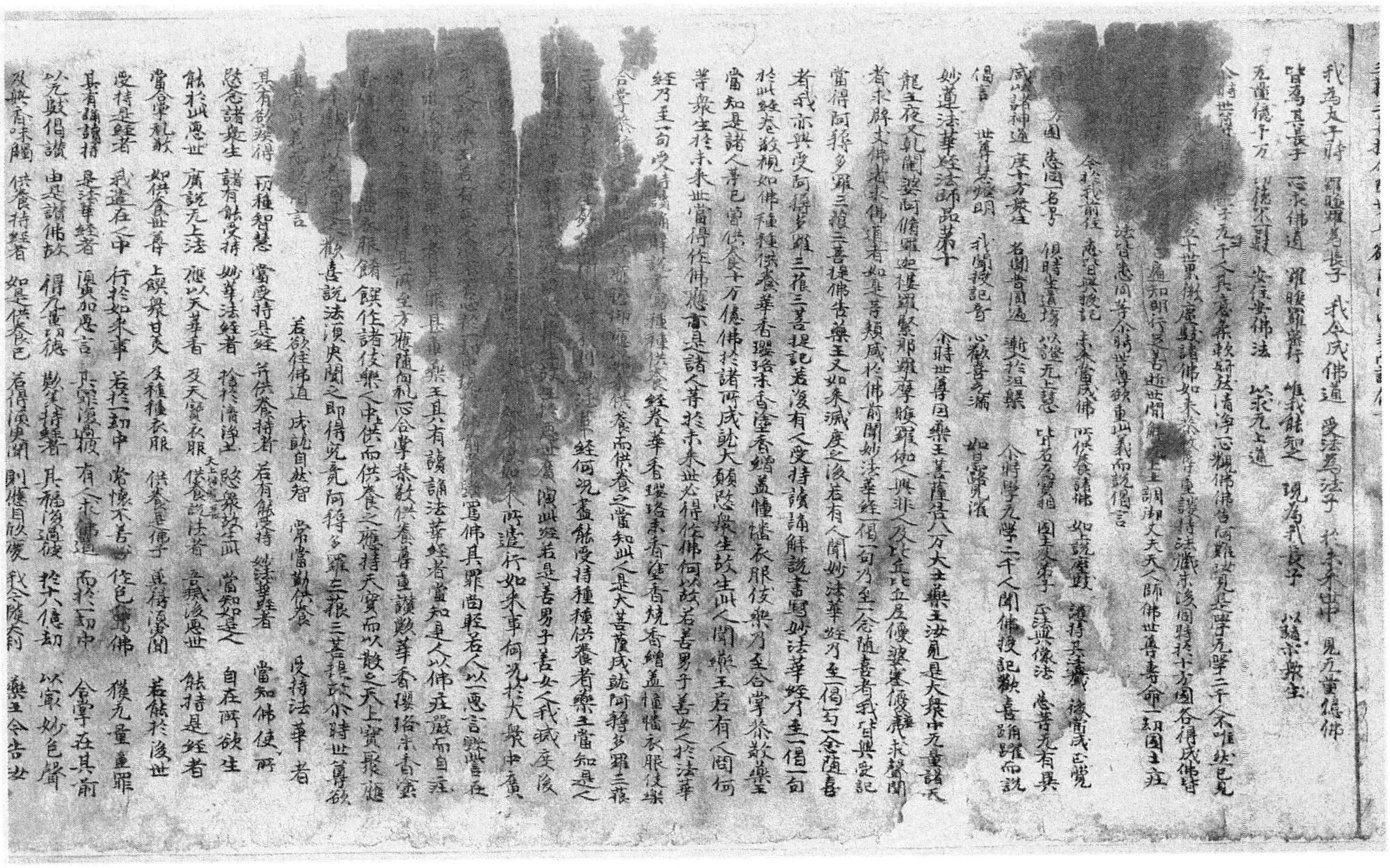

我為太子時　羅睺為長子　我今成佛道　受法為法子　於未來世中　見无量億佛
皆為其長子　一心求佛道　羅睺羅密行　唯我能知之　現為我長子　以示諸衆生
无量億千万　功德不可數　安住於佛法　以求无上道
爾時世尊見學无學二千人其意柔軟寂然清淨一心觀佛佛告阿難汝見是學无學二千人不唯然已見
阿難是諸人等當供養五十世界微塵數諸佛如來恭敬尊重護持法藏末後同時於十方國各得成佛皆
同一号名曰寶相如來應供正遍知明行足善逝世間解无上士調御丈夫天人師佛世尊壽命一劫國土莊
嚴聲聞菩薩正法像法皆悉同等爾時世尊欲重宣此義而說偈言
是二千聲聞　今於我前住　悉皆與授記　未來當成佛　所供養諸佛　如上說塵數　護持其法藏　後當成正覺
各於十方國　悉同一名号　俱時坐道場　以證无上慧　皆名為寶相　國土及弟子　正法與像法　悉等无有異
咸以諸神通　度十方衆生　名聞普周遍　漸入於涅槃　爾時學无學二千人聞佛授記歡喜踊躍而說
偈言　世尊慧燈明　我聞授記音　心歡喜充滿　如甘露見灌

妙法蓮華經法師品第十

爾時世尊因藥王菩薩告八万大士藥王汝見是大衆中无量諸天
龍王夜叉乾闥婆阿修羅迦樓羅緊那羅摩睺羅伽人與非人及比丘比丘尼優婆塞優婆夷求聲聞
者求辟支佛者求佛道者如是等類咸於佛前聞妙法華經一偈一句乃至一念隨喜者我皆與授記
當得阿耨多羅三藐三菩提佛告藥王又如來滅度之後若有人聞妙法華經乃至一偈一句一念隨喜
者我亦與授阿耨多羅三藐三菩提記若復有人受持讀誦解說書寫妙法華經乃至一偈於
此經卷敬視如佛種種供養華香瓔珞末香塗香燒香繒蓋幢幡衣服伎樂乃至合掌恭敬藥王
當知是諸人等已曾供養十万億佛於諸佛所成就大願愍衆生故生此人間藥王若有人問何
等衆生於未來世當得作佛應示是諸人等於未來世必得作佛何以故若善男子善女人於法華
經乃至一句受持讀誦解說書寫種種供養經卷華香瓔珞末香塗香燒香繒蓋幢幡衣服伎樂
合掌恭敬是人一切世間所應瞻奉應以如來供養而供養之當知此人是大菩薩成就阿耨多羅三藐
三菩提哀愍衆生願生此間廣演分別妙法華經何況盡能受持種種供養者藥王當知是人
自捨清淨業報於我滅度後愍衆生故生於惡世廣演此經若是善男子善女人我滅度後
能竊為一人說法華經乃至一句當知是人則如來使如來所遣行如來事何況於大衆中廣
為人說藥王若有惡人以不善心於一劫中現於佛前常毀罵佛其罪尚輕若人以一惡言毀呰在
家出家讀誦法華經者其罪甚重藥王其有讀誦法華經者當知是人以佛莊嚴而自莊
嚴則為如來肩所荷擔其所至方應隨向禮一心合掌恭敬供養尊重讚歎華香瓔珞末香塗
香燒香繒蓋幢幡衣服餚饌作諸伎樂人中上供而供養之應持天寶而以散之天上寶聚應
以奉獻所以者何是人歡喜說法須臾聞之即得究竟阿耨多羅三藐三菩提故爾時世尊欲
重宣此義而說偈言
若欲住佛道　成就自然智　常當勤供養　受持法華者
其有欲疾得　一切種智慧　當受持是經　并供養持者　若有能受持　妙法華經者　當知佛所使
愍念諸衆生　諸有能受持　妙法華經者　捨於清淨土　愍衆故生此　當知如是人　自在所欲生
能於此惡世　廣說无上法　應以天華香　及天寶衣服　天上妙寶聚　供養說法者　吾滅後惡世　能持是經者
當合掌禮敬　如供養世尊　上饌衆甘美　及種種衣服　供養是佛子　兾得須臾聞　若能於後世
受持是經者　我遣在人中　行於如來事　若於一劫中　常懷不善心　作色而罵佛　獲无量重罪
其有讀誦持　是法華經者　須臾加惡言　其罪復過彼　有人求佛道　而於一劫中　合掌在我前
以无數偈讚　由是讚佛故　得无量功德　歎美持經者　其福復過彼　於八十億劫　以最妙色聲
及與香味觸　供養持經者　如是供養已　若得須臾聞　則應自欣慶　我今獲大利　藥王今告汝

BD05170 號　妙法蓮華經（小字本）　（10–8）

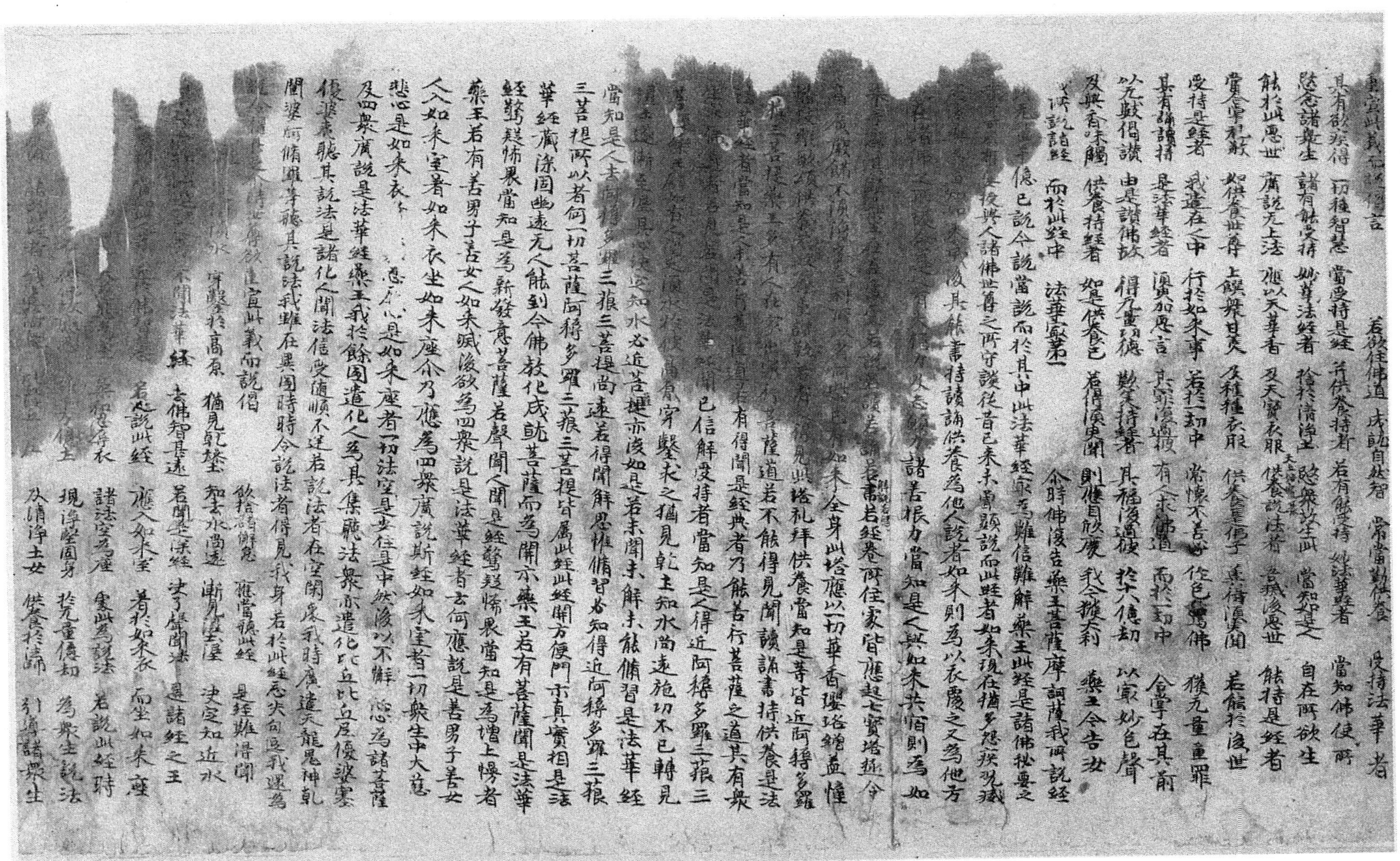

其有欲疾得　一切種智慧　當受持是經　并供養持者　若有能受持　妙法華經者　當知佛所使
愍念諸衆生　諸有能受持　妙法華經者　捨於清淨土　愍衆故生此　當知如是人　自在所欲生
能於此惡世　廣說无上法　應以天華香　及天寶衣服　天上妙寶聚　供養說法者　吾滅後惡世　能持是經者
當合掌禮敬　如供養世尊　上饌衆甘美　及種種衣服　供養是佛子　兾得須臾聞　若能於後世
受持是經者　我遣在人中　行於如來事　若於一劫中　常懷不善心　作色而罵佛　獲无量重罪
其有讀誦持　是法華經者　須臾加惡言　其罪復過彼　有人求佛道　而於一劫中　合掌在我前
以无數偈讚　由是讚佛故　得无量功德　歎美持經者　其福復過彼　於八十億劫　以最妙色聲
及與香味觸　供養持經者　如是供養已　若得須臾聞　則應自欣慶　我今獲大利　藥王今告汝
我所說諸經　而於此經中　法華最第一
爾時佛復告藥王菩薩摩訶薩我所說經典无量千万億已說今說當說而於其中此法華經最為難信難解藥王此經是諸佛祕要之
藏不可分布妄授與人諸佛世尊之所守護從昔已來未曾顯說而此經者如來現在猶多怨嫉況滅
度後藥王當知如來滅後其能書持讀誦供養為他人說者如來則為以衣覆之又為他方
現在諸佛之所護念是人有大信力及志願力諸善根力當知是人與如來共宿則為如
來手摩其頭藥王在在處處若說若讀若誦若書若經卷所住處皆應起七寶塔極令
高廣嚴飾不須復安舍利所以者何此中已有如來全身此塔應以一切華香瓔珞繒蓋幢
幡伎樂歌頌供養恭敬尊重讚歎若有人得見此塔禮拜供養當知是等皆近阿耨多羅
三藐三菩提藥王多有人在家出家行菩薩道若不能得見聞讀誦書持供養是法
華經者當知是人未善行菩薩道若有得聞是經典者乃能善行菩薩之道其有衆
生求佛道者若見若聞是法華經聞已信解受持者當知是人得近阿耨多羅三藐三
菩提藥王譬如有人渴乏須水於彼高原穿鑿求之猶見乾土知水尚遠施功不已轉見
濕土遂漸至泥其心決定知水必近菩薩亦復如是若未聞未解未能修習是法華經
當知是人去阿耨多羅三藐三菩提尚遠若得聞解思惟修習必知得近阿耨多羅三藐
三菩提所以者何一切菩薩阿耨多羅三藐三菩提皆屬此經此經開方便門示真實相是法
華經藏深固幽遠无人能到今佛教化成就菩薩而為開示藥王若有菩薩聞是法華
經驚疑怖畏當知是為新發意菩薩若聲聞人聞是經驚疑怖畏當知是為增上慢者
藥王若有善男子善女人如來滅後欲為四衆說是法華經者云何應說是善男子善女
人入如來室著如來衣坐如來座爾乃應為四衆廣說斯經如來室者一切衆生中大慈
悲心是如來衣者柔和忍辱心是如來座者一切法空是安住是中然後以不懈怠心為諸菩薩
及四衆廣說是法華經藥王我於餘國遣化人為其集聽法衆亦遣化比丘比丘尼優婆塞
優婆夷聽其說法是諸化人聞法信受隨順不逆若說法者在空閑處我時廣遣天龍鬼神乾
闥婆阿修羅等聽其說法我雖在異國時時令說法者得見我身若於此經忘失句逗我還為
說令得具足爾時世尊欲重宣此義而說偈言
欲捨諸懈怠　應當聽此經　是經難得聞　信受者亦難　如人渴須水　穿鑿於高原　猶見乾燥土　知去水尚遠　漸見濕土泥　決定知近水
藥王汝當知　如是諸人等　不聞法華經　去佛智甚遠　若聞是深經　決了聲聞法　是諸經之王
聞已諦思惟　當知此人等　近於佛智慧　若人說此經　應入如來室　著於如來衣　而坐如來座
處衆无所畏　廣為分別說　大慈悲為室　柔和忍辱衣　諸法空為座　處此為說法　若說此經時
有人惡口罵　加刀杖瓦石　念佛故應忍　我千万億土　現淨堅固身　於无量億劫　為衆生說法
若我滅度後　能說此經者　我遣化四衆　比丘比丘尼　及清淨士女　供養於法師　引導諸衆生

BD05170 號　妙法蓮華經（小字本）　（10–9）

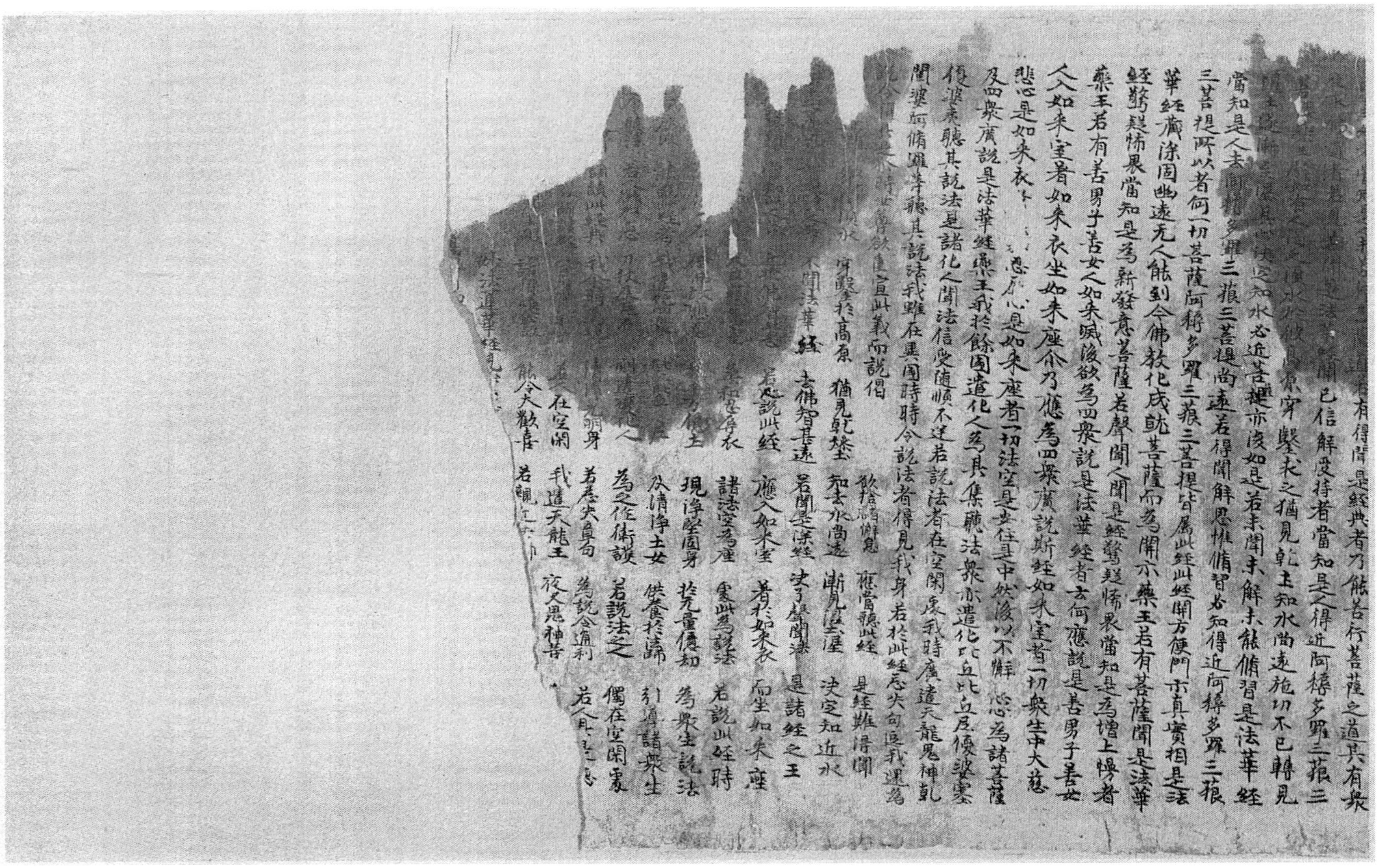

[illegible]有得聞是經典者乃能善行菩薩之道其有衆
[illegible]聞已信解受持者當知是人得近阿耨多羅三藐三
[illegible]穿鑿求之猶見乾土知水尚遠施功不已轉見
[illegible]決定知水必近菩薩亦復如是若未聞未解未能修習是法華經
當知是人去阿耨多羅三藐三菩提尚遠若得聞解思惟修習必知得近阿耨多羅三藐
三菩提所以者何一切菩薩阿耨多羅三藐三菩提皆屬此經此經開方便門示真實相是法
華經藏深固幽遠无人能到今佛教化成就菩薩而為開示藥王若有菩薩聞是法華
經驚疑怖畏當知是為新發意菩薩若聲聞人聞是經驚疑怖畏當知是為增上慢者
藥王若有善男子善女人如來滅後欲為四衆說是法華經者云何應說是善男子善女
人入如來室著如來衣坐如來座爾乃應為四衆廣說斯經如來室者一切衆生中大慈
悲心是如來衣者柔和忍辱心是如來座者一切法空是安住是中然後以不懈怠心為諸菩薩
及四衆廣說是法華經藥王我於餘國遣化人為其集聽法衆亦遣化比丘比丘尼優婆塞
優婆夷聽其說法是諸化人聞法信受隨順不逆若說法者在空閑處我時廣遣天龍鬼神乾
闥婆阿脩羅等聽其說法我雖在異國時時令說法者得見我身若於此經忘失句逗我還為
說令得具足爾時世尊欲重宣此義而說偈 欲捨諸懈怠 應當聽此經 是經難得聞
[illegible]

BD05170 號　妙法蓮華經（小字本）　（10–10）

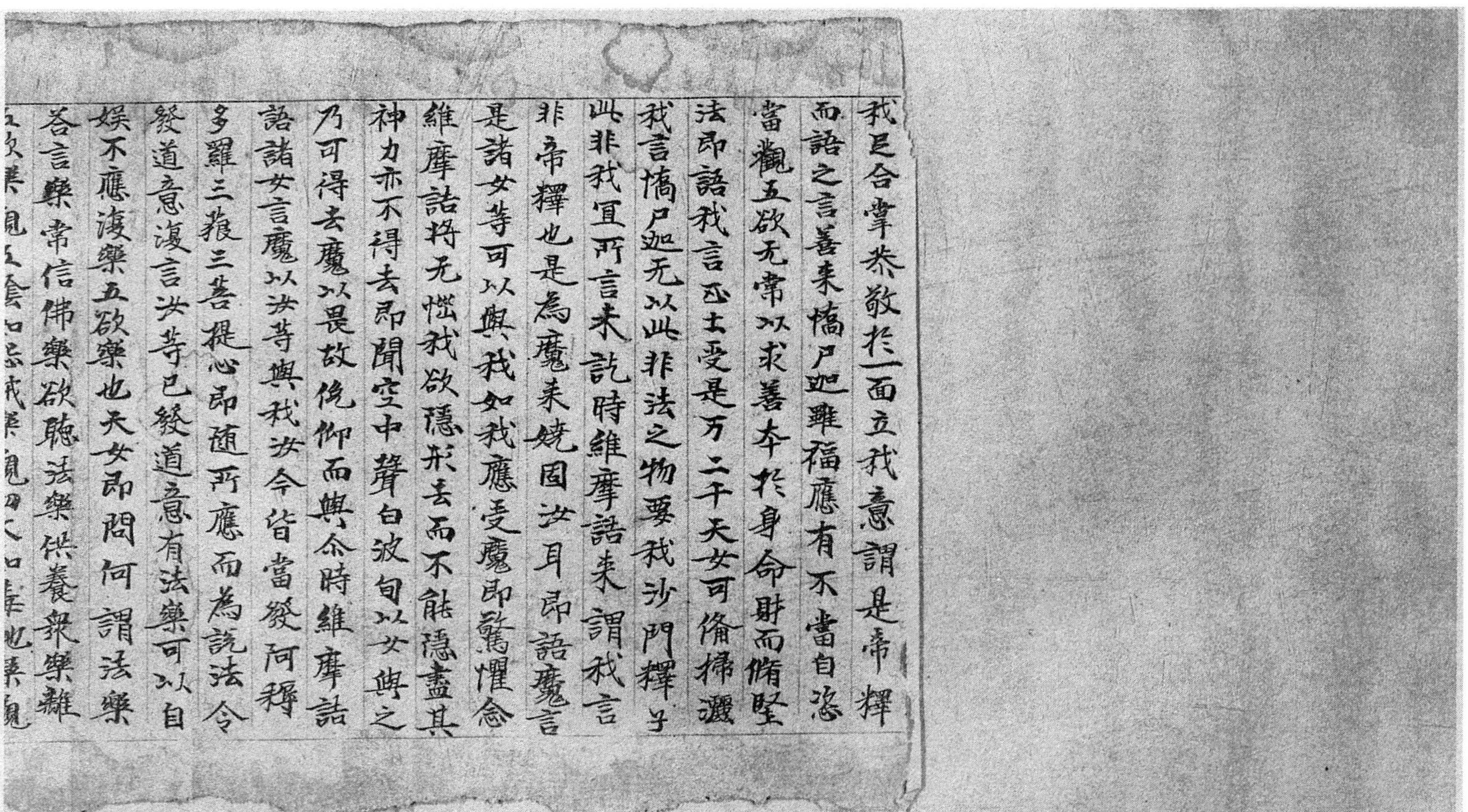

我足合掌恭敬於一面立我意謂是帝釋
而語之言善來憍尸迦雖福應有不當自恣
當觀五欲无常以求善本於身命財而脩堅
法即語我言正士受是万二千天女可備掃灑
我言憍尸迦无以此非法之物要我沙門釋子
此非我宜所言未訖時維摩詰來謂我言
非帝釋也是為魔來嬈固汝耳即語魔言
是諸女等可以與我如我應受魔即驚懼念
維摩詰將无惱我欲隱形去而不能隱盡其
神力亦不得去即聞空中聲曰波旬以女與之
乃可得去魔以畏故俛仰而與爾時維摩詰
語諸女言魔以汝等與我汝今皆當發阿耨
多羅三藐三菩提心即隨所應而為說法令
發道意復言汝等已發道意有法樂可以自
娛不應復樂五欲樂也天女即問何謂法樂
答言樂常信佛樂欲聽法樂供養衆樂離
[illegible]

BD05171 號　維摩詰所說經卷上　（5–1）

語諸女言魔以汝等與我汝今皆當發阿耨
多羅三藐三菩提心即隨所應而為說法令
發道意復言汝等已發道意有法樂可以自
娛不應復樂五欲樂也天女即問何謂法樂
荅言樂常信佛樂欲聽法樂供養衆樂離
五欲樂觀五陰如怨賊樂觀四大如毒蛇樂觀
內入如空聚樂隨護道意樂饒益衆生樂敬
養師樂廣行施樂堅持戒樂忍辱柔和樂勤
集善根樂禪定不乱樂離垢明慧樂廣菩提
心樂降伏衆魔樂斷諸煩惱樂淨佛國土樂
成就相好故脩諸功德樂嚴飾道場樂聞深
法不畏樂三脫門不樂非時樂近同學樂於非
同學中心无恚㝵樂將護惡知識樂近善知識
樂心喜清淨樂脩无量道品之法是為菩薩
法樂於是波旬告諸女言我欲與汝俱還天
宮諸女言以我等與此居士有法樂我等甚
樂不復樂五欲樂也魔言居士可捨此女一切
所有施於彼者是為菩薩維摩詰言我已捨
矣汝便將去令一切衆生得法願具足滿於是諸女
問維摩詰我等云何止於魔宮維摩詰言諸姉
有法門名无盡燈汝等當學无盡燈者譬如
一燈然百千燈冥者皆明明終不盡如是諸
姉夫一菩薩開導百千衆生令發阿耨多羅
三藐三菩提心於其道意亦不滅盡隨所說
法而自增益一切善法是名无盡燈也汝等雖
住魔宮以是无盡燈也令无數天子天女發阿
耨多羅三藐三菩提心者為報佛恩亦大饒

BD05171 號　維摩詰所說經卷上　（5–2）

一燈然百千燈冥者皆明明終不盡如是諸
姉夫一菩薩開導百千衆生令發阿耨多羅
三藐三菩提心於其道意亦不滅盡隨所說
法而自增益一切善法是名无盡燈也汝等雖
住魔宮以是无盡燈也令无數天子天女發阿
耨多羅三藐三菩提心者為報佛恩亦大饒
益一切衆生尒時天女頭面礼維摩詰足隨
魔還宮忽然不現世尊維摩詰有如是
等自在神力智慧辯才故我不任詣彼問疾
佛告長者子善得汝行詣維摩詰問疾善德
白佛言世尊我不堪任詣彼問疾所以者何
憶念我昔自於父舍設大施會供養一切沙
門婆羅門及諸外道貧窮下賤孤獨乞人
期滿七日時維摩詰來入會中謂我言長者子
夫大施會不當如汝所設當為法施之會何
用是財施會為我言居士何謂法施之會法
施會者无前无後一時供養一切衆生是名
法施之會何謂也謂以菩提起於慈心以救
衆生起大悲心以持正法起於喜心以攝智
慧行於捨心以攝慳貪起檀波羅蜜以化
犯戒起尸羅波羅蜜以无我法起羼提波羅
蜜以離身心相起毗梨耶波羅蜜以菩提相起
禪波羅蜜以一切智起般若波羅蜜教化衆
生而起於空不捨有為法而起无相示現受生
而起无作護持正法起方便力以度衆生起
攝法以敬事一切起除慢法於身命財起
起三堅法於六念中起思念法於六和敬起

BD05171 號　維摩詰所說經卷上　（5–3）

禪波羅蜜以一切智起般若波羅蜜教化衆
生而起於空不捨有為法而起无相示現受生
而起无作護持正法起方便力以度衆生起
攝法以敬事一切起除慢法於身命財起
起三堅法於六念中起思念法於六和敬起
質直心正行善法起於淨命心淨歡喜起
賢聖不憎惡人起調伏心以出家起於深
如說行起於多聞以无諍法起空閑處
向佛慧起於宴坐解衆生縛脩行地以具
好及淨佛土起福德業知一切衆生心念
說法起於智業知一切法不取不捨入一
起於慧業斷一切煩惱一切鄣㝵一切不
起一切善業以得一切智慧一切善起法
助佛道法如是善男子是為法施之
薩住是法施會者為大施主亦為
福田世尊維摩詰說是法時婆羅
百人皆發阿耨多羅三藐三菩提
清淨嘆未曾有稽首礼維摩
珞價直百千以上之不肯取我言
受隨意所與維摩詰乃受瓔
一分施此會中一最下乞人持
來一切衆會皆見光明國土
瓔在彼佛上變成四柱寶
鄣蔽時維摩詰現
等心施一最下乞人猶
別等于大悲不求
城中一最下乞人

BD05171號　維摩詰所說經卷上　（5–4）

起於慧業斷一切煩惱一切鄣㝵一切不
起一切善業以得一切智慧一切善起法
助佛道法如是善男子是為法施之
薩住是法施會者為大施主亦為
福田世尊維摩詰說是法時婆羅
百人皆發阿耨多羅三藐三菩提
清淨嘆未曾有稽首礼維摩
珞價直百千以上之不肯取我言
受隨意所與維摩詰乃受瓔
一分施此會中一最下乞人持
來一切衆會皆見光明國土
瓔在彼佛上變成四柱寶
鄣蔽時維摩詰現
等心施一最下乞人猶
別等于大悲不求
城中一最下乞人
阿耨多羅三藐
如是諸菩薩

BD05171號　維摩詰所說經卷上　（5–5）

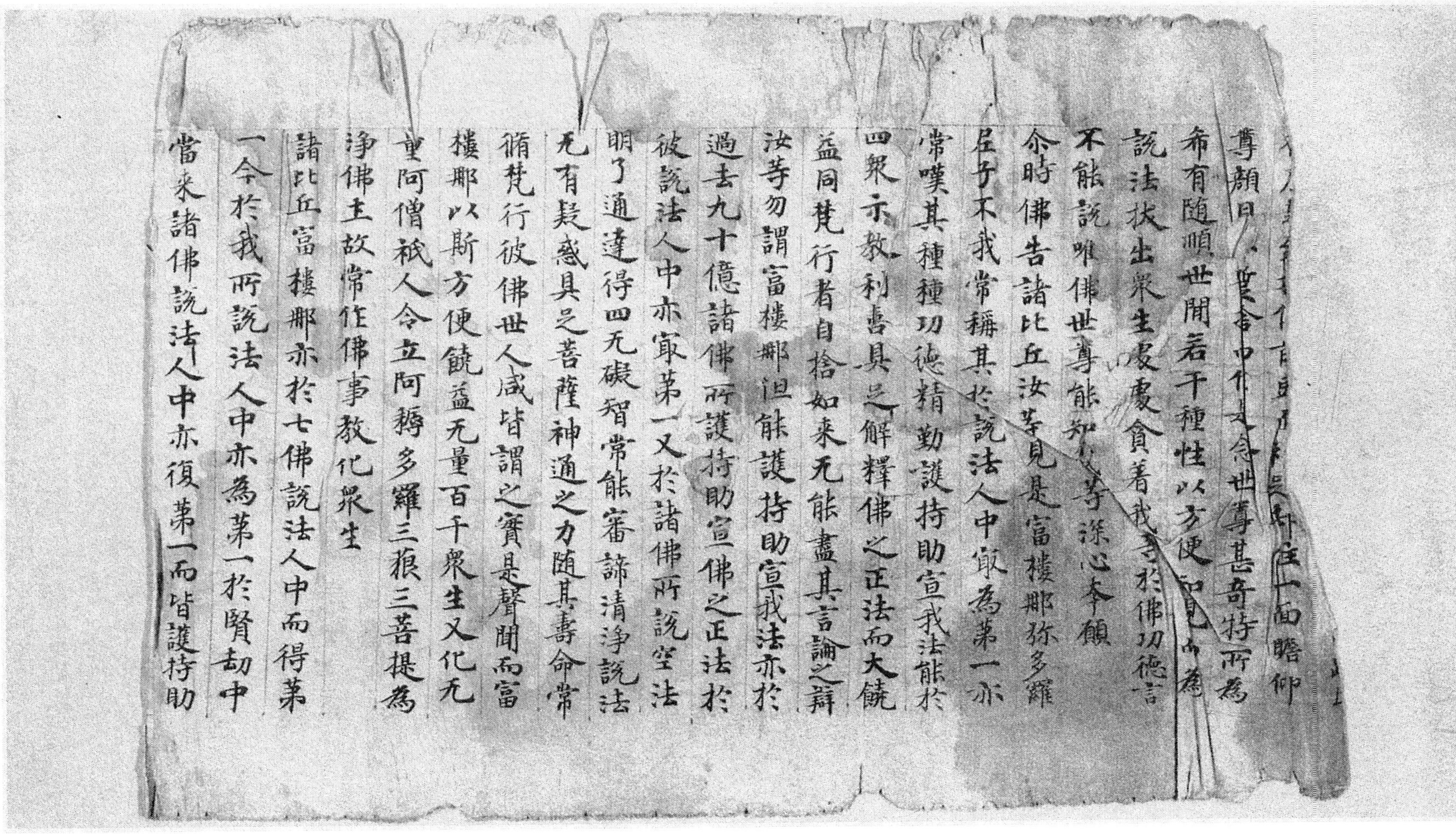

BD05172 號　妙法蓮華經卷四　　（1–1）

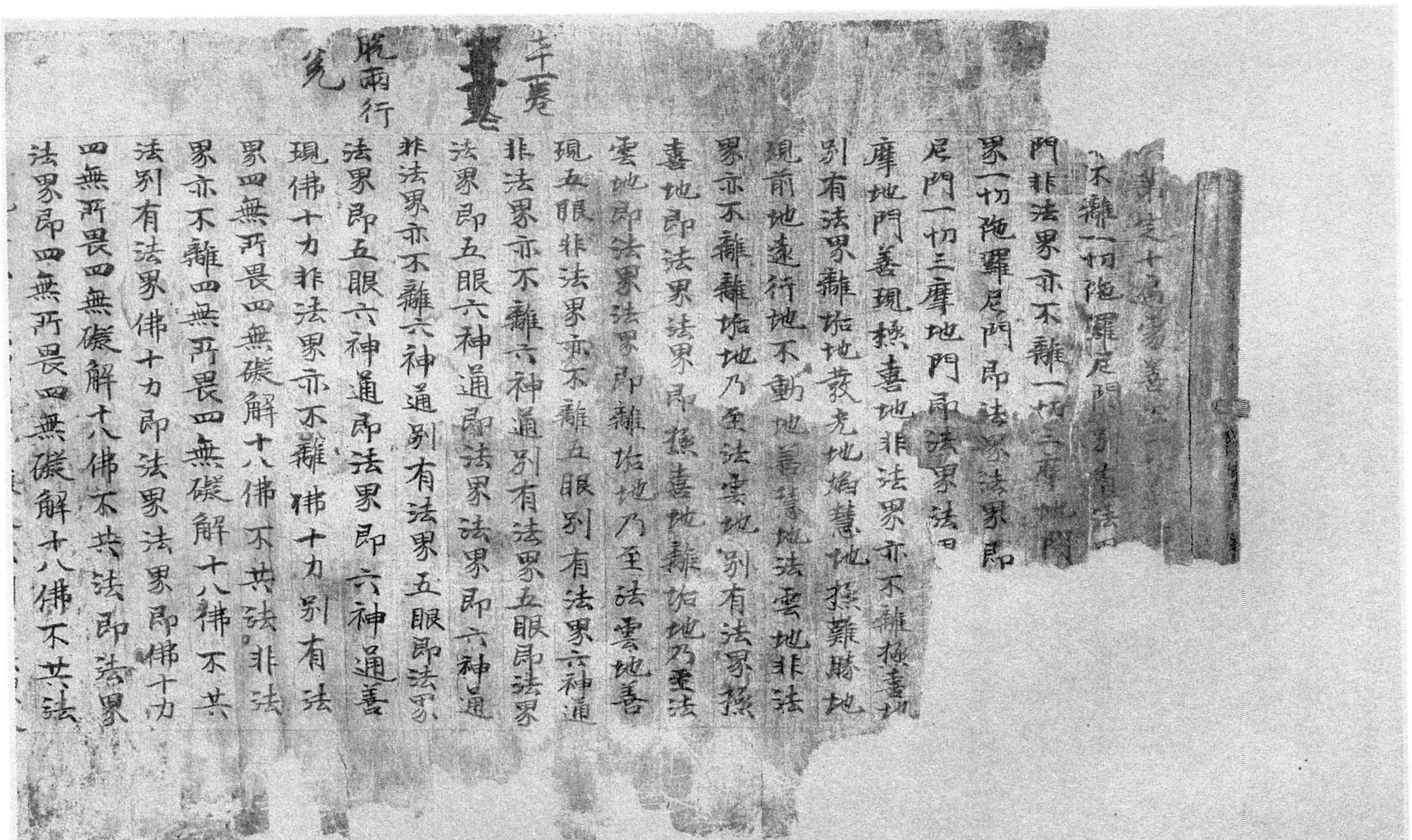

BD05173 號　大般若波羅蜜多經（兌廢稿）卷三八六　　（2–1）

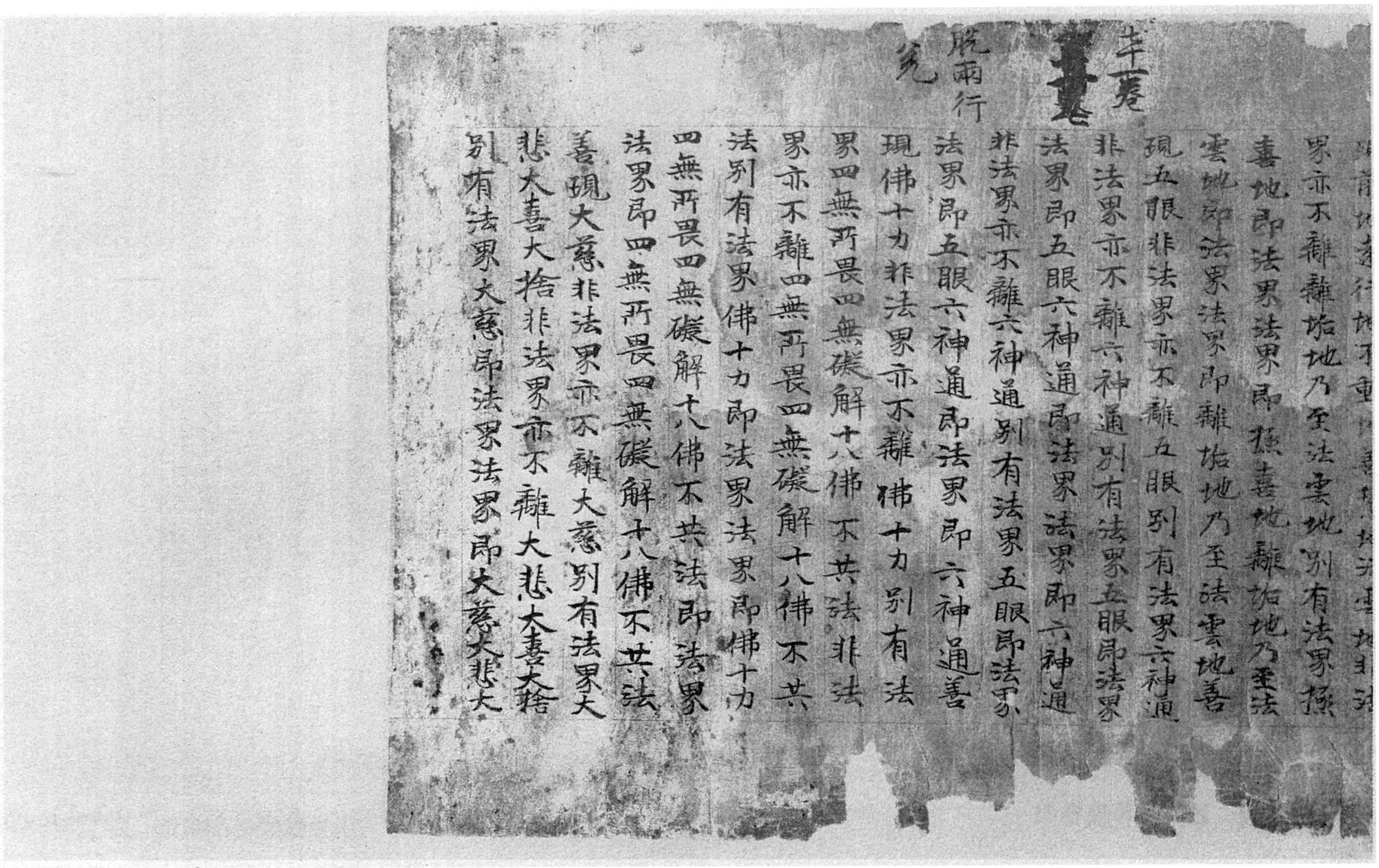

脫兩行

界亦不離離垢地乃至法雲地別有法界極
喜地即法界法界即極喜地離垢地乃至法
雲地即法界法界即離垢地乃至法雲地善
現五眼非法界亦不離五眼別有法界六神通
非法界亦不離六神通別有法界五眼即法界
法界即五眼六神通即法界法界即六神通
非法界亦不離六神通別有法界五眼即法界
法界即五眼六神通即法界法界即六神通善
現佛十力非法界亦不離佛十力別有法
界四無所畏四無礙解十八佛不共法非法
界亦不離四無所畏四無礙解十八佛不共
法別有法界佛十力即法界法界即佛十力
四無所畏四無礙解十八佛不共法即法界
法界即四無所畏四無礙解十八佛不共法
善現大慈非法界亦不離大慈別有法界大
悲大喜大捨非法界亦不離大悲大喜大捨
別有法界大慈即法界法界即大慈大悲大

BD05173 號　大般若波羅蜜多經（兌廢稿）卷三八六　（2–2）

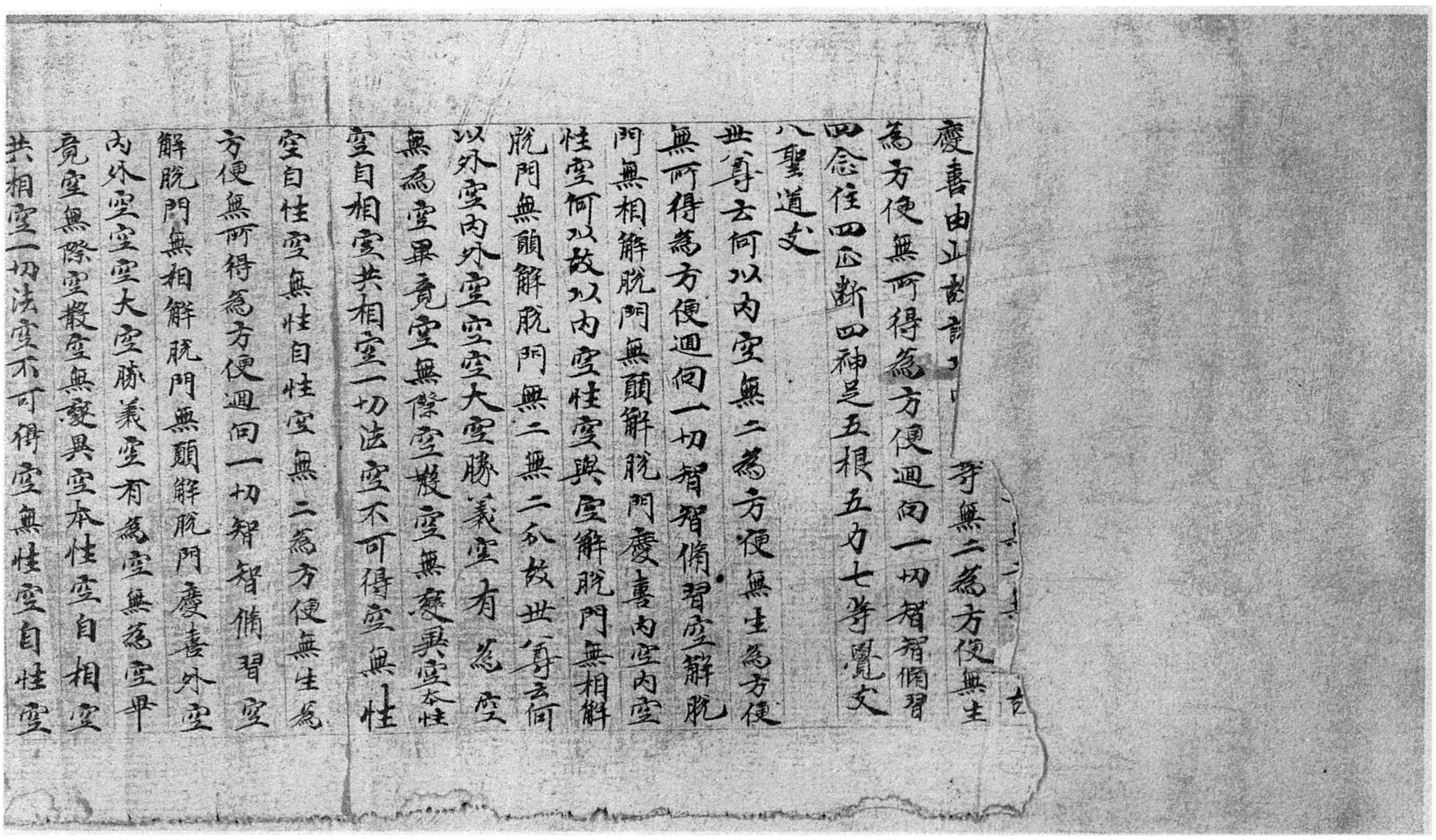

慶喜由此說
等無二為方便無生
為方便無所得為方便迴向一切智智脩習
四念住四正斷四神足五根五力七等覺支
八聖道支
世尊云何以內空無二為方便無生為方便
無所得為方便迴向一切智智脩習空解脫
門無相解脫門無願解脫門慶喜內空內空
性空何以故以內空性空與空解脫門無相解
脫門無願解脫門無二無二分故世尊云何
以外空內外空空空大空勝義空有為空
無為空畢竟空無際空散空無變異空本性
空自相空共相空一切法空不可得空無性
空自性空無性自性空無二為方便無生為
方便無所得為方便迴向一切智智脩習空
解脫門無相解脫門無願解脫門慶喜外空
內外空空空大空勝義空有為空無為空畢
竟空無際空散空無變異空本性空自相空
共相空一切法空不可得空無性空自性空

BD05174 號　大般若波羅蜜多經卷一一八　（4–1）

空自性空無性自性空無二爲方便無生爲
方便無所得爲方便迴向一切智智脩習空
解脫門無相解脫門無願解脫門慶喜外空
內外空空空大空勝義空有爲空無爲空畢
竟空無際空散空無變異空本性空自相空
共相空一切法空不可得空無性空自性空
無性自性空外空乃至無性自性空性空何
以故以外空乃至無性自性空性空與空解
脫門無相解脫門無願解脫門無二無二分
故慶喜由此故說以內空等無二爲方便無
生爲方便無所得爲方便迴向一切智智脩
習空解脫門無相解脫門無願解脫門世尊
云何以內空無二爲方便無生爲方便無所
得爲方便迴向一切智智脩習五眼六神通
慶喜內空內空性空何以故以內空性空與
五眼六神通無二無二分故世尊云何以外
空內外空空空大空勝義空有爲空無爲空
畢竟空無際空散空無變異空本性空自相
空共相空一切法空不可得空無性空自性
空無性自性空無二爲方便無生爲方便
無所得爲方便迴向一切智智脩習五眼
六神通慶喜外空內外空空空大空勝義空
有爲空無爲空畢竟空無際空散空無變異
空本性空自相空共相空一切法空不可得
空無性空自性空無性自性空外空乃至無
性自性空性空何以故以外空乃至無性自

BD05174號　大般若波羅蜜多經卷一一八　（4–2）

六神通慶喜外空內外空空空大空勝義空
有爲空無爲空畢竟空無際空散空無變異
空本性空自相空共相空一切法空不可得
空無性空自性空無性自性空外空乃至無
性自性空性空何以故以外空乃至無性自
性空性空與五眼六神通無二無二分故慶
喜由此故說以內空等無二爲方便無生爲
方便無所得爲方便迴向一切智智脩習五
眼六神通世尊云何以內空無二爲方便無生
爲方便無所得爲方便迴向一切智智脩習
佛十力四無所畏四無礙解大慈大悲大
喜大捨十八佛不共法慶喜內空內空性空
何以故以內空性空與佛十力四無所畏四
無礙解大慈大悲大喜大捨十八佛不共法
無二無二分故世尊云何以外空內外空空
空大空勝義空有爲空無爲空畢竟空無際
空散空無變異空本性空自相空共相空一
切法空不可得空無性空自性空無性自性
空無二爲方便無生爲方便無所得爲方便
迴向一切智智脩習佛十力四無所畏四無
礙解大慈大悲大喜大捨十八佛不共法慶
喜外空內外空空空大空勝義空有爲空無
爲空畢竟空無際空散空無變異空本性空
自相空共相空一切法空不可得空無性空
自性空無性自性空外空乃至無性自性空
性空何以故以外空乃至無性自性空性
空與佛十力四無所畏四無礙解大慈大悲

BD05174號　大般若波羅蜜多經卷一一八　（4–3）

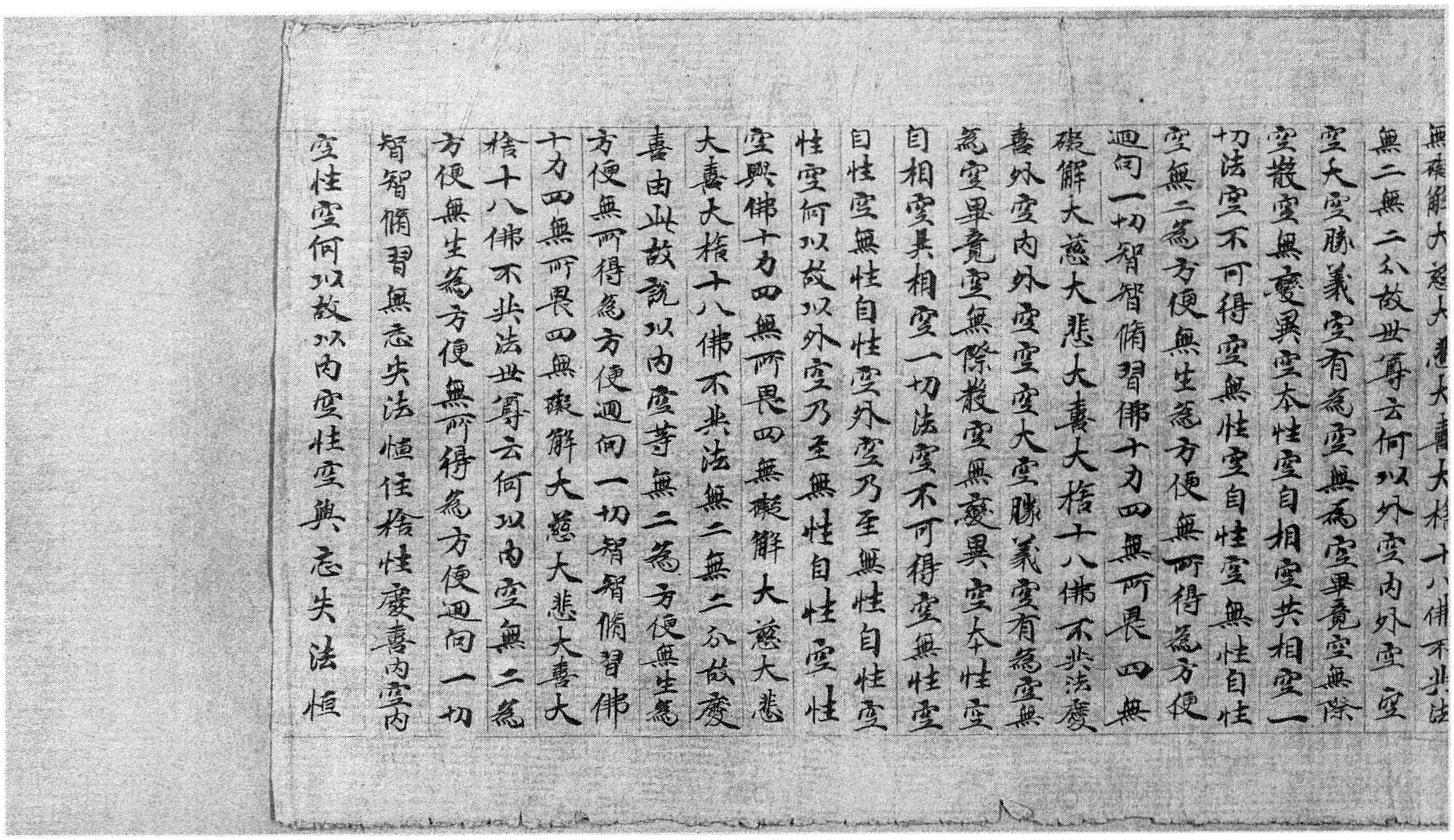
無礙解大慈大悲大喜大捨十八佛不共法
空空無二無二分故世尊云何以外空內外空
空大空勝義空有為空無為空畢竟空無際
空散空無變異空本性空自相空共相空一
切法空不可得空無性空自性空無性自性
空無二為方便無生為方便無所得為方便
迴向一切智智脩習佛十力四無所畏四無
礙解大慈大悲大喜大捨十八佛不共法慶
喜外空內外空空空大空勝義空有為空無
為空畢竟空無際空散空無變異空本性空
自相空共相空一切法空不可得空無性空
自性空無性自性空外空乃至無性自性空
性空何以故以外空乃至無性自性空性
空與佛十力四無所畏四無礙解大慈大悲
大喜大捨十八佛不共法無二無二分故慶
喜由此故說以內空等無二為方便無生為
方便無所得為方便迴向一切智智脩習佛
十力四無所畏四無礙解大慈大悲大喜大
捨十八佛不共法世尊云何以內空無二為
方便無生為方便無所得為方便迴向一切
智智脩習無忘失法恒住捨性慶喜內空內
空性空何以故以內空性空與無忘失法恒

BD05174 號　大般若波羅蜜多經卷一一八　（4–4）

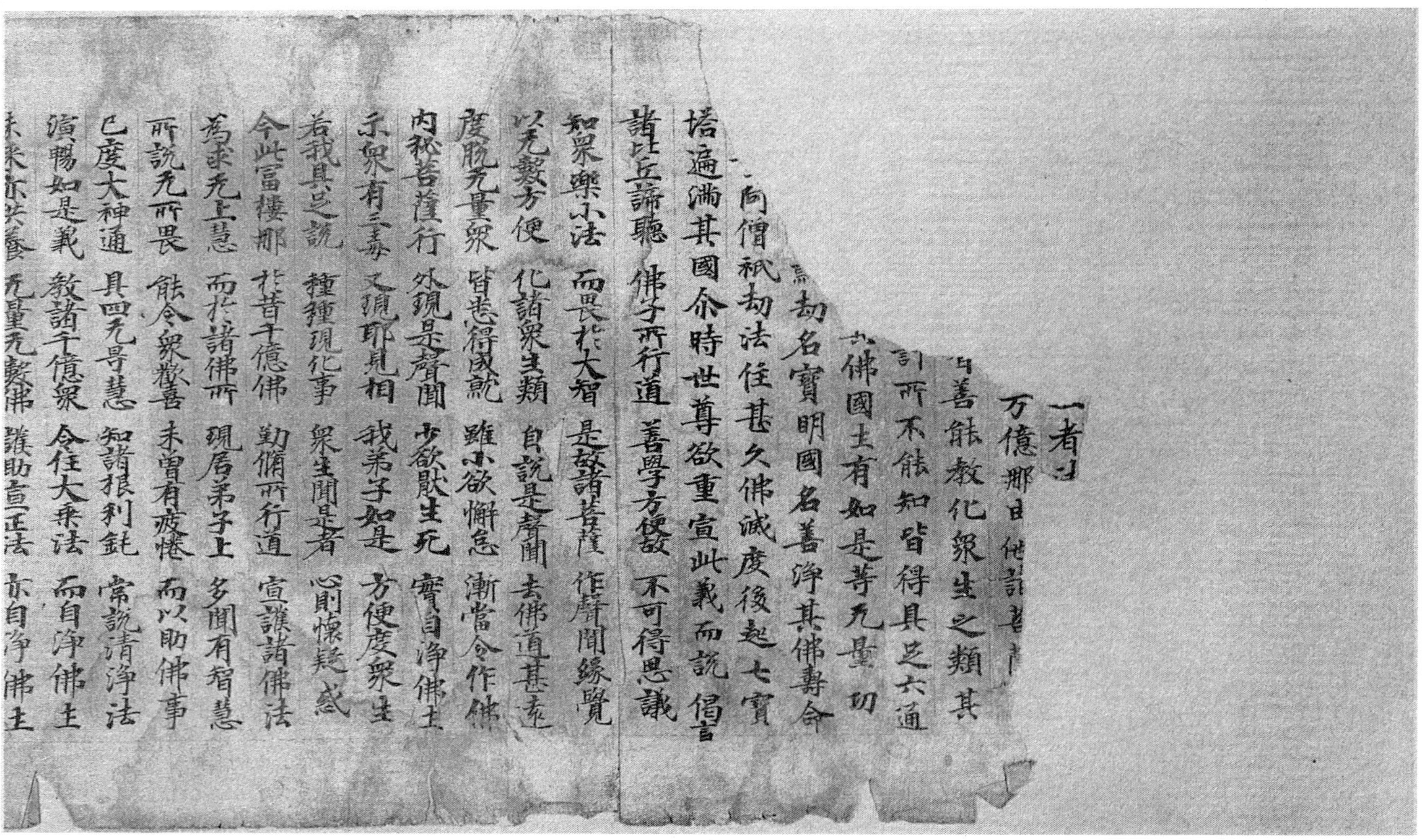
一者
万億那由他諸者
善能教化眾生之類　其
計所不能知皆得具足六通
佛國土有如是等无量功
劫名寶明國名善淨其佛壽命
阿僧祇劫法住甚久佛滅度後起七寶
塔遍滿其國介時世尊欲重宣此義而說偈言
諸比丘諦聽　佛子所行道　善學方便故　不可得思議
知眾樂小法　而畏於大智　是故諸菩薩　作聲聞緣覺
以无數方便　化諸眾生類　自說是聲聞　去佛道甚遠
度脫无量眾　皆悉得成就　雖小欲懈怠　漸當令作佛
內秘菩薩行　外現是聲聞　少欲厭生死　實自淨佛土
示眾有三毒　又現邪見相　我弟子如是　方便度眾生
若我具足說　種種現化事　眾生聞是者　心則懷疑惑
今此富樓那　於昔千億佛　勤脩所行道　宣護諸佛法
為求无上慧　而於諸佛所　現居弟子上　多聞有智慧
所說无所畏　能令眾歡喜　未曾有疲惓　而以助佛事
已度大神通　具四无导慧　知諸根利鈍　常說清淨法
演暢如是義　教諸千億眾　令住大乘法　而自淨佛土
未來亦供養　无量无數佛　護助宣正法　亦自淨佛土

BD05175 號　妙法蓮華經卷四　（17–1）

令此富樓那　於昔千億佛　勤脩所行道　宣護諸佛法
為求无上慧　而於諸佛所　現居弟子上　多聞有智慧
所說无所畏　能令衆歡喜　未曾有疲惓　而以助佛事
已度大神通　具四无导慧　知諸根利鈍　常說清淨法
演暢如是義　教諸千億衆　令住大乘法　而自淨佛土
未來亦供養　无量无數佛　護助宣正法　亦自淨佛土
常以諸方便　說法无所畏　度不可計衆　成就一切智
供養諸如來　護持法寶藏　其後得成佛　号名曰法明
其國名善淨　七寶所合成　劫名為寶明　菩薩衆甚多
其數无量億　皆度大神通　威德力具足　充滿其國土
聲聞亦无數　三明八解脫　得四无导智　以是等為僧
其國諸衆生　婬欲皆已斷　純一變化生　具相莊嚴身
法喜禪悅食　更無餘食想　无有諸女人　亦无諸惡道
富樓那比丘　功德悉成滿　當得斯淨土　賢聖衆甚多
如是无量事　我今但略說
尒時千二百阿羅漢心自在者作是念我等
歡喜得未曾有若世尊各見授記如餘大弟
子者不亦快乎佛知此等心之所念告摩訶
迦葉是千二百阿羅漢我今當現前次第與
受阿耨多羅三藐三菩提記於此衆中我大
弟子憍陳如比丘當供養六万二千億佛然
後得成為佛号曰普明如來應供正遍知明
行足善逝世間解无上士調御丈夫天人師
佛世尊其五百阿羅漢優樓頻螺迦葉伽耶
迦葉那提迦葉迦留陀夷優陀夷阿㝹樓馱
離婆多劫賓那薄拘羅周陀莎伽陀等皆當
得阿耨多羅三藐三菩提盡同一号名曰普

BD05175號　妙法蓮華經卷四

（17–2）

後得成為佛号曰普明如來應供正遍知明
行足善逝世間解无上士調御丈夫天人師
佛世尊其五百阿羅漢優樓頻螺迦葉伽耶
迦葉那提迦葉迦留陀夷優陀夷阿㝹樓馱
離婆多劫賓那薄拘羅周陀莎伽陀等皆當
得阿耨多羅三藐三菩提盡同一号名曰普
明尒時世尊欲重宣此義而說偈言
憍陳如比丘　當見无量佛　過阿僧祇劫　乃成等正覺
常放大光明　具足諸神通　名聞遍十方　一切之所敬
常說无上道　故号為普明　其國土清淨　菩薩皆勇猛
咸昇妙樓閣　遊諸十方國　以无上供具　奉獻於諸佛
作是供養已　心懷大歡喜　須臾還本國　有如是神力
佛壽六万劫　正法住倍壽　像法復倍是　法滅天人憂
其五百比丘　次第當作佛　同号曰普明　轉次而受記
我滅度之後　某甲當作佛　其所化世間　亦如我今日
國土之嚴淨　及諸神通力　菩薩聲聞衆　正法及像法
壽命劫多少　皆如上所說　迦葉汝已知　五百自在者
餘諸聲聞衆　亦當復如是　其不在此會　汝當為宣說
尒時五百阿羅漢於佛前得受記已歡喜踊躍
即從座起到於佛前頭面禮足悔過自責世
尊我等常作是念自謂已得究竟滅度今乃
知之如无智者所以者何我等應得如來智
慧而便自以小智為足世尊譬如有人至
親友家醉酒而臥是時親友官事當行以无
價寶珠繫其衣裏與之而去其人醉臥都不
覺知起已遊行到於他國為衣食故勤力求
索甚大艱難若少有所得便以為足於後親

BD05175號　妙法蓮華經卷四

（17–3）

慧而便自以小智為足世尊譬如有人至
親友家醉酒而卧是時親友官事當行以无
價寶珠繫其衣裏與之而去其人醉卧都不
覺知起已遊行到於他國為衣食故勤力求
索甚大艱難若少有所得便以為足於後親
友會遇見之而作是言咄哉丈夫何為衣食
乃至如是我昔欲令汝得安樂五欲自恣於
某年日月以无價寶珠繫汝衣裏今故現在
而汝不知勤苦憂惱以求自活甚為癡也汝今
可以此寶貿易所須常可如意无所乏短佛
亦如是為菩薩時教化我等令發一切智心
而尋癈忘不知不覺既得阿羅漢道自謂滅
度資生艱難得少為足一切智願猶在不
失今者世尊覺悟我等作如是言諸比丘汝
等所得非究竟滅我久令汝等種佛善根以
方便故示涅槃相而汝謂為實得滅度世尊
我今乃知實是菩薩得受阿耨多羅三藐三
菩提記以是因緣甚大歡喜得未曾有尒時
阿若憍陳如等欲重宣此義而說偈言
我等聞无上　安隱授記聲　歡喜未曾有　礼无量智佛
今於世尊前　自悔諸過咎　於无量佛寶　得少涅槃分
如无智愚人　便自以為足　譬如貧窮人　往至親友家
其家甚大富　具設諸餚饍　以无價寶珠　繫著内衣裏
嘿與而捨去　時卧不覺知　是人既已起　遊行詣他國
求衣食自濟　資生甚艱難　得少便為足　更不願好者
不覺内衣裏　有无價寶珠　與珠之親友　後見此貧人
苦切責之已　示以所繫珠　貧人見此珠　其心大歡喜

BD05175號　妙法蓮華經卷四　（17–4）

如无智愚人　便自以為足　譬如貧窮人　往至親友家
其家甚大富　具設諸餚饍　以无價寶珠　繫著内衣裏
嘿與而捨去　時卧不覺知　是人既已起　遊行詣他國
求衣食自濟　資生甚艱難　得少便為足　更不願好者
不覺内衣裏　有无價寶珠　與珠之親友　後見此貧人
苦切責之已　示以所繫珠　貧人見此珠　其心大歡喜
富有諸財物　五欲而自恣　我等亦如是　世尊於長夜
常愍見教化　令種无上願　我等无智故　不覺亦不知
得少涅槃分　自足不求餘　今佛覺悟我　言非實滅度
得佛无上慧　尒乃為真滅　我今從佛聞　受記莊嚴事
及轉次受決　身心遍歡喜

妙法蓮華經授學无學人記品第九

尒時阿難羅睺羅而作是念我等每自思惟
設得受記不亦快乎即從座起到於佛前頭
面礼足俱白佛言世尊我等於此亦應有分
唯有如來我等所歸又我等為一切世間天
人阿脩羅所見知識阿難常為侍者護持法
藏羅睺羅是佛之子若佛見授阿耨多羅三
藐三菩提記者我願既滿衆望亦足尒時學
无學聲聞弟子二千人皆從座起偏袒右肩
到於佛前一心合掌瞻仰世尊如阿難羅睺
羅所願住立一面尒時佛告阿難汝於未來世
當得作佛号山海慧自在通王如來應供正
遍知明行足善逝世間解无上士調御丈夫
天人師佛世尊當供養六十二億諸佛護持
法藏然後得阿耨多羅三藐三菩提教化二
十千万億恒河沙諸菩薩等令成阿耨多羅

BD05175號　妙法蓮華經卷四　（17–5）

羅所願住立一面尒時佛告阿難汝於来世
當得作佛号山海慧自在通王如来應供正
遍知明行足善逝世間解无上士調御丈夫
天人師佛世尊當供養六十二億諸佛護持
法藏然後得阿耨多羅三藐三菩提教化二
十千万億恒河沙諸菩薩等令成阿耨多羅
三藐三菩提國名常立勝幡其土清淨琉璃
為地劫名妙音遍滿其佛壽命无量千万億
阿僧祇劫若人於千万億无量阿僧祇劫中
筭數校計不能得知正法住世倍於壽命像
法住世復倍正法阿難是山海慧自在通王
佛為十方无量千万億恒河沙等諸佛如来
所共讃歎稱其功德尒時世尊欲重宣此義
而說偈言
我今僧中說　阿難持法者　當供養諸佛　然後成正覺
号曰山海慧　自在通王佛　其國土清淨　名常立勝幡
教化諸菩薩　其數如恒沙　佛有大威德　名聞滿十方
壽命无有量　以愍衆生故　正法倍壽命　像法復倍是
如恒河沙等　无數諸衆生　於此佛法中　種佛道因緣
尒時會中新發意菩薩八千人咸作是念我
等尚不聞諸大菩薩得如是記有何因緣而
諸聲聞得如是決尒時世尊知諸菩薩心之
所念而告之曰諸善男子我與阿難等於空王
佛所同時發阿耨多羅三藐三菩提心阿難
常樂多聞我常懃精進是故我已得成阿
耨多羅三藐三菩提而阿難護持我法亦護
將来諸佛法藏教化成就諸菩薩衆其本願

佛所同時發阿耨多羅三藐三菩提心阿難
常樂多聞我常懃精進是故我已得成阿
耨多羅三藐三菩提而阿難護持我法亦護
將来諸佛法藏教化成就諸菩薩衆其本願
如是故獲斯記阿難面於佛前自聞受記及
國土莊嚴所願具足心大歡喜得未曾有即
時憶念過去无量千万億諸佛法藏通達无
礙如今所聞亦識本願尒時阿難而說偈言
世尊甚希有　令我念過去　无量諸佛法　如今日所聞
我今无復疑　安住於佛道　方便為侍者　護持諸佛法
尒時佛告羅睺羅汝於来世當得作佛号蹈
七寶華如来應供正遍知明行足善逝世間
解无上士調御丈夫天人師佛世尊當供養
十世界微塵等數諸佛如来常為諸佛而作
長子猶如今也是蹈七寶華佛國土莊嚴壽
命劫數所化弟子正法像法亦如山海慧自
在通王如来无異亦為此佛而作長子過是
已後當得阿耨多羅三藐三菩提尒時世尊
欲重宣此義而說偈言
我為太子時　羅睺為長子　我今成佛道　受法為法子
於未来世中　見无量億佛　皆為其長子　一心求佛道
羅睺羅密行　唯我能知之　現為我長子　以示諸衆生
无量億千万　功德不可數　安住於佛法　以求无上道
尒時世尊見學无學二千人其意柔軟寂然
清淨一心觀佛佛告阿難汝見是學无學二
千人不唯然已見阿難是諸人等當供養五
十世界微塵數諸佛如来恭敬尊重護持法

无量億千万　功德不可數　安住於佛法　以求无上道
尒時世尊見學无學二千人其意柔軟寂然
清淨一心觀佛佛告阿難汝見是學无學二
千人不唯然已見阿難是諸人等當供養五
十世界微塵數諸佛如來恭敬尊重護持法
藏末後同時於十方國各得成佛皆同一号
名曰寶相如來應供正遍知明行足善逝世
間解无上士調御丈夫天人師佛世尊壽命
一劫國土莊嚴聲聞菩薩正法像法皆悉同
等尒時世尊欲重宣此義而說偈言
是二千聲聞　今於我前住　悉皆與授記　未來當成佛
所供養諸佛　如上說塵數　護持其法藏　後當成正覺
各於十方國　悉同一名号　俱時坐道場　以證无上慧
皆名為寶相　國土及弟子　正法與像法　悉等无有異
咸以諸神通　度十方眾生　名聞普周遍　漸入於涅槃
尒時學无學二千人聞佛授記歡喜踊躍而
說偈言
世尊慧燈明　我聞授記音　心歡喜充滿　如甘露見灌
妙法蓮華經法師品第十
尒時世尊因藥王菩薩告八万大士藥王汝
見是大眾中无量諸天龍王夜叉乾闥婆阿
脩羅迦樓羅緊那羅摩睺羅伽人與非人及
比丘比丘尼優婆塞優婆夷求聲聞者求辟
支佛者求佛道者如是等類咸於佛前聞妙
法華經一偈一句乃至一念隨喜者我皆與
授記當得阿耨多羅三藐三菩提佛告藥王

BD05175 號　妙法蓮華經卷四　（17–8）

脩羅迦樓羅緊那羅摩睺羅伽人與非人及
比丘比丘尼優婆塞優婆夷求聲聞者求辟
支佛者求佛道者如是等類咸於佛前聞妙
法華經一偈一句乃至一念隨喜者我皆與
授記當得阿耨多羅三藐三菩提佛告藥王
又如來滅度之後若有人聞妙法華經乃至
一偈一句一念隨喜者我亦與授阿耨多羅
三藐三菩提記若復有人受持讀誦解說書
寫妙法華經乃至一偈於此經卷敬視如佛
種種供養華香瓔珞末香塗香燒香繒蓋幢
幡衣服伎樂乃至合掌恭敬藥王當知是諸
人等已曾供養十万億佛於諸佛所成就大
願愍眾生故生此人間
藥王若有人問何等眾生於未來世當得作
佛應示是諸人等於未來世必得作佛何以
故若善男子善女人於法華經乃至一句受
持讀誦解說書寫種種供養經卷華香瓔珞
末香塗香燒香繒蓋幢幡衣服伎樂合掌恭
敬是人一切世間所應瞻奉應以如來供養
而供養之當知此人是大菩薩成就阿耨多
羅三藐三菩提哀愍眾生願生此間廣演分
別妙法華經何況盡能受持種種供養者藥
王當知是人自捨清淨業報於我滅後愍眾
生故生於惡世廣演此經若是善男子善女
人我滅度後能竊為一人說法華經乃至一
句當知是人則如來使如來所遣行如來事
何況於大眾中廣為人說藥王若有惡人以

BD05175 號　妙法蓮華經卷四　（17–9）

王當知是人自捨清淨業報於我滅後愍衆
生故生於惡世廣演此經若是善男子善女
人我滅度後能竊為一人說法華經乃至一
句當知是人則如來使如來所遣行如來事
何況於大衆中廣為人說藥王若有惡人以
不善心於一劫中現於佛前常毀罵佛其罪
尚輕若人以一惡言毀呰在家出家讀誦法
華經者其罪甚重藥王其有讀誦法華經者
當知是人以佛莊嚴而自莊嚴則為如來肩
所荷擔其所至方應隨向礼一心合掌恭敬
供養尊重讚歎華香瓔珞末香塗香燒香繒
蓋幢幡衣服餚饍作諸伎樂人中上供而供
養之應持天寶而以散之天上寶聚應以奉
獻所以者何是人歡喜說法須臾聞之即得
究竟阿耨多羅三藐三菩提故尒時世尊欲
重宣此義而說偈言
若欲住佛道　成就自然智　常當懃供養　受持法華者
其有欲疾得　一切種智慧　當受持是經　并供持經者
若有能受持　妙法華經者　當知佛所使　愍念諸衆生
諸有能受持　妙法華經者　捨於清淨土　愍衆故生此
當知如是人　自在所欲生　能於此惡世　廣說无上法
應以天華香　及天寶衣服　天上妙寶聚　供養說法者
吾滅後惡世　能持是經者　當合掌礼敬　如供養世尊
上饌衆甘美　及種種衣服　供養是佛子　兾得須臾聞
若能於後世　受持是經者　我遣在人中　行於如來事
若於一劫中　常懷不善心　作色而罵佛　獲无量重罪
其有讀誦持　是法華經者　須臾加惡言　其罪復過彼
有人求佛道　而於一劫中　合掌在我前　以无數偈讚

BD05175號　妙法蓮華經卷四　（17–10）

吾滅後惡世　能持是經者　當合掌礼敬　如供養世尊
上饌衆甘美　及種種衣服　供養是佛子　兾得須臾聞
若能於後世　受持是經者　我遣在人中　行於如來事
若於一劫中　常懷不善心　作色而罵佛　獲无量重罪
其有讀誦持　是法華經者　須臾加惡言　其罪復過彼
有人求佛道　而於一劫中　合掌在我前　以无數偈讚
由是讚佛故　得无量功德　歎美持經者　其福復過彼
於八十億劫　以最妙色聲　及與香味觸　供養持經者
如是供養已　若得須臾聞　則應自欣慶　我今獲大利
藥王今告汝　我所說諸經　而於此經中　法華最第一
尒時佛復告藥王菩薩摩訶薩我所說經典
无量千万億已說今說當說而於其中此法華
經最為難信難解藥王此經是諸佛秘要之
藏不可分布妄授與人諸佛世尊之所守護
從昔已來未曾顯說而此經者如來現在猶
多怨嫉況滅度後藥王當知如來滅後其能
書持讀誦供養為他人說者如來則為以衣
覆之又為他方現在諸佛之所護念是人有
大信力及志願力諸善根力當知是人與如
來共宿則為如來手摩其頭藥王在在處處
若說若讀若誦若書若經卷所住之處皆應
起七寶塔極令高廣嚴飾不須復安舍利所以
者何此中已有如來全身此塔應以一切華
香瓔珞繒蓋幢幡伎樂歌頌供養恭敬尊
重讚歎若有人得見此塔礼拜供養當知是
等皆近阿耨多羅三藐三菩提藥王多有人在
家出家行菩薩道若不能得見聞讀誦書持

BD05175號　妙法蓮華經卷四　（17–11）

者何此中已有如来全身此塔應以一切華
香瓔珞繒蓋幢幡伎樂歌頌供養恭敬尊
重讚歎若有人得見此塔礼拜供養當知是
等皆近阿耨多羅三藐三菩提藥王多有人在
家出家行菩薩道若不能得見聞讀誦書持
供養是法華經者當知是人未善行菩薩道
若有得聞是經典者乃能善行菩薩之道其
有衆生求佛道者若見若聞是法華經聞已
信解受持者當知是人得近阿耨多羅三藐
三菩提
藥王譬如有人渴乏須水於彼高原穿鑿求
之猶見乾土知水尚遠施功不已轉見濕土
遂漸至泥其心決定知水必近菩薩亦復如
是若未聞未解未能脩習是法華經當知是
人去阿耨多羅三藐三菩提尚遠若得聞解
思惟脩習必知得近阿耨多羅三藐三菩提
所以者何一切菩薩阿耨多羅三藐三菩提
皆属此經此經開方便門示真實相是法華
經藏深固幽遠无人能到今佛教化成就菩
薩而為開示藥王若有菩薩聞是法華經驚
疑怖畏當知是為新發意菩薩若聲聞人聞
是經驚疑怖畏當知是為增上慢者藥王若
有善男子善女人如来滅後欲為四衆說是
法華經者云何應說是善男子善女人入如
来室著如来衣坐如来座尒乃應為四衆廣
說斯經如来室者一切衆生中大慈悲心是
如来衣者柔和忍辱心是如来座者一切法

BD05175號　妙法蓮華經卷四　（17–12）

有善男子善女人如来滅後欲為四衆說是
法華經者云何應說是善男子善女人入如
来室著如来衣坐如来座尒乃應為四衆廣
說斯經如来室者一切衆生中大慈悲心是
如来衣者柔和忍辱心是如来座者一切法
空是安住是中然後以不懈怠心為諸菩薩
及四衆廣說是法華經藥王我於餘國遣化
人為其集聽法衆亦遣化比丘比丘尼優婆
塞優婆夷聽其說法是諸化人聞法信受隨
順不逆若說法者在空閑處我時廣遣天龍
鬼神乾闥婆阿脩羅等聽其說法我雖在異
國時時令說法者得見我身若於此經忘失
句逗我還為說令得具足尒時世尊欲重宣
此義而說偈言
欲捨諸懈怠　應當聽此經　是經難得聞　信受者亦難
如人渴須水　穿鑿於高原　猶見乾燥土　知去水尚遠
漸見濕土泥　決定知近水　藥王汝當知　如是諸人等
不聞法華經　去佛智甚遠　若聞是深經　決了聲聞法
是諸經之王　聞已諦思惟　當知此人等　近於佛智慧
若人說此經　應入如来室　著於如来衣　而坐如来座
處衆无所畏　廣為分別說　大慈悲為室　柔和忍辱衣
諸法空為座　處此為說法　若說此經時　有人惡口罵
加刀杖瓦石　念佛故應忍　我千万億土　現淨堅固身
於无量億劫　為衆生說法　若我滅度後　能說此經者
我遣化四衆　比丘比丘尼　及清淨士女　供養於法師
引導諸衆生　集之令聽法　若人欲加惡　刀杖及瓦石
則遣變化人　為之作衛護　若說法之人　獨在空閑處

BD05175號　妙法蓮華經卷四　（17–13）

於无量億劫　為衆生說法　若我滅度後　能說此經者
我遣化四衆　比丘比丘尼　及清淨士女　供養於法師
引道諸衆生　集之令聽法　若人欲加惡　刀杖及瓦石
則遣變化人　為之作衛護　若說法之人　獨在空閑處
寂漠无人聲　讀誦此經典　我尒時為現　清淨光明身
若忘失章句　為說令通利　若人具是德　或為四衆說
空處讀誦經　皆得見我身　若人在空閑　我遣天龍王
夜叉鬼神等　為作聽法衆　是人樂說法　分別无罣㝵
諸佛護念故　能令大衆喜　若親近法師　速得菩薩道
隨順是師學　得見恒沙佛

妙法蓮華經見寶塔品第十一

尒時佛前有七寶塔高五百由旬縱廣二百
五十由旬從地踊出住在空中種種寶物而
莊挍之五千蘭楯龕室千万无數幢幡以為
嚴餝垂寶瓔珞寶鈴万億而懸其上四面皆
出多摩羅跋栴檀之香充遍世界其諸幡蓋
以金銀琉璃車𤦲馬瑙真珠玫瑰七寶合成
高至四天王宮三十三天雨天曼陁羅華供
養寶塔餘諸天龍夜叉乾闥婆阿脩羅迦樓
羅緊那羅摩睺羅伽人非人等千万億衆以
一切華香瓔珞幡蓋伎樂供養寶塔恭敬尊
重讚歎尒時寶塔中出大音聲歎言善哉善
哉釋迦牟尼世尊能以平等大慧教菩薩法
佛所護念妙法華經為大衆說如是如是釋
迦牟尼世尊如所說者皆是真實
尒時四衆見大寶塔住在空中又聞塔中所

重讚歎尒時寶塔中出大音聲歎言善哉善
哉釋迦牟尼世尊能以平等大慧教菩薩法
佛所護念妙法華經為大衆說如是如是釋
迦牟尼世尊如所說者皆是真實
尒時四衆見大寶塔住在空中又聞塔中所
出音聲皆得法喜恠未曾有從座而起恭敬
合掌却住一面尒時有菩薩摩訶薩名大樂
說知一切世間天人阿脩羅等心之所疑而
白佛言世尊以何因緣有此寶塔從地踊出
又於其中發是音聲尒時佛告大樂說菩薩
此寶塔中有如来全身乃往過去東方无量
千万億阿僧祇世界國名寶淨彼中有佛号曰
多寶其佛行菩薩道時作大誓願若我成佛
滅度之後於十方國土有說法華經處我之
塔廟為聽是經故踊現其前為作證明讚言
善哉彼佛成道已臨滅度時於天人大衆中
告諸比丘我滅度後欲供養我全身者應起
一大塔其佛以神通願力十方世界在在處
處若有說法華經者彼之寶塔皆踊出其前
全身在於塔中讚言善哉善哉大樂說今多
寶如来塔聞說法華經故從地踊出讚言善
哉善哉是時大樂說菩薩以如来神力故白佛
言世尊我等願欲見此佛身佛告大樂說
菩薩摩訶薩是多寶佛有深重願若我寶
塔為聽法華經故出於諸佛前時其有欲以我
身示四衆者彼佛分身諸佛在於十方世界
說法盡還集一處然後我身乃出現耳大樂

言世尊我等願欲見此佛身佛告大樂說
菩薩摩訶薩是多寶佛有深重願若我寶
塔為聽法華經故出於諸佛前時其有欲以我
身示四衆者彼佛分身諸佛在於十方世界
說法盡還集一處然後我身乃出現耳大樂
說我分身諸佛在於十方世界說法者今應
當集大樂說白佛言世尊我等亦願欲見世
尊分身諸佛禮拜供養
尒時佛放白毫一光即見東方五百万億那
由他恒河沙等國土諸佛彼諸國土皆以頗
梨為地寶樹寶衣以為莊嚴无數千万億菩
薩充滿其中遍張寶幔寶網羅上彼國諸佛
以大妙音而說諸法及見无量千万億菩薩
遍滿諸國為衆說法南西北方四維上下白
毫相光所照之處亦復如是尒時十方諸佛
各告衆菩薩言善男子我今應往娑婆世界
釋迦牟尼佛所并供養多寶如來寶塔時娑
婆世界即變清淨瑠璃為地寶樹莊嚴黃金
為繩以界八道无諸聚落村營城邑大海江
河山川林藪燒大寶香曼陀羅華遍布其地
以寶網幔羅覆其上懸諸寶鈴唯留此會衆
移諸天人置於他土是時諸佛各將一大菩
薩以為侍者至娑婆世界各到寶樹下一一
寶樹高五百由旬枝葉華菓次第莊嚴諸寶
樹下皆有師子之座高五由旬亦以大寶而
挍飾之
尒時諸佛各於此座結跏趺坐如是展轉遍

BD05175號　妙法蓮華經卷四　　（17–16）

以寶網幔羅覆其上懸諸寶鈴唯留此會衆
移諸天人置於他土是時諸佛各將一大菩
薩以為侍者至娑婆世界各到寶樹下一一
寶樹高五百由旬枝葉華菓次第莊嚴諸寶
樹下皆有師子之座高五由旬亦以大寶而
挍飾之
尒時諸佛各於此座結跏趺坐如是展轉遍
滿三千大千世界而於釋迦牟尼佛一方所
分之身猶故未盡時釋迦牟尼佛欲容受所
分身諸佛故八方各更變二百万億那由他
國皆令清淨无有地獄餓鬼畜生及阿脩羅
又移諸天人置於他土所化之國亦以瑠璃
為地寶樹莊嚴樹高五百由旬枝葉華菓次
第嚴飾樹下皆有寶師子座高五由旬種種
諸寶以為莊挍亦无大海江河及目真隣陁
山摩訶目真隣陁山鐵圍山大鐵圍山須弥
山等諸山王通為一佛國土寶地平正寶交
露幔遍覆其上懸諸幡蓋燒大寶香諸天寶
華遍布其地釋迦牟尼佛為諸佛當來坐故

BD05175號　妙法蓮華經卷四　　（17–17）

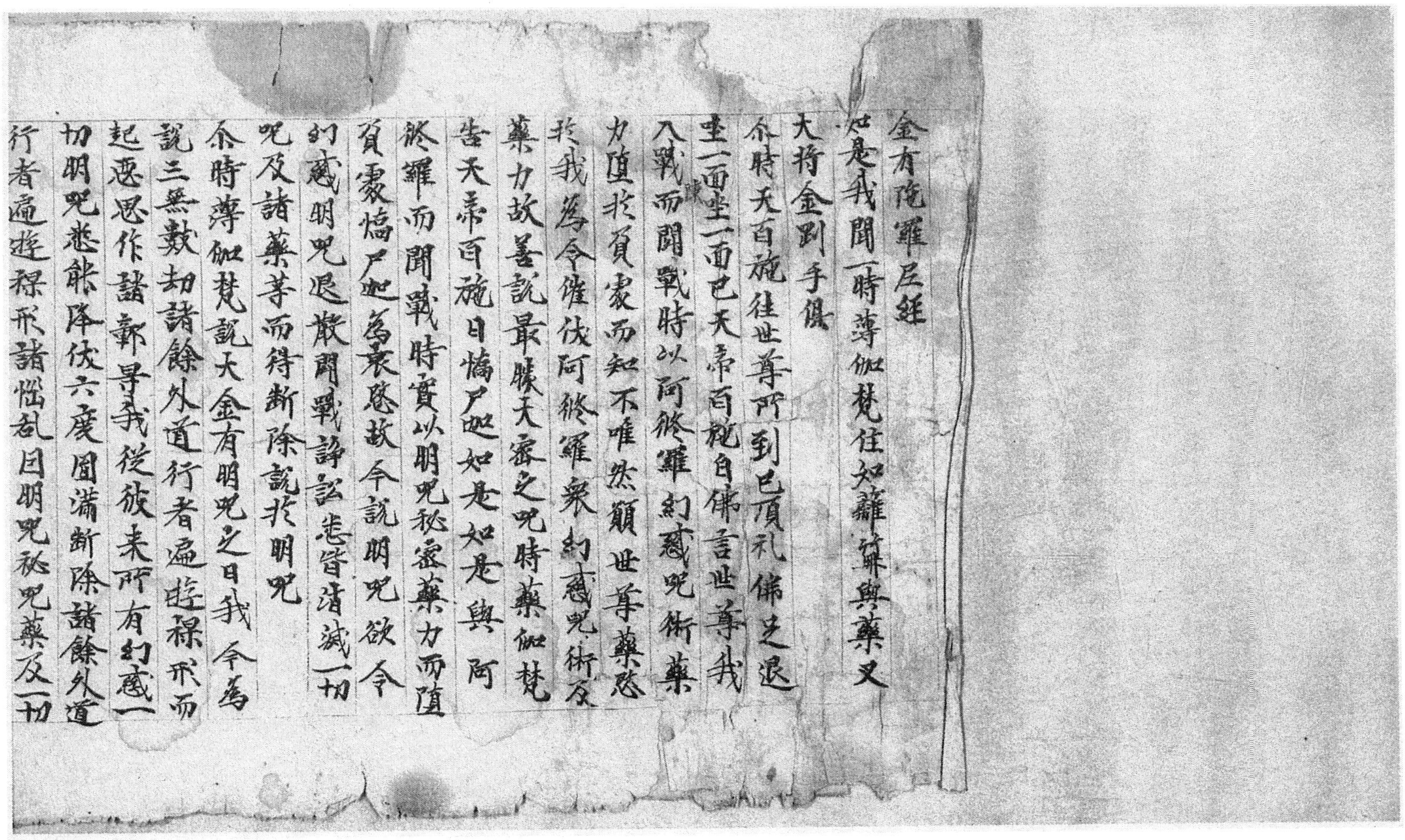

金有陀羅尼經
如是我聞一時薄伽梵住如離[illegible]與藥叉
大將金剛手俱
尒時天百施往世尊所到已頂礼佛足退
坐一面坐一面已天帝百施白佛言世尊我
入戰而鬪戰時以阿修羅幻惑呪術藥
力墮於負處而知不唯然願世尊藥慈
於我爲令催伏阿修羅衆幻惑呪術及
藥力故善説最勝天衆之呪時薄伽梵
告天帝百施日憍尸迦如是如是與阿
修羅而鬪戰時實以明呪秘密藥力而墮
負處憍尸迦爲衆慈故今説明呪欲令
幻惑明呪退散鬪戰諍訟悉皆消滅一切
呪及諸藥等而得斷除説於明呪
尒時薄伽梵説大金有明呪之日我今爲
説三無數劫諸餘外道行者遍遊禄形而
起惡思作諸鄣㝵我從彼來所有幻惑一
切明呪悉能降伏六度圓滿斷除諸餘外道
行者遍遊禄形諸惱亂因明呪秘呪藥及一切

BD05176 號 1　金有陀羅尼經　（8–1）

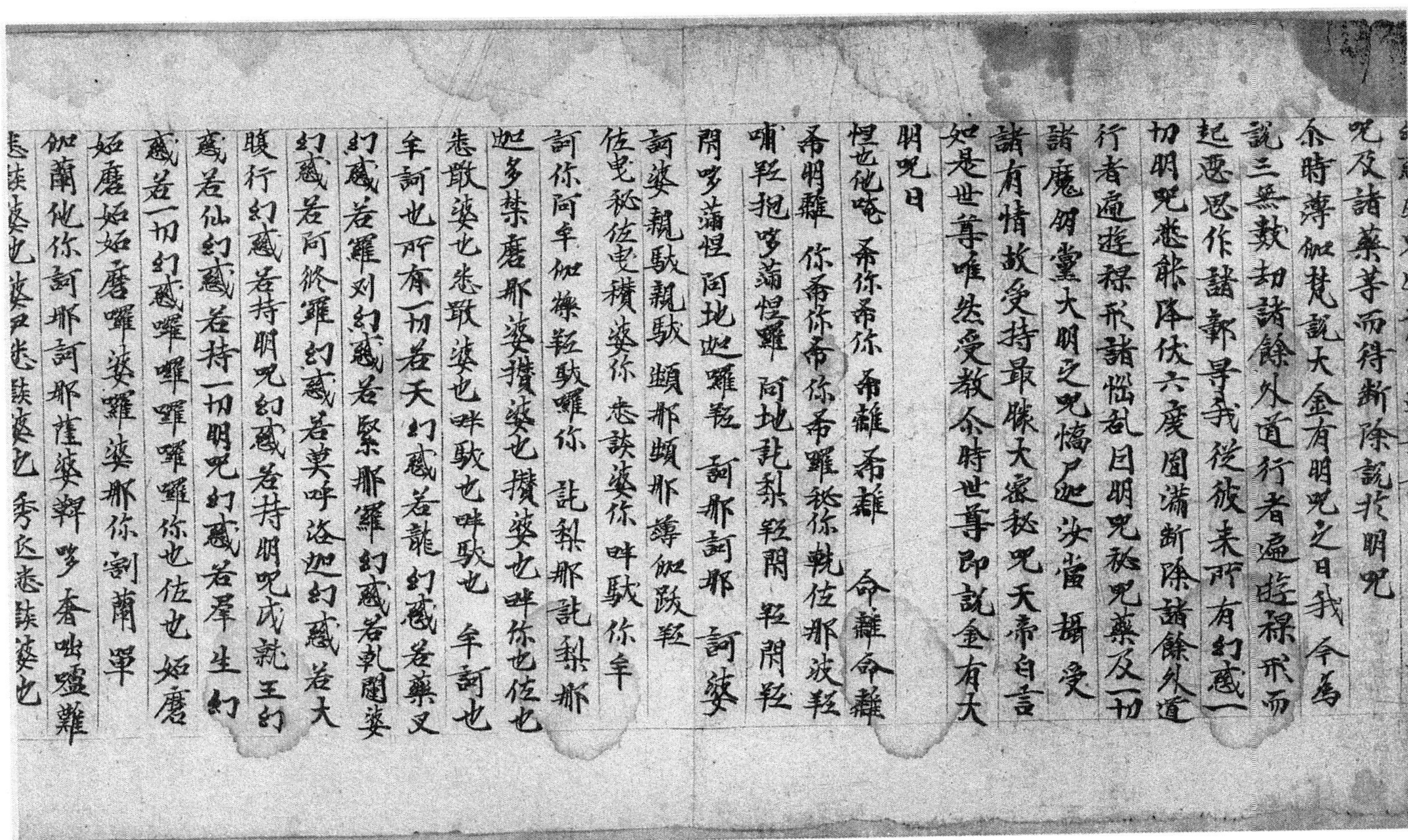

呪及諸藥等而得斷除説於明呪
尒時薄伽梵説大金有明呪之日我今爲
説三無數劫諸餘外道行者遍遊禄形而
起惡思作諸鄣㝵我從彼來所有幻惑一
切明呪悉能降伏六度圓滿斷除諸餘外道
行者遍遊禄形諸惱亂因明呪秘呪藥及一切
諸魔眷黨大明之呪憍尸迦汝當攝受
諸有情故受持最勝大衆秘呪天帝白言
如是世尊唯然受教尒時世尊即説金有大
明呪曰
怛也他唵 希你希你 希離希離 命離命離
希明離 你希你希你希羅秘你軌佐那波羅
哺羅抱哆蒲怛羅 阿地訖梨羅閉 羅閉羅
閉哆蒲怛 阿地迦羅羅 訶那訶那 訶婆
訶婆親馱親馱 蹞那蹞那薄伽跋羅
佐曳秘佐曳積婆你 悉談婆你 畔馱你牟
訶你阿牟伽攃羅馱囉你 訖梨那訖梨那
迦多禁磨那婆攢婆也攢婆也畔你也佐也
悉敢婆也悉敢婆也畔馱也畔馱也 牟訶也
牟訶也所有一切若天幻惑若龍幻惑若藥叉
幻惑若羅刹幻惑若緊那羅幻惑若乾闥婆
幻惑若阿修羅幻惑若莫呼洛迦幻惑若大
瞋行幻惑若持明呪幻惑若持明呪戌就王幻
惑若仙幻惑若持一切明呪幻惑若羣生幻
惑若一切幻惑囉囉囉囉囉你也佐也姤磨
姤磨姤磨囉婆羅婆那你劍蘭單
伽蘭他你訶那訶那薩婆粹哆香咄璽難
悉昳婆也波尸悉昳婆也秀丘悉昳婆也

BD05176 號 1　金有陀羅尼經　（8–2）

瞋行幻惑若持明呪幻惑若持明呪成就王幻
惑若仙幻惑若持一切明呪幻惑若羣生幻
惑若一切幻惑囉囉囉囉你也佐也姤磨
姤磨姤姤磨囉婆羅婆挪你剎蘭單
伽蘭佗你訶挪訶挪薩婆粹哆奢咄嚧離
悉詵婆也婆尸悉詵婆也秀返悉詵婆也
薩南悉詵婆也婆嚧難悉詵也悉你宿悉詵
婆也韓軛哆梨梨哆馱囉粒惟馱羅寧波
奢訶悉粒弊奢佗也婆世挪若有於我能
為惡諍諸賊嗔恚具損惡心鬪諍極諍欲作一
切無利益者訶挪訶挪哆訶哆訶婆佐波
佐半佐也半佐也攢婆也攢婆也悉詵婆也悉
詵婆也半馱也半馱也牟訶也牟訶也　摩訶
牟訶你薄伽跋粒薄訶
於一切怖畏嬈惱疾疫願守護我叭馱婆訶
憍尸迦若善男子善女人若王若王大臣能
憶此金有明呪者彼無他怖畏於彼部黨他所
設軍不能緩惱亦非天亦非龍亦非藥叉亦
非乹闥婆亦非阿修羅亦非緊挪羅亦非莫
呼洛迦亦非持明呪者亦非非空母等亦不非時
而捨壽命明呪秘呪一切諸藥不能為害
他所設軍不能緩達他所設軍而不復令刀
不能害水火毒藥明呪秘呪一切諸藥而不
能緩還著於彼自作教他隨喜造罪彼之
憂所憍尸迦是故淨信苾芻苾芻尼烏彼
柒迦烏彼斯迦善男子善女人等以此明呪呪
水七遍自洗其身能護於身若有欲令於一
切怖畏一切疾疫一切明呪一切秘呪

BD05176 號 1　金有陀羅尼經　（8–3）

不能害水火毒藥明呪秘呪一切諸藥而不
能緩還著於彼自作教他隨喜造罪彼之
憂所憍尸迦是故淨信苾芻苾芻尼烏彼
柒迦烏彼斯迦善男子善女人等以此明呪呪
水七遍自洗其身能護於身若有欲令於一
切怖畏一切嬈惱一切疾疫一切明呪一切秘呪
一切諸藥一切厭蠱而起過者當念此金有
明呪若王若王大臣若欲催他軍衆伏他軍
衆亦當念此金有明呪若呪線七遍作七結已
繫於身上若呪水七遍能護自身若有害㝵
於一切怖畏無郭尋陁羅尼或能受持或繫
睚下若置高幢入軍陳者善安得脫以此明
呪威神之力由施眷屬善安超過未成能成
若欲催伏諸明呪者於自線上呪七遍已作七
結者能繫催伏若欲催伏諸幻惑者取塚
間土呪七遍已而散擲者能催幻惑論競之
時欲禁其口取秦艽離呪七遍已而嚼對者
一切言語論悉能對若受持讀誦而稱讚者
一切諸罪悉皆消滅劫往於彼造作之者及惡
惟所式繫於綖及水自護者於彼身上一切明
呪秘呪諸藥不能為害未成辯者悉能成辯
彼所求事一切順從時薄伽梵說是語已天帝
百施聞佛所說信受奉行
金有陁羅尼經一卷

金有陁羅尼經

BD05176 號 1　金有陀羅尼經　（8–4）

百施聞佛所說信受奉行
金有陁羅尼經一卷

金有陁羅尼經
如是我聞一時薄伽梵住如離等與藥叉
大將金剛手俱
尒時天帝百施往世尊所到已頂礼佛足退
坐一面坐一面已天帝百施白佛言世尊我入
戰陣而閞戰時以阿修羅幻惑呪術藥
力墮於負處而知已不唯然願世尊
慈愍於我為令催伏阿修羅衆幻惑呪
術及藥力故善說最勝大家之呪時薄伽
梵告天帝百施曰憍尸迦如是如是與阿
修羅而閞戰時實以明呪秘密藥力而墮
負處憍尸迦為哀愍故今說明呪欲令
幻惑明呪退散閞戰諍訟悉皆消滅一切秘
呪及諸藥等而得斷除說於明呪
尒時薄伽梵說大金有明呪之日我今為
說三無數劫諸餘外道行者遍鞋梯形而
起惡思作諸邪导我從彼来所有幻惑一切
明呪悉能降伏六度圓滿斷除諸餘外道行
者遍鞋梯形諸惱乱日明呪秘呪藥及一切
諸魔佣黨大明之呪憍尸迦汝當攝受諸
有情故受持最勝大家秘呪天帝白言
如是世尊唯然受教尒時世尊即說金有大
明呪曰

BD05176 號 2　金有陀羅尼經　（8–5）

明呪悉能降伏六度圓滿斷除諸餘外道行
者遍鞋梯形諸惱乱日明呪秘呪藥及一切
諸魔佣黨大明之呪憍尸迦汝當攝受諸
有情故受持最勝大家秘呪天帝白言
如是世尊唯然受教尒時世尊即說金有大
明呪曰
怛也他唵　希你希你　希離希離　命離命離
希明離你希你希你希囉秘你乾佐那波羝
哺羝抱哆蒲怛囉　阿地訖梨羝閉羝閉羝
閉哆蒲怛阿地迦囉羝　訶那訶那　訶婆
訶婆覩馱覩馱　頻那頻　薄伽跋羝
佐也秘佐曳　攢婆你　悉諜婆你　畔馱你牟
訶你阿牟伽爍羝馱囉你　訖梨那訖梨那
迦多禁麼那婆攢婆也攢婆也畔你也畔佐也
悉散婆也悉散婆也　畔馱也畔馱也　牟訶也
牟訶也　所有一切若天幻惑若龍幻惑若藥叉
幻惑若羅刹幻惑若緊那羅幻惑若乾闥婆
幻惑若阿修羅幻惑若莫呼洛迦幻惑若大
腹行幻惑若持明呪幻惑若持明呪成就王的
惑若仙幻惑若持一切明呪的惑若羣生的
惑若一切的惑囉囉囉囉你也囉佐也姤麼
姤麼姤姤麼囉婆囉婆囉婆那你剎蘭單
伽蘭他你訶那訶那薩婆斡哆奢咄盧難
悉諜婆也婆尹悉諜婆也　秀迭悉諜婆也
蘱南悉諜婆也　婆嚧難悉諜婆也惡你實悉諜
婆也楠尉乾哆梨哆　梨馱囉羝惟　馱囉孚波
奢訶悉羝幹奢佗也婆世那若有苾我能
為惡受者成真恚具㨿惡心閞靜懸諍欲作一

BD05176 號 2　金有陀羅尼經　（8–6）

伽蘭他你訶那訶那薩婆軒哆沓咄嚧難
悉誅婆也婆尸悉誅婆也 秀迄悉誅婆也
藴南悉誅婆也 婆嚧難悉誅婆也惡你賔悉誅
婆也辯乾哆梨哆 梨馱羅鞮惟 馱囉寧波
杳訶悉鞮弊杳他也婆世那 若有於我能
為惡敵諸賊嗔恚具棘惡心鬪諍推諍欲作一
切無利益者訶那訶那哆訶哆訶波佐波
佐半佐也半佐也積婆也積婆也悉誅婆也悉
誅婆也半馱也半馱也牟訶也牟訶也摩訶
牟訶你薄伽跛鞮婆訶
於一切怖畏娩惱疾疫願守護我叭馱婆訶
憍尸迦若善男子善女人若王若王大臣能
憶此金有明呪者彼無他怖畏於彼鄣礙他所
敵軍不能侵惱亦非天亦非龍亦非藥叉亦
非乾闥婆亦非阿修羅亦非緊那羅亦非莫
呼洛迦亦非持明呪者亦非非定毋等亦不非時
而捨壽命明呪秘呪一切諸藥不能為害
他所敵軍不能侵達他所敵軍而不復命刀
不能害水火毒藥明呪秘呪一切諸藥而不
能侵逐著於彼自作教他墮喜造罪彼之
處所憍尸迦是故淨信苾芻苾芻尼信彼
索迦信彼斯迦善男子善女人等以此明呪呪
水七遍自洗其身能護於身若有欲令於一
切怖畏一切娩惱一切疾疫一切明呪一切 秘呪
一切諸藥一切厭蠱而起過者當念此金有
明呪若王若王大臣若欲催他軍衆伏他軍
衆亦當念此金有明呪若呪線七遍作七結已
繫於身上若呪水七遍能護自身若有書寫

BD05176 號 2　金有陀羅尼經　（8–7）

索迦信彼斯迦善男子善女人等以此明呪呪
水七遍自洗其身能護於身若有欲令於一
切怖畏一切娩惱一切疾疫一切明呪一切 秘呪
一切諸藥一切厭蠱而起過者當念此金有
明呪若王若王大臣若欲催他軍衆伏他軍
衆亦當念此金有明呪若呪線七遍作七結已
繫於身上若呪水七遍能護自身若有書寫
於一切怖畏無鄣畏陀羅尼或能受持或繫
腰下若置高幢入軍陣者善安得脫以此明
呪威神之力內施眷屬善安超過未戍能戍
若欲催伏諸明呪者於白線上呪七遍已作七
結者能繫催伏若欲催伏諸紛惑者取據
鬪士呪七遍已而散擲者能催紛惑論覺之
時欲禁其口取秦艽蘿呪七遍已而壓臂者
一切言語論悉能對若受持讀誦而稱讚者
一切諸罪悉皆消滅刼往於彼造作之者及思
惟所或繫於繩及水自護者於彼身上一切明
呪秘呪諸藥不能為害未成辦者悉能成辦彼
所求事一切順從時薄伽梵說是語已天帝百
施聞佛所說信受奉行

金有陀羅尼經一卷

BD05176 號 2　金有陀羅尼經　（8–8）

我本著邪見　為諸梵志師
悉除邪見　於空法得證
乃自覺　非是實滅度
夜叉衆　龍神等恭敬
非　永盡滅无餘
佛於大衆中　說我當作佛　聞如是法音　疑悔悉已除
初聞佛所說　心中大驚疑　將非魔作佛　惱亂我心耶
佛以種種緣　譬喻巧言說　其心安如海　我聞疑網斷
佛說過去世　无量滅度佛　安住方便中　亦皆說是法
現在未來佛　其數无有量　亦以諸方便　演說如是法
如今者世尊　從生及出家　得道轉法輪　亦以方便說
世尊說實道　波旬无此事　以是我定知　非是魔作佛
我墮疑網故　謂是魔所為　聞佛柔濡音　深遠甚微妙
演暢清淨法　我心大歡喜　疑悔永已盡　安住實智中
我定當作佛　為天人所敬　轉无上法輪　教化諸菩薩
尒時佛告舍利弗　吾今於天人沙門婆羅門
等大衆中說　我昔曾於二万億佛所為无上
道故常教化汝　汝亦長夜隨我受學　我以方
便引導汝故生我法中　舍利弗　我昔教汝志
願佛道　汝今悉忘　而便自謂已得滅度　我今
還欲令汝憶念本願所行道故　為諸聲聞說
是大乘經　名妙法蓮華教菩薩法佛所護念

BD05177號　妙法蓮華經卷二　（2–1）

如今者世尊　從生及出家　得道轉法輪　亦以方便說
世尊說實道　波旬无此事　以是我定知　非是魔作佛
我墮疑網故　謂是魔所為　聞佛柔濡音　深遠甚微妙
演暢清淨法　我心大歡喜　疑悔永已盡　安住實智中
我定當作佛　為天人所敬　轉无上法輪　教化諸菩薩
尒時佛告舍利弗　吾今於天人沙門婆羅門
等大衆中說　我昔曾於二万億佛所為无上
道故常教化汝　汝亦長夜隨我受學　我以方
便引導汝故生我法中　舍利弗　我昔教汝志
願佛道　汝今悉忘　而便自謂已得滅度　我今
還欲令汝憶念本願所行道故　為諸聲聞說
是大乘經　名妙法蓮華教菩薩法佛所護念
舍利弗　汝於未來世過无量无邊不可思議
劫供養若干千万億佛　奉持正法　具足菩薩
所行之道　當得作佛　号曰華光如來應供正
遍知明行足善逝世間解无上士調御丈夫
天人師佛世尊　國名離垢　其土平政清淨嚴
餝安隱豊樂　天人熾盛　瑠璃為地　有八交道

BD05177號　妙法蓮華經卷二　（2–2）

汝等苾芻咸應礼敬菩薩本身此之舍利乃
是无量戒定慧香之所熏馥最上福田極難
逢遇時諸苾芻及諸大衆咸皆至心合掌恭
敬頂礼舍利歎未曾有時阿難陁前礼佛足
白言世尊如來大師出過一切為諸有情之
所恭敬何因緣故礼此身骨佛告阿難陁我
因此骨速證无上正等菩提為報往恩我今
致礼復告阿難陁吾今為汝及諸大衆断除
疑惑說是舍利往昔因緣汝等善思當一
心聽阿難陁曰我等樂聞願為開闡阿難陁過
去世時有一國王名曰大車巨富多財庫藏
盈滿軍兵武勇衆所欽伏常以正法施化
黔黎人民熾盛无有怨敵國大夫人誕生三子
顏容端正人所樂觀太子名曰摩訶波羅娑
名曰摩訶提婆幼子名曰摩訶薩埵是時
大王為欲遊觀縱賞山林其三王子亦皆隨
從為求花果捨父周旋至大竹林於中憩息

盈滿軍兵武勇衆所欽伏常以正法施化
黔黎人民熾盛无有怨敵國大夫人誕生三子
顏容端正人所樂觀太子名曰摩訶波羅娑
名曰摩訶提婆幼子名曰摩訶薩埵是時
大王為欲遊觀縱賞山林其三王子亦皆隨
從為求花果捨父周旋至大竹林於中憩息
第一王子作如是言我於今日心甚驚惶於
此林中將无猛獸損害於我第二王子復作
是言我於自身初无悋惜恐於所愛有別
離苦第三王子白二兄曰
此是神仙所居處　我无恐怖別離憂
身心充遍生歡喜　當獲殊勝諸功德
時諸王子各說本心所念之事次復前行見
有一虎產生七子纔經七日諸子圍繞飢渴
所逼身形羸瘦將死不久第一王子作如是
言哀哉此虎產來七日七子圍繞无暇求食
飢渴所逼必還噉子薩埵王子問言此虎每
常所食何物第一王子答曰
虎豹豺師子　唯噉熱血肉　更无餘飲食　可濟此虛羸
第二王子聞此語已作如是言此虎羸瘦飢
渴所逼餘命无幾我等何能為求如是難得
飲食誰復為斯自捨身命濟其飢苦第一王
子言一切難捨无過己身薩埵王子言我等
今者於自己身各生愛戀復无智慧不能於
他而興利益然有上士懷大悲心常為利他
忘身濟物復作是念我今此身於百千生虛
棄爛壞曾无所益云何今日而不能捨以濟
飢苦如捐涕唾時諸王子作是議已各起慈

[illegible]其自捨身命濟其食者第一王
子言一切難捨无過己身薩埵王子言我等
今者於自己身各生愛戀復无智慧不能於
他而興利益然有上士懷大悲心常為利他
忘身濟物復作是念我今此身於百千生虛
棄爛壞曾无所益云何今日而不能捨以濟
飢苦如捐涕唾時諸王子作是議已各起慈
心悽傷愍念共觀羸虎目不暫移徘徊久之
俱捨而去尒時薩埵王子便作是念我捨身
命今正是時何以故

我從久來持此身　臭穢膿流不可愛
供給敷具并衣食　象馬車乘及珍財
變壞之法體无常　恒求難滿難保守
雖常供養懷怨害　終歸棄我不知恩

復次此身不堅於我无益可畏如賊不淨如
糞我於今日當使此身修廣大業於生死海
作大舟航棄捨輪迴令得出離復作是念若
捨此身則捨无量癰疽惡疾百千怖畏是身
唯有大小便利不堅如泡諸蟲所集血脈筋
骨共相連持甚可猒患是故我今應當棄
捨以求无上究竟涅槃永離憂患无常苦惱
生死休息斷諸塵累以定慧力圓滿熏修百
福莊嚴成一切智諸佛所讚微妙法身既證
得已施諸眾生无量法樂是時王子興大勇猛
發弘誓願以大悲念增益其心慮彼二兄情懷
怖懼共為留難不果所祈即便白言二兄前去
我且於後尒時王子摩訶薩埵還入林中
至其虎所脫去衣服置於竹上作是誓言

我為法界諸眾生　志求无上菩提處

福莊嚴成一切智諸佛所讚微妙法身既證
得已施諸眾生无量法樂是時王子興大勇猛
發弘誓願以大悲念增益其心慮彼二兄情懷
怖懼共為留難不果所祈即便白言二兄前去
我且於後尒時王子摩訶薩埵還入林中
至其虎所脫去衣服置於竹上作是誓言

我為法界諸眾生　志求无上菩提處
起大悲心不傾動　當捨凡夫所愛身
菩提无患无熱惱　諸有智者之所樂
三界苦海諸眾生　我今救濟令安樂

是時王子作是言已於餓虎前委身而臥由
此菩薩慈悲威勢虎无能為菩薩見已即上
高山投身于地復作是念虎今羸瘦不能食
我即起求刀竟不能得即以乾竹刺頸出血
漸近虎邊是時大地六種震動如風激水涌
沒不安日无精明如羅睺障諸方闇蔽无復
光輝天雨名花及妙香末繽紛亂墜遍滿林
中尒時虛空有諸天眾見是事已生隨喜心
歎未曾有咸共讚言善哉大士即說頌曰

大士救護運悲心　等視眾生如一子
勇猛歡喜情无悋　捨身濟苦福難思
定至真常勝妙處　永離生死諸纏縛
不久當獲菩提果　寂靜安樂證无生

是時餓虎即見菩薩頸下血流即便舐血噉
肉皆盡唯留餘骨尒時第一王子見地動已
告其弟曰

大地山河皆震動　諸方闇蔽日无光
天花亂墜遍空中　定是我弟捨身相

第二王子聞兄語已說伽他曰

是時餓虎即見菩薩頸下血流即便舐血噉
肉皆盡唯留餘骨尓時第一王子見地動已
告其弟曰
大地山河皆震動　諸方闇蔽日无光
天花亂墜遍空中　定是我弟捨身相
第二王子聞兄語已說伽他曰
我聞薩埵慈悲言　見彼餓虎身羸瘦
飢苦所纏恐食子　我今疑弟捨其身
時二王子生大愁苦啼泣悲歎即共相隨還至
虎所見弟衣服在竹枝上骸骨髮爪在處
縱橫流血成泥霑污其地見已悶絕不能自
持投身骨上久乃得穌即起舉手哀號大哭
俱時歎曰
我弟貌端嚴　父母偏愛念　云何俱共出　捨身而不歸
父母若問時　我等如何荅　寧可同捐命　豈復自存身
時二王子悲泣懊惱漸捨而去時小王子所將侍
從互相謂曰王子何在宜共推求
尓時國大夫人寢高樓上便於夢中見不祥
相被割兩乳牙齒墮落得三鴿雛一為鷹奪
二被驚怖地動之時夫人遂覺心大愁惱作
如是言
何故今時大地動　江河林樹皆搖震
日无精光如覆蔽　目瞤乳動異常時
如箭射心憂苦逼　遍身戰掉不安隱
我之所夢不祥徵　必有非常災變事
夫人兩乳忽然流出念此必有變怪之事時
有侍女聞外人言求覓王子今猶未得心大
驚怖即入宮中白夫人曰大家知不外聞諸人散

BD05178號　金光明最勝王經卷一〇　（18-5）

日无精光如覆蔽　目瞤乳動異常時
如箭射心憂苦逼　遍身戰掉不安隱
我之所夢不祥徵　必有非常災變事
夫人兩乳忽然流出念此必有變怪之事時
有侍女聞外人言求覓王子今猶未得心大
驚怖即入宮中白夫人曰大家知不外聞諸人散
覓王子遍求不得時彼夫人聞是語已生
大憂惱悲淚盈目至大王所白言大王我聞
外人作如是語失我最小所愛之子王聞語
已驚惶失所悲哽而言苦哉今日失我愛子
即便捫淚慰喻夫人告言賢首汝勿憂寧
感
吾今共出求覓愛子王與大臣及諸人衆即
共出城各各分散隨處求覓未久之頃有
一大臣前白王曰聞王子在願勿憂愁其最小者
今猶未見王聞是語悲歎而言苦哉苦哉失
我愛子
初有子時歡喜少　後失子時憂苦多
若使我兒重壽命　縱我身亡不為苦
夫人聞已憂惱纏懷如被箭中而嗟歎曰
我之三子并侍從　俱往林中共遊賞
最小愛子獨不還　定有乖離災厄事
次第二臣來至王所王問臣曰愛子何在第
二大臣懊惱啼泣喉舌乾燥口不能言竟无
所荅夫人問曰
速報小子今何在　我身熱惱遍燒然
悶亂荒迷失本心　勿使我胸今破裂
時第二臣即以王子捨身之事具白王知王及
夫人聞其事已不勝悲噎望捨身處驟駕
前行詣竹林所至彼菩薩捨身之地見其骸

BD05178號　金光明最勝王經卷一〇　（18-6）

所著夫人問曰
速報小子今何在　我身熱惱遍燒然
悶亂荒迷失本心　勿使我貪今破裂
時第二臣即以王子捨身之事具白王知王及
夫人聞其事已不勝悲噎望捨身處驟駕
前行詣竹林所至彼菩薩捨身之地見其骸
骨隨處交橫俱時投地悶絕將死猶如猛風
吹倒大樹心迷失緒都无所知時大臣等以
水遍灑王及夫人良久乃蘇舉手而坐啼哭
歎曰
禍哉愛子端嚴相　因何死苦先來逼
若我得在汝前亡　豈見如斯大苦事
尒時夫人迷悶稍止頭髮蓬亂兩手搥胷宛
轉于地如魚處陸若牛失子悲泣而言
我子誰屠割　餘骨散于地　失我所愛子　憂悲不自勝
苦哉誰殺子　致斯憂惱事　我心非金剛　云何而不破
我夢中所見　兩乳皆被割　牙齒悉墮落　今遭大苦痛
又夢三鴿鶵　一被鷹擒去　今失所愛子　惡相表非虛
尒時大王及於夫人并二王子盡哀號哭瓔珞
不御与諸人衆共收菩薩遺身舍利為於
供養置窣覩波中阿難陀汝等應知此即是
彼菩薩舍利復告阿難陀我於昔時雖具煩
惱貪瞋癡等能於地獄餓鬼傍生五趣之中
隨緣救濟令得出離何況今時煩惱都盡無
復餘習号天人師具一切智而不能為一一衆
生經於多劫在地獄中及於餘處代受衆
苦令出生死煩惱輪迴尒時世尊欲重宣此
義而說頌言

BD05178號　金光明最勝王經卷一〇　（18–7）

惱貪瞋癡等能於地獄餓鬼傍生五趣之中
隨緣救濟令得出離何況今時煩惱都盡無
復餘習号天人師具一切智而不能為一一衆
生經於多劫在地獄中及於餘處代受衆
苦令出生死煩惱輪迴尒時世尊欲重宣此
義而說頌言
我念過去世　無量無數劫　或時作國王　或復為王子
常行於大施　及捨所愛身　願出離生死　至妙菩提處
昔時有大國　國主名大車　王子名勇猛　常施心無悋
王子有二兄　号大渠大天　三人同出遊　漸至山林所
見虎飢所逼　便生如是心　此虎飢火燒　更無餘可食
大士覩如斯　恐其將食子　捨身無所顧　救子不令傷
大地及諸山　一時皆震動　江海皆騰躍　驚波水逆流
天地失光明　昏冥無所見　林野諸禽獸　飛奔失所依
二兄怪不還　憂感生悲苦　即与諸侍從　林藪遍尋求
兄弟共籌議　復往深山處　四顧無所有　見虎處空林
其母并七子　口皆有血汙　殘骨并餘髮　縱橫在地中
復見有流血　散在竹林所　二兄既見已　心生大恐怖
悶絕俱投地　荒迷不覺知　塵土坌其身　六情皆失念
王子諸侍從　啼泣心憂惱　以水灑令穌　舉手號咷哭
菩薩捨身時　慈母在宮內　五百諸婇女　共受於妙樂
夫人之兩乳　忽然自流出　遍體如針刺　苦痛不能安
欻生失子想　憂箭苦傷心　即白大王知　陳斯苦惱事
悲泣不堪忍　哀聲向王說　大王今當知　我生大苦惱
兩乳忽流出　禁止不隨心　如針遍刺身　煩冤胷欲破
我先夢惡徵　必當失愛子　願王濟我命　知兒存与亡
夢見三鴿鶵　小者是愛子　忽被鷹擒去　悲愁難具陳

BD05178號　金光明最勝王經卷一〇　（18–8）

悲泣不堪忍　哀聲白王曰　大王今當知　我生大苦惱
雨乳急流出　禁止不隨心　如針遍刺身　煩寃胸欲破
我先夢惡徵　必當失愛子　願王濟我命　知兒存与亡
夢見三鴿鶵　小者是愛子　忽被鷹奪去　悲愁難具陳
我今沒憂海　趣死將不久　恐子命不全　願為速求覓
又聞外人語　小子求不得　我今意不安　願王哀愍我
夫人白王已　擧身而躃地　悲痛心悶絕　荒迷不覺知
婇女見夫人　悶絕在於地　擧聲皆大哭　憂惶失所依
王聞如是語　懷憂不自勝　因命諸群臣　尋求所愛子
皆共出城外　隨處而追覓　涕泣問諸人　王子今何在
今者為存亡　誰知所去處　云何令得見　遍我憂惱心
諸人共傳說　咸言王子死　聞者皆傷悼　悲歎苦難裁
尒時大車王　悲號從座起　即就夫人處　以水灑其身
夫人蒙水灑　久乃得醒悟　悲啼以問王　我兒今在不
王告夫人曰　我已使諸人　四向求王子　尚未有消息
王又告夫人　汝莫生煩惱　且當自安慰　可共出追尋
王即与夫人　嚴駕而前進　號哭聲哀切　憂心若火然
士庶百千万　亦隨王出城　各欲求王子　悲號聲不絕
王求愛子故　目視於四方　見有一人來　被髮身塗血
遍體蒙塵土　悲泣逆前來　王見是惡相　倍復生憂惱
王便擧兩手　哀號不自裁　初有一大臣　忽促至王所
進白大王曰　幸願勿悲哀　王之所愛子　今雖求未獲
不久當來至　以釋大王憂　王復更前行　見次大臣至
其臣詣王所　流淚白王言　二子今現存　被憂火所逼
其第三王子　已被無常吞　見餓虎初生　將欲食其子
彼薩埵王子　見此起悲心　願求無上道　當度一切衆
繫想妙菩提　廣大深如海　即上高山頂　投身餓虎前
虎羸不能食　以竹自傷頸　遂噉王子身　唯有餘骸骨

BD05178號　金光明最勝王經卷一〇　　（18–9）

不久當來至　以釋大王憂　王復更前行　見次大臣至
其臣詣王所　流淚白王言　二子今現存　被憂火所逼
其第三王子　已被無常吞　見餓虎初生　將欲食其子
彼薩埵王子　見此起悲心　願求無上道　當度一切衆
繫想妙菩提　廣大深如海　即上高山頂　投身餓虎前
虎羸不能食　以竹自傷頸　遂噉王子身　唯有餘骸骨
時王及夫人　聞已俱悶絕　心沒於憂海　煩惱火燒然
臣以栴檀水　灑王及夫人　俱起大悲號　擧手椎胸臆
第三大臣來　白王如是語　我見二王子　悶絕在林中
臣以冷水灑　今乃暫蘇息　顧視於四方　如猛火周遍
暫起而還伏　悲號不自勝　擧手以哀言　稱歎弟希有
王聞如是說　倍增憂火煎　夫人大號咷　高聲作是語
我之小子偏重愛　已為無常羅刹吞
餘有二子今現存　復被憂火所燒逼
我今速可之山下　安慰令其保餘命
即便馳駕望前路　一心詣彼捨身崖
路逢二子行啼泣　推胸懊惱失容儀
父母見已抱憂悲　俱往山林捨身處
既至菩薩捨身地　共聚悲號生大苦
脫去瓔珞盡哀心　收取菩薩身餘骨
与諸人衆同供養　共造七寶窣覩波
以彼舍利置函中　整駕懷憂趣城邑
復告阿難陀　往時薩埵者　即我牟尼是　勿生於異念
王是父淨飯　后是母摩耶　太子謂慈氏　次曼殊室利
虎是大世主　五兒五苾芻　一是大目連　一是舍利子
我為汝等說　往昔利他緣　如是菩薩行　成佛因當學
菩薩捨身時　發如是弘誓　願我身餘骨　來世益衆生
此是捨身處　七寶窣覩波　以經無量時　遂沉於厚地

BD05178號　金光明最勝王經卷一〇　　（18–10）

[illegible]往時薩埵者　即我牟尼是　[illegible]
王是父淨飯　后是母摩耶　太子謂慈氏　次曼殊室利
虎是大世主　五兒五苾芻　一是大目連　一是舍利子
我為汝等說　往昔利他緣　如是菩薩行　成佛因當學
菩薩捨身時　發如是弘願　願我身餘骨　來世益衆生
此是捨身處　七寶窣覩波　以經無量時　遂沈於厚地
由昔本願力　隨緣興濟度　為利於人天　從地而涌出
尒時世尊說是往昔因緣之時無量阿僧企
耶人天大衆皆大悲喜歎未曾有悉發阿耨
多羅三藐三菩提心復告樹神我為報恩故
致礼敬佛攝神力其窣覩波還沒于地
金光明最勝王經十方菩薩讚歎品廿七
尒時釋迦牟尼如來說是經時於十方世界有
無量百千万億諸菩薩衆各從本土詣鷲
峯山至世尊所五輪著地礼世尊已一心合
掌異口同音而讚歎曰
佛身微妙真金色　其光普照等金山
清淨柔耎若蓮花　無量妙彩而嚴飾
三十二相遍莊嚴　八十種好皆圓備
光明著無與等　離垢猶如淨滿月
其聲清徹甚微妙　如師子吼震雷音
八種微妙應群機　超勝迦陵頻伽等
百福妙相以嚴容　光明具足淨無垢
智慧澄明如大海　功德廣大若虛空
圓光遍滿十方界　隨緣普濟諸有情
煩惱愛染習皆除　法炬恒然不休息
哀愍利益諸衆生　現在未來能与樂
常為宣說第一義　令證涅槃真寂靜

BD05178號　金光明最勝王經卷一〇

(18–11)

百福妙相以嚴容　光明具足淨無垢
智慧澄明如大海　功德廣大若虛空
圓光遍滿十方界　隨緣普濟諸有情
煩惱愛染習皆除　法炬恒然不休息
哀愍利益諸衆生　現在未來能与樂
常為宣說第一義　令證涅槃真寂靜
佛說甘露殊勝法　能与甘露微妙義
引入甘露涅槃城　令受甘露無為樂
常於生死大海中　解脫一切衆生苦
令彼能住安隱路　恒与難思如意樂
如來德海甚深廣　非諸譬喻所能知
於衆常起大悲心　方便精勤恒不息
如來智海無邊際　一切人天共測量
假使千万億劫中　不能得知其少分
我今略讚佛功德　於德海中唯一渧
迴斯福聚施群生　皆願速證菩提果
尒時世尊告諸菩薩言善哉善哉汝等善能
如是讚佛功德利益有情廣興佛事能滅諸
罪生無量福
金光明最勝王經妙幢菩薩讚歎品廿八
尒時妙幢菩薩即從座起偏袒右肩右膝著
地合掌向佛而說讚曰
牟尼百福相圓滿　無量功德以嚴身
廣大清淨人樂觀　猶如千日光明照
燄彩無邊光熾盛　如妙寶聚相端嚴
如日初出暎虛空　紅白分明間金色
亦如金山光普照　悉能周遍百千土
能滅衆生無量苦　皆与無邊勝妙樂

BD05178號　金光明最勝王經卷一〇

(18–12)

地合掌向佛而說讚曰
牟尼百福相圓滿　無量功德以嚴身
廣大清淨人樂觀　猶如千日光明照
焰彩無邊光熾盛　如妙寶聚相端嚴
如日初出映虛空　紅白分明間金色
亦如金山光普照　悉能周遍百千土
能滅眾生無量苦　皆與無邊勝妙樂
諸相具足悉嚴淨　眾生樂觀無厭足
頭髮柔耎紺青色　猶如黑蜂集妙花
大喜大捨淨莊嚴　大慈大悲皆具足
眾妙相好為嚴飾　菩提分法之所成
如來能施眾福利　令彼常受大安樂
種種妙德共莊嚴　光明普照千万土
如來光相極圓滿　猶如赫日遍空中
佛如須彌功德具　亦現能周於十方
如來金口妙端嚴　齒白齊密如珂雪
如來面貌無倫匹　眉間毫相右旋
光潤鮮白等頗梨　猶如滿月居空界
佛告妙幢菩薩：汝能如是讚佛功德不可思
議，利益一切，令未知者隨順修學。
金光明最勝王經菩提樹神讚歎品第廿
爾時菩提樹神亦以伽他讚世尊曰
敬禮如來清淨慧　敬禮常求正法慧
敬禮能離非法慧　敬禮恒無分別慧
希有世尊無邊行　希有難見如優曇
希有如海鎮山王　希有善逝光無量
希有調御和慈願　希有釋種明燈日
能說如是經中寶　哀愍利益諸群生

BD05178號　金光明最勝王經卷一〇　（18–13）

敬禮如來清淨慧　敬禮常求正法慧
敬禮能離非法慧　敬禮恒無分別慧
希有世尊無邊行　希有難見如優曇
希有如海鎮山王　希有善逝光無量
希有調御和慈願　希有釋種明燈日
能說如是經中寶　哀愍利益諸群生
牟尼寂靜諸根定　能入寂靜涅槃城
能住寂靜等持門　能知寂靜深境界
兩足中尊住空寂　聲聞弟子身亦空
一切法體性皆無　一切眾生悉空寂
我常憶念於諸佛　我常樂見諸世尊
我常發起慇重心　常得值遇如來日
我常頂禮於世尊　願常渴仰心不倦
悲泣流淚情無間　常得奉事不知猒
唯願世尊起悲心　和顏常得令我見
佛及聲聞眾清淨　願常喜濟於人天
佛身本淨若虛空　亦如幻燄及水月
願說涅槃甘露法　能生一切功德聚
世尊所有淨境界　慈悲正行不思議
聲聞獨覺非所量　大仙菩薩不能測
唯願如來哀愍我　常令覩見大悲身
三業無倦奉慈尊　速出生死歸真際
爾時世尊聞是讚已，以梵音聲告樹神曰：善
哉善哉善女天，汝能於我真實無妄清淨
法身自利利他宣揚妙相，以此功德令汝速證
最上菩提一切有情同所修習，若得聞者皆
入甘露無生法門。
金光明最勝王經大辯才天女讚歎品第廿

BD05178號　金光明最勝王經卷一〇　（18–14）

哉善哉善女天汝能於我真實無妄清淨
法身自利利他宣揚妙相以此功德令汝速證
最上菩提一切有情因所修習若得聞者皆
入甘露無生法門
金光明最勝王經大辯才天女讚歎品第卅
爾時大辯才天女即從座起合掌恭敬以真
言詞讚世尊曰
南謨釋迦牟尼如來應正等覺身真金色咽
如螺目面如滿月目類青蓮脣口赤好如頗
梨色鼻高修直如截金鋌齒白齊密猶如拘物
頭花身光普照如百千日光彩映徹如瞻部金
所有言詞皆無謬失示三解脫門開三菩提
路心常清淨意樂亦然佛所住處及所行境
亦常清淨離非威儀進止無謬六年苦行
三轉法輪度苦眾生令歸彼岸身相圓滿如
拘陀樹六度熏修三業無失具一切智自他
利滿所有宣說常為眾生言不虛設於釋種
中為大師子堅固勇猛具八解脫我今隨力
稱讚如來少分功德猶如蚊子飲大海水願
以此福廣及有情永離生死成無上道
爾時世尊告大辯天曰善哉善哉汝久修習
具大辯才今復於我廣陳讚歎令汝速證無
上法門相好圓明普利一切
金光明最勝王經付囑品第卅一
爾時世尊普告無量菩薩及諸人天一切大
眾汝等當知我於無量無數大劫勤修苦行
獲甚深法菩提正因已為汝說汝等誰能發勇
猛心恭敬守護我涅槃後於此法門廣宣流

法

金光明最勝王經付囑品第卅一
爾時世尊普告無量菩薩及諸人天一切大
眾汝等當知我於無量無數大劫勤修苦行
獲甚深法菩提正因已為汝說汝等誰能發勇
猛心恭敬守護我涅槃後於此法門廣宣流
布能令正法久住世間爾時眾中有六十俱
胝諸大菩薩六十俱胝諸天大眾異口同
音作如是語世尊我等咸有欣樂之心於佛
世尊無量大劫勤修苦行所獲甚深微妙之
法菩提正因恭敬護持不惜身命佛涅槃後
於此法門廣宣流布當令正法久住世間爾
時諸大菩薩即於佛前說伽他曰
世尊真實語　安住於實法　由彼真實故　護持於此經
大悲為甲胄　安住於大慈　由彼慈悲力　護持於此經
福資糧圓滿　生起智資糧　由資糧滿故　護持於此經
降伏一切魔　破滅諸邪論　斷除惡見故　護持於此經
護世并釋梵　乃至阿蘇羅　龍神藥叉等　護持於此經
地上及虛空　久住於斯者　奉持佛教故　護持於此經
四梵住相應　四聖諦嚴飾　降伏四魔故　護持於此經
虛空成質礙　質礙成虛空　諸佛所護持　無能傾動者
爾時四大天王聞佛說此護持妙法各生隨喜
護正法心一時同聲說伽他曰
我今於此經　及男女眷屬　皆一心擁護　令得廣流通
若有持經者　能作菩提因　我常於四方　擁護而承事
爾時天帝釋　合掌恭敬　說伽他曰
諸佛證此法　為欲報恩故　饒益菩薩眾　出世演斯經
我於彼諸佛　報恩常供養　護持如是經　及以持經者
爾時覩史多天子合掌恭敬說伽他曰

我亦於此經 及男女眷屬 皆一心擁護 令得廣流通
若有持經者 能作菩提因 我常於四方 擁護而承事
尒時天帝釋 合掌恭敬 說伽他曰
諸佛證此法 為欲報恩故 饒益菩薩眾 出世演斯經
我於彼諸佛 報恩常供養 護持如是經 及以持經者
尒時覩史多天子合掌恭敬說伽他曰
佛說如是經 若有能持者 當住菩提位 來生覩史天
世尊我慶悅 捨天殊勝報 住於贍部洲 宣揚是經典
時索訶世界 主梵天王 合掌恭敬 說伽他曰
諸靜慮無量 諸乘及解脫 皆從此經出 是故演斯經
若說是經處 我捨梵天樂 為聽如是經 亦常為擁護
尒時魔王子名曰商主合掌恭敬說伽他曰
若有受持此 正相義應經 不隨魔所行 淨除魔惡業
我等於此經 亦當勤守護 發大精進意 隨處廣流通
尒時魔王合掌恭敬說伽他曰
若有持此經 能伏諸煩惱 如是眾生類 擁護令安樂
若有說是經 諸魔不得便 由佛威神故 我當擁護彼
尒時妙吉祥天子亦於佛前說伽他曰
諸佛妙菩提 於此經中說 若持此經者 是供養如來
我當持此經 為俱胝天說 恭敬聽聞者 勸至菩提處
尒時慈氏菩薩合掌恭敬說伽他曰
若見住菩提 亦為不請友 乃至捨身命 為護此經王
我聞如是法 當往覩史天 由世尊加護 廣為人天說
尒時上坐大迦攝波合掌恭敬說伽他曰
佛於聲聞乘 說我慧知慧 我今隨自力 護持如是經
若有持此經 我當攝受彼 授其詞辯力 當隨讚善哉
尒時具壽阿難陀合掌向佛說伽他曰
我今聞是經 親於佛前受 諸樂菩提者 當為廣宣通

我聞如是法 當往覩史天 由世尊加護 廣為人天說
尒時上坐大迦攝波合掌恭敬說伽他曰
佛於聲聞乘 說我慧知慧 我今隨自力 護持如是經
若有持此經 我當攝受彼 授其詞辯力 當隨讚善哉
尒時具壽阿難陀合掌向佛說伽他曰
我今聞是經 親於佛前受 諸樂菩提者 當為廣宣通
我親從佛聞 無量眾經典 未曾聞如是 深妙法中王
尒時世尊見諸菩薩人天大眾各各發心於此
經典流通擁護勸進菩薩廣利眾生讚言
善哉善哉 汝等能於如是微妙經王虔誠流
布乃至於我般涅槃後不令散滅即是无上
菩提正因所獲功德於恒沙劫說不能盡若
有苾芻苾芻尼鄔波索迦鄔波斯迦及餘善
男子善女人等供養恭敬書寫流通為人解
說所獲功德亦復如是是故汝等應勤修習
尒時無量無邊恒沙大眾聞佛說已皆大歡
喜信受奉行

金光明最勝王經卷第十

鵽去 刎㤅胡 鵄仕 子擒巨 令鋋延 質膺 昔倩 捫胡 本 鯁庚 杏

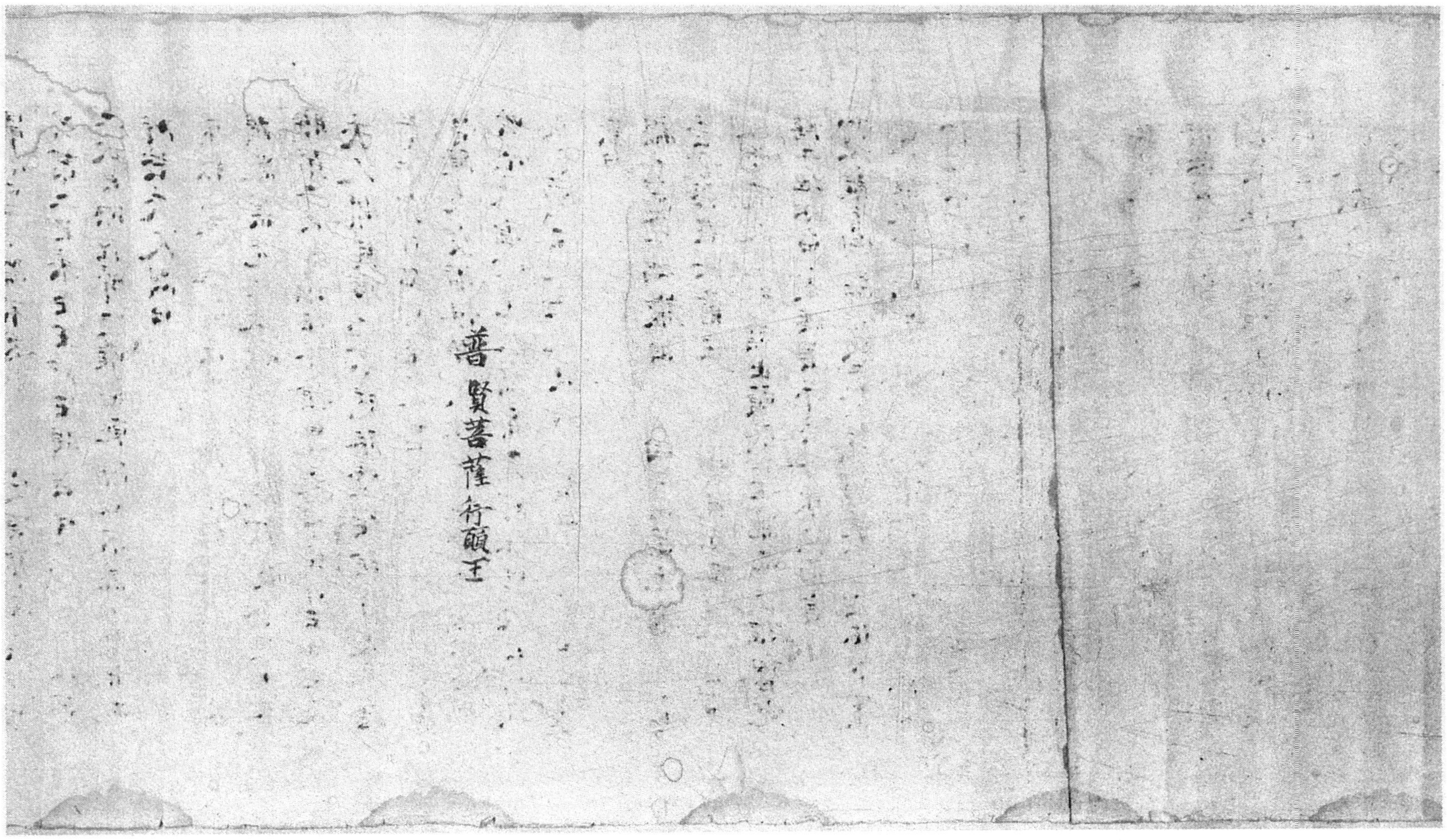

BD05178 號背　雜寫　　（1–1）

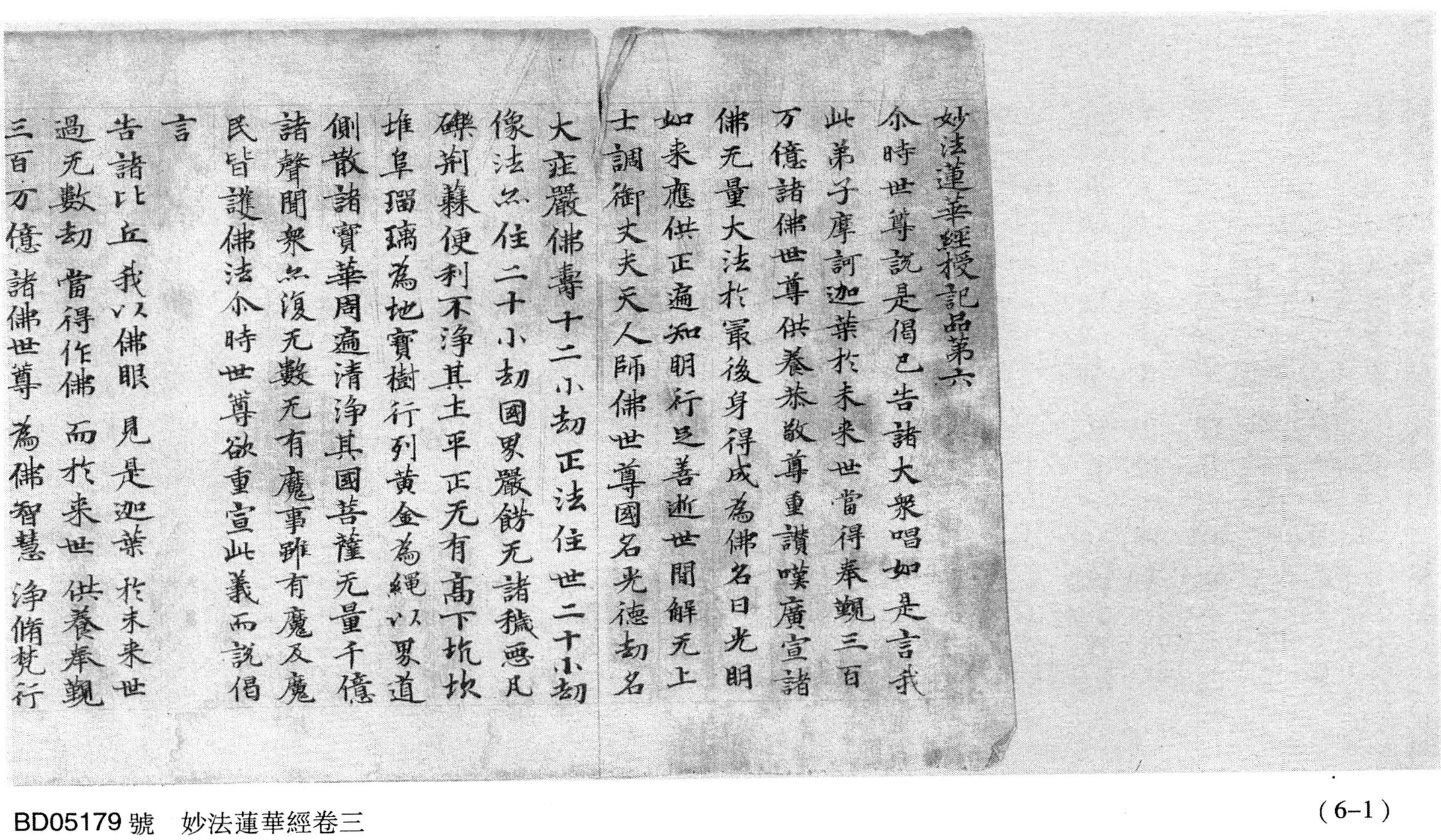

妙法蓮華經授記品第六

尒時世尊說是偈已告諸大衆唱如是言我
此弟子摩訶迦葉於未来世當得奉覲三百
万億諸佛世尊供養恭敬尊重讚嘆廣宣諸
佛无量大法於最後身得成為佛名曰光明
如来應供正遍知明行足善逝世間解无上
士調御丈夫天人師佛世尊國名光德劫名
大莊嚴佛壽十二小劫正法住世二十小劫
像法亦住二十小劫國界嚴飾无諸穢惡瓦
礫荊棘便利不淨其土平正无有高下坑坎
堆阜瑠璃為地寶樹行列黃金為繩以界道
側散諸寶華周遍清淨其國菩薩无量千億
諸聲聞衆亦復无數无有魔事雖有魔及魔
民皆護佛法尒時世尊欲重宣此義而說偈
言

告諸比丘　我以佛眼　見是迦葉　於未来世
過无數劫　當得作佛　而於来世　供養奉覲
三百万億　諸佛世尊　為佛智慧　淨脩梵行

BD05179 號　妙法蓮華經卷三　　（6–1）

諸聲聞衆亦復无數无有魔事雖有魔及魔
民皆護佛法尒時世尊欲重宣此義而說偈
言
告諸比丘我以佛眼見是迦葉於未來世
過无數劫當得作佛而於來世供養奉覲
三百万億諸佛世尊為佛智慧淨脩梵行
供養最上二足尊已脩習一切无上之慧
於最後身得成為佛其土清淨瑠璃為地
多諸寶樹行列道側金繩界道見者歡喜
常出好香散衆名華種種奇妙以為莊嚴
其地平正无有丘坑諸菩薩衆不可稱計
其心調柔逮大神通奉持諸佛大乘經典
諸聲聞衆无漏後身法王之子亦不可計
乃以天眼不能數知其佛當壽十二小劫
正法住世二十小劫像法亦住二十小劫
光明世尊其事如是
尒時大目揵連須菩提摩訶迦旃延等皆悉
悚慄一心合掌瞻仰世尊目不暫捨即共同
聲而說偈言
大雄猛世尊　諸釋法之王　哀愍我等故　而賜佛音聲
若知我深心　見為授記者　如以甘露灑　除熱得清涼
如從飢國來　忽遇大王饍　心猶懷疑懼　未敢即便食
若復得王教　然後乃敢食　我等亦如是　每惟小乘過
不知當云何　得佛无上慧　雖聞佛音聲　言我等作佛
心尚懷憂懼　如未敢便食　若蒙佛授記　尒乃快安樂
大雄猛世尊　常欲安世間　願賜我等記　如飢須教食

BD05179號　妙法蓮華經卷三　（6–2）

如從飢國來　忽遇大王饍　心猶懷疑懼　未敢即便食
若復得王教　然後乃敢食　我等亦如是　每惟小乘過
不知當云何　得佛无上慧　雖聞佛音聲　言我等作佛
心尚懷憂懼　如未敢便食　若蒙佛授記　尒乃快安樂
大雄猛世尊　常欲安世間　願賜我等記　如飢須教食
尒時世尊知諸大弟子心之所念告諸比丘是
須菩提於當來世奉覲三百万億那由他佛
供養恭敬尊重讚歎常脩梵行具菩薩道於
最後身得成為佛号曰名相如來應供正遍
知明行足善逝世間解无上士調御丈夫天
人師佛世尊劫名有寶國名寶生其土平正
頗梨為地寶樹莊嚴无諸丘坑沙礫荊棘便
利之穢寶華覆地周遍清淨其土人民皆處
寶臺珍妙樓閣聲聞弟子无量无邊筭數譬
喻所不能知諸菩薩衆无數千万億那由他
佛壽十二小劫正法住世二十小劫像法亦
住二十小劫其佛常處虛空為衆說法度脫
无量菩薩及聲聞衆尒時世尊欲重宣此義
而說偈言
諸比丘衆　今告汝等　皆當一心　聽我所說
我大弟子　須菩提者　當得作佛　号曰名相
當供无數　万億諸佛　隨佛所行　漸具大道
最後身得　三十二相　端正姝妙　猶如寶山
其佛國土　嚴淨第一　衆生見者　无不愛樂
佛於其中　度无量衆　其佛法中　多諸菩薩
皆悉利根　轉不退輪　彼國常以　菩薩莊嚴

BD05179號　妙法蓮華經卷三　（6–3）

我大弟子　須菩提者　當得作佛　号曰名相
當供无數　万億諸佛　隨佛所行　漸具大道
冣後身得　三十二相　端正姝妙　猶如寶山
其佛國土　嚴淨第一　衆生見者　无不愛樂
佛於其中　度无量衆　其佛法中　多諸菩薩
皆悉利根　轉不退輪　彼國常以　菩薩莊嚴
諸聲聞衆　不可稱數　皆得三明　具六神通
住八解脫　有大威德　其佛說法　現於无量
神通變化　不可思議　諸天人民　數如恒沙
皆共合掌　聽受佛語　其佛當壽　十二小劫
正法住世二十小劫　像法亦住二十小劫
尒時世尊復告諸比丘衆我今語汝是大迦
旃延於當來世以諸供具供養奉事八千億
佛恭敬尊重諸佛滅後各起塔廟高千由旬
縱廣正等五百由旬以金銀琉璃車𤦲馬瑙
真珠玫瑰七寶合成衆華瓔珞塗香抹香燒
香繒蓋幢幡供養塔廟過是已後當復供養
二万億佛亦復如是供養是諸佛已具菩薩
道當得作佛号曰閻浮那提金光如來應供
正遍知明行足善逝世間解无上士調御丈
夫天人師佛世尊其土平正頗梨為地寶樹
莊嚴黄金為繩以界道側妙華覆地周遍清
淨見者歡喜无四惡道地獄餓鬼畜生阿脩
羅道多有天人諸聲聞衆及諸菩薩无量万
億莊嚴其國佛壽十二小劫正法住世二十
小劫像法亦住二十小劫尒時世尊欲重宣

莊嚴黄金為繩以界道側妙華覆地周遍清
淨見者歡喜无四惡道地獄餓鬼畜生阿脩
羅道多有天人諸聲聞衆及諸菩薩无量万
億莊嚴其國佛壽十二小劫正法住世二十
小劫像法亦住二十小劫尒時世尊欲重宣
此義而說偈言
諸比丘衆　皆一心聽　如我所說　真實无異
是迦旃延　當以種種　妙好供具　供養諸佛
諸佛滅後　起七寶塔　亦以華香　供養舍利
其冣後身　得佛智慧　成等正覺　國土清淨
度脫无量　万億衆生　皆為十方　之所供養
佛之光明　无能勝者　其佛号曰　閻浮金光
菩薩聲聞　斷一切有　无量无數　莊嚴其國
尒時世尊復告大衆我今語汝是大目揵連
當以種種供具供養八千諸佛恭敬尊重諸
佛滅後各起塔廟高千由旬縱廣正等五百
由旬以金銀瑠璃車𤦲馬瑙真珠玫瑰七寶
合成衆華瓔珞塗香抹香燒香繒蓋幢幡以
用供養過是已後當復供養二百万億諸佛
亦復如是當得成佛号曰多摩羅跋栴檀香
如來應供正遍知明行足善逝世間解无上
士調御丈夫天人師佛世尊劫名喜滿國名
意樂其土平正頗梨為地寶樹莊嚴散真珠
華周遍清淨見者歡喜多諸天人菩薩聲聞
其數无量佛壽二十四小劫正法住世四十
小劫像法亦住四十小劫尒時世尊欲重宣

如来應供正遍知明行足善逝世間解无上
士調御丈夫天人師佛世尊劫名喜滿國名
意樂其土平正頗梨為地實樹莊嚴散真珠
華周遍清淨見者歡喜多諸天人菩薩聲聞
其數无量佛壽二十四小劫正法住世四十
小劫像法亦住四十小劫尒時世尊欲重宣
此義而說偈言
我此弟子　大目揵連　捨是身已　得見八千
二百万億　諸佛世尊　為佛道故　供養恭敬
於諸佛所　常脩梵行　於无量劫　奉持佛法
諸佛滅後　起七寶塔　長表金剎　華香伎樂
而以供養　諸佛塔廟　漸漸具足　菩薩道已
於意樂國　而得作佛　号多摩羅　栴檀之香
其佛壽命　二十四劫　常為天人　演說佛道
聲聞无量　如恒河沙　三明六通　有大威德
菩薩无數　志固精進　於佛智慧　皆不退轉
佛滅度後　正法當住　四十小劫　像法亦尒
我諸弟子　威德具足　其數五百　皆當授記
於未来世　咸得成佛
我及汝等　宿世因緣　吾今當說　汝等善聽
妙法蓮華經化城喻品第七
佛告諸比丘乃往過去无量无邊不可思議
阿僧祇劫尒時有佛名大通智勝如来應供
正遍知明行足善逝世間解无上士調御丈
夫天人師佛世尊其國名好成劫名大相諸

BD05179號　妙法蓮華經卷三　（6–6）

……可得由此般若波羅蜜多秘密藏……
說法故世間便有光天少光天無量……
極光淨天施設可得由此般若波羅蜜多秘
密藏中所說法故世間便有淨天少淨天無
量淨天遍淨天施設可得由此般若波羅蜜
多秘密藏中所說法故世間便有廣
天無量廣天廣果天施設可得由此般若波
羅蜜多秘密藏中所說法故世間便有無繁
天無熱天善現天善見天色究竟天施設
可得由此般若波羅蜜多秘密藏中所說法
故世間便有空無邊處天識無邊處天無所
有處天非想非非想處天施設可得由此般若
波羅蜜多秘密藏中所說法故世間便有布
施波羅蜜多淨戒波羅蜜多安忍波羅蜜多
精進波羅蜜多靜慮波羅蜜多般若波羅
蜜多施設可得由此般若波羅蜜多秘密藏中
所說法故世間便有內空外空內外空空空
大空勝義空有為空無為空畢竟空無際空
散空無變異空本性空自相空共相空一切
法空不可得空無性空自性空無性自性空
施設可得由此般若波羅蜜多秘密藏中所

BD05180號　大般若波羅蜜多經卷一三〇　（16–1）

[illegible]
蜜多施設可得由此般若波羅蜜多秘密藏中
所說法故世間便有內空外空內外空空
大空勝義空有為空無為空畢竟空無際空
散空無變異空本性空自相空共相空一切
法空不可得空無性空自性空無性自性空
施設可得由此般若波羅蜜多秘密藏中所
說法故世間便有真如法界法性不虛妄性
不變異性平等性離生性法定法住實際虛
空界不思議界施可得由此般若波羅蜜
多秘密藏中所說法故世間便有苦聖諦集
聖諦滅聖諦道聖諦施設可得由此般若波
羅蜜多秘密藏中所說法故世間便有四靜
慮四無量四無色定施設可得由此般若波羅
蜜多秘密藏中所說法故世間便有八解脫
八勝處九次第定十遍處施設可得由此
般若波羅蜜多秘密藏中所說法故世間便有
四念住四正斷四神足五根五力七等覺支八
聖道支施設可得由此般若波羅蜜多秘
密藏中所說法故世間便有空解脫門無相
解脫門無願解脫門施設可得由此般若
波羅蜜多秘密藏中所說法故世間便有五
眼六神道施設可得由此般若波羅蜜多秘
密藏中所說法故世間便有佛十力四無所畏
四無礙解大慈大悲大喜大捨十八佛不共
法施設可得由此般若波羅蜜多秘密藏中
[illegible]

BD05180號　大般若波羅蜜多經卷一三〇　（16–2）

解脫門無願解脫門施設可得由此般若
波羅蜜多秘密藏中所說法故世間便有五
眼六神道施設可得由此般若波羅蜜多秘
密藏中所說法故世間便有佛十力四無所畏
四無礙解大慈大悲大喜大捨十八佛不共
法施設可得由此般若波羅蜜多秘密藏中
所說法故世間便有無忘失法恒住捨性施設
可得由此般若波羅蜜多秘密藏中所說法
故世間便有一切智道相智一切相智施設
可得由此般若波羅蜜多秘密藏中所說
法故世間便有一切陀羅尼門一切三摩地門
施設可得由此般若波羅蜜多秘密藏中所
說法故世間便有預流一來不還阿羅漢
及預流向預流果一來向一來果不還向不還
果阿羅漢向阿羅漢果施設可得由此般
若波羅蜜多秘密藏中所說法故世間便有
獨覺及獨覺菩提施設可得由此般若波
羅蜜多秘密藏中所說法故世間便有一切菩
薩摩訶薩及諸菩薩摩訶薩行施設可得
由此般若波羅蜜多秘密藏中所說法故世間
便有一切如來應正等覺及諸無上正等菩
提施設可得
復次憍尸迦置贍部洲諸有情類若善男子
善女人等教贍部洲東勝身洲諸有情類皆
令脩學十善業道於意云何是善男子善女
人等由此因緣得福多不天帝釋言甚多世尊

BD05180號　大般若波羅蜜多經卷一三〇　（16–3）

提施設可得
復次憍尸迦置贍部洲諸有情類若善男子
善女人等教贍部洲東勝身洲諸有情類皆
令修學十善業道於意云何是善男子善女
人等由此因緣得福多不天帝釋言甚多世尊
甚多善逝佛言憍尸迦若善男子善女人
等書寫如是甚深般若波羅蜜多施他讀誦
若轉書寫廣令流布是善男子善女人等所
獲福聚甚多於前何以故憍尸迦如是般若
波羅蜜多秘密藏中廣說一切無漏之法聲聞
種姓補特伽羅修學此法速入聲聞正性離
生得預流果得一來果得不還果得阿羅漢
果獨覺種姓補特伽羅修學此法速入獨
覺正性離生漸次證得獨覺菩提菩薩種姓
補特伽羅修學此法速入菩薩正性離生漸
次修行諸菩薩行證得無上正等菩提憍尸
迦如是般若波羅蜜多秘密藏中廣說一切
無漏法者所謂布施波羅蜜多淨戒波羅蜜
多安忍波羅蜜多精進波羅蜜多靜慮波羅
蜜多般若波羅蜜多內空外空內外空空空
大空勝義空有為空無為空畢竟空無際空
散空無變異空本性空自相空共相空一切
法空不可得空無性空自性空無性自性空
真如法界法性不虛妄性不變異性平等性
離生性法定法住實際虛空界不思議界無

大空勝義空有為空無為空畢竟空無際空
散空無變異空本性空自相空共相空一切
法空不可得空無性空自性空無性自性空
真如法界法性不虛妄性不變異性平等性
離生性法定法住實際虛空界不思議界無
漏四靜慮四無量四無色定八解脫八勝處
九次第定十遍處四念住四正斷四神足五
根五力七等覺支八聖道支空解脫門無相
解脫門無願解脫門五眼六神通佛十力四
無所畏四無礙解大慈大悲大喜大捨十八
佛不共法無忘失法恒住捨性一切智道相
智一切相智一切陀羅尼門一切三摩地門
及餘無量無邊佛法皆是此中所說一切無
漏之法憍尸迦若善男子善女人等教一有
情住預流果所獲福聚猶勝教化南贍部
洲東勝身洲諸有情類皆令修學十善業
道何以故憍尸迦諸有修行十善業道不免
地獄傍生鬼趣若諸有情住預流果便得永
脫三惡趣故況教令住一來不還阿羅漢果所
獲福聚而不勝故憍尸迦若善男子善女人等
教贍部洲東勝身洲諸有情類皆住預流一
來不還阿羅漢果所獲福聚不如有人教一
有情令其安住獨覺菩提何以故憍尸迦獨
覺菩提所有功德勝預流等百千倍故憍尸
迦若善男子善女人等教贍部洲東勝身洲
諸有情類皆令安住獨覺菩提所獲福聚不

來不還阿羅漢果所獲福聚不如有人教一
有情令其安住獨覺菩提何以故憍尸迦獨
覺菩提所有功德勝預流等百千倍故憍尸
迦若善男子善女人等教贍部洲東勝身洲
諸有情類皆令安住獨覺菩提所獲福聚不
如有人教一有情令趣無上正等菩提何以
故憍尸迦若教有情令趣無上正等菩提則
令世間佛眼不斷所以者何由有菩薩摩訶
薩故便有預流一來不還阿羅漢果獨覺菩
提由有菩薩摩訶薩故便有如來應正等
覺證得無上正等菩提由有菩薩摩訶薩故
便有佛寶法寶僧寶一切世間歸依供養以
是故憍尸迦一切世間若天若魔若梵若沙門
若婆羅門及阿素洛人非人等應以無量上
妙花鬘塗散等香衣服瓔珞寶幢幡蓋衆妙
珍奇伎樂燈明盡諸所有供養恭敬尊重讚
歎菩薩摩訶薩憍尸迦由此當知若善男子
善女人等書寫如是甚深般若波羅蜜多施
他讀誦若轉書寫廣令流布所獲福聚勝前
福聚無量無邊何以故如是般若波羅蜜多
秘密藏中廣說一切世出世間勝善法故由
此般若波羅蜜多秘密藏中所說法故世間
便有剎帝利大族婆羅門大族長者大族居
士大族施設可得由此般若波羅蜜多秘密
藏中所說法故世間便有四大王衆天三十
三天夜摩天覩史多天樂變化天他化自在

BD05180號　大般若波羅蜜多經卷一三〇　（16–6）

此般若波羅蜜多秘密藏中所說法故世間
便有剎帝利大族婆羅門大族長者大族居
士大族施設可得由此般若波羅蜜多秘密
藏中所說法故世間便有四大王衆天三十
三天夜摩天覩史多天樂變化天他化自在
天施設可得由此般若波羅蜜多秘密藏中
所說法故世間便有梵衆天梵輔天梵會天
大梵天施設可得由此般若波羅蜜多秘密
藏中所說法故世間便有光天少光天無量光
天極光淨天施設可得由此般若波羅蜜多
秘密藏中所說法故世間便有淨天少淨天無
量淨天遍淨天施設可得由此般若波羅
蜜多秘密藏中所說法故世間便有廣天少
廣天無量廣天廣果天施設可得由此般
若波羅蜜多秘密藏中所說法故世間便有
無繁天無熱天善現天善見天色究竟天施
設可得由此般若波羅蜜多秘密藏中所說
法故世間便有空無邊處天識無邊處天
無所有處天非想非非想處天施設可得由
此般若波羅蜜多秘密藏中所說法故世間便
有布施波羅蜜多淨戒波羅蜜多安忍波羅蜜
多精進波羅蜜多靜慮波羅蜜多般若波羅
蜜多施設可得由此般若波羅蜜多秘　密藏
中所說法故世間便有內空外空內外　空
空空大空勝義空有為空無為空畢竟空
無際空散空無變異空本性空自相空共相

BD05180號　大般若波羅蜜多經卷一三〇　（16–7）

蜜多施設可得由此般若波羅蜜多秘密藏
中所說法故世間便有內空外空內外空
空空大空勝義空有為空無為空畢竟空
無際空散空無變異空本性空自相空共相
空一切法空不可得空無性空自性空無性自
性空施設可得由此般若波羅蜜多秘密藏中
所說法故世間便有真如法界法性不虛
妄性不變異性平等性離生性法定法住實
際虛空界不思議界施設可得由此般若波
羅蜜多秘密藏中所說法故世間便有苦聖
諦集聖諦滅聖諦道聖諦施設可得由此般
若波羅蜜多秘密藏中所說法故世間便有
四靜慮四無量四無色定施設可得由此般若
波羅蜜多秘密藏中所說法故世間便有八
解脫八勝處九次第定十遍處施設可得由
此般若波羅蜜多秘密藏中所說法故世
間便有四念住四正斷四神足五根五力七等
覺支八聖道支施設可得由此般若波羅
蜜多秘密藏中所說法故世間便有空解脫
門無相解脫門無願解脫門施設可得由此
般若波羅蜜多秘密藏中所說法故世間便
有五眼六神通施設可得由此般若波羅蜜
多秘蜜藏中所說法故世間便有佛十力四
無所畏四無礙解大慈大悲大喜大捨十八
佛不共法施可得由此般若波羅蜜多秘

BD05180號　大般若波羅蜜多經卷一三〇　（16–8）

有五眼六神通施設可得由此般若波羅蜜
多秘蜜藏中所說法故世間便有佛十力四
無所畏四無礙解大慈大悲大喜大捨十八
佛不共法施可得由此般若波羅蜜多秘
密藏中所說法故世間便有無忘失法恒住
捨性施設可得由此般若波羅蜜多秘密藏
中所說法故世間便有一切智道相智一切
相智施設可得由此般若波羅蜜多秘密藏
中所說法故世間便有一切陁羅尼門一切
三摩地門施設可得由此般若波羅蜜多秘密
藏中所說法故世間便有預流一來不還阿
羅漢及預流向預流果一來向一來果不還
向不還果阿羅漢向阿羅漢果施設可得由
此般若波羅蜜多秘密藏中所說法故世間
便有獨覺及獨覺菩提施設可得由此般若
波羅蜜多秘密藏中所說法故世間便有一
切菩薩摩訶薩及諸菩薩摩訶薩行施設可
得由此般若波羅蜜多秘密藏中所說法故
世間便有一切如來應正等覺及諸無上正
等菩提施設可得
復次憍尸迦置贍部洲東勝身洲諸有情
類若善男子善女人等教贍部洲東勝身洲
西牛貨洲諸有情類皆令脩學十善業道
於意云何是善男子善女人等由此因緣得福
多不天帝釋言甚多世尊甚多善逝佛言憍
尸迦若善男子善女人等書寫如是甚深般若

BD05180號　大般若波羅蜜多經卷一三〇　（16–9）

類若善男子善女人等教贍部洲東勝身洲
西牛貨洲諸有情類皆令脩學十善業道
於意云何是善男子善女人等由此因緣得福
多不天帝釋言甚多世尊甚多善逝佛言憍
尸迦若善男子善女人等書寫如是甚深般若
波羅蜜多施他讀誦若轉書寫廣令流布是
善男子善女人等所獲福聚甚多於前何以故
憍尸迦如是般若波羅蜜多秘密藏中廣說
一切無漏之法聲聞種姓補特伽羅脩學此
法速入聲聞正性離生得預流果得一來果
得不還果得阿羅漢果獨覺種姓補特伽羅
脩學此法速入獨覺正性離生漸次證得獨
覺菩提菩薩種姓補特伽羅脩學此法速入
菩薩正性離生漸次脩行諸菩薩行證得無
上正等菩提憍尸迦如是般若波羅蜜多秘
密藏中廣說一切無漏法者所謂布施波羅
蜜多淨戒波羅蜜多安忍波羅蜜多精進波
羅蜜多靜慮波羅蜜多般若波羅蜜多內空
外空內外空空空大空勝義空有為空無為
空畢竟空無際空散空無變異空本性空自
相空共相空一切法空不可得空無性空自
性空無性自性空真如法界法性不虛妄性
不變異性平等性離生性法定法住實際虛
空界不思議界無漏四靜慮四無量四無色
定八解脫八勝處九次第定十遍處四念住

性空無性自性空真如法界法性不虛妄性
不變異性平等性離生性法定法住實際虛
空界不思議界無漏四靜慮四無量四無色
定八解脫八勝處九次第定十遍處四念住
四正斷四神足五根五力七等覺支八聖道支
空解脫門無相解脫門無願解脫門五眼
六神通佛十力四無所畏四無礙解大慈大
悲大喜大捨十八佛不共法無忘失法恒住
捨性一切智道相智一切相智一切陀羅尼
門一切三摩地門及餘无量无邊佛法皆是
此中所說一切無漏之法憍尸迦若善男子善
女人等教一有情住預流果所獲福聚猶勝
教化南贍部洲東勝身洲西牛貨洲諸有
情類皆令脩學十善業道何以故憍尸迦諸
有脩行十善業道不免地獄傍生鬼趣若諸
有情住預流果便得永脫三惡趣故況教令
住一來不還阿羅漢果所獲福聚而不脫彼憍
尸迦若善男子善女人等教贍部洲東勝身
洲西牛貨洲諸有情類皆住預流一來不還
阿羅漢果所獲福聚不如有人教一有情令其
安住獨覺菩提何以故憍尸迦獨覺菩提
所有功德勝預流等百千倍故憍尸迦若善
男子善女人等教贍部洲東勝身洲西牛貨
洲諸有情類皆令安住獨覺菩提所獲福
聚不如有人教一有情令趣无上正等菩提
何以故憍尸迦若教有情令趣無上正等菩

男子善女人等教贍部洲東勝身洲西牛貨
洲諸有情類皆令安住獨覺菩提所獲福
聚不如有人教一有情令趣无上正等菩提
何以故憍尸迦若教有情令趣无上正等菩
提則令世間佛眼不斷所以者何由有菩薩摩
訶薩故便有預流一來不還阿羅漢果獨
覺菩提由有菩薩摩訶薩故便有如來應
正等覺證得无上正等菩提由有菩薩摩
訶薩故便有佛寶法寶僧寶一切世間歸依
供養以是故憍尸迦一切世間若天若魔若梵若
沙門若婆羅門及阿素洛人非人等應以无量
上妙花鬘塗散等香衣服纓絡寶幢幡蓋
衆妙珍奇伎樂燈明盡諸所有供養恭敬
尊重讚歎菩薩摩訶薩憍尸迦由此當知若
善男子善女人等書寫如是甚深般若波羅蜜
多施他讀誦若轉書寫廣令流布所獲福聚
勝前福聚无量无邊何以故如是般若波羅蜜
多秘密藏中廣說一切世出世間勝善法故
由此般若波羅蜜多秘密藏中所說法故世
間便有剎帝利大族婆羅門大族長者大
族居士大族施設可得由此般若波羅蜜多
秘密藏中所說法故世間便有四大王衆天
三十三天夜魔天都史多天樂化天他化自在
天施設可得由此般若波羅蜜多秘密藏中
所說法故世間便有梵衆天梵輔天梵會
天大梵天施設可得由此般若波羅蜜多

BD05180號　大般若波羅蜜多經卷一三〇　（16–12）

秘密藏中所說法故世間便有四大王衆天
三十三天夜魔天都史多天樂化天他化自在
天施設可得由此般若波羅蜜多秘密藏中
所說法故世間便有梵衆天梵輔天梵會
天大梵天施設可得由此般若波羅蜜多
秘密藏中所說法故世間便有光天少光天
无量光天極光淨天施設可得由此般若波
羅蜜多秘密藏中所說法故世間便有淨天
少淨天无量淨天遍淨天施設可得由此般
若波羅蜜多秘密藏中所說法故世間便有
廣天少廣天无量廣天廣果天施設可得由此
般若波羅蜜多秘密藏中所說法故世間便
有无繁天无熱天善現天善見天色究竟天
施設可得由此般若波羅蜜多秘密藏中所
說法故世間便有空无邊處天識无邊處天
无所有處天非想非非想處天施設可得
由此般若波羅蜜多秘密藏中所說法故世
間便有布施波羅蜜多淨戒波羅蜜多安忍
波羅蜜多精進波羅蜜多靜慮波羅蜜多般
若波羅蜜多施設可得由此般若波羅蜜多秘
密藏中所說法故世間便有內空外空內外
空空空大空勝義空有爲空无爲空畢竟
空无際空散空无變異空本性空自相空共
相空一切法空不可得空无性空自性空无
性自性空施設可得由此般若波羅蜜多秘
密藏中所說法故世間便有真如法界法性不

BD05180號　大般若波羅蜜多經卷一三〇　（16–13）

空空空大空勝義空有為空无為空畢竟
空无際空散空无變異空本性空自相空共
相空一切法空不可得空无性空自性空无
性自性空施設可得由此般若波羅蜜多秘
密藏中所說法故世間便有真如法界法性不
虛妄性不變異性平等性離生性法定法住
實際虛空界不思議界施設可得由此般
若波羅蜜多秘密藏中所說法故世間便有
苦聖諦集聖諦滅聖諦道聖諦施設可得由
此般若波羅蜜多秘密藏中所說法故世間
便有四靜慮四无量四无色定施設可得由
此般若波羅蜜多秘密藏中所說法故世間便
有八解脫八勝處九次第定十遍處施設可
得由此般若波羅蜜多秘密藏中所說法故
世間便有四念住四正斷四神足五根五力七等
覺支八聖道支施設可得由此般若波羅蜜
多秘密藏中所說法故世間便有空解脫
門无相解脫門无願解脫門施設可得由
此般若波羅蜜多秘密藏中所說法故世間
便有五眼六神通施設可得由此般若波羅
蜜多秘密藏中所說法故世間便有佛十力
四无所畏四无礙解大慈大悲大喜大捨十
八佛不共法施設可得由此般若波羅蜜多秘
密藏中所說法故世間便有无忘失法恒住捨
性施設可得由此般若波羅蜜多秘密藏
中所說法故世間便有一切智道相智一

BD05180號　大般若波羅蜜多經卷一三〇　（16–14）

般若波羅蜜多秘密藏中所說法故世間
便有五眼六神通施設可得由此般若波羅
蜜多秘密藏中所說法故世間便有佛十力
四无所畏四无礙解大慈大悲大喜大捨十
八佛不共法施設可得由此般若波羅蜜多秘
密藏中所說法故世間便有无忘失法恒住捨
性施設可得由此般若波羅蜜多秘密藏
中所說法故世間便有一切智道相智一
切相智施設可得由此般若波羅蜜多秘密
藏中所說法故世間便有一切陀羅尼門一
切三摩地門施設可得由此般若波羅蜜多
秘密藏中所說法故世間便有預流一來不
還阿羅漢及預流向預流果一來向一來果不
還向不還果阿羅漢向阿羅漢果施設可得
由此般若波羅蜜多秘密藏中所說法故世
間便有獨覺及獨覺菩提施設可得由此
般若波羅蜜多秘密藏中所說法故世間便
有一切菩薩摩訶薩及諸菩薩摩訶薩行施
設可得由此般若波羅蜜多秘密藏中所說法
故世間便有一切如來應正等覺及諸無
上正等菩提施設可得

大般若波羅蜜多經卷第一百卅

BD05180號　大般若波羅蜜多經卷一三〇　（16–15）

還向不還果阿羅漢向阿羅漢果施設可得
由此般若波羅蜜多秘密藏中所說法故世
間便有獨覺及獨覺菩提施設可得由此
般若波羅蜜多秘密藏中所說法故世間便
有一切菩薩摩訶薩及諸菩薩摩訶薩行施
設可得由此般若波羅蜜多秘密藏中所說法
故世間便有一切如來應正等覺及諸無
上正等菩提施設可得

大般若波羅蜜多經卷第一百卅

BD05180 號　大般若波羅蜜多經卷一三〇　（16–16）

BD05180 號背　勘記　（1–1）

未能捨復經少時父知子意漸已通泰成就
大志自鄙先心臨欲終時而命其子并會親
族國王大臣剎利居士皆悉已集即自宣言
諸君當知此是我子我之所生於某城中捨
吾逃走跉跰辛苦五十餘年其本字某我名
某甲昔在本城懷憂推覓忽於此間遇會得
之此實我子我實其父今我所有一切財物
皆是子有先所出內是子所知世尊是時窮
子聞父此言即大歡喜得未曾有而作是念
我本无心有所悕求今此寶藏自然而至世
尊大富長者則是如來我等皆似佛子如來
常說我等為子世尊我等以三苦故於生死
中受諸熱惱迷惑无知樂著小法今日世尊
令我等思惟蠲除諸法戲論之糞我等於中
勤加精進得至涅槃一日之價既得此已心
大歡喜自以為足便自謂言於佛法中勤精進
故所得弘多然世尊先知我等心著弊欲樂

BD05181號　妙法蓮華經卷二　（4-1）

常說我等為子世尊我等以三苦故於生死
中受諸熱惱迷惑无知樂著小法今日世尊
令我等思惟蠲除諸法戲論之糞我等於中
勤加精進得至涅槃一日之價既得此已心
大歡喜自以為足便自謂言於佛法中勤精進
故所得弘多然世尊先知我等心著弊欲樂
於小法便見縱捨不為分別汝等當有如來
知見寶藏之分世尊以方便力說如來智慧
我等從佛得涅槃一日之價以為大得於此
大乘无有志求我等又因如來智慧為諸菩
薩開示演說而自於此无有志願所以者何
佛知我等心樂小法以方便力隨我等說而
我等不知真是佛子今我等方知世尊於佛
智慧无所悋惜所以者何我等昔來真是佛
子而但樂小法若我等有樂大之心佛則為
我說大乘法於此經中唯說一乘而昔於菩薩
前毀呰聲聞樂小法者然佛實以大乘教化
是故我等說本无心有所悕求今法王大寶
自然而至如佛子所應得者皆已得之尒時
摩訶迦葉欲重宣此義而說偈言
我等今日　聞佛音教　歡喜踊躍　得未曾有
佛說聲聞　當得作佛　无上寶聚　不求自得
譬如童子　幼稚无識　捨父逃逝　遠到他土
周流諸國　五十餘年　其父憂念　四方推求
求之既疲　頓止一城　造立舍宅　五欲自娛

BD05181號　妙法蓮華經卷二　（4-2）

摩訶迦葉欲重宣此義而說偈言
我等今日 聞佛音教 歡喜踊躍 得未曾有
佛說聲聞 當得作佛 无上寶聚 不求自得
譬如童子 幼稚无識 捨父逃逝 遠到他土
周流諸國 五十餘年 其父憂念 四方推求
求之既疲 頓止一城 造立舍宅 五欲自娛
其家巨富 多諸金銀 車𤦲馬瑙 真珠琉璃
象馬牛羊 輦轝車乘 田業僮僕 人民眾多
出入息利 乃遍他國 商估賈人 无處不有
千万億眾 圍繞恭敬 常為王者 之所愛念
群臣豪族 皆共宗重 以諸緣故 往來者眾
豪富如是 有大力勢 而年朽邁 益憂念子
夙夜惟念 死時將至 癡子捨我 五十餘年
庫藏諸物 當如之何 尒時窮子 求索衣食
從邑至邑 從國至國 或有所得 或无所得
飢餓羸瘦 體生瘡癬 漸次經歷 到父住城
傭賃展轉 遂至父舍 尒時長者 於其門內
施大寶帳 處師子座 眷屬圍繞 諸人侍衛
或有計筭 金銀寶物 出內財產 注記券疏
窮子見父 豪貴尊嚴 謂是國王 若是王等
驚怖自怪 何故至此 覆自念言 我若久住
或見逼迫 強驅使作 思惟是已 馳走而去
借問貧里 欲往傭作 長者是時 在師子座
遙見其子 嘿而識之 即勑使者 追捉將來
窮子驚喚 迷悶躃地 是人執我 必當見煞

BD05181 號　妙法蓮華經卷二　(4–3)

千万億眾 圍繞恭敬 常為王者 之所愛念
群臣豪族 皆共宗重 以諸緣故 往來者眾
豪富如是 有大力勢 而年朽邁 益憂念子
夙夜惟念 死時將至 癡子捨我 五十餘年
庫藏諸物 當如之何 尒時窮子 求索衣食
從邑至邑 從國至國 或有所得 或无所得
飢餓羸瘦 體生瘡癬 漸次經歷 到父住城
傭賃展轉 遂至父舍 尒時長者 於其門內
施大寶帳 處師子座 眷屬圍繞 諸人侍衛
或有計筭 金銀寶物 出內財產 注記券疏
窮子見父 豪貴尊嚴 謂是國王 若是王等
驚怖自怪 何故至此 覆自念言 我若久住
或見逼迫 強驅使作 思惟是已 馳走而去
借問貧里 欲往傭作 長者是時 在師子座
遙見其子 嘿而識之 即勑使者 追捉將來
窮子驚喚 迷悶躃地 是人執我 必當見煞
何用衣食 使我至此 長者知子 愚癡狹劣

BD05181 號　妙法蓮華經卷二　(4–4)

比丘彼佛滅度已來甚大久遠譬如三千大
千世界所有地種假使有人磨以爲墨過於
東方千國土乃下一點大如微塵又過千國
土復下一點如是展轉盡地種墨於汝等意
云何是諸國土若筭師若筭師弟子能得邊
際知其數不不也世尊諸比丘是人所經國
土若點不點盡抹爲塵一塵一劫彼佛滅度
已來復過是數无量无邊百千万億阿僧祇
劫我以如來知見力故觀彼久遠猶若今日
尒時世尊欲重宣此義而說偈言
我念過去世　无量无邊劫　有佛兩足尊　名大通智勝
如人以力磨　三千大千土　盡此諸地種　皆悉以爲墨
過於千國土　乃下一塵點　如是展轉點　盡此諸塵墨
如是諸國土　點與不點等　復盡抹爲塵　一塵爲一劫
此諸微塵數　其劫復過是　彼佛滅度來　如是无量劫
如來无礙智　知彼佛滅度　及聲聞菩薩　如見今滅度
諸比丘當知　佛智淨微妙　无漏无所礙　通達无量劫
佛告諸比丘大通智勝佛壽五百四十万億
那由他劫其佛本坐道場破魔軍已垂得阿
耨多羅三藐三菩提而諸佛法不現在前如

BD05182號　妙法蓮華經卷三　（16–1）

如來无礙智　知彼佛滅度　及聲聞菩薩　如見今滅度
諸比丘當知　佛智淨微妙　无漏无所礙　通達无量劫
佛告諸比丘大通智勝佛壽五百四十万億
那由他劫其佛本坐道場破魔軍已垂得阿
耨多羅三藐三菩提而諸佛法不現在前如
是一小劫乃至十小劫結跏趺坐身心不動
而諸佛法猶不在前尒時忉利諸天先爲彼
佛於菩提樹下敷師子座高一由旬佛於此
坐當得阿耨多羅三藐三菩提適坐此座時
諸梵天王雨衆天華面百由旬香風時來吹
去萎華更雨新者如是不絕滿十小劫供養
於佛乃至滅度常雨此華四王諸天爲供養
佛常擊天鼓其餘諸天作天伎樂滿十小劫
至于滅度亦復如是諸比丘大通智勝佛過
十小劫諸佛之法乃現在前成阿耨多羅三
藐三菩提其佛未出家時有十六子其第一
者名曰智積諸子各有種種珎異玩好之具
聞父得成阿耨多羅三藐三菩提皆捨所珎
往詣佛所諸母涕泣而隨送之其祖轉輪聖
王與一百大臣及餘百千万億人民皆共圍
繞隨至道場咸欲親近大通智勝如來供養
恭敬尊重讚嘆到已頭面礼足繞佛畢已一
心合掌瞻仰世尊以偈頌曰
大威德世尊　爲度衆生故　於无量億歲　尒乃得成佛
諸願已具足　善哉吉无上　世尊甚希有　一坐十小劫
身體及手足　靜然安不動　其心常惔怕　未曾有散亂
究竟永寂滅　安住无漏法　今者見世尊　安隱成佛道

BD05182號　妙法蓮華經卷三　（16–2）

心合掌瞻仰世尊以偈頌曰
大威德世尊　為度衆生故　於无量億歲　尒乃得成佛
諸願已具足　善哉吉无上　世尊甚希有　一坐十小劫
身體及手足　靜然安不動　其心常惔怕　未曾有散亂
究竟永寂滅　安住无漏法　今者見世尊　安隱成佛道
我等得善利　稱慶大歡喜　衆生常苦惱　盲瞑无導師
不識苦盡道　不知求解脫　長夜增惡趣　減損諸天衆
從瞑入於瞑　永不聞佛名　今佛得最上　安隱无漏道
我等及天人　為得最大利　是故咸稽首　歸命无上尊
尒時十六王子偈讚佛已勸請世尊轉於法
輪咸作是言世尊說法多所安隱憐愍饒益
諸天人民重說偈言
世雄无等倫　百福自莊嚴　得无上智慧　願為世間說
度脫於我等　及諸衆生類　為分別顯示　令得是智慧
若我等得佛　衆生亦復然　世尊知衆生　深心之所念
亦知所行道　又知智慧力　欲樂及脩福　宿命所行業
世尊悉知已　當轉无上輪
佛告諸比丘大通智勝佛得阿耨多羅三藐
三菩提時十方各五百万億諸佛世界六種
震動其國中間幽瞑之處日月威光所不能
照而皆大明其中衆生各得相見咸作是言
此中云何忽生衆生又其國界諸天宮殿乃
至梵宮六種震動大光普照遍滿世界勝諸
天光尒時東方五百万億諸國土中梵天宮
殿光明照曜倍於常明諸梵天王各作是念
今者宮殿光明昔所未有以何因緣而現此
相是時諸梵天王即各相詣共議此事時彼

BD05182號　妙法蓮華經卷三　（16–3）

此中云何忽生衆生又其國界諸天宮殿乃
至梵宮六種震動大光普照遍滿世界勝諸
天光尒時東方五百万億諸國土中梵天宮
殿光明照曜倍於常明諸梵天王各作是念
今者宮殿光明昔所未有以何因緣而現此
相是時諸梵天王即各相詣共議此事時彼
衆中有一大梵天王名救一切為諸梵衆而
說偈言
我等諸宮殿　光明昔未有　此是何因緣　宜各共求之
為大德天生　為佛出世間　而此大光明　遍照於十方
尒時五百万億國土諸梵天王與宮殿俱各
以衣裓盛諸天華共詣西方推尋是相見大
通智勝如來處于道場菩提樹下坐師子座
諸天龍王乾闥婆緊那羅摩睺羅伽人非人
等恭敬圍繞及見十六王子請佛轉法輪即
時諸梵天王頭面禮佛繞百千帀即以天華
而散佛上其所散華如須弥山并以供養佛
菩提樹其菩提樹高十由旬華供養已各以
宮殿奉上彼佛而作是言唯見哀愍饒益我
等所獻宮殿願垂納受時諸梵天王即於佛
前一心同聲以偈頌曰
世尊甚希有　難可得值遇　具无量功德　能救護一切
天人之大師　哀愍於世間　十方諸衆生　普皆蒙饒益
我等所從來　五百万億國　捨深禪定樂　為供養佛故
我等先世福　宮殿甚嚴飾　今以奉世尊　唯願哀納受
尒時諸梵天王偈讚佛已各作是言唯願世
尊轉於法輪度脫衆生開涅槃道時諸梵天

BD05182號　妙法蓮華經卷三　（16–4）

天人之大師　哀愍於世間　十方諸衆生　普皆蒙饒益
我等所從來　五百万億國　捨深禪定樂　為供養佛故
我等先世福　宮殿甚嚴飾　今以奉世尊　唯願哀納受
尒時諸梵天王偈讚佛已各作是言唯願世
尊轉於法輪度脫衆生開涅槃道時諸梵天
王一心同聲而說偈言
世雄兩足尊　唯願演說法　以大慈悲力　度苦惱衆生
尒時大通智勝如来默然許之又諸比丘東
南方五百万億國土諸大梵王各自見宮殿
光明照曜昔所未有歡喜踊躍生希有心即
各相詣共議此事時彼衆中有一大梵天王
名曰大悲為諸梵衆而說偈言
是事何因緣　而現如此相　我等諸宮殿　光明昔未有
為大德天生　為佛出世間　未曾見此相　當共一心求
過千万億土　尋光共推之　多是佛出世　度脫苦衆生
尒時五百万億諸梵天王與宮殿俱各以衣
裓盛諸天華共詣西北方推尋是相見大通
智勝如来處于道場菩提樹下坐師子座諸
天龍王乾闥婆緊那羅摩睺羅伽人非人等
恭敬圍繞及見十六王子請佛轉法輪時諸
梵天王頭面礼佛繞百千帀即以天華而散
佛上所散之華如須弥山并以供養佛菩提樹
華供養已各以宮殿奉上彼佛而作是言唯
見哀愍饒益我等所獻宮殿願垂納受尒
時諸梵天王即於佛前一心同聲以偈頌曰
聖主天中王　迦陵頻伽聲　哀愍衆生者　我等今敬礼
世尊甚希有　久遠乃一現　一百八十劫　空過无有佛

BD05182號　妙法蓮華經卷三　（16–5）

見哀愍饒益我等所獻宮殿願垂納受尒
時諸梵天王即於佛前一心同聲以偈頌曰
聖主天中王　迦陵頻伽聲　哀愍衆生者　我等今敬礼
世尊甚希有　久遠乃一現　一百八十劫　空過无有佛
三惡道充滿　諸天衆減少　今佛出於世　為衆生作眼
世間所歸趣　救護於一切　為衆生之父　哀愍饒益者
我等宿福慶　今得值世尊
尒時諸梵天王偈讚佛已各作是言唯願世
尊哀愍一切轉於法輪度脫衆生時諸梵天
王一心同聲而說偈言
大聖轉法輪　顯示諸法相　度苦惱衆生　令得大歡喜
衆生聞此法　得道若生天　諸惡道減少　忍善者增益
尒時大通智勝如来默然許之又諸比丘南
方五百万億國土諸大梵王各自見宮殿光
明照曜昔所未有歡喜踊躍生希有心即各
相詣共議此事以何因緣我等宮殿有此光
曜而彼衆中有一大梵天王名曰妙法為諸
梵衆而說偈言
我等諸宮殿　光明甚威曜　此非无因緣　是相宜求之
過於百千劫　未曾見是相　為大德天生　為佛出世間
尒時五百万億諸梵天王與宮殿俱各以衣裓
盛諸天華共詣北方推尋是相見大通智
勝如来處于道場菩提樹下坐師子座諸天
龍王乾闥婆緊那羅摩睺羅伽人非人等恭
敬圍繞及見十六王子請佛轉法輪時諸梵
天王頭面礼佛繞百千帀即以天華而散佛
上所散之華如須弥山并以供養佛菩提樹

BD05182號　妙法蓮華經卷三　（16–6）

勝如来處于道場菩提樹下坐師子座諸天
龍王乹闥婆緊那羅摩睺羅伽人非人等恭
敬圍繞及見十六王子請佛轉法輪時諸梵
天王頭面礼佛繞百千帀即以天華而散佛
上所散之華如須弥山并以供養佛菩提樹
華供養已各以宫殿奉上彼佛而作是言唯
見哀愍饒益我等所獻宫殿願垂納受尒時
諸梵天王即於佛前一心同聲以偈頌曰
世尊甚難見　破諸煩惱者　過百三十劫　今乃得一見
諸飢渴衆生　以法雨充滿　昔所未曾見　无量智慧者
如優曇鉢羅　今日乃值遇　我等諸宫殿　蒙光故嚴飾
世尊大慈悲　唯願垂納受
尒時諸梵天王偈讚佛已各作是言唯願世
尊轉於法輪令一切世間諸天魔梵沙門婆
羅門皆獲安隱而得度脫時諸梵天王一心
同聲以偈頌曰
唯願天人尊　轉无上法輪　擊于大法鼓　而吹大法螺
普雨大法雨　度无量衆生　我等咸歸請　當演深遠音
尒時大通智勝如来默然許之西南方乃至
下方亦復如是尒時上方五百万億國土諸
大梵王皆悉自覩所止宫殿光明威曜昔所
未有歡喜踊躍生希有心即各相詣共議此
事以何因緣我等宫殿有斯光明時彼衆中
有一大梵天王名曰尸棄為諸梵衆而說偈
言
今以何因緣　我等諸宫殿　威德光明曜　嚴飾未曾有
如是之妙相　昔所未聞見　為大德天生　為佛出世間

BD05182號　妙法蓮華經卷三　（16–7）

事以何因緣我等宫殿有斯光明時彼衆中
有一大梵天王名曰尸棄為諸梵衆而說偈
言
今以何因緣　我等諸宫殿　威德光明曜　嚴飾未曾有
如是之妙相　昔所未聞見　為大德天生　為佛出世間
尒時五百万億諸梵天王與宫殿俱各以衣
祴盛諸天華共詣下方推尋是相見大通智
勝如来處于道場菩提樹下坐師子座諸天
龍王乹闥婆緊那羅摩睺羅伽人非人等恭
敬圍繞及見十六王子請佛轉法輪時諸梵
天王頭面礼佛繞百千帀即以天華而散佛
上所散之華如須弥山并以供養佛菩提樹
華供養已各以宫殿奉上彼佛而作是言唯
見哀愍饒益我等所獻宫殿願垂納受時諸
梵天王即於佛前一心同聲以偈頌曰
善哉見諸佛　救世之聖尊　能於三界獄　勉出諸衆生
普智天人尊　哀愍群萌類　能開甘露門　廣度於一切
於昔无量劫　空過无有佛　世尊未出時　十方常闇瞑
三惡道增長　阿脩羅亦盛　諸天衆轉減　死多墮惡道
不從佛聞法　常行不善事　色力及智慧　斯等皆減少
罪業因緣故　失樂及樂想　住於邪見法　不識善儀則
不蒙佛所化　常墮於惡道　佛為世間眼　久遠時乃出
哀愍諸衆生　故現於世間　超出成正覺　我等甚欣慶
及餘一切衆　喜歎未曾有　我等諸宫殿　蒙光故嚴飾
今以奉世尊　唯垂哀納受　願以此功德　普及於一切
我等與衆生　皆共成佛道
尒時五百万億諸梵天王偈讚佛已各白佛言

BD05182號　妙法蓮華經卷三　（16–8）

不蒙佛所化　常墮於惡道　佛為世間眼　久遠時乃出
哀愍諸衆生　故現於世間　超出成正覺　我等甚欣慶
及餘一切衆　喜嘆未曾有　我等諸宮殿　蒙光故嚴餝
今以奉世尊　唯垂哀納受　願以此功德　普及於一切
我等與衆生　皆共成佛道
尒時五百万億諸梵天王偈讚佛已各白佛
言唯願世尊轉於法輪多所安隱多所度脫
時諸梵天王而說偈言
世尊轉法輪　擊甘露法鼓　度苦惱衆生　開示涅槃道
唯願受我請　以大微妙音　哀愍而敷演　无量劫習法
尒時大通智勝如来受十方諸梵天王及十
六王子請即時三轉十二行法輪若沙門婆
羅門若天魔梵及餘世間所不能轉謂是苦
是苦集是苦滅是苦滅道及廣說十二因緣
法无明緣行行緣識識緣名色名色緣六入
六入緣觸觸緣受受緣愛愛緣取取緣有有
緣生生緣老死憂悲苦惱无明滅則行滅行
滅則識滅識滅則名色滅名色滅則六入滅
六入滅則觸滅觸滅則受滅受滅則愛滅愛
滅則取滅取滅則有滅有滅則生滅生滅則
老死憂悲苦惱滅佛於天人大衆之中說是
法時六百万億那由他人以不受一切法故
而於諸漏心得解脫皆得深妙禪定三明六
通具八解脫第二第三第四說法時千万億
恒河沙那由他等衆生亦以不受一切法故
而於諸漏心得解脫從是已後諸聲聞衆无
量无邊不可稱數尒時十六王子皆以童子

BD05182 號　妙法蓮華經卷三

通具八解脫第二第三第四說法時千万億
恒河沙那由他等衆生亦以不受一切法故
而於諸漏心得解脫從是已後諸聲聞衆无
量无邊不可稱數尒時十六王子皆以童子
出家而為沙弥諸根通利智慧明了已曾供
養百千万億諸佛淨脩梵行求阿耨多羅三
藐三菩提俱白佛言世尊是諸无量千万億
大德聲聞皆已成就世尊亦當為我等說阿
耨多羅三藐三菩提法我等聞已皆共脩學
世尊我等志願如来知見深心所念佛自證
知尒時轉輪聖王所將衆中八万億人見十
六王子出家亦求出家王即聽許尒時彼佛
受沙弥請過二万劫已乃於四衆之中說是
大乘經名妙法蓮華教菩薩法佛所護念說
是經已十六沙弥為阿耨多羅三藐三菩提
故皆共受持諷誦通利說是經時十六菩薩
沙弥皆悉信受聲聞衆中亦有信解其餘衆
生千万億種皆生疑惑佛說是經於八千劫
未曾休癈說此經已即入靜室住於禪定八
万四千劫是時十六菩薩沙弥知佛入室寂
然禪定各昇法座亦於八万四千劫為四部
衆廣說分別妙法華經一一皆度六百万億
那由他恒河沙等衆生示教利喜令發阿耨
多羅三藐三菩提心大通智勝佛過八万四
千劫已從三昧起往詣法座安詳而坐普告
大衆是十六菩薩沙弥甚為希有諸根通利

BD05182 號　妙法蓮華經卷三

衆廣說分別妙法華經一一皆度六百万億
那由他恒河沙等衆生示教利喜令發阿耨
多羅三藐三菩提心大通智勝佛過八万四
千劫已從三昧起往詣法座安詳而坐普告
大衆是十六菩薩沙弥甚為希有諸根通利
智慧明了已曽供養无量千万億數諸佛於
諸佛所常脩梵行受持佛智開示衆生令入
其中汝等皆當數數親近而供養之所以者何
若聲聞辟支佛及諸菩薩能信是十六菩
薩所說經法受持不毁者是人皆當得阿耨
多羅三藐三菩提如来之慧佛告諸比丘是
十六菩薩常樂說是妙法蓮華經一一菩薩
所化六百万億那由他恒河沙等衆生世世
所生與菩薩俱從其聞法悉皆信解以此因
緣得值四万億諸佛世尊于今不盡諸比丘
我今語汝彼佛弟子十六沙弥今皆得阿耨
多羅三藐三菩提於十方國土現在說法有
无量百千万億菩薩聲聞以為眷屬其二沙
弥東方作佛一名阿閦在歡喜國二名須弥
頂東南方二佛一名師子音二名師子相南
方二佛一名虛空住二名常滅西南方二佛
一名帝相二名梵相西方二佛一名阿弥陁
二名度一切世間苦惱西北方二佛一名多
摩羅跋栴檀香神通二名須弥相北方二佛
一名雲自在二名雲自在王東北方佛名壞
一切世間怖畏第十六我釋迦牟尼佛於娑

一名帝相二名梵相西方二佛一名阿弥陁
二名度一切世間苦惱西北方二佛一名多
摩羅跋栴檀香神通二名須弥相北方二佛
一名雲自在二名雲自在王東北方佛名壞
一切世間怖畏第十六我釋迦牟尼佛於娑
婆國土成阿耨多羅三藐三菩提諸比丘我
等為沙弥時各各教化无量百千万億恒河
沙等衆生從我聞法為阿耨多羅三藐三菩
提此諸衆生于今有住聲聞地者我常教化
阿耨多羅三藐三菩提是諸人等應以是法
漸入佛道所以者何如来智慧難信難解
尒時所化无量恒河沙等衆生者汝等諸比
丘及我滅度後未来世中聲聞弟子是也我
滅度後復有弟子不聞是經不知不覺菩薩
所行自於所得功德生滅度想當入涅槃我
於餘國作佛更有異名是人雖生滅度之想
入於涅槃而於彼土求佛智慧得聞是經唯
以佛乘而得滅度更无餘乘除諸如来方便
說法諸比丘若如来自知涅槃時到衆又清
淨信解堅固了達空法深入禪定便集諸菩
薩及聲聞衆為說是經世間无有二乘而得
滅度唯一佛乘得滅度耳比丘當知如来方
便深入衆生之性知其志樂小法深著五欲
為是等故說於涅槃是人若聞則便信受譬
如五百由旬險難悪道曠絕无人怖畏之處
若有多衆欲過此道至珎寶處有一導師聡

便深入衆生之性知其志樂小法深著五欲
為是等故說於涅槃是人若聞則便信受譬
如五百由旬險難惡道曠絶无人怖畏之處
若有多衆欲過此道至珎寶處有一導師聦
慧明達善知險道通塞之相將導衆人欲過
此難所將人衆中路懈退白導師言我等疲
極而復怖畏不能復進前路猶遠今欲退還
導師多諸方便而作是念此等可愍云何捨
大珎寶而欲退還作是念已以方便力於險
道中過三百由旬化作一城告衆人言汝等
勿怖莫得退還今此大城可於中止隨意所
作若入是城快得安隱若能前至寶所亦可
得去是時疲極之衆心大歡喜歎未曾有我
等今者免斯惡道快得安隱於是衆人前入
化城生已度想生安隱想尒時導師知此人
衆既得止息无復疲惓即滅化城語衆人言
汝等去來寶處在近向者大城我所化作為
止息耳諸比丘如来亦復如是今為汝等作
大導師知諸生死煩惱惡道險難長遠應去
應度若衆生但聞一佛乘者則不欲見佛不
欲親近便作是念佛道長遠久受勤苦乃可
得成佛知是心怯弱下劣以方便力而於中
道為止息故說二涅槃若衆生住於二地如
来尒時即便為說汝等所作未辦汝所住地
近於佛慧當觀察籌量所得涅槃非真實也
但是如来方便之力於一佛乘分別說三如

BD05182號　妙法蓮華經卷三　（16–13）

道為止息故說二涅槃若衆生住於二地如
来尒時即便為說汝等所作未辦汝所住地
近於佛慧當觀察籌量所得涅槃非真實也
但是如来方便之力於一佛乘分別說三如
彼導師為止息故化作大城既知息已而告
之言寶處在近此城非實我化作耳尒時世
尊欲重宣此義而說偈言
大通智勝佛　十劫坐道場　佛法不現前　不得成佛道
諸天神龍王　阿脩羅衆等　常雨於天華　以供養彼佛
諸天擊天鼓　并作衆伎樂　香風吹萎華　更雨新好者
過十小劫已　乃得成佛道　諸天及世人　心皆懷踊躍
彼佛十六子　皆與其眷屬　千万億圍繞　俱行至佛所
頭面礼佛足　而請轉法輪　聖師子法雨　充我及一切
世尊甚難值　久遠時一現　為覺悟群生　震動於一切
東方諸世界　五百万億國　梵宮殿光曜　昔所未曾有
諸梵見此相　尋来至佛所　散華以供養　并奉上宮殿
請佛轉法輪　以偈而讚歎　佛知時未至　受請默然坐
三方及四維　上下亦復尒　散華奉宮殿　請佛轉法輪
世尊甚難值　願以本慈悲　廣開甘露門　轉无上法輪
无量慧世尊　受彼衆人請　為宣種種法　四諦十二緣
无明至老死　皆從生緣有　如是衆過患　汝等應當知
宣暢是法時　六百万億姟　得盡諸苦際　皆成阿羅漢
第二說法時　千万恒沙衆　於諸法不受　亦得阿羅漢
從是後得道　其數无有量　万億劫筭數　不能得其邊
時十六王子　出家作沙弥　皆共請彼佛　演說大乘法
我等及營從　皆當成佛道　願得如世尊　慧眼第一淨

BD05182號　妙法蓮華經卷三　（16–14）

无明至老死 皆從生緣有 如是眾過患 汝等應當知
宣暢是法時 六百万億姟 得盡諸苦際 皆成阿羅漢
第二說法時 千万恒沙眾 於諸法不受 亦得阿羅漢
從是後得道 其數无有量 万億劫筭數 不能得其邊
時十六王子 出家作沙弥 皆共請彼佛 演說大乘法
我等及營從 皆當成佛道 願得如世尊 慧眼第一淨
佛知童子心 宿世之所行 以无量因緣 種種諸譬喻
說六波羅蜜 及諸神通事 分別真實法 菩薩所行道
說是法華經 如恒河沙偈 彼佛說經已 靜室入禪定
一心一處坐 八万四千劫 是諸沙弥等 知佛禪未出
為无量億眾 說佛无上慧 各各坐法座 說是大乘經
於佛宴寂後 宣揚助法化 一一沙弥等 所度諸眾生
有六百万億 恒河沙等眾 彼佛滅度後 是諸聞法者
在在諸佛土 常與師俱生 是十六沙弥 具足行佛道
今現在十方 各得成正覺 尒時聞法者 各在諸佛所
其有住聲聞 漸教以佛道 我在十六數 曾亦為汝說
是故以方便 引汝趣……因緣 今說法華經
令汝入佛道 慎勿懷驚懼 譬如險惡道 迥絕多毒獸
……所怖畏處 无數千万眾 欲過此險道
……曠遠 經五百由旬 時有一導師 強識有智慧
明了心決定 在險濟眾難 眾人皆疲惓 而白導師言
我等今頓乏 於此欲退還 導師作是念 此輩甚可愍
如何欲退還 而失大珍寶 尋時思方便 當設神通力
化作大城郭 莊嚴諸舍宅 周帀有園林 渠流及浴池
重門高樓閣 男女皆充滿 即作是化已 慰作是化已
……城 心皆大歡喜

……所怖畏處 无數千万眾 欲過此險道
……曠遠 經五百由旬 時有一導師 強識有智慧
明了心決定 在險濟眾難 眾人皆疲惓 而白導師言
我等今頓乏 於此欲退還 導師作是念 此輩甚可愍
如何欲退還 而失大珍寶 尋時思方便 當設神通力
化作大城郭 莊嚴諸舍宅 周帀有園林 渠流及浴池
重門高樓閣 男女皆充滿 即作是化已 慰作是化已
……城 心皆大歡喜
生安隱想 自謂……息已 集眾而告言
汝等當前進 此是化城耳 我見汝疲極 中路欲退還
故以方便力 權化作此城 汝今勤精進 當共至寶所
我亦復如是 為一切導師 見諸求道者 中路而懈廢
不能度生死 煩惱諸險道 故以方便力 為息說涅槃
言汝等苦滅 所作皆已辦 既知到涅槃 皆得阿羅漢
尒乃集大眾 為說真實法 諸佛方便力 分別說三乘
唯有一佛乘 息處故說二 今為汝說實 汝所得非滅
為佛一切智 當發大精進 汝證一切智 十力等佛法
具三十二相 乃是真實滅 諸佛之導師 為息說涅槃
既知是息已 引入於佛慧

妙法蓮華經卷第三

□□梵天王等
衣天曼陁羅華摩訶
養於佛所散天衣住虛空中
而自迴轉諸天伎樂百千万種於虛空中一
時俱作雨衆天華而作是言佛昔於波羅柰
初轉法輪今乃復轉无上最大法輪尒時諸
天子欲重宣此義而說偈言
昔於波羅柰　轉四諦法輪　分別說諸法　五衆之生滅
今復轉最妙　无上大法輪　是法甚深奧　少有能信者
我等從昔来　數聞世尊說　未曾聞如是　深妙之上法
世尊說是法　我等皆隨喜　大智舍利弗　今得受尊記
我等亦如是　必當得作佛　於一切世間　最尊无有上
佛道叵思議　方便隨宜說　我所有福業　今世若過世
及見佛功德　盡迴向佛道
尒時舍利弗白佛言世尊我今无復疑悔親
於佛前得受阿耨多羅三藐三菩提記是諸
千二百心自在者昔住學地佛常教化言我
法能離生老病死究竟涅槃是學无學人亦
各自以離我見及有无見等謂得涅槃而今
於世尊前聞所未聞皆墮疑惑善哉世尊願

BD05183號　妙法蓮華經卷二　（6–1）

世尊說是法　我等皆隨喜　大智舍利弗　今得受尊記
我等亦如是　必當得作佛　於一切世間　最尊无有上
佛道叵思議　方便隨宜說　我所有福業　今世若過世
及見佛功德　盡迴向佛道
尒時舍利弗白佛言世尊我今无復疑悔親
於佛前得受阿耨多羅三藐三菩提記是諸
千二百心自在者昔住學地佛常教化言我
法能離生老病死究竟涅槃是學无學人亦
各自以離我見及有无見等謂得涅槃而今
於世尊前聞所未聞皆墮疑惑善哉世尊願
為四衆說其因緣令離疑悔尒時佛告舍利
弗我先不言諸佛世尊以種種因緣譬喻言
辭方便說法皆為阿耨多羅三藐三菩提耶
是諸所說皆為化菩薩故然舍利弗今當復
以譬喻更明此義諸有智者以譬喻得解舍
利弗若國邑聚落有大長者其年衰邁財富
无量多有田宅及諸僮僕其家廣大唯有一
門多諸人衆一百二百乃至五百人止住其中
堂閣朽故墻壁頹落柱根腐敗梁棟傾危周
帀俱時欻然火起焚燒舍宅長者諸子若十
二十或至三十在此宅中長者見是大火從
四面起即大驚怖而作是念我雖能於此所
燒之門安隱得出而諸子等於火宅內樂著
嬉戲不覺不知不驚不怖火来逼身苦痛
切已心不猒患无求出意舍利弗是長者作
是思惟我身手有力當以衣裓若以几案從

BD05183號　妙法蓮華經卷二　（6–2）

帀俱時欻然火起焚燒舍宅長者諸子若十
二十或至三十在此宅中長者見是大火從
四面起即大驚怖而作是念我雖能於此所
燒之門安隱得出而諸子等於火宅內樂著
嬉戲不覺不知不驚不怖火來逼身苦痛
切己心不猒患无求出意舍利弗是長者作
是思惟我身手有力當以衣裓若以几案從
舍出之復更思惟是舍唯有一門而復狹小
諸子幼稚未有所識戀著戲處或當墮落爲
火所燒我當爲說怖畏之事此舍已燒宜時
疾出无令爲火之所燒害作是念已如所思
惟具告諸子汝等速出父雖憐愍善言誘喻
而諸子等樂着嬉戲不肯信受不驚不畏
了无出心亦復不知何者是火何者爲舍云
何爲失但東西走戲視父而已尒時長者即
作是念此舍已爲大火所燒我及諸子若不
時出必爲所焚我今當設方便令諸子等得
免斯害父知諸子先心各有所好種種珎玩
奇異之物情必樂着而告之言汝等所可玩
好希有難得汝若不取後必憂悔如此種種
羊車鹿車牛車今在門外可以遊戲汝等於
此火宅宜速出來隨汝所欲皆當與汝尒時諸
子聞父所說珎玩之物適其願故心各勇鋭
牙相推排競共馳走爭出火宅是時長者見
諸子等安隱得出皆於四衢道中露地而坐
无復障礙其心泰然歡喜踊躍時諸子等各

BD05183 號　妙法蓮華經卷二　（6–3）

好希有難得汝若不取後必憂悔如此種種
羊車鹿車牛車今在門外可以遊戲汝等於
此火宅宜速出來隨汝所欲皆當與汝尒時諸
子聞父所說珎玩之物適其願故心各勇鋭
牙相推排競共馳走爭出火宅是時長者見
諸子等安隱得出皆於四衢道中露地而坐
无復障礙其心泰然歡喜踊躍時諸子等各
白父言父先所許玩好之具羊車鹿車牛車
願時賜與舍利弗尒時長者各賜諸子等一
大車其車高廣衆寶莊挍周帀欄楯四面懸
鈴又於其上張設幰蓋亦以珎奇雜寶而嚴
餝之寶繩交絡垂諸華瓔重敷綩綖安置丹
枕駕以白牛膚色充潔形體姝好有大筋力
行步平正其疾如風又多僕從而侍衛之所
以者何是大長者財冨无量種種諸藏悉皆
充溢而作是念我財物无極不應以下劣小
車與諸子等今此幼童皆是吾子愛无偏黨
我有如是七寶大車其數无量應當等心各
各與之不宜差別所以者何以我此物周給一
國猶尚不匱何況諸子是時諸子各乘大車
得未曾有非本所望舍利弗於汝意云何是
長者等與諸子珎寶大車寧有虛妄不舍利
弗言不也世尊是長者但令諸子得免火難
全其軀命非爲虛妄何以故若全身命便爲
已得玩好之具況復方便於彼火宅而拔濟之
世尊若是長者乃至不與冣小一車猶不虛

BD05183 號　妙法蓮華經卷二　（6–4）

得未曾有非本所望舍利弗於汝意云何是
長者等與諸子珎寶大車寧有虛妄不舍利
弗言不也世尊是長者但令諸子得免火難
全其軀命非為虛妄何以故若全身命便為
已得玩好之具況復方便於彼火宅而拔濟之
世尊若是長者乃至不與取小一車猶不虛
妄何以故是長者先作是意我以方便令子
得出以是因緣无虛妄也何況長者自知財
富无量欲饒益諸子等與大車佛告舍利弗
善哉善哉如汝所言舍利弗如來亦復如是
則為一切世間之父於諸怖畏衰惱憂患
无明暗蔽永盡无餘而悉成就无量知見力
无所畏有大神力及智慧力具足方便智慧
波羅蜜大慈大悲常无懈惓恒求善事利益
一切而生三界朽故火宅為度衆生生老病
死憂悲苦惱愚癡暗蔽三毒之火教化令得
阿耨多羅三藐三菩提見諸衆生為生老病
死憂悲苦惱之所燒煮亦以五欲財利故受
種種苦又以貪着追求故現受衆苦後受地
獄畜生餓鬼之苦若生天上及在人間貧窮
困苦愛別離苦怨憎會苦如是等種種諸苦
衆生没在其中歡喜遊戲不覺不知不驚不
怖亦不生猒不求解脫於此三界火宅東西
馳走雖遭大苦不以為患舍利弗佛見此已
便作是念我為衆生之父應拔其苦難與无
量无邊佛智慧樂令其遊戲舍利弗如來

BD05183號　妙法蓮華經卷二　（6–5）

波羅蜜大慈大悲常无懈惓恒求善事利益
一切而生三界朽故火宅為度衆生生老病
死憂悲苦惱愚癡暗蔽三毒之火教化令得
阿耨多羅三藐三菩提見諸衆生為生老病
死憂悲苦惱之所燒煮亦以五欲財利故受
種種苦又以貪着追求故現受衆苦後受地
獄畜生餓鬼之苦若生天上及在人間貧窮
困苦愛別離苦怨憎會苦如是等種種諸苦
衆生没在其中歡喜遊戲不覺不知不驚不
怖亦不生猒不求解脫於此三界火宅東西
馳走雖遭大苦不以為患舍利弗佛見此已
便作是念我為衆生之父應拔其苦難與无
量无邊佛智慧樂令其遊戲舍利弗如來
復作是念若我但以神力及智慧力捨於方
便為諸衆生讃如來知見力无所畏者衆生
不能以是得度所以者何是諸衆生未免生
老病死憂悲苦惱而為三界火宅所燒何由
能解佛之智慧舍利弗如彼長者雖復身手
有力而不用之但以慇懃方便免濟諸子火

BD05183號　妙法蓮華經卷二　（6–6）

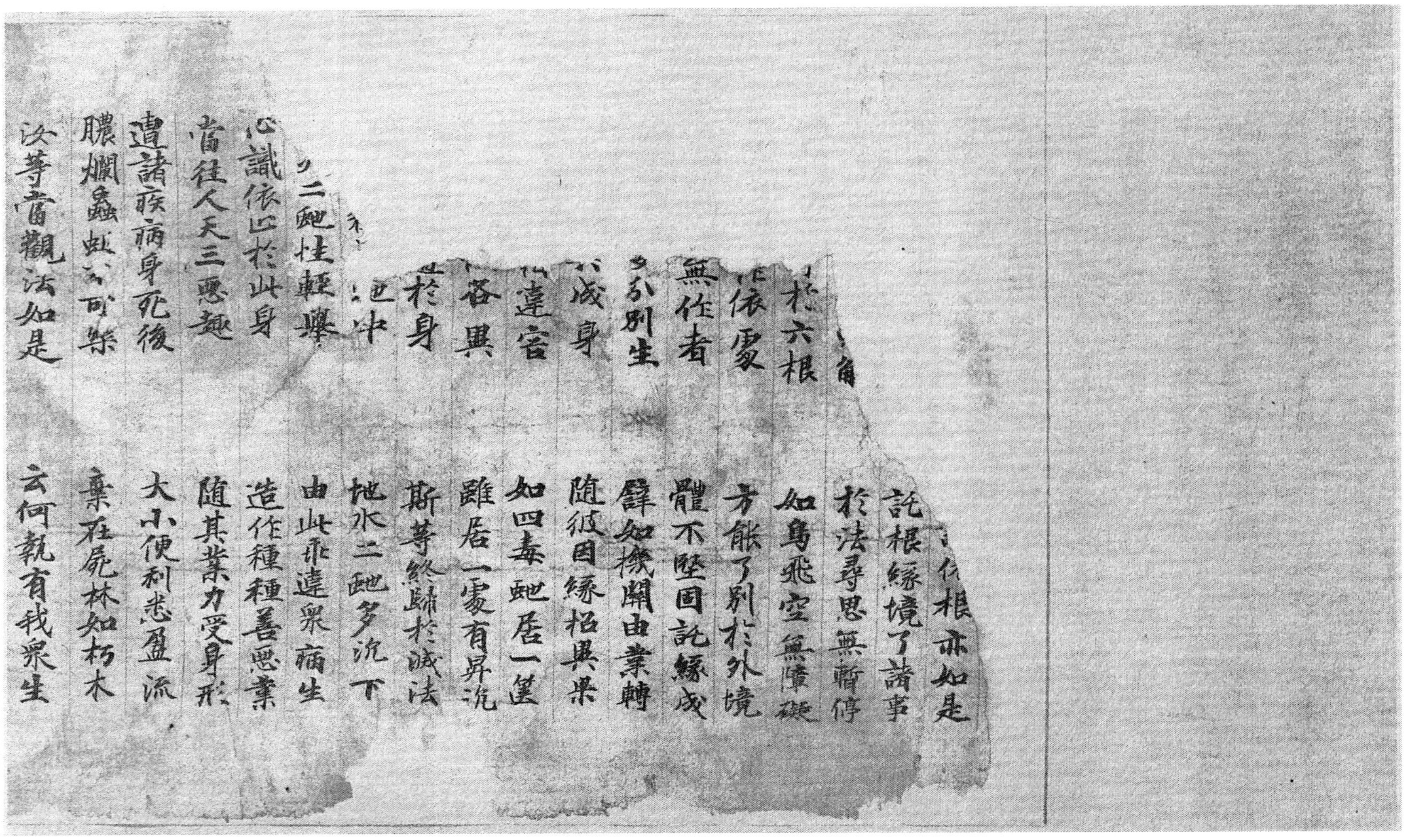

依根亦如是
託根緣境了諸事
角　於法尋思無暫停
於六根　如鳥飛空無障礙
依處　方能了別於外境
無住者　體不堅固託緣成
分別生　譬如機關由業轉
成身　隨彼因緣招異果
違害　如四毒蛇居一篋
各異　雖居一處有昇沉
於身　斯等終歸於滅法
之中　地水二蛇多沉下
乃二蛇性輕舉　由此乖違衆病生
心識依止於此身　造作種種善惡業
當往人天三惡趣　隨其業力受身形
遺諸疾病身死後　大小便利悉盈流
膿爛蟲蛆不可樂　棄在屍林如朽木
汝等當觀法如是　云何執有我衆生

BD05184 號　金光明最勝王經卷五　（13–1）

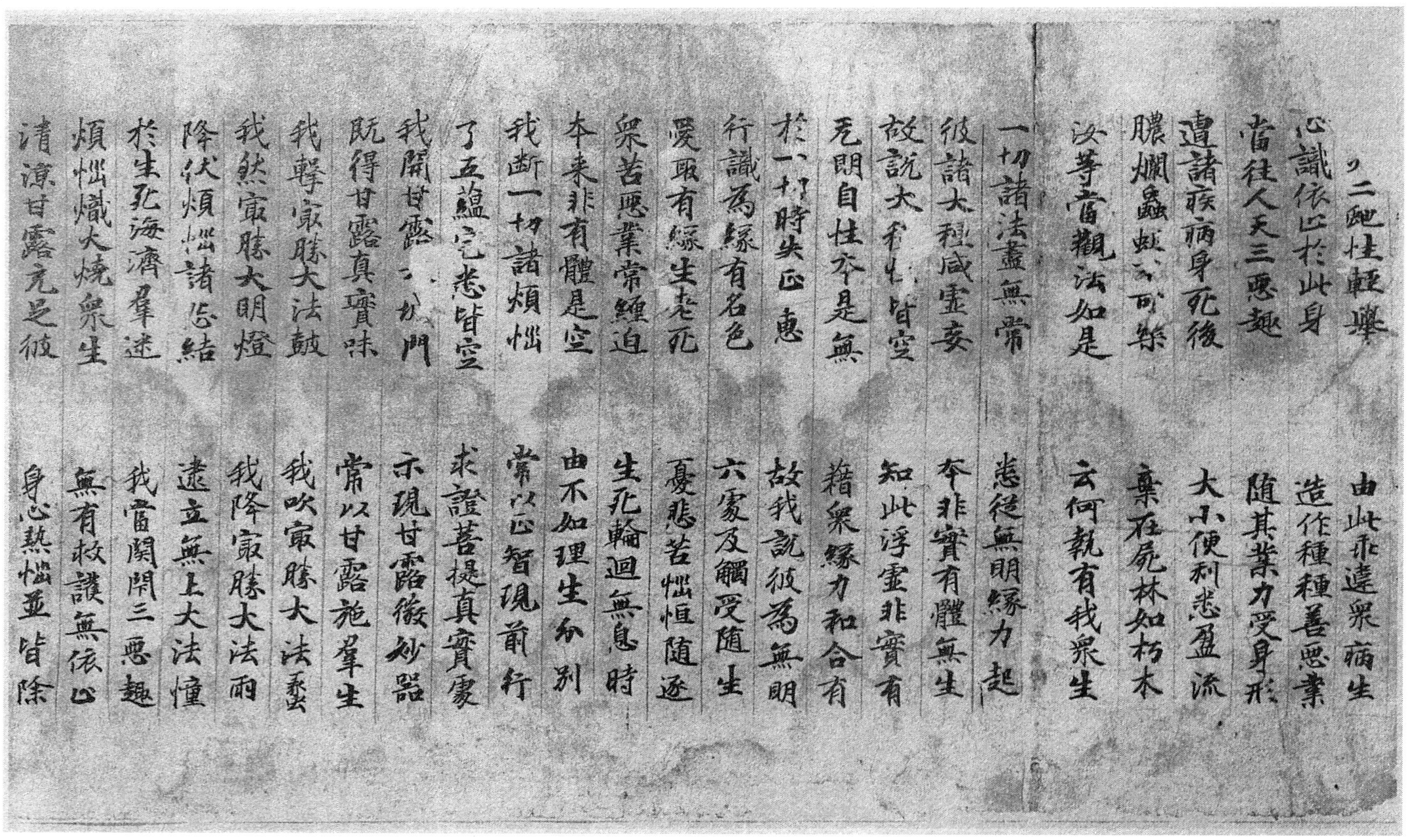

乃二蛇性輕舉　由此乖違衆病生
心識依止於此身　造作種種善惡業
當往人天三惡趣　隨其業力受身形
遺諸疾病身死後　大小便利悉盈流
膿爛蟲蛆不可樂　棄在屍林如朽木
汝等當觀法如是　云何執有我衆生
一切諸法盡無常　悉從無明緣力起
彼諸大種咸虛妄　本非實有體無生
故說大種性皆空　知此浮虛非實有
無明自性本是無　藉衆緣力和合有
於一切時失正惠　故我說彼為無明
行識為緣有名色　六處及觸受隨生
愛取有緣生老死　憂悲苦惱恒隨逐
衆苦惡業常纏迫　生死輪迴無息時
本來非有體是空　由不如理生分別
我斷一切諸煩惱　常以正智現前行
了五蘊宅悉皆空　求證菩提真實處
我開甘露城門　示現甘露微妙器
既得甘露真實味　常以甘露施群生
我擊最勝大法鼓　我吹最勝大法蠡
我然最勝大明燈　我降最勝大法雨
降伏煩惱諸怨結　建立無上大法幢
於生死海濟群迷　我當關閉三惡趣
煩惱熾火燒衆生　無有救護無依怙
清涼甘露充足彼　身心熱惱並皆除

BD05184 號　金光明最勝王經卷五　（13–2）

我然㝡勝大明燈　我降㝡勝大法雨
降伏煩惱諸怨結　遠立無上大法幢
於生死海濟羣迷　我當關閉三惡趣
煩惱熾火燒衆生　無有救護無依心
清涼甘露充足彼　身心熱惱並皆除
由是我於无量劫　恭敬供養諸如來
堅持禁戒趣菩提　求證法身安樂處
施他眼耳及手足　妻子僮僕心無悋
財寶七珍莊嚴具　隨來求者咸供給
忍等諸度皆遍脩　十地圓滿成正覺
故我得稱一切智　無有衆生度量者
假使三千大千界　盡此土地生長物
所有藂林諸樹木　稻麻竹葦及枝條
此等諸物皆伐取　並悉細末作微塵
隨處積集量難知　乃至充滿虛空界
一切十方諸剎土　所有三千大千界
地土皆悉末為塵　此微塵量不可數
假使一切衆生智　以此智惠與一人
如是智者量無邊　容可知彼微塵數
牟尼世尊一念智　令彼智人共度量
於多俱胝劫數中　不能筭知其少分
時諸大衆聞佛說此甚深空性有无量衆生
悉能了達四大五蘊體性俱空六根六境妄
生繫縛願捨輪迴正脩出離深心慶喜如說
奉持
金光明㝡勝王經依空滿願品第十

BD05184號　金光明最勝王經卷五　(13–3)

於多俱胝劫數中　不能筭知其少分
時諸大衆聞佛說此甚深空性有无量衆生
悉能了達四大五蘊體性俱空六根六境妄
生繫縛願捨輪迴正脩出離深心慶喜如說
奉持
金光明㝡勝王經依空滿願品第十
尒時如意寶光耀天女於大衆中聞說深法
歡喜踊躍從座而起偏袒右肩右膝著地合
掌恭敬白佛言世尊唯願為說於甚深理
脩行之法而說頌言
我聞照世界　兩足㝡勝尊　菩薩正行法　唯願慈聽許
佛言善女天　若有疑惑者　隨汝意所問　吾當分別說
是時天女請世尊曰
云何諸菩薩　行菩提正行　離生死涅槃　饒益自他故
佛告善女天依於法界行菩提法脩平等行
云何依於法界行菩提法脩平等行謂於五
蘊能現法界法界即是五蘊五蘊不可說非
五蘊亦不可說何以故若法界是五蘊即是
斷見若離五蘊即是常見離於二相不著二
邊不可見過所見無名無相是則名為說於
法界善女天云何五蘊能現法界如是五蘊
不從因緣生何以故若從因緣生者為已生
故生為未生故生若已生生者何用因緣若
未生生者不可得生何以故未生諸法即是
非有無名無相非校量譬喻之所能及非是
因緣之所生故善女天譬如鼓聲依木依皮

BD05184號　金光明最勝王經卷五　(13–4)

不從因緣生何以故若從因緣生者爲已生
故生爲未生故生若已生生者何用因緣若
未生生者不可得生何以故未生諸法即是
非有無名無相非校量譬喻之所能及非是
因緣之所生故善女天譬如皷聲依木依皮
及桴手等故得出聲如是皷聲過去亦空未
來亦空現在亦空何以故是皷音聲不從木
生不從皮生及桴手生不於三世生是則不
生若不可生則不可滅若不可滅無所從
來若無所從來亦無所去若無所去則非常
非斷若非常非斷則不一不異何以故此若
是一則不異法界若如是者凡夫之人應見真
諦得於無上安樂涅槃既不如是故知不一
若言異者一切諸佛菩薩行相即是執著
未得解脫煩惱繫縛即不證阿耨多羅三藐
三菩提何以故一切聖人於行非行同真實
性是故不異故知五蘊非有非無不從因緣生
非無因緣生是聖所知非餘境故亦非言說
之所能及無名無相無因無緣亦無譬喻始
終寂靜本來自空是故五蘊能現法界善女
天若善男子善女人欲求阿耨多羅三藐三
菩提異真異俗難可思量於凡聖境體非一
異不捨於俗不離於真依於法界行菩提行
尒時世尊作是語已時善女天踊躍歡喜即
從座起偏袒右肩右膝著地合掌恭敬一心
頂禮而白佛言世尊如上所說菩提正行我

BD05184號　金光明最勝王經卷五　（13–5）

菩提異真異俗難可思量於凡聖境體非一
異不捨於俗不離於真依於法界行菩提行
尒時世尊作是語已時善女天踊躍歡喜即
從座起偏袒右肩右膝著地合掌恭敬一心
頂禮而白佛言世尊如上所說菩提正行我
今當學是時索訶世界主大梵天王於大衆
中問如意寶光耀善女天曰此菩提行難可
脩行汝今云何於菩提行而得自在尒時善
女天答梵王曰大梵王如佛所說實是甚深
一切異生不解其義是聖境界微妙難知若
使我今依於此法得安樂住是實語者願令
一切五濁惡世無量無數無邊衆生皆得金
色三十二相非男非女坐寶蓮花受無量樂雨
天妙花諸天音樂不鼓自鳴一切供養皆悉具
足時善女天說是語已一切五濁惡世所
有衆生皆悉金色具大人相非男非女坐寶
蓮花受無量樂猶如他化自在天宮無諸惡
道寶樹行列七寶蓮花遍滿世界又雨七寶
上妙天花作天伎樂如意寶光耀善女天即
轉女身作梵天身時大梵天王問如意寶光耀
菩薩言仁者如何行菩提行答言梵王若水
中月行菩提行我亦行菩提行若夢中行
菩提行我亦行菩提行若陽焰行菩提行我
亦行菩提行若谷響行菩提行我亦行菩提
行時大梵王聞此說已白菩薩言仁依何義而
說此語答言梵王無有一法是實相者但由

BD05184號　金光明最勝王經卷五　（13–6）

菩提行我亦行菩提行若陽燄行菩提行我
亦行菩提行若谷響行菩提行我亦行菩提
行時大梵王聞此說已白菩薩言仁依何義而
說此語荅言梵王無有一法是實相者但由
因緣而得成故梵王言若如是者諸凡夫人
皆悉應得阿耨多羅三藐三菩提荅言仁以
何意而作是說愚癡人異智慧人異菩提異
非菩提異解脫異非解脫異梵王如是諸法
平等無異於此法界真如不一不異无有中間
而可執著無增無減梵王譬如幻師及幻弟子
善解幻術於四衢道取諸沙土草木葉等聚
在一處作諸幻術使人覩見象衆馬衆車兵
等衆七寶之聚種種倉庫若有衆生愚癡无
智不能思惟不知幻本若見若聞作是思惟
我所見聞象馬等衆此是實有餘皆虛妄於
後更不審察思惟有智之人則不如是了於
幻本若見若聞作如是念如我所見象馬等
衆非是真實唯有幻事惑人眼目妄謂象等
及諸倉庫有名無實如我見聞不執為實
後時思惟知其虛妄是故智者了一切法皆無
實體但隨世俗如見如聞表宣其事思惟諦
理則不如是復由假說顯實義故梵王愚癡
異生未得出世聖慧之眼未知一切諸法真
如不可說故是諸凡愚若見若聞行非行法
如是思惟便生執著謂以為實於第一義不
能了知諸法真如是不可說是諸聖人若見

BD05184號　金光明最勝王經卷五

（13–7）

理則不如是復由假說顯實義故梵王愚癡
異生未得出世聖慧之眼未知一切諸法真
如不可說故是諸凡愚若見若聞行非行法
如是思惟便生執著謂以為實於第一義不
能了知諸法真如是不可說是諸聖人若見
若聞行非行法隨其力能不生執著以為實
有了知一切無實行法無實非行法但妄思
量行非行相唯有名字無有實體是諸聖
人隨世俗說為欲令他知真實義如是梵王是
諸聖人以聖智見了法真如不可說故行非
行法亦復如是令他證知故說種種世俗名
言時大梵王問如意寶光耀菩薩言有幾
衆生能解如是甚深正法荅言梵王有衆幻人
心心數法能解如是甚深正法梵王曰此幻
化人體是非有此之心數從何而生荅曰若
知法界不有不無如是衆生能解深義
尒時梵王白佛言世尊是如意寶光耀菩
薩不可思議通達如是甚深之義佛言如是
如是梵王如汝所言此如意寶光耀已教汝等
發心脩學無生忍法是時大梵天王與諸梵
衆從座而起偏袒右肩合掌恭敬頂礼如意
寶光耀菩薩足作如是言希有希有我等
今日幸遇大士得聞正法
尒時世尊告梵王言是如意寶光耀於未來
世當得作佛号寶燄吉祥藏如來應正遍知
明行圓滿善逝世間解無上士調御丈夫天

BD05184號　金光明最勝王經卷五

（13–8）

寶光耀菩薩[illegible]如是言希有希有希有我等
今日幸遇大士得聞正法
尒時世尊告梵王言是如意寶光耀於未来
世當得作佛号寶餘吉祥藏如来應正遍知
明行圓滿善逝世間解無上士調御丈夫天
人師佛世尊說是品時有三千億菩薩於阿
耨多羅三藐三菩提得不退轉八千億天子
无量无數國王臣民遠塵離垢得法眼淨
尒時會中有五十億苾芻行菩薩行欲退菩
提心聞如意寶光耀菩薩說是法時皆得堅
固不可思議滿足上願更復發起菩提之心
各自脫衣供養菩薩重發无上勝進之心作
如是願願令我等功德善根悉皆不退迴向
阿耨多羅三藐三菩提梵王是諸苾芻依此
功德如說脩行過九十大劫常得解悟出離
生死尒時世尊即為授記汝諸苾芻過三十
阿僧祇劫當得作佛劫名難勝光王國名無
垢光同時皆得阿耨多羅三藐三菩提皆同
一号名願莊嚴聞飾王十号具足梵王是金
光明微妙經典若正聞持有大威力假使有人
於百千大劫行六波羅蜜無有方便若有善
男子善女人書寫如是金光明經半月半月
專心讀誦是功德聚於前功德百分不及一
乃至筭數譬喻所不能及梵王是故我今令
汝脩學憶念受持為他廣說何以故我於往
昔行菩薩道時猶如勇士入於戰陣不惜身
命流通如是微妙經王受持讀誦為他解說

BD05184號　金光明最勝王經卷五　（13–9）

男子善女人書寫如是金光明經半月半月
專心讀誦是功德聚於前功德百分不及一
乃至筭數譬喻所不能及梵王是故我今令
汝脩學憶念受持為他廣說何以故我於往
昔行菩薩道時猶如勇士入於戰陣不惜身
命流通如是微妙經王受持讀誦為他解說
梵王譬如轉輪聖王若王在世七寶不滅王
若命終所有七寶自然滅盡梵王是金光明
微妙經王若現在世無上法寶悉皆不滅若
無是經隨處隱沒是故應當於此經王專心
聽聞受持讀誦為他解說勸令書行精進
波羅蜜不惜身命不憚疲勞功德中勝我
諸弟子應當如是精勤脩學
尒時大梵天王與無量梵衆帝釋四王及諸
藥叉俱從座起偏袒右肩右膝著地合掌恭
敬而白佛言世尊我等皆願守護流通是金
光明微妙經典及說法師若有諸難我當除
遣令具衆善色力充足辯才無礙身意泰然
時會聽者皆受安樂所在國土若有飢饉怨
賊非人為惱害者我等天衆皆為擁護使其
人民安隱豐樂無諸枉橫皆是我等天衆之
力若有供養是經典者我等亦當恭敬供養
如佛不異
尒時佛告大梵天王及諸梵衆乃至四王諸藥
叉等善哉善哉汝等得聞甚深妙法復能
於此微妙經王發心擁護及持經者當獲无

BD05184號　金光明最勝王經卷五　（13–10）

人民安隱豐樂無諸枉横皆是我等天衆之
力若有供養是經典者我等亦當恭敬供養
如佛不異
尒時佛告大梵天王及諸梵衆乃至四王諸藥
叉等善哉善哉汝等得聞甚深妙法復能
於此微妙經王發心擁護及持經者當獲无
邊殊勝之福速成無上正等菩提時梵王等
聞佛語已歡喜頂受

金光明最勝王經四天王觀察人天品第十一

尒時多聞天王持國天王增長天王廣目天王
俱從座起偏袒右肩右膝著地合掌向佛
礼佛足已白言世尊是金光明最勝王經一
切諸佛常念觀察一時菩薩之所恭敬一切
天衆常所供養及諸天衆常生歡喜一切
護世稱揚讚歎聲聞獨覺皆共受持悉能
明照諸天宮殿能與一切衆生殊勝安樂止息
餓鬼傍生諸趣苦惱一切怖畏悉能除殄
怨敵尋即退散飢饉惡時能令豐稔疾
疫病苦皆令蠲愈一切災變百千苦惱咸悉
消滅世尊是金光明最勝王經能爲如是安
隱利樂饒益我等唯願世尊於大衆中廣
爲宣說我等四王并諸眷屬聞此甘露無上
法味氣力充實增益威光精進勇猛神通倍
勝世尊我等四王脩行正法常說正法以法化
世我等令彼天龍藥叉健闥婆阿蘇羅揭路
茶俱槃茶緊那羅莫呼羅伽及諸人王常以

隱利樂饒益我等唯願世尊於大衆中廣
爲宣說我等四王并諸眷屬聞此甘露無上
法味氣力充實增益威光精進勇猛神通倍
勝世尊我等四王脩行正法常說正法以法化
世我等令彼天龍藥叉健闥婆阿蘇羅揭路
茶俱槃茶緊那羅莫呼羅伽及諸人王常以
正法而化於世遮去諸惡所有鬼神吸人精氣
无慈悲者悉令遠去世尊我等四王與二
十八部藥叉大將并與無量百千藥叉以淨
天眼過於世人觀察擁護此贍部洲世尊以
此因緣我等諸王名護世者又復於此洲中
若有國王被他怨賊常來侵擾及多飢饉疾
疫流行無量百千災厄之事世尊我等四王
於此金光明最勝王經恭敬供養若有苾芻
法師受持讀誦我等四王共往覺悟勸請其
人時彼法師由我神通覺悟力故往彼國界
廣宣流布是金光明微妙經典由經力故令
彼無量百千衰惱災厄之事悉皆除遣世尊
若諸人王於其國內有持是經苾芻法師至
彼國時當知此經亦至其國世尊時彼國王
應往法師處聽其所說聞已歡喜於彼法師
恭敬供養深心擁護令無憂惱演說此經利
益一切世尊以是緣故我等四王皆共一心護
是人王及國人民令離災患常得安隱世尊
若有苾芻苾芻尼鄔波索迦鄔波斯迦持是
經者時彼人王隨其所須供給供養令無乏

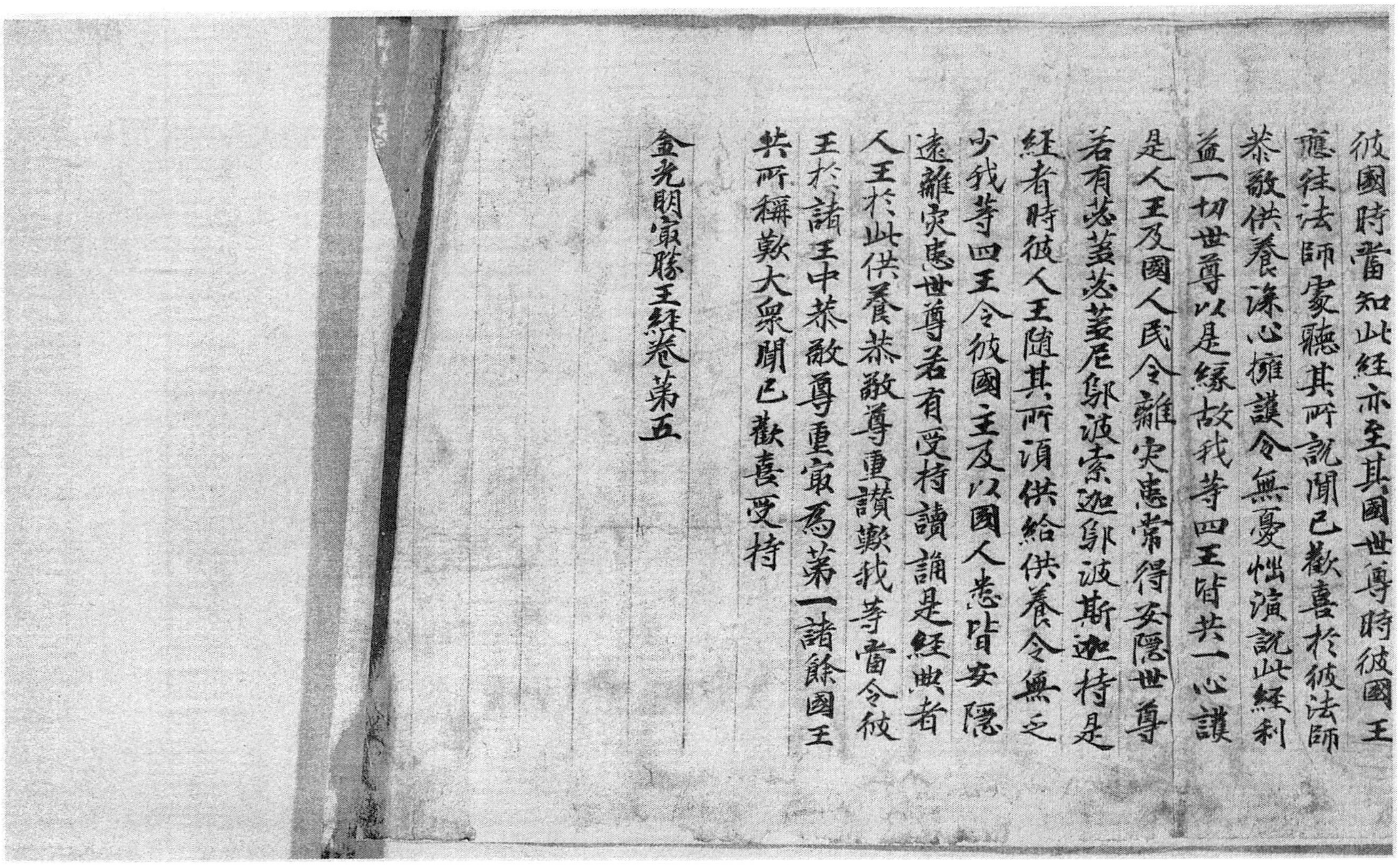
彼國時當知此經亦至其國世尊時彼國王
應往法師處聽其所說聞已歡喜於彼法師
恭敬供養深心擁護令無憂惱演說此經利
益一切世尊以是緣故我等四王皆共一心護
是人王及國人民令離災患常得安隱世尊
若有苾芻苾芻尼鄔波索迦鄔波斯迦持是
經者時彼人王隨其所須供給供養令無乏
少我等四王令彼國主及以國人悉皆安隱
遠離災患世尊若有受持讀誦是經典者
人王於此供養恭敬尊重讚歎我等當令彼
王於諸王中恭敬尊重最為第一諸餘國王
共所稱歎大衆聞已歡喜受持
金光明最勝王經卷第五

BD05184號　金光明最勝王經卷五　（13–13）

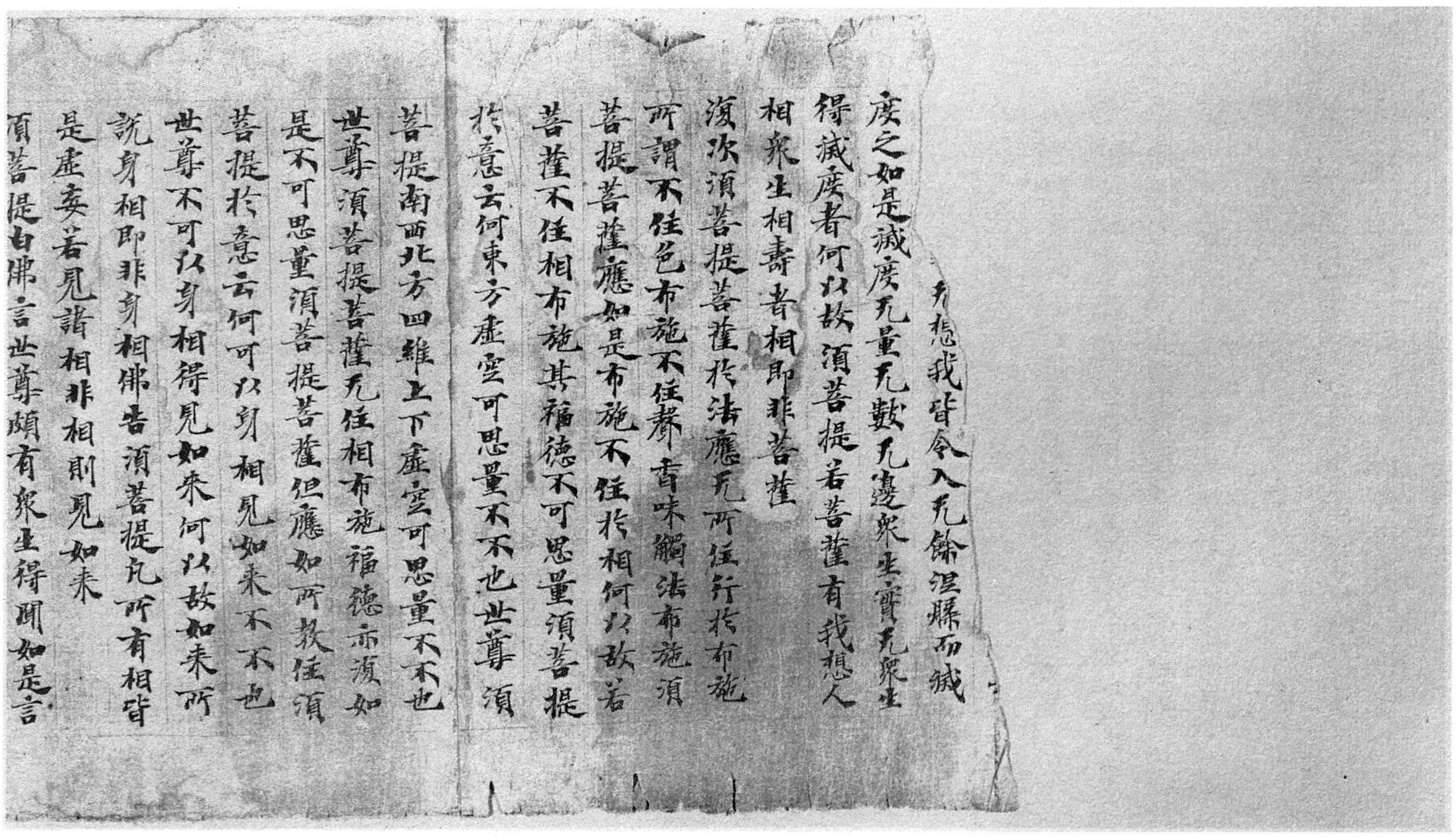
无想我皆令入无餘涅槃而滅
度之如是滅度无量无數无邊衆生實无衆生
得滅度者何以故須菩提若菩薩有我想人
相衆生相壽者相即非菩薩
復次須菩提菩薩於法應无所住行於布施
所謂不住色布施不住聲香味觸法布施須
菩提菩薩應如是布施不住於相何以故若
菩薩不住相布施其福德不可思量須菩提
於意云何東方虛空可思量不不也世尊須
菩提南西北方四維上下虛空可思量不不也
世尊須菩提菩薩无住相布施福德亦復如
是不可思量須菩提菩薩但應如所教住須
菩提於意云何可以身相見如來不不也
世尊不可以身相得見如來何以故如來所
說身相即非身相佛告須菩提凡所有相皆
是虛妄若見諸相非相則見如來
須菩提白佛言世尊頗有衆生得聞如是言

BD05185號　金剛般若波羅蜜經　（15–1）

是不可思量須菩提菩薩但應如所教住須
菩提於意云何可以身相見如來不不也
世尊不可以身相得見如來何以故如來所
說身相即非身相佛告須菩提凡所有相皆
是虛妄若見諸相非相則見如來
須菩提白佛言世尊頗有衆生得聞如是言
說章句生實信不佛告須菩提莫作是說
如來滅後後五百歲有持戒脩福者於此章
句能生信心以此爲實當知是人不於一佛二
佛三四五佛而種善根已於无量千万佛所
種諸善根聞是章句乃至一念生淨信者須
菩提如來悉知悉見是諸衆生得如是无量
福德何以故是諸衆生无復我相人相衆生
相壽者相无法相亦无非法相何以故是諸
衆生若心取相則爲著我人衆生壽者若
取法相即著我人衆生壽者何以故若取非
法相即著我人衆生壽者是故不應取法不應
取非法以是義故如來常說汝等比丘知我說
法如筏喻者法尚應捨何況非法
須菩提於意云何如來得阿耨多羅三藐三
菩提耶如來有所說法耶須菩提言如我解
佛所說義无有定法名阿耨多羅三藐三菩
提亦无有定法如來可說何以故如來所說法
皆不可取不可說非法非非法所以者何一切
賢聖皆以无爲法而有差別

BD05185號　金剛般若波羅蜜經　（15–2）

菩提耶如來有所說法耶須菩提言如我解
佛所說義无有定法名阿耨多羅三藐三菩
提亦无有定法如來可說何以故如來所說法
皆不可取不可說非法非非法所以者何一切
賢聖皆以无爲法而有差別
須菩提於意云何若人滿三千大千世界七
寶以用布施是人所得福德寧爲多不須
菩提言甚多世尊何以故是福德即非福德性
是故如來說福德多若復有人於此經中受
持乃至四句偈等爲他人說其福勝彼何以故須
菩提一切諸佛及諸佛阿耨多羅三藐三菩提法
皆從此經出須菩提所謂佛法者即非佛法
須菩提於意云何須陁洹能作是念我得須
陁洹果不須菩提言不也世尊何以故須陁
洹名爲入流而无所入不入色聲香味觸法是
名須陁洹須菩提於意云何斯陁含能作是
念我得斯陁含果不須菩提言不也世尊何
以故斯陁含名一往來而實无往來是名斯
陁含須菩提於意云何阿那含能作是念
我得阿那含果不須菩提言不也世尊何以
故阿那含名爲不來而實无來是故名阿那
含須菩提於意云何阿羅漢能作是念我得
阿羅漢道不須菩提言不也世尊何以故實
无有法名阿羅漢世尊若阿羅漢作是念我
得阿羅漢道即爲著我人衆生壽者世尊佛
說我得无諍三昧人中最爲第一是第一離

BD05185號　金剛般若波羅蜜經　（15–3）

含須菩提於意云何阿羅漢能作是念我得
阿羅漢道不須菩提言不也世尊何以故實
无有法名阿羅漢世尊若阿羅漢作是念我
得阿羅漢道即爲著我人衆生壽者世尊佛
說我得无諍三昧人中最爲第一是第一離
欲阿羅漢我不作是念我是離欲阿羅漢世
尊我若作是念我得阿羅漢道世尊則不
說須菩提是樂阿蘭那行者以須菩提實无
所行是名須菩提是樂阿蘭那行
佛告須菩提於意云何如來昔在然燈佛所
於法有所得不世尊如來在然燈佛所於法實
无所得須菩提於意云何菩薩莊嚴佛土不
不也世尊何以故莊嚴佛土者則非莊嚴是名莊
嚴是故須菩提諸菩薩摩訶薩應如是生清
淨心不應住色生心不應住聲香味觸法生心
應无所住而生其心須菩提譬如有人身如須
弥山王於意云何是身爲大不須菩提言
甚大世尊何以故佛說非身是名大身
須菩提如恒河中所有沙數如是沙等恒
河於意云何是諸恒河沙寧爲多不須菩提言
甚多世尊但諸恒河尚多无數何況其沙須
菩提我今實言告汝若有善男子善女人
以七寶滿尒所恒河沙數三千大千世界以用
布施得福多不須菩提言甚多世尊佛告須
菩提若善男子善女人於此經中乃至受持四

BD05185號　金剛般若波羅蜜經　（15–4）

甚多世尊但諸恒河尚多无數何況其沙須
菩提我今實言告汝若有善男子善女人
以七寶滿尒所恒河沙數三千大千世界以用
布施得福多不須菩提言甚多世尊佛告須
菩提若善男子善女人於此經中乃至受持四
句偈等爲他人說而此福德勝前福德
復次須菩提隨說是經乃至四句偈等當知
此處一切世間天人阿脩羅皆應供養如佛
塔廟何況有人盡能受持讀誦須菩提當
知是人成就最上第一希有之法若是經典所
在之處則爲有佛若尊重弟子
尒時須菩提白佛言世尊當何名此經我等
云何奉持佛告須菩提是經名爲金剛般若
波羅蜜以是名字汝當奉持所以者何須菩
提佛說般若波羅蜜則非般若波羅蜜須菩
提於意云何如來有所說法不須菩提白佛
言世尊如來无所說須菩提於意云何三千
大千世界所有微塵是爲多不須菩提言甚
多世尊須菩提諸微塵如來說非微塵是名
微塵如來說世界非世界是名世界須菩提
於意云何可以三十二相見如來不不也世尊不
可以三十二相得見如來何以故如來說三十二
相即是非相是名三十二相須菩提若有善男
子善女人以恒河沙等身命布施若復有人於此
經中乃至受持四句偈等爲他人說其福甚多

BD05185號　金剛般若波羅蜜經　（15–5）

於意云何可以三十二相見如来不不也世尊不
可以三十二相得見如来何以故如来說三十二
相即是非相是名三十二相須菩提若有善男
子善女人以恒河沙等身命布施若復有人於此
經中乃至受持四句偈等爲他人說其福甚多
尒時須菩提聞說是經深解義趣涕淚悲泣而
白佛言希有世尊佛說如是甚深經典我從
昔来所得慧眼未曾得聞如是之經世尊若
復有人得聞是經信心清淨則生實相當知是
人成就第一希有功德世尊是實相者則是
非相是故如来說名實相世尊我今得聞如是
經典信解受持不足爲難若當来世後五百歲
其有衆生得聞是經信解受持是人則爲第一
希有何以故此人无我相人相衆生相壽者相所
以者何我相即是非相人相衆生相壽者相即是
非相何以故離一切諸相則名諸佛佛告須菩提如
是如是若復有人得聞是經不驚不怖不畏當知
是人甚爲希有何以故須菩提如来說第一波
羅蜜非第一波羅蜜是名第一波羅蜜
須菩提忍辱波羅蜜如来說非忍辱波羅
蜜何以故須菩提如我昔爲歌利王割截身
體我於尒時无我相无人相无衆生相无壽
者相何以故我於往昔莭莭支解時若有我相
人相衆生相壽者相應生瞋恨須菩提又念過
去於五百世作忍辱仙人於尒所世无我相无

蜜何以故須菩提如我昔爲歌利王割截身
體我於尒時无我相无人相无衆生相无壽
者相何以故我於往昔莭莭支解時若有我相
人相衆生相壽者相應生瞋恨須菩提又念過
去於五百世作忍辱仙人於尒所世无我相无
人相无衆生相无壽者相是故須菩提菩薩
應離一切相發阿耨多羅三藐三菩提心不
應住色生心不應住聲香味觸法生心應生
无所住心若心有住則爲非住是故佛說
菩薩心不應住色布施須菩提菩薩爲利
益一切衆生應如是布施如来說一切諸相
即是非相又說一切衆生則非衆生須菩提如
来是真語者實語者如語者不誑語者不
異語者須菩提如来所得法此法无實无虗
須菩提若菩薩心住於法而行布施如人入闇
則无所見若菩薩心不住法而行布施如人
有目日光明照見種種色
須菩提當来之世若有善男子善女人能於此
經受持讀誦則爲如来以佛智慧悉知是人
悉見是人皆得成就无量无邊功德
須菩提若有善男子善女人初日分以恒河
沙等身布施中日分復以恒河沙等身布施
後日分亦以恒河沙等身布施如是无量百
千万億劫以身布施若復有人聞此經典信心
不逆其福勝彼何况書寫受持讀誦爲人解說

悉見是人皆得成就无量无邊功德
須菩提若有善男子善女人初日分以恒河
沙等身布施中日分復以恒河沙等身布施
後日分亦以恒河沙等身布施如是无量百
千万億劫以身布施若復有人聞此經典信心
不逆其福勝彼何况書寫受持讀誦為人解說
須菩提以要言之是經有不可思議不可稱
量无邊功德如來為發大乘者說為發最上
乘者說若有人能受持讀誦廣為人說如來
悉知是人悉見是人皆得成就不可量不可
稱无有邊不可思議功德如是人等則為荷
擔如來阿耨多羅三藐三菩提何以故須菩
提若樂小法者著我見人見衆生見壽者見
則於此經不能聽受讀誦為人解說須菩提
在在處處若有此經一切世間天人阿脩羅
所應供養當知此處則為是塔皆應恭敬
作礼圍遶以諸華香而散其處
復次須菩提善男子善女人受持讀誦此經
若為人輕賤是人先世罪業應墮惡道以今
世人輕賤故先世罪業則為消滅當得阿耨
多羅三藐三菩提須菩提我念過去无量
阿僧祇劫於然燈佛前得值八百四千万億
那由他諸佛悉皆供養承事无空過者若復
有人於後末世能受持讀誦此經所得功德於
我所供養諸佛功德百分不及一千万億分乃
至筭數譬喻所不能及須菩提若善男子善

BD05185 號　金剛般若波羅蜜經　（15–8）

阿僧祇劫於然燈佛前得值八百四千万億
那由他諸佛悉皆供養承事无空過者若復
有人於後末世能受持讀誦此經所得功德於
我所供養諸佛功德百分不及一千万億分乃
至筭數譬喻所不能及須菩提若善男子善
女人於後末世有受持讀誦此經所得功德
我若具說者或有人聞心則狂乱狐疑不信須
菩提當知是經義不可思議果報亦不可思議
尒時須菩提白佛言世尊善男子善女人發阿
耨多羅三藐三菩提心云何應住云何降伏其
心佛告須菩提善男子善女人發阿耨多羅
三藐三菩提者當生如是心我應滅度一
切衆生滅度一切衆生已而无有一衆生實
滅度者何以故若菩薩有我相人相衆生
相壽者相則非菩薩所以者何須菩提實
无有法發阿耨多羅三藐三菩提者
須菩提於意云何如來於然燈佛所有法得
阿耨多羅三藐三菩提不不也世尊如我解
佛所說義佛於然燈佛所无有法得阿耨多
羅三藐三菩提佛言如是如是須菩提實无
有法如來得阿耨多羅三藐三菩提須菩
提若有法如來得阿耨多羅三藐三菩提然
燈佛則不與我受記汝於來世當得作佛号釋
迦牟尼以實无有法得阿耨多羅三藐三菩
提是故然燈佛與我受記作是言汝於來世

BD05185 號　金剛般若波羅蜜經　（15–9）

有法如来得阿耨多羅三藐三菩提須菩
提若有法如来得阿耨多羅三藐三菩提然
燈佛則不與我受記汝於来世當得作佛号釋
迦牟尼以實无有法得阿耨多羅三藐三菩
提是故然燈佛與我受記作是言汝於来世
當得作佛号釋迦牟尼何以故如来者即諸
法如義若有人言如来得阿耨多羅三藐三菩
提須菩提實无有法佛得阿耨多羅三藐三
菩提須菩提如来所得阿耨多羅三藐三菩
提於是中无實无虚是故如来說一切法皆
是佛法須菩提所言一切法者即非一切法是
故名一切法須菩提譬如人身長大須菩提言
世尊如来說人身長大則為非大身是名大身
須菩提菩薩亦如是若作是言我當滅度无量
衆生則不名菩薩何以故須菩提實无有法
名為菩薩是故佛說一切法无我无人无衆
生无壽者須菩提若菩薩作是言我當莊嚴
佛土是不名菩薩何以故如来說莊嚴佛土者
即非莊嚴是名莊嚴須菩提若菩薩通達
无我法者如来說名真是菩薩
須菩提於意云何如来有肉眼不如是世尊
如来有肉眼須菩提於意云何如来有天眼
不如是世尊如来有天眼須菩提於意云何
如来有慧眼不如是世尊如来有慧眼須菩
提於意云何如来有法眼不如是世尊如来
有法眼須菩提於意云何如来有佛眼不如

BD05185號　金剛般若波羅蜜經　（15–10）

須菩提於意云何如来有肉眼不如是世尊
如来有肉眼須菩提於意云何如来有天眼
不如是世尊如来有天眼須菩提於意云何
如来有慧眼不如是世尊如来有慧眼須菩
提於意云何如来有法眼不如是世尊如来
有法眼須菩提於意云何如来有佛眼不如
是世尊如来有佛眼須菩提於意云何恒河
中所有沙佛說是沙不如是世尊如来說是
沙須菩提於意云何如一恒河中所有沙有
如是等恒河是諸恒河所有沙數佛世界如
是寧為多不甚多世尊佛告須菩提尒所國
土中所有衆生若干種心如来悉知何以故
如来說諸心皆為非心是名為心所以者何
須菩提過去心不可得現在心不可得未来
心不可得須菩提於意云何若有人滿三千
大千世界七寶以用布施是人以是因緣得
福多不如是世尊此人以是因緣得福甚多
須菩提若福德有實如来不說得福德多以
福德无故如来說得福德多
須菩提於意云何佛可以具足色身見不不
也世尊如来不應以具足色身見何以故如
来說具足色身即非具足色身是名具足色身
須菩提於意云何如来可以具足諸相見不
不也世尊如来不應以具足諸相見何以故
如来說諸相具足即非具足是名諸相具
足須菩提汝勿謂如来作是念我當有所說

BD05185號　金剛般若波羅蜜經　（15–11）

也世尊如来不應以具足色身見何以故如
来說具足色身即非具足色身是名具足色身
須菩提於意云何如来可以具足諸相見不
不也世尊如来不應以具足諸相見何以故
如来說諸相具足即非具足是名諸相具
足須菩提汝勿謂如来作是念我當有所說
法莫作是念何以故若人言如来有所說法
即為謗佛不能解我所說故須菩提說法
者无法可說是名說法
須菩提白佛言世尊佛得阿耨多羅三藐三
菩提為无所得耶如是如是須菩提我於阿
耨多羅三藐三菩提乃至无有少法可得是
名阿耨多羅三藐三菩提復次須菩提是法
平等无有高下是名阿耨多羅三藐三菩
提以无我无人无衆生无壽者脩一切善法則
得阿耨多羅三藐三菩提須菩提所言善法
者如来說非善法是名善法
須菩提若三千大千世界中所有諸須弥山王
如是等七寶聚有人持用布施若人以此般
若波羅蜜經乃至四句偈等受持讀誦為他
人說於前福德百分不及一百千万億分乃至
筭數譬喻所不能及
須菩提於意云何汝等勿謂如来作是念我
當度衆生須菩提莫作是念何以故實无
有衆生如来度者若有衆生如来度者如来
則有我人衆生壽者須菩提如来說有我者

筭數譬喻所不能及
須菩提於意云何汝等勿謂如来作是念我
當度衆生須菩提莫作是念何以故實无
有衆生如来度者若有衆生如来度者如来
則有我人衆生壽者須菩提如来說有我者
則非有我而凡夫之人以為有我須菩提凡夫
者如来說則非凡夫
須菩提於意云何可以卅二相觀如来不須菩
提言如是如是以卅二相觀如来佛言須菩
提若以三十二相觀如来者轉輪聖王則是
如来須菩提白佛言世尊如我解佛所說義
不應以三十二相觀如来尒時世尊而說偈言
若以色見我　以音聲求我　是人行耶道　不能見如来
須菩提汝若作是念如来不以具足相故得阿
耨多羅三藐三菩提須菩提莫作是念　如
来不以具足相故得阿耨多羅三藐三菩提
須菩提汝若作是念發阿耨多羅三藐三菩
提者說諸法斷滅相莫作是念何以故發阿
耨多羅三藐三菩提者於法不說斷滅相須菩
提若菩薩以滿恒河沙等世界七寶布施若
復有人知一切法无我得成於忍此菩薩勝前
菩薩所得功德須菩提以諸菩薩不受福德
故須菩提白佛言世尊云何菩薩不受福德
須菩提菩薩所作福德不應貪著是故說
不受福德須菩提若有人言如来若来若去

復有人知一切法无我得成於忍此菩薩勝前
菩薩所得功德須菩提以諸菩薩不受福德
故須菩提白佛言世尊云何菩薩不受福德
須菩提菩薩所作福德不應貪著是故說
不受福德須菩提若有人言如來若來若去
若坐若卧是人不解我所說義何以故如來者
无所從來亦无所去故名如來
須菩提若善男子善女人以三千大千世界
碎為微塵於意云何是微塵衆寧為多不甚
多世尊何以故若是微塵衆實有者佛則不
說是微塵衆所以者何佛說微塵衆則非微塵
衆是名微塵衆世尊如來所說三千大千
世界則非世界是名世界何以故若世界實
有者則是一合相如來說一合相則非一合相
是名一合相須菩提一合相者則是不可說但
凡夫之人貪著其事須菩提若人言佛說
我見人見衆生見壽者見須菩提於意云
何是人解我所說義不世尊是人不解如來
所說義何以故世尊說我見人見衆生見壽
者見即非我見人見衆生見壽者見是名我
見人見衆生見壽者見須菩提發阿耨多羅三
藐三菩提心者於一切法應如是知如是見如
是信解不生法相須菩提所言法相者如來
說即非法相是名法相須菩提若有人以滿无
量阿僧祇世界七寶持用布施若有善男子
善女人發菩薩心者持於此經乃至四句偈

BD05185號　金剛般若波羅蜜經　（15–14）

何是人解我所說義不世尊是人不解如來
所說義何以故世尊說我見人見衆生見壽
者見即非我見人見衆生見壽者見是名我
見人見衆生見壽者見須菩提發阿耨多羅三
藐三菩提心者於一切法應如是知如是見如
是信解不生法相須菩提所言法相者如來
說即非法相是名法相須菩提若有人以滿无
量阿僧祇世界七寶持用布施若有善男子
善女人發菩薩心者持於此經乃至四句偈
等受持讀誦為人演說其福勝彼云何為
人演說不取於相如如不動何以故
一切有為法　如夢幻泡影　如露亦如電　應作如是觀
佛說是經已長老須菩提及諸比丘比丘尼
優婆塞優婆夷一切世間天人阿脩羅聞佛所
說皆大歡喜信受奉行

金剛般若波羅蜜經

BD05185號　金剛般若波羅蜜經　（15–15）

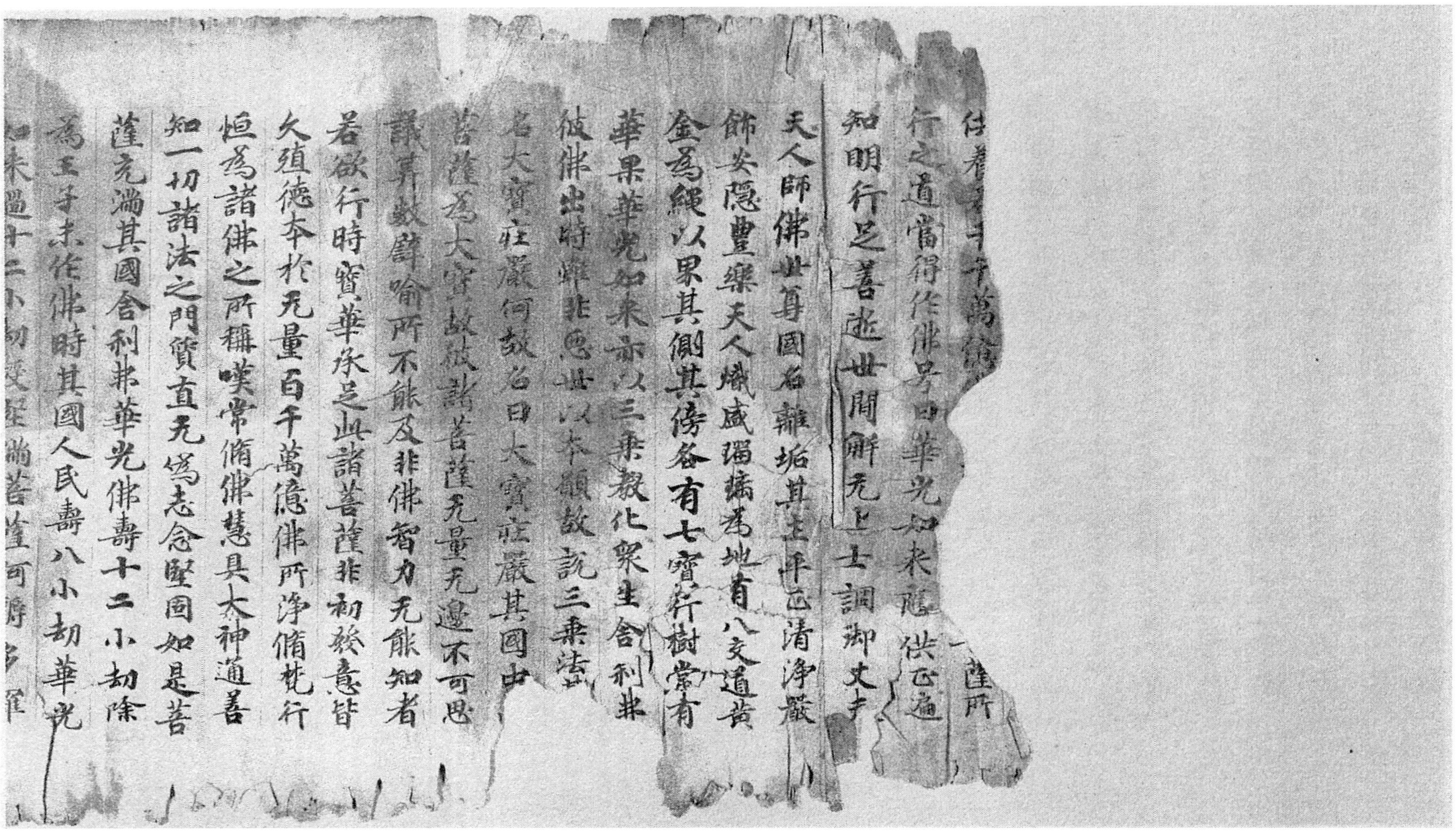

供養若干千萬億……薩所
行之道當得作佛号曰華光如來應供正遍
知明行足善逝世間解无上士調御丈夫
天人師佛世尊國名離垢其土平正清淨嚴
飾安隱豐樂天人熾盛瑠璃為地有八交道黃
金為繩以界其側其傍各有七寶行樹常有
華果華光如來亦以三乘教化衆生舍利弗
彼佛出時雖非惡世以本願故說三乘法
名大寶莊嚴何故名曰大寶莊嚴其國中
菩薩為大寶故彼諸菩薩无量无邊不可思
議算數譬喻所不能及非佛智力无能知者
若欲行時寶華承足此諸菩薩非初發意皆
久殖德本於无量百千萬億佛所淨脩梵行
恒為諸佛之所稱嘆常脩佛慧具大神通善
知一切諸法之門質直无偽志念堅固如是菩
薩充滿其國舍利弗華光佛壽十二小劫除
為王子未作佛時其國人民壽八小劫華光
如來過十二小劫授堅滿菩薩阿耨多羅

BD05186號　妙法蓮華經卷二　（5–1）

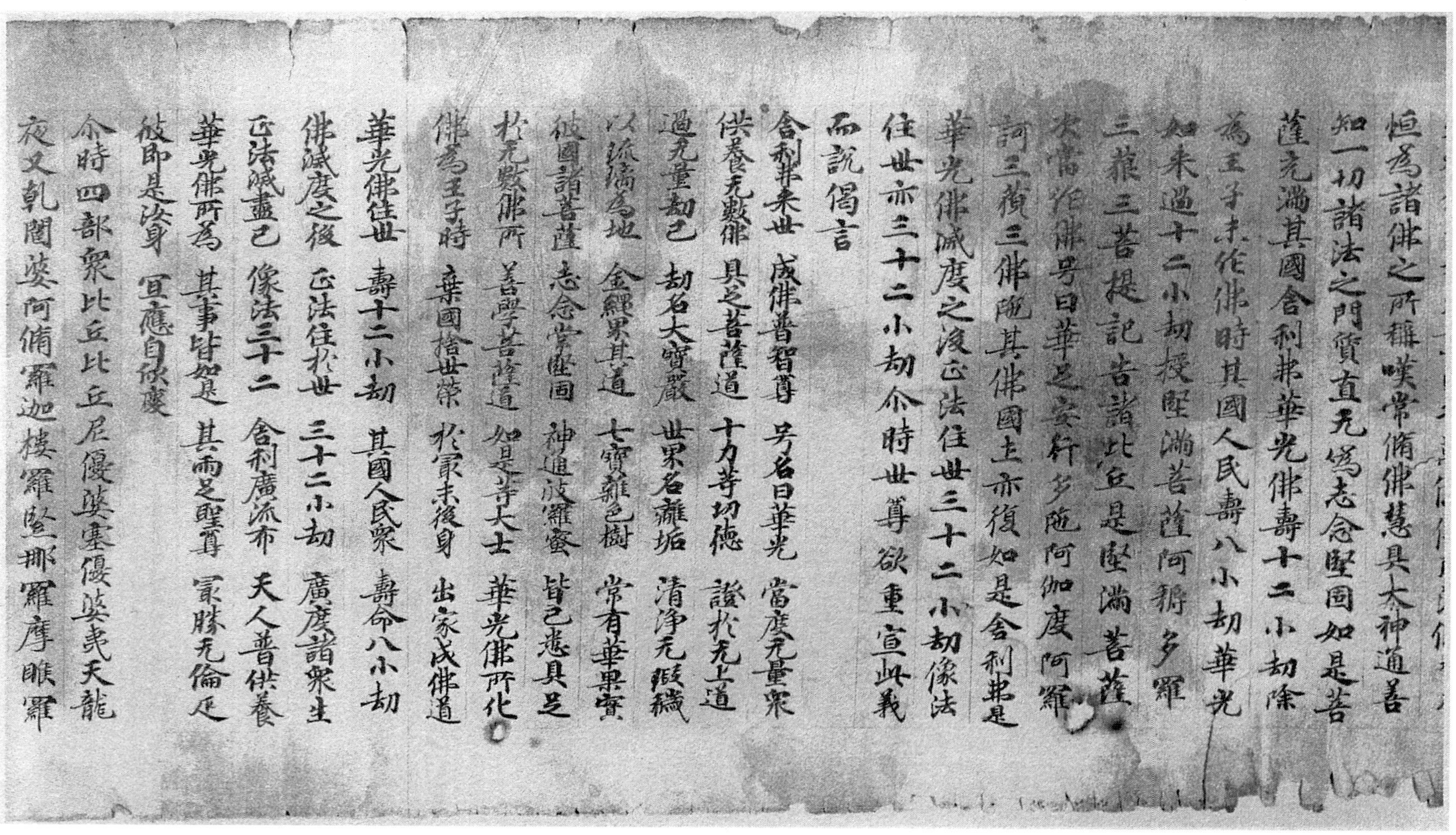

恒為諸佛之所稱嘆常脩佛慧具大神通善
知一切諸法之門質直无偽志念堅固如是菩
薩充滿其國舍利弗華光佛壽十二小劫除
為王子未作佛時其國人民壽八小劫華光
如來過十二小劫授堅滿菩薩阿耨多羅
三藐三菩提記告諸比丘是堅滿菩薩
次當作佛号曰華足安行多陁阿伽度阿羅
訶三藐三佛陁其佛國土亦復如是舍利弗是
華光佛滅度之後正法住世三十二小劫像法
住世亦三十二小劫尒時世尊欲重宣此義
而說偈言
舍利弗來世　成佛普智尊　号名曰華光　當度无量衆
供養无數佛　具足菩薩道　十力等功德　證於无上道
過无量劫已　劫名大寶嚴　世界名離垢　清淨无瑕穢
以瑠璃為地　金繩界其道　七寶雜色樹　常有華菓實
彼國諸菩薩　志念常堅固　神通波羅蜜　皆已悉具足
於无數佛所　善學菩薩道　如是等大士　華光佛所化
佛為王子時　棄國捨世榮　於最末後身　出家成佛道
華光佛住世　壽十二小劫　其國人民衆　壽命八小劫
佛滅度之後　正法住於世　三十二小劫　廣度諸衆生
正法滅盡已　像法三十二　舍利廣流布　天人普供養
華光佛所為　其事皆如是　其兩足聖尊　最勝无倫匹
彼即是汝身　宜應自欣慶
尒時四部衆比丘比丘尼優婆塞優婆夷天龍
夜叉乾闥婆阿脩羅迦樓羅緊那羅摩睺羅

BD05186號　妙法蓮華經卷二　（5–2）

正法滅盡已　像法三十二　舍利廣流布　天人普供養
華光佛所為　其事皆如是　其兩足聖尊　最勝无倫匹
彼即是汝身　宜應自欣慶
尒時四部衆比丘比丘尼優婆塞優婆夷天龍
夜叉乾闥婆阿脩羅迦樓羅緊那羅摩睺羅
伽等大衆見舍利弗於佛前受阿耨多羅三藐
三菩提記心大歡喜踊躍无量各各脫身所
著上衣以供養佛釋提桓因梵天王等與
无數天子亦以天妙衣天曼陁羅華摩訶曼
陁羅華等供養於佛所散天衣住虛空中而
自迴轉諸天伎樂百千萬種於虛空中一時
俱作雨衆天華而作是言佛昔於波羅柰初
轉法輪今乃復轉无上最大法輪尒時諸天子
欲重宣此義而說偈言
昔於波羅柰　轉四諦法輪　分別說諸法　五衆之生滅
今復轉最妙　无上大法輪　是法甚深奧　少有能信者
我等從昔來　數聞世尊說　未曾聞如是　深妙之上法
世尊說是法　我等皆隨喜　大智舍利弗　今得受尊記
我等亦如是　必當得作佛　於一切世間　最尊无有上
佛道叵思議　方便隨宜說
我所有福業　今世若過世　及見佛功德　盡迴向佛道
尒時舍利弗白佛言世尊我今无復疑悔親於
佛前得受阿耨多羅三藐三菩提記是諸千
二百心自在者昔住學地佛常教化言我法能
離生老病死究竟涅槃是學无學人亦各
自以離我見及有无見等謂得涅槃而今

BD05186號　妙法蓮華經卷二　（5-3）

尒時舍利弗白佛言世尊我今无復疑悔親於
佛前得受阿耨多羅三藐三菩提記是諸千
二百心自在者昔住學地佛常教化言我法能
離生老病死究竟涅槃是學无學人亦各
自以離我見及有无見等謂得涅槃而今
於世尊前聞所未聞皆墮疑惑善哉世尊願
為四衆說其因緣令離疑悔尒時佛告舍利
弗我先不言諸佛世尊以種種因緣譬喻言
辭方便說法皆為阿耨多羅三藐三菩提耶
是諸所說皆為化菩薩故然舍利弗今當復
以譬喻更明此義諸有智者以譬喻得解舍
利弗若國邑聚落有大長者其年衰邁財富
无量多有田宅及諸僮僕其家廣大唯有
一門多諸人衆一百二百乃至五百人止住其中
堂閣朽故墻壁頹落柱根腐敗梁棟傾危周
帀俱時欻然火起焚燒舍宅長者諸子若十
二十或至三十在此宅中長者見是大火從
四面起即大驚怖而作是念我雖能於此所
燒之門安隱得出而諸子等於火宅內樂著
嬉戲不覺不知不驚不怖火來逼身苦痛切
己心不厭患无求出意舍利弗是長者作是
思惟我身手有力當以衣裓若以几案從舍
出之復更思惟是舍唯有一門而復狹小諸子
幼稚未有所識戀著戲處或當墮落為火所
燒我當為說怖畏之事此舍已燒宜時疾
出无令為火之所燒害作是念已如所思惟

BD05186號　妙法蓮華經卷二　（5-4）

四面起即大驚怖而作是念我雖能於此所
燒之門安隱得出而諸子等於火宅內樂著
嬉戲不覺不知不驚不怖火來逼身苦痛切
己心不猒患无求出意舍利弗是長者作是
思惟我身手有力當以衣裓若以几案從舍
出之復更思惟是舍唯有一門而復狹小諸子
幼稚未有所識戀著戲處或當墮落為火所
燒我當為說怖畏之事此舍以燒宜時疾
出无令為火之所燒害作是念已如所思惟
具告諸子汝等速出父雖憐愍善言誘喻而
諸子等樂著嬉戲不肯信受不驚不畏了无
出心亦復不知何者是火何者為舍云何為失
但東西走戲視父而已尒時長者即作是
念此舍已為大火所燒我及諸子若不時出
必為所焚我今當設方便令諸子等得免
斯害父知諸子先心各有所好種種珎玩奇異

BD05186 號　妙法蓮華經卷二　（5–5）

提言甚多世尊何以故是福德即非福德性
是故如來說福德多若復有人於此經中受
持乃至四句偈等為他人說其福勝彼何以
故須菩提一切諸佛及諸佛阿耨多羅三藐
三菩提法皆從此經出須菩提所謂佛法者
即非佛法
須菩提於意云何須陁洹能作是念我得須
陁洹果不須菩提言不也世尊何以故須陁洹
名為入流而无所入不入色聲香味觸法
是名須陁洹須菩提於意云何斯陁含能作
是念我得斯陁含果不須菩提言不也世尊
何以故斯陁含名一往來而實无往來是名
斯陁含須菩提於意云何阿那含能作是念
我得阿那含果不須菩提言不也世尊何以
故阿那含名為不來而實无來是故名阿那
含須菩提於意云何阿羅漢能作是念我得
阿羅漢道不須菩提言不也世尊何以故實
无有法名阿羅漢世尊若阿羅漢作是念我
得阿羅漢道即為著我人眾生壽者世尊佛
說我得无諍三昧人中最為第一是第一離

BD05187 號　金剛般若波羅蜜經　（6–1）

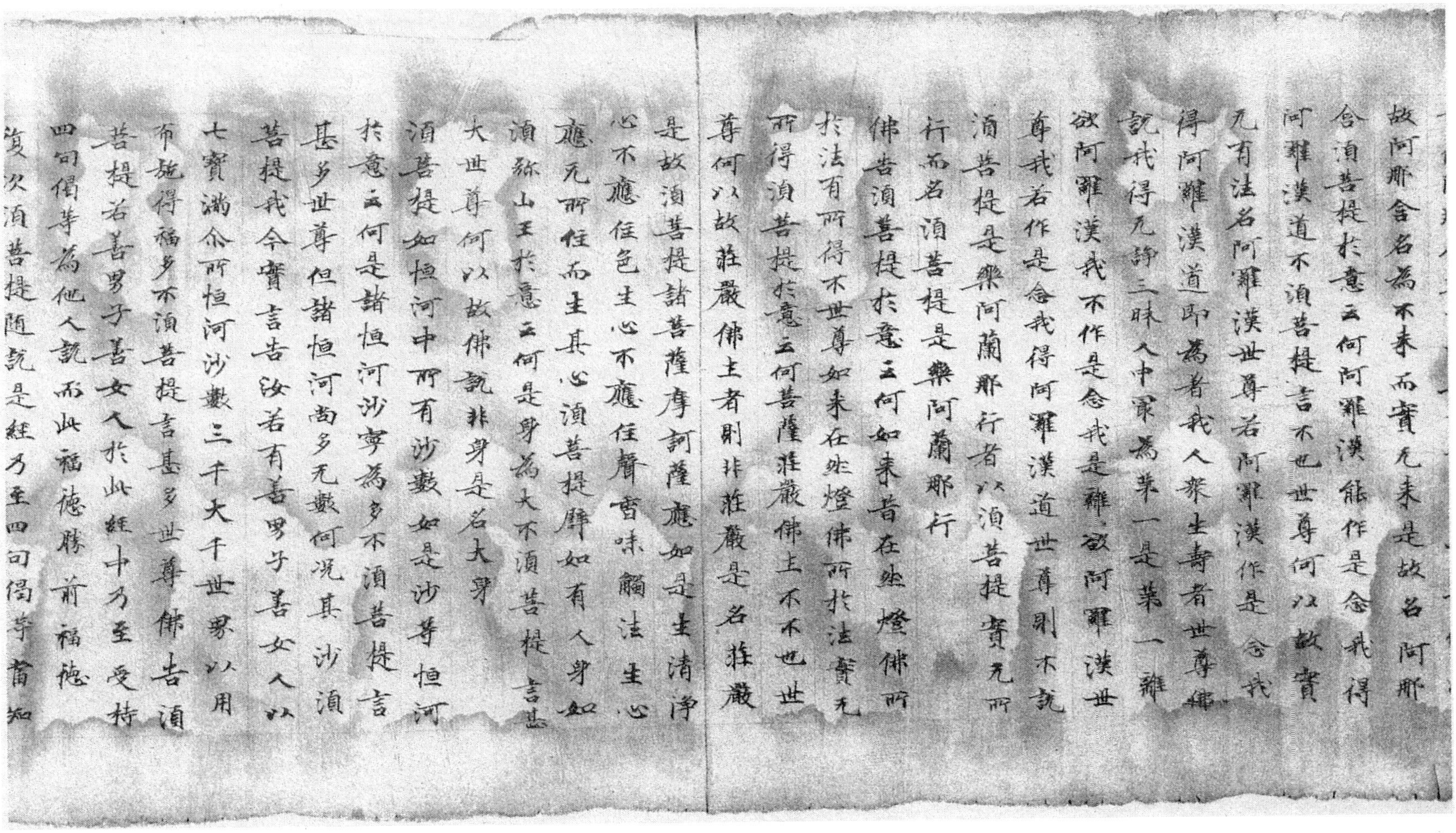

故阿那含名為不來而實无來是故名阿那
含須菩提於意云何阿羅漢能作是念我得
阿羅漢道不須菩提言不也世尊何以故實
无有法名阿羅漢世尊若阿羅漢作是念我
得阿羅漢道即為著我人衆生壽者世尊佛
説我得无諍三昧人中最為第一是第一離
欲阿羅漢我不作是念我是離欲阿羅漢世
尊我若作是念我得阿羅漢道世尊則不説
須菩提是樂阿蘭那行者以須菩提實无所
行而名須菩提是樂阿蘭那行
佛告須菩提於意云何如來昔在然燈佛所
於法有所得不世尊如來在然燈佛所於法實无
所得須菩提於意云何菩薩莊嚴佛土不不也世
尊何以故莊嚴佛土者則非莊嚴是名莊嚴
是故須菩提諸菩薩摩訶薩應如是生清淨
心不應住色生心不應住聲香味觸法生心
應无所住而生其心須菩提譬如有人身如
須弥山王於意云何是身為大不須菩提言甚
大世尊何以故佛説非身是名大身
須菩提如恒河中所有沙數如是沙等恒河
於意云何是諸恒河沙寧為多不須菩提言
甚多世尊但諸恒河尚多无數何况其沙須
菩提我今實言告汝若有善男子善女人以
七寶滿尒所恒河沙數三千大千世界以用
布施得福多不須菩提言甚多世尊佛告須
菩提若善男子善女人於此經中乃至受持
四句偈等為他人説而此福德勝前福德
復次須菩提隨説是經乃至四句偈等當知

BD05187號　金剛般若波羅蜜經 （6–2）

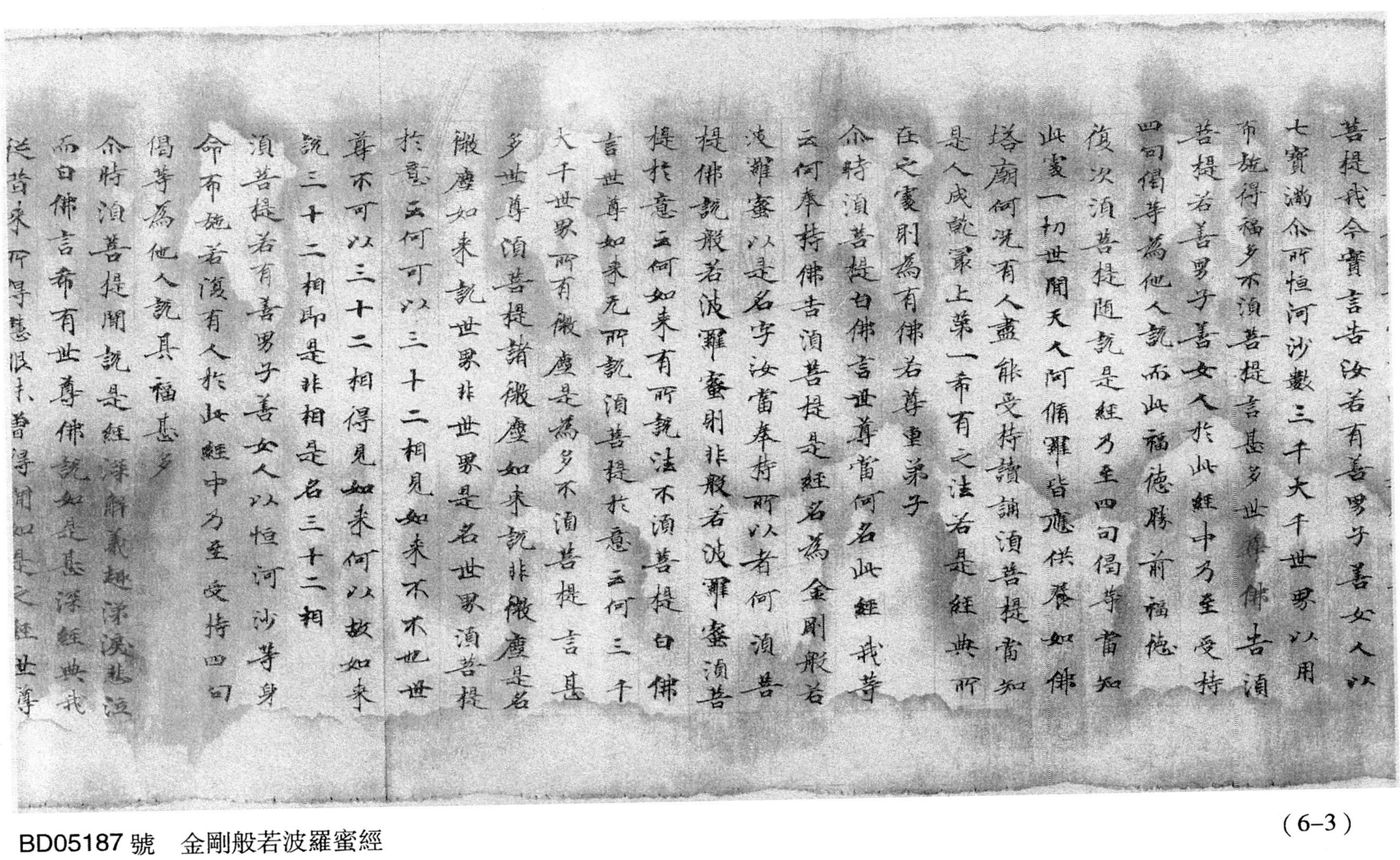

菩提我今實言告汝若有善男子善女人以
七寶滿尒所恒河沙數三千大千世界以用
布施得福多不須菩提言甚多世尊佛告須
菩提若善男子善女人於此經中乃至受持
四句偈等為他人説而此福德勝前福德
復次須菩提隨説是經乃至四句偈等當知
此處一切世間天人阿脩羅皆應供養如佛
塔廟何况有人盡能受持讀誦須菩提當知
是人成就最上第一希有之法若是經典所
在之處則為有佛若尊重弟子
尒時須菩提白佛言世尊當何名此經我等
云何奉持佛告須菩提是經名為金剛般若
波羅蜜以是名字汝當奉持所以者何須菩
提佛説般若波羅蜜則非般若波羅蜜須菩
提於意云何如來有所説法不須菩提白佛
言世尊如來无所説須菩提於意云何三千
大千世界所有微塵是為多不須菩提言甚
多世尊須菩提諸微塵如來説非微塵是名
微塵如來説世界非世界是名世界須菩提
於意云何可以三十二相見如來不不也世
尊不可以三十二相得見如來何以故如來
説三十二相即是非相是名三十二相
須菩提若有善男子善女人以恒河沙等身
命布施若復有人於此經中乃至受持四句
偈等為他人説其福甚多
尒時須菩提聞説是經深解義趣涕淚悲泣
而白佛言希有世尊佛説如是甚深經典我
從昔來所得慧眼未曾得聞如是之經世尊

BD05187號　金剛般若波羅蜜經 （6–3）

須菩提若有善男子善女人以恒河沙等身
命布施若復有人於此經中乃至受持四句
偈等為他人說其福甚多
尒時須菩提聞說是經深解義趣涕淚悲泣
而白佛言希有世尊佛說如是甚深經典我
從昔來所得慧眼未曾得聞如是之經世尊
若復有人得聞是經信心清淨則生實相當
知是人成就第一希有功德世尊是實相者
則是非相是故如來說名實相世尊我今得
聞如是經典信解受持不足為難若當來世
後五百歲其有衆生得聞是經信解受持是
人則為第一希有何以故此人无我相人相
衆生相壽者相所以者何我相即是非相人
相衆生相壽者相即是非相何以故離一切諸相則
名諸佛佛告須菩提如是如是若復有人得聞是
經不驚不怖不畏當知是人甚為希有何以故須
菩提如來說第一波羅蜜非第一波羅蜜是
名第一波羅蜜
須菩提忍辱波羅蜜如來說非忍辱波羅蜜
何以故須菩提如我昔為歌利王割截身體
我於尒時无我相无人相无衆生相无壽者
相何以故我於往昔節節支解時若有我相
人相衆生相壽者相應生瞋恨須菩提又念
過去於五百世作忍辱仙人於尒所世无我
相无人相无衆生相无壽者相是故須菩提
菩薩應離一切相發阿耨多羅三藐三菩提
心不應住色生心不應住聲香味觸法生心
應生无所住心若心有住則為非住是故佛

BD05187號　金剛般若波羅蜜經　（6–4）

過去於五百世作忍辱仙人於尒所世无我
相无人相无衆生相无壽者相是故須菩提
菩薩應離一切相發阿耨多羅三藐三菩提
心不應住色生心不應住聲香味觸法生心
應生无所住心若心有住則為非住是故佛
說菩薩心不應住色布施須菩提菩薩為利
益一切衆生應如是布施如來說一切諸相
即是非相又說一切衆生則非衆生
須菩提如來是真語者實語者如語者不誑語
者不異語者須菩提如來所得法此法无實无虛
須菩提若菩薩心住於法而行布施如人入
闇則无所見若菩薩心不住法而行布施如人
有目日光明照見種種色
須菩提當來之世若有善男子善女人能於此
經受持讀誦則為如來以佛智慧悉知是人
悉見是人皆得成就无量无邊功德
須菩提若有善男子善女人初日分以恒河
沙等身布施中日分復以恒河沙等身布施
後日分亦以恒河沙等身布施如是无量百
千万億劫以身布施若復有人聞此經典信心不
逆其福勝彼何況書寫受持讀誦為人解說
須菩提以要言之是經有不可思議不可稱量
无邊功德如來為發大乘者說為發最上
乘者說若有人能受持讀誦廣為人說如來
悉知是人悉見是人皆得成就不可量不可
稱无有邊不可思議功德如是人等則為荷
擔如來阿耨多羅三藐三菩提何以故須菩
我見人見衆生見壽者見

BD05187號　金剛般若波羅蜜經　（6–5）

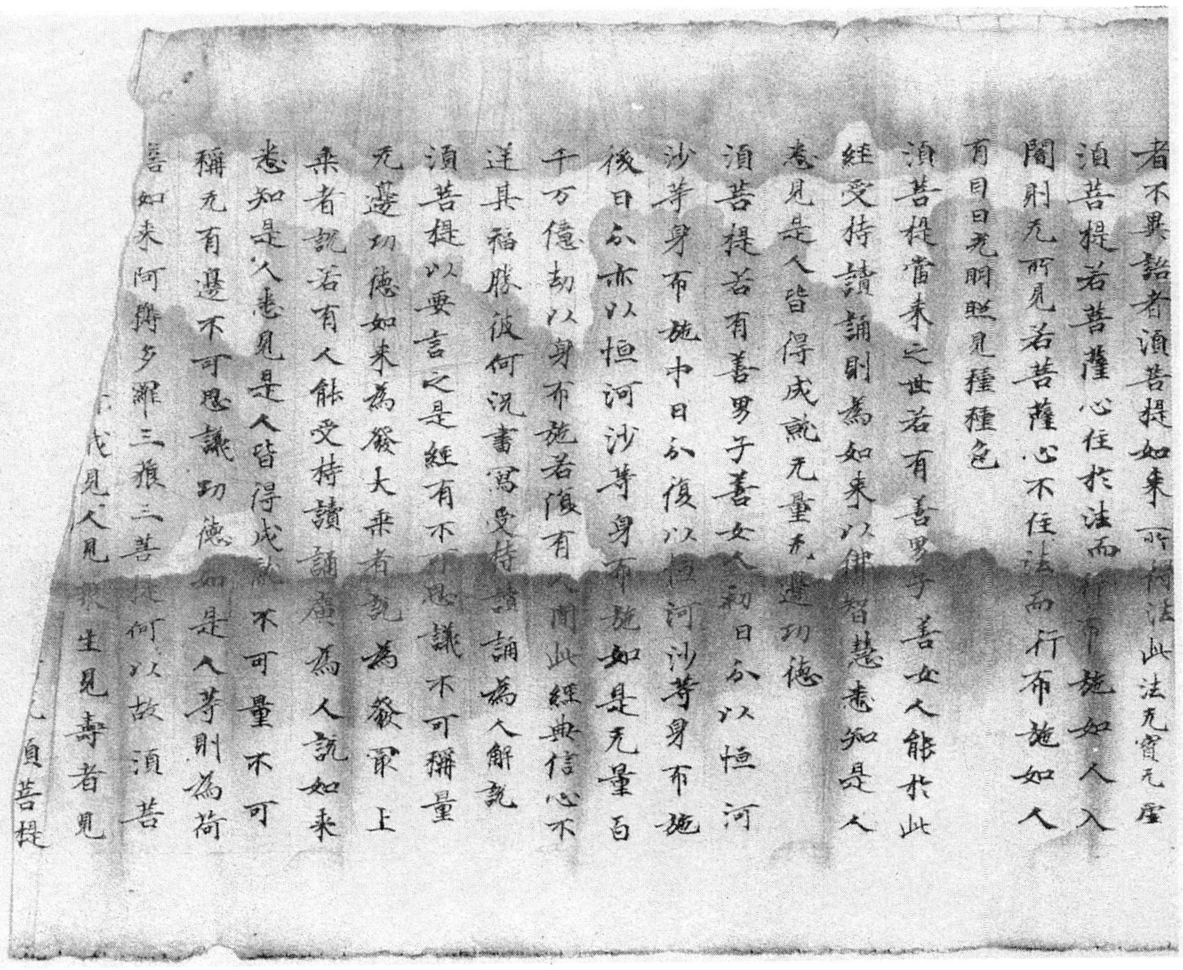

者不異語者須菩提如來所得法此法无實无虛
須菩提若菩薩心住於法而行布施如人入
闇則无所見若菩薩心不住法而行布施如人
有目日光明照見種種色
須菩提當來之世若有善男子善女人能於此
經受持讀誦則為如來以佛智慧悉知是人
悉見是人皆得成就无量无邊功德
須菩提若有善男子善女人初日分以恒河
沙等身布施中日分復以恒河沙等身布施
後日分亦以恒河沙等身布施如是无量百
千万億劫以身布施若復有人聞此經典信心不
逆其福勝彼何況書寫受持讀誦為人解說
須菩提以要言之是經有不可思議不可稱量
无邊功德如來為發大乘者說為發最上
乘者說若有人能受持讀誦廣為人說如來
悉知是人悉見是人皆得成就不可量不可
稱无有邊不可思議功德如是人等則為荷
擔如來阿耨多羅三藐三菩提何以故須菩
我見人見衆生見壽者見
須菩提

BD05187 號　金剛般若波羅蜜經　（6–6）

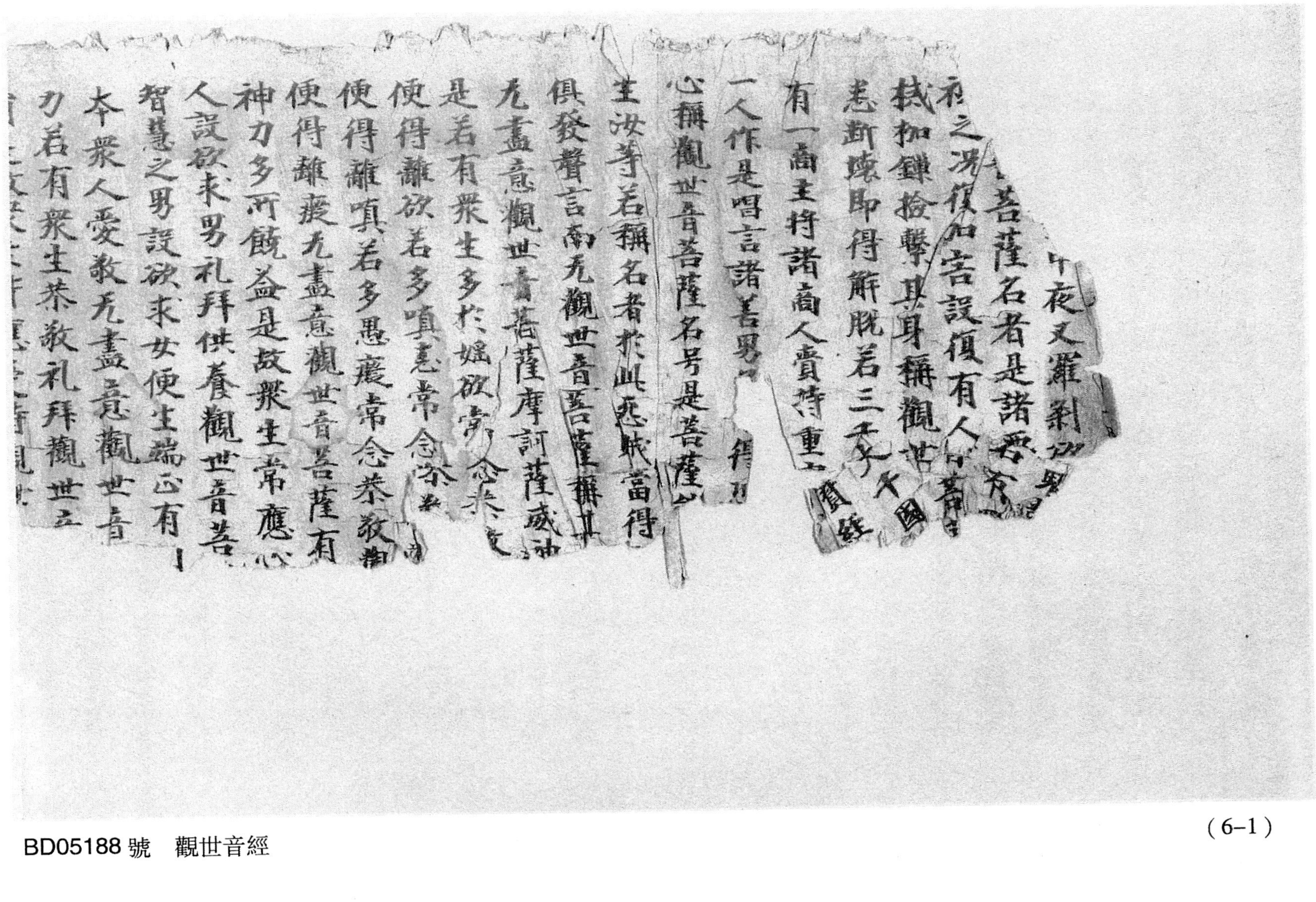

中夜叉羅刹
菩薩名者是諸惡
之況復加害設復有人
杻械枷鎖檢繫其身稱觀世音菩
悉斷壞即得解脫若三千大千國
有一商主將諸商人齎持重寶經
一人作是唱言諸善男子得
心稱觀世音菩薩名號是菩薩
生汝等若稱名者於此怨賊當得
俱發聲言南无觀世音菩薩稱其
无盡意觀世音菩薩摩訶薩威神
是若有衆生多於婬欲常念恭
便得離欲若多嗔恚常念恭敬
便得離嗔若多愚癡常念恭敬觀
便得離癡无盡意觀世音菩薩有
神力多所饒益是故衆生常應心
人設欲求男礼拜供養觀世音菩
智慧之男設欲求女便生端正有
本衆人愛敬无盡意觀世音
力若有衆生恭敬礼拜觀世音

BD05188 號　觀世音經　（6–1）

便得離……
神力多所饒益是故衆生常應心
人設欲求男礼拜供養觀世音菩
智慧之男設欲求女便生端正有
本衆人愛敬无盡意觀世音
力若有衆生恭敬礼拜觀世音
肯是故衆生皆應受持觀世
盡意若有受持六十二億恒河
盡形供養飲食衣服卧具醫藥
是善男子善女人功德多不无
世尊佛言若復有人受持觀世
乃至一時礼拜供養是二人福
百千万億劫不可窮盡无盡
音菩薩名号得如是无量无邊福
盡意菩薩白佛言世尊觀世音菩
娑婆世界云何而爲衆生說法方便
云何佛告无盡意菩薩善男子若……有國土衆
生應以佛身得度者觀世音菩……現佛身
而爲說法應以辟支佛身得度者即現佛身
而爲說法應以聲聞身得度者即現聲聞
身而爲說法應以梵王身得度者即現梵王
身而爲說法應以帝釋身得度者即現帝釋
身而爲說法應以自在天身得度者即現自在
天身而爲說法應以大自在天身得度者即現
大自在天身而爲說法應以天大将軍身得度

BD05188 號　觀世音經　（6–2）

而爲說法應以聲聞身得度者即現聲聞
身而爲說法應以梵王身得度者即現梵王
身而爲說法應以帝釋身得度者即現帝釋
身而爲說法應以自在天身得度者即現自在
天身而爲說法應以大自在天身得度者即現
大自在天身而爲說法應以天大将軍身得度
者即現天大将軍身而爲說法應以毗沙門身
得度者即現毗沙門身而爲說法應以小王身
得度者即現小王身而爲說法應以長者身
得度者即現長者身而爲說法應以居士身
得度者即現居士身而爲說法應以宰官身
得度者即現宰官身而爲說法應以婆羅門身
得度者即現婆羅門身而爲說法應以比丘比丘尼
優婆塞優婆夷身得度者即現比丘比丘尼
優婆塞優婆夷身而爲說法應以長者居士宰
官婆羅門婦女身得度者即現婦女身而爲說
法應以童男童女身得度者即現童男童女
身而爲說法應以天龍夜叉乹闥婆阿脩羅迦
樓羅緊那羅摩睺羅伽人非人等身得度者
即皆現之而爲說法應以執金剛神得度者即
現執金剛神而爲說法无盡意是觀世音菩薩
成就如是功德以種種形遊諸國土度脫衆生是
故汝等應當一心供養觀世音菩薩是觀世音
菩薩摩訶薩於怖畏急難之中能施无畏是故
此娑婆世界皆号之爲施无畏者无盡意
菩薩白佛言世尊我今當供養觀世音菩薩

BD05188 號　觀世音經　（6–3）

現執金剛神而為說法无盡意是觀世音菩薩
成就如是功德以種種形遊諸國土度脫衆生是
故汝等應當一心供養觀世音菩薩是觀世音
菩薩摩訶薩於怖畏急難之中能施无畏是故
此娑婆世界皆号之為施无畏者无盡意
菩薩白佛言世尊我今當供養觀世音菩薩
即解頸衆寶珠瓔珞價直百千兩金而以與
之作是言仁者受此法施珎寶瓔珞時觀世
音菩薩不肯受之无盡意復白觀世音菩薩
言仁者愍我等故受此瓔珞尒時佛告觀世
音菩薩當愍此无盡意菩薩及四衆天龍夜
叉乾闥婆阿脩羅迦樓羅緊那羅摩睺羅
伽人非人等故受是瓔珞即時觀世音菩薩
愍諸四衆及於天龍人非人等受其瓔珞分作
二分一分奉釋迦牟尼佛一分奉多寶佛塔无
盡意觀世音菩薩有如是自在神力遊於娑
婆世界尒時无盡意菩薩以偈問曰
世尊妙相具　我今重問彼　佛子何因緣　名為觀世音
具足妙相尊　偈荅无盡意　汝聽觀音行　善應諸方所
弘誓深如海　歷劫不思議　侍多千億佛　發大清淨願
我為汝略說　聞名及見身　心念不空過　能滅諸有苦
假使興害意　推落大火坑　念彼觀音力　火坑變成池
或漂流巨海　龍魚諸鬼難　念彼觀音力　波浪不能沒
或在須彌峯　為人所推墮　念彼觀音力　如日虛空住
或被惡人逐　墮落金剛山　念彼觀音力　不能損一毛

BD05188號　觀世音經　（6–4）

弘誓深如海　歷劫不思議　侍多千億佛　發大清淨願
我為汝略說　聞名及見身　心念不空過　能滅諸有苦
假使興害意　推落大火坑　念彼觀音力　火坑變成池
或漂流巨海　龍魚諸鬼難　念彼觀音力　波浪不能沒
或在須彌峯　為人所推墮　念彼觀音力　如日虛空住
或被惡人逐　墮落金剛山　念彼觀音力　不能損一毛
或值怨賊遶　各執刀加害　念彼觀音力　咸即起慈心
或遭王難苦　臨刑欲壽終　念彼觀音力　刀尋段段壞
或囚禁枷鎖　手足被杻械　念彼觀音力　釋然得解脫
呪咀諸毒藥　所欲害身者　念彼觀音力　還著於本人
或遇惡羅剎　毒龍諸鬼等　念彼觀音力　時悉不敢害
若惡獸圍遶　利牙爪可怖　念彼觀音力　疾走无邊方
蚖蛇及蝮蠍　氣毒煙火然　念彼觀音力　尋聲自迴去
雲雷鼓掣電　降雹澍大雨　念彼觀音力　應時得消散
衆生被困厄　无量苦逼身　觀音妙智力　能救世間苦
具足神通力　廣脩智方便　十方諸國土　无剎不現身
種種諸惡趣　地獄鬼畜生　生老病死苦　以漸悉令滅
真觀清淨觀　廣大智慧觀　悲觀及慈觀　常願常瞻仰
无垢清淨光　慧日破諸闇　能伏災風火　普明照世間
悲體戒雷震　慈意妙大雲　澍甘露法雨　滅除煩惱焰
諍訟經官處　怖畏軍陣中　念彼觀音力　衆怨悉退散
妙音觀世音　梵音海潮音　勝彼世間音　是故須常念
念念勿生疑　觀世音淨聖　於苦惱死厄　能為作依怙
具一切功德　慈眼視衆生　福聚海无量　是故應頂禮
尒時持地菩薩即從坐起前白佛言世尊若

BD05188號　觀世音經　（6–5）

具足神通力　廣修智方便　十方諸國土　无刹不現身
種種諸惡趣　地獄鬼畜生　生老病死苦　以漸悉令滅
真觀清淨觀　廣大智慧觀　悲觀及慈觀　常願常瞻仰
无垢清淨光　慧日破諸闇　能伏灾風火　普明照世間
悲體戒雷震　慈意妙大雲　澍甘露法雨　滅除煩惱焰
諍訟經官處　怖畏軍陣中　念彼觀音力　衆怨悉退散
妙音觀世音　梵音海潮音　勝彼世間音　是故須常念
念念勿生疑　觀世音淨聖　於苦惱死厄　能為作依怙
具一切功德　慈眼視衆生　福聚海无量　是故應頂礼
尒時持地菩薩即從坐起前白佛言世尊若
有衆生聞是觀世音菩薩品自在之業普門
示現神通力者當知是人功德不少佛說是普
門品時衆中八万四千衆生皆發无等等阿
耨多羅三藐三菩提心

觀世音經一卷

BD05188號　觀世音經　（6–6）

弥知佛入室寂然禪定各昇法座亦於八萬四千劫爲四部衆
二皆度六百萬億那由他恒河沙等衆生示教利喜令發阿耨多羅
大通智勝佛過八萬四千劫已從三昧起往詣法座安詳而坐普告大衆
薩沙弥甚爲希有諸根通利智慧明了已曾供養无量千萬億數諸佛於
常脩梵行受持佛智開示衆生令入其中汝等皆當數數親近而供養之所
若聲聞辟支佛及諸菩薩能信是十六菩薩所說經法受持不毀者是人皆
阿耨多羅三藐三菩提如來之慧佛告諸比丘是十六菩薩常樂說是妙
經二菩薩所化六百萬億那由他恒河沙等衆生世世所生與菩薩俱從其聞法
信解以此因緣得值四萬億諸佛世尊于今不盡諸比丘我今語汝彼佛弟子十六沙
弥今皆得阿耨多羅三藐三菩提於十方國土現在說法有無量百千萬億菩薩
聲聞以爲眷屬其二沙弥東方作佛一名阿閦在歡喜國二名須弥頂東南方二佛
一名師子音二名師子相南方二佛一名虛空住二名常滅西南方二佛一名帝相二名
梵相西方二佛一名阿弥陀二名度一切世間苦惱西北方二佛一名多摩羅跋栴檀
香神通二名須弥相北方二佛一名雲自在二名雲自在王東北方佛名壞一切世間怖
畏第十六我釋迦牟尼佛於娑婆國土成阿耨多羅三藐三菩提諸比丘我等爲沙弥
時各各教化無量百千萬億恒河沙等衆生從我聞法爲阿耨多羅三藐三菩提此諸
衆生于今有住聲聞地者我常教化阿耨多羅三藐三菩提是諸人等應以是法
漸入佛道所以者何如來智慧難信難解尒時所化无量恒河沙等衆生者汝等諸比丘
及我滅度後未來世中聲聞弟子是也我滅度後復有弟子不聞是經不知不覺
菩薩所行自於所得功德生滅度想當入涅槃我於餘國作佛更有異名是名雖生
滅度之想入於涅槃而於彼土求佛智慧得聞是經唯以佛乘而得滅度更无餘
乘除諸如來方便說法諸比丘若如來自知涅槃時到衆有清淨信解堅固了達空
法深入禪定便集諸菩薩及聲聞衆爲說是經世間無有二乘而得滅度唯一佛
乘得滅度耳比丘當知如來方便深入衆生之性知其志樂小法深著五欲爲是等
故說於涅槃是人若聞則便信受譬如五百由旬險難惡道曠絕無人怖畏之處若
有多衆欲過此道至珍寶處有一導師聰慧明達善知險道通塞之相將導衆
人欲過此難所將人衆中路懈退白導師言我等疲極而復怖畏不能復進前路猶遠
今欲退還導師多諸方便而作是念此等可愍云何捨大珍寶而欲退還作是念已
以方便力於險道中過三百由旬化作一城告衆人言汝等勿怖莫得退還今此大城
可於中止隨意所作若入是城快得安隱若能前至寶所亦可得去是時疲極之衆
心大歡喜歎未曾有我等今者免斯惡道快得安隱於是衆人前入化城生已度想
生安隱想尒時導師知此人衆既得止息無復疲惓即滅化城語衆人言汝等去來
寶處在近向者大城我所化作爲止息耳諸比丘如來亦復如是今爲汝等作大導

BD05189號1　妙法蓮華經卷三　（15–1）

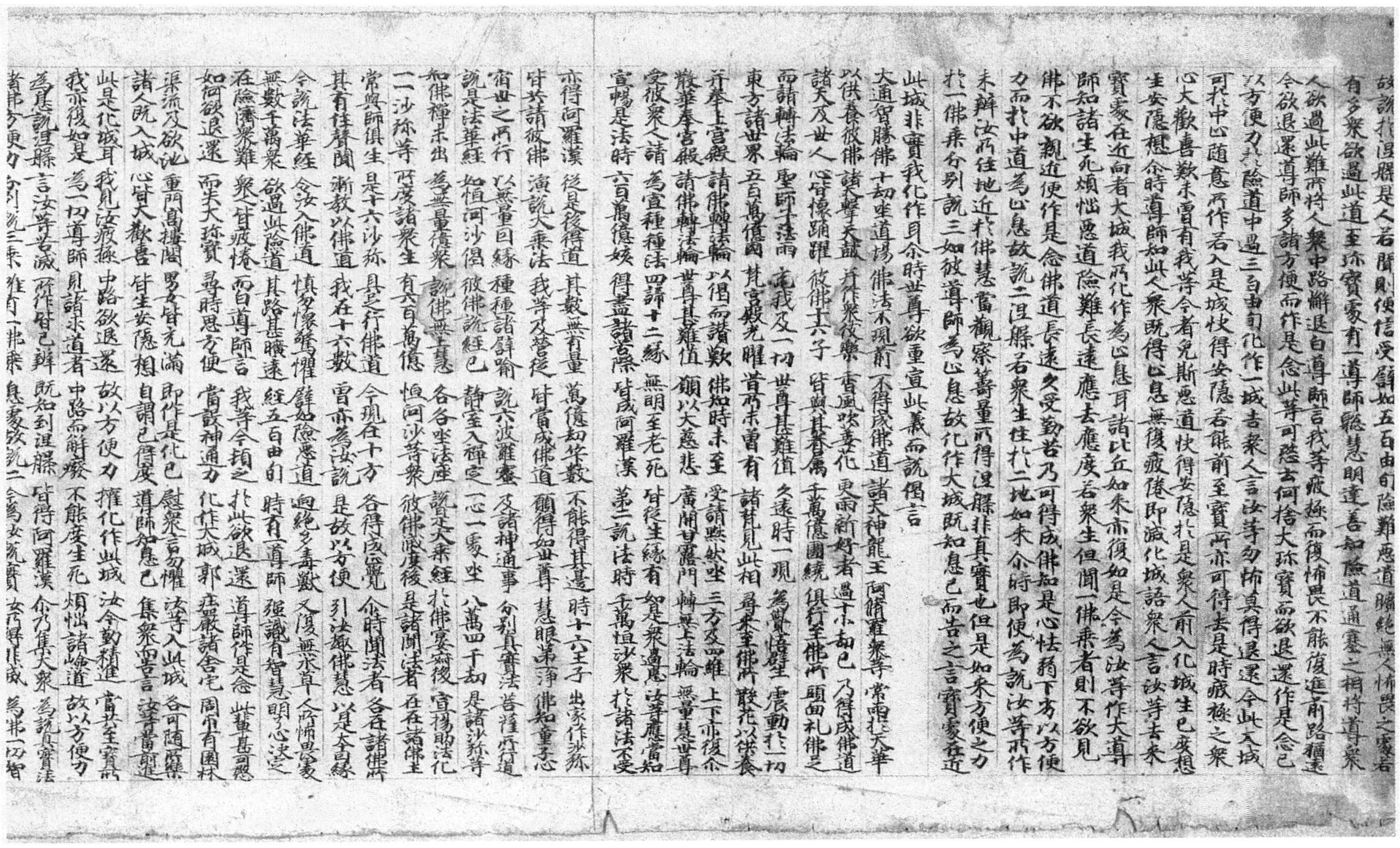

故說於涅槃是人若聞則便信受譬如五百由旬險難惡道曠絕無人怖畏之處若有多眾欲過此道至珍寶處有一導師聰慧明達善知險道通塞之相將導眾人欲過此難所將人眾中路懈退白導師言我等疲極而復怖畏不能復進前路猶遠今欲退還導師多諸方便而作是念此等可愍云何捨大珍寶而欲退還作是念已以方便力於險道中過三百由旬化作一城告眾人言汝等勿怖莫得退還今此大城可於中止隨意所作若入是城快得安隱若能前至寶所亦可得去是時疲極之眾心大歡喜歎未曾有我等今者免斯惡道快得安隱於是眾人前入化城生已度想生安隱想爾時導師知此人眾既得止息無復疲倦即滅化城語眾人言汝等去來寶處在近向者大城我所化作為止息耳諸比丘如來亦復如是今為汝等作大導師知諸生死煩惱惡道險難長遠應去應度若眾生但聞一佛乘者則不欲見佛不欲親近便作是念佛道長遠久受懃苦乃可得成佛知是心怯弱下劣以方便力而於中道為止息故說二涅槃若眾生住於二地如來爾時即便為說汝等所作未辦汝所住地近於佛慧當觀察籌量所得涅槃非真實也但是如來方便之力於一佛乘分別說三如彼導師為止息故化作大城既知息已而告之言寶處在近此城非實我化作耳爾時世尊欲重宣此義而說偈言

大通智勝佛　十劫坐道場　佛法不現前　不得成佛道　諸天神龍王　阿修羅眾等　常雨於天華　以供養彼佛　諸天擊天鼓　并作眾伎樂　香風吹萎華　更雨新好者　過十小劫已　乃得成佛道　諸天及世人　心皆懷踊躍　彼佛十六子　皆與其眷屬　千萬億圍繞　俱行至佛所　頭面禮佛足　而請轉法輪　聖師子法雨　充我及一切　世尊甚難值　久遠時一現　為覺悟群生　震動於一切　東方諸世界　五百萬億國　梵宮殿光曜　昔所未曾有　諸梵見此相　尋來至佛所　散花以供養　并奉上宮殿　請佛轉法輪　以偈而讚歎　佛知時未至　受請默然坐　三方及四維　上下亦復爾　散花奉宮殿　請佛轉法輪　世尊甚難值　願以大慈悲　廣開甘露門　轉無上法輪　無量慧世尊　受彼眾人請　為宣種種法　四諦十二緣　無明至老死　皆從生緣有　如是眾過患　汝等應當知　宣暢是法時　六百萬億姟　得盡諸苦際　皆成阿羅漢　第二說法時　千萬恒沙眾　於諸法不受　亦得阿羅漢　從是後得道　其數無有量　萬億劫算數　不能得其邊　時十六王子　出家作沙彌　皆共請彼佛　演說大乘法　我等及營從　皆當成佛道　願得如世尊　慧眼第一淨　佛知童子心　宿世之所行　以無量因緣　種種諸譬喻　說六波羅蜜　及諸神通事　分別真實法　菩薩所行道　說是法華經　如恒河沙偈　彼佛說經已　靜室入禪定　一心一處坐　八萬四千劫　是諸沙彌等　知佛禪未出　為無量億眾　說佛無上慧　各各坐法座　說是大乘經　於佛宴寂後　宣揚助法化　一一沙彌等　所度諸眾生　有六百萬億　恒河沙等眾　彼佛滅度後　是諸聞法者　在在諸佛土　常與師俱生　是十六沙彌　具足行佛道　今現在十方　各得成正覺　爾時聞法者　各在諸佛所　其有住聲聞　漸教以佛道　我在十六數　曾亦為汝說　是故以方便　引汝趣佛慧　以是本因緣　今說法華經　令汝入佛道　慎勿懷驚懼　譬如險惡道　迥絕多毒獸　又復無水草　人所怖畏處　無數千萬眾　欲過此險道　其路甚曠遠　經五百由旬　時有一導師　強識有智慧　明了心決定　在險濟眾難　眾人皆疲倦　而白導師言　我等今頓乏　於此欲退還　導師作是念　此輩甚可愍　如何欲退還　而失大珍寶　尋時思方便　當設神通力　化作大城郭　莊嚴諸舍宅　周匝有園林　渠流及浴池　重門高樓閣　男女皆充滿　即作是化已　慰眾言勿懼　汝等入此城　各可隨所樂　諸人既入城　心皆大歡喜　皆生安隱想　自謂已得度　導師知息已　集眾而告言　汝等當前進　此是化城耳　我見汝疲極　中路欲退還　故以方便力　權化作此城　汝今勤精進　當共至寶所　我亦復如是　為一切導師　見諸求道者　中路而懈廢　不能度生死　煩惱諸險道　故以方便力　為息說涅槃　言汝等苦滅　所作皆已辦　既知到涅槃　皆得阿羅漢　爾乃集大眾　為說真實法　諸佛方便力　分別說三乘　唯有一佛乘　息處故說二　今為汝說實　汝所得非滅　為佛一切智

BD05189 號 1　妙法蓮華經卷三　　（15–2）

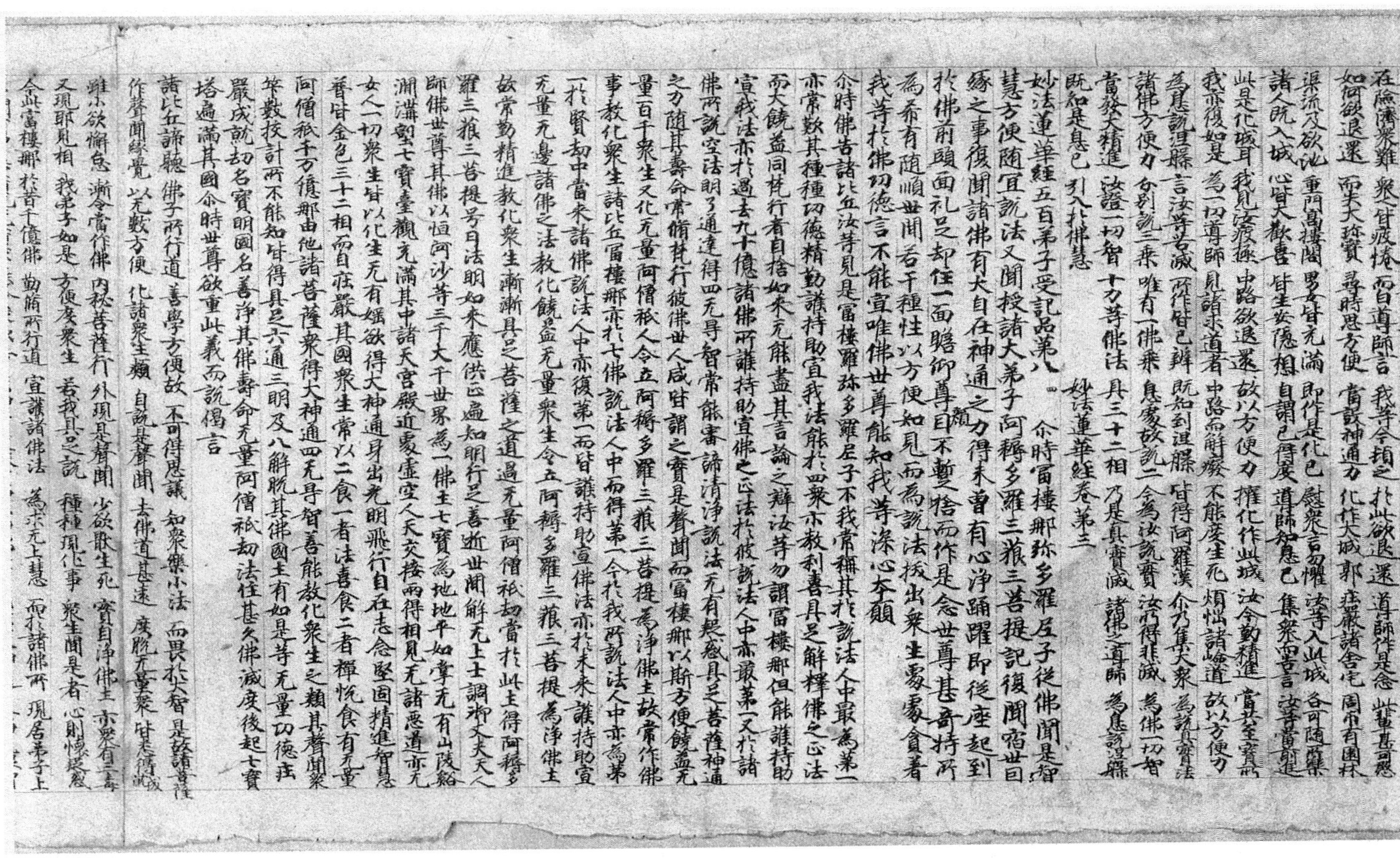

如何欲退還　而失大珍寶　尋時思方便　當設神通力　化作大城郭　莊嚴諸舍宅　周匝有園林　渠流及浴池　重門高樓閣　男女皆充滿　即作是化已　慰眾言勿懼　汝等入此城　各可隨所樂　諸人既入城　心皆大歡喜　皆生安隱想　自謂已得度　導師知息已　集眾而告言　汝等當前進　此是化城耳　我見汝疲極　中路欲退還　故以方便力　權化作此城　汝今勤精進　當共至寶所　我亦復如是　為一切導師　見諸求道者　中路而懈廢　不能度生死　煩惱諸險道　故以方便力　為息說涅槃　言汝等苦滅　所作皆已辦　既知到涅槃　皆得阿羅漢　爾乃集大眾　為說真實法　諸佛方便力　分別說三乘　唯有一佛乘　息處故說二　今為汝說實　汝所得非滅　為佛一切智　當發大精進　汝證一切智　十力等佛法　具三十二相　乃是真實滅　諸佛之導師　為息說涅槃　既知是息已　引入於佛慧

妙法蓮華經卷第三

妙法蓮華經五百弟子受記品第八

爾時富樓那彌多羅尼子從佛聞是智慧方便隨宜說法又聞授諸大弟子阿耨多羅三藐三菩提記復聞宿世因緣之事復聞諸佛有大自在神通之力得未曾有心淨踊躍即從座起到於佛前頭面禮足却住一面瞻仰尊顏目不暫捨而作是念世尊甚奇特所為希有隨順世間若干種性以方便知見而為說法拔出眾生處處貪著我等於佛功德言不能宣唯佛世尊能知我等深心本願爾時佛告諸比丘汝等見是富樓那彌多羅尼子不我常稱其於說法人中最為第一亦常歎其種種功德精勤護持助宣我法能於四眾示教利喜具足解釋佛之正法而大饒益同梵行者自捨如來無能盡其言論之辯汝等勿謂富樓那但能護持助宣我法亦於過去九十億諸佛所護持助宣佛之正法於彼說法人中亦最第一又於諸佛所說空法明了通達得四無礙智常能審諦清淨說法無有疑惑具足菩薩神通之力隨其壽命常修梵行彼佛世人咸皆謂之實是聲聞而富樓那以斯方便饒益無量百千眾生又化無量阿僧祇人令立阿耨多羅三藐三菩提為淨佛土故常作佛事教化眾生諸比丘富樓那亦於七佛說法人中而得第一今於我所說法人中亦為第一於賢劫中當來諸佛說法人中亦復第一而皆護持助宣佛法亦於未來護持助宣無量無邊諸佛之法教化饒益無量眾生令立阿耨多羅三藐三菩提為淨佛土故常勤精進教化眾生漸漸具足菩薩之道過無量阿僧祇劫當於此土得阿耨多羅三藐三菩提號曰法明如來應供正遍知明行足善逝世間解無上士調御丈夫天人師佛世尊其佛以恒河沙等三千大千世界為一佛土七寶為地地平如掌無有山陵谿澗溝壑七寶臺觀充滿其中諸天宮殿近處虛空人天交接兩得相見無諸惡道亦無女人一切眾生皆以化生無有婬欲得大神通身出光明飛行自在志念堅固精進智慧普皆金色三十二相而自莊嚴其國眾生常以二食一者法喜食二者禪悅食有無量阿僧祇千萬億那由他諸菩薩眾得大神通四無礙智善能教化眾生之類其聲聞眾算數校計所不能知皆得具足六通三明及八解脫其佛國土有如是等無量功德莊嚴成就劫名寶明國名善淨其佛壽命無量阿僧祇劫法住甚久佛滅度後起七寶塔遍滿其國爾時世尊欲重宣此義而說偈言

諸比丘諦聽　佛子所行道　善學方便故　不可得思議　知眾樂小法　而畏於大智　是故諸菩薩　作聲聞緣覺　以無數方便　化諸眾生類　自說是聲聞　去佛道甚遠　度脫無量眾　皆悉得成就　雖小欲懈怠　漸當令作佛　內祕菩薩行　外現是聲聞　少欲厭生死　實自淨佛土　示眾有三毒　又現邪見相　我弟子如是　方便度眾生　若我具足說　種種現化事　眾生聞是者　心則懷疑惑　今此富樓那　於昔千億佛　勤修所行道　宣護諸佛法　為求無上慧　而於諸佛所　現居弟子上

BD05189 號 1　妙法蓮華經卷三　　（15–3）
BD05189 號 2　妙法蓮華經卷四

塔遍滿其國尒時世尊欲重此義而說偈言
諸比丘諦聽　佛子所行道　善學方便故　不可得思議　知衆樂小法　而畏於大智　是故諸菩薩
作聲聞緣覺　以无數方便　化諸衆生類　自說是聲聞　去佛道甚遠　度脫无量衆　皆悉得成就
雖小欲懈怠　漸令當作佛　内秘菩薩行　外現是聲聞　少欲猒生死　實自淨佛土　示衆有三毒
又現耶見相　我弟子如是　方便度衆生　若我具足說　種種現化事　衆生聞是者　心則懷疑惑
今此富樓那　於昔千億佛　勤修所行道　宣護諸佛法　為求无上慧　而於諸佛所　現居弟子上
多聞有智慧　所說无所畏　能令衆歡喜　未曾有疲惓　而以助佛事　已度大神通　具四无礙智
知衆根利鈍　常說清淨法　演暢如是義　教諸千億衆　令住大乘法　而自淨佛土　未來亦供養
无量无數佛　護助宣正法　亦自淨佛土　常以諸方便　說法无所畏　度不可計衆　成就一切智
供養諸如來　護持法寶藏　其後當作佛　号名曰法明　其國名善淨　七寶所合成　劫名為寶明
菩薩衆甚多　其數无量億　皆度大神通　威德力具足　充滿其國土　聲聞亦无數　三明八解脫
得四无礙智　以是等為僧　其國諸衆生　婬欲皆已斷　純一變化生　具相莊嚴身　法喜禪悅食
更无餘食想　无有諸女人　亦无諸惡道　富樓那比丘　功德悉成滿　當得斯淨土　賢聖衆甚多
如是无量事　我今但略說
尒時千二百阿羅漢心自在者作是念我等歡喜
得未曾有若世尊各見授記如餘大弟子者不亦快乎佛知此等心之所念告摩訶迦
葉是千二百阿羅漢我今當現前次苐與受阿耨多羅三藐三菩提記於此衆中
我大弟子憍陳如比丘當供養六万二千億佛然後得成為佛号曰普明如來應
供正遍知明行足善逝世間解无上士調御丈夫天人師佛世尊其五百阿羅漢優樓
頻螺迦葉伽耶迦葉那提迦葉迦留陁夷優陁夷阿㝹樓馱離婆多劫賓那薄拘
羅周陁莎伽陁等皆當得阿耨多羅三藐三菩提盡同一号名曰普明尒時世尊欲
重宣此義而說偈言
憍陳如比丘　當見无量佛　過阿僧祇劫　乃成等正覺　常放大光明
具足諸神通　名聞遍十方　一切之所敬　常說无上道　故号為普明　其國土清淨　菩薩皆勇猛
咸昇妙樓閣　遊諸十方國　以无上供具　奉獻於諸佛　作是供養已　心懷大歡喜　須臾還本國
有如是神力　佛壽六万劫　正法住倍壽　像法復倍是　法滅天人憂　其五百比丘　次苐當作佛
同号曰普明　轉次而授記　我滅度之後　某甲當作佛　其所化世間　亦如我今日　國土之嚴淨
及諸神通力　菩薩聲聞衆　正法及像法　壽命劫多少　皆如上所說　迦葉汝已知　五百自在者
餘諸聲聞衆　亦當復如是　其不在此會　汝當為宣說
尒時五百阿羅漢於佛前得授記已歡喜踊躍即從座起到於佛前頭面礼足悔過自
責世尊我等常作是念自謂已得究竟滅度今乃知之如无智者所以者何我等應
得如來智慧而便自以小智為足世尊譬如有人至親友家醉酒而卧是時親友官事
當行以无價寶珠繫其衣裏與之而去其人醉卧都不覺知起已遊行到於他國為衣食
故勤力求索甚大艱難若有所得便以為足於後親友會遇見之而作是言咄哉丈
夫何為衣食乃至如是我昔欲令汝得安樂五欲自恣於某年日月以无價寶珠繫汝
衣裏今故現在而汝不知勤苦憂惱以求自活甚為癡也汝今可以此寶貿易所須
常可如意无所乏短佛亦如是為菩薩時教化我等令發一切智心而尋廢忘不知
不覺既得阿羅漢道自謂滅度資生艱難得少為足一切智願猶在不失今者世
尊覺悟我等作如是言諸比丘汝等所得非究竟滅我久令汝等種佛善根以方便
故示涅槃相而汝謂為實得滅度世尊我今乃知實是菩薩得受阿耨多羅三藐
三菩提記以是因緣甚大歡喜得未曾有尒時阿若憍陳如等欲重宣此義而說偈言
我等聞无上　安隱授記聲　歡喜未曾有　礼无量智佛　今於世尊前　自悔諸過咎　於无量佛寶
得少涅槃分　如无智愚人　便自以為足　譬如貧窮人　往至親友家　其家甚大富　具設諸餚饍

BD05189 號 2　妙法蓮華經卷四　　（15–4）

衣裏今故現在而汝不知勤苦憂惱以求自活甚為癡也汝今可以此寶貿易所須
常可如意无所乏短佛亦如是為菩薩時教化我等令發一切智心而尋廢忘不知
不覺既得阿羅漢道自謂滅度資生艱難得少為足一切智願猶在不失今者世
尊覺悟我等作如是言諸比丘汝等所得非究竟滅我久令汝等種佛善根以方便
故示涅槃相而汝謂為實得滅度世尊我今乃知實是菩薩得受阿耨多羅三藐
三菩提記以是因緣甚大歡喜得未曾有尒時阿若憍陳如等欲重宣此義而說偈言
我等聞无上　安隱授記聲　歡喜未曾有　礼无量智佛　今於世尊前　自悔諸過咎　於无量佛寶
得少涅槃分　如无智愚人　便自以為足　譬如貧窮人　往至親友家　其家甚大富　具設諸餚饍
以无價寶珠　繫著内衣裏　嘿與而捨去　時卧不覺知　是人既已起　遊行詣他國　求衣食自濟
資生甚艱難　得少便為足　更不願好者　不覺内衣裏　有无價寶珠　與珠之親友　後見此貧人
苦切責之已　示以所繫珠　貧人見此珠　其心大歡喜　富有諸財物　五欲而自恣　我等亦如是
世尊於長夜　常愍見教化　令種无上願　我等无智故　不覺亦不知　得少涅槃分　自足不求餘
今佛覺悟我　言非實滅度　得佛无上慧　尒乃為真滅　我今從佛聞　授記莊嚴事　及轉次受決
身心遍歡喜

妙法蓮華經授學无學人記品第九

尒時阿難羅睺羅而作是念我等每自思惟設得授記不亦快乎即從座起到於佛前
頭面礼足俱白佛言世尊我等於此亦應有分唯有如來我等所歸又我等為一切世
間天人阿脩羅所見知識阿難常為侍者護持法藏羅睺羅是佛之子若佛見授
阿耨多羅三藐三菩提記者我願既滿衆望亦足尒時學无學聲聞弟子二千
人皆從座起偏袒右肩到於佛前一心合掌瞻仰世尊如阿難羅睺羅所願住立一面尒時
佛告阿難汝於來世當得作佛号山海慧自在通王如來應供正遍知明行足善逝世
間解无上士調御丈夫天人師佛世尊當供養六十二億諸佛護持法藏然後得阿耨
多羅三藐三菩提教化二十千万億恒河沙諸菩薩等令成阿耨多羅三藐三菩提
國名常立勝幡其土清淨瑠璃為地劫名妙音遍滿其佛壽命无量千万億阿僧祇
劫若人於千万億无量阿僧祇劫中筭數校計不能得知正法住世倍於壽命像法
住世復倍正法阿難是山海慧自在通王佛為十方无量千万億恒河沙等諸佛如來
所共讚歎稱其功德尒時世尊欲重宣此義而說偈言
我今僧中說　阿難持法者　當供養諸佛　然後成正覺　号曰山海慧　自在通王佛
其國土清淨　名常立勝幡　教化諸菩薩　其數如恒沙　佛有大威德　名聞滿十方　壽命无有量
以愍衆生故　正法倍壽命　像法復倍是　如恒河沙等　无數諸衆生　於此佛法中　種佛道因緣
尒時會中新發意菩薩八千人咸作是念我等尚不聞諸大菩薩得如是記有何因緣而
諸聲聞得如是決尒時世尊知諸菩薩心之所念而告之曰諸善男子我與阿難等
於空王佛所同時發阿耨多羅三藐三菩提心阿難常樂多聞我常勤精進是故我
已得成阿耨多羅三藐三菩提而阿難護持我法亦護將來諸佛法藏教化成就諸
菩薩衆其本願如是故獲斯記阿難面於佛前自聞授記及國土莊嚴所願具足
心大歡喜得未曾有即時憶念過去无量千万億諸佛法藏通達无导如今所
聞亦識本願尒時阿難而說偈言
世尊甚希有　令我念過去　无量諸佛法
如今日所聞　我今无復疑　安住於佛道　方便為侍者　護持諸佛法
尒時佛告羅睺羅汝於來世當得作佛号蹈七寶華如來應供正遍知明行足善逝
世間解无上士調御丈夫天人師佛世尊當供養十世界微塵等數諸佛如來
常為諸佛而作長子猶如今也是蹈七寶華佛國土莊嚴壽命劫數所化弟子
正法像法亦如山海慧自在通王如來无異亦為此佛而作長子過是已後當得

BD05189 號 2　妙法蓮華經卷四　　（15–5）

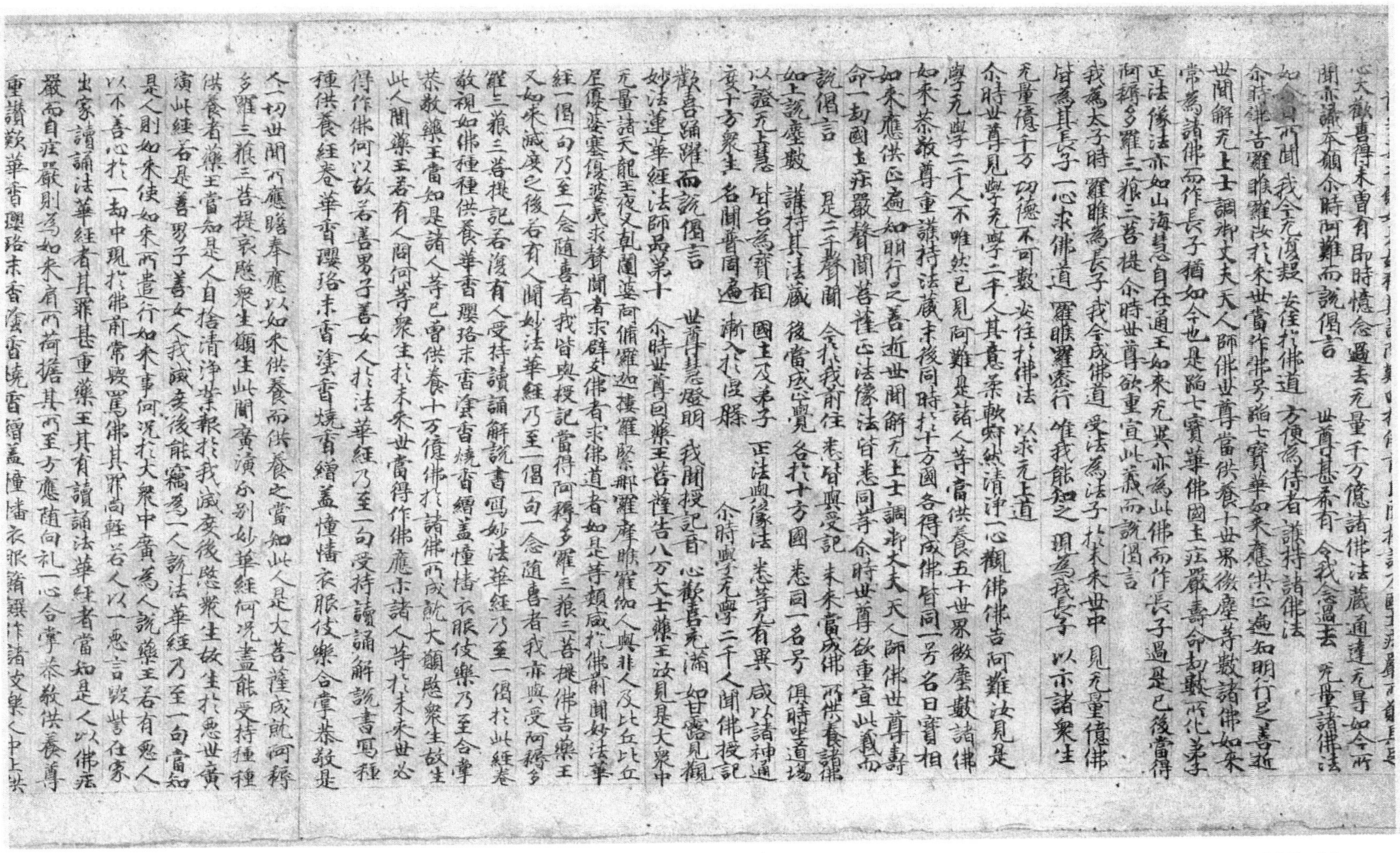
心大歡喜得未曾有即時憶念過去无量千万億諸佛法藏通達无㝵如今所
聞亦識本願尒時阿難而說偈言
世尊甚希有 令我念過去 无量諸佛法
如今日所聞 我今无復疑 安住於佛道 方便為侍者 護持諸佛法
尒時佛告羅睺羅汝於來世當作佛号蹈七寶華如來應供正遍知明行足善逝
世間解无上士調御丈夫天人師佛世尊當供養十世界微塵等數諸佛如來
常為諸佛而作長子猶如今也是蹈七寶華佛國土莊嚴壽命劫數所化弟子
正法像法亦如山海慧自在通王如來无異亦為此佛而作長子過是已後當得
阿耨多羅三藐三菩提尒時世尊欲重宣此義而說偈言
我為太子時 羅睺為長子 我今成佛道 受法為法子 於未來世中 見无量億佛
皆為其長子 一心求佛道 羅睺羅密行 唯我能知之 現為我長子 以示諸衆生
无量億千万 功德不可數 安住於佛法 以求无上道
尒時世尊見學无學二千人其意柔軟寂然清淨一心觀佛佛告阿難汝見是
學无學二千人不唯然已見阿難是諸人等當供養五十世界微塵數諸佛
如來恭敬尊重護持法藏末後同時於十方國各得成佛皆同一号名曰寶相
如來應供正遍知明行足善逝世間解无上士調御丈夫天人師佛世尊壽
命一劫國土莊嚴聲聞菩薩正法像法皆悉同等尒時世尊欲重宣此義而
說偈言
是二千聲聞 今於我前住 悉皆與受記 未來當成佛 所供養諸佛
如上說塵數 護持其法藏 後當成正覺 各於十方國 悉同一名号 俱時坐道場
以證无上慧 皆名為寶相 國土及弟子 正法與像法 悉等无有異 咸以諸神通
度十方衆生 名聞普周遍 漸入於涅槃
尒時學无學二千人聞佛授記
歡喜踊躍而說偈言
世尊慧燈明 我聞授記音 心歡喜充滿 如甘露見灌
妙法蓮華經法師品第十 尒時世尊因藥王菩薩告八万大士藥王汝見是大衆中
无量諸天龍王夜叉乾闥婆阿脩羅迦樓羅緊那羅摩睺羅伽人與非人及比丘比丘
尼優婆塞優婆夷求聲聞者求辟支佛者求佛道者如是等類咸於佛前聞妙法華
經一偈一句乃至一念隨喜者我皆與授記當得阿耨多羅三藐三菩提佛告藥王
又如來滅度之後若有人聞妙法華經乃至一偈一句一念隨喜者我亦與受阿耨多
羅三藐三菩提記若復有人受持讀誦解說書寫妙法華經乃至一偈於此經卷
敬視如佛種種供養華香瓔珞末香塗香燒香繒蓋幢幡衣服伎樂乃至合掌
恭敬藥王當知是諸人等已曾供養十万億佛於諸佛所成就大願愍衆生故生
此人間藥王若有人問何等衆生於未來世當得作佛應示諸人等於未來世必
得作佛何以故若善男子善女人於法華經乃至一句受持讀誦解說書寫種
種供養經卷華香瓔珞末香塗香燒香繒蓋幢幡衣服伎樂合掌恭敬是
人一切世間所應瞻奉應以如來供養而供養之當知此人是大菩薩成就阿耨
多羅三藐三菩提哀愍衆生願生此間廣演分別妙法華經何況盡能受持種種
供養者藥王當知是人自捨清淨業報於我滅度後愍衆生故生於惡世廣
演此經若是善男子善女人我滅度後能竊為一人說法華經乃至一句當知
是人則如來使如來所遣行如來事何況於大衆中廣為人說藥王若有惡人
以不善心於一劫中現於佛前常毀罵佛其罪尚輕若人以一惡言毀訾在家
出家讀誦法華經者其罪甚重藥王其有讀誦法華經者當知是人以佛莊
嚴而自莊嚴則為如來肩所荷擔其所至方應隨向礼一心合掌恭敬供養尊
重讚歎華香瓔珞末香塗香燒香繒蓋幢幡衣服餚饌作諸伎樂人中上供

BD05189 號 2　妙法蓮華經卷四　（15–6）

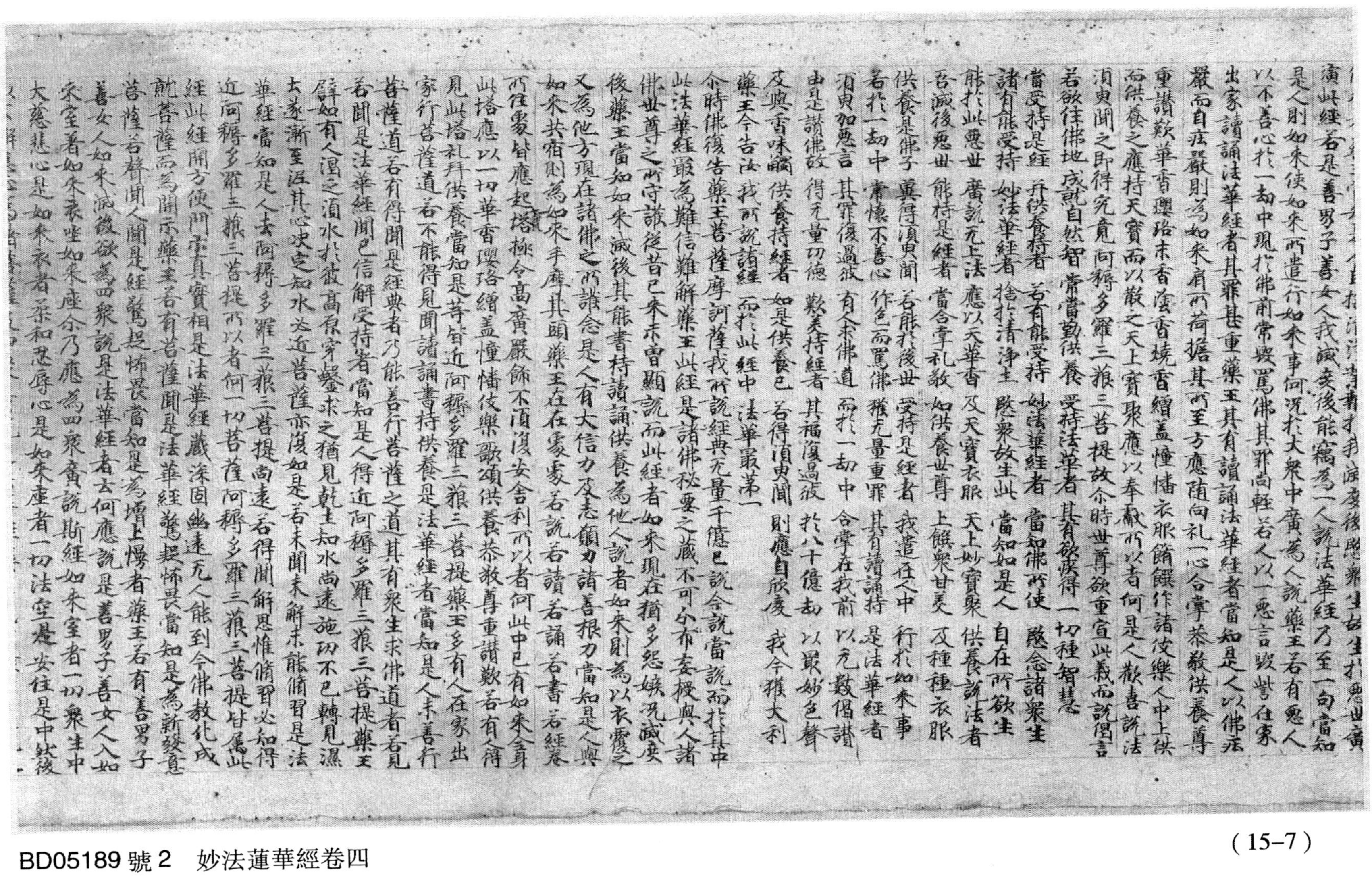
演此經若是善男子善女人我滅度後能竊為一人說法華經乃至一句當知
是人則如來使如來所遣行如來事何況於大衆中廣為人說藥王若有惡人
以不善心於一劫中現於佛前常毀罵佛其罪尚輕若人以一惡言毀訾在家
出家讀誦法華經者其罪甚重藥王其有讀誦法華經者當知是人以佛莊
嚴而自莊嚴則為如來肩所荷擔其所至方應隨向礼一心合掌恭敬供養尊
重讚歎華香瓔珞末香塗香燒香繒蓋幢幡衣服餚饌作諸伎樂人中上供
而供養之應持天寶而以散之天上寶聚應以奉獻所以者何是人歡喜說法
須臾聞之即得究竟阿耨多羅三藐三菩提故尒時世尊欲重宣此義而說偈言
若欲住佛道 成就自然智 常當勤供養 受持法華者 其有欲疾得 一切種智慧
當受持是經 并供養持者 若有能受持 妙法華經者 當知佛所使 愍念諸衆生
諸有能受持 妙法華經者 捨於清淨土 愍衆故生此 當知如是人 自在所欲生
能於此惡世 廣說无上法 應以天華香 及天寶衣服 天上妙寶聚 供養說法者
吾滅後惡世 能持是經者 當合掌礼敬 如供養世尊 上饌衆甘美 及種種衣服
供養是佛子 兾得須臾聞 若能於後世 受持是經者 我遣在人中 行於如來事
若於一劫中 常懷不善心 作色而罵佛 獲无量重罪 其有讀誦持 是法華經者
須臾加惡言 其罪復過彼 有人求佛道 而於一劫中 合掌在我前 以无數偈讚
由是讚佛故 得无量功德 歎美持經者 其福復過彼 於八十億劫 以最妙色聲
及與香味觸 供養持經者 如是供養已 若得須臾聞 則應自欣慶 我今獲大利
藥王今告汝 我所說諸經 而於此經中 法華最第一
尒時佛復告藥王菩薩摩訶薩我所說經典无量千億已說今說當說而於其中
此法華經最為難信難解藥王此經是諸佛秘要之藏不可分布妄授與人諸
佛世尊之所守護從昔已來未曾顯說而此經者如來現在猶多怨嫉況滅度
後藥王當知如來滅後其能書持讀誦供養為他人說者如來則為以衣覆之
又為他方現在諸佛之所護念是人有大信力及志願力諸善根力當知是人與
如來共宿則為如來手摩其頭藥王在在處處若說若讀若誦若書若經卷
所住處皆應起塔極令高廣嚴飾不須復安舍利所以者何此中已有如來全身
此塔應以一切華香瓔珞繒蓋幢幡伎樂歌頌供養恭敬尊重讚歎若有人得
見此塔礼拜供養當知是等皆近阿耨多羅三藐三菩提藥王多有人在家出
家行菩薩道若不能得見聞讀誦書持供養是法華經者當知是人未善行
菩薩道若有得聞是經典者乃能善行菩薩之道其有衆生求佛道者若見
若聞是法華經聞已信解受持者當知是人得近阿耨多羅三藐三菩提藥王
譬如有人渴乏須水於彼高原穿鑿求之猶見乾土知水尚遠施功不已轉見濕
土遂漸至泥其心決定知水必近菩薩亦復如是若未聞未解未能修習是法
華經當知是人去阿耨多羅三藐三菩提尚遠若得聞解思惟修習必知得
近阿耨多羅三藐三菩提所以者何一切菩薩阿耨多羅三藐三菩提皆屬此
經此經開方便門示真實相是法華經藏深固幽遠无人能到今佛教化成
就菩薩而為開示藥王若有菩薩聞是法華經驚疑怖畏當知是為新發意
菩薩若聲聞人聞是經驚疑怖畏當知是為增上慢者藥王若有善男子
善女人如來滅後欲為四衆說是法華經者云何應說是善男子善女人入如
來室著如來衣坐如來座尒乃應為四衆廣說斯經如來室者一切衆生中
大慈悲心是如來衣者柔和忍辱心是如來座者一切法空是安住是中然後

BD05189 號 2　妙法蓮華經卷四　（15–7）

華經當知是人去阿耨多羅三藐三菩提尚遠若得聞解思惟脩習必知得
近阿耨多羅三藐三菩提所以者何一切菩薩阿耨多羅三藐三菩提皆屬此
經此經開方便門示真實相是法華經藏深固幽遠无人能到今佛教化成
就菩薩而為開示藥王若有菩薩聞是法華經驚疑怖畏當知是為新發意
菩薩若聲聞人聞是經驚疑怖畏當知是為增上慢者藥王若有善男子
善女人如來滅後欲為四眾說是法華經者云何應說是善男子善女人入如
來室著如來衣坐如來座尒乃應為四眾廣說斯經如來室者一切眾生中
大慈悲心是如來衣者柔和忍辱心是如來座者一切法空是安住是中然後
以不懈怠心為諸菩薩及四眾廣說是法華經藥王我於餘國遣化人
為其集聽法眾亦遣化比丘比丘尼優婆塞優婆夷聽其說法是諸化人聞
法信受隨順不逆若說法者在空閑處我時廣遣天龍鬼神乾闥婆阿脩羅等
聽其說法我雖在異國時時令說法者得見我身若於此經忘失句逗我還為說
令得具足尒時世尊欲重宣此義而說偈言
欲捨諸懈怠　應當聽此經　是經難得聞　信受者亦難　如人渴須水　穿鑿於高原
猶見乾燥土　知去水尚遠　漸見濕土泥　決定知近水　藥王汝當知　如是諸人等
不聞法華經　去佛智甚遠　若聞是深經　決了聲聞法　是諸經之王　聞已諦思惟
當知此人等　近於佛智慧　若人說此經　應入如來室　著於如來衣　而坐如來座
處眾无所畏　廣為分別說　大慈悲為室　柔和忍辱衣　諸法空為座　處此為說法
若說此經時　有人惡口罵　加刀杖瓦石　念佛故應忍　我千万億土　現淨堅固身
於无量億劫　為眾生說法　若我滅度後　能說此經者　我遣化四眾　比丘比丘尼
及清信士女　供養於法師　引導諸眾生　集之令聽法　若人欲加惡　刀杖及瓦石
則遣變化人　為之作衛護　若說法之人　獨在空閑處　寂寞无人聲　讀誦此經典
我尒時為現　清淨光明身　若忘失章句　為說令通利　若人具是德　或為四眾說
空處讀誦經　皆得見我身　若人在空閑　我遣天龍王　夜叉鬼神等　為作聽法眾
是人樂說法　分別无罣礙　諸佛護念故　能令大眾喜　若親近法師　速得菩薩道
隨順是師學　得見恒沙佛

妙法蓮華經見寶塔品第十一

尒時佛前有七寶塔高五百由旬縱廣二百五十由旬從地踊出住在空中種種寶物而
莊挍之五千欄楯龕室千万无數幢幡以為嚴飾垂寶瓔珞寶鈴万億而懸其上
四面皆出多摩羅跋栴檀之香充遍世界其諸幡蓋以金銀瑠璃車𤦲馬瑙真
珠玫瑰七寶合成高至四天王宮三十三天雨天曼陁羅華供養寶塔餘諸天龍夜
叉乾闥婆阿脩羅迦樓羅緊那羅摩睺羅伽人非人等千万億眾以一切華香瓔珞
幡蓋伎樂供養寶塔恭敬尊重讚歎尒時寶塔中出大音聲歎言善哉善哉釋
迦牟尼世尊能以平等大慧教菩薩法佛所護念妙法華經為大眾說如是如是
釋迦牟尼世尊如所說者皆是真實尒時四眾見大寶塔住在空中又聞塔中所出音
聲皆得法喜怪未曾有從座而起恭敬合掌却住一面尒時有菩薩摩訶薩名
大樂說知一切世間天人阿脩羅等心之所疑而白佛言世尊以何因緣有此寶塔
從地踊出又於其中發是音聲尒時佛告大樂說菩薩此寶塔中有如來全身乃
往過去東方无量千万億阿僧祇世界國名寶淨彼中有佛號曰多寶其佛本行
菩薩道時作大誓願若我成佛滅度之後於十方國土有說法華經處我之塔廟
為聽是經故踊現其前為作證明讚言善哉彼佛成道已臨滅度時於天人大眾
中告諸比丘我滅度後欲供養我全身者應起一大塔其佛神通願力十方世界在

釋迦牟尼世尊如所說者皆是真實尒時四眾見大寶塔住在空中又聞塔中所出音
聲皆得法喜怪未曾有從座而起恭敬合掌却住一面尒時有菩薩摩訶薩名
大樂說知一切世間天人阿脩羅等心之所疑而白佛言世尊以何因緣有此寶塔
從地踊出又於其中發是音聲尒時佛告大樂說菩薩此寶塔中有如來全身乃
往過去東方无量千万億阿僧祇世界國名寶淨彼中有佛號曰多寶其佛本行
菩薩道時作大誓願若我成佛滅度之後於十方國土有說法華經處我之塔廟
為聽是經故踊現其前為作證明讚言善哉彼佛成道已臨滅度時於天人大眾
中告諸比丘我滅度後欲供養我全身者應起一大塔其佛神通願力十方世界在
在處處若有說法華經者彼之寶塔皆踊出其前全身在於塔中讚言善哉善哉
大樂說今多寶如來塔聞說法華經故從地踊出讚言善哉善哉是時大樂說
菩薩以如來神力故白佛言世尊我等願欲見此佛身佛告大樂說菩薩摩訶薩
是多寶佛有深重願若我寶塔為聽法華經故出於諸佛前時其有欲以我身
示四眾者彼佛分身諸佛在於十方世界說法盡還集一處然後我身乃出現耳大
樂說我分身諸佛在於十方世界說法者今應當集大樂說白佛言世尊我等亦願
欲見世尊分身諸佛禮拜供養尒時佛放白毫一光即見東方五百万億那由他恒
河沙等國土諸佛彼諸國土皆以頗梨為地寶樹寶衣以為莊嚴无數千万億菩
薩充滿其中遍張寶幔寶網羅上彼國諸佛以大妙音而說諸法及見无量千万億
菩薩遍滿諸國為眾說法南西北方四維上下白毫相光所照之處亦復如是尒
時十方諸佛各告眾菩薩言善男子我今應往娑婆世界釋迦牟尼佛所并供
養多寶如來寶塔時娑婆世界即變清淨瑠璃為地寶樹莊嚴黃金為繩以界
八道无諸聚落村營城邑大海江河山川林藪燒大寶香曼陁羅華遍布其地以
寶網幔羅覆其上懸諸寶鈴唯留此會眾移諸天人置於他土是時諸佛各將一大菩
薩以為侍者至娑婆世界各到寶樹下一一寶樹高五百由旬枝葉華菓次第莊嚴諸
寶樹下皆有師子之座高五由旬亦以大寶而挍飾之尒時諸佛各於此座結加趺坐
如是展轉遍滿三千大千世界而於釋迦牟尼佛一方所分之身猶故未盡時釋迦
牟尼佛欲容受所分身諸佛故八方各更變二百万億那由他國皆令清淨无有地獄餓
鬼畜生及阿脩羅又移諸天人置於他土所化之國亦以瑠璃為地寶樹莊嚴樹高五
百由旬枝葉華菓次第嚴飾樹下皆有寶師子座高五由旬種種諸寶以為莊挍亦无
大海江河及目真隣陁山摩訶目真隣陁山鐵圍山大鐵圍山須弥山等諸山王通為一
佛國土寶地平正寶交露幔遍覆其上懸諸幡蓋燒大寶香諸天寶華遍布其地
釋迦牟尼佛為諸佛當來坐故復於八方各變二百万億那由他國皆令清淨无有
地獄餓鬼畜生及阿脩羅又移諸天人置於他土所化之國亦以瑠璃為地寶樹莊嚴
樹高五百由旬枝葉華菓次第莊嚴樹下皆有寶師子座高五由旬亦以大寶而校飾
之亦无大海江河及目真隣陁山摩訶目真隣陁山鐵圍山大鐵圍山須弥山等諸山王
通為一佛國土寶地平正寶交露幔遍覆其上懸諸幡蓋燒大寶香諸天寶華遍布其
地尒時東方釋迦牟尼佛所分之身百千万億那由他恒河沙等國土中諸佛各各說法
來集於此如是次第十方諸佛皆悉來集坐於八方尒時一一方四百万億那由他國土
諸佛如來遍滿其中是時諸佛各在寶樹下坐師子座皆遣侍者問訊釋迦牟尼佛
各賫寶華滿掬而告之言善男子汝往詣耆闍崛山釋迦牟尼佛所如我辭曰少病少
惱氣力安樂及菩薩聲聞眾悉安隱不以此寶華散佛供養而作是言彼某甲佛
與欲開此寶塔諸佛遣使亦復如是尒時釋迦牟尼佛見所分身佛悉已來集各各

地獄餓鬼畜生及阿修羅又移諸天人置於他土所化之國亦以琉璃爲地寶樹莊嚴
樹高五百由旬枝葉華菓次第莊嚴樹下皆有寶師子座高五由旬亦以大寶而校飾
之亦无大海江河及目真隣陀山摩訶目真隣陀山鐵圍山大鐵圍山須弥山等諸山王
通爲一佛國土寶地平正寶交露幔遍覆其上懸諸幡蓋燒大寶香諸天寶華遍布其
地尒時東方釋迦牟尼佛所分之身百千万億那由他恒河沙等國土中諸佛各各說法
來集於此如是次第十方諸佛皆悉來集坐於八方尒時一一方四百万億那由他國土
諸佛如來遍滿其中是時諸佛各在寶樹下坐師子座皆遣侍者問訊釋迦牟尼佛
各賷寶華滿掬而告之言善男子汝往詣耆闍崛山釋迦牟尼佛所如我辭曰少病少
惱氣力安樂及菩薩聲聞衆悉安隱不以此寶華散佛供養而作是言彼某甲佛
與欲開此寶塔諸佛遣使亦復如是尒時釋迦牟尼佛見所分身佛悉已來集各各
坐於師子之座皆聞諸佛與欲同開寶塔即從座起住虛空中一切四衆起立合掌一
心觀佛於是釋迦牟尼佛以右指開七寶塔戶出大音聲如却關鑰開大城門即時
一切衆會皆見多寶如來於寶塔中坐師子座全身不散如入禪定又聞其言善哉善
哉釋迦牟尼佛快說是法華經我爲聽是經故而來至此尒時四衆等見過去无量
千万億劫滅度佛說如是言歎未曾有以天寶華聚散多寶佛及釋迦牟尼佛上
尒時多寶佛於寶塔中分半座與釋迦牟尼佛而作是言釋迦牟尼佛可就此座
即時釋迦牟尼佛入其塔中坐其半座結加趺坐尒時大衆見二如來在七寶塔中
師子座上結加趺坐各作是念佛座高遠唯願如來以神通力令我等輩俱處虛
空即時釋迦牟尼佛以神通力接諸大衆皆在虛空以大音聲普告四衆誰能於
此娑婆國土廣說妙法華經今正是時如來不久當入涅槃佛欲以此妙法華經付囑
有在尒時世尊欲重宣此義而說偈言
聖主世尊 雖久滅度 在寶塔中 尚爲法來 諸人云何 不勤爲法 此佛滅度 无央數劫
處處聽法 以難遇故 彼佛本願 我滅度後 在在所往 常爲聽法 又我分身 无量諸佛
如恒沙等 來欲聽法 及見滅度 多寶如來 各捨妙土 及弟子衆 天人龍神 諸供養事
令法久住 故來至此 爲坐諸佛 以神通力 移无量衆 令國清淨 諸佛各各 詣寶樹下
如清淨池 蓮華莊嚴 其寶樹下 諸師子座 佛坐其上 光明嚴飾 如夜闇中 然大炬火
身出妙香 遍十方國 衆生蒙薰 喜不自勝 譬如大風 吹小樹枝 以是方便 令法久住
告諸大衆 我滅度後 誰能護持 讀說斯經 今於佛前 自說誓言 其多寶佛 雖久滅度
以大誓願 而師子吼 多寶如來 及與我身 所集化佛 當知此意 諸佛子等 誰能護法
當發大願 令得久住 其有能護 此經法者 則爲供養 我及多寶 此多寶佛 處於寶塔
常遊十方 爲是經故 亦復供養 諸來化佛 莊嚴光飾 諸世界者 若說此經 則爲見我
多寶如來 及諸化佛 諸善男子 各諦思惟 此爲難事 宜發大願 諸餘經典 數如恒沙
雖說此等 未足爲難 若接須彌 擲置他方 无數佛土 亦未爲難 若以足指 動大千界
遠擲他國 亦未爲難 若立有頂 爲衆演說 无量餘經 亦未爲難 若佛滅後 於惡世中
能說此經 是則爲難 假使有人 手把虛空 而以遊行 亦未爲難 於我滅後 若自書持
若使人書 是則爲難 若以大地 置足甲上 昇於梵天 亦未爲難 佛滅度後 於惡世中
暫讀此經 是則爲難 假使劫燒 擔負乾草 入中不燒 亦未爲難 我滅度後 若持此經
爲一人說 是則爲難 若持八万 四千法藏 十二部經 爲人演說 令諸聽者 得六神通
雖能如是 亦未爲難 於我滅後 聽受此經 問其義趣 是則爲難 若人說法 令千万億
无量无數 恒沙衆生 得阿羅漢 具六神通 雖有是益 亦未爲難 於我滅後 若能奉持
如斯經典 是則爲難 我爲佛道 於无量土 從始至今 廣說諸經 而於其中 此經第一
若有能持 則持佛身 諸善男子 於我滅後 誰能受持 讀誦此經 今於佛前 自說誓言

BD05189 號 2　妙法蓮華經卷四　（15–10）

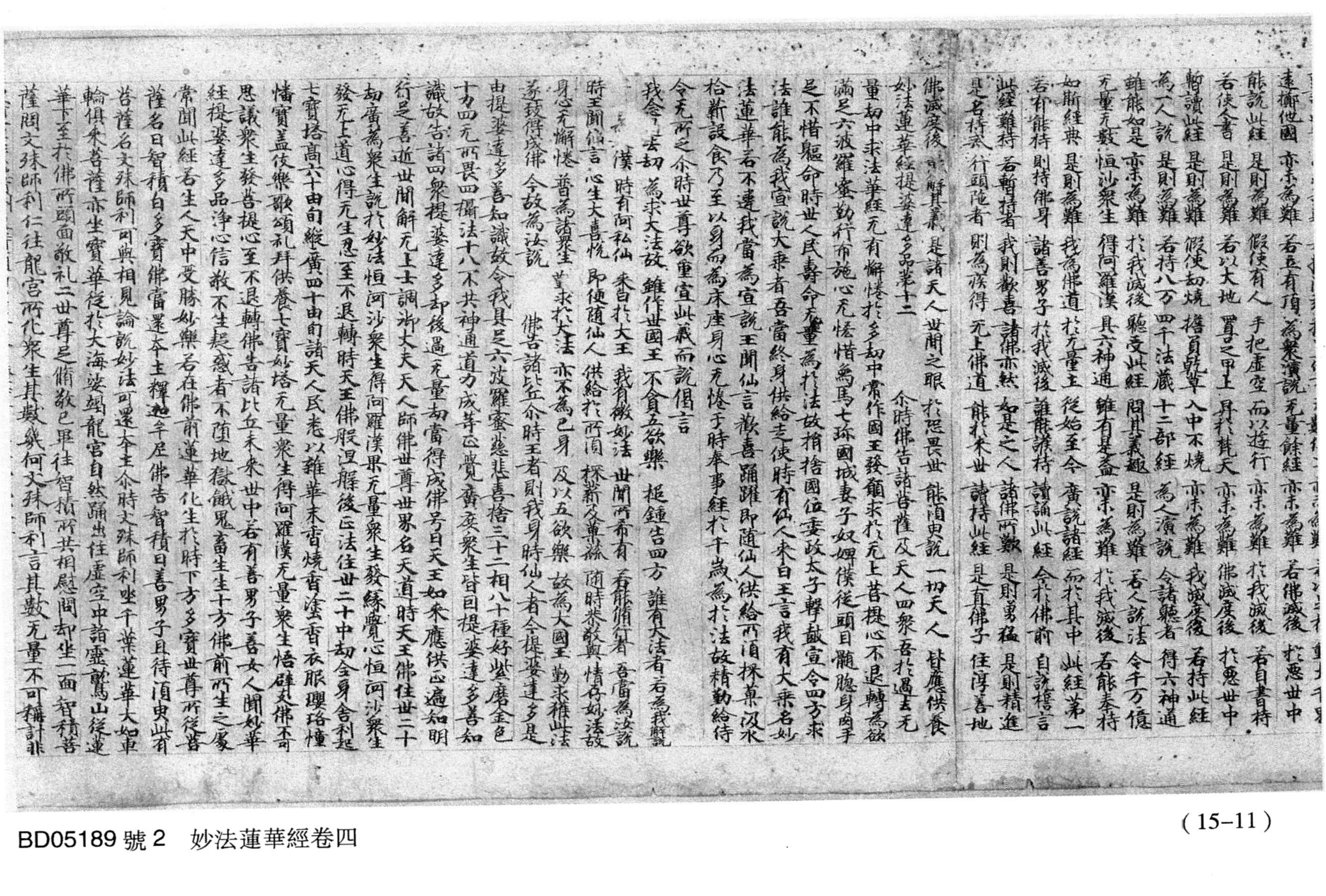

遠擲他國 亦未爲難 若立有頂 爲衆演說 无量餘經 亦未爲難 若佛滅後 於惡世中
能說此經 是則爲難 假使有人 手把虛空 而以遊行 亦未爲難 於我滅後 若自書持
若使人書 是則爲難 若以大地 置足甲上 昇於梵天 亦未爲難 佛滅度後 於惡世中
暫讀此經 是則爲難 假使劫燒 擔負乾草 入中不燒 亦未爲難 我滅度後 若持此經
爲一人說 是則爲難 若持八万 四千法藏 十二部經 爲人演說 令諸聽者 得六神通
雖能如是 亦未爲難 於我滅後 聽受此經 問其義趣 是則爲難 若人說法 令千万億
无量无數 恒沙衆生 得阿羅漢 具六神通 雖有是益 亦未爲難 於我滅後 若能奉持
如斯經典 是則爲難 我爲佛道 於无量土 從始至今 廣說諸經 而於其中 此經第一
若有能持 則持佛身 諸善男子 於我滅後 誰能受持 讀誦此經 今於佛前 自說誓言
此經難持 若暫持者 我則歡喜 諸佛亦然 如是之人 諸佛所歎 是則勇猛 是則精進
是名持戒 行頭陀者 則爲疾得 无上佛道 能於來世 讀持此經 是真佛子 住淳善地
佛滅度後 能解其義 是諸天人 世間之眼 於恐畏世 能須臾說 一切天人 皆應供養
妙法蓮華經提婆達多品第十二
尒時佛告諸菩薩及天人四衆吾於過去无
量劫中求法華經无有懈惓於多劫中常作國王發願求於无上菩提心不退轉爲欲
滿足六波羅蜜勤行布施心无恡惜象馬七珍國城妻子奴婢僕從頭目髓腦身肉手
足不惜軀命時世人民壽命无量爲於法故捐捨國位委政太子擊鼓宣令四方求
法誰能爲我說大乘者吾當終身供給走使時有仙人來白王言我有大乘名妙
法蓮華經若不違我當爲宣說王聞仙言歡喜踊躍即隨仙人供給所須採菓汲水
拾薪設食乃至以身而爲床座身心无惓于時奉事經於千歲爲於法故精勤給侍
令无所乏尒時世尊欲重宣此義而說偈言
我念過去劫 爲求大法故 雖作世國王 不貪五欲樂 搥鍾告四方 誰有大法者 若爲我解說
身當爲奴僕 時有阿私仙 來白於大王 我有微妙法 世間所希有 若能修行者 吾當爲汝說
時王聞仙言 心生大喜悅 即便隨仙人 供給於所須 採薪及菓蓏 隨時恭敬與 情存妙法故
身心无懈惓 普爲諸衆生 勤求於大法 亦不爲己身 及以五欲樂 故爲大國王 勤求獲此法
遂致得成佛 今故爲汝說 佛告諸比丘尒時王者則我身是時仙人者今提婆達多是
由提婆達多善知識故令我具足六波羅蜜慈悲喜捨三十二相八十種好紫磨金色
十力四无所畏四攝法十八不共神通道力成等正覺廣度衆生皆因提婆達多善知
識故告諸四衆提婆達多却後過无量劫當得成佛号曰天王如來應供正遍知明
行足善逝世間解无上士調御丈夫天人師佛世尊世界名天道時天王佛住世二十
中劫廣爲衆生說於妙法恒河沙衆生得阿羅漢果无量衆生發緣覺心恒河沙衆生
發无上道心得无生忍至不退轉時天王佛般涅槃後正法住世二十中劫全身舍利起
七寶塔高六十由旬縱廣四十由旬諸天人民悉以雜華末香燒香塗香衣服瓔珞幢
幡寶蓋伎樂歌頌礼拜供養七寶妙塔无量衆生得阿羅漢无量衆生悟辟支佛不可
思議衆生發菩提心至不退轉佛告諸比丘未來世中若有善男子善女人聞妙法華
經提婆達多品淨心信敬不生疑惑者不墮地獄餓鬼畜生生十方佛前所生之處
常聞此經若生人天中受勝妙樂若在佛前蓮華化生於時下方多寶世尊所從菩
薩名曰智積白多寶佛當還本土釋迦牟尼佛告智積曰善男子且待須臾此有
菩薩名文殊師利可與相見論說妙法可還本土尒時文殊師利坐千葉蓮華大如車
輪俱來菩薩亦坐寶蓮華從於大海娑竭羅龍宮自然踊出住虛空中詣靈鷲山從蓮
華下至於佛所頭面敬礼二世尊足脩敬已畢往智積所共相慰問却坐一面智積菩
薩問文殊師利仁往龍宮所化衆生其數幾何文殊師利言其數无量不可稱計非

BD05189 號 2　妙法蓮華經卷四　（15–11）

經提婆達多品淨心信敬不生疑惑者不墮地獄餓鬼畜生生十方佛前所生之處
常聞此經若生人天中受勝妙樂若在佛前蓮華化生於時下方多寶世尊所從菩
薩名曰智積白多寶佛當還本土釋迦牟尼佛告智積曰善男子且待須臾此有
菩薩名文殊師利可與相見論說妙法可還本土尒時文殊師利坐千葉蓮華大如車
輪俱來菩薩亦坐寶蓮華從於大海娑竭羅龍宮自然踊出住虛空中詣靈鷲山從蓮
華下至於佛所頭面敬礼二世尊足脩敬已畢往智積所共相慰問却坐一面智積菩
薩問文殊師利仁往龍宮所化衆生其數幾何文殊師利言其數无量不可稱計非
口所宣非心所測且待須臾自當有證所言未竟无數菩薩坐寶蓮華從海踊出
詣靈鷲山住在虛空此諸菩薩皆是文殊師利之所化度具菩薩行皆共論說六
波羅蜜本聲聞人在虛空中說聲聞行今皆脩行大乘空義文殊師利謂智積
曰於海教化其事如是尒時智積菩薩以偈讚曰
大智德勇健　化度无量衆　今此諸大會　及我皆已見　演暢實相義　開闡一乘法
廣導諸衆生　令速成菩提　文殊師利言我於海中唯常宣說妙法華經智積問
文殊師利言此經甚深微妙諸經中寶世所希有頗有衆生勤加精進脩行此經
速得佛不文殊師利言有娑竭羅龍王女年始八歲智慧利根善知衆生諸根行
業得陁羅尼諸佛所說甚深秘藏悉能受持深入禪定了達諸法於剎那頃發菩
提心得不退轉辯才无礙慈念衆生猶如赤子功德具足心念口演微妙廣大慈悲
仁讓志意和雅能至菩提智積菩薩言我見釋迦如來於无量劫難行苦行積
功累德求菩提道未曾止息觀三千大千世界乃至无有如芥子許非是菩薩
捨身命處為衆生故然後乃得成菩提道不信此女於須臾頃便成正覺言論未訖
時龍王女忽現於前頭面礼敬却住一面以偈讚曰　深達罪福相　遍照於十方
微妙淨法身　具相三十二　以八十種好　用莊嚴法身　天人所戴仰　龍神咸恭敬　一切衆生類
无不宗奉者　又聞成菩提　唯佛當證知　我闡大乘教　度脫衆生
時舍利弗語龍女言汝謂不久得无上道是事難信所以者何女身垢穢非是法器云
何能得无上菩提佛道懸曠經无量劫勤苦積行具脩諸度然後乃成又女人身
猶有五障一者不得作梵天王二者帝釋三者魔王四者轉輪聖王五者佛身云
何女身速得成佛尒時龍女有一寶珠價直三千大千世界持以上佛佛即受之龍
女謂智積菩薩尊者舍利弗言我獻寶珠世尊納受是事疾不答言甚疾
女言以汝神力觀我成佛復速於此當時衆會皆見龍女忽然之間變成男子
具菩薩行即往南方无垢世界坐寶蓮華成等正覺三十二相八十種好普為十
方一切衆生演說妙法尒時娑婆世界菩薩聲聞天龍八部人與非人皆遙見彼
龍女成佛普為時會人天說法心大歡喜悉遙敬礼无量衆生聞法解悟得
不退轉无量衆生得受道記无垢世界六反震動娑婆世界三千衆生住不退地三
千衆生發菩提心而得受記智積菩薩及舍利弗一切衆會默然信受
妙法蓮華經持品第十三　尒時藥王菩薩摩訶薩及大樂說菩薩摩訶薩
與二万菩薩眷屬俱皆於佛前作是誓言唯願世尊不以為慮我等於佛滅後
當奉持讀誦說此經典後惡世衆生善根轉少多增上慢貪利供養增不善根
遠離解脫雖難可教化我等當起大忍力讀誦此經持說書寫種種供養不
惜身命尒時衆中五百阿羅漢得受記者白佛言世尊我等亦自誓願於異國土
廣說此經復有學无學八千人得受記者從座而起合掌向佛作是誓言世
尊我等亦於他國土廣說此經所以者何是娑婆國中人多弊惡懷增上慢功
德淺薄瞋濁諂曲心不實故尒時佛姨母摩訶波闍波提比丘尼與學无學

BD05189 號 2　妙法蓮華經卷四　（15–12）

千衆生發菩提心而得受記智積菩薩及舍利弗一切衆會默然信受
妙法蓮華經持品第十三　尒時藥王菩薩摩訶薩及大樂說菩薩摩訶薩
與二万菩薩眷屬俱皆於佛前作是誓言唯願世尊不以為慮我等於佛滅後
當奉持讀誦說此經典後惡世衆生善根轉少多增上慢貪利供養增不善根
遠離解脫雖難可教化我等當起大忍力讀誦此經持說書寫種種供養不
惜身命尒時衆中五百阿羅漢得受記者白佛言世尊我等亦自誓願於異國土
廣說此經復有學无學八千人得受記者從座而起合掌向佛作是誓言世
尊我等亦於他國土廣說此經所以者何是娑婆國中人多弊惡懷增上慢功
德淺薄瞋濁諂曲心不實故尒時佛姨母摩訶波闍波提比丘尼與學无學
比丘尼六千人俱從座而起一心合掌瞻仰尊顏目不暫捨於時世尊告憍曇彌
何故憂色而視如來汝心將无謂我不說汝名授阿耨多羅三藐三菩提記
耶憍曇彌我先惣說一切聲聞皆已授記今汝欲知記者將來之世當於六万八
億諸佛法中為大法師及六千學无學比丘尼俱為法師汝如是漸漸具菩
薩道當得作佛號一切衆生喜見如來應供正遍知明行足善逝世間解无上
士調御丈夫天人師佛世尊憍曇彌是一切衆生喜見佛及六千菩薩轉次授
記得阿耨多羅三藐三菩提尒時羅睺羅母耶輸陁羅比丘尼作是念世尊於授
記中獨不說我名佛告耶輸陁羅汝於來世百千万億諸佛法中脩菩薩行為大
法師漸具佛道於善國中當得作佛號具足千万光相如來應供正遍知明
行足善逝世間解无上士調御丈夫天人師佛世尊佛壽无量阿僧祇劫尒時
摩訶波闍波提比丘尼及耶輸陁羅比丘尼并其眷屬皆大歡喜得未曾有即
於佛前而說偈言　世尊導師　安隱天人　我等聞記　心安具足
諸比丘尼說是偈已白佛言世尊我等亦能於他方國土廣宣此經尒時世尊視八十
万億那由他諸菩薩摩訶薩是諸菩薩皆是阿惟越致轉不退法輪得諸陁
羅尼即從座起至於佛前一心合掌而作是念若世尊告勅我等持說此經者
當如佛教廣宣斯法復作是念佛今默然不見告勅我當云何時諸菩薩敬
順佛意并欲自滿本願便於佛前作師子吼而發誓言世尊我等於如來滅後
周旋往返十方世界能令衆生書寫此經受持讀誦解說其義如法脩行正憶念
皆是佛之威力唯願世尊在於他方遙見守護即時諸菩薩俱同發聲而說偈
言
唯願不為慮　於佛滅度後　恐怖惡世中　我等當廣說　有諸无智人
惡口罵詈等　及加刀杖者　我等皆當忍　惡世中比丘　邪智心諂曲　未得謂為得
我慢心充滿　或有阿練若　納衣在空閑　自謂行真道　輕賤人間者　貪著利養故
與白衣說法　為世所恭敬　如六通羅漢　是人懷惡心　常念世俗事　假名阿練若
好出我等過　而作如是言　此諸比丘等　為貪利養故　說外道論議　自作此經典
誑惑世間人　為求名聞故　分別於是經　常在大衆中　欲毀我等故　向國王大臣
婆羅門居士　及餘比丘衆　誹謗說我惡　謂是邪見人　說外道論議　我等敬佛故
悉忍是諸惡　為斯所輕言　汝等皆是佛　如此輕慢言　皆當忍受之　濁劫惡世中
多有諸恐怖　惡鬼入其身　罵詈毀辱我　我等敬信佛　當著忍辱鎧　為說是經故
忍此諸難事　我不惜身命　但惜无上道　我等於來世　護持佛所囑　世尊自當知
濁世惡比丘　不知佛方便　隨宜所說法　惡口而顰蹙　數數見擯出　遠離於塔寺
如是等衆惡　念佛告勅故　皆當忍是事　諸聚落城邑　其有求法者　我皆到其所
說佛所囑法　我是世尊使　處衆无所畏　我當善說法　願佛安隱住　我於世尊前

BD05189 號 2　妙法蓮華經卷四　（15–13）

……說外道論議 我等敬佛故
悉忍是諸惡 為斯所輕言 汝等皆是佛 如此輕慢言 皆當忍受之 濁劫惡世中
多有諸恐怖 惡鬼入其身 罵詈毀辱我 我等敬信佛 當著忍辱鎧 為說是經故
忍此諸難事 我不惜身命 但惜无上道 我等於來世 護持佛所囑 世尊自當知
濁世惡比丘 不知佛方便 隨宜所說法 惡口而顰蹙 數數見擯出 遠離於塔寺
如是等眾惡 念佛告勅故 皆當忍是事 諸聚落城邑 其有求法者 我皆到其所
說佛所囑法 我是世尊使 處眾无所畏 我當善說法 願佛安隱住 我於世尊前
諸來十方佛 發如是誓言 佛自知我心

妙法蓮華經卷第四

妙法蓮華經安樂行品第十四 五

尒時文殊師利法王子菩薩摩訶薩白佛言世尊是諸菩
薩甚為難有敬順佛故發大誓願於後惡世護持讀誦是法華經世尊菩薩摩訶薩
於後惡世云何能說是經佛告文殊師利若菩薩摩訶薩於後惡世欲說是經當安住四
法一者安住菩薩行處親近處能為眾生演說是經文殊師利云何名菩薩摩訶薩
行處住忍辱地柔和善順而不卒暴心亦不驚又復於法无所行而觀諸法如實相
亦不行不分別是名菩薩摩訶薩行處云何名菩薩摩訶薩親近處菩薩摩訶
薩不親近國王王子大臣官長不親近諸外道梵志尼揵子等及造世俗文筆讚
詠外書及路伽耶陁者逆路伽耶陁者亦不親近諸有凶戲相扠相撲及那羅等種
種變現之戲又不親近旃陁羅及畜猪羊雞狗田獵漁捕諸惡律儀如是人等或
時來者則為說法无所悕望又不親近求聲聞比丘比丘尼優婆塞優婆夷亦不問
訊若於房中若經行處若在講堂中不共住止或時來者隨宜說法无所悕求文
殊師利又菩薩摩訶薩不應於女人身取能生欲想相而為說法亦不樂見若入
他家不與小女處女寡女等共語亦復不近五種不男之人以為親厚不獨入
他家若有因緣須獨入時但一心念佛若為女人說法不露齒笑不現胸臆乃至
為法猶不親厚況復餘事不樂畜年少弟子沙弥小兒亦不樂與同師常好坐禪
在於閑處脩攝其心文殊師利是名初親近處復次菩薩摩訶薩觀一切法空如
實相不顛倒不動不退不轉如虛空无所有性一切語言道斷不生不出不起
无名无相實无所有无量无邊无礙无障但以因緣有從顛倒生故說常樂觀
如是法相是名菩薩摩訶薩第二親近處尒時世尊欲重宣此義而說偈言
若有菩薩 於後惡世 无怖畏心 欲說是經 應入行處 及親近處 常離國王 及國王子
大臣官長 凶險戲者 及旃陁羅 外道梵志 亦不親近 增上慢人 貪著小乘 三藏學者
破戒比丘 名字羅漢 及比丘尼 好戲咲者 深著五欲 求現滅度 諸優婆夷 皆勿親近
若是人等 以好心來 到菩薩所 為聞佛道 菩薩則以 无所畏心 不懷悕望 而為說法
寡女處女 及諸不男 皆勿親近 以為親厚 亦莫親近 屠兒魁膾 畋獵漁捕 為利殺害
販肉自活 衒賣女色 如是之人 皆勿親近 凶險相撲 種種嬉戲 諸婬女等 盡勿親近
莫獨屏處 為女說法 若說法時 无得戲咲 入里乞食 將一比丘 若无比丘 一心念佛
是則名為 行處近處 以此二處 能安樂說 又復不行 上中下法 有為无為 實不實法
亦不分別 是男是女 不得諸法 不知不見 是則名為 菩薩行處 一切諸法 空无所有
无有常住 亦无起滅 是名智者 所親近處 顛倒分別 諸法有无 是實非實 是生非生
在於閑處 脩攝其心 安住不動 如須弥山 觀一切法 皆无所有 猶如虛空 无有堅固
不生不出 不動不退 常住一相 是名近處 若有比丘 於我滅後 入是行處 及親近處
說斯經時 无有怯弱 菩薩有時 入於靜室 以正憶念 隨義觀法 從禪定起 為諸國王
王子臣民 婆羅門等 開化演暢 說斯經典 其心安隱 无有怯弱 文殊師利 是名菩薩
安住初法 能於後世 說法華經 又文殊師利如來滅後於末法中欲說是經應安

BD05189 號 3　妙法蓮華經卷五　（15–14）

如是法相是名菩薩摩訶薩第二親近處尒時世尊欲重宣此義而說偈言
若有菩薩 於後惡世 无怖畏心 欲說是經 應入行處 及親近處 常離國王 及國王子
大臣官長 凶險戲者 及旃陁羅 外道梵志 亦不親近 增上慢人 貪著小乘 三藏學者
破戒比丘 名字羅漢 及比丘尼 好戲咲者 深著五欲 求現滅度 諸優婆夷 皆勿親近
若是人等 以好心來 到菩薩所 為聞佛道 菩薩則以 无所畏心 不懷悕望 而為說法
寡女處女 及諸不男 皆勿親近 以為親厚 亦莫親近 屠兒魁膾 畋獵漁捕 為利殺害
販肉自活 衒賣女色 如是之人 皆勿親近 凶險相撲 種種嬉戲 諸婬女等 盡勿親近
莫獨屏處 為女說法 若說法時 无得戲咲 入里乞食 將一比丘 若无比丘 一心念佛
是則名為 行處近處 以此二處 能安樂說 又復不行 上中下法 有為无為 實不實法
亦不分別 是男是女 不得諸法 不知不見 是則名為 菩薩行處 一切諸法 空无所有
无有常住 亦无起滅 是名智者 所親近處 顛倒分別 諸法有无 是實非實 是生非生
在於閑處 脩攝其心 安住不動 如須弥山 觀一切法 皆无所有 猶如虛空 无有堅固
不生不出 不動不退 常住一相 是名近處 若有比丘 於我滅後 入是行處 及親近處
說斯經時 无有怯弱 菩薩有時 入於靜室 以正憶念 隨義觀法 從禪定起 為諸國王
王子臣民 婆羅門等 開化演暢 說斯經典 其心安隱 无有怯弱 文殊師利 是名菩薩
安住初法 能於後世 說法華經 又文殊師利如來滅後於末法中欲說是經應安
樂行若口宣說若讀經時不樂說人及經典過亦不輕慢諸餘法師不說他人好惡長
短於聲聞人亦不稱名說其過惡亦不稱名讚歎其美又亦不生怨嫌之心善脩如是
安樂心故諸有聽者不逆其意有所難問不以小乘法荅但以大乘而為解說令得一
切種智尒時世尊欲重宣此義而說偈言
菩薩常樂 安隱說法 於清淨地 而施床座 以油塗身 澡浴塵穢 著新淨衣 內外俱淨
安處法座 隨問為說 若有比丘 及比丘尼 諸優婆塞 及優婆夷 國王王子 群臣士民
以微妙義 和顏為說 若有難問 隨義而荅 因緣譬喻 敷演分別 以是方便 皆使發心
漸漸增益 入於佛道 除嬾惰意 及懈怠想 離諸憂惱 慈心說法 晝夜常說 无上道教
以諸因緣 无量譬喻 開示眾生 咸令歡喜 衣服卧具 飲食醫藥 而於其中 无所悕望
但一心念 說法因緣 願成佛道 令眾亦尒 是則大利 安樂供養 我滅度後 若有比丘
能演說斯 妙法華經 心无嫉恚 諸惱障礙 亦无憂愁 及罵詈者 又无怖畏 加刀杖等
亦无擯出 安住忍故 智者如是 善脩其心 能住安樂 如我上說 其人功德 千万億劫

BD05189 號 3　妙法蓮華經卷五　（15–15）

BD05189 號背　雜寫　　　　（1–1）

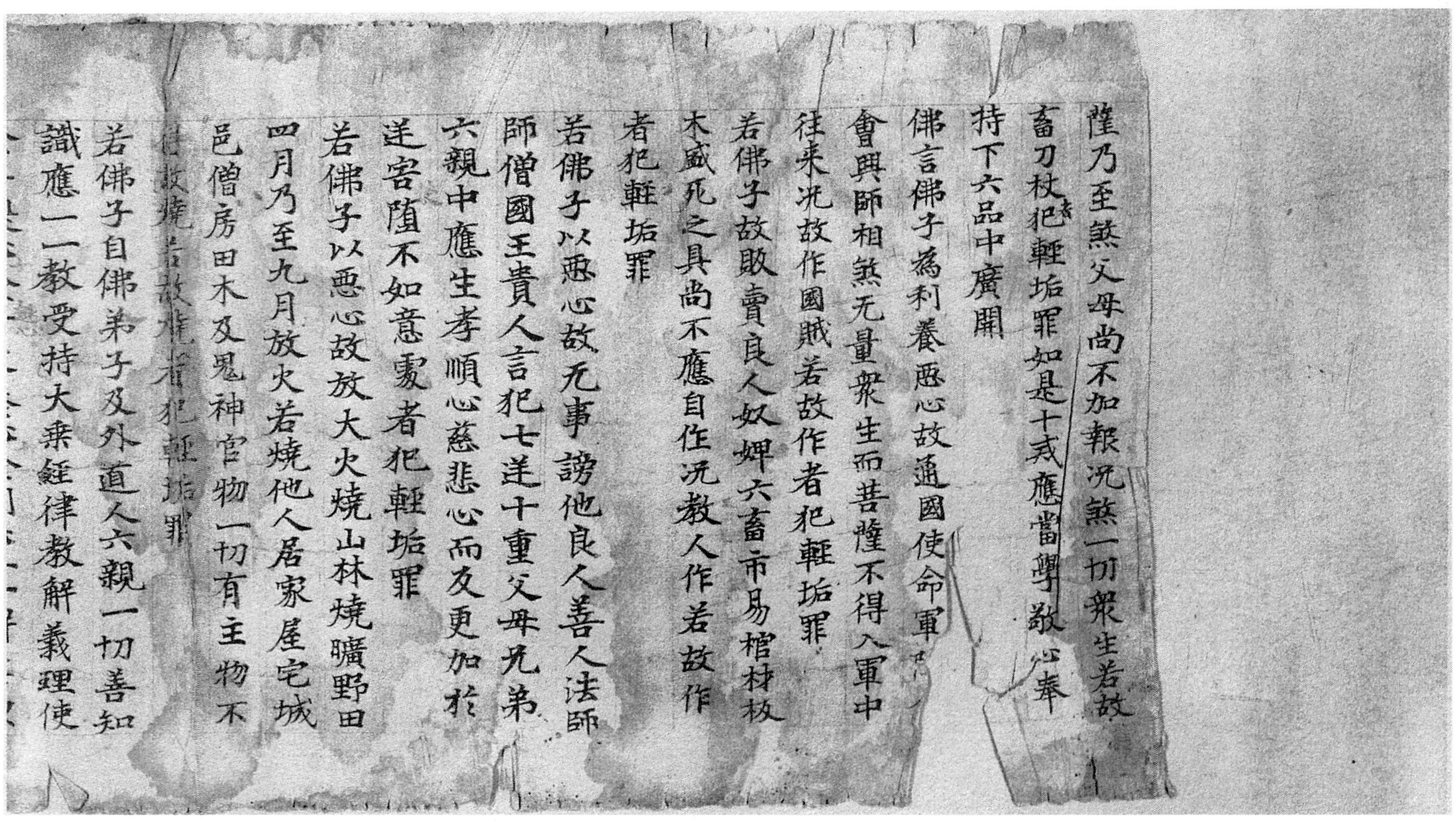
薩乃至煞父母尚不加報況煞一切衆生若故
畜刀杖者犯輕垢罪如是十戒應當學敬心奉
持下六品中廣開
佛言佛子為利養惡心故通國使命軍陣合
會興師相煞无量衆生而菩薩不得入軍中
往来况故作國賊若故作者犯輕垢罪
若佛子故販賣良人奴婢六畜市易棺材板
木盛死之具尚不應自作况教人作若故作
者犯輕垢罪
若佛子以惡心故无事謗他良人善人法師
師僧國王貴人言犯七逆十重父母兄弟
六親中應生孝順心慈悲心而反更加於
逆害墮不如意處者犯輕垢罪
若佛子以惡心故放大火燒山林曠野田
四月乃至九月放火若燒他人家屋宅城
邑僧房田木及鬼神官物一切有主物不
得故燒若故燒者犯輕垢罪
若佛子自佛弟子及外道人六親一切善知
識應一一教受持大乘經律教解義理使

BD05190 號 1　梵網經盧舍那佛說菩薩心地戒品第十卷下　　　　（16–1）

四月乃至九月放火若燒他人居家屋宅城
邑僧房田木及鬼神官物一切有主物不
得故燒若故燒者犯輕垢罪
若佛子自佛弟子及外道人六親一切善知
識應一一教受持大乘經律教解義理使
發菩提心發十長養心金剛心一一解其次
苐法用而菩薩以惡心瞋心橫教他二乘聲
聞戒經律外道耶見論者犯輕罪
若佛子應好心先學大乘威儀經律廣開解
義味見後新學菩薩有百里千里來求大
乘經律應如法為說一切苦行若燒身燒臂燒
指若不燒身臂指供養諸佛非出家菩薩
乃至餓虎狼師子一切餓鬼悉應捨身肉手
足而供養之然後一一次苐一一為說正法使心開
意解而菩薩為利養故應荅不荅倒說經
律文字无前无後謗三寶說者犯輕垢罪
若佛子自為飲食錢物利養名譽故親近國
王王子大臣百官恃作形勢乞索打拍牽挽
橫取錢物一切求利名為惡求多求教他人
求都无慈心无孝順心者犯輕垢罪
若佛子學誦戒者日日六時持菩薩戒解其
義理佛性之性而菩薩不解一句一偈戒律
因緣詐言能解者即為自欺誑亦欺他人二
不解一切法而為他作師受戒者犯輕垢罪

BD05190 號 1　梵網經盧舍那佛說菩薩心地戒品第十卷下　（16–2）

求都无慈心无孝順心者犯輕垢罪
若佛子學誦戒者日日六時持菩薩戒解其
義理佛性之性而菩薩不解一句一偈戒律
因緣詐言能解者即為自欺誑亦欺他人二
不
不解一切法而為他作師受戒者犯輕垢罪
若佛子以惡心故見持戒比丘手捉香爐行
菩薩行而鬪過兩頭謗欺賢人无惡不造若
故作者犯輕垢罪
若佛子以慈心故行放生業一切男子是我
父一切女人是我母我生生无不從之受生
故六道衆生皆是我父母而煞而食者即煞
我父母亦煞我故身一切地水是我先身一
切火風是我本體故常行放生業生生受生
若見世人煞畜生時應方便救護解其苦
難常教化講說菩薩戒救度衆生若父母兄
弟死亡之日應請法師講菩薩戒經律福資
亡者得見諸佛生人天上若不尒者犯輕
垢罪如是十戒應當學敬心奉持如滅罪品
中廣明一一解
佛言佛子以瞋報瞋以打報打若煞父母兄
弟六親不得加報若國主為他人煞者亦不
得加報煞生報生不順孝道尚不畜奴婢打
拍罵辱日日起三業罪无量况故作七逆之
罪而出家菩薩无慈報讎乃至六親故作者

BD05190 號 1　梵網經盧舍那佛說菩薩心地戒品第十卷下　（16–3）

中廣明一一解
佛言佛子以瞋報瞋以打報打若煞父母兄
弟六親不得加報若國主為他人煞者亦不
得加報煞生報生不順孝道尚不畜奴婢打
拍罵辱日日起三業罪无量况故作七逆之
罪而出家菩薩无慈報讎乃至六親故作者
犯輕垢罪
若佛子始出家未有所解而自恃聰明有智
或高貴年宿或恃大姓高門大解大富饒財
七寶以此憍慢而不諮受先學法師經律其
法師者或小姓年少卑門貧窮諸根不具而
實有德一切經律盡解而新學菩薩不得觀
法師種性而不來諮受法師第一義諦者犯
輕垢罪
若佛子佛滅度後欲心好心受菩薩戒時於
佛菩薩形像前自誓受戒當七日佛前懺悔
得見好相便得受戒若不得好相應二七三
七日乃至一年要得好相得好相已便得佛
菩薩形像前受戒若不得好相雖佛菩薩形
像前受戒不名得戒若先受菩薩戒法師前
受戒時不須要見好相何以故是法師師師
相受故不須好相是以法師前受戒即得戒
以生重心故若千里內无能授戒師得佛菩
薩形像前受得戒而要見好相若法師自倚
解經律大乘學戒與國王太子百官以為善友

BD05190 號 1　梵網經盧舍那佛說菩薩心地戒品第十卷下　（16–4）

受戒時不須要見好相何以故是法師師師
相受故不須好相是以法師前受戒即得戒
以生重心故若千里內无能授戒師得佛菩
薩形像前受得戒而要見好相若法師自倚
解經律大乘學戒與國王太子百官以為善友
而新學菩薩來問若經義律義輕心惡心慢
心不一一好荅問者犯輕垢罪
若佛子有佛經律大乘正法正見正性正法
身而不能勤學修習而捨七寶反學邪見二
乘外道俗典阿毗曇雜論書記是斷佛性鄣
道因緣非行菩薩道者故作者犯輕垢罪
若佛子佛滅度後為說法主為僧房主教化
主坐禪主行來主應生慈心善和鬪訟善守
三寶物莫无度用如自己有而反亂眾鬪諍
恣心用三寶物者犯輕垢罪
若佛子先住僧房中後見客菩薩比丘來入
僧房舍宅城邑國王宅舍中乃至夏坐安居
處所及大會中先住僧應迎來送去飲食供
養房舍臥具繩牀事事給與若无有物應自
賣身及男女身供給所須悉以與之若有檀
越來請眾僧客僧有利養分僧房主應次苐
差客僧受請而先住僧獨受請而不差客僧
房主得无量罪畜生无異非沙門非釋種姓
若故作者犯輕垢罪
若佛子一切不得受別請利養入己而此利養

BD05190 號 1　梵網經盧舍那佛說菩薩心地戒品第十卷下　（16–5）

越來請衆僧客僧有利養亦僧房主應次第
差客僧受請而先住僧獨受請而不差客僧
房主得无量罪畜生无異非沙門非釋種性
若故作者犯輕垢罪
若佛子一切不得受別請利養入已而此利養
屬十方僧而別受請即取十方僧物入已及
八福田諸佛聖人一一師僧父母病人物自已
用故犯輕垢罪
若佛子有出家菩薩在家菩薩及一切檀越
請僧福田求願之時應入僧中問知事人今
欲次第請者即得十方賢聖僧而世人別請
五百羅漢菩薩僧不如僧次一凡夫僧若別
請僧者是外道法七佛无別請法不順孝道
若故別請僧者犯輕垢罪
若佛子以惡心故為利養販賣男女色自手
作食自磨自舂占相男女解夢吉凶是男是
女呪術工巧調鷹方法和百種毒藥千種毒
藥蚰毒生金銀蠱毒都无慈心若故作者犯
輕垢罪
若佛子以惡心故自身謗三寶詐現親附口
便說空行在有中為白衣通致男女交會婬
色作諸縛著於六齋日年三長齋月作煞生
劫盜破齋犯戒者犯輕垢罪如是十戒應當
學敬心奉持制戒品中廣解
佛言佛子佛滅度後於惡世中若見外道一切

BD05190 號 1　梵網經盧舍那佛說菩薩心地戒品第十卷下　（16–6）

輕垢罪
若佛子以惡心故自身謗三寶詐現親附口
便說空行在有中為白衣通致男女交會婬
色作諸縛著於六齋日年三長齋月作煞生
劫盜破齋犯戒者犯輕垢罪如是十戒應當
學敬心奉持制戒品中廣解
佛言佛子佛滅度後於惡世中若見外道一切
惡人劫賊賣佛菩薩父母形像販賣經律販
賣比丘比丘尼亦賣發心菩薩道人或為官
使與一切人作奴婢者而菩薩見是事已應
生慈心方便救護處處教化取物贖佛菩
薩形像及比丘比丘尼一切經律若不贖者犯
輕垢罪
若佛子不得畜刀杖弓箭販賣輕秤小斗因
官形勢取人財物害心繫縛破壞成功長養
猫狸猪狗若故養者犯輕垢罪
若佛子以惡心故觀一切男女等鬪軍陣兵
將劫賊等鬪亦不得聽吹貝鼓角琴瑟箏笛
箜篌歌叫伎樂之聲不得摴蒱圍棊波羅塞
戲彈棊六博拍毱擲石投壺八道行城爪鏡芝
草楊枝鉢盂髑髏而作卜筮不得作盜賊使
命一一不得作若故作者犯輕垢罪
若佛子護持禁戒行住坐臥日夜六時讀誦
是戒猶如金剛如帶持浮囊欲渡大海如草

BD05190 號 1　梵網經盧舍那佛說菩薩心地戒品第十卷下　（16–7）

草揚枝鉢盂髑髏而作卜筮不得作盜賊使
命一一不得作若故作者犯輕垢罪
若佛子護持禁戒行住坐卧日夜六時讀誦
是戒猶如金剛如帶持浮囊欲渡大海如草
繫比丘常生大乘信自知我是未成之佛諸
佛是已成之佛發菩提心念念不去心若起一
念二乘外道心者犯輕垢罪
若佛子常應發一切願孝順父母師僧三寶
常願得好師僧同學善友知識常教我大
乘經律十發趣十長養十金剛十地使我開解
如法脩行堅持佛戒寧捨身命念念不去心
若一切菩薩不發是願者犯輕垢罪
若佛子發十大願已持佛禁戒作是願言寧
以此身投大熾然猛火大坑刀山終不毀犯三
世諸佛經律與一切女人作不淨行復作是
願寧以熱鐵羅網千重周帀纏身終不以
破戒之身受信心檀越一切衣服復作是願
寧以此口吞熱鐵丸及大流猛火逕百千劫
終不以破戒之口食信心檀越百味飲食復作
是願寧以此身卧大猛火羅網熱鐵地上終
不以破戒之身受信心檀越百種牀坐復作
是願寧以此身受三百鉾刺終不以破戒之
身受信心檀越百味醫藥復作是願寧以
此身投熱鐵鑊千劫終不以破戒之身受信
心檀越千種房舍屋宅園林田地復生是願

BD05190號1　梵網經盧舍那佛說菩薩心地戒品第十卷下　（16–8）

是願寧以此身卧大猛火羅網熱鐵地上終
不以破戒之身受信心檀越百種牀坐復作
是願寧以此身受三百鉾刺終不以破戒之
身受信心檀越百味醫藥復作是願寧以
此身投熱鐵鑊千劫終不以破戒之身受信
心檀越千種房舍屋宅園林田地復作是願
寧以鐵椎打碎此身從頭至足令如微塵終
不以此破戒之身受信心檀越恭敬礼拜復
作是願寧以百千熱鐵刀鉾挑其兩目終不以
此破戒之心視他好色復作是願寧以百千
鐵錐遍身攙刺耳根逕一劫二劫終不以
破戒之心聽好音聲復作是願寧以百千刃刀
割去其鼻終不以破戒之心貪嗅諸香復作
是願寧以百千刃刀割斷其舌終不以破戒
之心食人百味淨食復作是願寧以利斧
斬斫其身終不以破戒之心貪著好觸復作
是願願一切衆生悉得成佛而菩薩若不發
是願者犯輕垢罪
若佛子常應二時頭陁冬夏坐禪結夏安居
常用楊枝澡豆三衣瓶鉢坐具錫杖香爐漉
水囊手巾刀子火燧鑷子繩牀經律佛像菩
薩形而菩薩行頭陁時及遊方時行來時百
里千里此十八種物常隨其身頭陁者從正
月十五日至三月十五日八月十五日至十月
十五日是二時中十八種物常隨其身如鳥

BD05190號1　梵網經盧舍那佛說菩薩心地戒品第十卷下　（16–9）

常用楊枝澡豆三衣瓶鉢坐具錫杖香爐漉
水囊手巾刀子火燧鑷子繩牀經律佛像菩
薩形像而菩薩行頭陁時及遊方時行來時百
里千里此十八種物常隨其身頭陁者從正
月十五日至三月十五日八月十五日至十月
十五日是二時中十八種物常隨其身如鳥
二翼若布薩日新學菩薩半月半月布薩
誦十重四十八輕戒時於諸佛菩薩形像前
一人布薩即一人誦若二若三乃至百千人亦
一人誦誦者高坐聽者下坐各各披九條
七條五條袈裟結夏安居一一如法若頭陁
時莫入難處若國難惡王土地高下草木深
邃師子虎狼水火惡風劫賊毒蛇道路一切
難處悉不得入若頭陁行道乃至夏坐安居
是諸難處皆不得入若故入者犯輕垢罪
若佛子應如法次第坐先受戒者在前坐後
受戒者在後坐不問老少比丘比丘尼貴人國
王王子乃至黃門奴婢皆應先受戒者在
前坐後受戒者隨次第坐莫如外道癡人若
老若少无前无後坐无次第兵奴之法我佛
法中先者先坐後者後坐而菩薩不次第坐
者犯輕垢罪
若佛子常應教化一切衆生建立僧房山林
園田立作佛塔冬夏安居坐禪處所一切行
道處皆應立之而菩薩應為一切衆生講說

老若少无前无後坐无次第兵奴之法我佛
法中先者先坐後者後坐而菩薩不次第坐
者犯輕垢罪
若佛子常應教化一切衆生建立僧房山林
園田立作佛塔冬夏安居坐禪處所一切行
道處皆應立之而菩薩應為一切衆生講說
大乘經律若疾病國難賊難父母兄弟和上
阿闍梨亡滅之日及三七日四五七日乃至七
七日亦應講說大乘經律齋會求福行來
治生大火所燒大水所漂黑風所吹船舫江河
大海羅剎之難乃至一切罪報三惡七逆八難杻
械枷鎖繫縛其身多婬多瞋多愚癡多病疾
皆應讀誦講說大乘經律而新學菩薩若不
尒者犯輕垢罪如是九戒應當學敬心奉持
如梵壇品中廣說
佛言佛子與人受戒時不得簡擇一切國王王
子大臣百官比丘比丘尼信男信女婬男婬
女十八梵六欲天无根二根黃門奴婢一切
鬼神盡得受戒應教身所著袈裟皆使
壞色與道相應皆染使青黃赤黑紫色一切
染衣乃至臥具盡以壞色身所著衣一切染
色若一切國土中人所著服比丘皆應與其俗
服有異若欲受戒時師應問言汝現身不作
七逆罪不而菩薩法師不得與七逆人現身

壊色與道相應皆染使青黃黑紫色一切
染衣乃至卧具盡以壊色身所著衣一切染
色若一切國土中人所著服比丘皆應與其俗
服有異若欲受戒時師應問言汝現身不作
七逆罪不而菩薩法師不得與七逆人現身
受戒七逆者出佛身血煞父母煞和上煞阿
闍梨破羯磨轉法輪僧煞聖人若具七遮即
身不得戒餘一切人得受戒出家人法不向
國王礼拜不向父母礼拜六親不敬鬼神不
礼但解法師語有百里千里来求戒者而菩薩
法師以惡心瞋心而不即與授一切衆生戒
者犯輕垢罪
若佛子教他人起信心時菩薩與他人作教
戒法師者見欲受戒人應教請二師和上阿
闍梨二師應問言汝有七遮罪不若現身有
七遮師不應與受无七遮者得受若有犯十
戒者應教懺悔在佛菩薩形像前日日六時
誦十重四十八輕戒苦到礼三世千佛須見好
相若一七日二三七日乃至一年要見好相
好相者佛来摩頂若見光花種種異相便
得罪滅若无好相雖懺无益是人現身不得戒
而得增受戒若犯四十八輕戒者對手懺滅
不同七遮而教戒師於是法中一一好解若
不解大乘經律若輕若重是非之相不解第
一義諦習種性長養性不可壊性道種性正法性

BD05190 號 1　梵網經盧舍那佛說菩薩心地戒品第十卷下　（16–12）

得罪滅若无好相雖懺无益是人現身不得戒
而得增受戒若犯四十八輕戒者對手懺滅
不同七遮而教戒師於是法中一一好解若
不解大乘經律若輕若重是非之相不解第
一義諦習種性長養性不可壊性道種性正法性
其中多少觀行出入十禪支於一切行法一
一不得此法中意而菩薩爲利養故爲名聞
故惡求多求貪利弟子而詐現解一切經律爲供
養故是自欺詐亦欺詐他人與人受戒者犯輕
垢罪
若佛子不得爲利養於未受菩薩戒者前
外道惡人前説此千佛大戒邪見人前亦不得
説除國王餘一切人不得説是惡人輩不受
佛戒名爲畜生生生不見三寶如木石无心
名爲外道邪見人輩木頭无異而菩薩於是
惡人前説七佛教戒者犯輕垢罪
若佛子信心出家受佛正戒故起心毀犯聖
戒者不得受一切檀越供養亦不得國王地
上行不得飲國王水五千大鬼常遮其前鬼
言大賊入房舍城邑宅中鬼復常掃其脚跡
一切世人罵言佛法中賊一切衆生眼不欲
見犯戒之人畜生无異木頭无異若毀正戒
者犯輕垢罪
若佛子常應一心受持讀誦大乘經律剥皮爲紙刺血
爲墨以髓爲水折骨爲筆書寫佛戒木皮

BD05190 號 1　梵網經盧舍那佛說菩薩心地戒品第十卷下　（16–13）

一切世人罵言佛法中賊一切衆生眼不欲
見犯戒之人畜生无異木頭无異若毁正戒
者犯輕垢罪
若佛子常應一心受持讀誦剥皮爲紙刺血
爲墨以髓爲水析骨爲筆書寫佛戒木皮
紙絹亦應悉書持常以七寶无價香花一切
雜寶爲箱盛經律卷若不如法供養者犯
輕垢罪
若佛子常起大悲心若入一切城邑舍宅見
一切衆生唱言汝等衆生盡應受三歸十戒
若見牛馬猪羊一切畜生應心念口言汝是
畜生發菩提心而菩薩入一切處山林川野
皆使一切衆生發菩提心是菩薩若不教化
衆生者犯輕垢罪
若佛子常行教化起大悲心入檀越貴人家
一切衆中不得立爲白衣說法應白衣衆前
高座上坐法師比丘不得地立爲四衆白衣
說法若說法時法師高坐香花供養四衆聽
者下坐如孝順父母敬順師教如事火婆羅
門其說法者若不如法說者犯輕垢罪
若佛子皆以信心受戒若國王太子百官四部
弟子自恃高貴破滅佛法戒律明作制法
制我四部弟子不聽出家行道亦復不聽造
立形像佛塔經律破三寶之罪而故作破法
者犯輕垢罪

BD05190號 1　梵網經盧舍那佛說菩薩心地戒品第十卷下　（16–14）

若佛子皆以信心受戒若國王太子百官四部
弟子自恃高貴破滅佛法戒律明作制法
制我四部弟子不聽出家行道亦復不聽造
立形像佛塔經律破三寶之罪而故作破法
者犯輕垢罪
若佛子以好心出家而爲名聞利養於國王
百官前說七佛戒横與比丘比丘尼菩薩弟
子繫縛如師子身中虫自食師子非外道天
魔能破佛戒若受佛戒者應護佛戒如念一
子如事父母而聞外道惡人以惡言謗佛戒時
如三百鉾刺心千刀万杖打柏其身等无有
異寧自入地獄百劫而不聞惡言破佛戒之
聲而況自破佛戒教人破法因緣无孝順
心若故作者犯輕垢罪如是九戒應當學敬
心奉持諸佛子是四十八輕戒汝等受持過
去諸佛菩薩已誦現在諸佛菩薩今誦未
來諸佛菩薩當誦佛子聽十重四十八輕戒
三世諸佛已誦當誦今誦我今亦如是誦汝
等一切大衆若國王王子百官比丘比丘尼信
男信女受持菩薩戒者應受持讀誦解說
書寫佛性常住戒卷流通三世一切衆生化
化不絶得見千佛佛佛授手世世不墮惡道八
難常生人道天中我今在此菩提樹下略開
七佛法戒汝等當一心學波羅提木叉歡喜

BD05190號 1　梵網經盧舍那佛說菩薩心地戒品第十卷下　（16–15）

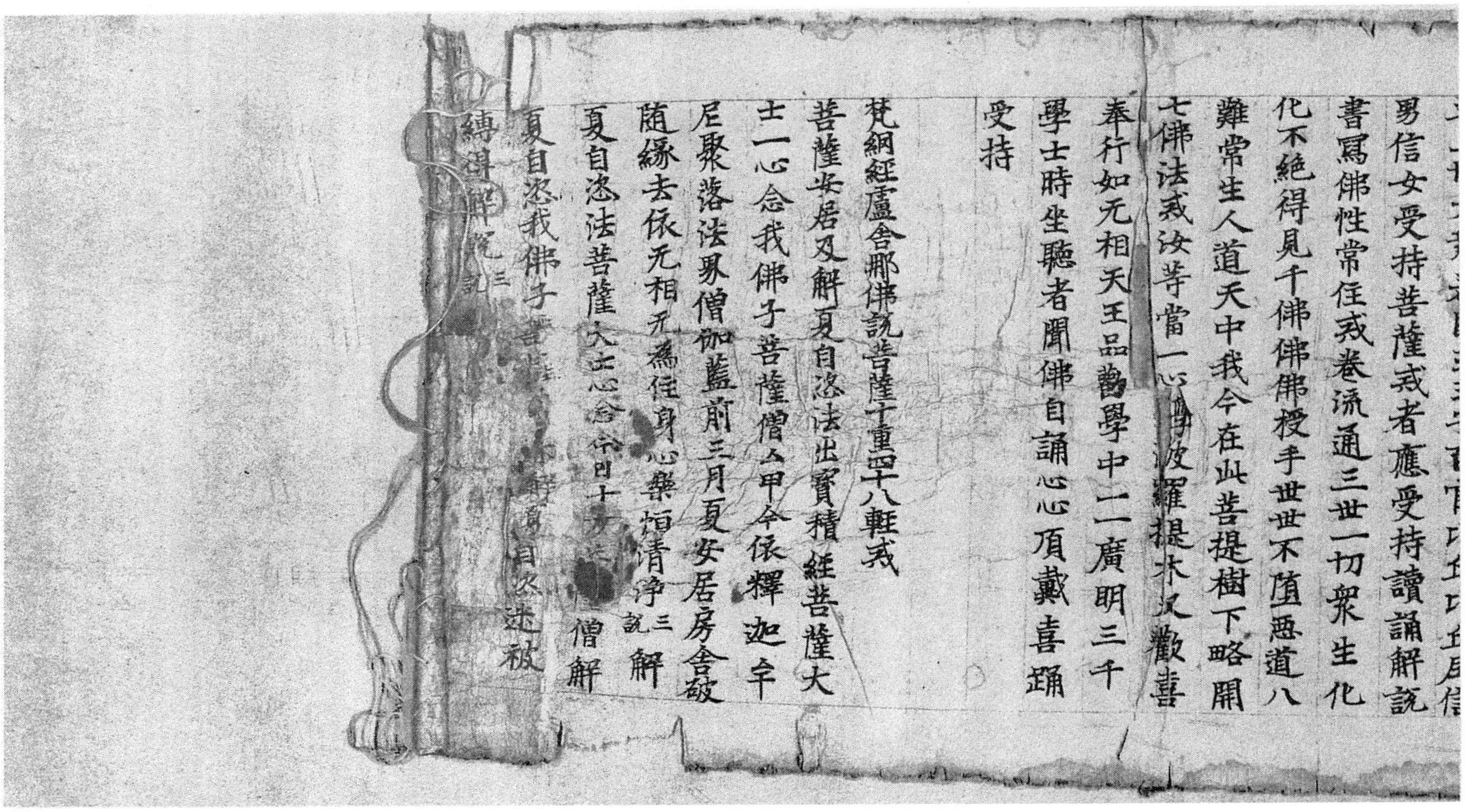

男信女受持菩薩戒者應受持讀誦解說
書寫佛性常住戒卷流通三世一切衆生化
化不絶得見千佛佛佛授手世世不墮惡道八
難常生人道天中我今在此菩提樹下略開
七佛法戒汝等當一心學波羅提木叉歡喜
奉行如无相天王品勸學中一一廣明三千
學士時坐聽者聞佛自誦心心頂戴喜踊
受持
梵網經盧舍那佛說菩薩十重四十八輕戒
菩薩安居及解夏自恣法出寶積經菩薩大
士一心念我佛子菩薩僧厶甲今依釋迦牟
尼聚落法界僧伽藍前三月夏安居房舍破
隨緣去依无相无為住身心樂恒清淨說三解
夏自恣法菩薩大士心念今日十[illegible]僧解
夏自恣我佛子菩[illegible]解[illegible]自恣[illegible]被
縛得解脫說三

BD05190 號 1　梵網經盧舍那佛說菩薩心地戒品第十卷下　（16–16）
BD05190 號 2　菩薩安居及解夏自恣法

BD05190 號背　習字雜寫（擬）　（1–1）

佛在舍衛國祇樹給孤獨園與
五十人俱皆是大阿羅漢衆
舍利弗摩訶目揵連摩訶迦葉
摩訶迦旃延摩訶俱絺羅離婆多周利槃
陀迦難陀阿難羅睺羅憍梵波提賓頭盧
頗羅墮迦留陁夷摩訶劫賓那薄拘羅阿
㝹樓馱如是等諸大弟子并諸菩薩摩訶薩
文殊師利法王子阿逸多菩薩乾陁訶提菩薩
精進菩薩與如是等諸大菩薩及釋提桓因
等无量諸天大衆俱
尒時佛告長老舍利弗從是西方過十万億
佛土有世界名曰極樂其土有佛号阿弥陀
見在說法舍利弗彼土何故名為極樂其國
衆生无有衆苦但受諸樂故名極樂又舍利弗

BD05191 號　阿彌陀經　（8–1）

精進菩薩與如是等諸大菩薩及釋提桓因
等无量諸天大衆俱
尒時佛告長老舍利弗從是西方過十万億
佛土有世界名曰極樂其土有佛号阿弥陀
見在說法舍利弗彼土何故名為極樂其國
衆生无有衆苦但受諸樂故名極樂又舍利弗
極樂國土七重欄楯七重羅網七重行樹皆是
四寶周帀圍繞是故彼國名曰極樂又舍利弗
極樂國土有七寶池八功德水充滿其中池底
純以金沙布地四邊階道金銀瑠璃頗梨合
成上有樓閣亦以金銀瑠璃頗梨赤珠馬瑙而
嚴飾之池中蓮華大如車輪青色青光黃
色黃光赤色赤光白色白光微妙香潔舍利弗
極樂國土成就如是功德莊嚴
又舍利弗彼佛國土常作天樂黃金為地晝
夜六時而雨曼陁羅華其國衆生常以清旦
各以衣裓盛衆妙華供養他方十万億佛即
以食時還到本國飯食經行舍利弗極樂國
土成就如是功德莊嚴
復次舍利弗彼國常有種種奇妙雜色之鳥
白鵠孔雀鸚鵡舍利迦陵頻伽共命之鳥是諸
衆鳥晝夜六時出和雅音其音演暢五根五力
七菩提分八聖道分如是等法其土衆生聞
是音已皆悉念佛念法念僧舍利弗汝勿謂
此鳥實是罪報所生所以者何彼佛國土无三

BD05191 號　阿彌陀經　（8–2）

白鵠孔雀鸚鵡舍利迦陵頻伽共命之鳥是諸
衆鳥晝夜六時出和雅音其音演暢五根五力
七菩提分八聖道分如是等法其土衆生聞
是音已皆悉念佛念法念僧舍利弗汝勿謂
此鳥實是罪報所生所以者何彼佛國土无三
惡趣舍利弗其佛國土尚无三惡道之名何
況有實是諸衆鳥皆是阿弥陁佛欲令法音宣
流變化所作舍利弗彼佛國土微風吹動諸寶
行樹及寶羅網出微妙音譬如百千種樂同
時俱作聞是音者皆自然生念佛念法念僧之
之心舍利弗其佛國土成就如是功德莊嚴
舍利弗於汝意云何彼佛何故号阿弥陁舍利
弗彼佛光明无量照十方國无所障礙是故号
為阿弥陁又舍利弗彼佛壽命及其人民无
量无邊阿僧祇劫故名阿弥陁舍利弗阿弥
陁佛成佛已來於今十劫又舍利弗彼佛有无
量无邊聲聞弟子皆阿羅漢非是筭數之所
能知諸菩薩亦如是舍利弗彼佛國土成就
如是功德莊嚴
又舍利弗極樂國土衆生生者皆是阿鞞跋致
其中多有一生補處其數甚多非是筭數所能
知之但可以无量无邊阿僧祇劫說舍利弗衆
生聞者應當發願願生彼國所以者何得與如
是諸上善人俱會一處舍利弗不可以少善根

BD05191號　阿彌陀經　（8–3）

其中多有一生補處其數甚多非是筭數所能
知之但可以无量无邊阿僧祇劫說舍利弗衆
生聞者應當發願願生彼國所以者何得與如
是諸上善人俱會一處舍利弗不可以少善根
福德因緣得生彼國舍利弗若有善男子善
女人聞說阿弥陁佛執持名号若一日若二
日若三日若四日若五日若六日若七日一心
不亂其人臨命終時阿弥陁佛與諸聖衆現
在其前是人終時心不顛倒即得往生阿弥
陁佛極樂國土舍利弗我見是利故說此經若有衆
生聞是說者應當發願生彼國土
舍利弗如我今者讚歎阿弥陁佛不可思議功
德東方亦有阿閦鞞佛須弥相佛大須弥佛
須弥光佛妙音佛如是等恒河沙數諸佛各
於其國出廣長舌相遍覆三千大千世界說
誠實言汝等衆生當信是稱讚不可思議功
德一切諸佛所護念經
舍利弗南方世界有日月燈佛名聞光佛大
焰肩佛須弥燈佛无量精進佛如是等恒河
沙數諸佛各於其國出廣長舌相遍覆三千
大千世界說誠實言汝等衆生當信是稱讚
不可思議功德一切諸佛所護念經
舍利弗西方世界有无量壽佛无量相佛无
量幢佛大光佛大明佛寶相佛淨光佛如

BD05191號　阿彌陀經　（8–4）

沙數諸佛各於其國出廣長舌相遍覆三千
大千世界說誠實言汝等衆生當信是稱讚
不可思議功德一切諸佛所護念經
舍利弗西方世界有无量壽佛无量相佛无
量幢佛大光佛大明佛寶相佛淨光佛如
是等恒河沙數諸佛各於其國出廣長舌相
遍覆三千大千世界說誠實言汝等衆生當
信是稱讚不可思議功德一切諸佛所護念
經舍利弗北方世界有焰肩佛最勝音佛難
阻佛日生佛網明佛如是等恒河沙數諸
佛各於其國出廣長舌相遍覆三千大千世界說
誠實言汝等衆生當信是稱讚不可思議功德
一切諸佛所護念經
舍利弗下方世界有師子佛名聞佛名光佛達
摩佛法幢佛持法佛如是等恒河沙數諸佛
各於其國出廣長舌相遍覆三千大千世界說
誠實言汝等衆生當信是稱讚不可思議功
德一切諸佛所護念經
舍利弗上方世界有梵音佛宿王佛香上佛香
光佛大焰肩佛雜色寶華嚴身佛娑羅樹王
佛寶華德佛見一切義佛如須彌山佛如是等
恒河沙數諸佛各於其國出廣長舌相遍覆
三千大千世界說誠實言汝等衆生當信
是稱讚不可思議功德一切諸佛所護念經

BD05191號　阿彌陀經　（8–5）

光佛大焰肩佛雜色寶華嚴身佛娑羅樹王
佛寶華德佛見一切義佛如須彌山佛如是等
恒河沙數諸佛各於其國出廣長舌相遍覆
三千大千世界說誠實言汝等衆生當信
是稱讚不可思議功德一切諸佛所護念經
舍利弗於汝意云何何故名一切諸佛所護念經
舍利弗若有善男子善女人聞是諸佛所說
名及經名者是諸善男子善女人皆為一切
諸佛共所護念皆得不退轉於阿耨多羅三
藐三菩提是故舍利弗汝等皆當信受我語
及諸佛所說舍利弗若有人已發願今發願當
發願欲生阿彌陀佛國者是諸人等皆得不退
轉於阿耨多羅三藐三菩提於彼國土若已
生若今生若當生是故舍利弗諸善男子
善女人若有信者應當發願生彼國土
舍利弗如我今者稱讚諸佛不可思議功
德彼諸佛等亦稱說我不可思議功德而
作是言釋迦牟尼佛能為甚難希有之
事能於娑婆國土五濁惡世劫濁見濁煩惱
濁衆生濁命濁中得阿耨多羅三藐三菩提
為諸衆生說是一切世間難信之法舍利弗當
知我於五濁惡世行此難事得阿耨多羅三藐
三菩提為一切世間說此難信之法是為甚
難佛說此經已舍利弗及諸比丘一切世間
天人阿脩羅等聞佛所說歡喜信受作禮而

BD05191號　阿彌陀經　（8–6）

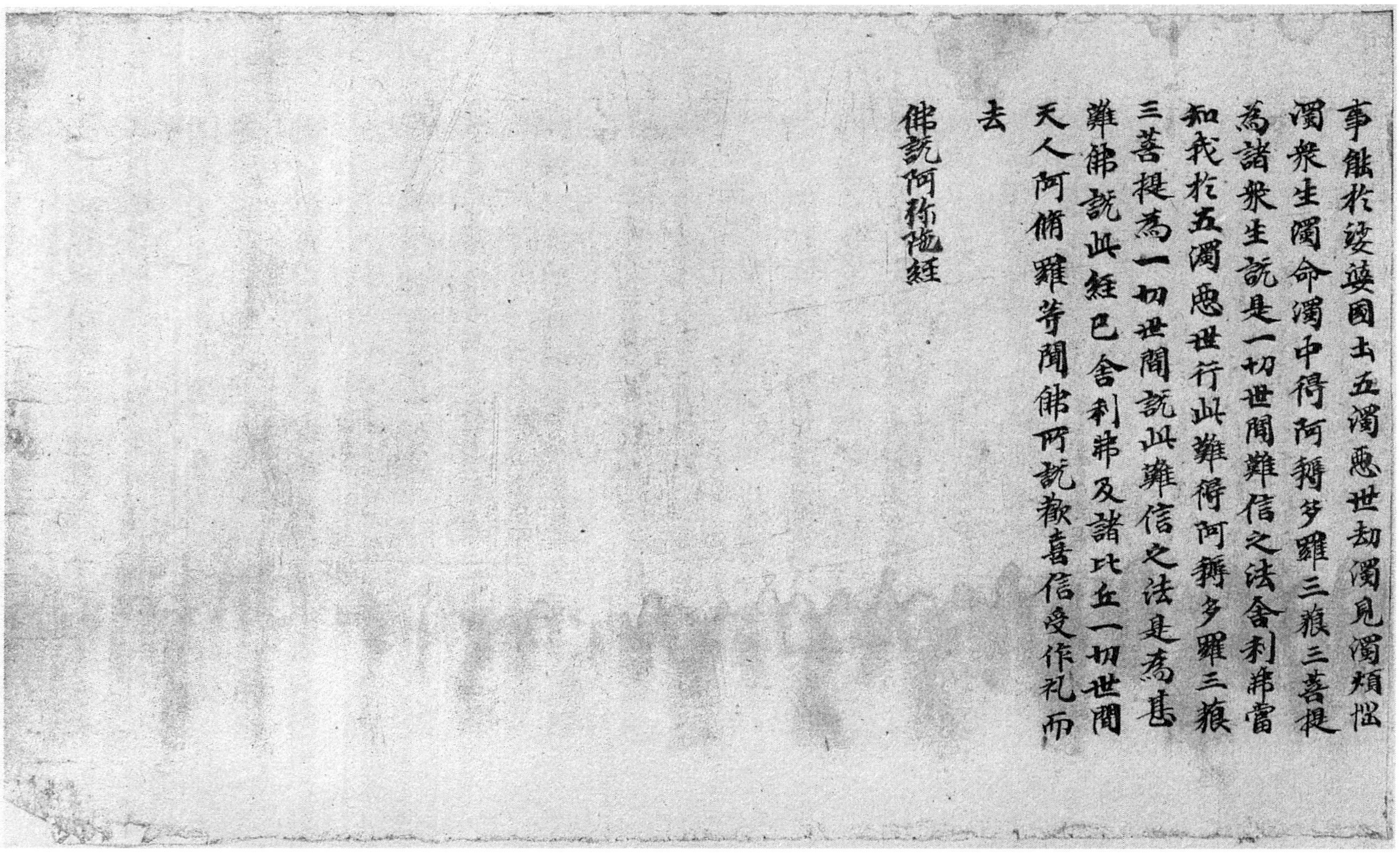
事能於娑婆国土五濁惡世劫濁見濁煩惱
濁衆生濁命濁中得阿耨多羅三藐三菩提
為諸衆生說是一切世間難信之法舍利弗當
知我於五濁惡世行此難事得阿耨多羅三藐
三菩提為一切世間說此難信之法是為甚
難佛說此經已舍利弗及諸比丘一切世間
天人阿脩羅等聞佛所說歡喜信受作礼而
去

佛說阿弥陁經

BD05191號　阿彌陀經　（8–7）

去

佛說阿弥陁經

BD05191號　阿彌陀經　（8–8）

善女
菩提利樂有情無邊際故
男子善女人等功德智慧亦勝菩薩
薩遠離般若波羅蜜多方便善巧修行無
宣住捨性者何以故是善男子善女
證無上正等菩提利樂有情無邊際
當知是善男子善女人等功德智慧
勝菩薩摩訶薩遠離般若波羅蜜多方便
巧修行一切智道相智一切相智者何以
善男子善女人等疾證無上正等菩提
有情無邊際故慶喜當知是善男子善
功德智慧亦勝菩薩摩訶薩遠離般
波羅蜜多方便善巧修行陀羅尼門三摩
地門者何以故是善男子善女人等疾證無
上正等菩提利樂有情無邊際故慶喜當知
是善男子善女人等功德智慧亦勝菩薩摩
訶薩遠離般若波羅蜜多方便善巧修行緣
緣起觀者何以故是善男子善女人等疾
無上正等菩提利樂有情無邊際故慶喜

BD05192號　大般若波羅蜜多經卷三三七　（6–1）

地門者何以故是善男子善女人等疾證無
上正等菩提利樂有情無邊際故慶喜當知
是善男子善女人等功德智慧亦勝菩薩摩
訶薩遠離般若波羅蜜多方便善巧修行緣
緣起觀者何以故是善男子善女人等疾
無上正等菩提利樂有情無邊際故慶喜
是善男子善女人等功德智慧亦勝菩
摩訶薩遠離般若波羅蜜多方便善巧嚴
淨佛土成熟有情者何以故是善男子善女
人等疾證無上正等菩提利樂有情無邊際
故慶喜當知是善男子善女人等功德智慧
亦勝菩薩摩訶薩遠離般若波羅蜜多方便
善巧修諸菩薩摩訶薩行及修無上正等菩
者何以故是善男子善女人等疾證無上
菩提利樂有情無邊際故慶喜當知是
男子善女人等功德智慧亦勝菩薩摩訶
薩遠離方便善巧修行般若波羅蜜多者何
以故是善男子善女人等疾證無上正等菩
提利樂有情無邊際故
復次慶喜是善男子善女人等當知即是菩
薩摩訶薩慶喜當知是菩薩摩訶薩如說修
行甚深般若波羅蜜多故不為一切世間天
人阿素洛等及諸聲聞獨覺菩提之所勝伏
慶喜當知是菩薩摩訶薩如說修行甚深般
若波羅蜜多故能紹佛種令不斷絕慶喜當
知是菩薩摩訶薩如說修行甚深般若波羅
蜜多故常不遠離菩薩如來應正等覺真勝

BD05192號　大般若波羅蜜多經卷三三七　（6–2）

行甚深般若波羅蜜多故不為一切世間天
人阿素洛等及諸聲聞獨覺菩提之所勝伏
苾芻當知是菩薩摩訶薩如說循行甚深般
若波羅蜜多故能紹佛種令不斷絕苾芻當
知是菩薩摩訶薩如說循行甚深般若波羅
蜜多故常不遠離菩薩如來應正等覺真勝
善友苾芻當知是菩薩摩訶薩如說循行甚
深般若波羅蜜多故不久當坐妙菩提座降
伏魔軍證得無上正等菩提轉妙法輪拔有
情類生死大苦苾芻當知是菩薩摩訶薩如
說循行甚深般若波羅蜜多故常學菩薩摩
訶薩衆所應學法不學聲聞及諸獨覺所應
學行苾芻當知是菩薩摩訶薩行深般若波
羅蜜多常學菩薩摩訶薩衆所應學故護世
四王領四大天王衆來到其所供養恭敬尊
重讚歎作如是言善哉大士當勤精進學諸
菩薩摩訶薩衆所應學法勿學聲聞及諸獨
覺所應學行若如是學速當安坐妙菩提座
疾證無上正等菩提如先如來應正等覺受
四天王所奉四鉢汝亦當受如昔護世四大天
王奉上四鉢我亦當奉苾芻當知是菩薩摩訶
薩行深般若波羅蜜多常學菩薩摩訶薩衆所
應學故我等天帝領三十三天衆來到其所
養恭敬尊重讚歎作如是言善哉大士當
精進學諸菩薩摩訶薩衆所應學法勿學
聞及諸獨覺所應學行若如是學速當安
坐妙菩提座疾證無上正等菩提轉妙法輪

BD05192號　大般若波羅蜜多經卷三三七　（6–3）

應學故我等天帝領三十三天衆來到其所
養恭敬尊重讚歎作如是言善哉大士當
精進學諸菩薩摩訶薩衆所應學法勿學
聞及諸獨覺所應學行若如是學速當安
坐妙菩提座疾證無上正等菩提轉妙法輪
度無量衆苾芻當知是菩薩摩訶薩行深般
若波羅蜜多常學菩薩摩訶薩衆所應學故
夜魔天王領夜魔天衆來到其所供養恭
尊重讚歎作如是言善哉大士當勤精進
學諸菩薩摩訶薩衆所應學法勿學聲聞及
諸獨覺所應學行若如是學速當安坐妙菩
提座疾證無上正等菩提轉妙法輪度無量
衆苾芻當知是菩薩摩訶薩行深般若波羅
蜜多常學菩薩摩訶薩衆所應學故珊覩史
多天王領覩史多天衆來到其所供養恭敬
尊重讚歎作如是言善哉大士當勤精進學
諸菩薩摩訶薩衆所應學法勿學聲聞及諸
獨覺所應學行若如是學速當安坐妙菩提
座疾證無上正等菩提轉妙法輪度無量衆
苾芻當知是菩薩摩訶薩行深般若波羅蜜
常學菩薩摩訶薩衆所應學故樂變化天
王領樂變化天衆來到其所供養恭敬尊重
讚歎作如是言善哉大士當勤精進學諸菩
薩摩訶薩衆所應學法勿學聲聞及諸獨覺
應學行若如是學速當安坐妙菩提座疾
無上正等菩提轉妙法輪度無量衆苾芻

BD05192號　大般若波羅蜜多經卷三三七　（6–4）

讚歎作如是言善哉大士當勤精進學諸菩
薩摩訶薩衆所應學法勿學聲聞及諸獨覺
應學行若如是學速當安坐妙菩提座疾
無上正等菩提轉妙法輪度無量衆慈悲
知是菩薩摩訶薩行深般若波羅蜜多常
菩薩摩訶薩衆所應學故妙自在天王領
化自在天衆來到其所供養恭敬尊重讚
如是言善哉大士當勤精進學諸菩薩
薩衆所應學法勿學聲聞及諸獨覺所
行若如是學速當安坐妙菩提座疾證
上正等菩提轉妙法輪度無量衆慈悲當
薩摩訶薩行深般若波羅蜜多常學
摩訶薩衆所應學故索訶界主大梵天
梵衆天梵輔天梵會天衆來到其所供
養恭敬尊重讚歎作如是言善哉大士當勤
精進學諸菩薩摩訶薩衆所應學法勿學
及諸獨覺所應學行若如是學速當
菩提座疾證無上正等菩提轉妙法
生衆慈悲當知是菩薩摩訶薩行深般若
羅蜜多常學菩薩摩訶薩衆所應學故極
光淨天領光天少光天無量光天衆來到其
所供養恭敬尊重讚歎作如是言善哉大士
當勤精進學諸菩薩摩訶薩衆所應學法勿
聲聞及諸獨覺所應學行若如是學速當
生妙菩提座疾證無上正等菩提轉妙法
度無量衆慈悲當知是菩薩摩訶薩行深

BD05192 號　大般若波羅蜜多經卷三三七　（6–5）

生衆慈悲當知是菩薩摩訶薩行深般若
羅蜜多常學菩薩摩訶薩衆所應學故極
光淨天領光天少光天無量光天衆來到其
所供養恭敬尊重讚歎作如是言善哉大士
當勤精進學諸菩薩摩訶薩衆所應學法勿
聲聞及諸獨覺所應學行若如是學速當
生妙菩提座疾證無上正等菩提轉妙法
度無量衆慈悲當知是菩薩摩訶薩行深
般若波羅蜜多常學菩薩摩訶薩衆所應學
故遍淨天領淨天少淨天无量淨天衆來到
其所供養恭敬尊重讚歎作如是言善哉大
士當勤精進學諸菩薩摩訶薩衆所應學法
勿學聲聞及諸獨覺所應學行若如是學速
當安坐妙菩提座疾證无上正等菩提轉妙法
輪度无量衆慈悲當知是菩薩摩訶薩行深
般若波羅蜜多常學菩薩摩訶薩衆所應
學故廣果天領廣天少廣天无量廣天衆來
到其所供養恭敬尊重讚歎作如是言善哉
大士當勤精進學諸菩薩摩訶薩衆所應學
法勿學聲聞及諸獨覺所應

BD05192 號　大般若波羅蜜多經卷三三七　（6–6）

无舊迊佛
從此以上一
南无如實住佛
南无功德得佛
歸命下方如是等
南无上方无量勝佛
南无雲功德佛
南无聞身王佛
南无大須弥佛
歸命上方如是等
南无未來普賢佛
南无觀世自在佛
南无虛空藏佛
南无成就義佛
南无大海佛
歸命未來如是等
善男子若人受持讀

BD05193號　佛名經（十六卷本）卷一　（32–1）

南无虛空藏佛
南无成就義佛
南无大海佛
歸命未來如是等
善男子若人受持讀
遠離諸難及消滅諸
罪三藐三菩提
南无无垢光佛
南无无垢月幢稱佛
南无火大佛
南无无畏觀佛
南无師子奮迅佛
若善男子善女人十日讀誦思惟是佛名
必遠離一切業障
南无一切同名佛
南无一切同名日龍奮迅佛
南无一切同名功德寶佛
南无一切同名毗留羅佛
南无一切同名自在幢佛
南无一切同名大幢佛
南无一切同名淨聲王佛
南无一切同名波頭摩王佛
南无一切同名日聲佛
南无一切同名樂自在聲佛
南无一切同名日佛
南无一切同名普光佛

南无金光明
南无日龍奮迅二佛
南无六十功德寶佛
南无六十二毗留羅佛
南无八万四千名自在幢佛
南无三百大幢佛
南无五百淨聲王佛
南无五百波頭摩王佛
南无五百日聲佛
南无五百樂自在聲佛
南无五百日佛
南无五百普光佛
南无五百波頭摩上王佛

BD05193號　佛名經（十六卷本）卷一　（32–2）

南无一切同名波頭摩王佛　南无五百日聲佛
南无一切同名日聲佛　南无五百樂自在聲佛
南无一切同名樂自在聲佛　南无五百日佛
南无一切同名日佛　南无五百普光佛
南无一切同名普光佛　南无五百波頭摩上王佛
南无一切同名波頭摩藏　南无七百法光莊嚴佛
南无一切同名法光莊嚴佛　南无千法莊嚴王佛
南无一切同名法莊嚴王佛　南无千八百稱聲王佛
南无一切同名千八百稱聲王佛　南无三万散華佛
南无一切同名散華佛　南无三万三百稱聲王佛
南无一切同名稱聲王佛　南无八万四千阿難陁佛
南无一切同名阿難陁佛　南无千八百寂滅佛
南无一切同名寂滅佛　南无五百歡喜佛
南无一切同名歡喜佛　南无五百威德佛
南无一切同名威德佛　南无五百上威德佛
南无一切同名上威德佛　南无五百日王佛
南无一切同名日王佛　南无千雲雷聲王佛
南无一切同名雲雷聲王佛　南无千日熾自在聲佛
南无一切同名日熾自在聲佛　南无千離垢聲自在王佛
南无一切同名離垢聲自在王佛
南无千勢自在聲佛　南无一切同名勢自在聲佛
南无千功德蓋幢安隱自在王佛
南无一切同名功德蓋幢安隱自在王佛
南无千閻浮檀佛　南无一切同名閻浮檀佛
南无千无垢聲自在王佛

BD05193號　佛名經（十六卷本）卷一　（32–3）

南无千功德蓋幢安隱自在王佛
南无一切同名功德蓋幢安隱自在王佛
南无千閻浮檀佛　南无一切同名閻浮檀佛
南无千无垢聲自在王佛
南无一切同名无垢聲自在王佛
南无遠離諸怖聲自在王佛
南无一切同名遠離諸怖聲自在王佛
南无二千駒隣佛
從此以上二百佛
南无一切同名駒隣佛
南无二千寶幢佛　南无一切同名寶幢佛
南无八千堅精進佛　南无一切同名堅精進佛
南无八千威德佛　南无一切同名威德佛
南无八千然燈佛　南无一切同名然燈佛
南无十千迦葉佛　南无一切同名迦葉佛
南无十千清淨面蓮華香積佛
南无一切同名清淨面蓮華香積佛
南无十千莊嚴王佛　南无一切同名莊嚴王佛
南无十千星宿佛　南无一切同名星宿佛
南无一切八千娑羅王佛　南无一切同名娑羅王佛
南无一万八千娑羅自在王佛
南无一切同名娑羅自在王佛
南无一万八千普護佛　南无一切同名普護佛
南无四万願莊嚴佛　南无一切同名願莊嚴佛
南无三千毗盧舍那佛　南无一切同名毗盧舍那佛

BD05193號　佛名經（十六卷本）卷一　（32–4）

南无一万八千娑羅自在王佛
南无一切同名娑羅自在王佛
南无一万八千普護佛　南无一切同名普護佛
南无四万頗荘嚴佛　南无一切同名頗荘嚴佛
南无三千毗盧舍那佛　南无一切同名毗盧舍那佛
南无三千放光佛　南无一切同名放光佛
南无三十釋迦牟尼佛　南无一切同名釋迦牟尼佛
南无三万日月太白佛　南无一切同名日月太白佛
南无六万波頭摩上王佛　南无一切同名波頭摩上王佛
南无六万能令衆生離諸見佛
南无一切同名能令衆生離諸見佛
南无六十百千万成就義見佛
南无一切同名成就義見佛
南无无量百千万名不可見勝佛
南无一切同名不可勝佛
南无二億拘隣佛　南无一切同名拘隣佛
南无三億弗沙佛　南无一切同名弗沙佛
南无六十億大荘嚴佛　南无一切同名大荘嚴佛
南无八十億寶體法決定佛
南无一切同名寶體法決定佛
南无六十億娑羅自在王佛　南无一切同名娑羅自在王佛
南无十八億寶體法決定佛
南无一切同名寶體法決定佛
南无十八億日月燈明佛　南无一切同名日月燈明佛
南无百億決定光明佛　南无一切同名決定光明佛

南无十八億寶體法決定佛
南无一切同名寶法決定佛
南无十八億日月燈明佛　南无一切同名日月燈明佛
南无百億決定光明佛　南无一切同名決定光明佛
南无二十億日月燈明佛　南无一切同名日月燈明佛
南无二十億妙聲王佛　南无一切同名妙聲王佛
南无二十百億雲自在王佛　南无一切同名雲自在王佛
南无三十億釋迦牟尼佛　南无一切同名釋迦牟尼佛
南无二十億千怖畏聲王佛　南无一切同名怖畏聲王佛
南无四十億那由他妙聲佛　南无一切同名妙聲佛
南无億千樂荘嚴佛　南无一切同名樂荘嚴佛
南无億那由他百千覺華佛
南无一切同名覺華佛
南无六十頻婆羅遠離諸怖畏佛
南无一切同名遠離諸怖畏佛
南无須弥微塵數一切功德山王勝名佛
南无一切同名功德山王勝名佛
南无十佛國土不可説億那由他微塵數普賢佛
南无一切同名普賢佛　南无過去未来現在諸佛
南无栴檀遠離諸煩惱藏佛
南无功德奮迅佛　南无勝奮迅佛
南无脩寂靜佛　南无上寂靜佛
南无住虛空佛　南无降伏諸魔怨佛
南无百寶佛　南无難勝光佛
南无自在作佛　南无日作佛
南无无垢光佛　南无自在觀佛

南无脩寂静佛　南无上寂静佛
南无住虚空佛　南无降伏諸魔怨佛
南无百寶佛　南无難勝光佛
南无自在作佛　南无日作佛
南无无垢光佛　南无自在觀佛
南无金光明師子奮迅佛　南无无垢威德佛
南无觀自在佛　南无金光明師子奮迅佛
南无无量光佛　南无釋迦牟尼佛
南无静去佛
從此以上三百佛
南无寂静佛　南无普光明積上功德王佛
南无普現見佛　南无金剛功德佛
南无不動佛　南无普賢佛
南无普照佛　南无寶法上決定佛
南无无畏王佛　南无无垢光佛
南无樂說莊嚴思惟佛　南无无垢月幢稱佛
南无拘蘇摩莊嚴光明作佛
南无出火佛　南无寶上佛
南无无畏觀佛　南无師子奮迅力佛
南无遠離怖畏毛竪稱佛　南无金剛牟尼佛
南无飲甘露佛　南无金剛光明佛
南无善見佛　南无尸棄佛
南无毗舍浮佛　南无拘留孫佛
南无難勝佛　南无阿閦佛
南无盧舍佛　南无阿彌陁佛

BD05193 號　佛名經（十六卷本）卷一　（32–7）

南无善見佛　南无尸棄佛
南无毗舍浮佛　南无拘留孫佛
南无難勝佛　南无阿閦佛
南无盧舍佛　南无阿彌陁佛
南无尼孫佛　南无寶光炎佛
南无孫留佛　南无自在佛
南无寶精進月光莊嚴威德聲自在王佛
南无遠離一切諸畏煩惱上功德佛
南无初發心念斷疑發解斷煩惱佛
南无斷諸煩惱闇三昧上王佛
南无寶炎佛　南无大炎積佛
南无栴檀佛　南无手上王佛
南无寶上佛　南无善住智慧王无障佛
南无火光慧滅昏闇佛　南无為增上佛
南无截金剛佛　南无天王佛
南无一切義上王佛　南无三昧奇佛
南无念王佛　南无光明觀佛
南无一切所依王佛　南无善護幢王佛
南无發趣速自在王佛　南无寶炎佛
南无積大炎佛　南无栴檀香佛
南无善住惠王无障佛　南无炎智音佛
南无寶藏佛　南无放炎佛
南无迦葉佛　南无多羅住佛
南无智來佛　南无能聖佛
南无過一切憂惱王佛　南无一切德莊嚴佛

BD05193 號　佛名經（十六卷本）卷一　（32–8）

南无善住恵王无障佛　南无尖智音佛
南无寶蔵佛　南无放尖佛
南无迦葉佛　南无多羅住佛
南无智来佛　南无能聖佛
南无過一切憂悩王佛　南无一切德莊嚴佛
南无成就一切義佛　南无无畏王佛
南无一切衆生導師佛
次礼十二部尊經大藏法輪
凡閻浮果内一切經合有八万四千卷
南无山海慧經　南无日曜經
南无月曜經　南无日淨經
南无池喻經　南无月淨經
南无華鮮經　南无斧柯經
南无法華經　南无摩訶般若波羅蜜經
南无摩訶衍經　南无毗婆沙經
南无增一阿含經　南无華嚴經
南无大般涅槃經　南无大品經
南无阿毗曇經　南无大集經
南无成實論經　南无雜阿毗曇經
南无長阿含經　南无諸佛下生經
南无舍利弗阿毗曇經　南无山曜經
南无四分經　南无妙讚經
南无光讚經　南无雜阿含經
従此以上四百佛十二部經
次礼十方諸大菩薩

BD05193號　佛名經（十六卷本）卷一　（32–9）

南无四分經　南无妙讚經
南无光讚經　南无雜阿含經
従此以上四百佛十二部經
次礼十方諸大菩薩
南无文殊師利菩薩　南无无垢稱菩薩
南无地蔵菩薩　南无空蔵菩薩
南无觀世音菩薩　南无大勢至菩薩
南无香為菩薩　南无大香為菩薩
南无藥王菩薩　南无藥上菩薩
南无金剛藏菩薩　南无解脒月菩薩
南无弥勒菩薩　南无舊逄菩薩
南无所發菩薩　南无陁羅尼自在菩薩
南无无盡意菩薩　南无堅意菩薩
南无歸命如是无量无邊菩薩
南无東方九十億百千万同名梵脒菩薩
南无南方九十億百千万同名不降陁羅菩薩
南无西方九十億百千万同名大功德菩薩
南无北方九十億百千万同名大藥王菩薩
南无歸命如是等十方世界无量无邊菩薩
舍利弗應當敬礼十方諸大菩薩摩訶薩
南无文殊師利菩薩摩訶薩　南无觀世音菩薩
南无大勢至菩薩　南无普賢菩薩
南无龍脒菩薩　南无龍德菩薩
次礼聲聞緣覺一切賢聖
南无阿利多辟支佛　南无婆利多辟支佛

BD05193號　佛名經（十六卷本）卷一　（32–10）

南无大势至菩薩　南无普賢菩薩
南无龍勝菩薩　南无龍德菩薩
次礼聲聞緣覺一切賢聖
南无阿利多辟支佛　南无婆利多辟支佛
南无多伽樓辟支佛　南无稱辟支佛
南无見辟支佛　南无愛見辟支佛
南无見辟支佛　南无乾陁羅辟支佛
南无无妻辟支佛　南无梨沙婆辟支佛
歸命如是等无量无邊辟支佛
礼三寶已次復懺悔
夫欲礼懺必須先敬三寶所以然者三寶即
是一切衆生良友福田若能歸向者則滅无
量罪長无量福能令行者離生死苦得解脫
樂是故弟子某甲等歸依十方盡虛空界一
切諸佛歸依十方盡虛空界一切尊法歸依
十方盡虛空界一切菩薩聖僧弟子今日所以懺
悔者正言无始以來在凡夫地莫問貴賤罪
自无量或因三業而生罪或從六根而起過
或以內心自耶思惟或藉外境起於染著如
是乃至十惡增長八万四千諸塵勞門然其
罪相雖復无量大而為語不出有三何等為
三一者煩惱二者是業三者是果報此三種
法能障聖道及以人天勝妙好事是故經中
目為三障所以諸佛菩薩教作方便懺悔除
滅此三滅者則六根十惡乃至八万四千諸

BD05193號　佛名經（十六卷本）卷一

（32–11）

罪相雖復无量大而為語不出有三何等為
三一者煩惱二者是業三者是果報此三種
法能障聖道及以人天勝妙好事是故經中
目為三障所以諸佛菩薩教作方便懺悔除
滅此三滅者則六根十惡乃至八万四千諸
塵勞門皆悉清淨是故弟子今日運此增上
勝心懺悔三障欲滅此三罪者當用何等心
可令此罪滅除先當興七種心以為方便然
後此罪乃可得滅何等為七一者慙愧二者
恐怖三者猒離四者發菩提心五者怨親平
等六者念報佛恩七者觀罪性空
第一慙愧者自惟我與釋迦如來同為凡夫
而今世尊成道以來已經尒所塵沙劫數而
我等相與耽染六塵流浪生死永无出期此
實天下可慙可愧可羞可恥
第二恐怖者既是凡夫身口意業常与罪相
應以是因緣命終之後應墮地獄畜生餓鬼
受无量苦如此實為可驚可恐可怖可懼
第三猒離者相与當觀生死之中唯有无常
苦空无我不淨虛假如水上泡速起速滅往
來流轉猶若車輪生老病死八苦交煎无時
七使造一切罪或因八到造一切罪或因八
垢造一切罪或因八苦造一切罪惱亂六道
一切四生今日發露皆悉懺悔　又復无始
以來至於今日或因九惱造一切罪或因九

BD05193號　佛名經（十六卷本）卷一

（32–12）

七使造一切罪或因八到造一切罪或因八
垢造一切罪或因八苦造一切罪惱亂六道
一切四生今日發露皆悉懺悔　又復无始
以来至於今日或因九惱造一切罪或因九
結造一切罪或因九上緣造一切罪或因十
煩惱造一切罪或因十纏造一切罪或因十
一遍使造一切罪或因十二入造一切罪或
因十六知見造一切罪或因十八界造一切
罪或因廿二根造一切罪或因廿五我造一切罪或因
六十二見造一切罪或因見諦思惟九十八使百八煩
惱晝夜熾然開諸漏門造一切罪惱亂賢聖及
以四生遍滿三界彌亘六道无處可藏无處
可避今日至到向十方佛尊法聖衆慙愧發
露皆悉懺悔　願弟子承是懺悔三毒等一切
煩惱生生世世三惠明三達朗三苦滅三願
滿　願弟子承是懺悔四識等一切煩惱所
生功德生生世世廣四等心立四信業四惡
趣滅得四无畏　願弟子承是懺悔五蓋等
諸煩惱度五道樹五根淨五眼成五分身
願弟子承是懺悔六受等諸煩惱所生功德願
生生世世具足六神通滿足六度業不爲六
塵或常行六妙行　又願弟子承是懺悔七
漏八垢九結十纏等一切諸煩惱所生功德
生生世世坐七淨華洗塵八水具九斷智成
十地行願以懺悔十一遍使及十二入十八

BD05193號　佛名經（十六卷本）卷一　（32–13）

塵或常行六妙行　又願弟子承是懺悔七
漏八垢九結十纏等一切諸煩惱所生功德
生生世世坐七淨華洗塵八水具九斷智成
十地行願以懺悔十一遍使及十二入十八
界等一切諸煩惱所生功德願十一空解常
用栖心自在能轉十二行輪具足十八不共之
法无量功德一切圓滿至心歸命常住三寶
三部合卷　罪報應經　此經有六十品略出一品流行
南无不動光觀自在无量命尼彌寶炎彌留
金剛佛
南无火奮迅通佛　南无善寂慧月佛
南无聲自在王佛　南无清淨月輪佛
南无住阿僧祇精進功德佛
南无无盡意佛　南无寶幢佛
南无光明无垢藏佛　南无大奮迅通佛
南无雲普護佛　南无師子奮迅通佛
南无彌留上王佛　南无智慧來佛
南无護妙法幢佛　南无金光師子奮迅佛
南无普照積上功德王佛　南无善住如意積王佛
南无普現佛　南无釋迦牟尼佛
南无无量光佛　南无放炎佛
南无栴檀香佛　南无无垢慧深聲王佛
南无斷一切障佛　南无无量光明佛
南无作功德佛　南无普香上佛
南无不可勝奮迅聲去佛　南无障伏憍慢佛

BD05193號　佛名經（十六卷本）卷一　（32–14）

南无量光佛 南无放炎佛
南无栴檀香佛 南无无垢慧深聲王佛
南无断一切障佛 南无无量光明佛
南无作功德佛 南无普香上佛
南无不可勝奮迅聲去佛 南无障伏幡幢佛
南无毗婆尸佛 南无尸弃佛
南无毗舍浮佛 南无拘留孫佛
南无拘那含牟尼佛 南无迦葉佛
南无釋迦牟尼佛 南无成就一切義佛
南无能作无畏佛 南无寂靜王佛
南无阿閦佛 南无盧至佛
南无阿弥多佛 南无尼弥佛
南无住法佛 南无寶尖佛
南无弥留佛
從此以上五百佛十二部經一切賢聖
南无金剛佛 南无勇猛法佛
南无持法佛 南无法月面佛
南无妙法光明佛 南无法幢佛
南无住法佛 南无法自在佛
南无法威德佛 南无法寂佛
南无善住法佛 南无弥勒等无量佛
南无善智力佛 南无尸弃佛
南无毗婆尸佛 南无拘留孫佛
南无毗舍浮佛 南无迦葉佛
南无拘那含牟尼佛

南无善住法佛 南无法寂佛
南无善智力佛 南无弥勒等无量佛
南无毗婆尸佛 南无尸弃佛
南无毗舍浮佛 南无拘留孫佛
南无拘那含牟尼佛 南无迦葉佛
南无釋迦牟尼佛 南无阿弥陀佛
南无照佛 南无勝色佛
南无樂意佛 南无大道師佛
南无大聖天佛 南无那羅延佛
南无樹提佛 南无慈他佛
南无毗盧遮那佛 南无栴檀佛
南无具足佛 南无化佛
南无善化佛 南无世自在佛
南无人自在佛 南无摩醯那自在佛
南无勝自在佛 南无十力自在佛
南无毗頭羅佛 南无離諸畏佛
南无離諸憂佛 南无能破諸邪佛
南无散諸邪佛 南无破異意佛
南无智慧嶽佛 南无寶嶽佛
南无弥留嶽佛 南无降魔佛
南无善才佛 南无堅才佛
南无堅奮迅佛 南无堅精進佛
南无堅莎羅佛 南无堅心佛
南无堅勇猛破陣佛 南无破陣佛
南无寶體佛 南无曇无竭佛

南无善才佛　南无堅才佛
南无堅奮迅佛　南无堅精進佛
南无堅莎羅佛　南无堅心佛
南无堅勇猛破陣佛　南无破陣佛
南无寶體佛　南无曇无竭佛
南无尸陁佛
南无波羅羅堅佛　南无普光佛
南无普賢佛　南无勝海佛
南无功德海佛　南无法海佛
南无虛空稱佛　南无虛空功德佛
南无虛空庫藏佛　南无虛空心佛
南无虛空多羅佛　南无无垢心佛
南无放光世界中現在說法虛空勝離塵
无垢塵平等眼清淨功德幢光明華波頭摩琉
琉光寶香象身勝妙羅網莊嚴頂无量日月
光明照莊嚴願上莊嚴法界善化无障导
王佛
彼佛世界中有菩薩名无比彼佛授記不久
得阿耨多羅三藐三菩提号種種光華寶波
頭摩金色身普照莊嚴不住眼放光照十方
世界幢王佛
若有善男子善女人信心受持讀誦彼佛及
菩薩名是善男子善女人超越閻浮提微塵
數劫得陁羅尼一切諸惡病不及其身
南无无量功德寶集樂示現金光明師子奮
迅王佛

BD05193號　佛名經（十六卷本）卷一　　（32–17）

若有善男子善女人信心受持讀誦彼佛及
菩薩名是善男子善女人超越閻浮提微塵
數劫得陁羅尼一切諸惡病不及其身
南无无量功德寶集樂示現金光明師子奮
迅王佛
南无師子奮迅心雲聲王佛
南无无垢清淨光明覺寶華不斷光莊嚴王佛
南无寶光明莊嚴智功德聲自在王佛
南无寶波頭摩智清淨上王佛
南无摩善住山王佛
南无光花種種奮迅王佛
南无拘蘓摩奮迅王佛
南无波頭摩華上弥留幢王佛
南无法幢空俱蘓摩王佛
南无莎羅華上光王佛
南无无垢眼上光王佛
南无无垢意山王佛
南无種種樂說莊嚴王佛
南无无礙藥王成就勝王佛
南无千雷雲聲王佛
南无金光明師子奮迅王佛
南无善稱智慧月聲自在王佛
南无善住摩尼山王佛
南无歡喜藏勝山王佛
南无普光上勝功德山王佛
南无功德藏增上山王佛

BD05193號　佛名經（十六卷本）卷一　　（32–18）

南无金光明師子奮迅王佛
南无善寂智慧月聲自在王佛
南无善住摩尼山王佛
南无歡喜藏勝山王佛
南无普光上勝功德山王佛
南无功德藏增上山王佛
南无動山嶽王佛　南无善住諸禪藏王佛
南无法海潮功德王佛　南无稱功德山王佛
從此以上六百佛十二部經一切賢聖
南无一切華香自在王佛
南无銀幢蓋王佛　南无雷燈幢王佛
南无月摩尼光王佛　南无波頭摩上星宿王佛
南无无量香上王佛　南无覺王佛
南无上弥留幢王佛　南无娑羅華上王佛
南无日陀羅幢王佛　南无師子奮迅王佛
南无俱蘇摩生王佛　南无微細華佛
南无說義佛　南无无量精進佛
南无无邊弥留佛　南无離藏佛
南无无量眼佛　南无无量發行佛
南无發行難佛　南无无所發行佛
南无无量發行佛　南无斷諸難佛
南无不定願佛　南无善住諸願佛
南无不念示現佛
南无无量善根成就諸行佛
南无无垢奮迅佛　南无不住奮迅佛
南无妙色佛　南无无相聲佛

BD05193號　佛名經（十六卷本）卷一　（32–19）

南无无量發行佛　南无斷諸難佛
南无不定願佛　南无善住諸願佛
南无不念示現佛
南无无量善根成就諸行佛
南无无垢奮迅佛　南无不住奮迅佛
南无妙色佛　南无无相聲佛
南无樂意佛　南无栴檀室佛
南无虛空星宿增上佛　南无善行佛
南无境界自在佛　南无樂行佛
南无樂解脫佛　南无遠離諸畏毛竪佛
南无清淨眼佛　南无進寂靜佛
南无世間可樂佛　南无隨世間意佛
南无隨世間眼佛　南无寶佛
南无寶炎佛　南无羅睺羅佛
南无羅睺羅天佛　南无羅睺羅淨佛
南无寶慧佛　南无寶聲佛
南无寶形佛　南无羅網手佛
南无摩尼輪佛　南无解脫威德佛
南无善行佛　南无大炎佛
南无人面佛　南无吉佛
南无勇陀羅佛　南无淨聖佛
南无淨宿佛　南无離胎佛
南无虛空在嚴佛　南无集功德佛
南无師子步佛　南无功德海佛
南无摩尼功德佛　南无廣功德佛
南无稱成佛　南无大如意輪佛

BD05193號　佛名經（十六卷本）卷一　（32–20）

南无淨宿佛　南无離胎佛
南无虛空莊嚴佛　南无集功德佛
南无師子步佛　南无功德海佛
南无摩尼功德佛　南无廣功德佛
南无稱成佛　南无大如意輪佛
南无无畏上王佛　南无俱蘇摩國土佛
南无功德幢佛　南无威德佛
南无華眼佛　南无喜身佛
南无惠國土佛　南无喜威德佛
南无波頭池智慧奮迅佛
南无功德聚佛　南无寂滅慧佛
南无降魔佛　南无无上光佛
南无法自在佛　南无得世間功德佛
南无寶諦稱佛　南无智勝佛
南无智愛佛　南无得智佛
南无智幢佛　南无羅網光幢佛
善男子善女人与一切衆生安隱樂如諸佛
者當讀誦是諸佛名復作是言
南无離諸无智曀佛　南无虛空平等心佛
南无清淨无垢佛　南无善无垢藏佛
南无堅固行佛　南无精進聲佛
從此以上七百佛十二部經一切賢聖
南无不離一切衆生門佛　南无斷諸過佛
南无成就觀佛　南无平等須弥面佛
南无无障无㝵精進堅佛

BD05193號　佛名經（十六卷本）卷一　（32–21）

南无堅固行佛　南无精進聲佛
從此以上七百佛十二部經一切賢聖
南无不離一切衆生門佛　南无斷諸過佛
南无成就觀佛　南无平等須弥面佛
南无无障无㝵精進堅佛
南无莎羅華華王佛
南无无量功德王佛　南无弥留燈王佛
南无藥王聲聲王佛　南无梵聲王佛
南无妙鼓聲王佛　南无雲聲王佛
南无龍自在王佛　南无世間自在王佛
南无陁羅尼自在王佛　南无深王佛
南无治諸病王佛　南无藥王佛
南无鷹王佛　南无燈王佛
南无樹提王佛　南无喜王佛
南无星宿王佛　南无雲王佛
南无雷王佛　南无娑羅王佛
南无堅固自在王佛　南无功德聚佛
南无華聚佛　南无寶聚佛
南无寶住持庭燎佛　南无住持功德佛
南无住持无障力佛　南无住持地力進去佛
南无住持妙无垢位佛
南无一切寶莊嚴色位持佛
南无自在轉一切法佛　南无轉法輪佛
南无勝威德佛　南无淨威德佛
南无聖威德佛　南无大威德佛

BD05193號　佛名經（十六卷本）卷一　（32–22）

南无住持妙无垢住佛
南无一切寶莊嚴色住持佛
南无自在轉一切法佛　南无轉法輪佛
南无勝威德佛　南无淨威德佛
南无聖威德佛　南无大威德佛
南无師子威德佛　南无莎羅威德佛
南无悲威德佛　南无地威德佛
南无无垢威德佛　南无无垢瑠璃佛
南无无垢辟佛　南无无垢眼佛
南无无垢面佛　南无波頭摩面佛
南无月面佛　南无日面佛
南无日威德莊嚴佛　南无金色佛
南无金色形佛　南无可樂色佛
南无瞻婆伽色佛　南无能興樂佛
南无能與眼佛　南无難勝佛
南无難降伏佛　南无斷諸惡佛
南无難量佛　南无難成佛
南无俱蘇摩成佛　南无甘露成佛
南无寶成就佛　南无功德成就佛
南无日成就佛　南无華成就佛
南无成就樂有佛　南无成就功德佛
南无大勝佛　南无妙佛
南无无垢佛　南无離諸障佛
南无婆樓那佛　南无婆樓那天佛
南无勇猛仙佛　南无請進仙佛

BD05193號　佛名經（十六卷本）卷一　（32–23）

南无大勝佛　南无妙佛
南无无垢佛　南无離諸障佛
南无婆樓那佛　南无婆樓那天佛
南无勇猛仙佛　南无請進仙佛
南无无垢仙佛　南无金剛仙佛
南无觀眼佛　南无无障礙佛
南无住虛空佛　南无住清淨佛
南无善住清淨功德寶佛　南无善跡佛
南无善思義佛　南无善化佛
南无善愛佛　南无善眼佛
南无善覩佛　南无善行佛
南无善生佛　南无善華佛
南无善香佛　南无善辯佛
從此以上八百佛十二部經一切賢聖
南无善辟佛　南无善光佛
南无善山佛　南无功德山佛
南无寶山佛　南无智山佛
南无勝山佛　南无上山佛
南无光明莊嚴佛　南无大光明莊嚴佛
南无清淨莊嚴佛　南无波頭摩莊嚴佛
南无寶中佛　南无金剛合佛
南无金剛齊佛　南无碎金剛佛
南无碎金剛堅佛　南无降伏魔佛
南无不空見佛　南无愛見佛
南无現見佛　南无善見佛

BD05193號　佛名經（十六卷本）卷一　（32–24）

南无寶中佛 南无金剛合佛
南无金剛齊佛 南无碎金剛佛
南无碎金剛堅佛 南无降伏魔佛
南无不空見佛 南无愛見佛
南无現見佛 南无善見佛
南无大善見佛 南无普見佛
南无无垢見佛 南无見平等不平等佛
南无見一切義佛 南无斷一切障导佛
南无斷一切衆生病佛 南无一切世間愛見佛
南无上妙佛 南无大莊嚴佛
南无一切三昧佛 南无度一切疑佛
南无度一切法佛 南无不取諸法佛
南无一切清淨佛 南无一切義成就佛
南无一切通佛 南无華通佛
南无波頭摩樹提奮迅通佛
南无俱蘇摩通佛
南无海住持勝智慧奮迅通佛
次礼十二部尊經大藏法輪
南无賢思經 南无雜寶藏經
南无賢劫經 南无大般涅洹經
南无十住毗婆沙經 南无三藏經
南无大莊嚴論經 南无阿育王經
南无優婆塞經 南无道行經
南无小品經 南无菩薩地經
南无菩薩地持經 南无阿差末經

南无十住毗婆沙經 南无三藏經
南无大莊嚴論經 南无阿育王經
南无優婆塞經 南无道行經
南无小品經 南无菩薩地經
南无菩薩地持經 南无阿差末經
南无雜心經 南无中阿含經
南无彌勒成佛經 南无大臣經
南无百緣經 南无華手經
南无悲華經 南无觀佛三昧經
南无大雲經 南无中論經
南无法華經 南无普曜經
南无大樓炭經 南无佛本行經
次礼十方諸大菩薩
南无勝成就菩薩 南无勝藏菩薩
南无波頭摩勝菩薩 南无成就有菩薩
南无地持菩薩 南无寶掌菩薩
南无寶印手菩薩 南无師子意菩薩
南无師子奮迅吼聲菩薩 南无虛空藏菩薩
南无發心即轉法輪菩薩
南无一聲差別樂說菩薩
南无山樂說菩薩 南无大海意菩薩
南无大山菩薩 南无愛見菩薩
南无歡喜王菩薩 南无无邊觀菩薩
南无无邊觀行菩薩 南无破邪見魔菩薩
南无无憂德菩薩 南无成就一切義菩薩
南无師子菩薩 南无善住意菩薩

南无大山菩薩　南无樂見菩薩
南无歡喜王菩薩　南无无邊觀菩薩
南无无邊觀行菩薩　南无破邪見魔菩薩
南无无憂德菩薩　南无成就一切義菩薩
南无師子菩薩　南无善住意菩薩
南无无比心菩薩　南无那羅德菩薩
從此以上九百佛十二部經一切賢聖
次禮聲聞緣覺一切賢聖
南无毗耶離辟支佛　南无俱薩羅辟支佛
南无波藪陁羅辟支佛　南无无毒淨心辟支佛
南无寶无垢辟支佛　南无福德辟支佛
南无黑辟支佛　南无准黑辟支佛
南无直福德辟支佛　南无識辟支佛
南无香辟支佛　南无有香辟支佛
歸命如是等无量无邊辟支佛
禮三寶已次復懺悔
夫論懺悔者本是改往脩來滅惡興善人生
居世誰能无過學人失念尚起煩惱羅漢結
習動身口業豈況凡夫而當无過但智者先
覺便能改悔愚者覆藏遂使滋蔓所以積習
長夜曉悟无期若能慚愧發露懺悔者豈惟
止是滅罪而已亦復增長无量功德樹立如
來涅槃妙果若欲行此法者先當外肅形儀
瞻奉尊像内起敬意緣想法身懇切至到生
二種心何等爲二一者自念我此形命難可

BD05193號　佛名經（十六卷本）卷一　（32–27）

長夜曉悟无期若能慚愧發露懺悔者豈惟
止是滅罪而已亦復增長无量功德樹立如
來涅槃妙果若欲行此法者先當外肅形儀
瞻奉尊像内起敬意緣想法身懇切至到生
二種心何等爲二一者自念我此形命難可
常保一朝散壞不知此身何時可復若復不
值諸佛賢聖忽遭逢惡友造衆罪業復應墮
落深坑險趣二者自念我此生中雖得值遇如
來正法爲佛弟子弟子之法紹繼聖種淨
身口意善法自居而今我等公自作惡而復
覆藏言他不知謂彼不見隱匿在心傲然无
愧此實天下愚惑之甚即今現有十方諸佛
諸大地菩薩諸天神仙何曾不以清淨天眼
見於我等所作罪惡又復幽顯靈祇注記罪
福纖豪无差夫論作罪之人命終之後牛頭
獄卒錄其精神在閻羅王所辯覈是非當尒
之時一切怨對皆來證據各言汝先屠戮我
身炮煑蒸炙或言汝先剝奪於我一切財寶
離我眷屬我於今者始得汝便于時現前證
據何得敢諱唯應甘心分受宿殃如經所明
地獄之中不枉治人若其平素所作衆罪心
自忘失者是其生時造惡之處一切諸相皆
現在前各言汝昔在於我邊作如是罪今何
得諱是爲作罪无藏隱處於是閻羅王切
齒呵責將付地獄歷劫窮年求出莫由此事

BD05193號　佛名經（十六卷本）卷一　（32–28）

地獄之中不枉治人若其平生所作衆罪心
自忘失者是其生時造惡之處一切諸相皆
現在前各言汝昔在於我邊作如是罪今何
得諱是為作罪无藏隱處於是閻魔羅王切
齒呵責將付地獄應劫窮年求出莫由此事
不遠不關他人正是我身自作自受雖父子
至親一旦對至无代受者衆等相與及其形
休體无衆疾各自怒力與性命競大怖至時
悔无所及是故弟子至心歸依
南无東方破疑淨光佛　南无南方无優切德佛
南无西方華嚴神通佛　南无北方月殿清淨佛
南无東南方破一切闇佛　南无西南方大衰觀衆生佛
南无西北方香氣放光明佛　南无東北方无量切德海佛
南无下方斷一切疑佛　南无上方離一切憂佛
如是十方盡虛空果一切三寶弟子等從无
始以来至於今日積聚无明障蔽心目隨煩惱
性造三世罪或躭深愛著起於貪欲煩惱
或瞋恚忿怒懷害煩惱或惛情瞪瞢不了煩
惱或我慢自高輕傲煩惱疑或正道猶預煩
惱謗无因果耶見煩惱不識緣假著我煩惱
迷於三世執斷常煩惱明狎惡法起見取煩
惱僻稟邪師造式取煩惱乃至一等四執橫
計煩惱今日至誠皆悉懺悔
又復无始以来至於今日守惜堅著起慳悋
煩惱不攝六情奢誕煩惱心行弊惡不忍煩

BD05193號　佛名經（十六卷本）卷一　（32–29）

惱謗无因果耶見煩惱不識緣假著我煩惱
迷於三世執斷常煩惱明狎惡法起見取煩
惱僻稟邪師造式取煩惱乃至一等四執橫
計煩惱今日至誠皆悉懺悔
又復无始以来至於今日守惜堅著起慳悋
煩惱不攝六情奢誕煩惱心行弊惡不忍煩
惱怠墮緩縱不勤煩惱情慮躁動覺觀煩惱
觸境迷或无知解煩惱隨世八風生彼我煩
惱諂曲面譽不直心煩惱橫强難觸不調和
煩惱易忿難悅多含恨煩惱嫉妬擊刺很
戾煩惱凶險暴害諂毒煩惱乖背二諦執相
煩惱於苦集滅道生顛倒煩惱隨從生死十
二因緣流轉煩惱乃至无始无明住地恒沙煩
惱起四住地構於三果苦果煩惱如是如是
諸煩惱如是諸煩惱无量无邊惱亂賢聖六
道四生今日發露向十方佛尊法聖衆皆
悉懺悔
願弟子等承是懺悔貪瞋癡等一切煩惱生
生世世折憍慢幢竭愛欲水滅瞋恚火破愚
癡暗拔斷疑根裂諸見網深識三界猶如牢
獄四大毒蛇五陰怨賊六入空聚愛詐親善
脩八聖道斷无明源正向涅槃不休不息卅
七品心心相應十波羅蜜常現在前至心
歸命常住三寶

佛名經卷第一

BD05193號　佛名經（十六卷本）卷一　（32–30）

棄四大毒虵五陰怨賊六入空聚愛詐親善
脩八聖道斷无明源正向涅槃不休不息卅
七品心心相應十波羅蜜常現在前至心
歸命常住三寶

佛名經卷第一

BD05193號　佛名經（十六卷本）卷一　（32–31）

佛名經卷第一

BD05193號　佛名經（十六卷本）卷一　（32–32）

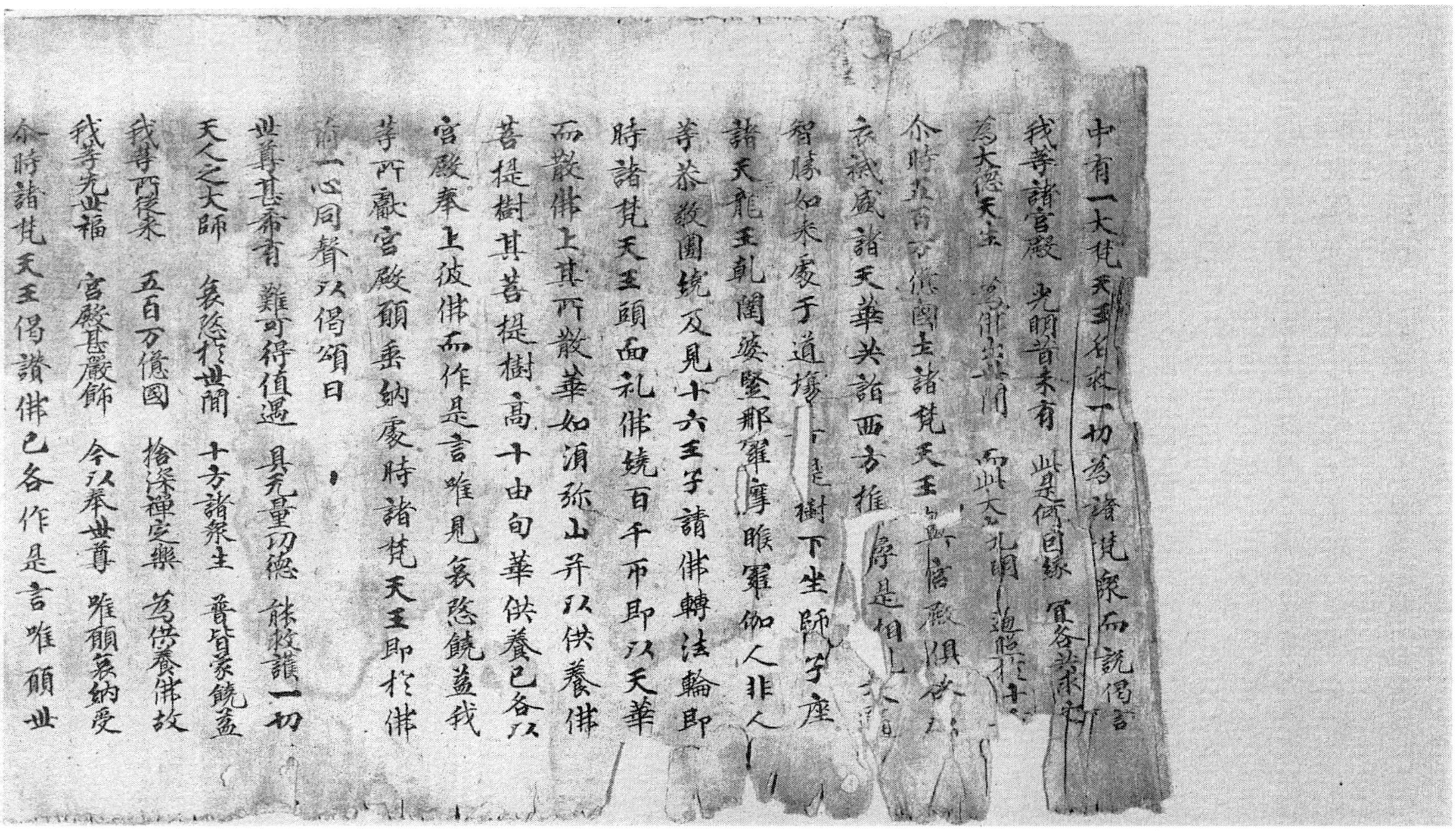

中有一大梵天王名救一切為諸梵衆而說偈言
我等諸宫殿　光明昔未有　此是何因緣　宜各共求之
為大德天生　為佛出世間　而此大光明　遍照於十方
尒時五百万億國土諸梵天王與宫殿俱各以
衣祴盛諸天華共詣西方推尋是相見大通
智勝如来處于道場菩提樹下坐師子座
諸天龍王乹闥婆緊那羅摩睺羅伽人非人
等恭敬圍繞及見十六王子請佛轉法輪即
時諸梵天王頭面礼佛繞百千帀即以天華
而散佛上其所散華如須弥山并以供養佛
菩提樹其菩提樹高十由旬華供養已各以
宫殿奉上彼佛而作是言唯見哀愍饒益我
等所獻宫殿願垂納處時諸梵天王即於佛
前一心同聲以偈頌曰
世尊甚希有　難可得值遇　具无量功德　能救護一切
天人之大師　哀愍於世間　十方諸衆生　普皆蒙饒益
我等所從来　五百万億國　捨深禪定樂　為供養佛故
我等先世福　宫殿甚嚴飾　今以奉世尊　唯願哀納受
尒時諸梵天王偈讚佛已各作是言唯願世

BD05194號　妙法蓮華經卷三　（15–1）

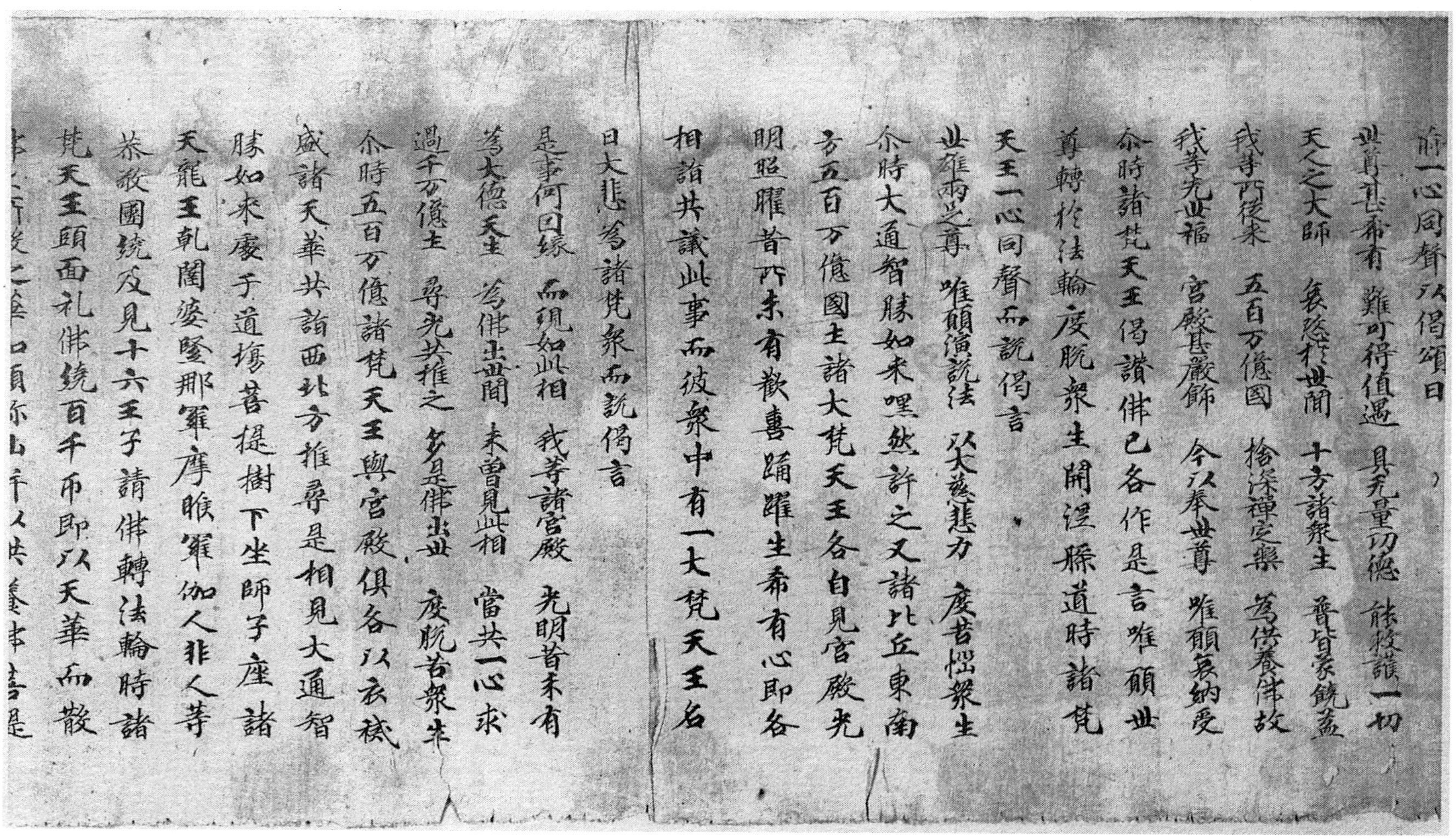

BD05194號　妙法蓮華經卷三　（15–2）

威諸天華共詣西北方推尋是相見大通智
勝如來處于道場菩提樹下坐師子座諸
天龍王乾闥婆緊那羅摩睺羅伽人非人等
恭敬圍繞及見十六王子請佛轉法輪時諸
梵天王頭面礼佛繞百千帀即以天華而散
佛上所散之華如須弥山并以供養佛菩提
樹華供養已各以宮殿奉上彼佛而作是言
唯見哀愍饒益我等所獻宮殿願垂納處尒
時諸梵天王即於佛前一心同聲以偈頌曰
聖主天中王　迦陵頻伽聲　哀愍衆生者　我等今敬礼
世尊甚希有　久遠乃一現　一百八十劫　空過无有佛
三惡道充滿　諸天衆減少　今佛出於世　為衆生作眼
世間所歸趣　救護於一切　為衆生之父　哀愍饒益者
我等宿福慶　今得值世尊
尒時諸梵天王偈讚佛已各作是言唯願世
尊哀愍一切轉於法輪度脫衆生時諸梵天
王一心同聲而說偈言
大聖轉法輪　顯示諸法相　度苦惱衆生　令得大歡喜
衆生聞此法　得道若生天　諸惡道減少　忍善者增益
尒時大通智勝如來嘿然許之又諸比丘南方
五百万億國土諸大梵天王各自見宮殿光明
照曜昔所未有歡喜踊躍生希有心即各相
詣共議此事以何因緣我等宮殿有此光曜

BD05194號　妙法蓮華經卷三　（15–3）

尒時大通智勝如來嘿然許之又諸比丘南方
五百万億國土諸大梵天王各自見宮殿光明
照曜昔所未有歡喜踊躍生希有心即各相
詣共議此事以何因緣我等宮殿有此光曜
而彼衆中有一大梵天王名曰妙法為諸梵衆
而說偈言
我等諸宮殿　光明甚威曜　此非无因緣　是相宜求之
過於百千劫　未曾見是相　為大德天生　為佛出世間
尒時五百万億諸梵天王與宮殿俱各以衣裓
盛諸天華共詣北方推尋是相見大通智
勝如來處于道場菩提樹下坐師子座諸天
龍王乾闥婆緊那羅摩睺羅伽人非人等恭
敬圍繞及見十六王子請佛轉法輪時諸梵
天王頭面礼佛繞百千帀即以天華而散佛上
所散之華如須弥山并以供養佛菩提樹華
供養已各以宮殿奉上彼佛而作是言唯見
哀愍饒益我等所獻宮殿願垂納處尒　時
諸梵天王即於佛前一心同聲以偈頌曰
世尊甚難見　破諸煩惱者　過百三十劫　尒乃得一見
諸飢渴衆生　以法雨充滿　昔所未曾覩　无量智慧者
如優曇波羅　今日乃值遇　我等諸宮殿　蒙光故嚴飾
世尊大慈愍　唯願垂納受
尒時諸梵天王偈讚佛已各作是言唯願世

BD05194號　妙法蓮華經卷三　（15–4）

世尊甚難見　破諸煩惱者　過百三十劫　今乃得一見
諸飢渴衆生　以法雨充滿　昔所未曾覩　无量智慧者
如優曇波羅　今日乃值遇　我等諸宮殿　蒙光故嚴飾
世尊大慈愍　唯願垂納受
尒時諸梵天王偈讚佛已各作是言唯願世
尊轉於法輪令一切世間諸天魔梵沙門婆
羅門皆獲安隱而得度脫時諸梵天王一心
同聲以偈頌曰
唯願天人尊　轉无上法輪　擊于大法鼓　而吹大法螺
普雨大法雨　度无量衆生　我等咸歸請　當演深遠音
尒時大通智勝如來嘿然許之西南方乃至
下方亦復如是尒時上方五百万億國土諸大
梵天王皆悉自覩所止宮殿光明威曜昔所
未有歡喜踊躍生希有心即各相詣共議此
事以何因緣我等宮殿有斯光明而彼衆中
有一大梵天王名曰尸棄為諸梵衆而說偈言
今以何因緣　我等諸宮殿　威德光明曜　嚴飾未曾有
如是之妙相　昔所未聞見　為大德天生　為佛出世間
尒時五百万億諸梵天王與宮殿俱各以衣裓
盛諸天華共詣下方推尋是相見大通智
勝如來處于道場菩提樹下坐師子座諸
天龍王乾闥婆緊那羅摩睺羅伽人非人等恭
敬圍繞及見十六王子請佛轉法輪時諸梵
天王頭面礼佛繞百千帀即以天華而散佛

BD05194號　妙法蓮華經卷三　（15–5）

尒時五百万億諸梵天王與宮殿俱各以衣裓
盛諸天華共詣下方推尋是相見大通智
勝如來處于道場菩提樹下坐師子座諸
天龍王乾闥婆緊那羅摩睺羅伽人非人等恭
敬圍繞及見十六王子請佛轉法輪時諸梵
天王頭面礼佛繞百千帀即以天華而散佛
上所散之華如須弥山并以供養佛菩提樹
華供養已各以宮殿奉上彼佛而作是言唯
見哀愍饒益我等所獻宮殿願垂納處尒
時諸梵天王即於佛前一心同聲以偈頌曰
善哉見諸佛　救世之聖尊　能於三界獄　勉出諸衆生
普智天人尊　哀愍群萌類　能開甘露門　廣度於一切
於昔无量劫　空過无有佛　世尊未出時　十方常暗暝
三惡道增長　阿脩羅亦盛　諸天衆轉減　死多墮惡道
不從佛聞法　常行不善事　色力及智慧　斯等皆減少
罪業因緣故　失樂及樂想　住於邪見法　不識善儀則
不蒙佛所化　常墮於惡道　佛為世間眼　久遠時乃出
哀愍諸衆生　故現於世間　超出成正覺　我等甚欣慶
及餘一切衆　喜歎未曾有　我等諸宮殿　蒙光故嚴飾
今以奉世尊　唯垂哀納受　願以此功德　普及於一切
我等與衆生　皆共成佛道
尒時五百万億諸梵天王偈讚佛已各白佛
言唯願世尊轉於法輪多所安隱多所度脫
時諸梵天王而說偈言

BD05194號　妙法蓮華經卷三　（15–6）

及餓一切衆　喜歎未曾有　我等諸宮殿　蒙光故嚴飾
今以奉世尊　唯垂哀納受　願以此功德　普及於一切
我等與衆生　皆共成佛道
尒時五百万億諸梵天王偈讚佛已各白佛
言唯願世尊轉於法輪多所安隱多所度脫
時諸梵天王而說偈言
世尊轉法輪　擊甘露法鼓　度苦惱衆生　開示涅槃道
唯願受我請　以大微妙音　哀愍而敷演　无量劫習法
尒時大通智勝如來受十方諸梵天王及十
六王子請即時三轉十二行法輪若沙門婆
羅門若天魔梵及餘世間所不能轉謂是苦
是苦集是苦滅是苦滅道及廣說十二因緣
法无明緣行行緣識識緣名色名色緣六入
六入緣觸觸緣受受緣愛愛緣取取緣有有
緣生生緣老死憂悲苦惱无明滅則行滅行
滅則識滅識滅則名色滅名色滅則六入滅六入
滅則觸滅觸滅則受滅受滅則愛滅愛滅則
取滅取滅則有滅有滅則生滅生滅則老死
憂悲苦惱滅佛於天人大衆之中說是法
時六百万億那由他人以不受一切法故而於
諸漏心得解脫皆得深妙禪定三明六通具
八解脫第二第三第四說法時千萬億恒
河沙那由他等衆生亦以不受一切法故而於
諸漏心得解脫從是已後諸聲聞衆无量

BD05194號　妙法蓮華經卷三　（15–7）

憂悲苦惱滅佛於天人大衆之中說是法
時六百万億那由他人以不受一切法故而於
諸漏心得解脫皆得深妙禪定三明六通具
八解脫第二第三第四說法時千萬億恒
河沙那由他等衆生亦以不受一切法故而於
諸漏心得解脫從是已後諸聲聞衆无量
无邊不可稱數尒時十六王子皆以童子出
家而為沙弥諸根通利智慧明了已曾供養
百千万億諸佛淨脩梵行求阿耨多羅三藐
三菩提俱白佛言世尊是諸无量千万億大
德聲聞皆已成就世尊亦當為我等說阿
耨多羅三藐三菩提法我等聞已皆共脩
學世尊我等志願如來知見深心所念佛自
證知尒時轉輪聖王所將衆中八万億人見十
六王子出家亦求出家王即聽許尒時彼佛
受沙弥請過二万劫已乃於四衆之中說是
大乘經名妙法蓮華教菩薩法佛所護念
說是經已十六沙弥為阿耨多羅三藐三菩提
故皆共受持諷誦通利說是經時十六菩薩
沙弥皆悉信受聲聞衆中亦有信解其餘
衆生千万億種皆生疑惑佛說是經於八千劫
未曾休廢說此經已即入靜室住於禪定八
万四千劫是時十六菩薩沙弥知佛入室寂然

BD05194號　妙法蓮華經卷三　（15–8）

沙弥皆悉信受聲聞衆中亦有信解其餘
衆生千万億種皆生疑惑佛說是經於八千劫
未曾休廢說此經已即入靜室住於禪定八
万四千劫是時十六菩薩沙弥知佛入室寂然
禪定各昇法座亦於八万四千劫為四部衆
廣說分別妙法華經一一皆度六百万億那
由他恒河沙等衆生示教利喜令發阿耨
多羅三藐三菩提心大通智勝佛過八万四
千劫已從三昧起往詣法座安詳而坐普告
大衆是十六菩薩沙弥甚為希有諸根通
利智慧明了已曾供養无量千万億數諸佛
於諸佛所常脩梵行受持佛智開示衆生令
入其中汝等皆當數數親近而供養之所以者
何若聲聞辟支佛及諸菩薩能信是十六
菩薩所說經法受持不毀者是人皆當得
阿耨多羅三藐三菩提如來之慧佛告諸比丘
是十六菩薩常樂說是妙法蓮華經一一菩
薩所化六百万億那由他恒河沙等衆生世世所
生與菩薩俱從其聞法悉皆信解以因緣得
值四万億諸佛世尊于今不盡諸比丘我今
語汝彼佛弟子十六沙弥今皆得阿耨多羅
三藐三菩提於十方國土現在說法有无量
百千万億菩薩聲聞以為眷屬其二沙弥

BD05194號　妙法蓮華經卷三　（15-9）

生與菩薩俱從其聞法悉皆信解以因緣得
值四万億諸佛世尊于今不盡諸比丘我今
語汝彼佛弟子十六沙弥今皆得阿耨多羅
三藐三菩提於十方國土現在說法有无量
百千万億菩薩聲聞以為眷屬其二沙弥
東方作佛一名阿閦在歡喜國二名須弥
頂東南方二佛一名師子音二名師子相
南方二佛一名虛空住二名常滅西南方二
佛一名帝相二名梵相西方二佛一名阿弥陀
二名度一切世間苦惱西北方二佛一名多摩
羅跋栴檀香神通二名須弥相北方二佛一名
雲自在二名雲自在王東北方佛名壞一切
世間怖畏第十六我釋迦牟尼佛於娑婆國
土成阿耨多羅三藐三菩提諸比丘我等為
沙弥時各各教化无量百千万億恒河沙等
衆生從我聞法為阿耨多羅三藐三菩提
此諸衆生于今有住聲聞地者我常教化
阿耨多羅三藐三菩提是諸人等應以是法
漸入佛道所以者何如來智慧難信難解尒
時所化无量恒河沙等衆生者汝等諸比丘
及我滅度後未來世中聲聞弟子是也我滅
度後復有弟子不聞是經不知不覺菩薩
所行自於所得功德生滅度想當入涅槃我
於餘國作佛更有異名是人雖生滅度之想

BD05194號　妙法蓮華經卷三　（15-10）

漸入佛道所以者何如來智慧難信難解尒
時所化无量恒河沙等衆生者汝等諸比丘
及我滅度後未來世中聲聞弟子是也我滅
度後復有弟子不聞是經不知不覺菩薩
所行自於所得功德生滅度想當入涅槃我
於餘國作佛更有異名是人雖生滅度之想
入於涅槃而於彼土求佛智慧得聞是經唯
以佛乘而得滅度更无餘乘除諸如來方便說
法諸比丘若如來自知涅槃時到衆又清淨
信解堅固了達空法深入禪定便集諸菩
薩及聲聞衆爲說是經世間无有二乘而得
滅度唯一佛乘得滅度耳比丘當知如來方
便深入衆生之性知其志樂小法深著五欲爲
是等故說於涅槃是人若聞則便信受譬如
五百由旬險難惡道曠絕无人怖畏之處若
有多衆欲過此道至珎寶處有一導師聰慧
明達善知險道通塞之相將導衆人欲過
此難所將人衆中路懈退白導師言我等疲
極而復怖畏不能復進前路猶遠今欲退還
導師多諸方便而作是念此等可愍云何捨大
珎寶而欲退還作是念已以方便力於險道
中過三百由旬化作一城告衆人言汝等勿怖莫
得退還今此大城可於中止隨意所作若入
是城快得安隱若能前至寶所亦可得去是

BD05194號　妙法蓮華經卷三　（15–11）

極而復怖畏不能復進前路猶遠今欲退還
導師多諸方便而作是念此等可愍云何捨大
珎寶而欲退還作是念已以方便力於險道
中過三百由旬化作一城告衆人言汝等勿怖莫
得退還今此大城可於中止隨意所作若入
是城快得安隱若能前至寶所亦可得去是
時疲極之衆心大歡喜歎未曾有我等今
者免斯惡道快得安隱於是衆人前入化
城生已度想生安隱想尒時導師知此人
衆既得止息无復疲惓即滅化城語衆人言
汝等去來寶處在近向者大城我所化作爲
止息耳諸比丘如來亦復如是今爲汝等作大
導師知諸生死煩惱惡道險難長遠應去
應度若衆生但聞一佛乘者則不欲見佛不
欲親近便作是念佛道長遠久受勤苦乃可
得成佛知是心怯弱下劣以方便力而於中道
爲止息故說二涅槃若衆生住於二地如來尒
時即便爲說汝等所作未辦汝所住地近於
佛慧當觀察籌量所得涅槃非真實也但
是如來方便之力於一佛乘分別說三如彼
道師爲止息故化作大城既知息已而告之
言寶處在近此城非實我化作耳尒時世尊
欲重宣此義而說偈言
大通智勝佛　十劫坐道場　佛法不現前　不得成佛道
諸天神龍王　阿脩羅衆等　常雨於天華　以供養彼佛

BD05194號　妙法蓮華經卷三　（15–12）

是如来方便之力於一佛乘分別說三如彼
道師為止息故化作大城既知息已而告之
言寶處在近此城非實我化作耳尒時世尊
欲重宣此義而說偈言
大通智勝佛　十劫坐道場　佛法不現前　不得成佛道
諸天神龍王　阿脩羅衆等　常雨於天華　以供養彼佛
諸天擊天鼓　并作衆伎樂　香風吹萎華　更雨新好者
過十小劫已　乃得成佛道　諸天及世人　心皆懷踊躍
彼佛十六子　皆與其眷屬　千万億圍繞　俱行至佛所
頭面礼佛足　而請轉法輪　聖師子法雨　充我及一切
世尊甚難值　久遠時一現　為覺悟群生　震動於一切
東方諸世界　五百万億國　梵宮殿光曜　昔所未曾有
諸梵見此相　尋来至佛所　散華以供養　并奉上宮殿
請佛轉法輪　以偈而讚歎　佛知時未至　受請嘿然坐
三方及四維　上下亦復尒　散華奉宮殿　請佛轉法輪
世尊甚難值　願以大慈悲　廣開甘露門　轉无上法輪
无量慧世尊　受彼衆人請　為宣種種法　四諦十二緣
无明至老死　皆從生緣有　如是衆過患　汝等應當知
宣暢是法時　六百万億姟　得盡諸苦際　皆成阿羅漢
第二說法時　千万恒沙衆　於諸法不受　亦得阿羅漢
從是後得道　其數无有量　万億劫筭數　不能得其邊
時十六王子　出家作沙弥　皆共請彼佛　演說大乘法
我等及營從　皆當成佛道　願得如世尊　慧眼第一淨
佛知童子心　宿世之所行　以无量因緣　種種諸譬喻

BD05194 號　妙法蓮華經卷三　（15–13）

第二說法時　千万恒沙衆　於諸法不受　亦得阿羅漢
從是後得道　其數无有量　万億劫筭數　不能得其邊
時十六王子　出家作沙弥　皆共請彼佛　演說大乘法
我等及營從　皆當成佛道　願得如世尊　慧眼第一淨
佛知童子心　宿世之所行　以无量因緣　種種諸譬喻
說六波羅蜜　及諸神通事　分別真實法　菩薩所行道
說是法華經　如恒河沙偈　彼佛說經已　靜室入禪定
一心一處坐　八万四千劫　是諸沙弥等　知佛禪未出
為无量億衆　說佛无上慧　各各坐法座　說是大乘經
於佛宴寂後　宣揚助法化　一一沙弥等　所度諸衆生
有六百万億　恒河沙等衆　彼佛滅度後　是諸聞法者
在在諸佛土　常與師俱生　是十六沙弥　具足行佛道
今現在十方　各得成正覺　尒時聞法者　各在諸佛所
其有住聲聞　漸教以佛道　我在十六數　曾亦為汝說
是故以方便　引汝趣佛慧　以是本因緣　今說法華經
令汝入佛道　慎勿懷驚懼　譬如險惡道　迥絕多毒獸
又復无水草　人所怖畏處　无數千万衆　欲過此險道
其路甚曠遠　經五百由旬　時有一導師　強識有智慧
明了心決定　在險濟衆難　衆人皆疲惓　而白導師言
我等今頓乏　於此欲退還　導師作是念　此輩甚可愍
如何欲退還　而失大珍寶　尋時思方便　當設神通力
化作大城郭　莊嚴諸舍宅　周帀有園林　渠流及浴池
重門高樓閣　男女皆充滿　即作是化已　慰衆言勿懼
汝等入此城　各可隨所樂　諸人既入城　心皆大歡喜

BD05194 號　妙法蓮華經卷三　（15–14）

明了心決定　在險濟衆難　衆人皆疲惓　而白導師言
我等今頓乏　於此欲退還　導師作是念　此輩甚可愍
如何欲退還　而失大珍寶　尋時思方便　當設神通力
化作大城郭　莊嚴諸舍宅　周帀有園林　渠流及浴池
重門高樓閣　男女皆充滿　即作是化已　慰衆言勿懼
汝等入此城　各可隨所樂　諸人既入城　心皆大歡喜
皆生安隱想　自謂已得度　導師知息已　集衆而告言
汝等當前進　此是化城耳　我見汝疲極　中路欲退還
故以方便力　權化作此城　汝今勤精進　當共至寶所
我亦復如是　為一切導師　見諸求道者　中路而懈廢
不能度生死　煩惱諸險道　故以方便力　為息說涅槃
言汝等苦滅　所作皆已辦　既知到涅槃　皆得阿羅漢
尒乃集大衆　為說真實法　諸佛方便力　分別說三乘
唯有一佛乘　息處故說二　今為汝說實　汝所得非滅
為佛一切智　當發大精進　汝證一切智　十力等佛法
具三十二相　乃是真實滅　諸佛之導師　為息說涅槃
既知是息已　引入於佛慧
妙法蓮華經卷第三

BD05194 號　妙法蓮華經卷三　（15–15）

山學仙當還往迎以續王位諸患喜曰定有
此事即相率合入山請喚到以情狀具白其
意唯願垂降撫接我國仙主荅言此事可畏
我此靜樂永無憂患世王凶惡好相斬戮者
我為王儻見嗇害今甚樂此不能為也諸患
重白王崩絕嗣更無紹繼唯有大仙是王之
種國土王民不得無主願垂慈顧意臨覆
如是致誠殷勤求請其意[illegible]遂與[illegible]國[illegible]
王少小不習欲事既來治國漸近女色
已染奔逸放蕩晨夜耽荒不能自制遂勑國
聽往從夫及諸國中諸婦女人其有嫁者皆
悉淩辱時一女[illegible]於道[illegible]王見[illegible]形
立屎王悲驚笑來共呵之汝何無羞乃至若
是女即荅言[illegible]女人[illegible]立屎
既亦不羞我汝[illegible]有[illegible]耶諸臣荅言是
語何謂女復言曰唯王一王是男子耳一國
婦女皆被其辱汝等若男當令尒耶於是諸
王更相慙愧便共談議如此女言實是其理
陰持文言轉寄相語同心合謀欲共圖王城
外園中有清涼池王恒前後至池洗浴請患

BD05195 號　賢愚經（兌廢稿）卷一一　（2–1）

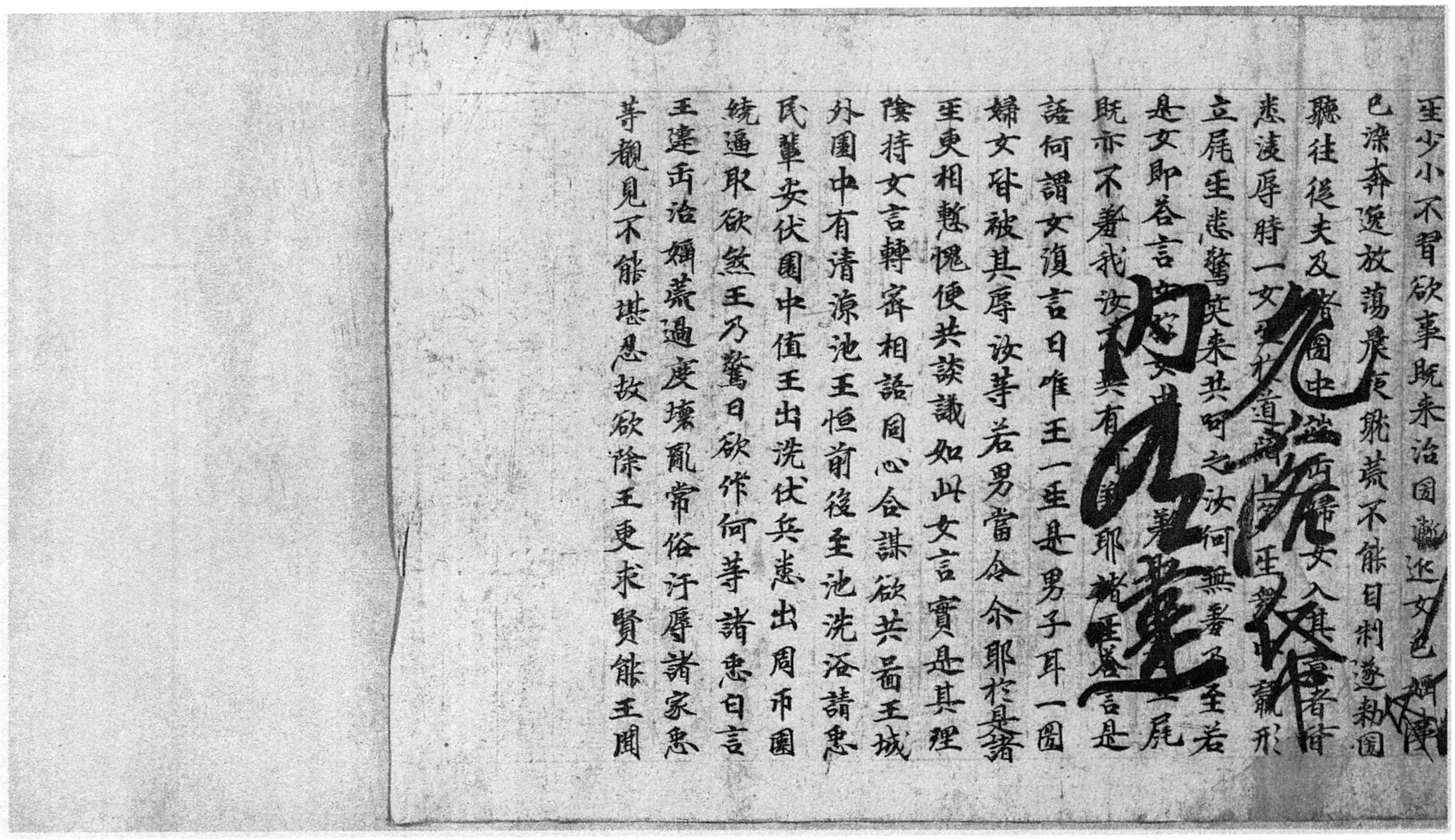

王少小不習欲事既來治國[illegible]逐女色[illegible]
色泆奔逸放蕩晨夜耽荒不能自制遂勅國
聽往從夫及諸園中[illegible]歸女入其舍者皆
悉淩辱時一女[illegible]於道[illegible]王[illegible]裸形
立屎王悉驚[illegible]來共呵之汝何無羞乃至若
是女即荅言[illegible]羞[illegible]立屎
既亦不羞我汝[illegible]其有[illegible]耶諸[illegible]荅言是
語何謂女復言曰唯王一王是男子耳一國
婦女皆被其辱汝等若男當令尒耶於是諸
王更相慚愧便共談議如此女言實是其理
陰持女言轉寄相語同心合謀欲共圖王城
外園中有清涼池王恒前後至池洗浴諸臣
民輩安伏園中值王出洗伏兵悉出周帀圍
繞逼取欲煞王乃驚曰欲作何等諸臣白言
王違正治婬荒過度壞亂常俗汙辱諸家臣
等覩見不能堪忍故欲除王更求賢能王聞

BD05195號　賢愚經（兌廢稿）卷一一　（2–2）

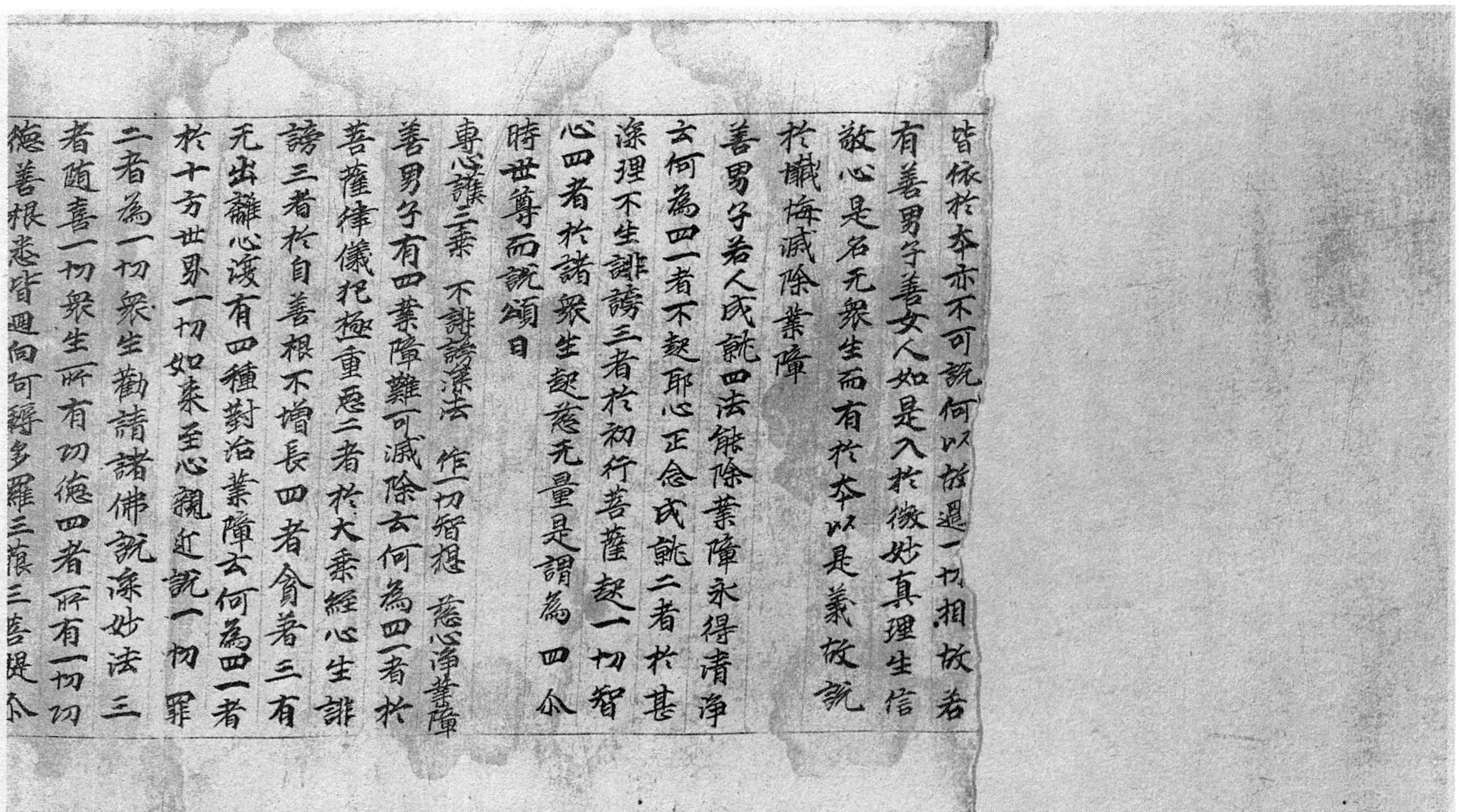

皆依於本亦不可說何以故過一切相故若
有善男子善女人如是入於微妙真理生信
敬心是名无衆生而有於本以是義故說
於懺悔滅除業障
善男子若人成就四法能除業障永得清淨
云何爲四一者不起邪心正念成就二者於甚
深理不生誹謗三者於初行菩薩起一切智
心四者於諸衆生起慈无量是謂爲四尒
時世尊而說頌曰
專心護三業　不誹謗深法　作一切智想　慈心淨業障
善男子有四業障難可滅除云何爲四一者於
菩薩律儀犯極重惡二者於大乘經心生誹
謗三者於自善根不能增長四者貪著三有
无出離心復有四種對治業障云何爲四一者
於十方世界一切如來至心親近說一切罪
二者爲一切衆生勸請諸佛說深妙法三
者隨喜一切衆生所有功德四者所有一切功
德善根悉皆迴向阿耨多羅三藐三菩提尒

BD05196號　金光明最勝王經卷三　（6–1）

菩薩律儀犯極重惡二者於大乘經心生誹
謗三者於自善根不增長四者貪著三有
无出離心復有四種對治業障云何為四一者
於十方世界一切如來至心親近說一切罪
二者為一切眾生勸請諸佛說深妙法三
者隨喜一切眾生所有功德四者所有一切功
德善根悉皆迴向阿耨多羅三藐三菩提尒
時天帝釋白佛言世尊世間所有男子女人
於大乘行有能行者有不行者云何能得
隨喜一切眾生功德善根佛言善男子若
有眾生雖於大乘未能修習然於晝夜六時
偏袒右肩右膝著地合掌恭敬一心專念作
隨喜時得福无量應作是言十方世界一切
眾生現在修行施戒心慧我今皆悉深生隨
喜由作如是隨喜福故必當獲得尊重殊勝
无上无等最妙之果如是過去未來一切眾生
所有善根皆悉隨喜又於現在初行菩薩
發菩提心所有功德過百大劫行菩薩行有
大功德獲无生忍至不退輪一生補處如是
一切功德之蘊皆悉至心隨喜讚歎過去未
來一切菩薩所有功德隨喜讚歎亦復如是
復於現在十方世界一切諸佛應正遍知證妙
菩薩為度无邊諸眾生故轉无上法輪行
无礙法施擊法鼓吹法螺建法幢雨法雨哀
愍勸化一切眾生咸令信受皆蒙法施悉得
充足无盡安樂又復所有菩薩聲聞獨覺

BD05196號　金光明最勝王經卷三　（6–2）

復於現在十方世界一切諸佛應正遍知證妙
菩薩為度无邊諸眾生故轉无上法輪行
无礙法施擊法鼓吹法螺建法幢雨法雨哀
愍勸化一切眾生咸令信受皆蒙法施悉得
充足无盡安樂又復所有菩薩聲聞獨覺
功德積集善根若有眾生未具如是諸功德
者悉令具足我皆隨喜如是過去未來諸
佛菩薩聲聞獨覺所有功德亦皆至心隨喜
讚歎善男子如是隨喜當得无量功德之聚
如恒河沙三千大千世界所有眾生皆斷煩
惱成阿羅漢若有善男子善女人盡其形壽
常以上妙衣服飲食卧具醫藥而為供養如
是功德不及如前隨喜功德千分之一何以
故供養功德有數有量不攝一切諸功德故
隨喜功德无量无數能攝三世一切功德是故
若人欲求增長勝善根者應修如是隨喜功
德若有女人願轉女身為男子者亦應修習
隨喜功德必得隨心現成男子尒時天帝釋白
佛言世尊已知隨喜功德勸請功德唯願為
說欲令未來一切菩薩當轉法輪現在菩薩正
修行故佛告帝釋若有善男子善女人願求
阿耨多羅三藐三菩提者應當修行聲聞獨
覺大乘之道是人當於晝夜六時如前威儀
一心專念作如是言我今歸依十方一切諸佛
世尊已得阿耨多羅三藐三菩提未轉无上法
輪欲捨報身入涅槃者我皆至誠頂礼勸請

BD05196號　金光明最勝王經卷三　（6–3）

脩行故佛告帝釋若有善男子善女人願求
阿耨多羅三藐三菩提者應當脩行聲聞獨
覺大乘之道是人當於晝夜六時如前威儀
一心專念作如是言我今歸依十方一切諸佛
世尊已得阿耨多羅三藐三菩提未轉无上法
輪欲捨報身入涅槃者我皆至誠頂礼勸請
轉大法輪雨大法雨然大法燈照明理趣施
无礙法莫般涅槃久住於世度脫安樂一切
衆生如前所說乃至无盡安樂我今以此勸請
功德迴向阿耨多羅三藐三菩提如過去
未來現在諸大菩薩勸請功德迴向菩提我
亦如是勸請功德迴向无上正等菩提善男
子假使有人以三千大千世界中七寶供養
如來若復有人勸請如來轉大法輪所得功
德其福勝彼何以故彼是財施此是法施善
男子且置三千大千世界七寶布施若人以
滿恒河沙數大千世界七寶供養一切諸佛
勸請功德亦勝於彼由其法施有五勝利云
何為五一者法施兼利自他財施不尒二者
法施能令衆生出於三界財施之福不出欲
界三者法施能淨法身財施但唯增長於色
四者法施无窮財施有盡五者法施能斷无
明財施唯伏貪愛是故善男子勸請功德无
量无邊難可辟喻如我昔行菩薩道時勸請
諸佛轉大法輪由彼善根是故今日一切帝
釋諸梵王等勸請於我轉大法輪善男子

四者法施无窮財施有盡五者法施能斷无
明財施唯伏貪愛是故善男子勸請功德无
量无邊難可辟喻如我昔行菩薩道時勸請
諸佛轉大法輪由彼善根是故今日一切帝
釋諸梵王等勸請於我轉大法輪善男子
請轉法輪為欲度脫安樂諸衆生故我於
往昔為菩提行勸請如來久住於世莫般
涅槃依此善根我得十力四无所畏四无礙
辯大慈大悲證得无數不共之法我當入於
无餘涅槃我之正法久住於世我法身者清
淨无比種種妙相无量智慧无量自在无量
功德難可思議一切衆生皆蒙利益百千万
說不能盡法身攝藏一切諸法一切諸法不攝
法身法身常住不墮常見雖復斷滅亦非斷
見能破衆生種種異見能生衆生種種真見
能解一切衆生之縛无縛可解能植衆生諸
善根本未成熟者令成熟已成熟者令解
脫无作无動遠離閙鬧寂靜无為自在安樂
過於三世能現三世出於聲聞獨覺之境諸
大菩薩之所脩行一切如來體无有異此等皆
由勸請功德善根力故如是法身我今已得
是故若有欲得阿耨多羅三藐三菩提者於
諸經中一句一頌為人解說功德善根尚無
限量何況勸請如來轉大法輪久住於世莫
般涅槃
時天帝釋復白佛言世尊若善男子善女人

過於三世能現三世出於聲聞獨覺之境諸
大菩薩之所脩行一切如來體无有異此等皆
由勸請功德善根力故如是法身我今已得
是故若有欲得阿耨多羅三藐三菩提者於
諸經中一句一頌為人解說功德善根尚無
限量何況勸請如來轉大法輪久住於世莫
般涅槃
時天帝釋復白佛言世尊若善男子善女人
為求阿耨多羅三藐三菩提故脩三乘道所
有善根云何迴向一切智佛告天帝善男子
若有衆生欲求菩提脩三乘道所有善根
願迴向者當於晝夜六時慇重至心作如是
說我從无始生死以來於三寶所脩行成就
所有善根乃至施與傍生一摶之食或以善
言和解諍訟或受三歸及諸學處或懺悔
勸請隨喜所有善根我今作意悉皆攝取迴
施一切衆生无悔悋心是解脫分善根所攝
如佛世尊之所知見不可稱量无礙清淨如是
所有功德善根悉以迴施一切衆生不住相
心不捨相心我亦如是功德善根悉以迴施
一切衆生願皆獲得如意之手撝空出寶

BD05196 號　金光明最勝王經卷三　（6–6）

……莎訶　尒時有……
經陀羅尼曰　南謨薄伽勃底　阿波唎……
羅佐耶　怛他羯他耶　怛姪他唵　薩婆……
娜　莎訶某特迦底　薩婆桑悉迦囉……
尒時復有一百四俱胝佛一時同聲說是无量壽宗要經陀羅尼曰　南謨薄伽勃底　阿[illegible]
唎蜜多　阿喻紇硯娜　須毘你悉指陀　羅佐耶　怛他羯他耶　怛姪他唵　薩[illegible]
悉迦羅　波唎輸底　達磨底　伽伽娜　莎訶某特迦底　薩婆娑婆毘輸底　摩訶娜耶　波
唎婆唎莎訶　尒時復有七十七俱胝佛一時同聲說是无量壽宗要經陀羅尼曰
南謨薄伽勃底　阿波唎蜜多　阿喻紇硯娜　須毘你悉指陀　羅佐耶　怛他羯
他耶　怛姪他唵　薩婆桑悉迦羅　波唎輸底　達磨底　伽伽娜　莎訶某特
迦底　薩婆娑婆毘輸底　摩訶娜耶　波唎婆唎莎訶　尒時復有六十五俱胝佛一時
同聲說是无量壽宗要經陀羅尼曰　南謨薄伽勃底　阿波唎蜜多　阿喻紇
硯娜　須毘你悉指陀　羅佐耶　怛他羯他耶　怛姪他唵　薩婆桑悉迦羅　波唎輸
底　達磨底　伽伽娜　莎訶某特迦底　薩婆娑婆毘輸底　摩訶娜耶　波唎婆
唎莎訶　尒時復有五十五俱胝佛一時同聲說是无量壽宗要經陀羅尼曰
南謨薄伽勃底　阿波唎蜜多　阿喻紇硯娜　須毘你悉指陀　羅佐耶　怛他羯他耶
怛姪他唵　薩婆桑悉迦羅　波唎輸底　達磨底　伽伽娜　莎訶某特迦底　薩
婆娑婆毘輸底　摩訶娜耶　波唎婆唎莎訶　尒時復有四十五俱胝佛一時同聲說
是无量壽宗要經陀羅尼曰　南謨薄伽勃底　阿波唎蜜多　阿喻紇硯娜　須毘
你悉指陀　羅佐耶　怛他羯他耶　怛姪他唵　薩婆桑悉迦羅　波唎輸底　達磨
底　伽伽娜　莎訶某特迦底　薩婆娑婆毘輸底　摩訶娜耶　波唎婆唎莎訶
尒時復有三十六俱胝佛一時同聲說是无量壽宗要經陀羅尼曰　南謨薄伽勃底　阿波唎

BD05197 號　無量壽宗要經　（5–1）

怛姪他唵 薩婆桑悉迦羅 波利輸底 達摩底 伽伽娜 莎訶 某特伽底 薩
薩婆婆毗輸底 摩訶娜耶 波利婆娑莎訶 尒時復有四十五姟佛一時同聲說
是无量壽宗要經陁羅尼曰 南謨薄伽勃底 阿波利蜜多 阿喻紇硯娜 須毗
你悉指陁羅佐耶 怛他羯他耶 怛姪他唵 薩婆桑悉迦羅 波利輸底 達摩
底 伽伽娜 莎訶 某特伽 薩婆婆毗輸底 摩訶娜耶 波利婆娑莎訶
尒時復有三十六姟佛一時同聲說是无量壽宗要經陁羅尼曰 南謨薄伽勃底 阿波利
蜜多 阿喻紇硯娜 須毗你悉指陁 羅佐耶 怛他羯他耶 怛姪他唵 薩婆桑悉迦
羅 波利輸底 達摩底 伽伽娜 莎訶 某特伽底 薩婆婆毗輸底 摩訶娜耶 波利
婆娑莎訶 尒時復有二十五姟佛一時同聲說是无量壽宗要經陁羅尼曰 南謨薄
伽勃底 阿波利蜜多 阿喻紇硯娜 須毗你悉指陁羅佐耶 怛他羯他耶 怛姪
他唵 薩婆桑悉迦羅 波利輸底 達摩底 伽伽娜 莎訶 某特伽底 薩婆婆毗
輸底 摩訶娜耶 波利婆娑莎訶 尒時復有恒何沙姟佛一時同聲說是无量壽
宗要經陁羅尼曰 南謨薄伽勃底 阿波羅蜜多 阿喻紇硯娜 須毗你悉指陁
羅佐耶 怛他羯他耶 怛姪他唵 薩婆桑悉迦羅 波利輸底 達摩底 伽伽娜 莎訶 某
特伽底 薩婆婆毗輸底 摩訶娜耶 波利婆娑莎訶 善男子若有自書寫
教人書是无量壽宗要經如其命盡復德長壽而滿百年陁羅尼曰 南謨薄伽勃底
阿波利蜜多 阿喻紇硯娜 須毗你悉指陁羅佐耶 怛他羯他耶 怛姪他唵 薩婆桑
悉迦羅 波利輸底 達摩底 伽伽娜 莎訶 某特伽底 薩婆婆毗輸底 摩訶娜耶
波利婆娑莎訶 若有自書寫教人書寫是无量壽宗要經讀誦受持畢竟不
隨地獄在在所生德宿命智陁羅尼曰 南謨薄伽勃底 阿波利蜜多 阿喻紇硯娜 須毗
你悉指陁羅佐耶 怛他羯他耶 怛姪他唵 薩婆桑悉迦羅 波利輸底 達摩底 伽伽
娜 莎訶 某特伽底 薩婆婆毗輸底 摩訶娜耶 波利婆娑莎訶 若有自書寫
教人書寫是无量壽宗要經讀誦受持如同書寫八万四千切經典陁羅尼曰 南謨
薄伽勃底 阿波利蜜多 阿喻紇硯娜 須毗你悉指陁羅佐耶 怛他羯他耶 怛姪他唵
薩婆桑悉迦羅 波利輸底 達摩底 伽伽娜 莎訶 某特伽底 薩婆婆毗輸底 摩訶娜耶
波利婆娑莎訶 若有自書寫教人書寫是无量壽宗要經即是八万四千部建立塔
廟陁羅尼曰 南謨薄伽勃底 阿波利蜜多 阿喻紇硯娜 須毗你悉指陁羅佐耶 怛他
羯他耶 怛姪他唵 薩婆桑悉迦羅 波利輸底 達摩底 伽伽娜 莎訶 某特伽底
薩婆婆毗輸底 摩訶娜耶 波利婆娑莎訶 若有自書寫教人書寫是无量壽宗
要經能消五无間等一切重罪陁羅尼曰 南謨薄伽勃底 阿波利蜜多 阿喻紇硯娜

BD05197 號　無量壽宗要經　（5–2）

教人書寫是无量壽宗要經讀誦受持如同書寫八万四千切經典陁羅尼曰 南謨
薄伽勃底 阿波利蜜多 阿喻紇硯娜 須毗你悉指陁羅佐耶 怛他羯他耶 怛姪他唵
薩婆桑悉迦羅 波利輸底 達摩底 伽伽娜 莎訶 某特伽底 薩婆婆毗輸底 摩訶娜耶
波利婆娑莎訶 若有自書寫教人書寫是无量壽宗要經即是八万四千部建立塔
廟陁羅尼曰 南謨薄伽勃底 阿波利蜜多 阿喻紇硯娜 須毗你悉指陁羅佐耶 怛他
羯他耶 怛姪他唵 薩婆桑悉迦羅 波利輸底 達摩底 伽伽娜 莎訶 某特伽底
薩婆婆毗輸底 摩訶娜耶 波利婆娑莎訶 若有自書寫教人書寫是无量壽宗
要經能消五无間等一切重罪陁羅尼曰 南謨薄伽勃底 阿波利蜜多 阿喻紇硯娜
須毗你悉指陁羅佐耶 怛他羯他耶 怛姪他唵 薩婆桑悉迦羅 波利輸底 達摩
底 伽伽娜 莎訶 某特伽底 薩婆婆毗輸底 摩訶娜耶 波利婆娑莎訶
若有自書寫教人書寫是无量壽宗要經受持讀誦設有重罪猶如須弥盡能除滅
陁羅尼曰 南謨薄伽勃底 阿波利蜜多 阿喻紇硯娜 須毗你悉指陁羅佐耶
怛他羯他耶 怛姪他唵 薩婆桑悉迦羅 波利輸底 達摩底 伽伽娜 莎訶 某特
伽底 薩婆婆毗輸底 摩訶娜耶 波利婆娑莎訶 若有自書寫教人書寫是无
壽宗經受持讀誦若魔之眷屬夜叉羅剎不其便終无枉死陁羅尼曰 南謨薄伽
勃底 阿波利蜜多 阿喻紇硯娜 須毗你悉指陁羅佐耶 怛他羯他耶 怛姪他唵
薩婆桑悉迦羅 波利輸底 達摩底 伽伽娜 莎訶 某特伽底 薩婆婆毗輸底 摩訶
娜耶 波利婆娑莎訶 若有自書寫教人書寫是无量壽宗要經受持讀誦當
命時有九十九姟佛現其人前來手佛受手能遊一切佛剎莫於此經生於疑惑陁羅尼曰
南謨薄伽勃底 阿波利蜜多 阿喻紇硯娜 須毗你悉指陁 羅佐耶 怛他羯他耶 怛姪他唵 薩
婆桑悉迦羅 波利輸底 達摩底 伽伽娜 莎訶 某特伽底 薩婆婆毗輸底 摩訶娜耶 波利
婆娑莎訶 若有自書寫教人書寫是无量壽宗要經受持讀誦常得四天大王隨其
衛護陁羅尼曰 南謨薄伽勃底 阿波利蜜多 阿喻紇硯娜 須毗你悉指陁 羅佐耶 怛他羯他
耶 怛姪他唵 薩婆桑悉迦羅 波利輸底 達摩底 伽伽娜 莎訶 某特伽底 薩婆婆毗輸底
摩訶娜耶 波利婆娑莎訶 若有自書寫教人書寫是无量壽宗要經受持讀誦當
得往生西方極樂世界阿弥陁淨土陁羅尼曰 南謨薄伽勃底 阿波利蜜多 阿喻紇硯娜
須毗你悉指陁 羅佐耶 怛他羯他耶 怛姪他唵 薩婆桑悉迦羅 波利輸底 達摩底 伽伽娜
莎訶 某特伽底 薩婆婆毗輸底 摩訶娜耶 波利婆娑莎訶
若有方所自書寫使人書寫是无量壽經典所在之處則為是塔皆應恭敬作礼若
是畜生或為鳥獸得是經如是等類皆當不久得成一切種智陁羅尼曰 南謨薄伽勃

BD05197 號　無量壽宗要經　（5–3）

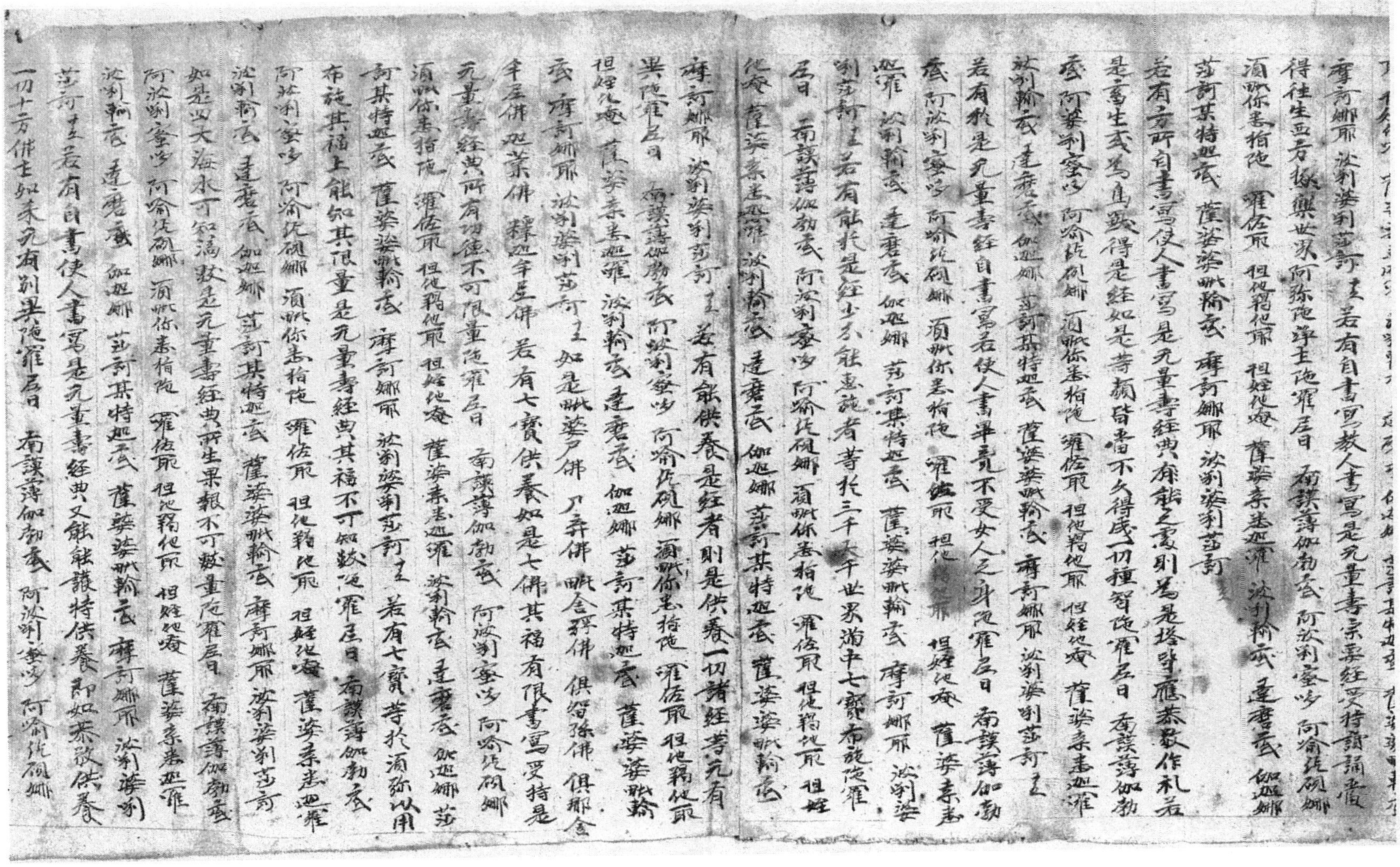
摩訶娜耶 波唎婆唎莎訶 若有自書寫教人書寫是无量壽宗要經受持讀誦當
得往生西方極樂世界阿弥陀淨土陀羅尼曰 南謨薄伽勃底 阿波唎蜜多 阿喩紇硯娜
須毗你悉指陀 囉佐耶 怛他羯他耶 怛姪他唵 薩婆桑塞迦羅 波唎輸底 達磨底 伽伽娜
莎訶其特迦底 薩婆婆毗輸底 摩訶娜耶 波唎婆唎莎訶
若有自書寫使人書寫是无量壽經典所在之處則為是塔皆應恭敬作礼若
是畜生或為鳥獸得是經如是等類皆當不久得成一切種智陀羅尼曰 南謨薄伽勃
底 阿波唎蜜多 阿喩紇硯娜 須毗你悉指陀 囉佐耶 怛他羯他耶 怛姪他唵 薩婆桑塞迦羅
波唎輸底 達磨底 伽伽娜 莎訶其特迦底 薩婆婆毗輸底 摩訶娜耶 波唎婆唎莎訶
若有於是无量壽經自書寫若使人書寫畢竟不受女人之身陀羅尼曰 南謨薄伽勃
底 阿波唎蜜多 阿喩紇硯娜 須毗你悉指陀 囉佐耶 怛他羯他耶 怛姪他唵 薩婆桑塞
迦羅 波唎輸底 達磨底 伽伽娜 莎訶其特迦底 薩婆婆毗輸底 摩訶娜耶 波唎婆
唎莎訶 若有能於是經少分能惠施者等於三千大千世界滿中七寶布施陀羅
尼曰 南謨薄伽勃底 阿波唎蜜多 阿喩紇硯娜 須毗你悉指陀 囉佐耶 怛他羯他耶 怛姪
他唵 薩婆桑塞迦羅 波唎輸底 達磨底 伽伽娜 莎訶其特迦底 薩婆婆毗輸底
摩訶娜耶 波唎婆唎莎訶 若有能供養是經者則是供養一切諸經等无有
異陀羅尼曰 南謨薄伽勃底 阿波唎蜜多 阿喩紇硯娜 須毗你悉指陀 囉佐耶 怛他羯他耶
怛姪他唵 薩婆桑塞迦羅 波唎輸底 達磨底 伽伽娜 莎訶其特迦底 薩婆婆毗輸
底 摩訶娜耶 波唎婆唎莎訶 如是毗婆尸佛 尸弃佛 毗舍浮佛 俱留孫佛 俱那含
牟尼佛 迦葉佛 釋迦牟尼佛 若有七寶供養如是七佛其福有限書寫受持是
无量壽經典所有功德不可限量陀羅尼曰 南謨薄伽勃底 阿波唎蜜多 阿喩紇硯娜
須毗你悉指陀 囉佐耶 怛他羯他耶 怛姪他唵 薩婆桑塞迦羅 波唎輸底 達磨底 伽伽娜 莎
訶其特迦底 薩婆婆毗輸底 摩訶娜耶 波唎婆唎莎訶 若有七寶等於須弥以用
布施其福上能知其限量是无量壽經典其福不可知數陀羅尼曰 南謨薄伽勃底
阿波唎蜜多 阿喩紇硯娜 須毗你悉指陀 囉佐耶 怛他羯他耶 怛姪他唵 薩婆桑塞迦羅
波唎輸底 達磨底 伽伽娜 莎訶其特迦底 薩婆婆毗輸底 摩訶娜耶 波唎婆唎莎訶
如是四大海水可知滴數是无量壽經典所生果報不可數量陀羅尼曰 南謨薄伽勃底
阿波唎蜜多 阿喩紇硯娜 須毗你悉指陀 囉佐耶 怛他羯他耶 怛姪他唵 薩婆桑塞迦羅
波唎輸底 達磨底 伽伽娜 莎訶其特迦底 薩婆婆毗輸底 摩訶娜耶 波唎婆唎
莎訶 若有自書使人書寫是无量壽經典又能[illegible]護持供養即如恭敬供養
一切十方佛土如來无有別異陀羅尼曰 南謨薄伽勃底 阿波唎蜜多 阿喩紇硯娜

BD05197 號　無量壽宗要經　（5–4）

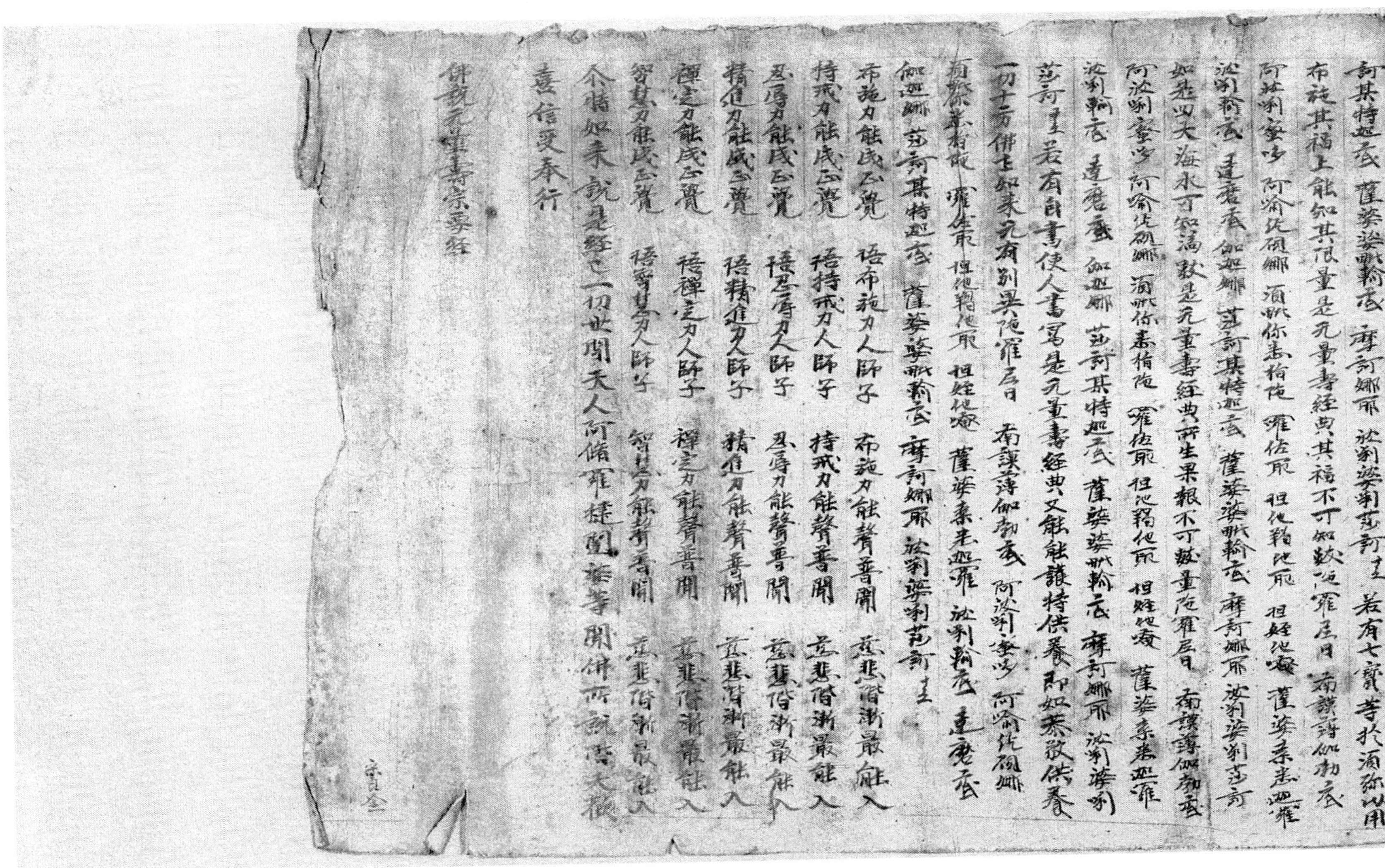
訶其特迦底 薩婆婆毗輸底 摩訶娜耶 波唎婆唎莎訶 若有七寶等於須弥以用
布施其福上能知其限量是无量壽經典其福不可知數陀羅尼曰 南謨薄伽勃底
阿波唎蜜多 阿喩紇硯娜 須毗你悉指陀 囉佐耶 怛他羯他耶 怛姪他唵 薩婆桑塞迦羅
波唎輸底 達磨底 伽伽娜 莎訶其特迦底 薩婆婆毗輸底 摩訶娜耶 波唎婆唎莎訶
如是四大海水可知滴數是无量壽經典所生果報不可數量陀羅尼曰 南謨薄伽勃底
阿波唎蜜多 阿喩紇硯娜 須毗你悉指陀 囉佐耶 怛他羯他耶 怛姪他唵 薩婆桑塞迦羅
波唎輸底 達磨底 伽伽娜 莎訶其特迦底 薩婆婆毗輸底 摩訶娜耶 波唎婆唎
莎訶 若有自書使人書寫是无量壽經典又能[illegible]護持供養即如恭敬供養
一切十方佛土如來无有別異陀羅尼曰 南謨薄伽勃底 阿波唎蜜多 阿喩紇硯娜
須毗你悉指陀 囉佐耶 怛他羯他耶 怛姪他唵 薩婆桑塞迦羅 波唎輸底 達磨底
伽伽娜 莎訶其特迦底 薩婆婆毗輸底 摩訶娜耶 波唎婆唎莎訶
布施力能成正覺 悟布施力人師子 布施力能聲普聞 慈悲階漸最能入
持戒力能成正覺 悟持戒力人師子 持戒力能聲普聞 慈悲階漸最能入
忍辱力能成正覺 悟忍辱力人師子 忍辱力能聲普聞 慈悲階漸最能入
精進力能成正覺 悟精進力人師子 精進力能聲普聞 慈悲階漸最能入
禪定力能成正覺 悟禪定力人師子 禪定力能聲普聞 慈悲階漸最能入
智慧力能成正覺 悟智慧力人師子 智慧力能聲普聞 慈悲階漸最能入
尒時如來說是經已一切世間天人阿脩羅揵闥婆等聞佛所說皆大歡
喜信受奉行
佛說无量壽宗要經

BD05197 號　無量壽宗要經　（5–5）

……夢……不祥徵
夫人兩乳忽然流出
有侍女聞外人言求覓
驚怖即入宮中白夫人曰
人散覓王子遍求不得時
生大憂惱悲淚盈目至大王
聞外人作如是語失我最小所
語已驚惶失所悲哽而言苦哉
子即便抆淚慰喻夫人告言
吾今共出求覓愛子王与大
共出城各各分散隨處求覓
大臣前白王曰聞王子在
者今猶未見王聞是語
失我愛子
初有子時歡喜少
若使我兒重壽命
夫人聞已憂惱纏懷如被
我之三子并侍從
最小愛子獨不還
次第二臣來至王所王問臣
二大臣懊惱啼泣喉舌乾燥

BD05198號　金光明最勝王經卷一〇　（13–1）

夫人聞已憂惱纏懷如被
我之三子并侍從
最小愛子獨不還
次第二臣來至王所王問臣
二大臣懊惱啼泣喉舌乾燥
所善夫人問曰
速報小子今何在　我身
悶亂荒迷失本心　勿使
時第二臣即以王子捨身之事
及夫人聞其事已不勝悲噎
駕前行詣竹林所至彼菩薩捨身之地見其骸
骨隨處交橫俱時投地悶絕將死猶如猛風
吹倒大樹心迷失緒都無所知時大臣等以
水遍灑王及夫人良久乃蘇舉手而哭咨嗟
歎曰
禍哉愛子端嚴相　因何死苦先來逼
若我得在汝前亡　豈見如斯大苦事
尒時夫人迷悶稍止頭髮蓬亂兩手椎胷宛
轉于地如魚處陸若牛失子悲泣而言
我子誰屠割　餘骨散于地　失我所愛子　憂悲不自勝
苦哉誰殺子　致斯憂惱事　我心非金剛　云何而不破
我夢中所見　兩乳皆被割　牙齒悉墮落　今遭大苦痛
又夢三鴿鷚　一被鷹擒去　今失所愛子　惡相表非虛
尒時大王及於夫人并二王子盡哀號哭瓔
珞不御与諸人衆共收菩薩遺身舍利爲於
供養置窣覩波中阿難陀汝等應知此即是
彼菩薩舍利復告阿難陀我於昔時雖具煩
惱貪瞋癡等能於地獄餓鬼傍生五趣之中

BD05198號　金光明最勝王經卷一〇　（13–2）

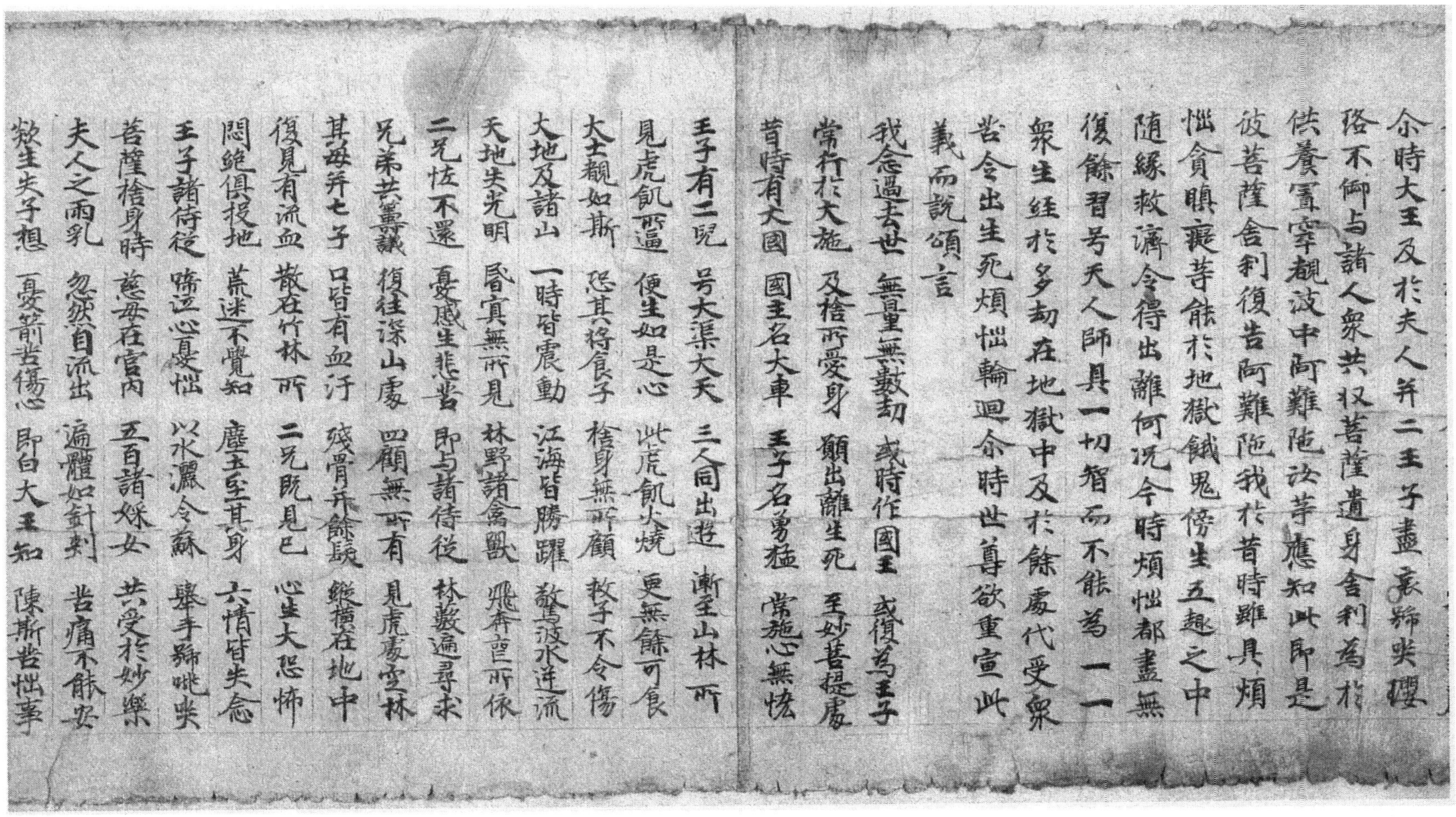

尒時大王及夫人并二王子盡哀號哭瓔
珞不御与諸人衆共收菩薩遺身舍利為於
供養置窣覩波中阿難陁汝等應知此即是
彼菩薩舍利復告阿難陁我於昔時雖具煩
惱貪瞋癡等能於地獄餓鬼傍生五趣之中
隨緣救濟令得出離何況今時煩惱都盡無
復餘習号天人師具一切智而不能為一一
衆生經於多劫在地獄中及於餘處代受衆
苦令出生死煩惱輪迴尒時世尊欲重宣此
義而說頌言

我念過去世　無量無數劫　或時作國王　或復為王子
常行於大施　及捨所愛身　願出離生死　至妙菩提處
昔時有大國　國主名大車　王子名勇猛　常施心無悋
王子有二兄　号大渠大天　三人同出遊　漸至山林所
見虎飢所逼　便生如是心　此虎飢火燒　更無餘可食
大士覩如斯　恐其將食子　捨身無所顧　救子不令傷
大地及諸山　一時皆震動　江海皆騰躍　驚波水逆流
天地失光明　昏冥無所見　林野諸禽獸　飛奔普所依
二兄怪不還　憂感生悲苦　即与諸侍從　林藪遍尋求
兄弟共籌議　復往深山處　四顧無所有　見虎處空林
其母并七子　口皆有血汙　殘骨并餘髮　縱橫在地中
復見有流血　散在竹林所　二兄既見已　心生大恐怖
悶絕俱投地　荒迷不覺知　塵土坌其身　六情皆失念
王子諸侍從　啼泣心憂惱　以水灑令蘇　舉手號咷哭
菩薩捨身時　慈母在宮內　五百諸婇女　共受於妙樂
夫人之兩乳　忽然自流出　遍體如針刺　苦痛不能安
歘生失子想　憂箭苦傷心　即白大王知　陳斯苦惱事

BD05198號　金光明最勝王經卷一〇　(13-3)

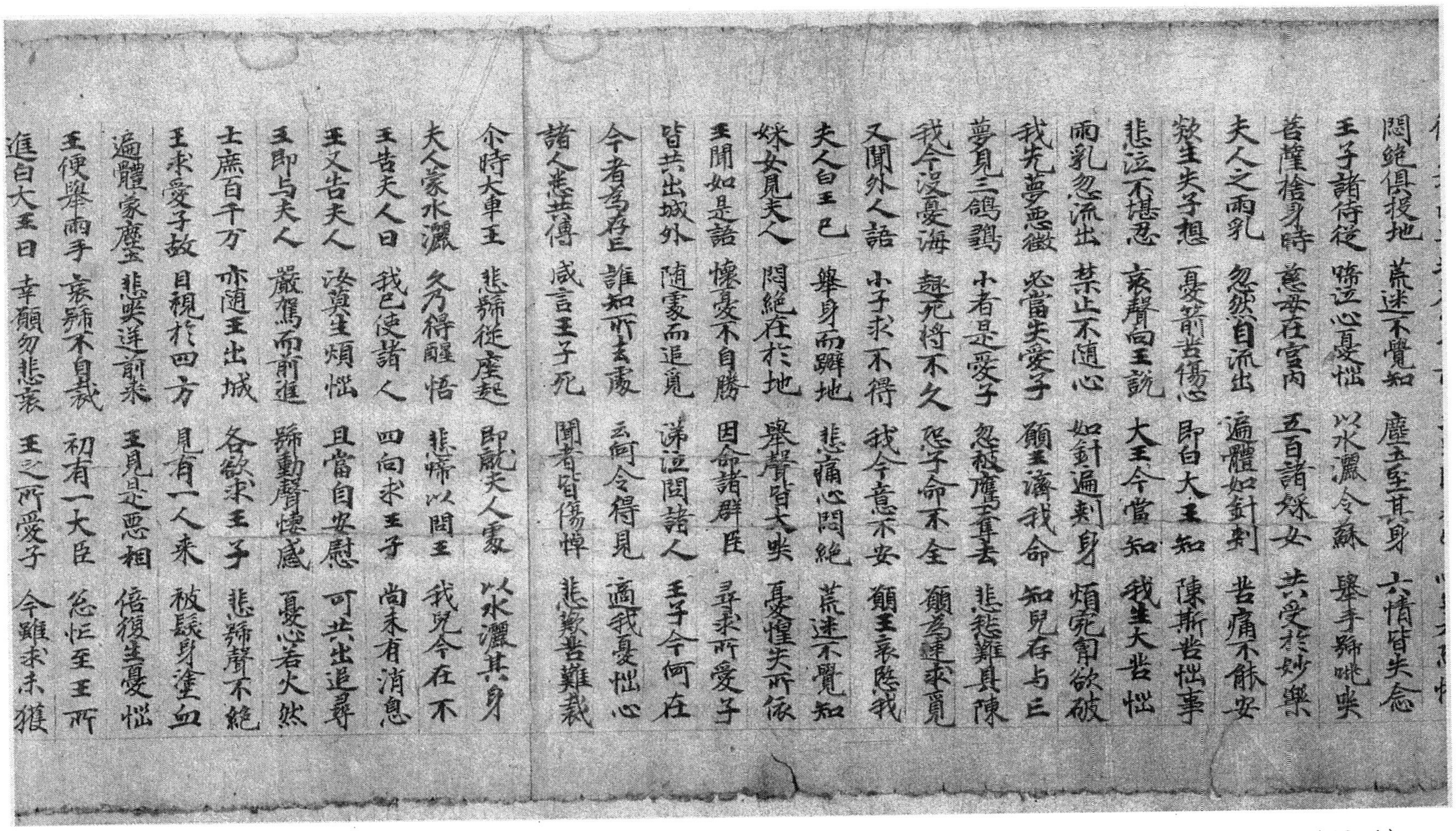

悶絕俱投地　荒迷不覺知　塵土坌其身　六情皆失念
王子諸侍從　啼泣心憂惱　以水灑令蘇　舉手號咷哭
菩薩捨身時　慈母在宮內　五百諸婇女　共受於妙樂
夫人之兩乳　忽然自流出　遍體如針刺　苦痛不能安
歘生失子想　憂箭苦傷心　即白大王知　陳斯苦惱事
悲泣不堪忍　哀聲向王說　大王今當知　我生大苦惱
兩乳忽流出　禁止不隨心　如針遍刺身　煩冤胸欲破
我先夢惡徵　必當失愛子　願王濟我命　知兒存与亡
夢見三鴿鶵　小者是愛子　忽被鷹擒去　悲愁難具陳
我今沒憂海　趣死將不久　恐子命不全　願為速求覓
又聞外人語　小子求不得　我今意不安　願王哀愍我
夫人白王已　舉身而躃地　悲痛心悶絕　荒迷不覺知
婇女見夫人　悶絕在於地　舉聲皆大哭　憂惶失所依
王聞如是語　懷憂不自勝　因命諸群臣　尋求所愛子
皆共出城外　隨處而追覓　涕泣問諸人　王子今何在
今者為存亡　誰知所去處　云何令得見　遣我憂惱心
諸人悲共傳　咸言王子死　聞者皆傷悼　悲歎苦難裁
尒時大車王　悲號從座起　即就夫人處　以水灑其身
夫人蒙水灑　久乃得醒悟　悲啼以問王　我兒今在不
王告夫人曰　我已使諸人　四向求王子　尚未有消息
王又告夫人　汝莫生煩惱　且當自安慰　可共出追尋
王即与夫人　嚴駕而前進　號動聲悽感　憂心若火然
士庶百千万　亦隨王出城　各欲求王子　悲號聲不絕
王求愛子故　目視於四方　見有一人來　被髮身塗血
遍體蒙塵土　悲哭逆前來　王見是惡相　倍復生憂惱
王便舉兩手　哀號不自裁　初有一大臣　急忙至王所
進白大王曰　幸願勿悲哀　王之所愛子　今雖求未獲

BD05198號　金光明最勝王經卷一〇　(13-4)

士庶百千万　咸隨王出城　各欲求王子　悲號聲不絕
王求愛子故　目視於四方　見有一人來　被髮身塗血
遍體蒙塵土　悲哭逆前來　王見是惡相　倍復生憂惱
王便舉兩手　哀號不自裁　初有一大臣　急怛至王所
進白大王曰　幸願勿悲哀　王之所愛子　今雖求未獲
不久當來至　以釋大王憂　王復更前行　見次大臣至
其臣詣王所　流淚白王言　二子今現存　被憂火所逼
其第三王子　已被無常吞　見餓虎初生　將欲食其子
彼薩埵王子　見此起悲心　願求無上道　當度一切衆
繫想妙菩提　廣大深如海　即上高山頂　投身餓虎前
虎羸不能食　以竹自傷頸　遂噉王子身　唯有餘骸骨
時王及夫人　聞已俱悶絕　心沒於憂海　煩惱火燒然
臣以栴檀水　灑王及夫人　俱起大悲號　舉手椎胸臆
第三大臣來　白王如是語　我見二王子　悶絕在林中
臣以冷水灑　尒乃惠蘇息　顧視於四方　如猛火周遍
暫起而還伏　悲號不息勝　舉手以哀言　稱歎弟希有
王聞如是說　倍增憂火煎　夫人大號咷　高聲作是語
我之小子偏鍾愛　已為無常羅剎吞
餘有二子今現存　復被憂火所燒逼
我今速可之山下　安慰令其保餘命
即便馳駕望前路　一心詣彼捨身崖
路逢二子行啼泣　椎胸懊惱失容儀
父母見已抱憂悲　俱往山林捨身處
既至菩薩捨身地　共聚悲號生大苦
脫去瓔珞盡哀心　收取菩薩身餘骨
與諸人衆同供養　共造七寶窣覩波
以彼舍利置函中　整駕懷憂趣城邑
復告阿難陀　往時薩埵者　即我牟尼是　勿生於異念

BD05198 號　金光明最勝王經卷一〇　（13–5）

既至菩薩捨身地　共聚悲號生大苦
脫去瓔珞盡哀心　收取菩薩身餘骨
與諸人衆同供養　共造七寶窣覩波
以彼舍利置函中　整駕懷憂趣城邑
復告阿難陀　往時薩埵者　即我牟尼是　勿生於異念
王是父淨飯　后是母摩耶　太子謂慈氏　次是殊室利
虎是大世主　五兒五苾芻　一是大目連　一是舍利子
我為汝等說　往昔利他緣　如是菩薩行　成佛因當學
菩薩捨身時　發如是弘誓　願我身餘骨　來世益衆生
此是捨身處　七寶窣覩波　以經無量時　遂沉於厚地
由昔本願力　隨緣興濟度　為利於人天　從地而涌出
尒時世尊說是往昔因緣之時無量阿僧企
耶人天大衆皆大悲喜歎未曾有悉發阿耨
多羅三藐三菩提心復告樹神我為報恩故
致礼敬佛攝神力其窣覩波還沒于地
金光明最勝王經十方菩薩讚歎品第廿七
尒時釋迦牟尼如來說是經時於十方世界
有無量百千万億諸菩薩衆各從本土詣鷲
峯山至世尊所五輪著地礼世尊已一心合
掌異口同音而讚歎曰
佛身微妙真金色　其光普照等金山
清淨柔耎若蓮花　無量妙彩而嚴飾
三十二相遍莊嚴　八十種好皆圓備
光明晒著無與等　離垢猶如淨滿月
其聲清徹甚微妙　如師子吼震雷音
八種微妙應群機　超勝迦陵頻伽等
百福妙相以嚴容　光明具足淨無垢

BD05198 號　金光明最勝王經卷一〇　（13–6）

光明昭著無與等　離垢猶如淨滿月
其聲清徹甚微妙　如師子吼震雷音
八種微妙應群機　超勝迦陵頻伽等
百福妙相以嚴容　光明具足淨無垢
智慧澄明如大海　功德廣大若虛空
圓光遍滿十方界　隨緣普濟諸有情
煩惱愛染習皆除　法炬恒然不休息
哀愍利益諸衆生　現在未來能与樂
常為宣說第一義　令證涅槃真寂靜
佛說甘露殊勝法　能与甘露微妙義
引入甘露涅槃城　令受甘露無為樂
常於生死大海中　解脫一切衆生苦
令彼能住安隱路　恒与難思如意樂
如來德海甚深廣　非諸譬喻所能知
於衆常起大悲心　方便精勤恒不息
如來智海無邊際　一切人天共測量
假使千万億劫中　不能得知其少分
我今略讚佛功德　於德海中唯一渧
迴斯福聚施群生　皆願速證菩提果
尒時世尊告諸菩薩言善哉善哉汝等善能
如是讚佛功德利益有情廣興佛事能滅諸
罪生無量福
金光明最勝王經妙幢菩薩讚歎品第廿八
尒時妙幢菩薩即從座起偏袒右肩右膝著
地合掌向佛而說讚曰
牟尼百福相圓滿　無量功德以嚴身
廣大清淨人樂觀　猶如千日光明照

BD05198號　金光明最勝王經卷一〇　（13–7）

尒時妙幢菩薩即從座起偏袒右肩右膝著
地合掌向佛而說讚曰
牟尼百福相圓滿　無量功德以嚴身
廣大清淨人樂觀　猶如千日光明照
焰彩無邊光熾盛　如妙寶聚相端嚴
如日初出映虛空　紅白分明間金色
亦如金山光普照　悉能周遍百千土
能滅衆生無量苦　皆与無邊勝妙樂
諸相具足悉嚴淨　衆生樂觀無猒足
頭髮柔耎紺青色　猶如黑蜂集妙花
大喜大捨淨莊嚴　大慈大悲皆具足
衆妙相好為嚴飾　菩提分法之所成
如來能施衆福利　令彼常蒙大安樂
種種妙德共莊嚴　光明普照千万土
如來光相極圓滿　猶如赫日遍空中
佛如須弥功德具　示現能周於十方
如來金口妙端嚴　齒白齊密如珂雪
如來面貌無倫匹　眉間毫相常右旋
光潤鮮白等頗梨　猶如滿月居空界
佛告妙幢菩薩汝能如是讚佛功德不可思
議利益一切令未知者隨順修學
金光明最勝王經菩提樹神讚歎品第廿九
尒時菩提樹神亦以伽他讚世尊曰
敬礼如來清淨慧　敬礼常求正法慧
敬礼能離非法慧　敬礼恒無分別慧
希有世尊無邊行　希有難見比優曇
希有如海鎮山王　希有善逝光無量

BD05198號　金光明最勝王經卷一〇　（13–8）

敬礼如来清淨慧　敬礼常求正法慧
敬礼能離非法慧　敬礼恒無分別慧
希有世尊無邊行　希有難見比優曇
希有如海鎮山王　希有善逝光無量
希有調御弘慈願　希有釋種明逾日
能說如是經中寶　哀愍利益諸群生
牟尼寂靜諸根定　能入寂靜涅槃城
能住寂靜等持門　能知寂靜深境界
兩足中尊住空寂　聲聞弟子身亦空
一切法體性皆無　一切衆生悉空寂
我常憶念於諸佛　我常樂見諸世尊
我常發起慇重心　常得值遇如来日
我常頂礼於世尊　願常渴仰心不捨
悲泣流淚情無間　常得奉事不知猒
唯願世尊起悲心　和顏常得令我見
佛及聲聞衆清淨　願常普濟於人天
佛身本淨若虛空　亦如幻𦦨及水月
願說涅槃甘露法　能生一切功德聚
世尊所有淨境界　慈悲正行不思議
聲聞獨覺非所量　大仙菩薩不能測
唯願如来哀愍我　常令覩見大悲身
三業無倦奉慈尊　速出生死歸真際
尒時世尊聞是讚已以梵音聲告樹神曰善
哉善哉善女天汝能於我真實無妄清淨法
身自利利他宣揚妙相以此功德令汝速證
最上菩提一切有情同所修習若得聞者皆
入甘露無生法門

BD05198號　金光明最勝王經卷一〇　（13–9）

尒時世尊聞是讚已以梵音聲告樹神曰善
哉善哉善女天汝能於我真實無妄清淨法
身自利利他宣揚妙相以此功德令汝速證
最上菩提一切有情同所修習若得聞者皆
入甘露無生法門
金光明最勝王經大辯才天女讚歎品第卅
尒時大辯才天女即從座起合掌恭敬以直
言詞讚世尊曰
南謨釋迦牟尼如来應正等覺身真金色咽
如螺貝面如滿月目類青蓮脣口赤好如頗
梨色鼻高脩直如截金鋌齒白齊密如拘物
頭花身光普照如百千日光彩暎徹如贍部
金所有言詞皆無謬失示三解脫門開三菩
提路心常清淨意樂亦然佛所住處及所行
境亦常清淨離非威儀進止無謬六年苦行
三轉法輪度苦衆生令歸彼岸身相圓滿
如拘陁樹六度熏修三業無失具一切智自他
利滿所有宣說常為衆生言不虛設於釋種
中為大師子堅固勇猛具八解脫我今隨力
稱讚如来少分功德猶如蚊子飲大海水願
以此福廣及有情永離生死成無上道
尒時世尊告大辯天曰善哉善哉汝久修習
具大辯才今復於我廣陳讚歎令汝速證
無上法門相好圓明普利一切
金光明最勝王經付囑品第卅一
尒時世尊普告無量菩薩及諸人天一切大
衆汝等當知我於無量無數大劫勤修苦行

BD05198號　金光明最勝王經卷一〇　（13–10）

無上法門相好圓明普利一切
金光明最勝王經付囑品第卅一
尒時世尊普告無量菩薩及諸人天一切大
衆汝等當知我於無量無數大劫勤修苦行
獲甚深法菩提正因已為汝說汝等誰能發
勇猛心恭敬守護我涅槃後於此法門廣宣
流布能令正法久住世間尒時衆中有六十
俱胝諸大菩薩六十俱胝諸天大衆異口同
音作如是語世尊我等咸有欣樂之心於佛
世尊無量大劫勤修苦行所獲甚深微妙之
法菩提正因恭敬護持不惜身命佛涅槃後
於此法門廣宣流布當令正法久住世間尒
時諸大菩薩即於佛前說伽他曰
世尊真實語　安住於實法　由彼真實故　護持於此經
大悲為甲冑　安住於大慈　由彼慈悲力　護持於此經
福資糧圓滿　生起智資糧　由資糧滿故　護持於此經
降伏一切魔　破滅諸邪論　斷除惡見故　護持於此經
護世并釋梵　乃至阿蘇羅　龍神藥叉等　護持於此經
地上及虛空　久住於斯者　奉持佛教故　護持於此經
四梵住相應　四聖諦嚴飾　降伏四魔故　護持於此經
虛空成質礙　質礙成虛空　諸佛所護持　無能傾動者
尒時四大天王聞佛說此護持妙法各生隨
喜護正法心一時同聲說伽他曰
我今於此經　及男女眷屬　皆一心擁護　令得廣流通
若有持經者　能作菩提因　我常於四方　擁護而承事
尒時天帝釋合掌恭敬說伽他曰
諸佛證此法　為欲報恩故　饒益菩薩衆　出世演斯經

BD05198號　金光明最勝王經卷一〇

（13–11）

喜護正法心一時同聲說伽他曰
我今於此經　及男女眷屬　皆一心擁護　令得廣流通
若有持經者　能作菩提因　我常於四方　擁護而承事
尒時天帝釋合掌恭敬說伽他曰
諸佛證此法　為欲報恩故　饒益菩薩衆　出世演斯經
我於彼諸佛　報恩常供養　護持如是經　及以持經者
尒時覩史多天子合掌恭敬說伽他曰
佛說如是經　若有能持者　當住菩提位　來生覩史天
世尊我慶悅　捨天殊勝報　住於贍部洲　宣揚是經典
時索訶世界主梵天王合掌恭敬說伽他曰
諸靜慮無量　諸乘及解脫　皆從此經出　是故演斯經
若說是經處　我捨梵天樂　為聽如是經　亦常為擁護
尒時魔王子名曰商主合掌恭敬說伽他曰
若有受持此　正義相應經　不隨魔所行　淨除魔惡業
我等於此經　亦當勤守護　發大精進意　隨處廣流通
尒時魔王合掌恭敬說伽他曰
若有持此經　能伏諸煩惱　如是衆生類　擁護令安樂
若有說是經　諸魔不得便　由佛威神故　我當擁護彼
尒時妙吉祥天子亦於佛前說伽他曰
諸佛妙菩提　於此經中說　若持此經者　是供養如來
我當持此經　為俱胝天說　恭敬聽聞者　勸至菩提處
尒時慈氏菩薩合掌恭敬說伽他曰
若見住菩提　与為不請友　乃至捨身命　為護此經王
我聞如是法　當往覩史天　由世尊加護　廣為人天說
尒時上坐大迦攝波合掌恭敬說伽他曰
佛於聲聞乘　說我尠智慧　我今隨自力　護持如是經
若有持此經　我當攝受彼　授其詞辯力　常隨讚善哉

BD05198號　金光明最勝王經卷一〇

（13–12）

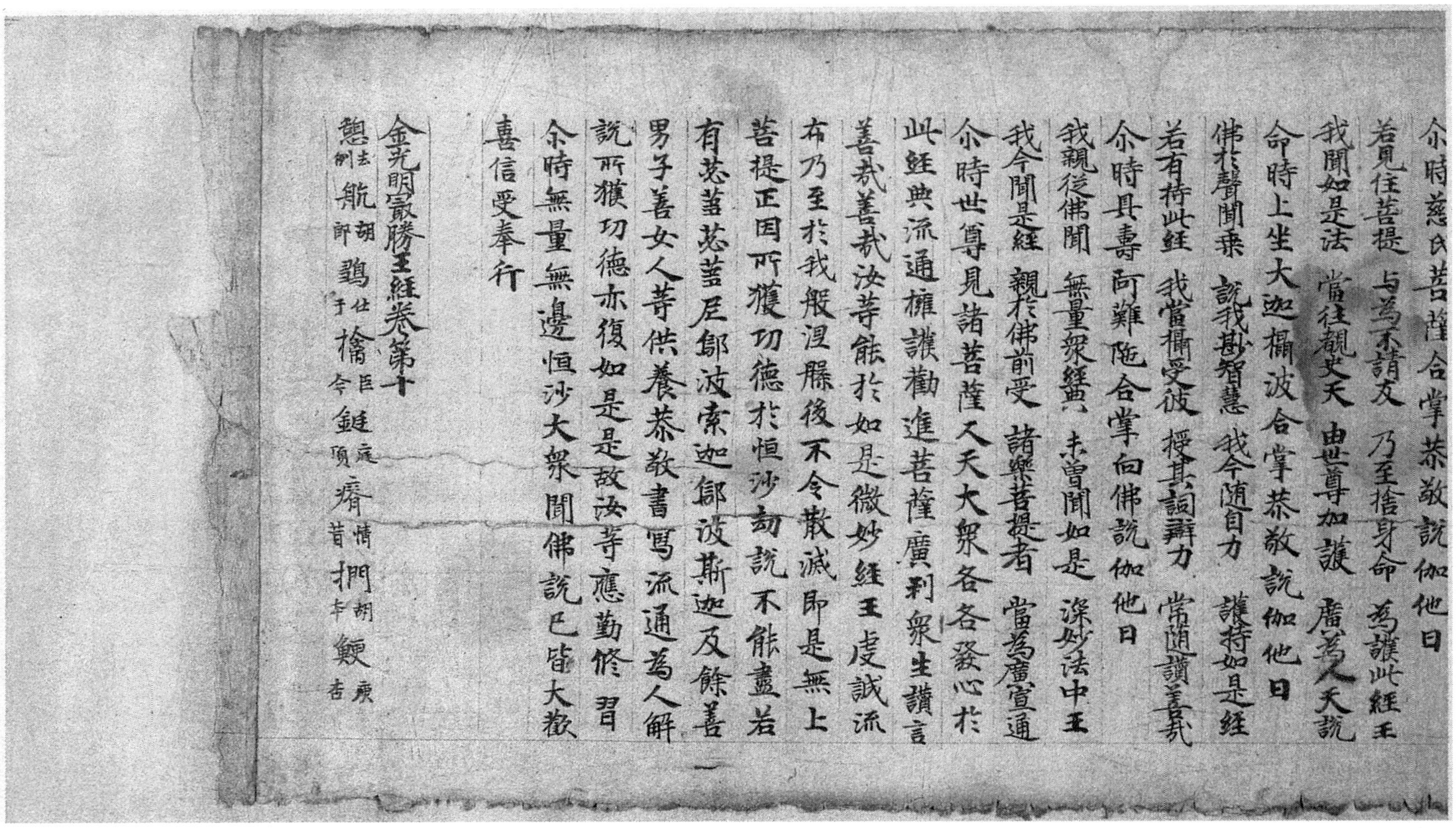

尒時慈氏菩薩合掌恭敬說伽他曰
若見住菩提　与為不請友　乃至捨身命　為護此經王
我聞如是法　當往覩史天　由世尊加護　廣為人天說
命時上坐大迦攝波合掌恭敬說伽他曰
佛於聲聞乘　說我勘智慧　我今隨自力　護持如是經
若有持此經　我當攝受彼　授其詞辯力　常隨讚善哉
尒時具壽阿難陀合掌向佛說伽他曰
我親從佛聞　無量眾經典　未曾聞如是　深妙法中王
我今聞是經　親於佛前受　諸樂菩提者　當為廣宣通
尒時世尊見諸菩薩人天大眾各各發心於
此經典流通擁護勸進菩薩廣利眾生讚言
善哉善哉汝等能於如是微妙經王虔誠流
布乃至於我般涅槃後不令散滅即是無上
菩提正因所獲功德於恒沙劫說不能盡若
有苾芻苾芻尼鄔波索迦鄔波斯迦及餘善
男子善女人等供養恭敬書寫流通為人解
說所獲功德亦復如是是故汝等應勤修習
尒時無量無邊恒沙大眾聞佛說已皆大歡
喜信受奉行
金光明最勝王經卷第十
憩去例　舤胡郎　鵄仕于　檐臣令　鏈庭頂　瘠情昔　捫胡本　鞕康杏

BD05198號　金光明最勝王經卷一〇　（13–13）

BD05198號背　雜寫　（2–1）

悲病不

BD05198 號背　雜寫　　（2–2）

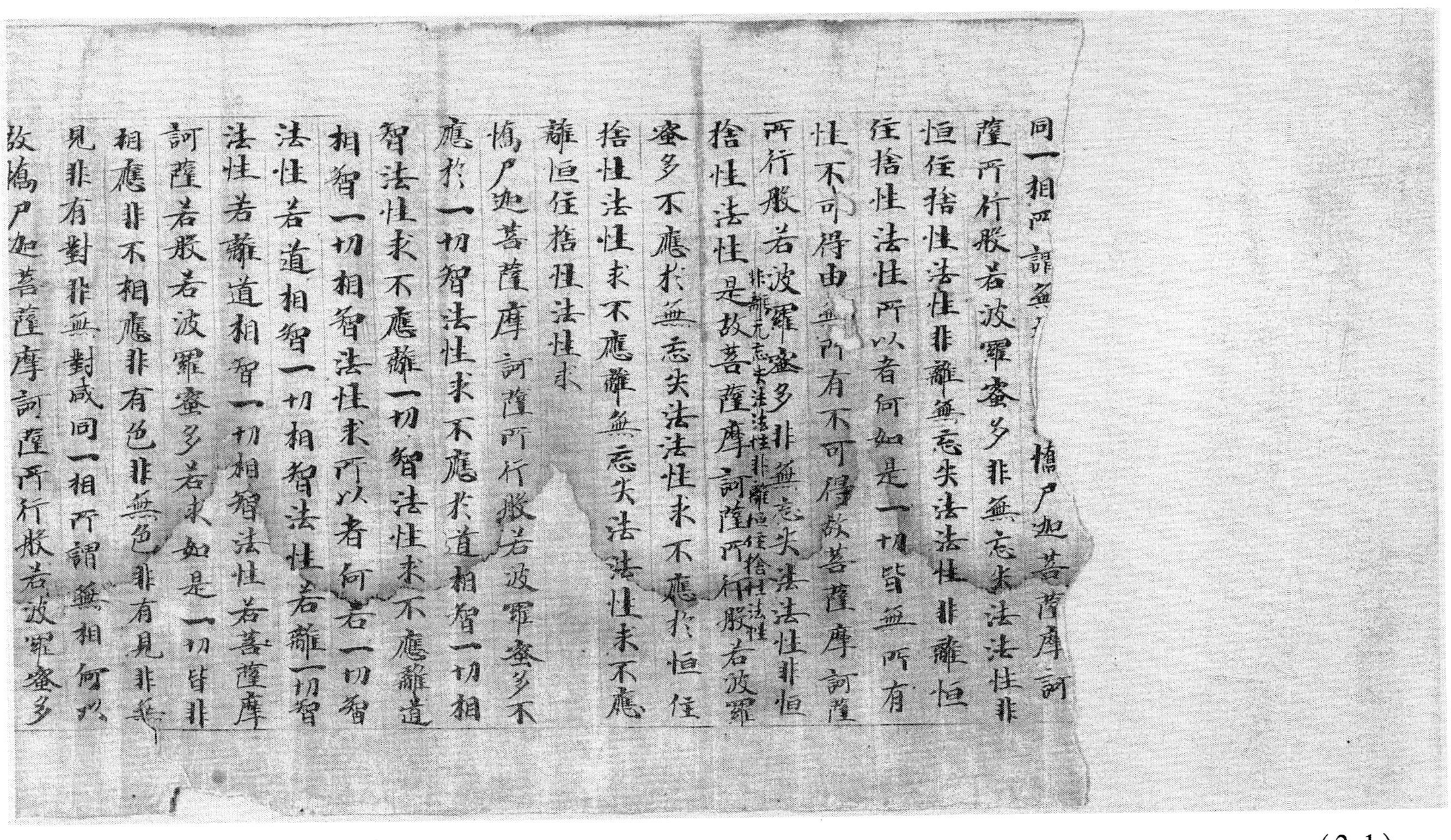

同一相所謂無　　憍尸迦菩薩摩訶
薩所行般若波羅蜜多非無忘失法法性非
恒住捨性法性非離無忘失法法性非離恒
住捨性法性所以者何如是一切皆無所有
性不可得由無所有不可得故菩薩摩訶薩
所行般若波羅蜜多非無忘失法法性非恒
捨性法性非離無忘失法法性非離恒住捨性法性是故菩薩摩訶薩所行般若波羅
蜜多不應於無忘失法法性求不應於恒住
捨性法性求不應離無忘失法法性求不應
離恒住捨性法性求
憍尸迦菩薩摩訶薩所行般若波羅蜜多不
應於一切智法性求不應於道相智一切相
智法性求不應離一切智法性求不應離道
相智一切相智法性求所以者何若一切智
法性若道相智一切相智法性若離一切智
法性若離道相智一切相智法性若菩薩摩
訶薩若般若波羅蜜多若求如是一切皆非
相應非不相應非有色非無色非有見非無
見非有對非無對咸同一相所謂無相何以
故憍尸迦菩薩摩訶薩所行般若波羅蜜多

BD05199 號　大般若波羅蜜多經（兌廢稿）卷九七　　（2–1）

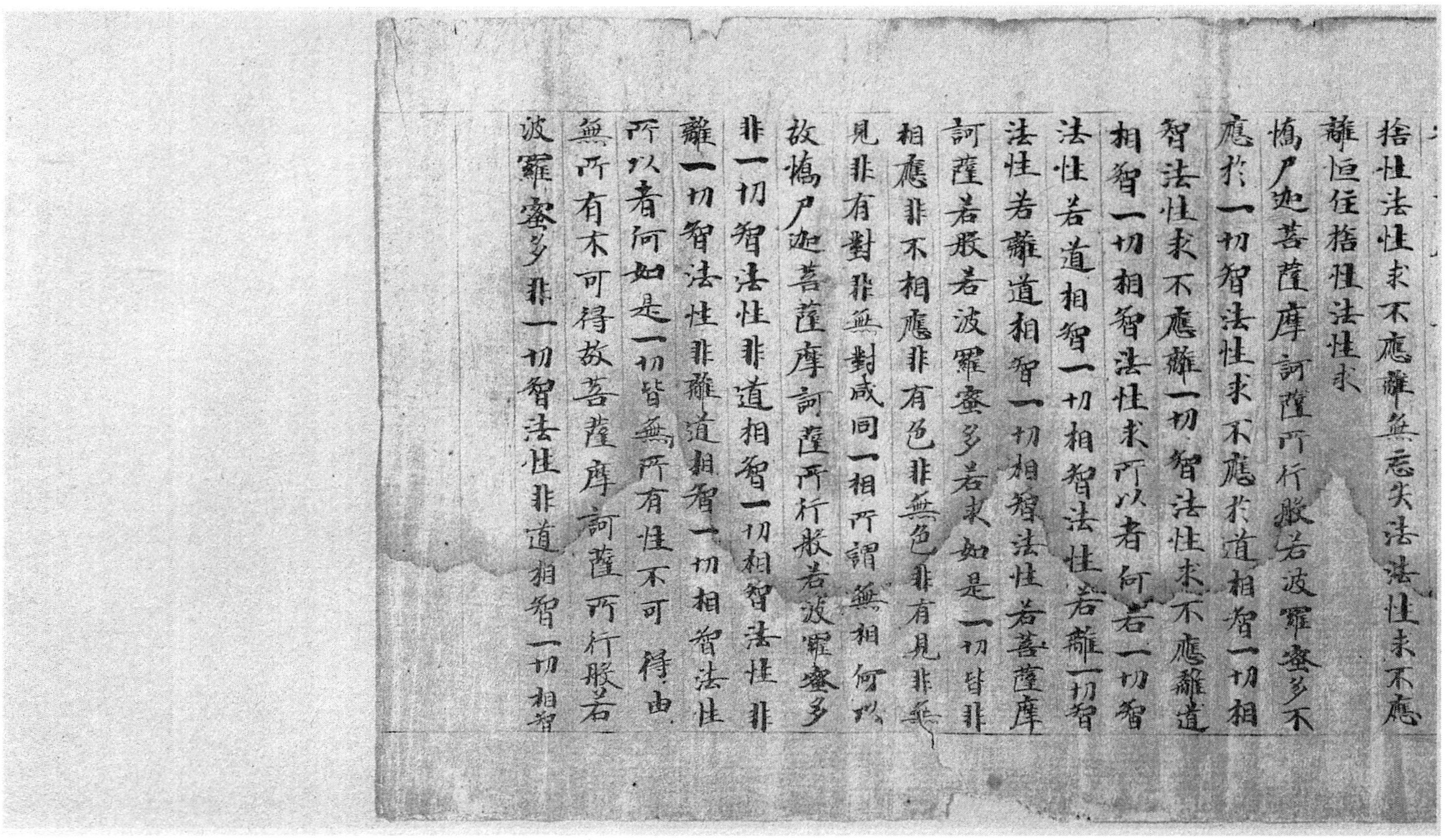

捨性法性求不應離無忘失法法性求不應
離恒住捨性法性求
憍尸迦菩薩摩訶薩所行般若波羅蜜多不
應於一切智法性求不應於道相智一切相
智法性求不應離一切智法性求不應離道
相智一切相智法性求所以者何若一切智
法性若道相智一切相智法性若離一切智
法性若離道相智一切相智法性若菩薩摩
訶薩若般若波羅蜜多若求如是一切皆非
相應非不相應非有色非無色非有見非無
見非有對非無對咸同一相所謂無相何以
故憍尸迦菩薩摩訶薩所行般若波羅蜜多
非一切智法性非道相智一切相智法性非
離一切智法性非離道相智一切相智法性
所以者何如是一切皆無所有性不可得由
無所有不可得故菩薩摩訶薩所行般若
波羅蜜多非一切智法性非道相智一切相智

BD05199號　大般若波羅蜜多經（兌廢稿）卷九七　（2–2）

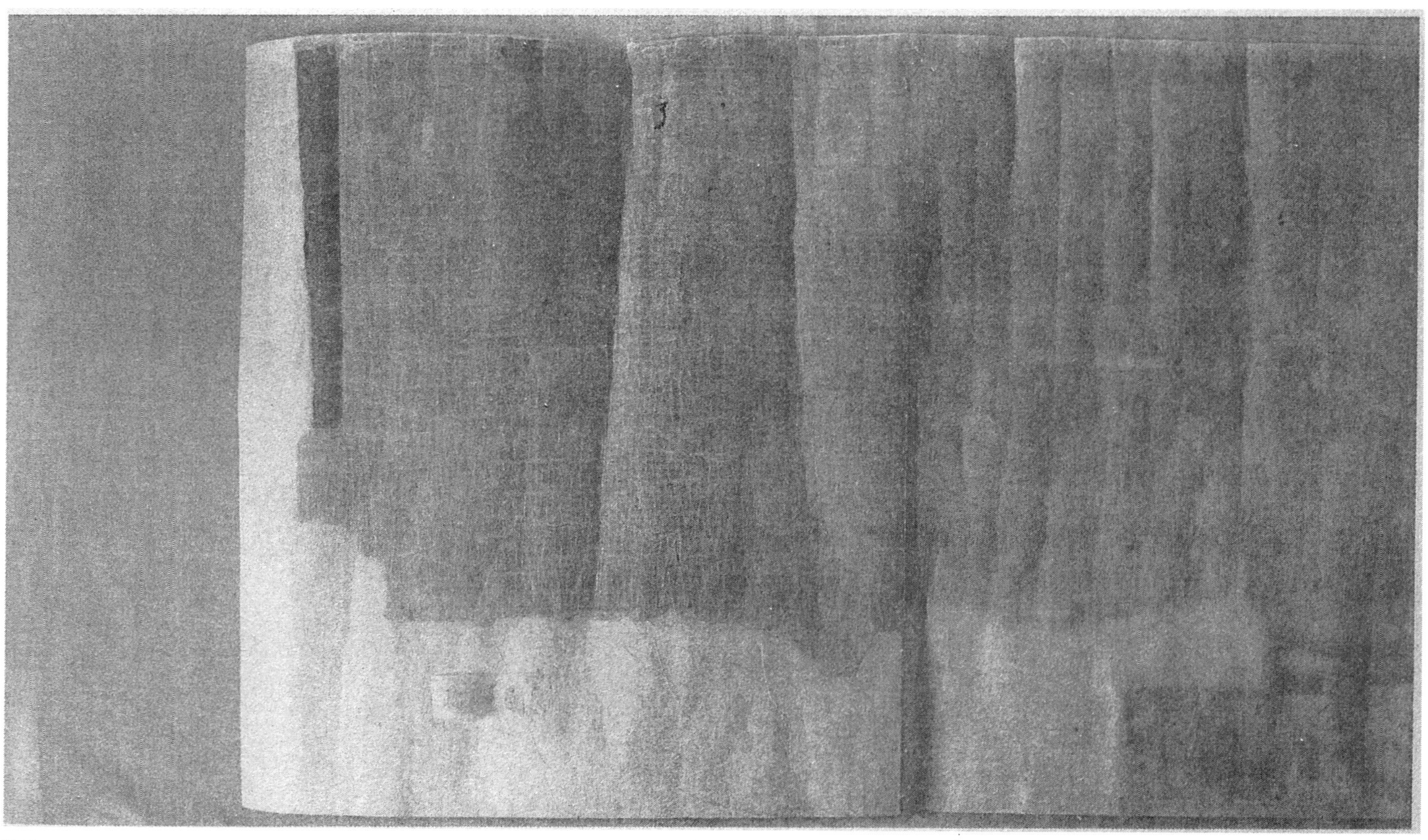

BD05200號背　護首　（1–1）

大般若波羅蜜多經卷第四百廿八
第二分攝受品第廿九之二　三藏法師玄奘奉
尒時天帝釋白佛言世尊如是般若波
多甚為希有調伏菩薩摩訶薩衆∧　高心
而能迴向一切智智尒時佛告天帝　憍
尸迦云何般若波羅蜜多調伏菩薩　薩
衆令不高心而能迴向一切智智時天帝釋
白言世尊諸菩薩摩訶薩行世間布施波羅

BD05200號　大般若波羅蜜多經卷四二八　（2–1）

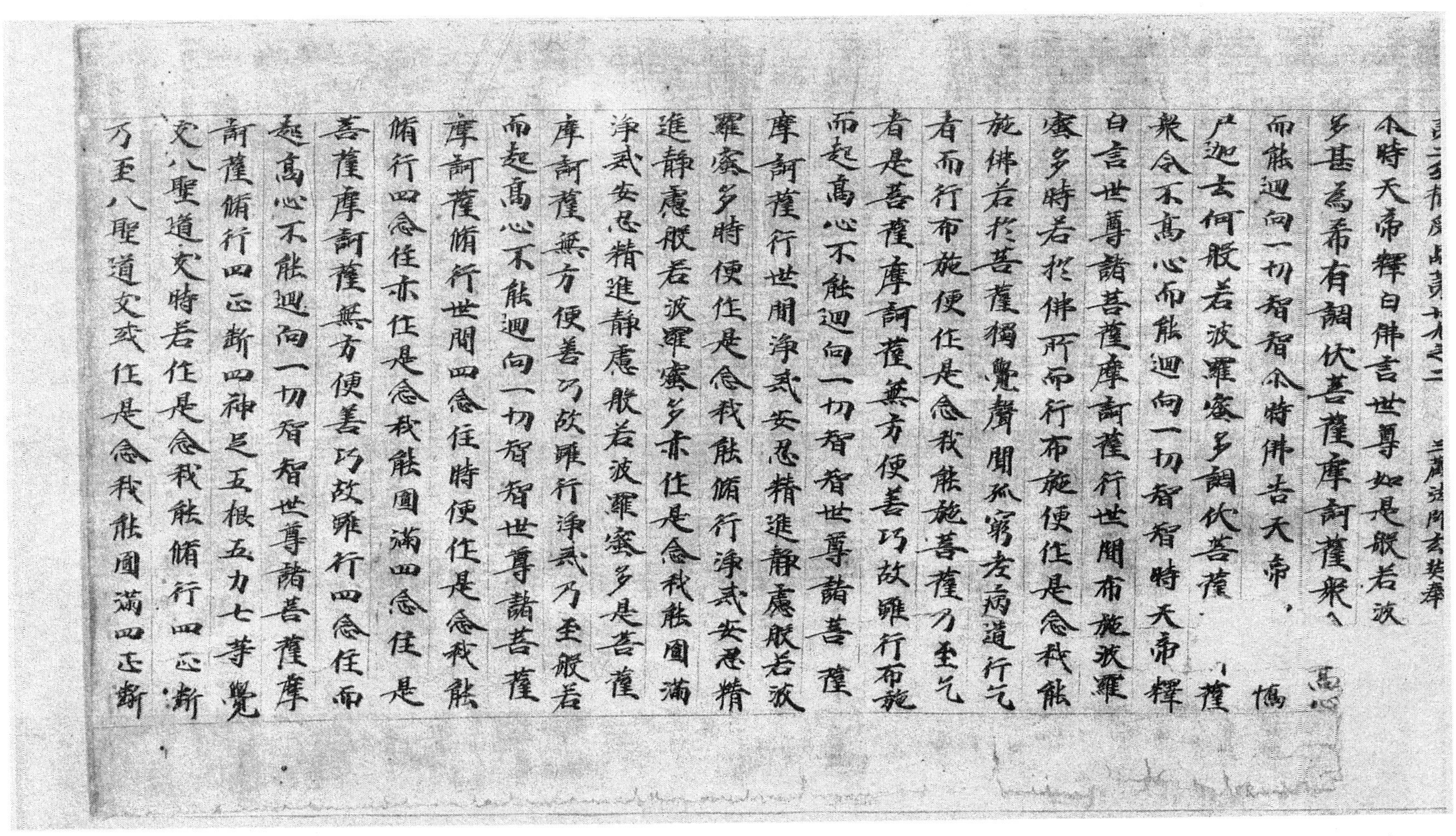
第二分攝受品第廿九之二　三藏法師玄奘奉
尒時天帝釋白佛言世尊如是般若波
多甚為希有調伏菩薩摩訶薩衆∧　高心
而能迴向一切智智尒時佛告天帝　憍
尸迦云何般若波羅蜜多調伏菩薩　薩
衆令不高心而能迴向一切智智時天帝釋
白言世尊諸菩薩摩訶薩行世間布施波羅
蜜多時若於佛所而行布施便作是念我能
施佛若於菩薩獨覺聲聞孤窮老病道行乞
者而行布施便作是念我能施菩薩乃至乞
者是菩薩摩訶薩無方便善巧故雖行布施
而起高心不能迴向一切智智世尊諸菩薩
摩訶薩行世間淨戒安忍精進靜慮般若波
羅蜜多時便作是念我能脩行淨戒安忍精
進靜慮般若波羅蜜多亦作是念我能圓滿
淨戒安忍精進靜慮般若波羅蜜多是菩薩
摩訶薩無方便善巧故雖行淨戒乃至般若
而起高心不能迴向一切智智世尊諸菩薩
摩訶薩脩行世間四念住時便作是念我能
脩行四念住亦作是念我能圓滿四念住是
菩薩摩訶薩無方便善巧故雖行四念住而
起高心不能迴向一切智智世尊諸菩薩摩
訶薩脩行四正斷四神足五根五力七等覺
支八聖道支時若作是念我能脩行四正斷
乃至八聖道支或作是念我能圓滿四正斷

BD05200號　大般若波羅蜜多經卷四二八　（2–2）

著 録 凡 例

本目録採用條目式著録法。諸條目意義如下：

1.1 著録編號。用漢語拼音首字“BD”表示，意為“北京圖書館藏敦煌遺書”，簡稱“北敦號”。文獻寫在背面者，標註為“背”。一件遺書上抄有多個文獻者，用數字1、2、3等標示小號。一號中包括幾件遺書，且遺書形態各自獨立者，用字母A、B、C等區別。

1.2 著録分類號。本條記目録暫不分類，該項空缺。

1.3 著録文獻的名稱、卷本、卷次。

1.4 著録千字文編號。

1.5 著録縮微膠卷號。

2.1 著録遺書的總體數據。包括長度、寬度、紙數、正面抄寫總行數與每行字數、背面抄寫總行數與每行字數。如該遺書首尾有殘破，則對殘破部分單獨度量，用加號加在總長度上。凡屬這種情況，長度用括弧標註。

2.2 著録每紙數據。包括每紙長度及抄寫行數或界欄數。

2.3 著録遺書的外觀。包括：（1）裝幀形式。（2）首尾存況。（3）護首、軸、軸頭、天竿、縹帶，經名是書寫還是貼簽，有無經名號，扉頁、扉畫。（4）卷面殘破情況及其位置。（5）尾部情況。（6）有無附加物（蟲繭、油污、線繩及其他）。（7）有無褙補及其年代。（8）界欄。（9）修整。（10）其他需要交待的問題。

2.4 著録一件遺書抄寫多個文獻的情況。

3.1 著録文獻首部文字與對照本核對的結果。

3.2 著録文獻尾部文字與對照本核對的結果。

3.3 著録録文。

3.4 著録對文獻的説明。

4.1 著録文獻首題。

4.2 著録文獻尾題。

5 著録本文獻與對照本的不同之處。

6.1 著録本遺書首部可與另一遺書綴接的編號。

6.2 著録本遺書尾部可與另一遺書綴接的編號。

7.1 著録題記、題名、勘記等。

7.2 著録印章。

7.3 著録雜寫。

7.4 著録護首及扉頁的内容。

8 著録年代。

9.1 著録字體。如有武周新字、合體字、避諱字等，予以説明。

9.2 著録卷面二次加工的情況。包括句讀、點標、科分、間隔號、行間加行、行間加字、硃筆、墨塗、倒乙、删除、兑廢等。

10 著録敦煌遺書發現後，近現代人所加内容，裝裱、題記、印章等。

11 備註。著録揭褙互見、圖版本出處及其他需要説明的問題。

上述諸條，有則著録，無則空缺。

為避文繁，上述著録中出現的各種參考、對照文獻，暫且不列版本説明。全目結束時，將統一編制本條記目録出現的各種參考書目。

本條記目録為農曆年份標註其公曆紀年時，未進行歲頭年末之換算，請讀者使用時注意自行換算。

條 記 目 錄

BD05135—BD05200

1.1 BD05135 號
1.3 大般涅槃經（北本 異卷）卷三八
1.4 稱 035
1.5 115:6516
2.1 （9+626.5+11）×26.5 厘米；14 紙；367 行，行 17 字。
2.2 01：9+38.5，26； 02：49.0，28； 03：49.0，28；
04：49.0，28； 05：49.0，28； 06：49.0，28；
07：49.0，28； 08：49.0，28； 09：49.0，28；
10：49.0，28； 11：49.0，28； 12：49.0，28；
13：49.0，28； 14：11.0，05。
2.3 卷軸裝。首尾均全。經黄紙。卷首右下殘缺，卷面有破損，接縫處有開裂。卷背下邊有一殘字。有烏絲欄。
3.1 首 4 行上殘→大正 374，12/586C24～26。
3.2 尾 4 行下殘→12/591A22～26。
4.1 □…□菩薩品之六，三十八（首）。
5 與《大正藏》本相比，分卷不同。經文相當於《大正藏》卷三十八迦葉菩薩品第十二之六後部分至卷三十九憍陳如品第十三之一的前部分。
8 7～8 世紀。唐寫本。
9.1 楷書。
11 圖版：《敦煌寶藏》，100/53B～61B。

1.1 BD05136 號
1.3 妙法蓮華經卷三
1.4 稱 036
1.5 105:4997
2.1 （4.4+554.5）×26.1 厘米；13 紙；348 行，行 17 字。
2.2 01：4.4+14.3，12； 02：44.8，28； 03：45.0，28；
04：45.1，28； 05：44.9，28； 06：44.8，28；
07：45.1，28； 08：45.1，28； 09：45.1，28；
10：45.1，28； 11：45.1，28； 12：45.1，28；
13：45.0，28。
2.3 卷軸裝。首殘尾脱。經黄紙。前 2 紙上邊下邊有殘損，尾 3 紙下有等距離殘損。有烏絲欄。
3.1 首 3 行上下殘→大正 262，9/19B4～7。
3.2 尾殘→9/24B4。
7.1 卷背每紙騎縫處有“記”字。
8 7～8 世紀。唐寫本。
9.1 楷書。
9.2 有刮改。
11 圖版：《敦煌寶藏》，87/591B～599A。

1.1 BD05137 號
1.3 金光明最勝王經卷三
1.4 稱 037
1.5 083:1602
2.1 144.9+27.3 厘米；3 紙；84 行，行 17 字。
2.2 01：48.5，28； 02：48.2，28； 03：48.2，28。
2.3 卷軸裝。首尾均脱。有烏絲欄。
3.1 首殘→大正 665，16/414A10。
3.2 尾殘→16/415A12。
8 8～9 世紀。吐蕃統治時期寫本。
9.1 楷書。
11 圖版：《敦煌寶藏》，68/565A～566B。

1.1 BD05138 號
1.3 大般若波羅蜜多經卷二五九
1.4 稱 038
1.5 084:2683
2.1 （1.4+106.3）×25 厘米；3 紙；67 行，行 17 字。
2.2 01：1.4+16.3，11； 02：45.0，28； 03：45.0，28。
2.3 卷軸裝。首殘尾脱。通卷多有殘洞及破裂，第 2、3 紙接縫處下開裂。背有古代裱補。有烏絲欄。已修整。
3.1 首行上中殘→大正 220，6/310A26。
3.2 尾殘→6/311A5。

6.2　尾→BD04879 號。
8　8～9 世紀。吐蕃統治時期寫本。
9.1　楷書。
11　圖版:《敦煌寶藏》, 74/416B～417B。

1.1　BD05139 號
1.3　大般若波羅蜜多經卷一一
1.4　稱 039
1.5　084:2037
2.1　(21+90.7)×25 厘米; 3 紙; 54 行, 行 17 字。
2.2　01: 21.0, 護首;　02: 44.2, 26;　03: 46.5, 28。
2.3　卷軸裝。首全尾脱。有護首, 下殘破。尾 2 紙有破裂殘缺, 第 2 紙脱落 1 塊殘片, 可以綴接。有烏絲欄。
3.1　首全→大正 220, 5/56A25。
3.2　尾殘→5/56C22。
4.1　大般若波羅蜜多經卷第十一, /初分教誡教授品第七之一, 三藏法師玄奘奉詔譯/(首)。
7.1　第 1 紙背有勘記"第十一"。
7.4　護首有經名"大般若波羅蜜多經卷第□…□"。上有經名號。
8　8～9 世紀。吐蕃統治時期寫本。
9.1　楷書。
11　圖版:《敦煌寶藏》, 71/449B～450B。

1.1　BD05140 號
1.3　妙法蓮華經卷六
1.4　稱 040
1.5　105:5851
2.1　(16.5+269.2)×27 厘米; 7 紙; 160 行, 行 17 字。
2.2　01: 16.5+12, 16;　02: 42.8, 24;　03: 42.8, 24;
04: 42.8, 24;　05: 43.0, 24;　06: 42.8, 24;
07: 43.0, 24。
2.3　卷軸裝。首殘尾脱。卷面有水漬, 尾部有殘損。有烏絲欄。
3.1　首 9 行下殘→大正 262, 9/53A11～20。
3.2　尾殘→9/55A8。
8　7～8 世紀。唐寫本。
9.1　楷書。
11　圖版:《敦煌寶藏》, 95/372A～375B。

1.1　BD05141 號
1.3　妙法蓮華經卷七
1.4　稱 041
1.5　105:5869
2.1　(4.5+927.8)×25 厘米; 20 紙; 524 行, 行 17 字。
2.2　01: 4.5+29.5, 19;　02: 48.7, 28;　03: 49.0, 28;
04: 49.0, 28;　05: 49.0, 28;　06: 49.0, 28;
07: 49.0, 28;　08: 49.0, 28;　09: 49.0, 28;
10: 49.0, 28;　11: 49.0, 28;　12: 49.0, 28;
13: 49.0, 28;　14: 49.0, 28;　15: 48.5, 28;
16: 48.5, 28;　17: 49.3, 28;　18: 49.3, 28;
19: 49.0, 28;　20: 17.0, 01。
2.3　卷軸裝。首殘尾全。首紙中下部殘缺。卷面多水漬, 有等距離圓形污斑及破損。卷尾有多處蟲繭。有燕尾。有烏絲欄。
3.1　首 2 行中下殘→大正 262, 9/55A24～26。
3.2　尾全→9/62B1。
4.2　妙法蓮華經卷第七(尾)。
8　9～10 世紀。歸義軍時期寫本。
9.1　楷書。
9.2　有刮改。有行間校加字。
11　圖版:《敦煌寶藏》, 95/449A～461B。

1.1　BD05142 號
1.3　金光明最勝王經卷六
1.4　稱 042
1.5　083:1764
2.1　(15.1+691.6)×27.3 厘米; 16 紙; 428 行, 行 17 字。
2.2　01: 15.1+24.5, 25;　02: 45.5, 28;　03: 45.5, 28;
04: 45.2, 28;　05: 45.2, 28;　06: 45.5, 28;
07: 45.5, 28;　08: 45.7, 28;　09: 45.5, 28;
10: 45.4, 28;　11: 45.2, 28;　12: 45.4, 28;
13: 45.5, 28;　14: 45.1, 28;　15: 45.2, 28;
16: 31.7, 11。
2.3　卷軸裝。首殘尾全。卷面有油污。有燕尾。背有古代裱補。有烏絲欄。
3.1　首 10 行下殘→大正 665, 16/427B20～C1。
3.2　尾全→16/432C10。
4.2　金光明最勝王經卷第六(尾)。
5　尾附音義。
8　8～9 世紀。吐蕃統治時期寫本。
9.1　楷書。
11　圖版:《敦煌寶藏》, 69/639B～648B。

1.1　BD05143 號
1.3　妙法蓮華經卷二
1.4　稱 043
1.5　105:4725
2.1　(19.9+998.3)×26 厘米; 23 紙; 580 行, 行 17 字。
2.2　01: 11.1, 07;　02: 8.8+37.8, 27;　03: 46.7, 27;
04: 46.7, 27;　05: 46.7, 27;　06: 46.8, 27;
07: 46.7, 27;　08: 46.8, 27;　09: 46.7, 27;
10: 47.1, 27;　11: 47.1, 27;　12: 47.1, 27;
13: 47.3, 27;　14: 46.9, 27;　15: 47.0, 27;
16: 46.8, 27;　17: 46.9, 27;　18: 46.9, 27;
19: 46.9, 27;　20: 46.9, 27;　21: 46.8, 27;

22：46.9，27；　23：22.8，06。
2.3　卷軸裝。首殘尾全。尾有原軸，兩端塗棕色漆。有燕尾。有烏絲欄。
3.1　首12行下殘→大正262，9/10C18～11A9。
3.2　尾全→9/19A12。
4.2　妙法蓮華經卷第二（尾）。
8　7～8世紀。唐寫本。
9.1　楷書。
11　圖版：《敦煌寶藏》，85/615B～629B。

1.1　BD05144號
1.3　大般若波羅蜜多經卷一三一
1.4　稱044
1.5　084:2359
2.1　(5.5＋101.6)×25.2厘米；3紙；64行，行17字。
2.2　01：5.5＋8.6，08；　02：46.3，28；　03：46.7，28。
2.3　卷軸裝。首殘尾脫。第1、2、3紙有橫向破裂。第1紙背面有古代裱補，已修整。有烏絲欄。
3.1　首3行中下殘→大正220，5/714B10～12。
3.2　尾殘→5/715A15。
7.1　第1紙背面有勘記“一百卅一”。
8　8～9世紀。吐蕃統治時期寫本。
9.1　楷書。
11　圖版：《敦煌寶藏》，73/76A～77A。

1.1　BD05145號
1.3　金剛般若波羅蜜經
1.4　稱045
1.5　094:4009
2.1　368.1×26厘米；8紙；197行，行17字。
2.2　01：49.0，28；　02：49.3，28；　03：49.4，28；
04：49.5，27；　05：49.3，28；　06：49.5，28；
07：48.8，28；　08：23.3，02。
2.3　卷軸裝。首脫尾全。尾有原軸，兩端塗黑漆。背有古代裱補。有烏絲欄。
3.1　首殘→大正235，8/750A18。
3.2　尾全→8/752C3。
4.2　金剛般若波羅蜜經（尾）。
5　與《大正藏》本相比，本卷經文無冥司偈，參見《大正藏》，8/751C16～19。
8　9～10世紀。歸義軍時期寫本。
9.1　楷書。
9.2　有刮改、塗抹。有行間加行、行間校加字。
11　圖版：《敦煌寶藏》，81/495A～499A。

1.1　BD05146號
1.3　大般若波羅蜜多經卷五五七
1.4　稱046
1.5　084:3346
2.1　(6.8＋741.9)×25.1厘米；16紙；440行，行17字。
2.2　01：6.8＋28.5，21；　02：47.3，28；　03：47.3，28；
04：47.5，28；　05：47.6，28；　06：47.5，28；
07：47.7，28；　08：47.8，28；　09：47.6，28；
10：47.5，28；　11：47.6，28；　12：47.6，28；
13：47.7，28；　14：47.6，28；　15：47.6，28；
16：47.5，27。
2.3　卷軸裝。首殘尾全。背有古代裱補，上面劃有烏絲欄。有烏絲欄。
3.1　首4行上下殘→大正220，7/872B24～27。
3.2　尾全→7/877C1。
4.2　大般若波羅蜜多經卷第五百五十七（尾）。
7.1　首紙背裱補紙上有勘記“五十六袟（本文獻所屬袟次），第七卷（袟内卷次）”。
8　8～9世紀。吐蕃統治時期寫本。
9.1　楷書。有武周新字“正”，使用周遍。
9.2　有刮改。
11　圖版：《敦煌寶藏》，77/320B～330A。

1.1　BD05147號
1.3　妙法蓮華經卷五
1.4　稱047
1.5　105:5568
2.1　(2.3＋642)×26厘米；14紙；372行，行17字。
2.2　01：2.3＋46，28；　02：48.0，28；　03：48.0，28；
04：48.0，28；　05：48.0，28；　06：48.0，28；
07：48.0，28；　08：48.5，28；　09：48.5，28；
10：48.5，28；　11：48.5，28；　12：48.5，28；
13：48.5，28；　14：17.0，08。
2.3　卷軸裝。首脫尾全。通卷殘破，卷面油污變色嚴重。有烏絲欄。已修整。後配趙城金藏軸。
3.1　首行中殘→大正262，9/40B18。
3.2　尾全→9/46B14。
4.2　妙法蓮華經卷第五（尾）。
8　8～9世紀。吐蕃統治時期寫本。
9.1　楷書。
11　圖版：《敦煌寶藏》，93/111B～121A。
從該件上揭下殘片5塊，今編爲BD16372號。

1.1　BD05148號
1.3　金剛般若波羅蜜經
1.4　稱048
1.5　094:3795
2.1　(4＋159.5)×24.7厘米；4紙；92行，行17字。
2.2　01：4＋10.5，08；　02：50.0，28；　03：50.0，28；

04：49.0，28。
2.3　卷軸裝。首殘尾脱。經黄紙。前3紙有縱向破裂，上邊有蟲繭及蟲蛀殘洞，卷背有紅色污痕。背有古代裱補。有烏絲欄。
3.1　首2行上、下殘→大正235，8/749B13～14。
3.2　尾殘→8/750B23。
6.2　尾→BD05027號。
8　7～8世紀。唐寫本。
9.1　楷書。
11　圖版：《敦煌寶藏》，80/379B～381B。

1.1　BD05149號
1.3　妙法蓮華經卷六
1.4　稱049
1.5　105:5765
2.1　（11+33）×25厘米；1紙；24行，行17字。
2.3　卷軸裝。首殘尾脱。卷背有1處蟲繭。有烏絲欄。
3.1　首6行上下殘→大正262，9/48A26～B6。
3.2　尾殘→9/48C1。
8　7～8世紀。唐寫本。
9.1　楷書。
11　圖版：《敦煌寶藏》，94/644B～645A。

1.1　BD05150號
1.3　大般若波羅蜜多經卷三三一
1.4　稱050
1.5　084:2902
2.1　144.7×26.3厘米；3紙；84行，行17字。
2.2　01：48.3，28；　02：48.4，28；　03：48.0，28。
2.3　卷軸裝。首尾均脱。有烏絲欄。
3.1　首殘→大正220，6/696B22。
3.2　尾殘→6/697B20。
8　8～9世紀。吐蕃統治時期寫本。
9.1　楷書。
9.2　有刮改。
11　圖版：《敦煌寶藏》，75/427A～428B。

1.1　BD05151號
1.3　金光明最勝王經卷三
1.4　稱051
1.5　083:1631
2.1　145.1×27.3厘米；3紙；84行，行17字。
2.2　01：48.6，28；　02：48.5，28；　03：48.0，28。
2.3　卷軸裝。首尾均脱。有烏絲欄。
3.1　首殘→大正665，16/416A14。
3.2　尾殘→16/417A15。
8　9～10世紀。歸義軍時期寫本。
9.1　楷書。
11　圖版：《敦煌寶藏》，69/41A～42B。

1.1　BD05152號
1.3　四分律比丘戒本
1.4　稱052
1.5　156:6850
2.1　678.5×26.5厘米；15紙；正面444行，行17字；背面10行，行字不等。
2.2　01：47.0，31；　02：47.0，31；　03：47.0，31；
04：47.0，31；　05：47.0，31；　06：47.0，31；
07：47.0，31；　08：47.0，31；　09：47.0，31；
10：47.0，31；　11：47.0，31；　12：47.0，31；
13：47.0，31；　14：47.0，31；　15：20.5，10。
2.3　卷軸裝。首脱尾全。第1、2紙上下方有破裂；紙背有古代裱補，裱補紙有經文；第3、4紙下方破裂。有烏絲欄。
2.4　本遺書包括3個文獻：（一）《四分律比丘戒本》，444行，今編為BD05152號。（二）《文選・魏都賦》，抄寫在背面2張古代裱補紙上，3行，今編為BD05152號背1。（三）《朋友書儀》（擬），抄寫在背面裱補紙上，7行，今編為BD05152號背2。
3.1　首殘→大正1429，22/1016B17。
3.2　尾殘→22/1023A11。
4.2　四分戒本（尾）。
7.3　下邊有雜寫“二”、“不”、“是”、“定”、“也”、“大”。
8　9～10世紀。歸義軍時期寫本。
9.1　楷書。
9.2　有行間加行。有行間校加字。
11　圖版：《敦煌寶藏》，102/222A～232A。

1.1　BD05152號背1
1.3　文選・魏都賦
1.4　稱052
1.5　156:6850
2.4　本遺書由3個文獻組成，本號為第2個，6行，抄寫在背面2張古代裱補紙上。餘參見BD05152號之第2項、第11項。
3.3　錄文：
□…□壁（璧）有盈，曜車二六，三傾五‖城，未若申鏡（錫）典章之/
爲遠也。亮曰：日不雙麗，世‖不兩帝，天經地緯，理/
有大歸，安得齊給，守其‖小辯也哉。/
（錄文完）
3.4　説明：
本件由2個殘片組成，均爲裱補紙。2紙內容可綴接。上述錄文為綴接後狀況，“‖”為兩殘片綴接處。
8　7～8世紀。唐寫本。
9.1　楷書。有硃筆句讀。

1.1　BD05152號背2

1.3　朋友書儀（擬）
1.4　稱 052
1.5　156:6850
2.4　本遺書由 3 個文獻組成，本號為第 3 個，7 行，抄寫在古代裱補紙上。餘參見 BD05152 號之第 2 項、第 11 項。
3.3　錄文：
（一）
幸無悋惜，他日酬目□…□/
借驢馬書 驢馬不□…□/
= = = =
古人往遠，車馬傳由，供□…□/
不延遲，庶隨所請，謹今□…□/
（二）
濫竊失之，即室被穿窬。但知□…□/
□聞賊而便吠，賊見犬以身□…□/
被景今聞兄家坐（?）犬子仰憑□…□/
（錄文完）
3.4　説明：
本件由 3 個殘片所組成，均爲古代裱補紙。其中 2 個殘片可綴接；第 3 紙雖不可綴接，但從紙質、文體看，與另兩個殘片應爲同一文獻。上述錄文（一）爲可綴接兩殘片之錄文，“= = = =”為兩紙綴接處。錄文（二）為第三紙之錄文。
8　7 ~ 8 世紀。唐寫本。
9.1　楷書。

1.1　BD05153 號
1.3　妙法蓮華經卷四
1.4　稱 053
1.5　105:5305
2.1　48.7 ×26 厘米；1 紙；28 行，行 17 字。
2.3　卷軸裝。首尾均脱。卷面有殘洞。背有古代裱補。有烏絲欄。
3.1　首殘→大正 262，9/28C6。
3.2　尾殘→9/29A18。
8　9 ~ 10 世紀。歸義軍時期寫本。
9.1　楷書。
11　圖版：《敦煌寶藏》，90/507A ~ B。

1.1　BD05154 號
1.3　佛名經（十六卷本）卷一五
1.4　稱 054
1.5　063:0809
2.1　（14 +956.1）×25.4 厘米；23 紙；572 行，行 17 字。
2.2　01：14 +9，14；　02：46.5，28；　03：46.5，28；
04：46.5，28；　05：46.5，28；　06：46.6，28；
07：46.8，28；　08：46.8，28；　09：46.8，28；
10：46.8，28；　11：46.3，28；　12：46.7，28；
13：46.8，28；　14：46.0，28；　15：46.5，28；
16：46.0，28；　17：46.0，28；　18：46.0，28；
19：46.0，28；　20：46.0，28；　21：46.0，26；
22：08.0，素紙；　23：11.0，拖尾。
2.3　卷軸裝。首殘尾全。經黄紙。首紙殘缺嚴重，接縫處有開裂。有燕尾。有烏絲欄。
3.1　首 9 行上下殘→《七寺古逸經典研究叢書》，3/747 頁第 13 ~23 行。
3.2　尾全→《七寺古逸經典研究叢書》，3/791 頁第 594 行。
4.2　佛名經卷第十五（尾）。
5　與七寺本相比，卷中懺悔文後及尾題前多兩段《罪業報應教化地獄經》經文，一為 14 行，一為 18 行。
8　7 ~ 8 世紀。唐寫本。
9.1　楷書。
9.2　有刮改。
11　圖版：《敦煌寶藏》，62/403B ~ 416B。

1.1　BD05155 號
1.3　妙法蓮華經卷七
1.4　稱 055
1.5　105:6070
2.1　（2 +481.1）×26 厘米；10 紙；279 行，行 17 字。
2.2　01：2 +46.5，28；　02：48.5，28；　03：48.3，28；
04：48.3，28；　05：48.3，28；　06：48.3，28；
07：48.3，28；　08：48.3，28；　09：48.3，28；
10：48.0，27。
2.3　卷軸裝。首脱尾全。第 1、2 紙接縫處上邊有開裂，第 5 紙上邊有破裂，卷尾有火灼殘洞。有烏絲欄。
3.1　首行上殘→大正 262，9/58B18。
3.2　尾全→9/62B1。
4.2　妙法蓮華經卷第七（尾）。
8　9 ~ 10 世紀。歸義軍時期寫本。
9.1　楷書。
11　圖版：《敦煌寶藏》，96/501B ~ 508A。

1.1　BD05156 號
1.3　金剛般若波羅蜜經
1.4　稱 056
1.5　094:4062
2.1　201.8 ×27.5 厘米；3 紙；113 行，行 17 字。
2.2　01：77.5，43；　02：76.3，42；　03：48.0，28。
2.3　卷軸裝。首尾均脱。卷面有黴斑。第 1 紙有一小殘洞。有烏絲欄。
3.1　首殘→大正 235，8/750B8。
3.2　尾殘→8/751C8。
8　9 ~ 10 世紀。歸義軍時期寫本。
9.1　楷書。

11　圖版：《敦煌寶藏》，81/657A～659B。

1.1　BD05157 號
1.3　妙法蓮華經卷四
1.4　稱 057
1.5　105:5256
2.1　493.3×26 厘米；10 紙；274 行，行 17 字。
2.2　01：39.0，22；　02：50.3，28；　03：50.2，28；
04：50.2，28；　05：50.7，28；　06：50.7，28；
07：50.7，28；　08：50.5，28；　09：50.5，28；
10：50.5，28。
2.3　卷軸裝。首斷尾脱。卷面有水漬，有等距離黴斑，有破裂及殘洞，接縫處多有開裂。有烏絲欄。
3.1　首缺→大正 262，9/27C21。
3.2　尾殘→9/32A9。
8　7～8 世紀。唐寫本。
9.1　楷書。
11　圖版：《敦煌寶藏》，90/380A～387A。

1.1　BD05158 號
1.3　無量壽宗要經
1.4　稱 058
1.5　275:7831
2.1　179.5×31 厘米；4 紙；119 行，行 30 餘字。
2.2　01：54.0，31；　02：45.5，33；　03：45.5，34；
04：34.5，21。
2.3　卷軸裝。首尾均全。第 1 紙上下破裂，中間有殘洞。有烏絲欄。
3.1　首全→大正 936，19/82A3。
3.2　尾全→19/84C29。
4.1　大乘無量壽經（首）。
4.2　佛說無量壽宗要經（尾）。
8　8～9 世紀。吐蕃統治時期寫本。
9.1　行楷。
9.2　有行間校加字。有倒乙、刪改。
11　圖版：《敦煌寶藏》，108/68B～70B。

1.1　BD05159 號
1.3　佛名經（十六卷本）卷九
1.4　稱 059
1.5　063:0692
2.1　(6+930.3)×26.7 厘米；23 紙；614 行，行 17 字。
2.2　01：6+27，22；　02：42.5，28；　03：42.3，28；
04：42.3，28；　05：42.3，28；　06：42.3，28；
07：42.3，28；　08：42.3，28；　09：42.3，28；
10：42.3，28；　11：42.3，28；　12：42.3，28；
13：42.3，28；　14：42.3，28；　15：42.3，28；
16：42.3，28；　17：42.3，28；　18：41.5，28；
19：41.8，28；　20：42.0，28；　21：42.0，28；
22：42.0，28；　23：17.0，04。
2.3　卷軸裝。首殘尾全。首紙殘缺。有燕尾。有烏絲欄。
3.1　首 4 行上中殘→《七寺古逸經典研究叢書》，3/430 頁第 5～9 行。
3.2　尾全→《七寺古逸經典研究叢書》，3/480 頁第 654 行。
4.2　佛說佛名經卷第九（尾）。
8　7～8 世紀。唐寫本。
9.1　楷書。
9.2　有行間校加字。
11　圖版：《敦煌寶藏》，61/300A～312B。

1.1　BD05160 號
1.3　大般若波羅蜜多經卷七七
1.4　稱 060
1.5　084:2225
2.1　185.3×27 厘米；4 紙；112 行，行 17 字。
2.2　01：46.2，28；　02：46.3，28；　03：46.5，28；
04：46.3，28。
2.3　卷軸裝。首尾均脱。有烏絲欄。
3.1　首殘→大正 220，5/434B22。
3.2　尾殘→5/435C16。
6.2　尾→BD04930 號。
8　8～9 世紀。吐蕃統治時期寫本。
9.1　楷書。
11　圖版：《敦煌寶藏》，72/329B～331B。

1.1　BD05161 號 1
1.3　梵網經菩薩戒序
1.4　稱 061
1.5　143:6689
2.1　252×26 厘米；6 紙；139 行，行 17 字。
2.2　01：43.8，24；　02：43.0，25；　03：39.7，22；
04：42.0，24；　05：42.0，23；　06：41.5，21。
2.3　卷軸裝。首全尾斷。全卷髒污染嚴重。背有古代裱補，卷中斷裂處用細麻線縫補。
2.4　本遺書包括 2 個文獻：（一）《梵網經菩薩戒序》，13 行，今編為 BD05161 號 1。（二）《梵網經盧舍那佛說菩薩心地戒品第十》卷下，126 行，今編為 BD05161 號 2。
3.1　首全→大正 1484，24/1003A19。
3.2　尾全→24/1003B2。
4.1　菩薩戒序（首）。
5　與《大正藏》本相比，本序缺首 4 行。
8　9～10 世紀。歸義軍時期寫本。
9.1　楷書。
11　圖版：《敦煌寶藏》，101/211B～215A。

1.1 BD05161 號 2
1.3 梵網經盧舍那佛說菩薩心地戒品第十卷下
1.4 稱 061
1.5 143:6689
2.4 本遺書由 2 個文獻組成，本號為第 2 個，126 行。餘參見 BD05161 號 1 之第 2 項、第 11 項。
3.1 首全→大正 1484，24/1003C29。
3.2 尾殘→24/1006A1。
5 與《大正藏》本相比，本件卷首缺文，相當於 24/1003B7 ~ C28。
8 9 ~ 10 世紀。歸義軍時期寫本。
9.1 楷書。

1.1 BD05162 號
1.3 妙法蓮華經卷四
1.4 稱 062
1.5 105:5219
2.1 (3.5 + 1140.9) ×26 厘米；23 紙；631 行，行 17 字。
2.2 01：3.5 + 49.5，28； 02：49.5，28； 03：49.5，28；
04：49.5，28； 05：49.5，28； 06：49.5，28；
07：49.5，28； 08：50.0，28； 09：49.8，28；
10：49.8，28； 11：49.5，28； 12：49.5，28；
13：49.5，28； 14：49.5，28； 15：49.5，28；
16：49.8，28； 17：49.8，28； 18：49.8，28；
19：49.5，28； 20：49.8，28； 21：49.8，28；
22：49.8，28； 23：49.0，15。
2.3 卷軸裝。首脫尾全。卷首上下邊殘破，卷面多水漬。有燕尾。有烏絲欄。
3.1 首 3 行上下殘→大正 262，9/27C14 ~ 17。
3.2 尾全→9/37A2。
4.2 妙法蓮華經卷第四（尾）。
8 9 ~ 10 世紀。歸義軍時期寫本。
9.1 楷書。
9.2 有倒乙。
11 圖版：《敦煌寶藏》，89/590B ~ 608A。

1.1 BD05163 號
1.3 金有陀羅尼經
1.4 稱 063
1.5 254:7598
2.1 (3.3 + 122.8) ×26.3 厘米；4 紙；82 行，行 14 ~ 15 字。
2.2 01：3.3 + 28.4，20； 02：44.9，28； 03：44.7，31；
04：04.8，03。
2.3 卷軸裝。首殘尾全。首紙有殘洞，卷尾有藏文，第 2、3 紙接縫處有開裂。有烏絲欄。
3.1 首 2 行上殘→大正 2910，85/1455C22 ~ 23。
3.2 尾全→85/1456C10。
4.2 佛說金有陀羅尼經一卷（尾）。
7.1 本卷尾背面下角有題名“翟清子”。卷尾有藏文題記“jeg – tshe – tshe – bris（翟清子寫）”。
8 8 ~ 9 世紀。吐蕃統治時期寫本。
9.1 楷書。
9.2 有行間校加字。有刮改。
11 圖版：《敦煌寶藏》，107/73A ~ 74B。

1.1 BD05164 號
1.3 妙法蓮華經卷六
1.4 稱 064
1.5 105:5751
2.1 51 ×26 厘米；1 紙；正面 28 行，行 17 字；背面 23 行，行字不等。
2.3 卷軸裝。首尾均脫。經黄紙。有烏絲欄。
2.4 本遺書包括 2 個文獻：（一）《妙法蓮華經》卷六、28 行，今編為 BD05164 號。（二）《真言雜抄》（擬），抄寫在背面，23 行，今編為 BD05164 號背。
3.1 首殘→大正 262，9/50A18。
3.2 尾殘→9/50B28。
8 7 ~ 8 世紀。唐寫本。
9.1 楷書。
11 圖版：《敦煌寶藏》，94/614B ~ 616A。

1.1 BD05164 號背
1.3 真言雜抄（擬）
1.4 稱 064
1.5 105:5751
2.4 本遺書由 2 個文獻組成，本號為第 2 個，23 行。餘參見 BD05164 號之第 2 項、第 11 項。
3.4 說明：
本文獻雜抄密宗真言 23 行，首殘尾全。現存《能勝真言》、《智論真言》、《金輪佛頂心真言》、《四天王發願了頭真言》四種。
8 9 ~ 10 世紀。歸義軍時期寫本。
9.1 行楷。

1.1 BD05165 號
1.3 現在賢劫千佛名經
1.4 稱 065
1.5 068:0847
2.1 (12 + 881.1) ×25.5 厘米；20 紙；488 行，行字不等。
2.2 01：12 + 11，13； 02：49.5，28； 03：50.0，28；
04：50.0，28； 05：50.0，28； 06：50.0，28；
07：50.2，28； 08：50.2，28； 09：50.2，28；
10：50.0，28； 11：50.0，28； 12：50.2，28；
13：50.2，28； 14：50.1，28； 15：50.0，28；

16：50.0，28；　17：50.0，28；　18：49.5，27；
19：06.0，素紙；　20：14.0，素紙。

2.3　卷軸裝。首殘尾全。經黄紙。卷面多水漬，有破裂，接縫處多有開裂，第2、3紙接縫脱開。有燕尾。背有近代裱補。有烏絲欄。

3.1　首7行上中殘→大正0447a，14/376B2～6。

3.2　尾殘→14/383A20

5　與《大正藏》本相比，佛名略有不同，次序亦有顛倒及不同，且無懺悔文。

8　7～8世紀。唐寫本。

9.1　楷書。

11　圖版：《敦煌寶藏》，63/41B～53B。

1.1　BD05166號

1.3　金光明最勝王經卷三

1.4　稱066

1.5　083:1642

2.1　117.2×26.8厘米；3紙；57行，行17字。

2.2　01：48.5，28；　02：48.2，27；　03：20.5，02。

2.3　卷軸裝。首脱尾全。上邊下邊有破損。有烏絲欄。

3.1　首殘→大正665，16/417A15。

3.2　尾全→16/417C16。

4.2　金光明經卷第三（尾）。

5　尾附音義。

7.1　卷尾背端有勘記“卷第三”。

8　9～10世紀。歸義軍時期寫本。

9.1　楷書。

11　圖版：《敦煌寶藏》，69/64A～65B。

1.1　BD05167號

1.3　金剛般若波羅蜜經

1.4　稱067

1.5　094:4079

2.1　(32+284.6)×25.5厘米；8紙；196行，行17字。

2.2　01：23.5，15；　02：8.5+33，26；　03：41.5，26；
04：41.0，25；　05：41.0，26；　06：43.0，27；
07：42.6，27；　08：42.5，24。

2.3　卷軸裝。首殘尾全。卷首殘破嚴重，卷面多横裂，第7、8紙接縫處脱開。背有古代裱補。有燕尾。

3.1　首20行下殘→大正235，8/750A23～B14。

3.2　尾全→8/752C3。

4.2　金剛般若波羅蜜經（尾）。

5　與《大正藏》本相比，本卷經文無冥司偈，參見《大正藏》，8/751C16～19。

8　7～8世紀。唐寫本。

9.1　楷書。

11　圖版：《敦煌寶藏》，82/50B～54B。

1.1　BD05168號

1.3　妙法蓮華經卷七

1.4　稱068

1.5　105:6072

2.1　(8+328.5)×26.5厘米；7紙；194行，行17字。

2.2　01：8+39，27；　02：48.5，28；　03：48.5，28；
04：48.5，28；　05：48.5，28；　06：48.5，28；
07：47.0，27。

2.3　卷軸裝。首殘尾斷。卷首殘破髒污嚴重，卷面有水漬及殘破，接縫處有開裂。卷尾有蟲繭。有烏絲欄。

3.1　首4行中上殘→大正262，9/58B17～20。

3.2　尾殘→9/61A21。

8　8世紀。唐寫本。

9.1　楷書。

11　圖版：《敦煌寶藏》，96/515B～520A。

1.1　BD05169號

1.3　大般若波羅蜜多經卷一三五

1.4　稱069

1.5　084:2364

2.1　(113.2+1.8)×25.3厘米；3紙；54行，行17字。

2.2　01：24.0，護首；　02：44.2，26；　03：45+1.8，28。

2.3　卷軸裝。首全尾脱。有護首，護首有竹製天竿，有破裂。後2紙有殘洞及破裂，卷尾有殘缺。有烏絲欄。已修整。

3.1　首全→大正220，5/733C2。

3.2　尾行下殘→5/734A29。

4.1　大般若波羅蜜多經卷第一百卅五，初分校量功德品第卅之卅三，三藏法師玄奘奉詔譯/（首）。

7.4　護首有經名“大般若波羅蜜多經卷第一百卅五，一四（本文獻所屬袟次）”。上有經名號。

8　8～9世紀。吐蕃統治時期寫本。

9.1　楷書。

11　圖版：《敦煌寶藏》，73/84。

1.1　BD05170號

1.3　妙法蓮華經（小字本）

1.4　稱070

1.5　105:5122

2.1　(5.4+305.2+14.7)×27.5厘米；8紙；282行，行30～36字不等。

2.2　01：5.4+1.5，06；　02：50.2，43；　03：50.2，44；
04：31.9，28；　05：50.2，44；　06：50.2，43；
07：50.1，43；　08：20.9+14.7，31。

2.3　卷軸裝。首尾均殘。卷面有污穢，有破裂殘損，接縫處有開裂，尾紙有殘洞。有烏絲欄。已修整。

3.1　首5行下殘→大正262，9/23C26～24A7。

3.2　尾13行上下殘→9/32A5～B17。

5　與《大正藏》本相比，分卷不同。此卷通卷小字，經文相當於卷三之"妙法蓮華經化城喻品第七"之後半部，卷四之"五百弟子受記品第八"、"妙法蓮華經授學無學記品第九"、"妙法蓮華經法師品第十"全部及"妙法蓮華經見寶塔品第十一"之起始。

小字本《妙法蓮華經》卷本不清，故本文獻卷次未定。

8　9～10 世紀。歸義軍時期寫本。

9.1　楷書。

9.2　有行間校加字。有刮改。

11　圖版：《敦煌寶藏》，89/68A～72B。

1.1　BD05171 號

1.3　維摩詰所說經卷上

1.4　稱 071

1.5　070:1046

2.1　(98+41.5)×24.5 厘米；3 紙；84 行，行 17 字。

2.2　01：46.5，28；　02：46.5，28；　03：5+41.5，28。

2.3　卷軸裝。首脫尾殘。通卷下邊有鼠嚙殘缺。背有古代裱補。有烏絲欄。

3.1　首殘→大正 475，14/543A13。

3.2　尾 25 行中下殘→14/543C20～544A17。

6.1　首→BD04871 號。

8　8～9 世紀。吐蕃統治時期寫本。

9.1　楷書。

9.2　有行間校加字。

11　圖版：《敦煌寶藏》，64/462A～463B。

1.1　BD05172 號

1.3　妙法蓮華經卷四

1.4　稱 072

1.5　105:5291

2.1　(2.5+34)×25 厘米；1 紙；22 行，行 17 字。

2.3　卷軸裝。首殘尾脫。卷面有殘洞。背有古代裱補，裱補紙上有蟲繭。有烏絲欄。

3.1　首 1 行中上殘→大正 262，9/27B21。

3.2　尾殘→9/27C15。

5　與《大正藏》本相比，分段不同。

8　7～8 世紀。唐寫本。

9.1　楷書。

11　圖版：《敦煌寶藏》，90/487A。

1.1　BD05173 號

1.3　大般若波羅蜜多經（兌廢稿）卷三八六

1.4　稱 073

1.5　084:3048

2.1　(12+35)×27.5 厘米；2 紙；25 行，行 17 字。

2.2　01：01.5，護首；　02：10.5+35，26。

2.3　卷軸裝。首殘尾斷。有護首，護首上下殘缺，有縹帶殘根。通卷油污變色。第 2 紙上邊下邊殘缺。背有古代裱補紙，抄維摩詰經文，揭下另編。有烏絲欄。末行未抄。已修整。後配趙城金藏軸。

3.1　首 6 行上下殘→大正 220，6/994A3～8。

3.2　尾殘→6/994A26。

7.1　上邊有勘記"七十一卷"；"脫兩行"1 行。

8　8～9 世紀。吐蕃統治時期寫本。

9.1　楷書。

9.2　上邊有一"兌"字。

11　圖版：《敦煌寶藏》，76/215A。

從該件背揭下殘片 1 塊，今編爲 BD16093 號。

1.1　BD05174 號

1.3　大般若波羅蜜多經卷一一八

1.4　稱 074

1.5　084:2323

2.1　(2.3+114.3)×25.8 厘米；3 紙；68 行，行 17 字。

2.2　01：2.3+18.8，12；　02：48.0，28；　03：47.5，28。

2.3　卷軸裝。首殘尾脫。第 2、3 紙接縫處下開裂。有烏絲欄。

3.1　首行中殘→大正 220，5/647A22～23。

3.2　尾殘→5/648A2。

6.1　首→BD05054 號。

6.2　尾→BD04957 號。

8　8～9 世紀。吐蕃統治時期寫本。

9.1　楷書。

11　圖版：《敦煌寶藏》，72/643B～645A。

1.1　BD05175 號

1.3　妙法蓮華經卷四

1.4　稱 075

1.5　105:5247

2.1　(11.5+586.1)×26.3 厘米；15 紙；359 行，行 17 字。

2.2　01：03.5，09；　02：8+42，25；　03：42.0，25；
04：41.8，25；　05：42.0，25；　06：41.8，25；
07：41.8，25；　08：41.7，25；　09：41.7，25；
10：41.7，25；　11：41.8，25；　12：42.0，25；
13：42.0，25；　14：42.0，25；　15：41.8，25。

2.3　卷軸裝。首殘尾脫。卷面有水漬，第 1、2 紙接縫處中開裂，第 2 紙有殘洞。背有古代裱補。有烏絲欄。

3.1　首 7 行上下殘→大正 262，9/27C29～28A6。

3.2　尾殘→9/33B2。

8　7～8 世紀。唐寫本。

9.1　楷書。

9.2　有刮改。

11　圖版：《敦煌寶藏》，90/309B～318B。

1.1 BD05176 號 1
1.3 金有陀羅尼經
1.4 稱 076
1.5 254:7582
2.1 (4.5+266)×26.6 厘米; 7 紙; 162 行, 行 16~17 字。
2.2 01: 04.5, 02; 02: 40.0, 25; 03: 45.2, 28;
04: 45.2, 26; 05: 45.3, 27; 06: 45.3, 28;
07: 45.0, 26。
2.3 卷軸裝。首尾均全。背有古代裱補。有烏絲欄。
2.4 本遺書包括 2 個文獻: (一)《金有陀羅尼經》, 81 行, 今編為 BD05176 號 1。(二)《金有陀羅尼經》, 81 行, 今編為 BD05176 號 2。
3.1 首全→大正 2910, 85/1455C16。
3.2 尾全→85/1456C10。
4.1 金有陀羅尼經 (首)。
4.2 金有陀羅尼經一卷 (尾)。
8 8~9 世紀。吐蕃統治時期寫本。
9.1 楷書。
9.2 有行間校加字。
11 圖版:《敦煌寶藏》, 107/44B~47B。

1.1 BD05176 號 2
1.3 金有陀羅尼經
1.4 稱 076
1.5 254:7582
2.4 本遺書由 2 個文獻組成, 本號為第 2 個, 81 行。餘參見 BD05176 號 1 之第 2 項、第 11 項。
3.1 首全→大正 2910, 85/1455C16。
3.2 尾全→85/1456C10。
4.1 金有陀羅尼經 (首)。
4.2 金有陀羅尼經一卷 (尾)。
8 8~9 世紀。吐蕃統治時期寫本。
9.1 楷書。

1.1 BD05177 號
1.3 妙法蓮華經卷二
1.4 稱 077
1.5 105:4835
2.1 (9.3+38.3)×25.1 厘米; 1 紙; 28 行, 行 17 字。
2.3 卷軸裝。首殘尾脫。背面有古代裱補。有烏絲欄。
3.1 首 5 行上殘→大正 262, 9/11A10~17。
3.2 尾殘→9/11B22。
8 7~8 世紀。唐寫本。
9.1 楷書。
11 圖版:《敦煌寶藏》, 87/46B~47A。

1.1 BD05178 號
1.3 金光明最勝王經卷一〇
1.4 稱 078
1.5 083:1968
2.1 631.7×26.2 厘米; 14 紙; 385 行, 行 17 字。
2.2 01: 45.4, 28; 02: 45.2, 28; 03: 45.2, 28;
04: 45.1, 28; 05: 45.1, 28; 06: 45.3, 28;
07: 45.3, 28; 08: 45.3, 28; 09: 45.3, 28;
10: 45.0, 28; 11: 45.0, 28; 12: 44.8, 28;
13: 45.0, 28; 14: 44.7, 21。
2.3 卷軸裝。首脫尾全。有燕尾。背有古代裱補。有烏絲欄。
3.1 首殘→大正 665, 16/451A20。
3.2 尾全→16/456C19。
4.2 金光明最勝王經卷第十 (尾)。
5 尾附音義。
7.3 下邊有雜寫多處。第 5 紙背雜寫 "普賢菩薩行願王" 一行。
8 9~10 世紀。歸義軍時期寫本。
9.1 楷書。
9.2 有行間校加字。有刮改。上下邊有校改字。有倒乙, 卷尾有 2 行整行顛倒, 用劃綫標註。
11 圖版:《敦煌寶藏》, 71/159B~167B。

1.1 BD05179 號
1.3 妙法蓮華經卷三
1.4 稱 079
1.5 105:5075
2.1 208×24.7 厘米; 5 紙; 119 行, 行 17 字。
2.2 01: 13.1, 07; 02: 48.7, 28; 03: 48.8, 28;
04: 48.7, 28; 05: 48.7, 28。
2.3 卷軸裝。首斷尾脫。第 1、2 紙接縫處上開裂。有烏絲欄。
3.1 首全→大正 262, 9/20B25。
3.2 尾殘→9/22A23。
8 7~8 世紀。唐寫本。
9.1 楷書。
11 圖版:《敦煌寶藏》, 88/449B~452B。

1.1 BD05180 號
1.3 大般若波羅蜜多經卷一三〇
1.4 稱 080
1.5 084:2355
2.1 (3.6+542.7)×26 厘米; 12 紙; 306 行, 行 17 字。
2.2 01: 3.6+44.5, 28; 02: 48.7, 28; 03: 48.5, 28;
04: 48.6, 28; 05: 48.6, 28; 06: 48.8, 28;
07: 48.8, 28; 08: 48.5, 28; 09: 48.5, 28;
10: 48.5, 28; 11: 47.7, 26; 12: 13.0, 拖尾。
2.3 卷軸裝。首脫尾全。尾有原軸, 兩端塗硃漆, 軸頭已壞。第 1 紙有殘洞、橫向破裂及下邊殘缺, 第 2 紙下邊有殘缺。有烏絲欄。

3.1　首 2 行上殘→大正 220，5/710C3～5。
3.2　尾全→5/714A16。
4.2　大般若波羅蜜多經卷第一百卌（尾）。
7.1　第 1 紙背面有墨筆勘記“十三（本文獻所屬袟次）”，硃筆勘記“十（袟内卷次）”。
8　8～9 世紀。吐蕃統治時期寫本。
9.1　楷書。
11　圖版：《敦煌寶藏》，73/59A～66A。

1.1　BD05181 號
1.3　妙法蓮華經卷二
1.4　稱 081
1.5　105:4963
2.1　105×26.3 厘米；2 紙；56 行，行 17 字。
2.2　01：52.6，28；　02：52.4，28。
2.3　卷軸裝。首尾均脱。經黄紙。卷下邊有等距離火灼殘缺。背有烏糞。有烏絲欄。
3.1　首殘→大正 262，9/17B7。
3.2　尾殘→9/18A15。
8　7～8 世紀。唐寫本。
9.1　楷書。
11　圖版：《敦煌寶藏》，87/338B～340A。

1.1　BD05182 號
1.3　妙法蓮華經卷三
1.4　稱 082
1.5　105:5123
2.1　585.7×24.6 厘米；12 紙；335 行，行 17 字。
2.2　01：48.8，29；　02：48.3，29；　03：48.5，29；
04：49.0，29；　05：49.0，29；　06：49.0，29；
07：49.0，29；　08：49.0，28；　09：49.0，28；
10：49.0，28；　11：48.8，28；　12：48.3，20。
2.3　卷軸裝。首脱尾全。經黄打紙。第 2、3 紙接縫處下開裂；卷尾黴爛，有殘洞破損。卷尾上下有蟲繭。有烏絲欄。
3.1　首殘→大正 262，9/22A23。
3.2　尾殘→9/27B9。
4.2　妙法蓮華經卷第三（尾）。
8　7～8 世紀。唐寫本。
9.1　楷書。
11　圖版：《敦煌寶藏》，89/73A～81B。

1.1　BD05183 號
1.3　妙法蓮華經卷二
1.4　稱 083
1.5　105:4870
2.1　(7.6+166.4)×26.7 厘米；5 紙；100 行，行 17 字。
2.2　01：07.6，04；　02：41.2，24；　03：41.9，24；
04：41.5，24；　05：41.8，24。
2.3　卷軸裝。首殘尾脱。第 2、3 紙接縫處脱開。有烏絲欄。
3.1　首 4 行上殘→大正 262，9/12A11～15。
3.2　尾殘→9/13B6。
8　7～8 世紀。唐寫本。
9.1　楷書。
9.2　有刮改。
11　圖版：《敦煌寶藏》，87/134A～136A。

1.1　BD05184 號
1.3　金光明最勝王經卷五
1.4　稱 084
1.5　083:1747
2.1　(22+423.3)×26.3 厘米；11 紙；251 行，行 17 字。
2.2　01：22+9.7，18；　02：42.5，24；　03：43.0，25；
04：42.7，25；　05：42.3，25；　06：42.5，25；
07：42.7，25；　08：43.2，25；　09：43.0，25；
10：42.9，25；　11：28.8，09。
2.3　卷軸裝。首殘尾全。通卷糟朽嚴重。尾有原軸，兩端塗棕色漆。有烏絲欄。已修整。
3.1　首 13 行上殘→大正 665，16/424B7～19。
3.2　尾全→16/427B13。
4.2　金光明最勝王經卷第五（尾）。
8　8 世紀。唐寫本。
9.1　楷書。
11　圖版：《敦煌寶藏》，69/577A～582B。

1.1　BD05185 號
1.3　金剛般若波羅蜜經
1.4　稱 085
1.5　094:3615
2.1　(4+508)×26 厘米；11 紙；286 行，行 17 字。
2.2　01：4+14.5，09；　02：49.4，28；　03：49.3，28；
04：49.5，28；　05：49.5，28；　06：49.4，28；
07：49.5，28；　08：49.3，28；　09：49.2，28；
10：49.4，28；　11：49.0，25。
2.3　卷軸裝。首殘尾全。有烏絲欄。
3.1　首 1 行上殘→大正 235，8/749A8。
3.2　尾全→8/752C3。
4.2　金剛般若波羅蜜經（尾）。
5　與《大正藏》本相比，本卷經文無冥司偈，參見《大正藏》，8/751C16～19。
8　9～10 世紀。歸義軍時期寫本。
9.1　楷書。
9.2　有行間校加字。
11　圖版：《敦煌寶藏》，79/156B～163A。

1.1　BD05186 號
1.3　妙法蓮華經卷二
1.4　稱 086
1.5　105:4846
2.1　(1.7+151.9)×25.7 厘米；4 紙；87 行，行 16～18 字。
2.2　01：1.7+3.7，03；　02：49.5，28；　03：49.5，28；
　　04：49.2，28。
2.3　卷軸裝。首殘尾脫。經黄紙。卷首殘破嚴重，第 2 紙有火灼殘洞，接縫處有開裂。背面有古代裱補。有烏絲欄。
3.1　首行上下殘→大正 262，9/11B17～18。
3.2　尾殘→9/12C7。
8　7～8 世紀。唐寫本。
9.1　楷書。
11　圖版：《敦煌寶藏》，87/80B～82B。

1.1　BD05187 號
1.3　金剛般若波羅蜜經
1.4　稱 087
1.5　094:3827
2.1　(171.5+5.5)×26 厘米；4 紙；110 行，行 17 字。
2.2　01：45.0，28；　02：45.0，28；　03：45.0，28；
　　04：36.5+5.5，26。
2.3　卷軸裝。首脫尾殘。經黄紙。卷首殘破，卷面多水漬，卷背有蟲繭。有烏絲欄。
3.1　首殘→大正 235，8/749B20～21。
3.2　尾 3 行上殘→8/750C17～20。
8　7～8 世紀。唐寫本。
9.1　楷書。
11　圖版：《敦煌寶藏》，80/488B～491A。

1.1　BD05188 號
1.3　觀世音經
1.4　稱 088
1.5　111:6244
2.1　189.9×27.5 厘米；5 紙；102 行，行 17 字。
2.2　01：15.0，08；　02：43.0，24；　03：44.2，25；
　　04：44.2，24；　05：43.5，21。
2.3　卷軸裝。首殘尾全。卷首殘破嚴重，下部殘缺。有烏絲欄。
3.1　首殘→大正 262，9/56C18。
3.2　尾全→9/58B7。
4.2　觀世音經一卷（尾）。
8　9～10 世紀。歸義軍時期寫本。
9.1　楷書。
11　圖版：《敦煌寶藏》，97/455A～457A。

1.1　BD05189 號 1
1.3　妙法蓮華經卷三
1.4　稱 089
1.5　105:5121
2.1　(8.8+509.7)×27.3 厘米；10 紙；480 行，行 31～34 字不等；
2.2　01：8.8+43.2，48；　02：51.9，48；　03：52.0，48；
　　04：51.8，48；　05：51.8，48；　06：51.9，48；
　　07：51.9，48；　08：51.9，48；　09：51.5，48；
　　10：51.8，48。
2.3　卷軸裝。首殘尾脫。首紙前部下方有殘損，卷面有油污、水漬及污穢，接縫處有開裂。背有古代裱補。通卷小字。有烏絲欄。
2.4　本遺書包括 3 個文獻：（一）《妙法蓮華經》卷三，68 行，今編為 BD05189 號 1。（二）《妙法蓮華經》卷四，366 行，今編為 BD05189 號 2。（三）《妙法蓮華經》卷五，46 行，今編為 BD05189 號 3。
3.1　首 8 行下殘→大正 262，9/25B6～21。
3.2　尾全→9/27B9。
4.2　妙法蓮華經卷第三（尾）。
7.3　背有雜寫一處。
8　9～10 世紀。歸義軍時期寫本。
9.1　楷書。
11　圖版：《敦煌寶藏》，89/60A～67B。

1.1　BD05189 號 2
1.3　妙法蓮華經卷四
1.4　稱 089
1.5　105:5121
2.4　本遺書由 3 個文獻組成，本號為第 2 個，366 行。餘參見 BD05189 號 1 之第 2 項、第 11 項。
3.1　首全→大正 262，9/27B12。
3.2　尾全→9/37A2。
4.1　妙法蓮華經五百弟子受記品第八，四（首）。
4.2　妙法蓮華經卷第四（尾）。
8　9～10 世紀。歸義軍時期寫本。
9.1　楷書。
9.2　有行間校加字。有硃筆校改。有倒乙。

1.1　BD05189 號 3
1.3　妙法蓮華經卷五
1.4　稱 089
1.5　105:5121
2.4　本遺書由 3 個文獻組成，本號為第 3 個，46 行。餘參見 BD05189 號 1 之第 2 項、第 11 項。
3.1　首全→大正 262，9/37A5。
3.2　尾脫→9/38B1。
4.1　妙法蓮華經安樂行品第十四，五（首）。
8　9～10 世紀。歸義軍時期寫本。

9.1　楷書。

1.1　BD05190 號 1
1.3　梵網經盧舍那佛說菩薩心地戒品第十卷下
1.4　稱 090
1.5　143:6734
2.1　548×24.1 厘米；11 紙；正面 300 行，行 17 字；背面 4 行，行字不等。
2.2　01：51.0，28；　02：51.0，28；　03：51.0，28；
04：51.0，28；　05：51.0，28；　06：51.0，28；
07：51.0，28；　08：51.0，28；　09：51.0，28；
10：51.0，28；　11：38.0，20。
2.3　卷軸裝。首脫尾全。卷面多破裂，接縫處有開裂，第 4、5 紙接縫處脫開，背有古代裱補。有烏絲欄。卷尾用麻縷縫綴。
2.4　本遺書包括 3 個文獻：（一）《梵網經盧舍那佛說菩薩心地戒品第十》卷下，293 行，今編為 BD05190 號 1。（二）《菩薩安居及解夏自恣法》，7 行，今編為 BD05190 號 2。（三）《習字雜寫》（擬），抄寫在背面裱補紙上，4 行，今編為 BD05190 號背。
3.1　首殘→大正 1484，24/1005C16。
3.2　尾全→24/1009C8。
4.2　梵網經盧舍那佛說菩薩十重四十八輕戒（尾）。
5　與《大正藏》本相比，卷尾缺少最後一段經文及偈誦，相當於《大正藏》1484，12/1009C09～1010A21。
8　7～8 世紀。唐寫本。
9.1　楷書。有硃筆加字。
9.2　有行間校加字。有硃筆校改。有硃筆點標。
11　圖版：《敦煌寶藏》，101/401B～408B。

1.1　BD05190 號 2
1.3　菩薩安居及解夏自恣法
1.4　稱 090
1.5　143:6734
2.4　本遺書由 3 個文獻組成，本號為第 2 個，7 行。餘參見 BD05190 號 1 之第 2 項、第 11 項。
3.3　錄文：
菩薩安居及解夏自恣法，出《寶積經》。菩薩大/
士一心念，我佛子菩薩僧厶甲，今依釋迦牟/
尼聚落法界，僧伽藍前三月夏安居，房舍破，/
隨緣去，依無相、無爲住。身心樂，恒清淨。三說。解/
夏自恣法。菩薩大士［一］心念，今日十方菩薩僧解/
夏自恣。我佛子菩薩□亦解夏自恣。迷被/
縛，得解脫。三說。/
8　7～8 世紀。唐寫本。
9.1　楷書。

1.1　BD05190 號背
1.3　習字雜寫（擬）
1.4　稱 090
1.5　143:6734
2.4　本遺書由 3 個文獻組成，本號為第 3 個，抄寫在背面裱補紙上，4 行。餘參見 BD05190 號 1 之第 2 項、第 11 項。
3.4　說明：
習字雜寫“九州”兩字，共 4 行。
8　8～9 世紀。吐蕃統治時期寫本。
9.1　楷書。

1.1　BD05191 號
1.3　阿彌陀經
1.4　稱 091
1.5　014:0130
2.1　（12＋231.8）×27.4 厘米；5 紙；113 行，行 17 字。
2.2　01：12＋35.5，24；　02：49.4，27；　03：49.4，26；
04：49.5，27；　05：48.0，09。
2.3　卷軸裝。首尾均全。卷首上下殘缺。背有古代裱補，裱補紙上有字，已揭下另編。有燕尾。已修整。
3.1　首 3 行上下殘→大正 366，12/346B28～C1。
3.2　尾全→12/348A29。
4.2　佛說阿彌陀經（尾）。
8　9～10 世紀。歸義軍時期寫本。
9.1　楷書。
11　圖版：《敦煌寶藏》，56/601A～604A。
從該號上揭下古代裱補紙 3 塊，今分別編爲 BD16002 號、BD16003 號。

1.1　BD05192 號
1.3　大般若波羅蜜多經卷三三七
1.4　稱 092
1.5　084:2907
2.1　（21.9＋172.1＋1.5）×26.1 厘米；5 紙；116 行，行 17 字。
2.2　01：08.3，05；　02：13.6＋33.5，28；　03：47.6，28；
04：47.5，28；　05：43.5＋1.5，27。
2.3　卷軸裝。首尾均殘。上下有等距離殘破，下邊有殘缺。有烏絲欄。
3.1　首 13 行上下殘→大正 220，6/728A15～27。
3.2　尾行上下殘→6/729B14。
8　8～9 世紀。吐蕃統治時期寫本。
9.1　楷書。
11　圖版：《敦煌寶藏》，75/434A～436B。

1.1　BD05193 號
1.3　佛名經（十六卷本）卷一
1.4　稱 093
1.5　061:0527
2.1　（41.5＋1122）×25.4 厘米；24 紙；637 行，行 17 字。

2.2　01：27.5，16；　02：14＋35，28；　03：49.0，28；
04：49.0，28；　05：49.0，28；　06：49.5，28；
07：49.5，28；　08：49.5，28；　09：49.5，28；
10：49.5，28；　11：49.5，28；　12：49.5，28；
13：49.5，28；　14：49.5，28；　15：49.5，28；
16：49.5，28；　17：49.5，28；　18：49.5，28；
19：49.5，28；　20：49.5，28；　21：49.5，28；
22：49.5，28；　23：49.5，28；　24：49.0，05。
2.3　卷軸裝。首殘尾全。經黄紙。卷首右下殘缺，接縫處有開裂，卷面多有破裂，尾紙上下斷開。有燕尾。卷尾有蟲繭。背有古代裱補。有烏絲欄。已修整。
3.1　首24行中下殘→《七寺古逸經典研究叢書》，3/11頁第66～12頁89行。
3.2　尾全→《七寺古逸經典研究叢書》，3/29頁第307～36頁391行。
4.2　佛名經卷第一（尾）。
5　與七寺本相比，尾多一行。卷中多一行"三部合卷，《罪報應經》。此經有六十品，略此一品流。"卷内佚去數紙，缺文相當於3/29頁第307～36頁第391行。
8　7～8世紀。唐寫本。
9.1　楷書。
9.2　有硃筆校改。
11　圖版：《敦煌寶藏》，59/573B～588B。

1.1　BD05194號
1.3　妙法蓮華經卷三
1.4　稱094
1.5　105:5147
2.1　519.1×25.7厘米；11紙；269行，行16～19字。
2.2　01：50.4，26；　02：50.0，26；　03：50.2，26；
04：50.4，27；　05：50.5，26；　06：50.4，26；
07：50.4，27；　08：50.2，27；　09：50.1，27；
10：50.5，27；　11：16.0，04。
2.3　卷軸裝。首脱尾全。卷首殘破嚴重，接縫處有開裂，上邊有水漬。有燕尾。有烏絲欄。
3.1　首殘→大正262，9/23A21。
3.2　尾全→9/27B9。
4.2　妙法蓮華經卷第三（尾）。
8　7～8世紀。唐寫本。
9.1　楷書。
9.2　通卷有硃筆斷句。
11　圖版：《敦煌寶藏》，89/205B～212B。

1.1　BD05195號
1.3　賢愚經（兑廢稿）卷一一
1.4　稱095
1.5　422:8600
2.1　47×25.4厘米；1紙；24行，行17字。
2.3　卷軸裝。首尾均脱。有烏絲欄。尾有餘空。
3.1　首殘→大正202，4/427A19。
3.2　尾缺→4/427B17。
7.3　經文上有雜寫"今若"，"報"，二"乃"字，二"紙"字。
8　7～8世紀。唐寫本。
9.1　楷書。
9.2　經文上有"兑落紙/内有違"2行。有武周新字"人"、"國"、"臣"、"正"，使用周遍。乃武周時代的兑廢紙，保存到宋初。
11　圖版：《敦煌寶藏》，110/670B～671A。

1.1　BD05196號
1.3　金光明最勝王經卷三
1.4　稱096
1.5　083:1622
2.1　192.2×25.8厘米；4紙；112行，行17字。
2.2　01：48.3，28；　02：48.0，28；　03：48.1，28；
04：47.8，28。
2.3　卷軸裝。首尾均脱。有烏絲欄。已修整。
3.1　首殘→大正665，16/414C12。
3.2　尾殘→16/416A15。
8　9～10世紀。歸義軍時期寫本。
9.1　楷書。
11　圖版：《敦煌寶藏》，69/8B～11A。

1.1　BD05197號
1.3　無量壽宗要經
1.4　稱097
1.5　275:8032
2.1　(6＋153)×31.5厘米；4紙；104行，行30餘字。
2.2　01：6＋14.5，14；　02：46.5，31；　03：46.0，31；
04：46.0，28。
2.3　卷軸裝。首殘尾全。卷面殘破，有等距離黴斑，接縫處有開裂。有烏絲欄。
3.1　首全→大正936，19/82A3。
3.2　尾全→19/84C29。
4.2　佛説無量壽宗要經（尾）。
7.1　第4紙尾有題名："宋良金"。
8　8～9世紀。吐蕃統治時期寫本。
9.1　行楷。
11　圖版：《敦煌寶藏》，108/562B～564B。

1.1　BD05198號
1.3　金光明最勝王經卷一〇
1.4　稱098
1.5　083:1978

2.1　478.5×25.5 厘米；11 紙；284 行，行 17 字。
2.2　01：42.5，26；　02：43.1，26；　03：43.2，26；
04：43.8，26；　05：43.7，26；　06：43.7，26；
07：43.8，26；　08：43.8，26；　09：43.7，26；
10：43.7，26；　11：43.5，24。
2.3　卷軸裝。首殘尾全。卷面有火灼殘洞，全卷糟裂。有烏絲欄。已修整。
3.1　首 26 行下殘→大正 665，16/452B14～C11。
3.2　尾全→16/456C19。
4.2　金光明最勝王經卷第十（尾）。
5　尾附音義。
7.3　卷背有雜寫“保明”、“悲雨木（?）”。
8　7～8 世紀。唐寫本。
9.1　楷書。
9.2　有刮改及校改。
11　圖版：《敦煌寶藏》，71/238A～244A。

1.1　BD05199 號
1.3　大般若波羅蜜多經（兑廢稿）卷九七
1.4　稱 099
1.5　084:2265
2.1　(2+44.5)×25.5 厘米；1 紙；25 行，行 17 字。
2.3　卷軸裝。首殘尾缺。卷面多水漬，有殘洞。有烏絲欄。尾有餘空。
3.1　首行中殘→大正 220，5/540B22。
3.2　尾殘→5/540C19。
8　8～9 世紀。吐蕃統治時期寫本。
9.1　楷書。
9.2　有行間加行。
11　圖版：《敦煌寶藏》，72/483B。

1.1　BD05200 號
1.3　大般若波羅蜜多經卷四二八
1.4　稱 100
1.5　084:3110
2.1　(31.2+34.7)×25.4 厘米；2 紙；26 行，行 17 字。
2.2　01：19.9，護首；　02：11.3+34.7，26。
2.3　卷軸裝。首殘尾脱。有護首，下殘。第 2 紙下方有横裂。有烏絲欄。
3.1　首 6 行下殘→大正 220，7/149C25～150A5。
3.2　尾殘→7/150A25。
4.1　大般若波羅蜜多經卷第四百廿八，/第二分攝受品第廿九之二，三藏法師玄奘奉［詔譯］/（首）。
7.1　護首上有注記“了”。
7.4　護首有半行紺青紙金字題簽，經名已殘，可見“大般若波羅蜜□...□”。有經名號。
8　8～9 世紀。吐蕃統治時期寫本。
9.1　楷書。
11　圖版：《敦煌寶藏》，76/407A～B。

新舊編號對照表

一、千字文號與北敦號、縮微膠卷號對照表

千字文號	北敦號	縮微膠卷號
稱 035	BD05135 號	115：6516
稱 036	BD05136 號	105：4997
稱 037	BD05137 號	083：1602
稱 038	BD05138 號	084：2683
稱 039	BD05139 號	084：2037
稱 040	BD05140 號	105：5851
稱 041	BD05141 號	105：5869
稱 042	BD05142 號	083：1764
稱 043	BD05143 號	105：4725
稱 044	BD05144 號	084：2359
稱 045	BD05145 號	094：4009
稱 046	BD05146 號	084：3346
稱 047	BD05147 號	105：5568
稱 048	BD05148 號	094：3795
稱 049	BD05149 號	105：5765
稱 050	BD05150 號	084：2902
稱 051	BD05151 號	083：1631
稱 052	BD05152 號	156：6850
稱 052	BD05152 號背 1	156：6850
稱 052	BD05152 號背 2	156：6850
稱 053	BD05153 號	105：5305
稱 054	BD05154 號	063：0809
稱 055	BD05155 號	105：6070
稱 056	BD05156 號	094：4062
稱 057	BD05157 號	105：5256
稱 058	BD05158 號	275：7831
稱 059	BD05159 號	063：0692
稱 060	BD05160 號	084：2225
稱 061	BD05161 號 1	143：6689
稱 061	BD05161 號 2	143：6689
稱 062	BD05162 號	105：5219
稱 063	BD05163 號	254：7598
稱 064	BD05164 號	105：5751
稱 064	BD05164 號背	105：5751
稱 065	BD05165 號	068：0847
稱 066	BD05166 號	083：1642
稱 067	BD05167 號	094：4079
稱 068	BD05168 號	105：6072
稱 069	BD05169 號	084：2364
稱 070	BD05170 號	105：5122
稱 071	BD05171 號	070：1046
稱 072	BD05172 號	105：5291
稱 073	BD05173 號	084：3048
稱 074	BD05174 號	084：2323
稱 075	BD05175 號	105：5247
稱 076	BD05176 號 1	254：7582
稱 076	BD05176 號 2	254：7582
稱 077	BD05177 號	105：4835
稱 078	BD05178 號	083：1968
稱 079	BD05179 號	105：5075
稱 080	BD05180 號	084：2355
稱 081	BD05181 號	105：4963
稱 082	BD05182 號	105：5123
稱 083	BD05183 號	105：4870
稱 084	BD05184 號	083：1747
稱 085	BD05185 號	094：3615
稱 086	BD05186 號	105：4846
稱 087	BD05187 號	094：3827
稱 088	BD05188 號	111：6244
稱 089	BD05189 號 1	105：5121
稱 089	BD05189 號 2	105：5121
稱 089	BD05189 號 3	105：5121
稱 090	BD05190 號 1	143：6734
稱 090	BD05190 號 2	143：6734
稱 090	BD05190 號背	143：6734
稱 091	BD05191 號	014：0130
稱 092	BD05192 號	084：2907
稱 093	BD05193 號	061：0527

稱 094	BD05194 號	105：5147	稱 098	BD05198 號	083：1978
稱 095	BD05195 號	422：8600	稱 099	BD05199 號	084：2265
稱 096	BD05196 號	083：1622	稱 100	BD05200 號	084：3110
稱 097	BD05197 號	275：8032			

二、縮微膠卷號與北敦號、千字文號對照表

縮微膠卷號	北敦號	千字文號
014：0130	BD05191 號	稱 091
061：0527	BD05193 號	稱 093
063：0692	BD05159 號	稱 059
063：0809	BD05154 號	稱 054
068：0847	BD05165 號	稱 065
070：1046	BD05171 號	稱 071
083：1602	BD05137 號	稱 037
083：1622	BD05196 號	稱 096
083：1631	BD05151 號	稱 051
083：1642	BD05166 號	稱 066
083：1747	BD05184 號	稱 084
083：1764	BD05142 號	稱 042
083：1968	BD05178 號	稱 078
083：1978	BD05198 號	稱 098
084：2037	BD05139 號	稱 039
084：2225	BD05160 號	稱 060
084：2265	BD05199 號	稱 099
084：2323	BD05174 號	稱 074
084：2355	BD05180 號	稱 080
084：2359	BD05144 號	稱 044
084：2364	BD05169 號	稱 069
084：2683	BD05138 號	稱 038
084：2902	BD05150 號	稱 050
084：2907	BD05192 號	稱 092
084：3048	BD05173 號	稱 073
084：3110	BD05200 號	稱 100
084：3346	BD05146 號	稱 046
094：3615	BD05185 號	稱 085
094：3795	BD05148 號	稱 048
094：3827	BD05187 號	稱 087
094：4009	BD05145 號	稱 045
094：4062	BD05156 號	稱 056
094：4079	BD05167 號	稱 067
105：4725	BD05143 號	稱 043
105：4835	BD05177 號	稱 077
105：4846	BD05186 號	稱 086
105：4870	BD05183 號	稱 083
105：4963	BD05181 號	稱 081
105：4997	BD05136 號	稱 036
105：5075	BD05179 號	稱 079
105：5121	BD05189 號 1	稱 089
105：5121	BD05189 號 2	稱 089
105：5121	BD05189 號 3	稱 089
105：5122	BD05170 號	稱 070
105：5123	BD05182 號	稱 082
105：5147	BD05194 號	稱 094
105：5219	BD05162 號	稱 062
105：5247	BD05175 號	稱 075
105：5256	BD05157 號	稱 057
105：5291	BD05172 號	稱 072
105：5305	BD05153 號	稱 053
105：5568	BD05147 號	稱 047
105：5751	BD05164 號	稱 064
105：5751	BD05164 號背	稱 064
105：5765	BD05149 號	稱 049
105：5851	BD05140 號	稱 040
105：5869	BD05141 號	稱 041
105：6070	BD05155 號	稱 055
105：6072	BD05168 號	稱 068
111：6244	BD05188 號	稱 088
115：6516	BD05135 號	稱 035
143：6689	BD05161 號 1	稱 061
143：6689	BD05161 號 2	稱 061
143：6734	BD05190 號 1	稱 090
143：6734	BD05190 號 2	稱 090
143：6734	BD05190 號背	稱 090
156：6850	BD05152 號	稱 052
156：6850	BD05152 號背 1	稱 052
156：6850	BD05152 號背 2	稱 052
254：7582	BD05176 號 1	稱 076
254：7582	BD05176 號 2	稱 076
254：7598	BD05163 號	稱 063
275：7831	BD05158 號	稱 058
275：8032	BD05197 號	稱 097
422：8600	BD05195 號	稱 095